Moritz Jacobi
Renate Loose

Malaysia
Singapur · Brunei

REISE-HANDBUCH

Inhalt

Wissenswertes über Malaysia

Wissenswertes für die Reise

Unterwegs in Malaysia

Kapitel 1 – Kuala Lumpur und die südliche Halbinsel

Kapitel 2 – Der Nordwesten

Kapitel 3 – Die Ostküste und das Landesinnere

Kapitel 4 – Sarawak

Kapitel 5 – Sabah

Kapitel 6 – Singapur

Themen

Alle Karten auf einen Blick

Malaysia truly Asia

Der knappe Slogan des malaysischen Fremdenverkehrsamtes trifft die Essenz dieses südostasiatischen Landes so gut, dass er seit vielen Jahren als Werbung für das multikulturelle Tropenziel eingesetzt wird. Durch romantische Lieder und Videoclips oder Plakate, die freundliche, exotisch gekleidete Menschen an Traumstränden oder auf Dschungelflüssen zeigen, soll deutlich werden: Malaysia vereint das Beste von Asien.

Das extrem vielschichtige Land erstreckt sich vom südlichen Zipfel unseres eurasischen Kontinents bis nach Borneo, der drittgrößten Insel der Welt. Im Zentrum alter Seewege und Handelsrouten gelegen, wurde Malaysia zur Heimat von drei großen asiatischen Volksgruppen: Malaien, Chinesen und Indern – Menschen mit heller oder dunkler Haut, asiatischen oder westlichen Gesichtszügen, die bei genauerer Betrachtung überaus verschiedenartig sind. So entpuppen sich die Inder als Sikhs, Chetties oder Tamilen mit Verwandten in Pakistan, Indien oder Sri Lanka. Ein Großteil der Chinesen stammt aus Kanton, Foochow, Hainan und anderen Südprovinzen. Die Küstenmalaien, muslimische Seefahrer der indo-pazifischen Inselwelt mit Vorfahren in der Sulusee und im indonesischen Archipel, nennen sich Bumiputra, ›Söhne der Erde‹. Doch die eigentlichen Ureinwohner sind die Orang Asli, proto-malaiische Bevölkerungsgruppen und Negritos, die seit prähistorischer Zeit im und vom Dschungel leben. Hinzu kommen die Nachfahren der europäischen Kolonialherren, der persischen und arabischen Händler sowie Arbeitsmigranten aus den ärmeren Nachbarländern. Sie sind Moslems, Buddhisten, Christen, Hindus, Sikhs und Animisten, die sich im Laufe der Jahrhunderte gegenseitig beeinflusst haben. In Sarawak und Sabah trifft man auf das einzigartige ethnische Kaleidoskop der Insel Borneo. Da gibt es Iban, Melanau, Kadazan, Bajau, Rungus, Kelabit u.v.m. Malaysia hat eben (buchstäblich) viele Gesichter.

Den Launen der Geschichte ist es zu verdanken, dass dieses Gebiet in die Hände englischer Abenteurer, Kaufleute und Kolonialherren fiel und erst 1957 in die Unabhängigkeit entlassen wurde – nicht ganz, denn die Insel Singapur endete als unabhängiger Staat, ebenso Brunei, das vom ostmalaysischen Bundesstaat Sarawak umgeben ist. Länder, die verschiedener nicht sein könnten. Hier das dynamische chinesische Wirtschaftswunderland Singapur, dort das im Ölreichtum schwelgende Sultanat Brunei, dessen Herrscher zu den ältesten Geschlechtern der Welt zählt.

Das Miteinander dieser unterschiedlichen Kulturen war nicht immer einfach und konfliktfrei, bereitete jedoch den Boden für eine unglaubliche Kreativität, die sich ganz besonders in der abwechslungsreichen Landesküche niederschlägt. Unter dem Einfluss muslimischer Inder entwickelten sich malaiische Currys zu einem wahren Feuerwerk für den Geschmackssinn. Bei der Zubereitung der einheimischen Zutaten nach chinesischer Art haben die aus chinesisch-malaiischen Beziehungen hervorgegangenen Peranakan völlig neue Kreationen erschaffen. Für weitere kulinarische Genüsse sorgen Farne und andere Dschungelprodukte aus dem Hinterland, Fische und Schalentiere sowie tropische Früchte, die zum Frühstück, als Dessert oder in Form frisch gepresster Säfte serviert werden.

Die großen Städte West-Malaysias künden vom wirtschaftlichen Erfolg des Schwellenlandes ebenso wie von einer langen, ereignisreichen Kolonialgeschichte. Hingegen verdankt das geruhsamere, abseits der wichtigen Handelsströme gelegene Sarawak seinen Wohlstand dem Tropenwald, dessen wirtschaftlich nutzbare Ressourcen allerdings weitgehend erschöpft sind. Ähnlich verhält es sich in Sabah, das nach dem Holzschlag auf extensive Ölpalmplantagen setzt.

Zahlreiche Nationalparks vermitteln noch immer einen fantastischen Eindruck von den dichten Urwäldern, die zu den ältesten der Erde gehören. Im gleichbleibend tropischen Klima konnte sich eine Flora und Fauna von einmaliger Vielfalt entwickeln, von Bergwäldern mit Orchideen und Kannenpflanzen bis zu Mooswäldern mit Rhododendren und einer einmaligen Vegetation selbst oberhalb der Baumgrenze. In mehreren Parks wurden Wanderwege angelegt, Aussichtstürme gebaut und Hängebrücken durch die Wipfelregionen der Urwaldriesen gespannt. Mit Naturführern können einige der größten Höhlensysteme der Welt im Gunung Mulu National Park und die schwer zugänglichen Mangrovengebiete der Urlaubsinsel Langkawi erkundet werden. Wanderungen auf eigene Faust sind im Taman Negara National Park ebenso möglich wie im Hochland der Cameron Highlands, Malaysias Teeanbaugebiet. In Sabah an der Nordspitze von Borneo präsentiert sich die Natur in ihrer ganzen Fülle, vom höchsten Berg zwischen Himalaya und Neuguinea, dem 4095 m hohen Gunung Kinabalu, bis zu den farbenprächtigen Korallenriffen um Pulau Sipadan, einem der weltweit besten Tauchgebiete. Aber auch andere Inseln vor der Westküste von Sabah und der Ostküste der malaiischen Halbinsel sind von Korallenriffen umgeben, die ebenso wie die palmenbestandenen Sandstrände das Traumziel zahlreicher Urlauber sind.

Wer mehr über die vielschichtige einheimische Kultur erfahren möchte, kann leicht mit Menschen ins Gespräch kommen, zum Beispiel bei einem Bummel über die traditionellen Märkte oder durch die riesigen klimatisierten Einkaufszentren. Viele Malaysier sprechen Englisch, sind neugierig und gastfreundlich. Lassen Sie sich ein auf das Land und seine liebenswerten Menschen.

Die Autoren

Renate Loose
Moritz Jacobi
www.stefan-loose.de, www.orte-und-worte.de

Seit rund 40 Jahren bereist die Reisebuchpionierin Renate Loose gemeinsam mit ihrem Mann Stefan und Sohn Mischa den asiatischen Kontinent. Malaysia, das sie besonders gut kennt, ist zu ihrer zweiten Heimat geworden.
In Renates große Fußstapfen tritt Malaysia-Experte Moritz Jacobi, der für das Reise-Handbuch alle zwei Jahre monatelang akribisch vor Ort recherchiert. Dabei entdeckt er immer wieder neue Facetten des Landes, erkundet abgelegene Ziele genauso wie das Altbekannte – und freut sich, wenn er auch abseits der ausgetretenen Pfade auf neugierige Traveller trifft.

Reisen in Malaysia

Das tropische Malaysia lädt mit ganzjährig warmen Temperaturen, Traumstränden und komfortablen Resorts zum Erholen ein, verführt Abenteuerlustige zu Dschungelwanderungen und Bergbesteigungen, begeistert mit geschichtsträchtigen Kolonialstädten wie George Town oder Melaka und überrascht durch futuristische Bauvorhaben. In Museen wie Tempeln offenbart das Land sein multikulturelles Gesicht und ermöglicht Freunden der asiatischen Küche ausgiebige kulinarische Entdeckungstouren.

Kulturelle Vielfalt

Schon früh kreuzten Segelboote malaiischer Seefahrer, Bugisschoner und Handelsschiffe aus den asiatischen Hochkulturen Indien und China in Malaysias Gewässern. Arabische und chinesische Kaufleute legten an Flussmündungen Lagerhäuser für Dschungelprodukte an. Ihnen folgten Europäer auf dem Weg zu den Gewürzinseln, Missionare, Abenteurer und Kolonialherren, indische und chinesische Kulis. Sie alle haben ihre Spuren hinterlassen.

Zeugnisse erster menschlicher Besiedlungen wurden in den **Niah Caves** im gleichnamigen Nationalpark auf der Insel Borneo entdeckt. Die vielen Dayak-Stämme im Landesinneren leben noch heute sehr naturverbunden. Dank sprudelnder Ölquellen kann nicht weit entfernt das **Sultanat von Brunei** den Verlust seiner einstigen Machtfülle durch prunkvolle Bauten immerhin etwas kompensieren. Kleinere malaiische Sultanshöfe prägen das Gesicht von **Kuala Kangsar, Kota Bharu** und **Kuala Terengganu** auf der malaiischen Halbinsel. Am einst bedeutsamen Hafen von **Melaka** ist die turbulente Geschichte des internationalen Handels am besten nachzuverfolgen. Repräsentative Kolonialgebäude in den einstigen Straits Settlements **Penang** und **Singapur** sowie in den Zinnstädten **Ipoh** und **Taiping** zeugen von der Macht der britischen Kolonialherren und die Hill Stations **Fraser's Hill, Bukit Larut** sowie die **Cameron Highlands** von ihrem Bedürfnis, der tropischen Hitze zu entfliehen.

Tropische Inseln und Strände

Da niemand bei Dauerregen und Sturm auf einer Insel ausharren möchte, gilt es bei der Planung des Badeurlaubs das regionale Klima zu berücksichtigen. Die europäischen Sommermonate sind die optimale Reisezeit für alle malaysischen Strände und Inseln. Allerdings regnet es im Winter etwas weniger an der Westküste der Halbinsel. Dort ist die landschaftlich abwechslungsreiche **Pulau Langkawi** mit Duty-free-Status das beliebteste Reiseziel. Die Insel verfügt über Unterkünfte in allen Preisklassen, sei es an größeren belebten Sandstränden oder in einsamen Buchten, sowie über vielfältige Angebote für Aktivitäten an Land und auf dem Wasser. Auf eine lange Tradition als Urlaubsinsel blickt auch **Pulau Pinang** zurück, wo internationale Resorts mit weitläufigen Gartenanlagen und Swimmingpools den Strand von Batu Ferringhi säumen.

Kilometerlange Sandstrände erstrecken sich an der Ostküste, die jedoch nur an wenigen Abschnitten touristisch erschlossen ist. An einigen Orten wie bei **Kuala Terengganu** lässt es sich in abgelegenen Strandresorts herrlich entspannen. Bei asiatischen wie westlichen Urlaubern beliebt sind die vorgelagerten Inseln. Durch regelmäßige Fährverbindungen ist **Pulau Tioman** am leichtesten zu erreichen. An verschiedenen Inselstränden findet man Unterkünfte aller Preisklassen. Das Meer eignet sich gut zum Baden, Schnorcheln und Tauchen und das dschungelbedeckte bergige Hinterland ist für jeden Naturliebhaber ein Traum. Die Eilande **Pulau Perhentian Besar** und **Pulau Perhentian Kecil** weiter nördlich sind vor allem bei Individualreisenden und Backpackern beliebt, während **Pulau Redang** eher von asiatischen Familien und Gruppen besucht wird. Ein Idyll für Ruhesuchende ist die kleine **Pulau Kapas.** Auf allen Inseln an der Ostküste gibt es Tauchbasen, die Kurse sowie Tauchgänge zu Korallenriffen und Wracks anbieten.

Sabah überrascht rings um **Kota Kinabalu** mit Traumstränden und komfortablen Resorts mit großen Pools. Vor **Sandakan** und **Semporna** ist das Wasser glasklar und die Tauchgründe rings um **Pulau Sipadan** gehören zu den besten des Landes – wenn nicht weltweit, was sich auch bei chinesischen Urlaubern rumgesprochen hat.

In Sarawak sieht es für Badeurlauber eher schlecht aus. Hier stehen nur an Sandstränden in der Nähe von **Kuching, Bintulu** und **Miri** einige Resorts.

Natur und Abenteuer

Jenseits der Badestrände können Urlauber bei **Wanderungen** unterschiedlicher Länge und Schwierigkeit wunderbare Dschungelgebiete erkunden, in West-Malaysia auf der Insel Langkawi ebenso wie auf Tioman, Redang und Perhentian. Der tropische Regenwald im Taman Negara National Park ist leicht zu erreichen und lädt zu geführten Touren und zu Ausflügen auf eigene Faust ein. Etwas weniger schweißtreibend sind Wanderungen in den Bergwäldern, vor allem in den Cameron Highlands. Sarawak besitzt in seinen beiden Nationalparks Bako und Gunung Mulu zahlreiche markierte Wege, die ohne Führer begangen werden können. In Sabah ist der Kinabalu National Park mit dem 4095 m hohen Gunung Kinabalu ein beliebtes Ziel von Gipfelstürmern. Der höchste Berg des Landes kann relativ einfach in zwei Tagen bestiegen werden, aber die Übernachtungskapazitäten sind begrenzt, weswegen man früh buchen sollte. Allerdings lässt es sich im Nationalpark auch auf halber Höhe hervorragend wandern – auf markierten Pfaden geht es durch die mannigfaltigen Bergwälder, in denen fleischfressende Kannenpflanzen und zahlreiche Orchideen gedeihen. Am Fuß des Berges locken heiße Quellen sowie die größte Blüte der Welt, die Rafflesia.

Neben Dschungelwanderungen, Bootstouren und Bergbesteigungen ist die herausragende Attraktion des Gunung Mulu National Park in Sarawak das längste Höhlensystem Südostasiens. Einige spektakuläre Abschnitte sind für Besucher erschlossen und leicht begehbar, andere dagegen nur erfahrenen Höhlengängern im Rahmen von **Caving-Adventure-Touren** zugänglich.

Bei **Bootstouren** durch die ursprünglichen Mangrovenwälder von Pulau Langkawi in West-Malaysia und des Kuching Wetlands National Park in Sarawak eröffnen sich faszinierende Einblicke in ein schwer zugängliches Ökosystem.

Eine besondere Erfahrung im tropischen Regenwald ermöglichen die **Canopy Walkways,** bei denen es über gewagte Stahlkonstruktionen und Hängebrücken durch die Gipfelregion der Baumriesen geht. Solche Baumkronenpfade findet man im KL Forest Eco Park in Kuala Lumpur, in den Kepong Botanical Gardens nördlich von Kuala Lumpur, in den Nationalparks Taman Negara, Gunung Mulu und Ulu Temburong (Brunei) sowie bei Poring und im Danum Valley in Sabah.

Für **Tierbeobachtungen** eignen sich in Sabah die Orang-Utan-Rehabilitationsstation Sepilok, das Bornean Sun Bear Conservation Centre sowie das Labuk Bay Proboscis Monkey Sanctuary bei Sandakan ebenso wie die tropischen Regenwälder im Danum Valley, das Kinabatangan Wildlife Sanctuary und die Tabin Wildlife Reserve, durch die sogar noch wilde Elefantenherden streifen. In Sarawak werden Orang-Utans im Matang Wildlife Centre rehabilitiert, beliebter sind aber die öffentlichen Fütterungen in der Semenggoh Nature Reserve. Nasenaffen tummeln sich im Bako National Park und Delfine vor der Küste des Kuching Wetlands National Park. In West-Malaysia zeigen sich solche spektakulären Tiere selbst in Schutzgebieten äußerst selten. Allerdings sind besonders die Highlands ein beliebtes Ziel für Vogelbeobachtungen und auf den vorgelagerten Inseln an der Ostküste finden sich viele endemische Insekten und Reptilien.

Individuell reisen

Dank eines gut ausgebauten Straßennetzes, hervorragender öffentlicher Verkehrsverbindungen und komfortabler Unterkünfte kann man Malaysia, Brunei und Singapur problemlos auf eigene Faust bereisen, zumal selbst auf dem Land zumindest ein paar Brocken Englisch gesprochen werden. Es empfiehlt sich, begehrte Unterkünfte und Touren, Mietwagen sowie Tickets für Inlandsflüge zur Hochsaison bereits vor der Reise zu buchen.

Mit einem Mietwagen ist man unabhängig und kann überall anhalten oder sogar neue Wege in völlig untouristische Gegenden einschlagen. Ausgestattet mit einem Navi oder einer entsprechenden Smartphone-App wird man sicherlich nicht verloren gehen, denn auch der Handyempfang ist (fast immer) hervorragend.

Wer nicht selbst fahren möchte, kann auf bequeme Busse, die Eisenbahn sowie Überlandtaxis zurückgreifen, die an den Busstationen warten und relativ günstig bis zu vier Passagiere zum gewünschten Ziel befördern. In Ost-Malaysia und Brunei auf der Insel Borneo ist auf längeren Strecken das Flugzeug die bequemere Alternative. Singapur hat ein zukunftsweisendes Nahverkehrssystem.

Pauschale Arrangements

Gruppenreisen sind für alle interessant, die in kurzer Zeit viel sehen wollen und nicht gern alleine reisen. Sie werden von allen großen Veranstaltern mit qualifizierten englisch- wie deutschsprachigen Reiseleitern angeboten. Meist handelt es sich um Bausteine, die eine Rundreise mit einem anschließenden Badeurlaub kombinieren.

Doch auch wer individuell unterwegs ist, wird vor Ort manchmal ein lokales Reisebüro oder einen Veranstalter in Anspruch nehmen, sei es für Boots- und Dschungelausflüge, für Tauchtrips oder für Fahrten zu abgelegenen Zielen – die entsprechenden Adressen sind im Reiseteil gelistet. Touren ins Danum Valley, in den Ulu Temburong National Park und zu Langhäusern am Batang Ai sind nur pauschal möglich. Auch zu den Nasenaffen im Kinabatangan Wildlife Sanctuary gelangt man am einfachsten mit einem lokalen Touranbieter.

WICHTIGE FRAGEN VOR DER REISE

Brauche ich für die Einreise nach Malaysia ein **Visum** oder andere **Dokumente?** s. S. 74

Reicht die **Kreditkarte** aus, um unterwegs immer flüssig zu sein? s. S. 96

Welches ist die beste **Reisezeit?** s. S. 101

Sollten Hotels und andere **Unterkünfte** vorgebucht werden? s. S. 79

Ist es möglich, das Land mit einem **Mietwagen** zu erkunden? s. S. 77

Welche **Kleidung** muss in den Koffer? s. S. 100

Gibt es in Malaysia Malaria oder andere gefährliche **Tropenkrankheiten?** s. S. 97

Wie kann ich mein **Handy** nutzen und günstig telefonieren? s. S. 108

Wie steht es mit der **Sicherheit** im Land? s. S. 107

Muss ich mit **Stäbchen** essen können? s. S. 84

Planungshilfe für Ihre Reise

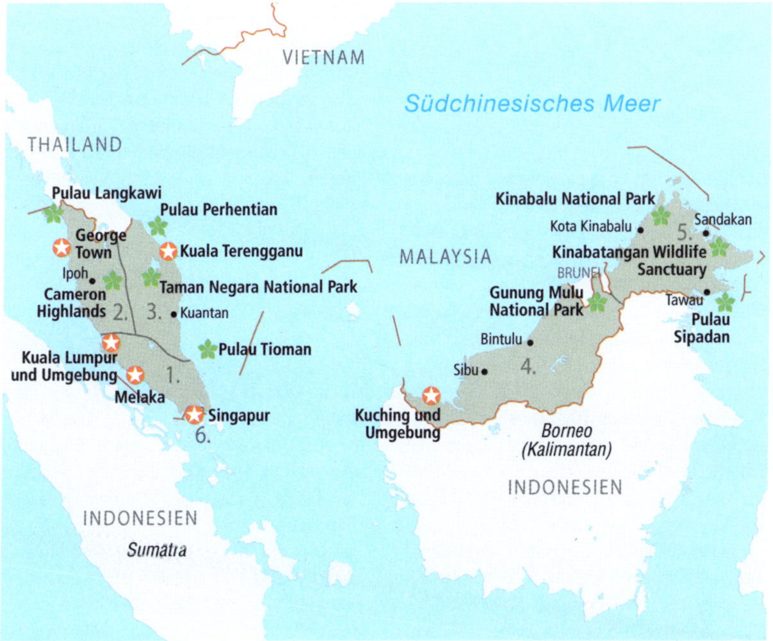

Angaben zur Zeitplanung

Bei den folgenden Zeitangaben für die Reise handelt es sich um Empfehlungswerte für Reisende, die ihr Zeitbudget eher knapp kalkulieren.

1. Kuala Lumpur und die südliche Halbinsel

Nahe der aufstrebenden multikulturellen Hauptstadt liegt das alte Handelszentrum Melaka. Heute eher provinziell wirkt das dortige Hafenviertel, wo Seefahrer und Händler aus aller Welt anlandeten und Sultane wie europäische Kolonialmächte um politischen Einfluss kämpften.

Die Kapitel in diesem Buch

Zum Baden besser geeignet als die Strände an der Straße von Melaka, einem der wichtigsten Seewege der Welt, sind die der Ostküste der Halbinsel. Dort lockt die Insel Tioman mit einer fantastischen Tropenlandschaft.

- *Kuala Lumpur und Umgebung*
- *Melaka*

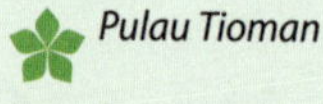

Pulau Tioman

Gut zu wissen: Vom Eingangstor nach Malaysia, dem größten Flughafen des Landes, ist Kuala Lumpur gut mit Bahn und Bus zu erreichen. Auch Melaka liegt nicht viel weiter entfernt. Vor allem am Ende der Reise lohnt ein Stopp in Kuala Lumpur, um ein letztes Mal die vielseitige Küche zu genießen und nach Herzenslust einzukaufen. Melaka sollte man am Wochenende meiden, denn dann füllen Ausflügler aus der Hauptstadt und Singapur die Hotelzimmer, deren Preise ordentlich steigen. Eine Reise durch den Süden lässt sich übrigens gut mit einem Abstecher nach Singapur kombinieren (s. S. 393).

Da Pulau Tioman recht gut zu erreichen ist, eignet sich die Insel auch für einen Badeurlaub auf einer Kurzreise. Allerdings gilt zu beachten, dass die Ostküste in den europäischen Wintermonaten vom Monsun heimgesucht wird.

Zeitplanung

Südroute inkl. kurzer Badeurlaub:	ab 9 Tagen
Kuala Lumpur:	2–3 Tage
Melaka:	2–3 Tage
Pulau Tioman:	3–7 Tage

2. Der Nordwesten

Das Meer im Norden ist sauberer als an der Straße von Melaka, sodass sich Pulau Langkawi gut für einen Badeurlaub eignet. Einen spannenden Kontrast zu Stränden und Mangrovenwäldern bilden die kühlen Cameron Highlands, wo inmitten einer tropischen Bergvegetation das britische Kolonialerbe gepflegt wird. Bei angenehmen Temperaturen locken Wanderungen sowie Besichtigungen von Teeplantagen und Landhäusern im englischen Stil.

Historisch Interessierte können auf den Spuren der Zinnbarone und der chinesischen Kulis durch Ipoh und Taiping streifen. Alles vereint ist schließlich auf der Insel Penang anzutreffen. Hier kann man in der Weltkulturerbestadt George Town die prachtvollen Clanhäuser und Villen der Chinatown erkunden, auf dem Penang Hill wandern und sich an den Pools der großen Resorts an der Nordküste erholen.

George Town

- *Cameron Highlands*
- *Pulau Langkawi*

Gut zu wissen: Während die Städte vor allem chinesisch geprägt sind, leben in den Dörfern meist Malaien. In den Cameron Highlands sind noch immer viele tamilisch-stämmige Nachfahren ehemaliger Teeplantagenarbeiter zuhause.

Der nördliche Landesteil ist dem Monsun weniger stark ausgesetzt, sodass er ganzjährig bereist werden kann. Schnellzüge verbinden entlang der Küste Kuala Lumpur mit Padang Besar an der Grenze zu Thailand. Eine gute Alternative sind Busse, Überlandtaxis oder ein Mietwagen, da über ausgezeichnete Highways schnell die bedeutendsten Ziele erreicht werden können.

Zeitplanung

Cameron Highlands–Langkawi:	ab 10 Tagen
George Town:	mind. 3 Tage
Badeurlaub auf Langkawi:	ca. 2–7 Tage

3. Die Ostküste und das Landesinnere

Dies ist die Region der Malaien, muslimischer Fischer, Bauern und Sultane, ausgedehnter Kokospalmenhaine, kilometerlanger Sandstrände und Entspannung bietender Urlaubsinseln mit vorgelagerten Korallenriffen. Es ist aber auch die Region der Erdgasraffinerien sowie endloser Ölpalmplantagen, die die letzten Reste uralter tropischer Regenwälder bedrängen.

Der älteste Nationalpark des Landes, Taman Negara, bietet eine gute Gelegenheit, den majestätischen Urwald auf Wanderungen und Bootsfahrten zu erleben.

Kuala Terengganu

- *Pulau Perhentian*
- *Taman Negara National Park*

Gut zu wissen: Auf den Inseln und in netten Resorts entlang der Küste lässt es sich während der europäischen Sommermonate herrlich entspannen. In den Wintermonaten kann der Nordostmonsun gewaltige Regenwolken auftürmen, die sich in heftigen Schauern entladen. Dann ist das Meer aufgewühlt und die Flüsse treten über die Ufer. Generell präsentiert sich das Wetter an der Ostküste sehr launisch, selbst zur Monsunzeit kann man hier schöne sonnige Tage erleben.

Alle Orte sind auch auf eigene Faust gut zu erreichen und bieten Unterkünfte in jeder Preisklasse. Busse verkehren zwischen allen Städten und Überlandtaxis fahren jedes gewünschte Ziel an. Die Inseln werden mit Ausnahme weniger stürmischer Tage täglich von Fähren angesteuert. In den Taman Negara National Park gelangt man am einfachsten mit Backpackerbussen.

Zeitplanung

Klassische Route:	8–14 Tage
Taman Negara National Park:	2–3 Tage
Pulau Perhentian:	3–7 Tage
Kuala Terengganu:	2 Tage

4. Sarawak

Kuching, die Hauptstadt von Sarawak auf der Insel Borneo, überrascht mit ihrer ethnischen Vielfalt, tollen Museen, Restaurants und Läden sowie abwechslungsreichen und spannenden Ausflugszielen in der näheren Umgebung, sodass viele Reisende länger als geplant bleiben.

Absolutes Highlight ist der Besuch des Gunung Mulu National Park im Landesinnern, der mit spektakulären Höhlen inmitten einer dschungelbedeckten Berglandschaft aufwartet. Nur wenige finden den Weg in das kleine Sultanat Brunei, das durchaus einen Abstecher lohnt, aber aufgrund seiner Öl- und Gasvorkommen nicht auf den Tourismus angewiesen ist.

Kuching und Umgebung

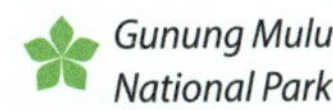
Gunung Mulu National Park

Gut zu wissen: Mit Ausnahme der Umgebung von Kuching kommt man auf dem Landweg relativ langsam voran, weswegen selbst Einheimische das Flugzeug als Transportmittel bevorzugen. Für einen Besuch im Gunung Mulu National Park sollten Flüge und Unterkünfte rechtzeitig gebucht werden. Einfacher ist die Organisation über lokale Reiseveranstalter, die teilweise auch Aufenthalte in abgelegenen Langhäusern organisieren.

Brunei ist ein islamisches Sultanat, in dem kein Alkohol verkauft wird. Dennoch dürfen nicht-muslimische Besucher begrenzte Mengen alkoholischer Getränke für den persönlichen Bedarf einführen. Zudem gilt in bestimmten Lebensbereichen das Scharia-Recht.

Die ideale Reisezeit sind die Sommermonate. In diese Periode fällt auch das Rainforest World Music Festival, das alljährlich im Juni/Juli nahe Kuching stattfindet – ein Höhepunkt der Weltmusik.

Für die Überlandroute von Kuching nach Brunei – mit einem Besuch in einem Langhaus, aber ohne den Gunung Mulu National Park – sind mindestens zwei Wochen zu veranschlagen.

Zeitplanung

Kuching und Umgebung:	3–4 Tage
Gunung Mulu Nationalpark:	2–3 Tage
Brunei:	2 Tage

5. Sabah

Der Norden der Insel Borneo zeichnet sich durch einmalige Naturattraktionen aus – von kilometerlangen Sandstränden über wunderschöne Korallenriffe bis zum höchsten Berg des Landes reicht die Palette. In den verschiedenen Naturschutzgebieten kann man die beeindruckende Vielfalt der Flora und Fauna tropischer Berg- und Tieflandwälder bestaunen: Orchideen in allen Variationen und fleischfressende Kannenpflanzen, putzige Nasenaffen, die vom Aussterben bedrohten Orang Utans und Meeresschildkröten, die auf einigen Inseln ihre Eier im heißen Sand vergraben.

- *Kinabalu National Park*
- *Kinabatangan Wildlife Sanctuary*
- *Pulau Sipadan*

Gut zu wissen: Zum Tauchen und Wandern eignen sich am besten die regenärmeren Monate von Mitte Februar bis Mitte Dezember. Taucher können dann mit Sichtweiten von 20 bis 60 m rechnen. Für die Besteigung des Gunung Kinabalu im gleichnamigen Nationalpark sollte man relativ fit sein und mindestens zwei Tage Zeit mitbringen, doch auch weniger Sportliche können auf den markierten Pfaden am Fuß des Berges zu interessanten Dschungelwanderungen aufbrechen. Im Kinabatangan Wildlife Sanctuary lassen sich spannende Bootsfahrten unternehmen.

Von Kota Kinabalu aus fahren Busse am Kinabalu National Park vorbei nach Sandakan und teils sogar weiter nach Tawau. Wer Zeit sparen will, fliegt.

Zeitplanung

Kota Kinabalu–Sandakan:	5 Tage
Kinabalu National Park:	2–3 Tage
Kinabatangan Wildlife Sanctuary:	3 Tage
Tauchen bei Sipadan:	ab 3 Tagen

Gut zu wissen: Auch wer drei Wochen in Sabah verbringen will, wird sich keinen Tag langweilen.

6. Singapur

In diesem wohlhabenden Stadtstaat an der Südspitze des asiatischen Kontinents geraten europäische Besucher ins Staunen. Das international bedeutsame Handels- und Finanzzentrum präsentiert sich äußerst selbstbewusst mit einer zukunftsweisenden Skyline, riesigen über- wie unterirdischen Einkaufszentren, mehreren weitläufigen tropischen Parks und zahlreichen spannenden Touristenattraktionen. Singapurs multikulturelle Wurzeln werden in Museen von Weltniveau gepflegt und die neuesten Trends aus

aller Welt von den überwiegend jungen und dynamischen Bewohnern immer gerne aufgegriffen.

 *Das Zentrum von Singapur*

Gut zu wissen: Wegen seiner Lage am Meer nahe dem Äquator liegen die Tagestemperaturen in Singapur ganzjährig bei meist über 30 °C. In Kombination mit einer hohen Luftfeuchtigkeit und häufigen Tropenschauern kann sich das ziemlich belastend auf den Kreislauf auswirken – kein Wunder, dass sich die Einheimischen am liebsten in klimatisierten Räumen aufhalten. Allerdings führt der für Mitteleuropäer ungewohnte und plötzliche Wechsel von der feuchten Außenwelt in tief gekühlte Busse, Bahnen und Einkaufszentren oft zu Erkältungen.

Die Stadt selbst ist völlig problemlos zu erkunden. Sicherheit wird großgeschrieben, Englisch ist Verkehrssprache, und es gibt ein gutes Netz öffentlicher Verkehrsmittel sowie billige Taxis.

Zeitplanung

Für einen guten ersten Eindruck von der Stadt: 3 Tage

Intensive Erkundung: 7 Tage

Räucherstäbchen in Übergröße sorgen für die mystische Stimmung in George Towns ältestem chinesischem Gebetshaus, dem Goddess of Mercy Temple

Vorschläge für Rundreisen

Rundreise West-Malaysia (2 Wochen)

1. Tag: Ankunft in Kuala Lumpur. Etwa ein halber Tag steht zum Sammeln erster Eindrücke zur Verfügung. Wer historische Atmosphäre schnuppern möchte, geht in die Chinatown, wer Zeitgemäßes bevorzugt, sollte die Petronas Twin Towers oder das Goldene Dreieck aufsuchen.

2. Tag: Weiterfahrt Richtung Norden in die Cameron Highlands, die Sommerfrische der Engländer. Übernachtung in Tanah Rata.

3. Tag: Wanderung durch die Bergwälder nördlich des Ortes und Besuch einer Teeplantage.

4. Tag: Früher Start für die Fahrt über Ipoh und Taiping, zwei chinesisch geprägte Städte der Zinnschürfer, auf die Insel Penang. Wer mehr Zeit zur Verfügung hat, kann in den beiden Orten einen lohnenswerten Zwischenstopp einlegen oder auch übernachten.

5. Tag: Rundgang durch die UNESCO-Stadt George Town mit ihren interessanten Museen, Tempeln, Clanhäusern und anderen historischen Gebäuden.

6. Tag: Ein weiterer Tag in der spannenden Stadt, in der es viel zu entdecken gibt. Als Alternative empfiehlt sich ein Ausflug auf den Penang Hill oder zu anderen Zielen auf der Insel Penang.

7. Tag: Mit einem Überlandtaxi oder einem Mietwagen geht es über den Tasik Temenggor, durch Plantagen und dschungelbedeckte Berge an die Ostküste der Halbinsel in die Sultansstadt Kota Bharu.

8. Tag: Weiterfahrt zum Hafen Kuala Besut und Bootsfahrt nach Pulau Perhentian.

9. u. 10. Tag: Badeurlaub an den Stränden von Pulau Perhentian.

11. Tag: Fahrt durch malaiische Dörfer in die durch Öl zu Wohlstand gekommene Sultansstadt Kuala Terengganu.

12. Tag: Besichtigung des Terengganu State Museum, der Masjid Kristal und der gemütlichen Chinatown am Fluss oder Ausflug zu den einsamen Stränden in der Umgebung.

13. Tag: Fahrt durch Industriegebiete nach Kuantan und weiter in die historische Stadt Melaka an der Westküste.

14. Tag: Spaziergang oder Rikschafahrt durch das alte Melaka, in dem zahlreiche Museen und interessante kleine Läden auf ihre Erkundung warten.

15. Tag: Fahrt zum Airport und Rückflug.

Durch Sarawak und Brunei (8 Tage)

1. Tag: Ankunft in Kuching, der multikulturellen und historisch interessanten Hauptstadt von Sarawak. Abends Spaziergang entlang der Uferpromenade oder Bootsfahrt.

2. Tag: Besichtigung der Museen, Geschäfte und Märkte im alten Zentrum.

3. Tag: Ausflug ins Sarawak Cultural Village am Damai Beach mit Besuch einer Show, danach Relaxen am Strand. Naturfreunde erkun-

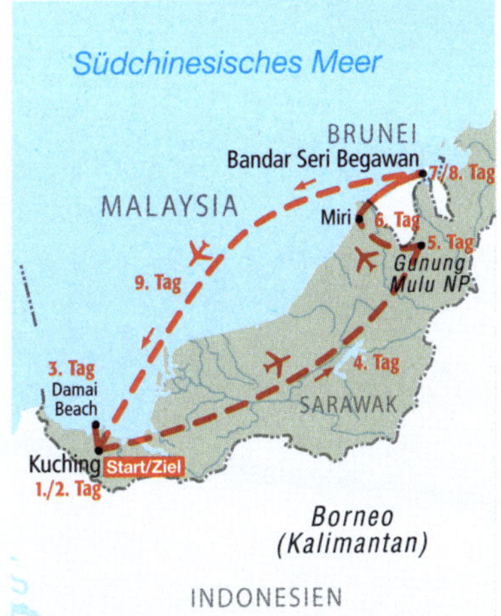

den alternativ eines der Schutzgebiete in der Umgebung von Kuching, wobei der Bako National Park am lohnenswertesten ist, oder besuchen zur Fütterung der Orang-Utans die Semenggoh Nature Reserve.

4. Tag: Flug in den Gunung Mulu National Park.

5. Tag: Wanderung auf Plankenwegen und markierten Pfaden durch den Dschungel und Bootsfahrt zu atemberaubenden Höhlen.

6. Tag: Flug nach Miri und Abstecher in den Niah National Park mit seinen geschichtsträchtigen Höhlen inmitten des tropischen Regenwalds.

7. Tag: Weiterreise nach Bandar Seri Begawan, die Hauptstadt des wohlhabenden Ölsultanats Brunei.

8. Tag: Ein Tag in Bandar Seri Begawan mit einem Besuch der Moschee und der Museen, wahlweise Entspannung an einem der Pools des pompösen Hotels Empire.

9. Tag: Rückflug oder Fortsetzung der Reise auf der nachfolgenden Route.

Durch Sabah (12 Tage)

1. Tag: Ankunft in Kota Kinabalu, der Hauptstadt von Sabah. Abendlicher Spaziergang entlang der Waterfront.

2. Tag: Besuch im Sabah Museum und im Monsopiad Cultural Village, Bummel über die Märkte.

3. Tag: Fahrt zum Kinabalu National Park, dort Wanderung durch den Bergwald oder Besteigung des Gunung Kinabalu, Malaysias höchster Berg.

4. Tag: Abstieg vom Gunung Kinabalu oder Wanderung zum Canopy Walkway sowie erholsame Stunden in den Poring Hot Springs.

5. Tag: Weiterfahrt nach Sandakan, Besuch im Agnes Keith House, zum Sonnenuntergang geht es auf einen der Aussichtspunkte und zum Abendessen in eines der Seafood-Lokale.

6. Tag: Besuch in der Orang-Utan-Rehabilitationsstation und im Sun Bear Conservation Centre Sepilok, zur Fütterungszeit am Vor- oder Nachmittag. Eilige schaffen noch den Besuch bei den Nasenaffen von Labuk Bay.

7.–9. Tag: Tour in den Dschungel mit River-Safari im Kinabatangan Wildlife Sanctuary oder – besser und teurer – in den ursprünglichen Regenwald des Danum Valley.

10.–12. Tag: Zum Tauchen nach Semporna und Sipadan mit Übernachtung in einem der Inselresorts oder Badeurlaub nahe Kota Kinabalu im Tunku Abdul Rahman National Park oder an einem der Strände.

13. Tag: Shopping in Kota Kinabalu und Rückflug.

Wissenswertes über Malaysia

»… unter dieser tropischen Sonne und dem Himmel plätschern silbern funkelnde Wellen auf dem saphirblauen Meer, darunter, im klaren, warmen Wasser schießen glitzernde Fische durch Korallengärten.«
Isabella L. Bird, The Golden Chersonese.
Travels in Malaya in 1879

Schlichtweg ein Traum: die Gewässer vor Semporna im Südosten von Sabah

Steckbrief Malaysia

Daten und Fakten

Name: Malaysia
Fläche: 329 847 km²
Hauptstadt: Kuala Lumpur (1,9 Mio. Einw., im Großraum 8,6 Mio. Einw.)
Regierungssitz: Putrajaya
Einwohner: etwa 34,2 Mio., davon 2,9 Mio. in Sarawak und 3,9 Mio. in Sabah
Amtssprache: Malaysisch (Bahasa Malaysia), häufig wird zudem Englisch genutzt
Bevölkerungswachstum: 1 %
Lebenserwartung: Männer 74,8 Jahre, Frauen 78,1 Jahre
Urbanisierungsgrad: 78,7 %
Währung: Ringgit (RM oder MYR)
Zeitzone: MEZ + 7 Std.
Landesvorwahl: 0060
Internetkennung: .my
Landesflagge: Die malaysische Flagge Jalur Gemilang (›Streifen des Ruhms‹) zeigt 14 Querstreifen in Weiß und Rot, Symbol für die Staaten der Föderation. Der Mond im linken oberen Bereich weist auf die Staatsreligion hin, den Islam.

Geografie

Malaysia, nur wenige Grad nördlich des Äquators, besteht aus zwei durch das Südchinesische Meer getrennten Teilen: West-Malaysia auf der malaiischen Halbinsel am südlichsten Punkt des asiatischen Kontinents sowie Ost-Malaysia im Norden der Insel Borneo.

Drei bis zu 2100 m hohe Gebirgsketten bilden das Rückgrat der malaiischen Halbinsel. Ihre Ausläufer enden nördlich von Melaka, sodass der Süden weitgehend eben ist. Im Gegensatz zur dünn besiedelten Ostküste liegen an der Westküste die drei größten Metropolen Malaysias: der Ballungsraum rings um Kuala Lumpur mit über 8 Mio., Johor Bahru mit einem Großraum von insgesamt 1,7 Mio. und Ipoh mit 860 000 Einwohnern. Im Norden der Halbinsel liegen die Reiskammern des Landes, während im Süden hauptsächlich Ölpalmen wachsen. Südlich von Johor liegt der Stadtstaat Singapur.

Auch die Ebenen in Sabah sind von endlosen Ölpalmplantagen bedeckt. Nur in einigen küstennahen Regionen werden Reis und Gemüse angebaut. In Reservaten wie dem Danum Valley und im Gunung Mulu National Park findet man letzte Reste des Primärdschungels. Ein Großteil der Wälder wurde jedoch abgeholzt, sodass vielerorts nur noch niedriges Gebüsch und Elefantengras gedeihen. In Sabah liegt auch Malaysias höchster Berg, der 4095 m hohe Gunung Kinabalu.

Geschichte

Als im 16. Jh. die ersten Europäer die südostasiatische Inselwelt erreichten, trafen sie auf chinesische und indische Handelsstationen, malaiische Sultanate und kaum bewohnte Tropenwälder. Im Spannungsfeld zwischen dem javanischen Majapahit- und dem siamesischen Ayutthaya-Reich war seit 1398 das Handelszentrum Melaka erblüht. Es wurde 1511 von den Portugiesen erobert, 1641 von den Niederländern erkämpft und 1824 an die Briten eingetauscht. Letztere hatten bereits Penang und Singapur in Besitz genommen und weiteten ihr Einflussgebiet sukzessive auf andere Regionen der malaiischen Halbinsel sowie auf den nördlichen Teil von Borneo aus.

1957 wurde der südostasiatische Teil des britischen Empire unabhängig, 1965 trennte sich die Föderation von Malaya von der überwiegend von Chinesen bewohnten Insel Singapur.

Staat und Politik

In der parlamentarischen Wahlmonarchie wechseln sich neun malaiische Sultane alle fünf Jahre als Staatsoberhaupt (Yang di-Pertuan Agong) ab. Seit 2019 ist der Sultan von Pahang, Abdullah Ahmad Shah, König von Malaysia. Er erfüllt nicht nur repräsentative Funktionen, sondern ist auch das islamische Oberhaupt des Landes.

Malaysias nach westlich-demokratischen Vorbildern gestaltete Verfassung garantiert Grundrechte, die allerdings durch verschiedene Gesetze (s. S. 45) eingeschränkt sind. Das Oberhaus und Unterhaus des Parlaments wird vom Volk gewählt. Aus dem Parteienbündnis Alliance, in dem die drei größten Volksgruppen vertreten sind, ging 1973 die konservative Koalition Barisan Nasional (›Nationale Front‹) hervor, die von 1957 bis 2018 regierte.

Nachdem das Oppositionsbündnis Pakatan Harapan 2018 mit Mahathir Mohamad die UMNO an der Regierung abgelöst hatte, verlor sie durch Aus- und Rücktritte schon zwei Jahre später ihre parlamentarische Mehrheit. Von 2020 an war Muhyiddin Yassin mit der Koalition Perikatan Nasional an der Macht, bis die Parlamentswahlen von 2022 und geschicktes Taktieren gegenüber anderen Fraktionen wieder Pakatan Harapan als Regierungskoalition bestätigte – diesmal mit Anwar Ibrahim auf dem Posten des Premierministers.

Wirtschaft und Tourismus

Dank guter wirtschaftlicher Wachstumsraten hat Malaysia in den vergangenen 30 Jahren im Human Development Index einen respektablen Platz inmitten der hochentwickelten Länder erreicht. Das ASEAN-Mitglied ist ein wichtiger Lieferant von Rohstoffen (darunter z.B. Palmöl, Tropenholz, Kautschuk, Erdöl sowie Erdgas) und industriellen Produkten, vor allem aus dem Bereich der Elektronik. Viele Betriebe haben sich im Klang Valley rund um Kuala Lumpur und im Bundesstaat Penang angesiedelt. Die ländlichen Regionen, besonders im Norden der Halbinsel, konnten bislang allerdings kaum von der Industrialisierung des Landes profitieren.

Mit offiziell 16–18 Mio. Besuchern jährlich stellt der Tourismus einen bedeutenden Wirtschaftsfaktor dar. Die meisten Touristen stammen aus den Nachbarländern, es handelt sich insbesondere um Kurzzeitbesucher und Geschäftsreisende aus Singapur.

Bevölkerung und Religion

In dem Vielvölkerstaat stellen die malaiischen Volksgruppen etwa die Hälfte der Bevölkerung. Zu ihnen zählen neben den eigentlichen Malaien, deren Vorfahren teils aus Sulawesi und Sumatra eingewandert sind, auch die proto-malaiischen Dayak-Völker in Ost-Malaysia.

Etwa ein Fünftel aller Einwohner Malaysias sind Chinesen, die vor allem in den Städten siedeln und das wirtschaftliche Leben des Landes dominieren. Zu den Minderheiten gehören Inder (ca. 6 %) sowie Orang Asli (ca. 0,005 %), die ursprünglichen Bewohner, zu denen die Negritos in den Regenwäldern ebenso zählen wie die ›Seemenschen‹, die Orang Laut.

Ethnizität und Religion sind keine Privatangelegenheiten: In Malaysia sind per Definition alle ethnischen Malaien auch offiziell muslimisch. Sie genießen sogar wirtschaftliche Vorteile durch diesen Status. Viele Chinesen sind Buddhisten, Taoisten oder Anhänger der Lehre von Konfuzius. Aus ihrem indischen Heimatland haben die Tamilen den Hinduismus mitgebracht und die Sikhs die Lehren von Guru Nanak. Einige Inder, Chinesen und viele der Dayak gehören außerdem einer christlichen Kirche an.

Natur und Umwelt

Zwischen steil aufragenden Granitfelsen in über 4000 m Höhe und bunten Korallenriffen in der Tiefe des Ozeans entfaltet sich die landschaftliche Vielfalt des tropischen Malaysias. Immer häufiger jedoch entdeckt man die üppige Bandbreite der Natur erst jenseits der zunehmend wachsenden, monotonen Ölpalmplantagen.

Tropische Küsten und Inseln

Die Strände

Magisch zieht es viele an die tropischen Strände. Die von Kokospalmen bestandenen Buchten mit puderweißem Sand und tiefblauem Meer sind für Europäer der Inbegriff von Urlaub. Zwar gibt es an der fast 4800 km langen Küste einige Traumstrände, doch diese bilden eher die Ausnahme. An den Stränden sorgen neben **Kokospalmen** auch **Kasuarinen, Schraubenbäume** *(Pandanus)* sowie der laubabwerfende Katappenbaum *(Terminalia catappa)* für Schatten. Alle Pflanzen haben sich den extremen Umweltbedingungen angepasst. Sie müssen nicht nur die intensive Sonneneinstrahlung aushalten, sondern auch starke Windböen, den hohen Salzgehalt der Luft sowie den Mangel an Süßwasser und Nährstoffen im sandigen Boden. Im feinen Sand verstecken sich Krebse, darunter **Winkerkrabben** mit einem leuchtend roten, großen Arm, **Einsiedlerkrebse,** die sich in Schneckenhäusern einnisten, oder **Sandkrabben** *(Scopimera globosa),* die bei Ebbe auf dem feuchten Strand wahre Kunstwerke aus winzigen Sandkügelchen hinterlassen.

Unter Wasser

Wo das Meer seicht abfällt, tauchen in der Gezeitenzone bei Ebbe zwischen Schlick, abgestorbenen Korallen und Felsen **Muscheln, Schnecken, Seegurken, Seeigel** und andere Kleintiere auf. Nur wenige Meter unter der Wasseroberfläche erstrecken sich bunte Korallenriffe. Zwischen **Stein- und Weichkorallen** finden zahlreiche Meeresbewohner Unterschlupf und Nahrung. Dies ist ein überaus artenreicher Lebensraum mit Fischen in allen Größen und Farben, **Garnelen, Seeschlangen, majestätischen Rochen** und **Meeresschildkröten.**

Durch die globale Meereserwärmung sind einige Riffe von Korallenbleiche bedroht. Auch in der Nähe beliebter Badeplätze sind viele Korallenriffe von ungeübten Schnorchlern oder Tauchern zerstört worden, sodass man etwas weiter hinausfahren muss, um die Tropenriffe in ihrer ganzen Schönheit bewundern zu können.

Mangrovenwälder

Weite Teile der Küste und die Mündungsgebiete der großen Flüsse sind im Gezeitenbereich von Mangrovenwäldern gesäumt. Im Schlick des Brackwassers finden Bäume und Sträucher, die sich dem hohen Salzgehalt angepasst haben, mit ihrem ausgeprägten Wurzelsystem Halt. Die **Asiatische Mangrove** *(Bakau Kurap, Rhizophora mucronata)* und andere meist niedrige Bäume schützen die Küste vor Erosion und bieten zwischen ihren hohen Stelzwurzeln jungen **Krebsen, Fischen** und **Garnelen** eine geschützte, nährstoffreiche Kinderstube. **Schlammspringer** *(Periophthalmus),* eine Gattung von Fischen, die auch an Land leben können, halten sich häufig am

Nashornvögel spielen in der Mythologie der indigenen Völker eine wichtige Rolle

Wasserrand auf. Die weitverbreitete **Nipapalme** *(Nypa fruticans)* wird von Menschen genutzt, um Wände und Dächer sowie Matten für ihre Häuser zu fertigen. Der einzige Feind des Menschen, das bis zu 8 m lange **Leistenkrokodil** *(Crocodylus porosus)*, ist wegen seiner begehrten ledrigen Haut in West-Malaysia fast ausgerottet. Seit es unter Naturschutz steht, hat es sich in den Unterläufen der Flüsse von Sarawak und Sabah wieder vermehrt.

Küstentypologie

Die dicht besiedelte, industrialisierte **Westküste** der Halbinsel liegt an der stark befahrenen Schifffahrtstraße von Melaka im Windschatten der indonesischen Insel Sumatra. Nur im äußersten Norden rund um die Insel Langkawi kann das Meer mit seiner blauen Farbe und vereinzelten Korallenriffen punkten. Dafür regnet es seltener als an der **Ostküste.** Dort bläst vor allem während der europäischen Wintermonate von Oktober bis Februar der Nordostmonsun. Er sorgt nicht nur für heftige Niederschläge, sondern trägt Jahr für Jahr einen Teil der exponierten palmenbestandenen Küste ab. Das große Plus der Ostküste sind die Korallenriffe der Inseln Perhentian, Redang und Tioman.

Auf **Borneo** regnet es in den Sommermonaten etwas weniger als im Winter. Hier sind einige Strände in der Umgebung von Kuching und Kota Kinabalu touristisch entwickelt worden und werden regelmäßig gereinigt. An anderen liegt allerlei Zivilisationsmüll, viel Holz und anderes organisches Material, das träge Tropenflüsse aus dem Landesinnern zum Meer geschwemmt haben oder aus anderen Regionen der Welt stammt. Die schönsten Inseln liegen vor Sabah. Vor allem die Sulusee mit den Tauchgebieten um Sipadan gehört mit 600 Korallen- und bis zu 3000 Fischarten zu den artenreichsten Gebieten der Erde.

Das Landesinnere

Erdgeschichte zum Anfassen auf Langkawi

Manchem sieht man das Alter nicht an, schon gar nicht den unscheinbaren, von dichtem Dschungel überwachsenen Bergen. Aber die westmalaysische Insel **Langkawi,** die von der UNESCO als erste Region in Südostasien den Status eines Welt-Geoparks erhielt, lohnt einen näheren Blick. Schließlich wird mit dieser Auszeichnung ein Gebiet gewürdigt, in dem Erdgeschichte erlebbar ist.

Im Hinterland der Urlaubsstrände erhebt sich im Nordwesten der Insel der **Gunung Mat Cincang.** Mit seinem beachtlichen erdgeschichtlichen Alter von 550 Mio. Jahren gilt das Bergmassiv ebenso wie der Nordosten der Insel als eine der ältesten Landmassen der Welt. Die Sandsteinplatte aus dem Kambrium versank für lange Zeit im Urmeer und tauchte vor etwa 220 Mio. Jahren als Teil des Urkontinents Gondwana wieder aus dem Wasser auf. Während der bewegten Erdgeschichte haben seither nicht nur Wind und Regen, sondern auch tektonische Verschiebungen und Einlagerungen jüngerer Gesteinsschichten ihre Spuren hinterlassen, die man in der abwechslungsreichen Landschaft aus Sand- und Kalkstein, Schiefer und Granit noch heute deutlich erkennen kann. Besonders beeindruckend sind die bizarren Karstformationen mit Tropfsteinhöhlen im Nordosten. Sie liegen in direkter Nachbarschaft zu hohen, glatt geschliffenen Granitfelsen, die einen starken Kontrast zu den saftig grünen Reisfeldern der Tiefebene bilden.

Malaiische Halbinsel und Borneo

Viele Landschaftsformen, die auf der Insel Langkawi vorkommen, finden sich im restlichen Malaysia wieder. Auf der **malaiischen Halbinsel** setzen sich die Kalksteinformationen fort, in denen hohe Niederschläge Höhlen ausgewaschen haben. Das Rückgrat der Halbinsel bilden drei parallel verlaufende Gebirgsketten mit dem 2187 m hohen **Gunung Tahan** als höchster Erhebung. Die Berge fungieren als Wetter- und Wasserscheide zwischen der West- und der Ostküste, die extremeren Klimabedingungen ausgesetzt ist. Aufgrund des innertropischen Klimas zwischen dem 1. und 7. nördlichen Breitengrad war das Land einst von dichtem Dschungel bedeckt. Der immergrüne tropische Tieflandregenwald im **Taman Negara National Park** im Zentrum der Halbinsel gilt mit einem Alter von 130 Mio. Jahren als ältester der Erde.

Die Karstlandschaft präsentiert sich am beeindruckendsten auf der Insel **Borneo** im **Gunung Mulu National Park** mit einem der größten Höhlensysteme der Erde. Letzteres gehört zum UNESCO-Weltnaturerbe ebenso wie weiter nördlich in Sabahs **Crocker Range** das bis zu 4095 m hohe Granitmassiv des **Gunung Kinabalu,** höchster Berg des Landes.

Flora und Fauna

Über 6000 verschiedene Baumarten, darunter bis zu 50 m aufragende Baumriesen, bilden im **Tieflandregenwald** ein dichtes Blätterdach. Es sorgt in den unteren Etagen nicht nur für eine gleichmäßige Temperatur und Luftfeuchtigkeit, sondern schirmt auch einen Großteil des intensiven Sonnenlichts ab. Entsprechend streben Lianen und junge Bäume nach oben, dem Licht entgegen, oder haben sich wie Pilze und Farne dem Dämmerlicht angepasst. Die **Rafflesia,** die größte Blüte der Welt, wächst als Schmarotzerpflanze auf einer bestimmten Lianenart (s. S. 368). **Orchideen** und andere Epiphyten nisten sich näher am Licht auf den Ästen der hohen Bäume ein (s. S. 368). Die Baumkronen sind der Lebensraum 450 verschiedener Vogelarten, darunter der seltene **Nashornvogel.** In Bodennähe sind es vor allem Ameisen, Termiten, Käfer, Schmetterlinge und andere **Insekten,** die das reichhaltige Nahrungsangebot zu schätzen wissen. **Elefanten, Tiger** und **Tapire** sind ebenso wie die **Orang-Utans** (s. S. 27) vom Aussterben bedroht und durchstreifen nur noch selten ihre angestammte Heimat.

In einigen Gebieten auf Borneo, wo nährstoffarme saure Sandböden eine üppige Vegetation verhindern, sind **Kerangaswälder** entstanden. Unter maximal 20 m hohen Bäumen, Palmen und Rhododendren wachsen Farne, Moose und fleischfressende **Kannenpflanzen** (*Nepenthes,* s. S. 368). Sie kommen auch in den niedrigeren, aber sehr artenreichen **Bergwäldern** vor, die in über

Orang-Utans – die Waldmenschen

Orang Jerman, ›Menschen aus Deutschland‹ – das sind wir. Darüber hinaus gibt es ›Menschen aus dem Wald‹ (Orang Hutan). Im Gegensatz zu unseren Landsleuten sind sie nur mit viel Glück anzutreffen. Sie machen weder mit häufigen Rufen wie die Gibbons auf sich aufmerksam, noch treiben sie sich wie die Makaken in Rudeln an Futterplätzen herum.

Es braucht ein geübtes Auge, ihr rotbraunes langhaariges Fell im dichten Blätterdach zu entdecken. Auf der Suche nach früchtetragenden Bäumen legen die Vegetarier weite Strecken zurück. Sie bewegen sich nur selten auf dem Boden, sondern meist sehr bedächtig durch die hohen Wipfel. Wenn es Abend wird oder die ersten Regentropfen ein Nachmittagsgewitter ankündigen, bauen sie aus Zweigen ein schützendes Nest. Nur in Ausnahmefällen benutzen sie es ein zweites Mal. Sie sind wahre Dschungelnomaden.

Babys, fast immer Einzelkinder, werden in den ersten beiden Jahren am Körper getragen und bleiben bis zu fünf Jahren in der Nähe ihrer Mütter, um alles zu lernen, was ein Überleben ermöglicht. Die Väter gehen unterdessen als Einzelgänger ihrer Wege. Ihr zur Paarungszeit röhrendes Rufen ist kilometerweit zu hören und soll geschlechtsreife Weibchen anlocken bzw. männliche Konkurrenten vertreiben. Ein ausgewachsenes Männchen ist eine beeindruckende Erscheinung und bringt nicht selten über 100 kg auf die Waage. Damit sind die Orang-Utans *(Pongo pygmaeus)* die größten auf Bäumen lebenden Tiere der Erde. In der Wildnis werden sie bis zu 35 Jahre alt.

Der Lebensraum der 85 000 bis 100 000 vom Aussterben bedrohten Menschenaffen, die ausschließlich in den Tieflandwäldern auf Borneo und Sumatra beheimatet sind, wird zunehmend kleiner. Das größte zusammenhängende Areal im Westen von Borneo sind der Batang Ai National Park in Sarawak sowie die angrenzenden indonesischen Schutzgebiete Betung Kerihun und Lanjak Entimau. Ansonsten sind die Wanderrouten der Orang-Utans häufig durch die Abholzung der Wälder, Siedlungen und Plantagen blockiert. Sobald sich ein Tier in Sabah in die Felder und Gärten verirrt, um bevorzugt Bananen und Durian zu ergattern, wird es eingefangen und in Tabin, einem der letzten großen Dschungelgebiete im Norden, freigelassen. Manchmal werden Mütter von Babys von Holzfällern getötet, um die Jungen mit hohem Profit zu verkaufen. Sofern die illegal als Haustiere gehaltenen Affen entdeckt werden, müssen die Besitzer mit hohen Gefängnis- und Geldstrafen rechnen. Die Jungtiere werden konfisziert und zumeist in die Rehabilitationszentren von Sepilok (s. S. 378) oder Matang (s. S. 308) gebracht. Eine medizinische Untersuchung stellt sicher, dass sie keine Krankheiten haben, die sie auf den Wildbestand übertragen könnten. Zudem sind einige Tiere traumatisiert und benötigen besondere Aufmerksamkeit. Anschließend lernen sie in einem jahrelangen Prozess, auf Bäume zu steigen, Nester zu bauen, Futter zu finden und ihren natürlichen Lebensraum wiederzuentdecken. Weitere Infos bietet die Orangutan Foundation International unter www.orangutan.org.

2000 m Höhe in **Nebelwälder** übergehen. Je nach Höhenlage und Temperatur gedeihen in unteren Lagen **Eichen** und **Kastanien,** die mit zunehmender Höhe durch vom Wind verkrüppelte tropische **Nadelhölzer, Harzeiben** *(Dacrydium),* **Leptospermum-Arten** *(Sayat-sayat),* tropische **Rhododendren** und schließlich durch Moose und Flechten abgelöst werden.

Plantagenwirtschaft

Diebstahl im Urwald

Alles begann wie ein Krimi mit dem Diebstahl eines wohlgehüteten Schatzes. Im brasilianischen Regenwald nutzten die Indianer bereits seit Jahrhunderten Latex, den Milchsaft der Rinde des **Kautschukbaums** *(Hevea brasiliensis).* ›Weinendes Holz‹, so nannten die Bewohner des Amazonasbeckens die Pflanze, die sie u. a. zu Spielbällen kneteten. Erst 1839 ersann der US-amerikanische Tüftler Goodyear die Vulkanisation, durch die der vielseitig verwendbare Hartgummi hergestellt werden kann. Damit wurde Naturkautschuk zu einem überaus begehrten industriellen Rohstoff, vor allem für die Reifenherstellung in der rasch expandierenden Automobilindustrie der USA. Während des Booms von 1879 bis 1912 gelangten Kautschukbarone in abgelegenen brasilianischen Dschungeldörfern zu unermesslichem Wohlstand. Schon bald gehörten Belém und Manaus zu den reichsten Städten der Welt.

Um das Monopol zu schützen, war es unter Androhung der Todesstrafe untersagt, Setzlinge oder Samen zu exportieren. Dem britischen Pflanzer Henry Wickham gelang es jedoch 1876, auf dunklen Wegen Kautschuksamen von Brasilien nach London zu schmuggeln – eine von der britischen Regierung veranlasste Biopiraterie, für die er sogar geadelt wurde. In den Gewächshäusern der Kew Gardens wuchsen unter der fürsorglichen Pflege des Direktors Joseph Hookers 2000 Setzlinge heran, von denen acht die lange Schiffsreise nach Ceylon und Malaya überlebten.

Wirtschaftsboom dank Latex

Anfänglich konnten sich die Pflanzer nicht für den neuen Baum erwärmen, den der britische Kolonialbeamte Sir Hugh Low 1882 in einem Garten in Kuala Kangsar angepflanzt hatte und den Ridley im heutigen Botanischen Garten von Singapur züchtete (s. S. 410). Erst 1895 ließen sich zwei Kaffeebauern davon überzeugen, *pokok getah* anzubauen. Dank geschickter Kreuzungen, optimaler Standortbedingungen und verbesserter Techniken lieferten bereits wenige Jahre später Millionen von Pará-Gummibäumen in Südostasien weitaus höhere Erträge und preiswerteren Latex als ihre Vorfahren in Brasilien. Anfang der 1920er-Jahre stammte bereits die Hälfte der Weltproduktion aus Malaya und bildete neben Zinn die wirtschaftliche Basis des Landes.

Hunderttausende Migranten aus Indien und von den indonesischen Inseln lebten und arbeiteten im Hinterland der Westküste der malaiischen Halbinsel auf den großen britischen Plantagen von Golden Hope, Sime Darby und Guthrie. Sie ritzten in den frühen Morgenstunden die Rinde der Bäume an und sammelten später den weißen, zähen Saft ein. Weitere 40 % der Kautschukproduktion stammten aus chinesischen Familienbetrieben und von malaiischen Bauern.

Dem setzte der Zweite Weltkrieg mit der japanischen Eroberung Malayas ein abruptes Ende. Verstärkt entwickelten nun amerikanische Wissenschaftler synthetischen Gummi für die Rüstungsindustrie, der schon bald den Naturkautschuk in vielen Bereichen verdrängte.

Palmöl statt Kautschuk

Viele Kautschukplantagen sind inzwischen mit Ölpalmen *(Elaeis guineensis),* der produktivsten Öl liefernden Pflanze, bebaut worden. Im Gegensatz zu Gummi steigt der Bedarf und Preis von Palmöl zusehends. Mit Palmöl kochen (und tanken) Milliarden Menschen und es ist eine wichtige Basis industrieller Lebensmittel und Kosmetika. Mittlerweile ist Malaysia nach Indonesien der weltweit zweitgrößte Palmölproduzent und beschäftigt auf seinen riesigen Plantagen über 400 000 Menschen, überwiegend Migranten aus Indonesien und von den Philippinen.

Der durch die Regierung geförderte Anbau von Ölpalmen, die ursprünglich aus dem tropischen Westafrika stammen, hat das Landschaftsbild verändert. Bereits beim Anflug auf Kuala Lumpur erblickt man einen Teppich akkurat ausgerichteter, dunkelgrüner Palmenreihen. Die anspruchslosen robusten Pflanzen bedecken mittlerweile ungefähr 58 000 km² im Landesinnern der Halbinsel und in Ost-Malaysia. Sie gedeihen auf ehemaligen Reisfeldern, auf Kakao- und Kokosplantagen, in trockengelegten Sümpfen und gerodeten Dschungelgebieten. Ölpalmplantagen erstrecken sich bis an die Grenzen der geschützten Wälder und teilweise sogar darüber hinaus.

Und der Kautschuk? Mitte der 1980er-Jahre kam gerade noch ein Drittel der Weltproduktion an Kautschuk aus Malaysia. Seither hat Thailand die Führungsrolle übernommen. An die Anfangszeiten erinnert vor der Distriktverwaltung in Kuala Kangsar noch der älteste Gummibaum des Landes, einer der ersten Setzlinge, die 1877 gepflanzt wurden. Im Botanischen Garten von Singapur, wo die Setzlinge aufgezogen wurden, weist eine Gedenktafel auf diese wichtige Periode der Wirtschaftsgeschichte hin.

Umwelt

Von Kleinbauern zu Plantagenbaronen

Bis vor 150 Jahren war ein Großteil der malaiischen Halbinsel und Borneos von Dschungel bedeckt. Nomadisierende Ureinwohner wie die Orang Asli in West-Malaysia und die Penan in Sarawak streiften in kleinen Gruppen als Jäger und Sammler durch die Wälder. Entlang der Küsten und großen Flüsse hatten Siedler Felder angelegt und den Wald durch Brandrodung urbar gemacht, um vor allem für den Eigenbedarf Reis und Gemüse anzubauen.

Erst Ende des 19. Jh. wurde der Besitz an Grund und Boden von der britischen Kolonialmacht gesetzlich geregelt und ungenutztes Land wie Mangroven und der tropische Regenwald, der in vielen Regionen den Sultanen unterstand, dem Staat überschrieben. Damit war der Weg für Landkauf, Landspekulation sowie die Anlage großer Plantagen geebnet.

Die Zerstörung des Regenwalds …

Den Pflanzern folgten die Holzfäller. Zuerst beuteten in Sabah britische Gesellschaften den Tropenwald aus und machten Sandakan bis zum Zweiten Weltkrieg zum wichtigsten Holzlieferanten für den chinesischen, japanischen, australischen und britischen Markt. Aber erst in den 1970er- und 1980er-Jahren begann der systematische Raubbau durch die Vergabe riesiger Konzessionen. Hunderte von Sägewerken verarbeiteten in abgelegenen Tälern Urwaldriesen für den einheimischen Markt. Auf Dschungelflüssen wurden gewaltige Baumstämme aus dem Landesinnern zur Küste geflößt, auf Schiffe verladen und exportiert. Schon bald war Malaysia neben Indonesien und Brasilien einer der weltgrößten Exporteure von tropischem Hartholz.

Kaum ein Gedanke wurde dabei an die biologische Vielfalt des Tropenwalds verschwendet, an die dort beheimateten Tiere und vor allem an die Menschen. Erst als in den 1980er-Jahren der Schweizer Höhlenforscher Bruno Manser gemeinsam mit den Penan in Sarawak Holzfällercamps blockierte und durch spektakuläre Aktionen auf die zunehmende Zerstörung des Regenwalds aufmerksam machte, rückte das Leid der Dschungelbewohner in den Fokus der Öffentlichkeit. Seither gibt es von lokalen wie internationalen Naturschutzorganisationen immer wieder Aufrufe zum Schutz dieses einmaligen Ökosystems.

... und die Folgen

Es ist nicht in erster Linie ein besonders fruchtbarer Boden, der das üppige Wachstum der tropischen Urwälder ermöglicht, sondern ein Zusammenspiel vieler verschiedener Faktoren. Pflanzen wandeln die Sonnenenergie in organische Stoffe um, die von Bakterien, Pilzen und anderen Mikroorganismen rasch kompostiert und in die Nahrungskette zurückgeführt werden. Von größter Bedeutung für das außerordentliche Pflanzenwachstum ist das innertropische Klima, das keine markanten Trocken- und Kälteperioden kennt und sich auszeichnet durch eine gleichmäßige Sonneneinstrahlung, viermal so hohe Niederschläge wie in Mitteleuropa und eine entsprechende Luftfeuchtigkeit.

Selektiv abgeholzte Regenwälder, sofern sie sich selbst überlassen sind, können sich bald erholen, was im Forest Research Institute of Malaysia (FRIM, s. S. 139) bei Kuala Lumpur eindrucksvoll zu erleben ist. Allerdings entfalten sich die nachwachsenden Sekundärwälder längst nicht so artenreich und produktiv, denn der ökologische Kreislauf ist durchbrochen. Viele einheimische Tierarten verlieren dadurch ihre Nahrungsquellen und ihren Lebensraum, sodass sie ebenso vom Aussterben bedroht sind wie viele Pflanzenarten.

Noch immer werden Busch- und Sekundärwälder für Ölpalmplantagen gerodet, selbst die letzten von der Holzwirtschaft verschmähten Bäume gefällt und verbrannt. Alles Wurzelwerk wird entfernt und der blanke Boden für die landesweit dominante Monokultur vorbereitet. Kilometerweit stehen Palmen in Reih und Glied ohne jeglichen bedeutsamen Unterwuchs. Sobald heftige tropische Regenschauer niedergehen, kann das ungeschützte Erdreich das Wasser nicht speichern und wird vor allem an den Hängen abgespült. Flüsse versanden und können die Wassermassen nicht bewältigen. Weite Landstriche werden vor allem in den besiedelten Tiefebenen überflutet, Straßen, Felder und Häuser unter Erdrutschen begraben. Mittlerweile macht man sich selbst in westlichen Ländern gegen diese Monokultur stark, denn sie zerstört nicht nur den Lebensraum wilder Tiere und eine artenreiche Flora, sondern auch die für das weltweite Klima wichtigen natürlichen Kohlenstoffspeicher.

Mit dem Straßenbau dringen seit Mitte der 1950er-Jahre staatliche Entwicklungsgesellschaften wie FELDA (Federal Land Development Authority) in bis dahin unzugängliche Wälder im Hinterland vor, um der rasch angewachsenen Bevölkerung neuen Grund und Boden zu erschließen. Mitten im Dschungel wurden große Siedlungen mit allen Infrastruktureinrichtungen und gewaltige Plantagen angelegt. Ursprünglich als Kooperative für mittellose Malaien gedacht, entwickelte sich FELDA schnell zu einem börsennotierten

Konzern mit den weltweit größten Besitzungen an Ölpalmplantagen.

Naturschutzgebiete als Gegenmaßnahme

Bereits vor über 120 Jahren wurde die Forstbehörde gegründet, um die Waldnutzung zu regulieren und den nachwachsenden Rohstoff langfristig zu sichern. Beim Management der Permanent Forest Estates, kurz PFE, wird seit einigen Jahren sogar explizit Wert auf den Erhalt der biologischen Vielfalt und die Einbeziehung der einheimischen Bevölkerung gelegt. Allerdings sind offizielle Angaben mit Vorsicht zu genießen, denn bei der Ausweisung der Waldflächen wird alles mitgezählt, wo ein Baum steht, auch die Plantagen.

Noch unter britischer Kolonialherrschaft wurde im Jahr 1938 der Taman Negara im zentralen Teil West-Malaysias als erster Nationalpark des Landes gegründet, um 130 Mio. Jahre alten Regenwald zu schützen. Seither sind viele weitere Schutzgebiete hinzugekommen, ein Großteil davon State Parks, die teils nur wenige Hektar groß sind. Sie umfassen Primär- und Sekundärwälder, Regen-, Berg- und Kerangaswälder ebenso wie Mangrovengebiete und Inseln mit vorgelagerten Korallenriffen.

Auch so lässt sich Natur erleben: schwindelerregende Aussichten von der Sky Bridge unterhalb des Gunung Mat Cincang auf Pulau Langkawi

Wirtschaft, Soziales und aktuelle Politik

Bereits unter der britischen Kolonialherrschaft bildeten Rohstoffvorkommen eine solide finanzielle Basis und brachten die industrielle Entwicklung Malaysias in Schwung. Der Arbeitskräftemangel sorgte für einen Zustrom an Menschen aus China und Indien, später auch aus Indonesien, Myanmar und den Philippinen. Ganz unterschiedliche Kulturen prallen in Malaysia aufeinander, was das Land vor immer neue Herausforderungen stellt.

Gut geölt: die Wirtschaft

Kraftvoll in die Zukunft

Für ein südostasiatisches Land mit über 34 Mio. Einwohnern gehört schon Mut dazu, 60 km von der Hauptstadt entfernt einen gewaltigen Flughafen zu bauen, der per Schnellbahn in einer halben Stunde erreichbar ist, und dazwischen gleich noch eine Sonderwirtschaftszone im Bereich Informations- und Kommunikationstechnologie aus dem Boden zu stampfen. Der sogenannte **Multimedia Super Corridor** (MSC) umfasst das Technologiezentrum Cyberjaya und die weitläufige Reißbrett-Stadt Putrajaya, wo die Regierung des Landes untergebracht ist. Doch dies sind nicht die einzigen Großprojekte in und um Kuala Lumpur, die in der ersten Regierungsperiode (1981–2003) von Ex-Premierminister Mahathir Mohamad auf den Weg gebracht wurden. Aus dieser Zeit stammen auch die ehemalige Formel-1-Rennstrecke sowie die 425 m hohen Petronas Twin Towers.

Sprudelnde Geldquelle

Petronas, die 1974 gegründete staatliche Öl- und Gasgesellschaft, macht es möglich. Dank der beachtlichen Gewinne des profitablen Unternehmens von umgerechnet mehr als 20 Mrd. Euro jährlich kann sich das Land repräsentative Neubauten, ein gut ausgebautes Autobahnnetz und gewaltige Industrieprojekte leisten. Der Staat subventioniert einige Grundnahrungsmittel, Strom sowie Kraftstoffe, sodass die Lebenshaltungskosten relativ günstig sind. Mit seinen knapp 48 000 Mitarbeitern fördert Petronas nicht nur Öl und Gas, zumeist offshore vor der Ostküste der Halbinsel, sondern betreibt auch Pipelines, Raffinerien und petrochemische Industrieanlagen, engagiert sich im Verkauf und Marketing, in der Automobilindustrie, Logistik und selbst auf dem Immobilienmarkt.

Der Staat mischt fast immer mit

Einen großen Anteil am Aufschwung hat auch der Staatsfonds **Khazanah Nasional,** der seit 1993 an strategisch wichtigen Firmen beteiligt ist, u. a. in den Bereichen Biotechnologie, Energiegewinnung, Gesundheits- und Transportwesen, Medien, Logistik, Kommunikation und Landwirtschaft. Khazanah Nasional gehören staatsnahe Firmen wie die Malaysia Airlines, Telekom Malaysia und der Stromversorger Tenaga Nasional. Zudem wird durch das Investmentunternehmen die Privatwirtschaft gefördert. Die zeitweise über 100 Beteiligungen in mehr als 20 Ländern wurden mittlerweile wieder entschlackt. Überhaupt sind viele der staatlichen malaysischen Unternehmen ziemlich aufgeblähte Apparate, sodass es immer wieder auch zu Korruptionsskandalen kommt.

Das 1991 lancierte Langzeitprojekt **Wawasan 2020** mit dem großen Ziel, bis zu jenem Jahr eine vollentwickelte Industrienation zu sein, konnte in vielen Bereichen und Regionen verwirklicht werden. Der Lebensstandard vieler Malaysier ist für asiatische Verhältnisse hoch, die politischen Verhältnisse sind weitgehend stabil und insbesondere der westliche Landesteil ist hochgradig urbanisiert.

Internationale Verflechtungen

Bereits seit den frühen 1980er-Jahren ist Malaysia aufgrund seiner guten Infrastruktur, seiner politischen Stabilität und seines soliden Wirtschaftswachstums auch für internationale Investoren attraktiv. In der Freihandelszone im Bundesstaat Penang sowie in Cyberjaya werden Computer und andere elektronische Geräte ebenso wie integrierte Schaltkreise, Fest platten, Halbleiter und weitere Bauteile der Kommunikationstechnologie, aber auch Produkte aus den einheimischen Rohstoffen Kautschuk, Palmöl und Holz gefertigt. Die Waren sind überwiegend für den Export bestimmt und gehen vor allem nach Singapur, China und Japan. Malaysia ist Mitglied der Welthandelsorganisation WTO, des asiatisch-pazifischen Wirtschaftsforums APEC sowie des Verbands Südostasiatischer Nationen ASEAN. Auch in puncto Bankwesen hat das Land die Nase vorn: Malaysia zählt zu den wichtigsten Ländern eines nach islamischen Richtlinien arbeitenden Bankwesens. Die größte Bank- und Finanzgruppe Maybank ist mittlerweile mit vielen Filialen vor allem in den islamischen Ländern Asiens vertreten.

Landwirtschaft und Fischerei

Während besonders die Ölpalmplantagen (s. S. 28) an wirtschaftlicher Bedeutung gewinnen, schrumpft der Beitrag der traditionellen Landwirtschaft, in der nurmehr 9 % der Bevölkerung beschäftigt sind. Reis wird in größerem Ausmaß im Norden der malaiischen Halbinsel angebaut und dank künstlicher Bewässerung zweimal jährlich geerntet. Die Erträge decken jedoch nur rund die Hälfte des Landesbedarfs, weshalb große Mengen aus Vietnam und Thailand importiert werden müssen. Neben Palmöl und Kautschuk sind Pfeffer, Kakao und Ananas weitere Exportprodukte der Landwirtschaft. Die Fischerei, einst die wirtschaftliche Basis vieler Malaien, ist kaum noch von Bedeutung. Das Meer um die Halbinsel ist leergefischt oder steht unter Naturschutz. Nur in der Sulusee vor Sabah sind die Netze noch gut gefüllt. Zwei Drittel der Speisefische und Meeresfrüchte stammen von Farmen, die bevorzugt in (und zulasten von) ehemaligen Mangrovengebieten angelegt werden.

Malaiische Regenten, chinesische Manager

Die Anfänge

Seit ab dem 10. Jh. arabische, indische und chinesisch-muslimische Händler den Islam vom heutigen Südthailand bis zu den indonesischen Molukken verbreiteten, prägen malaiische **Sultanate** das politische Geschehen der Inselwelt. Im ältesten malaysischen Sultanat Kedah an der Nordwestküste der Halbinsel kann der Herrscher seine Linie bis ins 12. Jh. zurückverfolgen. Einige Sultanate wie diejenigen von Aceh im heutigen Indonesien oder Johor-Riau vor den Toren von Singapur dehnten ihren Einflussbereich durch Eroberungskriege und Bündnisse auf größere Gebiete aus, doch meist handelte es sich um kleinere Herrschaftsbereiche lokaler Fürsten, die in eher bescheidenen Palästen lebten und über einige Fischerdörfer regierten. Den europäischen Kolonialherren kamen die bereits bestehenden Verwaltungsstrukturen und die Regenten als Vertragspartner durchaus entgegen. Um Einfluss zu gewinnen, machten sie sich auch Erbfolgestreitigkeiten oder finanzielle Engpässe zunutze, bis schließlich im 19. Jh. alle Sultanate der britischen Krone unterstanden. Die Briten hatten in erster Linie wirtschaftliche Interessen und ließen Überseechinesen, die den Handel dominierten, als Mittelsmänner agieren.

Das malaiische Gold: Zinn

Das geruhsame Leben im Sultanat Perak an der Westküste der Halbinsel endete im Jahr 1820, als im Kinta Valley Zinnvorkommen entdeckt wurden. Schon bald engagierten sich Überseechinesen aus Penang und Singapur im Zinnbergbau. Sie holten Schiffsladungen von Tagelöhnern aus Südchina, wo infolge der Opiumkriege Hungersnöte ausgebrochen waren. 50 Jahre später schufteten 40 000 Kulis in den Zinnminen, hoben riesige Gruben aus und wuschen das Erz aus dem Sand. Es waren überwiegend raue Gesellen, die eine neue Heimat in den **Clans** fanden, in denen sie sich entsprechend ihrer Herkunft und Sprache organisierten (s. S. 200).

Ungeklärte Wasserrechte, eine Spielwette und die Eskapaden einer verheirateten Frau waren zwischen 1861 und 1873 Auslöser für Kriege zwischen den **Geheimbünden** der Hai San und Ghee Hin, im Laufer derer sich auch die malaiischen Sultane auf die Seite der einen oder anderen Gruppe schlugen. Als das Chaos überhandnahm, wurden die Briten um Hilfe gebeten. Sie nutzten die Gelegenheit und etablierten im **Friedensvertrag von Pangkor** die britischen Residenten als politische Strippenzieher. Diese waren bis zur Unabhängigkeit bestrebt, das fragile Gleichgewicht zwischen den Wirtschaftsinteressen der Chinesen und den politischen Interessen der Sultane zu bewahren.

Dem Zinnboom verdanken Städte wie Kuala Lumpur, Ipoh und Taiping ihre Existenz und vom Wohlstand der Zinnbarone zeugt bis heute so manch prachtvolle Villa. Noch im Jahr 1980 lieferte das Land über die Hälfte der Weltproduktion an Zinn. Dann waren die Minen erschöpft und das Erdöl trat seinen Siegeszug an.

Im Spannungsfeld ethnischer Konflikte

Im 1963 ins Leben gerufenen **Malaysia** erhielten alle Bewohner – ob Malaien, Chinesen oder Inder – die gleichen staatsbürgerlichen Rechte. Zusammen mit dem weiteren Machtverlust der Sultane sorgte dies für Unmut bei den Malaien, die durch die wirtschaftliche Dominanz der Chinesen die labile Balance gefährdet sahen. Daher entledigte man sich bereits zwei Jahre später der überwiegend von Chinesen bewohnten Insel Singapur.

Infolge von Rassenunruhen wurde 1971 die ›neue ökonomische Politik‹, **Dasar Ekonomi Baru,** proklamiert, um der malaiischen Bevölkerung einen größeren wirtschaftlichen Einfluss zu sichern. Doch dieses Programm sorgte nicht zwangsläufig für mehr Gerechtigkeit, sondern polarisierte und schuf neue Konflikte. Die Korruption wurde ebenso gefördert wie der Braindrain: Viele begabte Chinesen, die aufgrund der ethnischen Quoten keinen Studienplatz bekommen, gehen ins Ausland und kehren nach dem Abschluss nicht zurück. Die Gesetzgebung versucht ansatzweise das fragile Gleichgewicht zu stabilisieren.

Singapur und Brunei: die reichen Nachbarn

Es ist nicht gerade eine große Freundschaft, die Malaysia mit seinen kleinen Nachbarn verbindet, auch wenn die Länder in verschiedenen wirtschaftlichen und politischen Organisationen miteinander assoziiert sind.

Vom Sultan regiert, von Shell finanziert: Brunei

Neben Malaysia gehörte auch das Sultanat von Brunei zu den britischen Besitzungen. Im 16. Jh. umfasste es sowohl den Sulu-Archipel bis nach Manila als auch den Nordwesten von Borneo. Um Aufstände seiner rebellischen Untertanen niederzuschlagen, benötigte der Sultan jedoch des Öfteren Hilfe von außen, die er

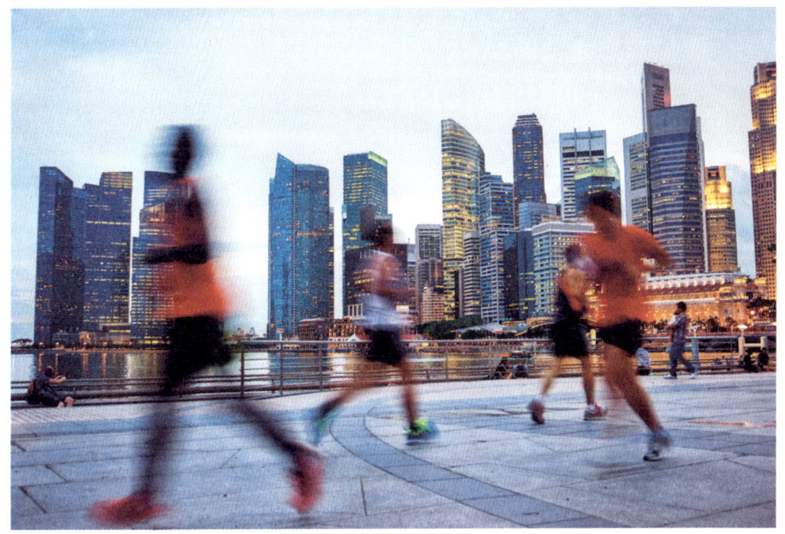

Malaysias futuristischer Nachbar: Singapur

sich durch Abtretungen erkaufte. Zuerst übertrug er dem Sultan von Sulu (Philippinen) große Gebiete seines Reichs und 1841 wurde der britische Abenteurer James Brooke (s. S. 42) Besitzer des heutigen Sarawak. Nachdem die **British North Borneo Company** 1881 das heutige Sabah übernommen hatte, blieb dem kleinen Sultanat kaum eine andere Alternative, als sich unter den Schutz der Briten zu stellen.

Durch Zufall wurde 1929 am Strand von Brunei Öl entdeckt. Schon bald bescherten die von Shell ausgebeuteten Vorkommen dem Sultanat einen ungeheuren Wohlstand. Als im Dezember 1941 japanische Truppen den Norden Borneos besetzten, waren die Ölfelder ihr erstes Ziel.

Nach dem Zweiten Weltkrieg wurden die weltumspannenden Kolonien des British Empire Schritt für Schritt in die Unabhängigkeit entlassen. Auch Südostasien stand vor der Neuordnung. Anfang der 1960er-Jahre scheiterte die Idee einer Föderation von Malaya gemeinsam mit Brunei. Man fürchtete die Vereinnahmung durch die chinesische Wirtschaftsmacht und das von Malaien dominierte Establishment in West-Malaysia. Zudem gab es auf Borneo Kräfte, die sich lieber Indonesien anschließen wollten. Von 1962 bis 1966 führte das zur **Konfrontasi,** kriegerischen Auseinandersetzungen zwischen den in Indonesien ausgebildeten Rebellen und der malaysischen Armee, die von der Far East Strategic Reserve aus Briten, Australiern und Neuseeländern unterstützt wurde – ein Beitrag zum weltweiten Kampf gegen den Kommunismus. Als Malaysia im September 1963 unabhängig wurde, stand für den Sultan der Beitritt nicht mehr zur Diskussion, und so blieb Brunei bis 1984 britisches Protektorat.

Noch immer ist der Sultan das politische Oberhaupt des Landes, dessen Pro-Kopf-Einkommen eines der höchsten der Welt ist. Der immense Ölreichtum beschert den Einwohnern nicht nur Steuerfreiheit, sondern auch ein kostenloses Bildungs- und Gesundheitssystem sowie unberührte Dschungelgebiete.

Asiens Handelszentrum Nr. 1: Singapur

Ganz anders gestaltete sich die Entwicklung in Singapur. Als der Forscher Sir Stamford

Raffles 1819 erstmals die Insel ansteuerte, erkannte er sofort das wirtschaftliche Potenzial, das die günstige geografische Lage vor der Südspitze des asiatischen Kontinents mit sich brachte. Bereits nach wenigen Jahren war Singapur von der British East India Company in Besitz genommen und als Hafen ausgebaut worden. Schließlich hatte die holländische Konkurrenz mit Batavia bereits einen wichtigen Handelsposten auf Java etabliert. Als Teil der **Straits Settlements,** d. h. der Kolonien der **British East India Company** an der Straße von Melaka, wurde die Insel 1867 direkt der britischen Krone unterstellt.

Im Zeitalter der Dampfschiffe erblühte Singapur zum größten Handelszentrum des Archipels, in dem Malaien, Inder, Araber und vor allem Chinesen lebten. Im Gegensatz zu den anderen Straits Settlements Penang, Dinding (Manjung) und Labuan blieb Singapur nach dem Ende der japanischen Besatzung Kronkolonie. Mit dem Beitritt zur **Federation of Malaya** erhielt die Insel 1963 zwar einige Sonderrechte, aber der Rassenkonflikt blieb bestehen und sorgte für wachsende Spannungen. Die noch heute in Singapur herrschende People's Action Party (PAP) beschuldigte die damals regierende United Malays National Organisation (UMNO) der rassistischen Diskriminierung durch die Bevorzugung der als Bumiputra (›Söhne der Erde‹) bezeichneten Malaien und die Benachteiligung der Chinesen. Bereits nach zwei Jahren führte dies zum endgültigen Bruch mit Malaysia, was die nun unabhängige Republik Singapur um ihr Hinterland brachte.

Von heute auf morgen war die Insel zu einem Stadtstaat geworden, der keinerlei Bodenschätze, sondern nur die Arbeitskraft seiner damals 1,8 Mio. Einwohner besaß – all das auf einem Gebiet kleiner als Berlin. Eine sehr geschickte Politik, die durch eine liberale Gesetzgebung ausländische Investitionen förderte und mit harter Hand die Korruption bekämpfte, sorgte für einen anhaltenden Wirtschaftsboom. Heute hat Singapur von allen asiatischen Ländern nach Katar das höchste Bruttoinlandsprodukt pro Kopf der Bevölkerung, ein vorbildliches Gesundheitssystem und eine zukunftsweisende Infrastruktur. Neben 4,2 Mio. Einheimischen arbeiten über 2,2 Mio. Ausländer im wichtigsten Banken- und Handelszentrum Südostasiens. Eine Erfolgsstory sondergleichen, nur die Konflikte mit dem Nachbarn Malaysia lodern immer wieder auf, sei es über Wasserlieferverträge oder den Verlauf der gemeinsamen Seegrenzen.

Tourismus

Laut offiziellen Statistiken reisen jährlich rund 16–18 Mio. ausländische Touristen nach Malaysia. Damit ist der Tourismus in der Wirtschaftsstatistik einer der wichtigsten Devisenbringer. Allerdings kommen zirka die Hälfte aller Touristen allein aus dem Nachbarland Singapur – vor allem am Wochenende, um günstig essen zu gehen und einzukaufen. Während Feiertagen und langer Wochenenden im Stadtstaat sind die Hotels von Melaka und anderen leicht erreichbaren Zielen gut gebucht. Auch auf Tioman und Sipadan sowie bei Bergtouren am Gunung Kinabalu fallen die zahlungskräftigen Nachbarn ins Auge.

Die zweitgrößte Besuchergruppe stammt aus Indonesien. Für sie spielen Kuala Lumpur als Umsteigeflughafen, aber auch der Besuch von Verwandten und der Medizintourismus eine wichtige Rolle. Zusammen mit China, Thailand und Brunei stellen diese Nationen drei Viertel aller Touristen.

In den letzten Jahren haben vor allem Kuala Lumpur, Johor Bahru und Kota Kinabalu vom Angebot der Billigfluggesellschaften profitiert. Sabah, das früher abseits der Reiserouten lag, wird nun wegen seiner vielfältigen landschaftlichen Attraktionen zunehmend besucht.

Während Backpacker das ganze Jahr über unterwegs sind, kommen Familien zumeist während der Sommerferien nach Malaysia. Rentner überwintern gerne an der Westküste der Halbinsel, beispielsweise auf Langkawi und Penang, einige bleiben sogar noch länger im Land, was ihnen das staatliche Programm **Malaysia My Second Home** ermöglicht.

Langkawi – Fluch und Segen einer Urlaubsinsel

Lange ignorierten Touristen Langkawi, das Inselarchipel nahe der thailändischen Grenze, das früher als Unglücksort galt und Piraten Unterschlupf bot. Laut einer Legende soll die malaiische Prinzessin Mahsuri im 14. Jh. nach einer fälschlichen Beschuldigung die Inseln für sieben Generationen verflucht haben.

Noch in den 1970er-Jahren gab es auf Langkawi kaum mehr als ein paar Dörfer umgeben von Reisfeldern, eine kleine Kautschukplantage und ein paar Fischer. Neben dem Markt wies die weithin sichtbare Moschee den Weg zur Anlegestelle. Mit der Fähre vom Festland kamen auch vereinzelt Globetrotter auf die Insel, die sich in billigen Privatzimmern im Hauptort einmieteten. Mit dem Fahrrad oder Moped konnte man gemächlich die wenigen Inselstraßen erkunden. Ein paar Holzhütten an einem weiten Strand an der Westküste boten spartanischen Unterschlupf, und wen die eintönige Kost aus gebratenem Reis und gebratenen Nudeln nicht störte, der konnte hier preiswert leben. Zwar gab es bereits einige Hotels an abgelegenen Stränden, doch die standen ebenso wie der staatliche Country Club meist leer, und man munkelte, dass der Fluch der Prinzessin noch immer wirke.

Dann machte ein junger Arzt, der Mitte der 1950er-Jahre in der Inselklinik praktiziert hatte, politische Karriere: Dr. Mahathir Mohamad wurde 1981 Premierminister des Landes. Da ihm die Entwicklung von Langkawi am Herzen lag, erhielten die Inseln 1987 einen internationalen Flughafen und wurden zur Duty-free-Zone erklärt. Das hatte zunächst zur Folge, dass die Anzahl der Autos und Taxis explosionsartig anwuchs. Mit den zollfreien Produkten hingegen ging es zögerlicher voran: Die beliebtesten Waren versprachen kaum Profit, da Muslime keinen Alkohol trinken dürfen und die Regierung gerade dabei war, das Rauchen einzuschränken. So wurden Kochgeschirr, Porzellan und indonesische Sarongs die Renner. Allerdings gab es noch eine zweite Hürde, die bis heute Bestand hat: Duty-free-Waren dürfen nur aufs Festland gebracht werden, wenn ein Aufenthalt von mindestens 48 Stunden auf Langkawi nachgewiesen werden kann.

Die Verweildauer auf der Insel zu verlängern, wurde zur Aufgabe der 1990 ins Leben gerufenen Langkawi Development Authority (LADA). Zusätzliche Attraktionen entstanden, darunter Jachthäfen und die Seilbahn mitten im Geopark. Für einige Großprojekte, den Straßen- und Flughafenausbau wurden Berge abgetragen sowie Küsten aufgeschüttet und begradigt, was Erdrutsche auslöste und Meeresströmungen veränderte. Neben den Grundstückspreisen stiegen die Lebenshaltungskosten. Der öffentliche Busservice wurde wegen der vielen Taxis unrentabel und letztlich eingestellt. Einige Fischer und Bauern fanden ein Auskommen als Taxifahrer, Gärtner oder Bootsführer, aber die meisten qualifizierten Arbeitskräfte stammen vom Festland. Die rasche Entwicklung mit all ihren Folgeproblemen schärfte andererseits das Umweltbewusstsein, vor allem bei Ausländern, die schon lange auf der Insel leben. So stehen der Schutz der Natur oder traditionelle Heilmethoden heute im Vordergrund vieler touristischer Angebote.

Geschichte

Aufgrund seiner geografischen Lage an der wichtigsten Handelsroute zwischen Indien und China ließen sich an Malaysias Küsten schon früh asiatische Seefahrer und Händler nieder. In den vergangenen Jahrhunderten beeinflussten europäische Abenteurer und Kolonialmächte sowie Einwanderer aus Indien, China und dem indonesischen Raum das Geschehen des Landes.

Frühgeschichte

Die Frühgeschichte der Insel Borneo und der malaiischen Halbinsel ist kaum erforscht. Es existieren verschiedene Hypothesen darüber, woher die ersten Siedler kamen. Im Lenggong-Tal in Perak entdeckte man das Skelett eines etwa 11 000 Jahre alten Mannes, sogar rund 40 000 Jahre alt sind Knochenfunde in den Niah-Höhlen in Sarawak. Wahrscheinlich handelt es sich bei beiden um austronesische **Negritos,** die frühesten Einwohner der Region. Sie waren Jäger und Sammler, die bereits vor 20 000 Jahren einfache Steinwerkzeuge benutzten. Ihre heutigen Nachfahren sind die **Semang** auf der malaiischen Halbinsel, die zu den **Orang Asli** gezählt werden.

Vor fast 5000 Jahren wanderten die ersten **Proto-Malaien** aus Südchina und dem nördlichen Indochina ins malaiische Archipel ein und besiedelten die Küsten. Die exzellenten Seefahrer segelten mit ihren Auslegerbooten von Madagaskar bis Neuseeland und erreichten selbst die Inseln Polynesiens. Funde von Steinbeilen, die auch von ihrer Anwesenheit auf der Halbinsel zeugen, deuten darauf hin, dass sie bereits im 1. Jh. v. Chr. bis zur Insel Samoa gelangten, 9500 km entfernt. Bis weit nach dem Beginn unserer Zeitrechnung dienten die Proto-Malaien indischen, persischen und chinesischen Händlern als Navigatoren.

Etwa 400 bis 300 v. Chr. kamen, ebenfalls aus dem Norden, die ersten **Deutero-Malaien** über die Landbrücke auf die Halbinsel und verdrängten viele proto-malaiische Völker in die Dschungelgebiete im Landesinnern. Die Deutero-Malaien konnten bereits Eisenwerkzeuge herstellen und ihre Kenntnisse vom terrassierten Nassreisanbau und der Herstellung von Eisen veränderten das Leben der Menschen grundlegend: Mit ihren Werkzeugen konnte der Dschungel leichter gerodet und der Boden besser bearbeitet werden. Damit war die Grundlage für ein sesshaftes bäuerliches Leben gegeben.

Erste Handelsstützpunkte

Von Stadtstaaten und Königreichen

Handelskontakte zwischen den Hochkulturen Chinas und Indiens bestanden bereits vor Beginn der westlichen Zeitrechnung. Mehrere Häfen an der Westküste der malaiischen Halbinsel dienten als Umschlagplätze, von denen aus die Waren auf Fahrwegen an die Ostküste transportiert und weiter verschifft wurden. Um die Häfen bildeten sich Stadtstaaten, die kulturelle und religiöse Verbindungen mit Südindien unterhielten. Das erste Reich war das hinduisierte **Langkasuka,** das im 2. Jh. n. Chr. im Norden der Halbinsel entstand und bis Pattani (heute Südthailand) reichte. Im Bujang-Tal in Kedah wurden Tempelfundamente dieser Epoche ausgegraben.

Im 7. und 8. Jh. n. Chr. gerieten die malaiischen Inseln und große Teile des Festlands unter den wirtschaftlichen und politischen Einfluss des Königreichs **Sri Vijaya,** dessen Hauptstadt nahe dem heutigen Palembang in Südsumatra lag. Chinesische Reisende berichteten von diesem mächtigen Land der Seefahrer und Händler. Buddhismus war Staatsreligion und Malaiisch, in Sanskrit geschrieben, die vorherrschende Sprache. Die ältesten bislang entdeckten schriftlichen Überlieferungen dieses Raums stammen aus jener Zeit.

Schon im 11. Jh. begann der Niedergang von Sri Vijaya und in der zweiten Hälfte des 13. Jh. wurde das hinduistische **Majapahit-Reich** die bestimmende Macht im südostasiatischen Raum. Das Imperium aus Ostjava zerschlug das buddhistische Sri-Vijaya-Reich und dehnte sein Einflussgebiet unter König Hayam Wuruk bis ins heutige Malaysia und auf die Philippinen aus. Mit der Islamisierung im 15. Jh. begann der Zerfall des Reichs.

Der Islam hält Einzug

Die Anfänge des **Islam** in Malaysia sind schwer zu datieren. Schon im 7. Jh. brachten persische und arabische Händler die buddhistisch-hinduistisch beeinflussten Stadtstaaten mit den Lehren Mohammeds in Berührung. Die ersten Gebiete, die den Islam offiziell annahmen, lagen im Norden Sumatras. 1292 berichtete Marco Polo von Perlak und Pasai, zwei Königreichen an der Ostküste Sumatras, in denen der Islam fest verwurzelt war. Auf einem in der Nähe von Kuala Berang in West-Malaysia entdeckten Steinfragment aus dem Jahr 1303, dem Terengganu-Stein (s. S. 262), sind

Der uralte Terengganu-Stein, auf dem die islamischen Gesetze festgehalten sind, befindet sich heute im Terengganu State Museum

in der Jawi-Schrift die islamischen Gesetze verzeichnet. Demnach muss im heutigen Terengganu ein islamisches Reich existiert haben, dessen Herrscher Raja Mandulika hieß. Etwa zur gleichen Zeit entstanden an der Küste Borneos mehrere islamische Sultanate, von denen Brunei sich als das einflussreichste erweisen sollte.

Aufstieg und Fall von Melaka

Unter hinduistischer und islamischer Herrschaft

Über 100 Jahre lang war Melaka (früher: Malacca) die wichtigste wirtschaftliche und politische Macht Südostasiens. Man nimmt an, dass die Stadt 1398 von **Raja Parameswara** gegründet wurde und schon 1450 ca. 40 000 Einwohner zählte. Der Prinz stammte aus der Hindudynastie Sri Vijaya und war der Herrscher von Temasik, dem heutigen Singapur. Von dort war er durch Soldaten des Majapahit-Reichs vertrieben worden, dessen Regenten sich nach und nach auch das restliche Sri-Vijaya-Imperium einverleibten.

Um 1438 beherrschte Parameswara die malaiische Halbinsel bis hinauf ins heute thailändische Songkhla sowie den Riau- und Lingga-Archipel und große Teile Sumatras. Möglich war diese rasche Expansion nur mit Duldung des chinesischen Kaiserreichs, das an einem starken Vasallen in der Region interessiert war. Mehrere Male schickte Parameswara Gesandtschaften an den chinesischen Kaiserhof und Melaka wurde mehrfach von Admiral Cheng Ho besucht. Parameswara selbst konvertierte zum Islam und nannte sich **Sultan Iskandar Shah.** Die Stadt war damals eine der kosmopolitischsten Metropolen der Welt: Araber, Chinesen, Inder, Javaner und Thais, aber auch Bugis, Perser, Gujaratis und Acehnesen lebten hier. Die anderen malaiischen Sultanate auf der Halbinsel hatten – mit Ausnahme von Kedah – zu diesem Zeitpunkt nur wenig Einfluss und waren allesamt Vasallen Melakas.

Nach seinem Tod 1414 kam es unter Parameswaras Nachfolgern zu Spannungen zwischen der hindu-malaiischen Oberschicht und den aufgeklärten islamischen Kaufleuten, hauptsächlich Tamilen aus Südindien. Als gegen Ende des 15. Jh. auch noch Konflikte zwischen **Sultan Mahmud Shah** und dem Bendahara, dem höchsten Minister und Befehlshaber der Streitkräfte, schwelten, führte dies zum Niedergang von Melaka.

Durch das Eintreffen der Europäer kam es zum Bruch der jahrhundertealten Verbindungen von Südostasien nach Indien und China, den beiden wichtigsten politischen und kulturellen Zentren der damaligen Welt. Damit war eine gesellschaftliche Weiterentwicklung der Region unter asiatischem Vorzeichen für mehrere Hundert Jahre nicht mehr möglich.

Portugiesen und Niederländer

1498 umrundete der portugiesische Entdecker **Vasco da Gama** Afrika und landete in Indien. Ziel der Politik seines Heimatlands war die Kontrolle des lukrativen Gewürzhandels, der bis dahin durch indische, arabische und persische Kaufleute über den Persischen Golf und die Landroute zum Mittelmeer abgewickelt worden war.

1511 gelang es dem im indischen Goa stationierten portugiesischen Vizekönig **Afonso d'Albuquerque** mit einer Streitmacht von nur 800 Portugiesen und 300 Malabar-Indern, Melaka zu erobern. Unterstützung erhielten sie von ortsansässigen nicht-malaiischen Händlern und Kaufleuten, die aufgrund ihrer Herkunft hoch besteuert wurden und daher offen mit den Portugiesen paktierten. Zudem waren Korruption und Intrigen in der malaiischen Führung weitverbreitet.

In den folgenden 130 Jahren konnten die Portugiesen Melaka zu einer wichtigen Festung ihres Kolonialreichs ausbauen. Zwar waren Konflikte mit den rivalisierenden Sultanaten von Johor und Aceh an der Tagesordnung, doch die portugiesische Herrschaft stützte sich auf ihre überlegene Flotte und ihre waffentechnische Vormachtstellung. Eine Schwäche des portugiesischen Kolonialsystems war die Unfähigkeit, kommerzielle Ambitionen und religiöse Überzeugung in Einklang zu bringen. Die muslimischen Kaufleute, die den Handel im malaiischen Archipel dominierten, wurden rücksichtslos unterdrückt und die allzu eifrige christliche Missionierung schürte bereits bestehende Spannungen. Nach einer sechsmonatigen Belagerung Melakas durch niederländische Soldaten und die mit ihnen verbündeten Truppen des Sultans von Johor ergab sich 1641 der portugiesische Gouverneur. Von nun an regierten die Niederländer die Stadt, die danach nie wieder ihre ursprüngliche Bedeutung erlangte. Der internationale Handel wurde mehr und mehr über Aceh an der Nordspitze Sumatras und das niederländische Batavia (heute Jakarta) abgewickelt. 1824 traten die Niederlande Melaka gegen Gebiete auf Sumatra an Großbritannien ab.

Britische Kolonialherrschaft

Erst 1786 fasste die britische Kolonialmacht Fuß in Malaya. In jenem Jahr schloss der Kaufmann **Francis Light** mit dem Sultan von Kedah einen Vertrag über die Abtretung der Insel Penang, da die **East India Company** für ihren lukrativen Handel mit China – Opium nach China, Tee, Seide und Porzellan nach Indien bzw. Europa – einen Stützpunkt an der Straße von Malacca benötigte. 1819 nahm **Stamford Raffles** (s. S. 42), während der Napoleonischen Kriege britischer Gouverneur Niederländisch-Ostindiens, die Insel Singapur für Großbritannien in Besitz. 1867 wurden Penang, Melaka, Dindings (Pangkor) und Singapur zur Kronkolonie der **Straits Settlements** zusammengeschlossen.

Unterdessen waren teils unter der Oberherrschaft des siamesischen Reichs, heute Thailand, die einflussreichen Sultanate Pattani, Perlis, Kedah, Kelantan und Terengganu entstanden. Infolge der Industriellen Revolution entwickelte Großbritannien ein neues wirtschaftliches Interesse an der Region. War es früher vor allem um Kolonialwaren gegangen, so nahm nun die Bedeutung der Kolonien als Absatzmärkte und Lieferanten von Rohstoffen für die industrielle Produktion zu.

Zwischen 1874 und 1896 wurden die Sultanate von Perak, Selangor, Pahang und Negri Sembilan durch einseitige Verträge zu Protektoraten der britischen Krone. Jeder Sultan durfte politische Entscheidungen nur noch mit Einverständnis des ihm zur Seite gestellten britischen Residenten treffen, einzig in den Bereichen Islam und malaiische Tradition blieb der Sultan moralische Instanz. Unter der Oberhoheit des Gouverneurs der Straits Settlements wurden diese Sultanate 1896 zu den **Föderierten Malaiischen Staaten** zusammengeschlossen. 1909 musste Siam seine Rechte an den nördlichen Sultanaten Kedah, Perlis, Kelantan und Terengganu (aber nicht Pattani) an Großbritannien abtreten.

Durch ein kompliziertes System von Verträgen kontrollierten die Briten inzwischen die Politik der gesamten malaiischen Halbinsel. Zinn und Kautschuk waren zu den wichtigsten Exportartikeln geworden, riesige Plantagen überzogen das Land. Die meisten Besitzungen gehörten britischen Monopolen. In Somerset Maughams Geschichten (s. S. 64) werden Malaya und die britischen Besitzungen an der Nordküste Borneos in den 1920er- und 1930er-Jahren treffend beschrieben.

Die Geschichte Ost-Malaysias

Die Geschichte der Bundesstaaten Sarawak und Sabah ist aufs Engste mit dem Sultanat Brunei verbunden. Schon vor 500 bis 1000 Jahren bestand ein Warenaustausch zwischen Handelsstationen an der Nordküste Borneos und dem chinesischen Kaiserreich sowie Sri Vijaya und Majapahit. Durch das Auftauchen der europäischen Großmächte Portugal und Spanien wurde das traditionelle

Zwei Engländer schreiben Geschichte

Stamford Raffles wurde 1781 auf dem Handelsschiff seines Vaters vor der Küste von Jamaika geboren, James Brooke kam 1803 als Sohn eines Richters in Britisch-Indien zur Welt. Beide verbrachten ihre Schulzeit in einem englischen Internat und beide traten danach in den Dienst der British East India Company, die das Handelsmonopol in den britischen Kolonien innehatte – Raffles als einfacher Büroangestellter in London, Brooke als Offizier in der bengalischen Armee.

Stamford Raffles machte zielstrebig Karriere. Als Penang 1805 in die East India Company eingegliedert wurde, nahm er dort einen gehobenen Beamtenposten an. Er und seine attraktive, etwas umstrittene Frau Olivia pflegten einflussreiche Beziehungen und schon bald wurde Raffles zum amtlichen malaiischen Übersetzer und Dolmetscher ernannt. Bereits 1807 war er Sekretär des Gouverneurs.

Als die Niederlande während der Napoleonischen Kriege dem französischen Kaiserreich einverleibt wurden, organisierte Raffles die Besetzung der indonesischen Insel Java durch britische und indische Truppen. Er avancierte zum Generalgouverneur von Java, wo er die Macht der Sultane zerschlug und mit der Reform des alten holländischen Verwaltungs- und Steuersystems begann. In dieser Zeit entwickelte Raffles die Grundzüge seines Buchs »History of Java«, ein Universalwerk, das umfassend Aspekte der Kultur, Sprache, Geschichte, Zoologie und Botanik der Insel beleuchtet.

1819 luchste Stamford Raffles dem malaiischen Sultan von Johor einen Vertrag über die Abtretung der Insel Singapur ab, indem er geschickt die politische Instabilität des Sultanats aufgrund von Erbfolgestreitigkeiten ausnutzte. 1824 kehrte Raffles nach England zurück, wo er zwei Jahre später im Alter von nur 45 Jahren relativ verarmt starb. Seine zweite Frau Sophia verfasste seine Biografie und sorgte dafür, dass ihr Mann einen ruhmvollen Platz in den Geschichtsbüchern erhielt.

Die Errungenschaften von Raffles, der u. a. einer der Gründer der Stadt Singapur war, sind heute unumstritten, zu Lebzeiten hingegen entsprach er nicht ganz dem damals gängigen Bild. So hatte Raffles beispielsweise die Abschaffung der Sklaverei auf Java und später auf Sumatra durchgesetzt, was zu dieser Zeit nicht mit der offiziellen Politik konform ging. Auch seine Beschäftigung mit der malaiischen Kultur und seine Freundschaft mit Malaien und Javanern war noch lange nicht gesellschaftsfähig.

Einen ganz anderen Verlauf nahm das Leben von James Brooke, einem klassischen Abenteurer. Im Ersten Anglo-Burmesischen Krieg im indischen Assam wurde er schwer verletzt und daraufhin 1825 in seine englische Heimat geschickt. Erst 1830 kehrte Brooke nach Indien zurück. Nach dem Tod seines Vaters kaufte er mit dem ererbten Vermögen einen bewaffneten Schoner und segelte 1838 an der Nordwestküste der Insel Borneo entlang. Das gesamte Gebiet gehörte zu jener Zeit dem Sultan von Brunei, gegen dessen Oberhoheit sich immer wieder Dayak-Stämme mit blutigen Aufständen wehrten. Mit der imposanten Feuerkraft seines Schiffes half Brooke die Rebellion niederzuschlagen. Danach berief er eine Versammlung der Dayak-Führer ein und bewirkte einen Friedensschluss.

Denkmalwürdig: Stamford Raffles, der Gründer von Singapur

Als Dank erhielt er vom Sultan den Gouverneursposten von Sarawak. Mithilfe Brookes militärischer Demonstration konnte der Sultan auch Machtkämpfe in der Aristokratie von Brunei für sich entscheiden. Diesmal äußerte sich seine Dankbarkeit darin, dass er Brooke 1841 den Titel Raja von Sarawak verlieh und ihm die Herrschaft über den südlichen Teil des heutigen Bundesstaates übergab.

Brooke begann mit dem Aufbau einer Verwaltung, entwickelte eine Gesetzgebung und bekämpfte die damals aufgrund der rigiden holländischen Handelsgesetze weitverbreitete Piraterie, eine Bedrohung für die Handelsschifffahrt an den Küsten Borneos. Nicht gerade zimperlich war er beim Umgang mit der indigenen Bevölkerung. In zahlreichen Feldzügen gegen die aufständischen Iban, eine Untergruppe der Dayak, unter deren legendärem Führer Rentap wurde viel Blut vergossen.

1851 kam es zum Eklat mit Großbritannien, das ihm den maßlosen Gebrauch von Gewalt vorwarf. Trotzdem gelang es Brooke, seinen Einfluss in Sarawak mehr und mehr zu festigen. Als er 1868 in Kuching verstarb, setzte er seinen Neffen Charles Brooke als zweiten Raja von Sarawak ein. Bis 1946 blieb Sarawak im Familienbesitz der Brookes. Lohnend ist ein Besuch der Brooke Gallery in Kuching (s. S. 298).

gesellschaftliche und wirtschaftliche Gefüge der Region nachhaltig verändert.

1521 ankerte die Mannschaft des zuvor verstorbenen portugiesischen Seefahrers **Ferdinand Magellan,** der unter spanischer Flagge segelte, 35 Tage lang vor Brunei und bewunderte die Pracht am Sultanshof, wie der Chronist Pigafetta anschaulich berichtete. Verlief der erste Besuch noch friedlich, so kam es 1578 zum Krieg zwischen Spanien und dem begehrenswerten Sultanat, zu dem auch große Teile der südlichen Philippinen gehörten. Der überlegenen Waffentechnik der Europäer hatte das Reich nichts entgegenzusetzen. Durch das neue Machtgefüge wurden Handelswege unterbrochen, was sich auch später unter der holländischen Herrschaft nicht änderte. Brunei schrumpfte in den folgenden 250 Jahren zu einem bedeutungslosen Kleinstaat, an dessen Küsten Seeräuber ihr Unwesen trieben.

In Sabah herrschte damals die private britische **North Borneo Company.** Zwei englische Kaufleute hatten diesen Teil Borneos vom Sultan von Brunei gepachtet bzw. gekauft, gleichzeitig aber auch dem philippinischen Sultan von Sulu Geld zukommen lassen, da die rechtlichen Besitzverhältnisse ungeklärt waren. Im Laufe der kolonialen Machtspiele kamen Brunei und Nordborneo 1888 unter britisches Protektorat. Als japanische Truppen im Zweiten Weltkrieg Borneo besetzten, folgten australische und amerikanische Bombenangriffe, durch die 1945 die größeren Städte Sabahs zerstört wurden.

Bereits 1842 hatte der englische Abenteurer **James Brooke** (s. S. 42) den heutigen südlichen Teil Sarawaks in Besitz genommen. Er segelte an der Küste Sarawaks entlang und sorgte mit seinen Geschützen für Ruhe und Ordnung bei den Iban und den Malaien, die damals gegen den bruneischen **Sultan Omar Ali Saifuddin II** rebellierten. Zum Dank erhob dieser Brooke zum Raja von Sarawak mit dem Recht auf sämtliche Staatseinnahmen. Damit war die Grundlage für die Herrschaft der weißen Raja von Sarawak gelegt, die das Gebiet zwischen 1853 und 1904 auf seine heutige Größe erweiterten. Erst nach der japanischen Kapitulation 1945 übergab der dritte weiße Raja von Sarawak, **Charles Vyner Brooke,** seinen Besitz an die britische Krone.

Japanische Besatzung und Unabhängigkeit

Im Dezember 1942 waren japanische Truppen in Songkhla und Pattani im Süden Thailands sowie in der Umgebung von Kota Bharu in Kelantan gelandet. Zwei Monate später fiel Singapur. Bis zum 12. September 1945 beherrschte das japanische Militär Malaya. Die japanische Geheimpolizei schuf ein brutales Überwachungs- und Unterdrückungssystem, unter dem vor allem die chinesische Bevölkerung litt. Armee und Großkonzerne plünderten das Land aus, alle Schüler hatten Japanisch zu lernen und die verschiedenen Nationalitäten wurden gegeneinander ausgespielt – der Widerstand in der Bevölkerung wuchs. Unter der Führung der von Chinesen dominierten **Malayan Communist Party** (MCP) begann der Guerillakrieg gegen die Besatzer. Unterstützt wurden die Kommunisten von der alten Kolonialmacht, den Briten, die nach der Befreiung von den Japanern im September 1945 nach Südostasien zurückkehrten und erneut die Fäden in der Hand hielten.

Unter britischer Regie gründeten sich drei weitere politische Parteien, in denen sich die jeweils wichtigsten ethnischen Nationalitäten repräsentiert sahen. Zur bedeutendsten Gruppierung der Malaien wurde die **United Malays National Organisation** (UMNO). Bald danach schlossen sich die Chinesen zur **Malayan Chinese Association** (MCA) zusammen, die Inder bildeten den **Malayan Indian Congress** (MIC). Doch schon bald kam es zu Widerständen in der Bevölkerung, sich der britischen Kolonialregierung ein zweites Mal zu beugen. 1947 nahmen die Kommunisten den bewaffneten Kampf wieder auf – diesmal gegen ihre ehemaligen Verbündeten. 1948 wurde der Notstand ausgerufen, der erst 1960 aufgehoben wurde. Schätzungen gehen von 20 000 bis 25 000 Toten auf beiden Seiten aus.

Während dieser Periode verhärteten sich die Beziehungen zwischen den Malaien, die den größten Teil der militärischen wie polizeilichen Sicherheitskräfte stellten, und der chinesischen Bevölkerung, die in der MCP überrepräsentiert war. 1955 schlossen sich die drei von England unterstützten Parteien zur **Alliance Party** zusammen und gewannen 51 der 52 Sitze in der Gesetzgebenden Versammlung. Nach Verhandlungen des UMNO-Vorsitzenden Tunku Abdul Rahman mit der britischen Regierung einigte man sich auf die Unabhängigkeit Malayas und legte das Datum hierfür auf den 31. August 1957 fest. **Tunku Abdul Rahman** wurde der erste Premier des neuen Staats Malaysia.

Anti-chinesische Pogrome führten 1971 zur Einführung der **New Economic Policy** (NEP), die den ökonomisch ins Hintertreffen geratenen Malaien bessere Chancen gegenüber den wirtschaftlich dominanten Chinesen einräumen sollte. Zu den umstrittenen, aber durchaus erfolgreichen Maßnahmen dieser Politik gehörten Quotenregelungen beim Zugang zu höherer Bildung, bei der Leitung börsennotierter Unternehmen und bei der Vergabe öffentlicher Aufträge. In den 1990er-Jahren nahm man wieder Abstand von der NEP, die laut Opposition nurmehr einer privilegierten Minderheit diente.

Malaysia heute

Demokratie in Grenzen

Bereits Monate vor der Unabhängigkeit arbeiteten Spezialisten aus den Commonwealth-Ländern in London die **Merdeka-Verfassung** aus. Nach westlich-demokratischen Vorbildern werden darin bürgerliche Grundrechte wie Freiheit der Person, Gleichheit vor dem Gesetz, Recht auf Versammlungs-, Vereinigungs- und Religionsfreiheit etc. garantiert. Diese Rechte wurden 1960 im Zuge des Kampfes gegen den Kommunismus auf der Grundlage des **Internal Security Act** (ISA) eingeschränkt bzw. außer Kraft gesetzt. Das im Land äußerst umstrittene Gesetz gestattete Inhaftierungen ohne Anklage und Prozess und diente nicht zuletzt dazu, regierungskritische Stimmen zum Schweigen zu bringen. Erst 2012 wurde der ISA wieder aufgehoben. Er besteht aber im Grunde weiter in Form des Security Offenses Act und der National Security Council Bill.

Eine Wahlmonarchie repräsentiert das Land

Das Parlament Malaysias besteht aus einem vom Volk gewählten Unterhaus (Dewan Rakyat) mit 222 Mitgliedern und einem Oberhaus (Dewan Negara), von dessen 70 Mitgliedern 26 von den Länderparlamenten gewählt werden – alle übrigen bestimmt das Staatsoberhaupt, der **Yang di-Pertuan Agong** (König). Er wird für eine Periode von fünf Jahren von den neun Sultanen Malaysias gewählt und stammt immer aus deren Reihen, was Malaysia neben den Vereinigten Arabischen Emiraten und Kambodscha zur einzigen Wahlmonarchie der Welt macht. Ein Novum war die erstmalige Abdankung eines Königs im Januar 2019. Seither hat **Sultan Ahmad Shah** von Pahang das Amt inne. Der König hat fast nur repräsentative Funktionen, allerdings tritt jedes Gesetz erst durch seine Zustimmung in Kraft. 1983 kam es zu einer Verfassungskrise, als der damalige Yang di-Pertuan Agong monatelang seine Zustimmung zu Verfassungsänderungen verweigerte, die die Rechte der Sultane beschnitten. Seither muss der König nach 30 Tagen jedem vom Parlament verabschiedeten Gesetz seine Zustimmung geben.

Der Verfassung entsprechend ist der König außerdem das islamische Oberhaupt in all den Bundesstaaten, die nicht von einem Sultan regiert werden (Penang, Melaka, Sabah, Sarawak und die Bundesterritorien). Außerdem schützt er gemäß Artikel 153 der Verfassung die besondere Position der Malaien, der Dayak-Völker Sarawaks und Sabahs sowie die ›legitimen‹ Interessen der anderen Volksgruppen. Bei den Malaien genießen die Sultane – und damit der Yang di-Pertuan Agong – hohes Ansehen, denn sie repräsentieren den malaiischen Herrschaftsanspruch und sind die Oberhäupter des Islam.

April 2019: Ankunft der Ehefrau von Ex-Premier Najib Tun Razak am Gericht in Kuala Lumpur

Politische Spannungen

Aus dem Zweckbündnis der größten politischen Parteien, der Alliance Party, ging 1973 die regierende **Barisan Nasional** (›Nationale Front‹) hervor. Traditionell stellte die malaiische UMNO den Ministerpräsidenten und die maßgeblichen Minister. Die wichtigsten Partner der UMNO waren die chinesische MCA und der indische MIC, darüber hinaus vereinte die Nationale Front verschiedene Parteien der beiden Bundesstaaten Sarawak und Sabah, wo das Parteienspektrum völlig unterschiedlich ist. An der Ostküste West-Malaysias hat die islamische **Parti Islam Se-Malaysia** (PAS) großen Einfluss bis hin zur lokalen Gesetzgebung.

Die multikulturelle Bevölkerungsstruktur Malaysias, gepaart mit dem malaiischen Nationalismus, sind immer wieder Anlass für interne Spannungen. Heftige Debatten löste der von 1981 bis 2003 amtierende Ministerpräsident **Mahathir Mohamad** aus, der ganz offen die extremen politischen Lager der Malaien und Chinesen kritisierte. Zudem stellte sich Mahathir gegen die westliche Politik und Ideologie, vor allem gegen die Weltbank und die Globalisierung als Verursacher der Asienkrise von 1997/98. In der Folge verstärkte er die wirtschaftlichen Beziehungen mit Japan und Korea sowie mit den Golf- und Pazifikstaaten.

Für einen weiteren Eklat sorgte der Finanzminister **Anwar Ibrahim,** lange als Erbe von Mahathir gehandelt. Er wurde 1998 wegen Bestechlichkeit und Homosexualität verhaftet und zu 15 Jahren Gefängnis verurteilt. Das harte Urteil stieß im In- und Ausland auf Kritik und führte dazu, dass sich vor allem junge Muslime von der UMNO abwandten. 2004 wurde

das Urteil vom Obersten Gerichtshof aufgehoben. In einem zweiten Prozess wurde Ibrahim 2012 freigesprochen, aber 2014 von einer höheren Instanz erneut verurteilt. Dadurch wurde Ibrahim fast schon eine Ikone der oppositionellen Politik.

Ära Badawi

Nach 21 Jahren erklärte Mahathir 2002 seinen Rückzug und bestimmte **Abdullah Ahmad Badawi** zu seinem Nachfolger, der 2003 zum Ministerpräsidenten gewählt wurde. Badawi stattete die Antikorruptionsbüros mit mehr Macht aus und leitete im staatlich regulierten Wirtschaftssektor eine Säuberungskampagne ein. Bei den Bürgern kam diese neue Politik gut an und so siegte die Barisan Nasional bei den Wahlen 2004 mit einer Zweidrittelmehrheit.

Badawi weckte große Erwartungen bei der Bevölkerung, aber alle Reformansätze scheiterten an seinem fehlenden Durchsetzungsvermögen und an den Machtstrukturen der Parteien, die in der Barisan Nasional zusammengeschlossen sind. Korruption war auch weiterhin an der Tagesordnung und der malaiische Nationalismus nahm Ausmaße an, die den Widerstand der indischen und chinesischen Minderheiten provozierte.

Malaysia im Umbruch?

Kurz vor den Wahlen 2008 befand sich das Ansehen Badawis auf dem Tiefpunkt. Dennoch war es eine Sensation, als die Wahlergebnisse bekannt wurden. Zwar hatte die Barisan Nasional wie gewohnt gewonnen, doch eine inzwischen von Anwar Ibrahim geführte Oppositionsfront der islamischen **PAS,** der chinesischen **Democratic Action Party** (DAP) und der von ihm initiierten liberaldemokratischen **Parti Keadilan Rakyat** (Keadilan) hatte im Bundesparlament nicht nur die Barisan Nasional in die Schranken verwiesen, sondern auch in den Staaten Kedah, Perak, Penang, Selangor und Kelantan gewonnen.

2009 wurde Badawi von **Najib Tun Razak,** dem Sohn des zweiten Premierministers Tun Abdul Razak, als Ministerpräsident abgelöst. Das Ende der Barisan-Ära markierten die Wahlen von 2018, als die von Skandalen um Korruption und Veruntreuung erschütterte Razak-Regierung dem von niemand Geringerem als Mahathir Mohamad geführten Oppositionsbündnis Pakatan Harapan (Allianz der Hoffnung) unterlag. Razak kam vor Gericht und die ›neuen alten‹ Führer um Mahathir bemühten sich um eine Stabilisierung der geplünderten Staatskassen. Nach Mahathirs erneutem Rücktritt 2020 wurde **Muhyiddin Yassin** zum Regierungschef vereidigt, 2021 gefolgt von **Ismail Sabri Yaakob.**

Ende 2022 wurde **Anwar Ibrahim** mit seinem Mitte-Links-Bündnis Pakatan Harapan dank einer Koalitionsbildung mit einfacher Mehrheit doch noch in das Amt des Premierministers gehoben.

Zeittafel

ca. 35 000 v. Chr.	Erste Spuren menschlicher Besiedlung in den Niah-Höhlen in Sarawak – Funde von Skeletten und Steinwerkzeugen.
ca. 11 000 v. Chr.	Entdeckung des Perak-Menschen im Lenggong-Tal. Archäologen meinen, dass hier bereits weitaus früher Menschen siedelten.
ca. 3000–1500 v. Chr.	Austronesische Völker besiedeln Borneo, Sumatra und Java. Die sogenannten Proto-Malaien betreiben Ackerbau und Viehzucht.
400–300 v. Chr.	Auf der malaiischen Halbinsel lassen sich Deutero-Malaien nieder, die bereits mit dem Nassreisanbau und Eisenwerkzeugen vertraut sind.
2.–3. Jh.	Auf der malaiischen Halbinsel entstehen die ersten hinduisierten Stadtstaaten. Ständige Handelsverbindungen mit Indien und China.
7.–8. Jh.	Die malaiische Halbinsel gerät unter den Einfluss des buddhistischen Großreichs Sri Vijaya.
12. Jh.	Erste Spuren des Islam auf Sumatra und an der Ostküste der malaiischen Halbinsel.
1398	Gründung von Melaka. Für mehr als 100 Jahre ist das Sultanat Melaka die wichtigste Macht in der malaiischen Welt.
1511	Eroberung Melakas durch den portugiesischen Vizekönig Afonso d'Albuquerque.
1786	Der Sultan von Kedah tritt die Insel Penang an Sir Francis Light ab, der für die britische East India Company arbeitet.
1819	Stamford Raffles nimmt für die East India Company die Insel Singapur in Besitz.
1841	James Brooke wird zum Raja von Sarawak erklärt.
1874–1914	Alle Sultanate auf der Halbinsel werden in das britische Kolonialreich eingegliedert.
1877	Die North Borneo Company nimmt Teile Nordborneos in Besitz. Auf der Halbinsel wird der erste Gummibaum gepflanzt.
1942–45	Japanische Besatzung. Befreiung von den Japanern unter Mithilfe der Briten, die erneut die Macht im Land übernehmen.

Parteigründung der UMNO als politische Vertretung der malaiischen Bevölkerungsgruppe. Die Inder schließen sich in der MIC und die Chinesen in der MCA zusammen.	**1946**
Die kommunistische MCP nimmt den bewaffneten Kampf gegen die Briten auf. Ausrufung des Notstands.	**1948**
Die drei Parteien UMNO, MIC und MCA schließen sich zur späteren Barisan Nasional zusammen, die noch heute an der Macht ist.	**1955**
Die Federation of Malaya erklärt ihre Unabhängigkeit.	**1957**
Gründung von Malaysia, das außer der malaiischen Halbinsel die Insel Singapur, Sabah und Sarawak umfasst.	**1963**
Malaysia trennt sich von Singapur.	**1965**
Einführung der New Economic Policy (NEP), die die Gleichstellung von Malaien und Chinesen in der Wirtschaft zum Ziel hat.	**1971**
Während der Regierungszeit von Mahathir Mohamad erlebt das Land ein beispielloses Wirtschaftwachstum.	**1981–2003**
Erneut großer Wahlerfolg der Barisan Nasional unter Premierminister Abdullah Ahmad Badawi.	**2004**
Drei Parteien bilden das erste nennenswerte Oppositionsbündnis Pakatan Rakyat.	**2008**
Abdullah Ahmad Badawi wird von Najib Tun Razak abgelöst.	**2009**
Bei den Neuwahlen kann sich die regierende Barisan Nasional unter Najib Tun Razak nur knapp behaupten.	**2013**
Zwei Flugzeugabstürze der Malaysia Airlines erschüttern die Welt.	**2014**
Lee Kuan Yew, der charismatische Gründervater des modernen Singapur, stirbt wenige Monate vor den Feierlichkeiten zum 50-jährigen Bestehen der Republik.	**2015**
Zum ersten Mal in der Geschichte des Landes gelangt die Opposition an die Regierung – ausgerechnet unter dem ›übergelaufenen‹ Mahathir Mohamad, der mit 93 Jahren erneut Premierminister wird.	**2018**
Anwar Ibrahim erringt das Amt des Premierministers.	**2022**

Gesellschaft und Alltagskultur

Kostspielige politische Kampagnen propagieren »1 Malaysia« – nationale Einheit und ethnische Harmonie unter einer effektiven Regierung. Die 32 Mio. Einwohner verbindet jedoch nur eines: die malaiische Sprache, die in Schulen und Behörden gesprochen wird. Dennoch verstehen sich viele junge Menschen, die im Land geboren wurden, aber unterschiedliche ethnische Wurzeln haben, als Malaysier.

Malaien

Geeint durch Sprache und Religion

Als **Malaien** betrachten sich viele austronesische Völker, die über ganz Südostasien verteilt leben. Geeint werden sie durch die malaiische Sprache und größtenteils auch durch ihre Religion, den Islam.

Woher die Malaien ursprünglich kamen, darüber streiten Anthropologen. Ältere Theorien gehen von einer Wanderungsbewegung vom südchinesischen Yunnan entlang dem Mekong nach Süden aus, andere sehen ihre Wurzeln im Osten von China. Neuerdings weisen genetische Untersuchungen sogar darauf hin, dass sie von den Inselvölkern abstammen und den ostasiatischen Kontinent von Süden nach Norden besiedelt haben könnten.

Die Malaien waren überaus geschickte Seefahrer. Bereits vor mehreren Tausend Jahren kreuzten sie zwischen den pazifischen Inseln und Madagaskar und ihre Navigations- und Ortskenntnisse machten sich schon die ersten arabischen und chinesischen Händler zunutze. Durch ihre vielen Reisen und Kontakte wurden die Malaien von völlig unterschiedlichen Kulturen beeinflusst. Sie übernahmen Wörter aus dem indischen Sanskrit und besaßen gute Kenntnisse vom Reisanbau. Mit vermutlich aus Südindien stammenden Händlern gelangte der Islam auf die Inselwelt, wo er vom 12. bis 15. Jh. die alten Naturreligionen sowie den Buddhismus und Hinduismus überlagerte und teils verdrängte.

Söhne der Erde

Bumiputra, ›Söhne der Erde‹, lautet die offizielle Sammelbezeichnung für die malaiischen Völker von Malaysia, die mit gerade einmal 62,5 % die Bevölkerungsmehrheit stellen. Genauer betrachtet sind eigentlich nur die indigenen Volksstämme mit ein paar Tausend Angehörigen Söhne und Töchter dieses Landes. Zu ihnen gehören die **Negritos,** einstige Nomaden, die auf der nördlichen Halbinsel zurückgezogen in Dschungeldörfern leben, und die **Orang Laut,** die ›Seemenschen‹, die mit ihren Booten früher die Inselwelt bis zu den Andamanen im Indischen Ozean durchstreiften und heute ebenfalls sesshaft geworden sind.

Als **Orang Asli** (›Ureinwohner‹) werden die Menschen bezeichnet, die bei Ankunft der ersten Händler aus Südindien im 1. Jt. n. Chr. bereits mit dem Ackerbau vertraut waren und daher möglicherweise erst später eingewandert sind. Zu ihnen gehört die Gruppe der **Senoi** in West-Malaysia.

Völlig unübersichtlich wird es auf Borneo (s. S. 51), wo etwa 200 verschiedene protomalaiische Völker leben, die unter dem Sammelbegriff **Dayak** zusammengefasst werden. Die **Iban** (›See-Dayak‹) sind von den

Küsten ins Landesinnere vorgedrungen und wohnen teils immer noch in Langhäusern. Entlang der Küste siedeln die **Bidayuh** (früher Land-Dayak) im Süden und die muslimischen **Melanau** im Norden. Das Hinterland ist die traditionelle Heimat der **Orang Ulu** (›Menschen am Oberlauf‹), der **Kenyah, Kelabit, Kayan, Lun Bawang** und anderer Völker, deren Sprachen und Kulturen vom Aussterben bedroht sind.

Allein 72 ethnische Gruppen gibt es in Sabah, das jedoch nur 3,9 Mio. Einwohner hat. Zu ihnen zählen die stämmigen **Murut** im Landesinneren sowie die **Kadazan,** die entlang der Flussläufe Ackerbau betreiben.

Eine spätere Einwanderungswelle ab etwa 400 v. Chr. brachte die **Deutero-Malaien** auf die malaiische Halbinsel, wo sie an den Küsten Siedlungen errichteten. Im Norden der Halbinsel stammen etwa 100 000 Malaien aus der Gegend von Aceh in Nordsumatra, und im Süden sind es sogar über 700 000, die von den Bugis aus Südsulawesi abstammen. In Negri Sembilan südlich von Kuala Lumpur haben rund 300 000 Menschen familiäre Wurzeln im Land der Minangkabau in Westsumatra.

Ethnien und Traditionen auf Borneo

Sabah

Wer auf Borneo die Kopfjäger sucht, mit denen die Fremdenverkehrsprospekte werben, sollte nicht nach Kota Kinabalu reisen. Zwar waren die (heute knapp 500 000 zählenden) **Bajau** früher als Piraten gefürchtet. Doch leben die umtriebigen muslimischen Seefahrer des Suluarchipels, auch Seenomaden genannt, heute vor allem vom Fischfang und etwas Tauchtourismus. Ein Großteil pflegt nach wie vor einen mit dem Meer verbundenen Lebensstil. Mit Ritualen, die aus voris-

In der Schule wird die Basis für ein geeintes Malaysia geschaffen

Traditionelle Medizin

Alte Medizinmänner und -frauen in abgelegenen Dörfern wissen noch um die richtige Anwendung von Tees, Pasten und Massagen, kennen heilende Blätter, Kräuter, Rinden, Samen und Wurzeln, behandeln mit Händen, Gedanken und Sprüchen. Die jungen Menschen gehen heutzutage lieber in eine Apotheke und vertrauen der westlichen Medizin.

Traditionelle Medizin ist nicht wie Aspirin an jeder Ecke zu bekommen, schmeckt häufig bitter und ist umständlich in der Handhabung. Ihre Anwendung erfordert einen persönlichen Kontakt und Vertrauen zum Heiler, dessen Können kein Beipackzettel verrät. Viele Scharlatane bieten auf Wochenmärkten obskure Mittelchen feil und versprechen das Blaue vom Himmel. Die bunten Päckchen mit einer Mischung aus Kräutern und Gewürzen in alter javanischer Tradition, Jamu genannt, werden vor allem gekauft, um die weibliche Schönheit zu erhalten oder die Manneskraft zu stärken. Für Letzteres ist der wilde Ginseng, Tongkat Ali *(Eurycoma longifolia)*, bekannt – zu Recht, wie wissenschaftliche Studien nachweisen.

Auch chinesische Apotheken halten natürliches Viagra bereit. In ihren Schubladen lagern Produkte aus Wald und Flur, die nach Bedarf gemischt und teils seit Jahrtausenden wegen ihrer Heilkraft geschätzt werden. Die richtige Zusammensetzung bestimmt meist ein Kundiger der traditionellen chinesischen Medizin nach einer Untersuchung des Patienten. Zur Heilung werden außerdem Akupunktur und Akupressur angewandt, um den Körper wieder ins Gleichgewicht zu bringen. Auch die richtige Ernährung ist von großer Bedeutung. So gibt es Zutaten, die während einer Schwangerschaft nicht gegessen werden dürfen, oder bestimmte Speisen, die zur Kräftigung einer jungen Mutter nach der Geburt dienen. Sogar bei der Zusammenstellung eines traditionellen Festmahls achten viele auf die Ausgewogenheit der Wirkung der Gerichte.

Viel wertvolles Wissen der traditionellen Medizin wurde niemals schriftlich dokumentiert und geht immer mehr verloren. Zum einen ist es nicht einfach zu erlernen und zum anderen versprechen sich viele Nachfahren traditioneller Heiler ein besseres Einkommen in anderen Berufen. Die Heilkraft der Natur allerdings erfährt seit einigen Jahren eine Renaissance. Über 100 multinationale pharmazeutische Konzerne und zahlreiche staatliche Institute analysieren den artenreichen Regenwald Malaysias auf seine Heilkraft hin, wobei die Suche nach einem Krebs heilenden Mittel einen wichtigen Aspekt darstellt. Weniger rühmlich gehen einige Vertreter der Biotechnologie vor: In einer Art moderner Piraterie eignen sie sich das Wissen einheimischer Heiler an und lassen es sich danach patentieren. Mit entsprechenden Gesetzen versucht die malaysische Regierung, dem ein Ende zu bereiten. Es werden eigenständige Forschungsprojekte auf den Weg gebracht und man sucht nach internationalen Partnern. Seither wird der artenreiche Regenwald nicht nur als Rohstoffquelle für Holz betrachtet. Naturschützer und findige Firmen haben in ehemaligen Waldgebieten Gärten mit Heilpflanzen angelegt, stellen Pillen und Salben her und vermarkten diese vor allem auf dem lokalen Markt.

lamischer Zeit stammen, werden die Wassergottheit Omboh Dilaut und andere Geister beschwichtigt und bei manchen Festen segeln die Bajau noch mit ihren traditionellen Lipa-Lipa-Booten übers Meer. Ihre bereits seit Längerem rings um Kota Kinabalu sesshaften Vettern betreiben erfolgreich Ackerbau und Viehzucht, sodass sie den Beinamen Cowboys des Ostens tragen.

Die Bajau leben Tür an Tür mit den **Kadazan,** der größten ethnischen Gruppe in Sabah, die wiederum zahlreiche Untergruppen wie die **Rungus** und **Orang Sungai** umfasst. Die heutigen Wohnungen der ursprünglichen Langhausbewohner unterscheiden sich kaum von denen anderer Völker. Nur bei den Rungus werden vereinzelt noch Langhäuser als Touristenattraktion gepflegt. Die ursprünglichen Animisten sind großteils zum Islam oder Christentum konvertiert.

Bleiben noch die 100 000 **Murut** im Hinterland, die bei großen Festivals mit ihrer traditionellen Kleidung aus Baumrinde Aufsehen erregen. Von späteren Einwanderern wurden die Murut immer weiter ins Landesinnere verdrängt. Bei den Briten galten die Langhausbewohner als aufsässige, gefürchtete Kopfjäger. Heute ist weder von den Langhäusern noch von den gejagten Köpfen etwas zu entdecken.

Sarawak

Auch verschiedene Bevölkerungsgruppen in Sarawak wie die Iban praktizierten die **Kopfjagd,** die keinesfalls mit Kannibalismus verwechselt werden sollte. Sie diente ursprünglich dazu, den Mut eines jungen Mannes unter Beweis zu stellen. Zudem konnte man damit den Geist seines Feindes vereinnahmen. Charles Hose, ein britischer Resident auf Borneo, beschrieb im seinem 1812 veröffentlichten Buch »The Pagan Tribes of Borneo« die Kopfjagd als einen überaus beliebten Sport, vor allem bei den **Iban.** Als die Briten die Macht übernahmen, wurde diese grausame Praxis verboten, doch dann kam der Zweite Weltkrieg und beim Kampf gegen die Japaner war jedes Mittel recht. Selbst in jüngster Zeit, als um die Jahrtausendwende im indonesischen Teil von Borneo ein blutiger Rassenkonflikt zwischen eingewanderten Maduresen und Dayak ausbrach, wurde die Kopfjagd wiederbelebt und Hunderte von Migranten verloren ihr Haupt.

Inzwischen sind die meisten Langhausbewohner christianisiert worden und die Köpfe verschwunden. Allerdings gingen mit der Missionierung und den zunehmenden kulturellen Einflüssen von außen auch viele andere Traditionen und Riten verloren. Schier endlose Epen über die Heldentaten der Ahnen, die mündlich von Generation zu Generation überliefert wurden, sind bei den **Kelabit** fast in Vergessenheit geraten. Die zeitaufwendigen Perlenstickereien der **Kayan** und die Ikatwebereien der Iban werden kaum noch hergestellt und wo baptistische Missionare den Alkohol verboten haben, gehören nun auch die langen, fröhlichen Nächte mit Reiswein *(tuak)* der Vergangenheit an.

Chinesen

Erste Einwanderer

Porzellanfunde und Namen wie Kinabatangan (›Fluss der Chinesen‹) weisen darauf hin, dass schon vor dem 14. Jh. chinesische Handelsstationen an Flussläufen und Küsten Malaysias bestanden. Zu den begehrten einheimischen Waren gehörten Schwalbennester sowie Harze aus Borneo und Erze aus West-Malaysia.

Die ersten Einwanderer kamen im Gefolge von **Admiral Cheng Ho,** auch Zheng He oder Haji Mahmud Shamsuddin genannt, der im Jahr 1371 in Yunnan in Südchina geboren wurde. Mit einer gewaltigen bewaffneten Flotte unternahm er sieben große Reisen durch den westlichen Ozean bis nach Ostafrika und legte dabei mehrfach in Melaka (früher Malacca) an. Mit seiner Militärmacht entwaffnete er Piraten und mit diplomatischem Geschick schuf er politische Bündnisse. Neben allerlei exotischen Waren brachte er Gesandtschaften malaiischer Herrscher an den chinesischen Kaiserhof ins heutige Peking, auch aus Melaka.

Das aufstrebende Sultanat konnte sich im 15. Jh. als Vasall unter dem Schutz des chinesischen Reichs zu einem regional wichtigen politischen und wirtschaftlichen Machtzentrum entwickeln. Die Interessen Chinas waren allerdings vorrangig von wirtschaftlicher Bedeutung, auch wenn der Sultan mit dem Kaiserhof durch die Heirat der kaiserlichen Tochter Hang Li Po auch familiär verbunden war.

Staat im Staat

Chinesische Kaufleute, vor allem aus Fujian und Hainan, waren im 19. Jh. in den Straits Settlements Singapur, Melaka und Penang zu Wohlstand gelangt. Sie entwickelten eigene Sozialwesen, gründeten Schulen, Kranken- und Clanhäuser *(kongsi)*, förderten soziale wie religiöse Organisationen und die Geheimbünde. Als 1820 in der Nähe von Ipoh Zinnvorkommen entdeckt wurden, finanzierten sie die Erzförderung. Tausende Chinesen, insbesondere Kantonesen, Hokkien und Hakka aus dem von Hungersnöten geplagten Süden, wurden daraufhin als Kulis für die Minen und Kautschukplantagen ins Land gebracht.

Die ersten Immigranten waren zumeist Männer, die zum Teil mit malaiischen Frauen Familien gründeten. Ihre Nachfahren, die **Peranakan,** haben chinesische und malaiische Traditionen zu einer eigenständigen Kultur geformt. Während der britischen Kolonialzeit bevorzugten sie ein Leben in den Städten der Straits Settlements Melaka, Penang und Singapur und sprachen Malaiisch gemischt mit einigen Begriffen aus chinesischen Dialekten. Zwar übernahmen die Peranakan viele lokale Traditionen, auch den Kleidungsstil, waren sich jedoch immer ihrer chinesischen Wurzeln bewusst. Auf Festen beispielsweise trugen die Frauen, **Nyonya** genannt, einen Sarong Kebaya, eine elegante Kombination aus einer eng anliegenden, reich bestickten Bluse in Verbindung mit einem Wickelrock sowie mit Perlen bestickte Taschen und Sandalen. Im kulinarischen Bereich zeichnen sich die Peranakan durch die vorzügliche Nyonya-Küche aus (s. S. 82).

Lebendige Traditionen

In restaurierten Stadtvillen reicher chinesischer Kaufleute in Melaka und Penang sowie im Chinese History Museum in Kuching ist die Geschichte der chinesischen Einwanderung aufgearbeitet worden, die in staatlichen Museen eher stiefmütterlich behandelt wird. Heute haben 21 % aller Malaysier chinesische Vorfahren. Sie leben meist in den Städten und hier vor allem in den geschäftigen Chinatowns, wo viele kleine Läden und Restaurants auf die Bedürfnisse malaysischer Chinesen ausgerichtet sind. In chinesischen Tempeln werden noch Riten und Rituale gepflegt, die im Heimatland durch die Kulturrevolution längst in Vergessenheit geraten sind. Chinesische Schriftzeichen allerorten und chinesische Zeitungen weisen darauf hin, dass die meisten Peranakan immer noch die Sprache ihrer Vorfahren kennen, auch wenn sie in Schulen und Ämtern Malaiisch sprechen.

Inder

Als die britischen Pflanzer in der neuen Kolonie ihre Plantagen anlegten, mangelte es ihnen nicht an Landfläche, aber an Arbeitskräften. Da diese in Britisch-Indien reichlich vorhanden waren, brachten sie zunächst Tamilen aus der Madras Presidency an der Ostküste des Subkontinents nach Malaya. Die **Tamilen** arbeiteten vor allem in den Kautschukplantagen, später auch in den Teeplantagen der Cameron Highlands. Daher ist ihr Bevölkerungsanteil dort höher als im restlichen Land.

Auch beim Straßen- und Eisenbahnbau sowie bei der Administration griff man gerne auf erfahrene Kräfte aus Indien zurück. In diesen Bereichen hatten sich auf dem Subkontinent die **Sikhs** aus dem nordindischen Punjab einen Namen gemacht, die noch heute im indischen Transportwesen ebenso wie in Gerichtssälen stark repräsentiert sind.

Während es Besuchern, die zum ersten Mal in Asien unterwegs sind, schwerfällt, Chinesen von Malaien zu unterscheiden, lassen sich

Inder besser erkennen, vor allem die Frauen in ihren bunten Saris oder im Shalwar Kameez, einer Kombination aus langem Top und farblich passender Hose, die durch einen langen Schal *(dupatta)* ergänzt wird. Ökonomisch bilden indische Malaysier eine benachteiligte Minderheit, die in den einkommensschwächsten Schichten überproportional vertreten ist.

Sikhs

In Malaysia gibt es etwa 80 000 Menschen, die der Religionsgemeinschaft der Sikhs angehören und Punjabi sprechen, eine indoeuropäische Sprache. Der Gründer des Sikhismus, der Wanderprediger Guru Nanak (1469–1539), hat seine Lehren in dem Heiligen Buch »Guru Granth Sahib« verewigt, das im Goldenen Tempel von Amritsar hoch verehrt wird. Ein wichtiger Teil der Religionsausübung der Sikhs besteht in sozialen Diensten und im gemeinsamen Essen im sogenannten Gurdwara, sozialer Treffpunkt, Gebets- und Schulstätte in einem. Die großen Gebäude sind weit unauffälliger als die Tempel anderer Religionsgemeinschaften, aber häufig mit vergoldeten Kuppeln gekrönt. Die männlichen Sikhs sind zumeist große, bärtige Männer mit europäischen Gesichtszügen und einem auffälligen Turban.

Tamilen

Welch ein Gegensatz zu den Tamilen, die ihre bunte Götterwelt mit nach Malaysia gebracht haben. Ihr hinduistischer Pantheon mit den drei wichtigsten Gottheiten Brahma (Schöpfer), Vishnu (Erhalter) und Shiva (Erneuerer) ist durch viele lokale Götter angereichert worden. Die meisten Tamilen sind Anhänger Shivas, der häufig in Form eines Phallus (Lingam) dargestellt und von dem Stier Nandi begleitet wird. Besondere Verehrung erfährt auch Murugan, eine Inkarnation von Skanda, dem Sohn Shivas. Er gilt als Beschützer, der Furcht vertreibt und gegen böswillige Kräfte kämpft. Ein weiterer Sohn von Shiva, der Elefantengott Ganesha, erobert sogar die Herzen vieler Nicht-Hindus. Gelegentlich trifft man Chinesen, die um seinen Beistand bitten, denn schließlich ist er zuständig für die Beseitigung von Hindernissen – und die legen sich jedem in den Weg. Die meisten Tempelbesucher sind jedoch dunkelhäutige Tamilen, die oft in Begleitung der ganzen Familie zu den Pujas, den Zeremonien, kommen und beladen sind mit Blumen, Früchten, Süßigkeiten und Kokosnüssen.

Ethnologisch stammen die knapp 2 Mio. Tamilen Malaysias von der drawidischen Urbevölkerung Südasiens ab. Sie sprechen Tamil, eine drawidische Sprache, haben eine eigene Schrift und eine weit zurückreichende literarische Tradition. Auch einige malaysische Wörter haben tamilische Wurzeln, z. B. Kedai (Shop) oder Kapal (Schiff).

Der Islam

Religiöse Regeln prägen das Alltagsleben

Wie auch in der restlichen Welt zeigt sich der Islam in Malaysia von unterschiedlichen Seiten. In den konservativen Bundesstaaten Kelantan und Terengganu wird nur in wenigen chinesischen Restaurants und Hotels Alkohol ausgeschenkt. Während der Gebetszeiten schließen in der Stadt Kota Bharu viele Restaurants und Geschäfte. Hotelbesitzer sind angehalten, nur verheirateten muslimischen Paaren ein Zimmer zu vermieten. Teilweise wird diese Regel sogar auf Andersgläubige ausgeweitet – alle Muslime unterliegen der Scharia-Gesetzgebung, die voreheliche sexuelle Beziehungen bestraft. Zu Spannungen zwischen Einheimischen und Touristen kommt es nur gelegentlich an Stränden der muslimischen Bundesstaaten, wenn sich ausländische Besucher allzu freizügig verhalten.

In den Städten weiter im Süden und an der Westküste ist der Anteil der chinesischen Bevölkerung größer, sodass hier wie auch in Ost-Malaysia die islamische Gesetzgebung weniger strikt gehandhabt wird. Manchmal erinnert nur der Ruf des Muezzin daran, dass man sich in einem islamischen Land befindet. Einen Kontrast bildet hier das orthodoxe Sultanat Brunei mit seiner Scharia-Gesetzgebung und vollständiger Prohibition von Alkohol (den Besucher jedoch straffrei aus Malaysia mitbringen können).

Auf historischen Fotos aus Malaya ist kaum eine Frau mit Kopftuch zu sehen. Viele Malaiinnen tragen ebenso wie die Nyonya (s. S. 54) den aus Java stammenden eleganten Sarong Kebaya, einen bunten Batikwickelrock, kombiniert mit einer reich bestickten, eng anliegenden Bluse. Mit der zunehmenden Islamisierung steigt auch der Anteil der Frauen, die ein großes Kopftuch *(tudong)* zu langen Blusen tragen. Die weiten Kleider, die Körperkonturen verhüllen sollen, sind mittlerweile Teil ihrer Identität und aus dem Straßenbild nicht mehr wegzudenken, aber immerhin farbenfroh und zwischenzeitlich manchmal sogar figurbetont.

Lehre von Mohammed

Der Islam ist die Lehre von Mohammed, der sich als der letzte Prophet in der Nachfolge von Moses versteht. Mit der Flucht von seiner – damals polytheistischen – Heimatstadt Mekka nach Medina 622 n. Chr. beginnt die islamische Zeitrechnung. Mohammeds Lehre basiert auf dem Wort Gottes, das im **Koran** festgehalten ist. Entsprechend wird das Heilige Buch mit seinen 114 Suren hoch verehrt und sollte nur mit Achtung behandelt werden.

Das Bekenntnis zu dem einzigen Gott (Schahada), **Allah,** ist einer der fünf Grundpfeiler des Islam. Ein weitere Säule ist das **Gebet** (Salat), das zu festen Zeiten mit Verbeugungen nach Mekka erfolgt – deshalb klebt in jedem Hotelzimmer ein *kiblat,* ein grüner Pfeil, der Richtung Mekka weist. Ein besonderer Stellenwert kommt dem Freitagsgebet zu, weswegen in besonders konservativen Staaten das Wochenende auf den Donnerstag und Freitag fällt. In anderen Gegenden schließen Ämter und Büros bereits am Mittag, damit alle Gläubigen zum Gebet gehen können. Zu den weiteren Grundpfeilern des Islam gehören die **Pilgerfahrt nach Mekka** (Hadsch), die **Almosensteuer** (Zakat) sowie das **Fasten** (Saum) im Ramadan, dem neunten Monat des islamischen Kalenders. Von Sonnenauf- bis Sonnenuntergang darf dann weder gegessen oder getrunken noch geraucht werden. Die muslimischen Restaurants haben tagsüber alle geschlossen, doch in den meisten chinesischen Lokalen und Hotels bekommt man auch unter Tags etwas zu essen.

Chinesische Glaubensvorstellungen

Selbst mitten in kleineren Ortschaften erheben sich hinter hohen Mauern die mit Drachen- und Blütenmotiven bunt verzierten Dächer **chinesischer Tempel.** Zu jeder Tageszeit treten Gläubige durch die von steinernen Löwen und streng blickenden Tempelwächtern flankierten Tore und verneigen sich zunächst im Vorhof mit brennenden Räucherstäbchen in den Händen. Im Innern des Tempels stapeln sich vor dem Hauptaltar Orangen, Kerzen, Kuchen und allerlei andere Opfergaben. Ein Bambusbecher gefüllt mit nummerierten Stäbchen steht bereit, der vor dem Altar kniend geschüttelt wird, um durch einen herausfallenden Stab Antwort auf Schicksalsfragen zu erhalten. In Seitennischen sitzen alte Männer, die Zeitung lesen, oder Frauen, die Devotionalien verkaufen. Mit Räucherstäbchen in den Händen verneigen sich die Gläubigen vor einer Vielzahl von Statuen. Einige stellen **Buddha** dar, andere seine Jünger oder Bodhisattvas (s. S. 58), wieder andere mythologische oder historische Persönlichkeiten wie große Lehrmeister oder Admiral Cheng Ho (s. S. 53). Beliebt ist **Kuan Yin,** die Göttin der Barmherzigkeit, die eigentlich auch ein Bodhisattva ist. In Nebenräumen oder hinter dem Hauptaltar stehen manchmal **Ahnentafeln** mit Fotos, Namen und Geburtsdaten von Verstorbenen ohne Nachfahren. Ansonsten werden die **Ahnen** im Jenseits von ihren Nachkommen versorgt. Am Hausaltar erhalten sie täglich etwas zu essen und zu trinken, ebenso Blumen, Kerzen und Räucherstäbchen. Zum Wohl der Ahnen wird auch Papiergeld verbrannt, und bei Begräbnissen erhal-

Chinesische Eigenarten

Die meisten Chinesen sind vor über hundert Jahren als Kulis aus dem Süden des Reichs der Mitte nach Malaysia eingewandert. Während im Mutterland nach den kommunistischen Umwälzungen unter Mao Zedong so manche Traditionen in Vergessenheit gerieten, sind die Auslandschinesen noch immer kulturell und religiös im vorrevolutionären China verwurzelt.

In der heutigen globalisierten Welt orientieren sich die meisten jungen Chinesen in den Städten an internationalen Trends. Sie gehen abends gern in Pubs, Klubs und Discos, schauen sich wie ihre Altersgenossen in Europa und Amerika die neuesten Hollywood-Produktionen an, hören eine ähnliche Musik und kleiden sich nach den neuesten Modetrends. Im Unterschied zu ihren muslimischen Nachbarn genießen sie auch eine weit größere sexuelle Freizügigkeit. Doch selbst in dieser modernen Gesellschaft haben alte Überlieferungen ihre Spuren hinterlassen. So sind z.B. Autonummernschilder und Telefonnummern mit möglichst vielen Achten hoch begehrt. Die Acht gilt als besonders Glück bringend, da die ausgesprochene Zahl ähnlich wie das kantonesische Wort für ›Wohlstand‹ klingt. Aus dem gleichen Grund wird die Neun mit einem ›langen Leben‹ in Verbindung gebracht, die Vier hingegen mit dem ›Tod‹, sodass es in einigen Hotels weder Zimmer mit der Nummer vier noch einen vierten Stock gibt.

Auch bei Hochzeiten, Geburten und Begräbnissen spielen überlieferte Rituale noch eine große Rolle. So müssen schwangere Frauen viele Vorschriften beachten, wollen sie ein gesundes Baby zur Welt bringen. Von ganz entscheidender Bedeutung ist das Geburtsjahr, denn das Horoskop eines Menschen richtet sich nach dem chinesischen Kalender. Jedes Jahr hat besondere Eigenschaften, die das persönliche, wirtschaftliche und politische Geschehen beeinflussen und sich in einem Tier widerspiegeln. Im zwölfjährigen Rhythmus folgen einander Ratte, Büffel, Tiger, Hase (bzw. Katze), Drache, Schlange, Pferd, Ziege, Affe, Hahn, Hund und Schwein. Zudem wechseln sich alle zwölf Jahre die fünf Elemente Wasser, Holz, Feuer, Erde und Metall ab, die bestimmte Eigenschaften schwächen oder verstärken. Nach 60 Jahren ist ein Kreislauf beendet und beginnt aufs Neue. Wie stark die Chinesen noch in dieser Tradition verhaftet sind, zeigt das Ansteigen der Geburtenrate im Glück bringenden Jahr des Drachen.

In Malaysia werden viele Tempelfeste noch auf eine Art und Weise begangen, wie sie in China kaum mehr zu finden ist. So stehen Besucher aus der Volksrepublik staunend am Straßenrand, wenn Götterstatuen in bunten Prozessionen durch die Straßen getragen werden. Die Chinesische Oper hingegen, seit über tausend Jahren ein Bestandteil chinesischer Feste, stößt auch in Malaysia auf immer weniger Interesse, was vermutlich der für ›moderne‹ Ohren ungewohnt schrill klingenden Musik geschuldet ist. Mit Gesängen, gesprochenen Texten, Tanz und Akrobatik unterhalten die Darsteller in bunt glitzernden, prachtvollen Kostümen und mit aufwendigem Make-up ihr Publikum.

ten sie Häuser, Autos, Goldbarren und andere notwendige Gegenstände in Form von Papiermodellen, um ihnen einen angenehmen Aufenthalt im Jenseits zu gewährleisten.

Buddhismus in Malaysia

Offiziell bekennen sich die Tempelbesucher zum Buddhismus, wie etwa 20 % der Bevölkerung Malaysias. Sie sind überwiegend Anhänger des **Mahayana-Buddhismus** und haben ihren Glauben aus dem Mutterland mitgebracht. Dieser unterscheidet sich stark von der Theravada-Richtung, die sich auf den ursprünglichen Buddhismus beruft und in Thailand sowie in Sri Lanka praktiziert wird. Auf dem Weg zum allgemeingültigen buddhistischen Ideal des vollständigen Erlöschens werden die Gläubigen durch Bodhisattvas unterstützt, Wesen, die diesen Zustand bereits erreicht haben, aber auf das Nirwana verzichten, um anderen Menschen auf diesem beschwerlichen Weg beizustehen.

Im 1. Jh. n. Chr. übertrug ein ehemaliger persischer Prinz, der Mönch An Shigao, den buddhistischen Kanon erstmals ins Chinesische. Auf diese Weise wurden auch am Kaiserhof die Lehren des indischen Prinzen Siddharta Gautama aus dem 6. Jh. v. Chr. bekannt. Die buddhistischen Lehren vom menschlichen Dasein als Leid, der Überwindung dieses Leids und dem Eintritt ins Nirwana fielen auf fruchtbaren Boden. Sie passten gut zu der überlieferten Philosophie von Konfuzius und dem Taoismus.

Konfuzianismus und Taoismus

Die Lehren des Philosophen **Konfuzius** (551–479 v. Chr.) bildeten im damaligen China eine wichtige moralische Basis. Im Sinne der goldenen Regel »Was du nicht willst, das man dir tu, das füg auch keinem andern zu« entwickelte er praktische ethische Grundsätze für ein harmonisches Miteinander, propagierte Mitgefühl und Rücksichtnahme, Loyalität gegenüber Familienmitgliedern und Vorgesetzten sowie die Achtung und Ehrung der Vorfahren.

Den **Taoismus** begründete »Tao Te Ching«, ein Werk aus dem 3. Jh. v. Chr., das dem großen Lehrmeister **Lao-Tse** zugesprochen wird, wahrscheinlich aber aus der Feder mehrerer Autoren stammt. Angestrebt wird die Harmonie mit den Kräften des ganzen Universums, was im Symbol von Ying und Yang zum Ausdruck kommt. Auf der taoistischen Philosophie basieren die chinesische Medizin und Feng Shui ebenso wie Qigong, Tai-Chi und verschiedene Formen des Kampfsports.

Wechselspiel der Religionen

In einem komplexen Zusammenspiel haben sich uralte Volksüberlieferungen und Kulte mit moralischen Lehren und Einflüssen verbunden und bilden heute die Grundlage für die facettenreiche Volksreligion der Chinesen. Es ist nicht möglich, den Konfuzianismus, den Taoismus und den Buddhismus eindeutig voneinander abzugrenzen. Entsprechend sind in vielen chinesischen Tempeln Statuen von Buddha ebenso zu finden wie Manifestationen erstrebenswerter Tugenden oder historischer Persönlichkeiten.

Eine chinesische Minderheit bekennt sich auch zum **Christentum,** andere wechseln die Religion im Laufe ihres Lebens. Nicht selten gehören die Mitglieder einer Familie verschiedenen Glaubensrichtungen an. Auch wenn das religiöse Bekenntnis bei den Chinesen keine so große Rolle spielt wie bei den Malaien, sind doch eine große Zahl an Festen und Ritualen religiösen Ursprungs.

Die malaiische Sprache

In der Verfassung der Federation of Malaya wurde Malaiisch, das heute in der einen oder anderen Form von etwa 350 Mio. Menschen in der südostasiatischen Inselwelt gesprochen wird, 1957 zur Nationalsprache erhoben. Zudem hört man vor allem in den Städten und in Ost-Malaysia viel Englisch. Die meisten Menschen beherrschen mehrere Sprachen. Einige gehören zur malaiischen Sprachfamilie, andere sind südchinesische Dialekte oder stammen wie Tamil, Malayalam und Hindi aus Indien. In den Koranschulen wird zudem Arabisch und in den buddhistischen Tempeln Sanskrit gelehrt.

Das zur austronesischen Sprachfamilie gehörende Malaiisch hat seine Ursprünge wahrscheinlich im Riau-Archipel zwischen Singapur und Sumatra. Mit einer vereinfachten Grammatik und Syntax diente dieses sogenannte **Bazaar-Malaiisch** schon vor Ankunft der Portugiesen im 16. Jh. den ersten Händlern und Seefahrern als Lingua franca und verbreitete sich im ganzen Archipel, wo darüber hinaus Hunderte weiterer Sprachen gesprochen wurden. Durch Handelsbeziehungen fanden später viele Begriffe aus dem Sanskrit und Arabischen Eingang in die malaiische Sprache und während der Kolonialzeit hinterließ das Englische seine Spuren. Die erste Grammatik des Malaiischen erstellte vor kaum 200 Jahren ein gewisser Munshi Abdullah aus Melaka.

Die britische Kolonialverwaltung förderte Malaiisch (Bahasa Melayu) als Unterrichtssprache, doch erst seit 1984 findet die standardisierte Form als **Malaysisch** (Bahasa Malaysia) verbindlich in allen öffentlichen Einrichtungen Anwendung. Seit der Islamisierung wurde Malaiisch in einem eigens für die malaiische Sprache erweiterten arabischen Alphabet (Jawi) niedergeschrieben – das in den konservativ-islamischen Bundesstaaten Kelantan und Terengganu noch heute verwendet wird –, doch mit der europäischen Kolonialverwaltung setzte sich die Umschrift mit lateinischen Buchstaben (Rumi) durch. 1972 vereinheitlichten Malaysia und Indonesien ihre Schreibweisen. Lediglich Ortsnamen wie Kuching (statt Kucing) oder Cherating (statt Cerating) erinnern an die anglisierte Schreibweise. Die meisten Buchstaben werden wie im Deutschen ausgesprochen (s. S. 424). Bahasa Malaysia ist keine Tonsprache, d. h., eine Änderung von Tonhöhe bzw. Tonverlauf hat keine Bedeutungsänderung zur Folge, sodass es auch ausländischen Besuchern nicht schwerfallen sollte, zumindest einige Sätze zu lernen.

Auch der Hinduismus hat in Malaysia eine lange Tradition – schon seit 1873 wird u. a. seine wichtigste Gottheit, Shiva, in Kuala Lumpurs Sri-Mahamariamman-Tempel verehrt

Architektur, Kunst und Kultur

Die Gegenwart ist in der südostasiatischen Gesellschaft von größerer Bedeutung als die Vergangenheit. Das bestimmt auch die Einstellung zum kulturellen Erbe, die sich erst langsam zu ändern beginnt – vor allem in den Städten George Town und Melaka, die zum UNESCO-Weltkulturerbe erklärt wurden. Alte Häuser werden nun sorgsam restauriert und Traditionen gepflegt.

Erst die Idee von Nationalstaaten, die mit den europäischen Kolonialisten nach Südostasien gelangte, stellte mit den willkürlich gezogenen Grenzen die Frage nach einer ethnischen Identität und förderte rassistische Kontroversen. Nach der Gründung von Malaysia wurde bei der Entwicklung eines nationalen Bewusstseins die malaiisch-muslimische Kultur durch die von Malaien dominierte Politik richtungweisend. Die weltweit zunehmende Islamisierung stärkte zudem konservative Gruppen, die allen vorislamischen Einflüssen und multikulturellen Tendenzen eine Abfuhr erteilten. Doch bei näherem Hinsehen zeigen sich unter dieser Oberfläche die vielfältigen kulturellen Wurzeln.

Kulturlandschaft unter Druck

Malaysia vereint eine weltweit wohl einmalige Vielfalt an Sprachen, Kulturen, Religionen und Traditionen – Segen und Fluch zugleich. Verschiedene ethnische Gruppen aus dem malaiischen Archipel, Indien und China, aus dem arabischen, europäischen und asiatischen Raum leben miteinander in einem jungen Staatsgebilde, das auf der Suche nach seiner Identität, seinen verbindlichen Werten und Normen so manchen Stolperstein zu überwinden hat.

Die viel beschworene »Unity« erweist sich bei näherer Betrachtung wohl eher als Wunschziel, ist aber vielleicht gar nicht so erstrebenswert, denn die Kulturszene Malaysias lebt gerade durch ihren ungeheuren Variantenreichtum.

Auf politischer Ebene versuchen Interessengruppen die Inhalte einer malaysischen Kultur zu definieren und für die Untermauerung ihrer Standpunkte zu vereinnahmen. Sie begrenzen die Möglichkeiten der Künstler ebenso wie islamische Gruppen, die den Koran und das Verbot bildlicher Darstellungen von Menschen allzu wörtlich auslegen. So gehörte das Schattenspiel ebenso wie der Volkstanz über Jahrhunderte zur Tradition der Ostküstenbewohner. Da viele Dramen jedoch auf den hinduistischen Epen Ramayana und Mahabharata basieren, sind sie moralischen Ordnungshütern ebenso suspekt wie die götzenhaften Schattenspielfiguren selbst. Auf der Gegenseite beklagen liberalere Muslime die Arabisierung Südostasiens. Viele muslimische Künstler mögen globale Trends, die vor allem von westlichen Kulturen geprägt sind, zwar kritisch betrachten, nutzen die Inspiration jedoch, um einen ganz eigenen Stil zu entwickeln.

Noch schwieriger erweist sich der Spagat nicht-muslimischer bildender Künstler und Schriftsteller zwischen ihren Traditionen und der muslimischen Staatskultur. Manche befürchten eine kulturelle Entwurzelung und bleiben ihrem Erbe treu, andere suchen das Verbindende, beschränken sich auf unverbindliche Themen oder flüchten in die Abstraktion. Viele haben auch den Mut, sich diesem Konflikt zu stellen. In der Auseinandersetzung mit ihrer eigenen Identität spiegeln sie auf der persönlichen Ebene das Dilemma der malaysischen

Kultur in einer multikulturellen modernen Gesellschaft wider.

Doch die Geschichte zeigt, dass eine gegenseitige kulturelle Befruchtung möglich ist. Nicht nur die traditionellen Tänze, die Sprache oder die malaysische Küche haben vom kulturellen Reichtum der Einwanderer profitiert. Auch in der malaysischen Kunst, Architektur und Literatur sowie in der Alltagskultur haben sowohl indische als auch chinesische Einflüsse im Laufe der vergangenen 2000 Jahre ihre Spuren hinterlassen. Wer sich selbst ein Bild von dieser spannenden Kulturszene machen möchte, sollte sich in Kuala Lumpur, aber auch in George Town, Ipoh und Kuching umsehen.

Architektur

Das feucht-warme tropische Klima lässt fast jedes organische Material schnell altern und verfallen. Da früher nicht nur Wohngebäude, sondern selbst Sultanspaläste und Moscheen aus Holz errichtet wurden, blieben nur wenige alte Gebäude erhalten.

Koloniale und moderne islamische Architektur

Die ältesten Moscheen Malaysias besaßen bis zum 18. Jh. weder einen Vorhof noch ein Minarett. Später orientierten sich eingewanderte Baumeister oder Händler, die einen Neubau finanzierten, an den Vorbildern in ihren Heimatländern. So lassen sich Einflüsse aus Pakistan, Indien, China, Java und Aceh erkennen. Eine der ältesten Moscheen in Melaka, die **Masjid Tengkera** (s. S. 152) von 1728, wurde im javanischen Baustil errichtet, weist aber auch chinesische Einflüsse auf. Das hohe, dreifach gestaffelte Dach sorgt für eine kühlende Luftzirkulation in dem quadratischen Gebäude. In dem ummauerten Hof von Melakas **Masjid Kampung Keling** (s. S. 150), die 1872 erneuert wurde, erhebt sich ein pagodenförmiges, chinesisch anmutendes Minarett.

Während der britischen Kolonialzeit wurde anfangs im ›neo-maurischen‹ Stil gebaut, auch als Neo-Sarazenen- oder Neo-Mogul-Stil bezeichnet. Die orientalisch anmutenden Gebäude mit Zwiebeltürmchen, hohen, von Säulen getragenen Domen, Spitzbögen, Gesimsen und Kapitellen entsprachen dem Geschmack der muslimischen Sultane, sodass britische Architekten und Ingenieure mit dem Bau vieler Gebäude beauftragt wurden. Zuvor hatten sie in Kalkutta und anderen indischen Städten palastartige Verwaltungsbauten und Bahnhöfe errichtet und sich dabei von der Mogul-Architektur inspirieren lassen. Hinter den verspielten, orientalisch anmutenden Fassaden des **Sultan Abdul Samad Building** (s. S. 119) von 1897 in Kuala Lumpur verbergen sich schlichte, funktionale Büroräume. Der Architekt Arthur Benison Hubback gab 1911 sogar dem damaligen Bahnhof von Kuala Lumpur ein orientalisches Aussehen mit Türmchen und Kuppeln. Zu den schönsten Moscheen dieses Stils gehören die **Masjid Jamek** in Kuala Lumpur (s. S. 119), ebenfalls von Hubback, sowie die **Masjid Zahir** in Alor Setar (s. S. 237) und die **Masjid Ubudiah** in Kuala Kangsar (s. S. 192).

Zur gleichen Zeit fand vor allem bei Profanbauten eine Gegenbewegung hin zu europäischen Vorbildern statt. Man griff Elemente des englischen Tudorstils auf, aber auch neoklassische und neogotische sowie griechische und spanische Formen. In den 1930er-Jahren drangen Art-déco-Einflüsse bis in die Kolonien vor und sorgten für eine schlichtere Gestaltung. Nach dem Krieg fanden zunehmend Beton, Stahl und Marmor Verwendung. Damit konnten die Decken weiter erhöht und die Dome noch größer erbaut werden. Ab den 1960er-Jahren ging man auch bei der Gestaltung der Dächer und Minarette neue Wege und versuchte sich an einer Neuinterpretation der islamisch-malaiischen Identität, beispielsweise bei der **Masjid Negara** in Kuala Lumpur (s. S. 124). Andererseits gab es wie in der Auslegung des Islam auch in der Architektur eine konservative Bewegung hin zu Vorbildern aus dem Mittleren Osten mit arabischen Säulenhallen, persischen Eingangstoren und türkischen Minaretten.

Die Architekten der jüngsten Bauwerke scheinen sich in Pracht und Größe gegenseitig überbieten zu wollen. Mit 22 gläsernen Domen imponiert die der Blauen Moschee in Istanbul nachempfundene **Masjid Wilayah Persekutuan** (Federal Territory Mosque) in Kuala Lumpurs Vorort Hartamas, die 2000 eingeweiht wurde und bis zu 17 000 Gläubigen Platz bietet. Auch bei anderen Moscheen findet Glas als bestimmendes Element Verwendung, so bei der riesigen, 2010 eröffneten **Masjid Tuanku Mizan Zainal Abidin** in Putrajaya (s. S. 143) oder der abends in bunten Farben leuchtenden **Masjid Kristal** in Kuala Terengganu (s. S. 261).

Wie schon zu britischer Zeit greifen auch Architekten staatlicher Verwaltungsgebäude diesen Trend auf. Wurden noch während der 1980er-Jahre dezent islamisch-malaiische Motive zitiert, wie das Beispiel des **Dayabumi Complex** in Kuala Lumpur (s. S. 121) mit seinen geometrischen Formen zeigt, sind nun wieder aufsehenerregende Elemente auf dem Vormarsch. Die besten Beispiele islamischer Architektur mit einem Hang zu monumentalen Dimensionen finden sich in der Verwaltungshauptstadt **Putrajaya** (s. S. 143).

Wohnhäuser

Der Wunsch nach einem Eigenheim hat den Vororten der Städte ganze Straßenzüge gleich aussehender **Reihenhäuser** beschert, denen ein paar Säulen oder etwas Farbe Charakter verleihen sollen. Die einstöckigen, ebenerdigen Gebäude bestehen meist aus einem großen klimatisierten Wohn- und Essraum mit Sitzecke und TV, den man durch die Eingangstür betritt und von dem eine kleine Küche, ein Bad und die Schlafzimmer abgehen. Das Bad mit westlicher Toilette verfügt über eine Dusche ohne Duschwanne und eine Handdusche neben der Toilette, die statt Toilettenpapier benutzt wird. Mehrere Familienmitglieder teilen sich ein Schlafzimmer, denn im Gegensatz zu uns Europäern lebt man ungern alleine. Auch auf dem Land haben Neubauten die traditionellen Häuser weitgehend verdrängt.

Die noch verbliebenen alten **malaiischen Holzhäuser** unterscheiden sich von Region zu Region, sodass Kenner einem Haus ansehen können, woher es stammt. Viele dieser Gebäude sind überwiegend aus Holz und ohne Nägel erbaut. Sie besitzen weit ausladende Dächer, die mit Nipapalmblättern *(attap)* gedeckt sind und Schutz vor heftigen Regenfällen bieten. Zur Monsunzeit wird die große, überdachte Veranda zum beliebten Aufenthaltsplatz. Die Innenräume gehen wie in den Neubauten von einem großen Wohnraum ab, allerdings haben Stühle und Tische die Bambus- und Pandanusmatten abgelöst, die früher als Sitzgelegenheit dienten. Im hinteren Bereich des Hauses liegen das Badezimmer und die Küche. Das kühle Badewasser wird aus einem großen Bottich, dem *mandi*, geschöpft und über den Körper gegossen. Neben dem Bad befindet sich die Hocktoilette. Die Küche, traditionell das Reich der Frauen, befindet sich in manchen Häusern vom Haupthaus getrennt, denn hier ist die Feuergefahr am größten. Rings um die offene Feuerstelle stehen Küchengeräte, Vorräte und Werkzeuge. Die Läden der hohen Fenster stehen tagsüber offen, um eine bessere Luftzirkulation zu ermöglichen. Farbige Vorhänge schützen vor starker Sonneneinstrahlung. Mit wenigen Ausnahmen sind die Häuser zum Schutz vor Hochwasser, Schlangen und Insekten auf einem Dutzend etwa 2 m hohen Pfählen errichtet. Der Bereich unter dem Wohnhaus dient als Lagerplatz und Stall für Kleintiere, die Treppe als Sitzplatz. Besonders dekorativ sind die Treppenaufgänge der älteren ländlichen Häuser in Melaka, die Fliesen mit floralen Motiven schmücken. Auch bei der Gestaltung der Innenräume liebt man klare, bunte Farben und Blumenmuster.

In den Flussmündungen und in ruhigen Buchten am Meer stehen die Häuser der **Pfahldörfer** (Kampong Ayer oder Kampung Air) auf Stelzen im Wasser und sind durch Holzstege miteinander verbunden. In Brunei leben im weltweit größten Kampong Ayer etwa 30 000 Menschen. Selbst die Schulen, die Moschee, das Krankenhaus und der Sport-

Unten arbeiten, oben wohnen: Restaurierte Shop Houses (wie hier in Melaka) dienen vielerorts als Immobilie für das Gastgewerbe

platz sind ins Wasser gebaut und nur mit Booten oder über Stege zu erreichen.

Einen ganz besonderen Haustyp findet man in Sarawak, wo die Bewohner mancher Dörfer in einem einzigen **Langhaus** wohnen (s. S. 314). Auch die Chinesen bevorzugen eine eigene Bauweise, die sie aus ihrem Mutterland mitgebracht haben (s. unten).

Chinesische Geschäftshäuser

Bis zum Beginn des 19. Jh. wurden sowohl in den Städten als auch auf dem Land die meisten Wohn- und Geschäftshäuser aus Holz erbaut und mit Palmblättern gedeckt. Diese Baumaterialien waren zwar in Hülle und Fülle vorhanden, aber leicht brennbar. Je schneller und chaotischer die Städte expandierten, umso verheerender wüteten die Brände und umso katastrophaler waren die hygienischen Zustände. Deshalb erließ Sir Stamford Raffles (s. S. 42) vor dem planmäßigen Aufbau von Singapur 1822 ganz konkrete **Bauvorschriften:** Die Straßen sollten rechtwinklig verlaufen, die Bebauung einheitlich sein und mit Steinen und Ziegeln ausgeführt werden. Das Ergebnis konnte sich sehen lassen und so kopierten viele andere Städte den neuen Stil. Von dieser Zeit zeugen noch heute viele Fassaden zwei- bis dreistöckiger chinesischer Geschäftshäuser, die teilweise liebevoll hergerichtet und saniert wurden. An ihnen lassen sich die Einflüsse der chinesischen, malaiischen, englischen und indischen Architektur gut erkennen.

Während ganze Häuserzeilen bis zur zweiten Hälfte des 19. Jh. noch von Handwerkern aus Südchina nach Feng-Shui-Prinzipien erbaut wurden und den Vorbildern im Heimatland ähnlich sahen, nahmen mit der Jahrhundertwende europäische Einflüsse zu. Von Architekten der East India Company wurden neue Elemente wie hohe Fenster mit Sonnenblenden eingeführt. Die Fassaden im **Straits-Eklektizismus** dekorierte man mit bunten Fliesen, Stuck und Holzschnitzereien, sollten sie doch den Wohlstand der Besitzer widerspiegeln. Besonders prunkvoll wurden die **Stadtvillen** der Peranakan-Chinesen (s. S. 54) in den ehemaligen Straits Settlements ausgestaltet. In den 1930er-Jahren begann man immer stärker internationalen Trends wie dem Art-déco-Stil zu folgen.

Da die **Geschäftshäuser** nach ihrer Breite an der Straßenfront besteuert wurden, hielt man sie sehr schmal, sodass neben der Eingangstür höchstens Platz für ein oder zwei Fenster blieb. Dafür wurde um mehrere schmale Innenhöfe herum weit nach hinten gebaut. Dort befanden sich im Erdgeschoss die Wohnräume, die Küche und die Toilette der Familie und im Obergeschoss die Schlafräume. Viele Zimmer waren fensterlos oder durch schmale Innenhöfe nur spärlich beleuchtet und schlecht belüftet, was wenig störte, da sich das Familienleben tagsüber in den Geschäftsräumen abspielte.

Eine Besonderheit sind die schmalen überdachten **Arkaden,** die Passanten vor der Sonne ebenso wie vor den häufigen Regenfällen schützen sollten. Dieser sogenannte Five Foot Way wurde von Sir Stamford Raffles in Singapur eingeführt und in anderen Städten übernommen. Schon bald ließen sich in den überdachten Passagen Zeitungshändler, Friseure, Wahrsager, Schuster und andere Dienstleister nieder, von den Chinesen *gho kha ki* (›Fünf-Fuß-Händler‹) genannt. Auch die Besitzer der kleinen Läden nutzen die Freifläche gern zur Erweiterung ihrer Ladenfläche oder als Garage, sodass eine Wanderung durch die Altstadt oft einem Hindernislauf gleicht.

Literatur

Es gibt nur wenige ins Deutsche übersetzte Romane von malaysischen Schriftstellern. Ein Großteil der Erzähler bevorzugt die Form der Kurzgeschichte oder Lyrik, die der einheimischen Tradition nähersteht. Die Kulturpolitik fördert nur Werke in der Staatssprache Malaiisch, aber viele Nicht-Malaien schreiben auf Englisch oder in ihrer Muttersprache.

Malaiische Literatur

Bereits im 15. Jh. wurden die beiden großen indischen Epen Ramayana und Mahabharata ins Malaiische übertragen und vor allem als Schattenspiel aufgeführt. Vermutlich im Jahr 1612 entstanden die **Malaiischen Annalen** (Sejarah Melayu), die Geschichte vom Aufstieg und Fall Melakas, die als das bedeutendste Werk der klassischen malaiischen Literatur gelten.

Von den über Jahrhunderte hinweg mündlich überlieferten Legenden wurden nur wenige schriftlich festgehalten. Am bedeutendsten ist **Hikayat Hang Tuah,** die dramatische Geschichte der beiden Helden Hang Tuah und Hang Jebat im Melaka des 15. Jh., die ähnlich wie das Mahabharata Loyalität und Gerechtigkeit thematisiert.

Das Alltagsleben der Malaien wurde erstmals von **Munshi Abdullah** (1796–1854) in seiner Autobiografie »Hikayat Abdullah« beschrieben, ein Werk, das den Beginn der modernen malaiischen Literatur markiert.

Aus den zeitgenössischen Schriftstellern, zu denen viele Lehrer zählen, ragt **Abdul Samad Said** (geb. 1935) heraus. Den internationalen Durchbruch erzielte der politisch engagierte Schriftsteller bereits mit seinem Erstlingsroman »Salina«, der Geschichte einer Prostituierten in einem traditionellen malaiischen Dorf nach dem Zweiten Weltkrieg. Ins Deutsche übersetzt wurde sein Roman »Feuer über dem Fluss«, der zur Zeit der japanischen Luftangriffe spielt.

Auch im journalistischen Bereich haben sich viele Autoren einen Namen gemacht, darunter der Historiker **Farish Ahmad Noor** (geb. 1967) und **Karim Raslan** (geb. 1963). Ihre detaillierten kulturellen Betrachtungen der modernen Gesellschaft im Übergang werden regelmäßig in der malaysischen Presse und in Sammelbänden veröffentlicht.

Somerset Maugham

Das legendäre Eastern & Oriental Hotel in George Town schmückt sich mit so berühmten Gästen wie Somerset Maugham, Rudyard

Kipling und Hermann Hesse. Um die Wende vom 18. zum 19. Jh. fanden sich in den grandiosen Hotels und Klubs der Kolonialzentren nicht nur mächtige Beamte und Pflanzer, sondern auch reiselustige Schriftsteller ein. Man trank miteinander den einen oder anderen *stengah* (Whisky Soda) oder Gin Tonic und erzählte sich Geschichten. Die Atmosphäre in den dunkel getäfelten Räumen mit langen, messingbesetzten Tresen, tiefen Ledersesseln und weiß livrierten Kellnern muss sehr anregend und eine Fundgrube für jeden Schriftsteller gewesen sein. Die Idee zu **Somerset Maughams** (1874–1965) Kurzgeschichte »Fußspuren im Dschungel« beispielsweise wurde im europäischen Club von Melaka geboren, der in dem Werk »Tanah Mera« (›Rotes Land‹) genannt wird.

Maugham, Sohn eines englischen Anwalts im auswärtigen Dienst, wurde 1874 in Paris geboren. Bereits mit 16 Jahren reiste er nach Heidelberg, um dort für ein Jahr Literatur und Philosophie zu studieren. Nach einem Medizinstudium in London und seinem ersten erfolgreichen Roman »Liza von Lambeth« widmete er sich ganz dem Schreiben. Sein unstetes Leben führte ihn 1916 auf den Spuren von Gauguin in den Pazifik und anschließend mit seinem extrovertierten Partner Gerald Haxton nach China, Indien und Südostasien. Maughams Fähigkeit, Dinge genau zu beobachten und exakt wiedergeben zu können, machte ihn nicht nur zu einem wohlhabenden Chronisten, sondern auch zu einem Mitarbeiter der Geheimdienste. Außerdem dokumentierte er in vielen unterhaltsamen naturalistischen Kurzgeschichten auf intelligente, teils zynische Weise die britische Kolonialherrschaft in Malaya und auf Borneo, u. a. in »The Outstation«, »A Casual Affair« oder »The Force of Circumstance«, die in Sammelbänden erschienen sind.

Joseph Conrad

Somerset Maughams großes literarisches Vorbild war **Joseph Conrad** (1857–1924), der in Polen unter russischer Besatzung geboren wurde und später die englische Staatsbürgerschaft annahm. Auch Conrad war, ebenso wie Maugham, schon früh Waise geworden. Als 16-Jähriger verließ er seinen Onkel, um in Marseille als Seemann anzuheuern. Nach Großbritannien verschlug es ihn erstmals 1878. Conrads Erfahrungen von seinen zahllosen Reisen durch die Kolonien und die Untiefen der menschlichen Psyche verarbeitete er in Romanen und Erzählungen, die als Vorreiter der modernen englischen Literatur gelten. Am bekanntesten sind der zweifach verfilmte Roman über den idealistischen ewigen Verlierer »Lord Jim« und »Almayers Wahn«.

Henri Fauconnier

Auf der Suche nach einem Auskommen, das sein schriftstellerisches Hobby finanzieren sollte, kam der Franzose **Henri Fauconnier** (1879–1973) im Jahr 1905 nach Malaya. Als Pflanzer gelangte er mit Gummiplantagen zu Wohlstand, außerdem war er der Erste in der Kolonie, der Ölpalmen kultivierte. 1931 wurde sein Roman »Malasia« (›The Soul of Malaya‹) veröffentlicht. Mit diesem preisgekrönten Roman über das Leben in Malaya zur Zeit der britischen Kolonialherrschaft gelangte der ansonsten eher durch seine Briefe bekannte Schriftsteller zu Ruhm.

Anthony Burgess

In der Tradition dieser großen Erzähler steht auch **Anthony Burgess** (1917–93). Während seiner Anstellung als Lehrer im Malaya der 1950er-Jahre verfasste er »The Malayan Trilogy«, drei Romane, die auch unter dem Titel »The Long Day Wanes« erschienen sind. Von den Briten wie von den Malaien wurden die Bände wegen ihrer gnadenlosen Darstellung der gesellschaftlichen Missstände in Malaya heftig kritisiert. Als Burgess einige Jahre später in Brunei unterrichtete, verlegte er den Handlungsort seines neuen Romans »Devil of a State« in ein afrikanisches Land, um erneuten Auseinandersetzungen aus dem Weg zu gehen. Anerkennung und Wohlstand brachte ihm sein späteres, von Stanley Kubrick verfilmtes Werk »Uhrwerk Orange«.

Rudyard Kipling und Hermann Hesse

Mehr mit Indien als mit Malaysia werden die beiden reisenden Literaturnobelpreisträger Rudyard Kipling und Hermann Hesse in Verbindung gebracht. Der in Bombay geborene **Rudyard Kipling** (1865–1936) gilt als geistiger Vertreter des Kolonialregimes. Der Begründer der modernen Kurzgeschichten ist vor allem als Autor von »Das Dschungelbuch« bekannt. Seine Begegnungen und Erlebnisse in Malaya fanden ihren Niederschlag in den im Jahre 1891 erschienenen Kurzgeschichtensammlungen »Life's Handicap« und »The Crab that Played with the Sea«.

Hermann Hesse (1877–1962) wurde durch seine Eltern, Missionare der Basler Mission in Indien, und seinen Mentor Gustav Gräser, einen Pionier der ökologisch-pazifistischen Alternativbewegung, auf die asiatische Kultur aufmerksam. In einer Lebenskrise reiste er 1911 zusammen mit dem Schweizer Maler Hans Sturzenegger Richtung Ceylon und

Einstiger Treffpunkt von Schriftstellern: das Eastern & Oriental Hotel in George Town

Südostasien. Seine Erfahrungen in Singapur, auf Penang, Sumatra, Borneo und in Burma hielt er in Aufzeichnungen, Gedichten und Erzählungen fest, die, illustriert von Aquarellen und Zeichnungen seines Freundes Sturzenegger, in dem Werk »Aus Indien« publiziert wurden. Darin verbarg er nicht seine Enttäuschung darüber, dass sich seine idealisierte asiatische Welt als Illusion erwiesen hatte. Hesses Reise war allerdings der Nährboden, auf dem 1922 sein Alterswerk, der Bestseller »Siddhartha«, entstehen sollte.

Film

Nur ganz wenige malaysische Streifen schafften es bislang auf den internationalen Markt, darunter **Hanyut/Almayer's Folly** von U-Wei Haji Saari aus dem Jahr 2011, die für eine lokale Produktion aufwendige Verfilmung von »Almayers Wahn« des Schriftstellers Joseph Conrad.

Als Drehort hingegen ist Malaysia auch bei internationalen Filmproduzenten beliebt, besonders die Petronas Twin Towers in Kuala Lumpur. In **Entrapment** (›Verlockende Falle‹) von Jon Amiel aus dem Jahr 1999 ermittelt Gin alias Catherine Zeta-Jones in einem Kunstdiebstahl und hat bereits einen Verdächtigen im Auge: Mac, der von Sean Connery verkörpert wird. Doch dann planen sie gemeinsam einen großen Coup in den Zwillingstürmen der Hauptstadt. Am gleichen Ort wurde **Don – The Chase Begins Again** (2006) von Farhan Akhtar verfilmt, ein weltweit erfolgreicher indischer Actionthriller. 2012 folgte **Don 2,** der ebenfalls in Kuala Lumpur spielt.

Einen Einblick in die fantastische Natur des Landes gewinnt man in **Return to Paradise** (1998) von Joseph Ruben. Alles beginnt mit einem Urlaub dreier Freunde in Malaysia, von denen einer zurückbleibt, um die Orang-Utans auf Borneo zu retten. Doch dann erfahren seine Freude, dass er wegen Drogenbesitzes auf Penang im Gefängnis sitzt.

Auf der Insel Borneo spielt auch **Selima und John** des britischen Regisseurs Guy Jenkin aus dem Jahr 2003. Ein junger Engländer, der 1936 in Ost-Malaysia seinen Dienst antritt, verliebt sich in die hübsche Selima, die ihm als sein »Sleeping Dictionary« – so der Originaltitel – die Sprache und Kultur der Iban nahebringt.

Der Abenteuerfilm **Edge of the World** (›Im Herzen des Dschungels‹) mit seiner hochkarätigen Besetzung (u. a. mit Jonathan Rhys Meyers) erschien 2021. Die Geschichte spielt in Sarawak und handelt von James Brooke (s. S. 42) und seinen Gefährten, die dem Sultan von Brunei bei der Niederschlagung von Rebellionen halfen.

Musik und Tanz

Typische Instrumente

Zum chinesischen Neujahrsfest ziehen Tanzgruppen mit riesigen Löwenfiguren, begleitet von lautstarken Trommeln, Gongs und Paarbecken durch die Straßen. Auch in der malaiischen Kultur kommen Perkussionsinstrumente zum Einsatz, von kleinen Rasseln über die Doppelmembrantrommeln **Kendang** bis zur riesigen **Rebana Ubi.** Sie werden häufig von einem Harmonium und einer Oboe begleitet. Ebenfalls weitverbreitet sind Saiteninstrumente, die ursprünglich aus dem indischen, persischen und arabischen Raum sowie aus Portugal stammen.

Die große Bandbreite der indischen Musik reicht von der Tanzmusik der Sikhs, die von **Tablas** begleitet wird, bis hin zur klassischen karnatischen Musik der Tamilen aus dem Süden. Bei den ethnischen Minoritäten sind als Musikinstrumente Trommeln und Bambusflöten beliebt, für die der Regenwald alle Rohstoffe liefert. Die Dayak setzen gerne Gongs ein und die Orang Ulu die **Sape,** eine bootförmige Laute.

Tänze

Ebenso vielfältig präsentieren sich die Volkstänze. Der **Zapin** hat arabische Wurzeln, der **Joget** hingegen geht auf portugiesische Vorbilder zurück. Gemeinsam ist fast allen Tänzen, dass sich – im Sinne der islamischen Tradition – Frauen und Männer nicht berühren. Beinahe stilisierte Tanzformen sind beim **Silat** zu sehen, einer malaiischen Form der Selbstverteidigung, die eine hohe Körperbeherrschung erfordert. Die graziösen Bewegungen der schwarz gekleideten Männer werden von Trommeln, Gongs und Flöten begleitet.

Interpreten

Die unterschiedlichen kulturellen Einflüsse inspirierten auch den wohl bekanntesten Künstler Malaysias zu seinen Liedern, den Musiker, Komponisten, Filmemacher und Schauspieler **P. Ramlee** (1929–73). Eine tolle Ausstellung zu dieser ›goldenen Ära‹ des malaysischen Entertainments hat das Penang House of Music im KOMTAR Building (www.penanghouseofmusic.com). Eine der bekanntesten Sängerinnen ist **Siti Nurhaliza** (geb. 1979), die nicht nur auf einheimischen Bühnen viel Präsenz zeigt, sondern auch auf internationalen Sendern wie MTV Asia. Weltweit bekannt sind auch die malaysischen Sängerinnen **Yuna und Zee Avi.** Große Namen der Weltmusik treffen sich seit 1998 beim **Rainforest World Music Festival** bei Kuching (s. S. 304).

Textilien

Batik – der Stoff, aus dem die Nationalkleidung ist

Für ihre festliche Garderobe wählen Männer wie Frauen zumeist einheimische Batikkleidung. Frauen tragen einen **Baju Kurung,** ein lose fallendes, etwa knielanges Oberteil und darunter den **Kayang,** einen knöchellangen Rock. Ein Schal, der **Slendang,** vervollständigt die Garderobe. Männer bevorzugen bei offiziellen Anlässen langärmlige Batikhemden. Vor allem freitags beim Moscheebesuch sind bei Männern **Baju Melayu** weitverbreitet, eine Kombination aus langärmeligem Hemd mit Stehkragen, einer farblich passenden langen Hose und einem **Sampin,** einem breiten Schal, der um die Hüfte geschlungen wird. Die traditionelle Kopfbedeckung der Männer, ein gefaltetes farbiges Batiktuch namens **Tanjak,** wird bei Muslimen zunehmend durch den **Songkok** ersetzt, eine schwarze, oben abgeflachte Filzkappe. Die traditionelle Hauskleidung für beide Geschlechter ist der **Sarong,** ein Wickelrock, der in der Regel jedoch nur in der weiblichen Version gebatikt ist. Die Männer tragen gewebte Karostoffe.

Ursprünglich wurden die aufwendig gefertigten Batikstoffe ausschließlich von Fürsten getragen und zeigten je nach Religionszugehörigkeit abstrakte und florale islamische Motive oder stilisierte Hindugötter. Unter dem Einfluss chinesischer Einwanderer und europä-

Kunsthandwerk der indigenen Völker

Semi bin Awas, der 70-jährige Schamane eines Dorfes der Mah Meri, schnitzt aus hartem Wurzelholz den Moyang Harimau Berantai, einen Tiger, der sieben ineinander verschlungene Ringe hält. Wegen ihrer Ausdruckskraft und Schönheit erhält die Skulptur von der UNESCO eine Auszeichnung, doch für den Schamanen ist sie weit mehr als ein Dekorationsstück.

Die Schnitzerei stellt einen Moyang dar, den Geist eines Vorfahren, eines tapferen Jungen, der, um seine Männlichkeit unter Beweis zu stellen, mit seinem Bruder zur Jagd ging und dabei von einem Tiger getötet wurde. Solche und andere Geschichten werden von den Mah Meri in Statuen und Masken dargestellt. Über sie visualisieren die einstigen Seenomaden die guten wie bösen Kräfte und treten mit der spirituellen Welt in Verbindung. Die beseelte Natur und die Geister der Vorfahren spielen für die Animisten eine große Rolle und beeinflussen ihren Alltag. Manche schützen vor Naturkatastrophen, andere helfen Krankheiten zu heilen, indem die Ursache des Übels in die Statue projiziert und dann von einem Medizinmann vernichtet wird. Viele Rituale sind jedoch bereits in Vergessenheit geraten.

Die Mah Meri gehören zu den Orang Asli und leben als Fischer an der Küste der Insel Carey vor den Toren von Kuala Lumpur. Ihnen bleibt nicht viel Lebensraum, denn im Hinterland ihrer fünf Dörfer erstreckt sich eine riesige Ölpalmplantage. Etwa 25 Holzschnitzer fertigen Statuen und Tanzmasken zumeist aus der rötlichen Wurzel des Mangrovenbaums *(nyireh batu)*, da das weichere Pulaiholz, das früher benutzt wurde, kaum noch zu bekommen ist. Die Frauen hingegen sind damit beschäftigt, *bujam*, kleine Taschen für Tabak oder Süßigkeiten, sowie Matten und Körbe zu flechten – auch deren Muster erfüllen reinigende oder schützende Funktionen.

Auch das Kunsthandwerk anderer Orang-Asli-Gruppen sowie der Rungus, Bajau und Dusun in Sabah oder der Bidayuh, Penan, Kenyah und Lun Bawang in Sarawak ist eng mit deren Umwelt verbunden. Für ihre Holzschnitzereien und Flechtarbeiten sind sie auf Materialien aus dem Dschungel angewiesen. Doch mit der zunehmenden Zerstörung des Regenwalds verkleinert sich nicht nur ihr Lebensraum, sondern es mangelt auch an Rohstoffen für ihre Produkte. Statt der Pandanusblätter verwendet man zum Flechten von Körben vielfach bereits bunte Kunststoffbänder, die eigentlich als Verpackungsmaterial gedacht sind. Andere Gegenstände wie Matten oder Werkzeuge werden durch industrielle Produkte ersetzt.

Unter den indigenen Völkern haben die Orang Asli die größten Schwierigkeiten, sich in der modernen Gesellschaft zu behaupten. Da ihr Geschäftssinn nur wenig ausgeprägt ist, werden viele Produkte über Mittelsmänner verkauft, die einen Großteil der Einnahmen einstreichen. Mittlerweile unterstützen Freiwillige die Orang Asli und setzen sich für einen fairen Erlös sowie für den Erhalt der Lebensräume ein – und damit für den Fortbestand einer einzigartigen Kultur.

ischer Kolonialisten gelangten auch Drachen und Phönixe, Vögel und Schmetterlinge auf die Stoffe. Zwischen den 20er- und 70er-Jahren des vergangenen Jahrhunderts, als malaiische Frauen überwiegend langärmlige Blusen, Baju Kurung, Schals und Sarongs trugen, waren Batikmanufakturen an der gesamten Ostküste der Halbinsel weitverbreitet. Seit den 1980er-Jahren wird die traditionelle Färbetechnik nur noch rings um Kuala Terengganu und Kota Bharu am Leben erhalten. Sofern Frauen auf dem Land überhaupt noch Sarongs tragen, handelt es sich meist um preiswerte Drucke, die überwiegend aus Indonesien stammen. Seit Batik vor einigen Jahren zur Nationalkleidung erklärt wurde, setzt sie sich zunehmend bei den Uniformen von Staatsangestellten durch und wird besonders an jedem ersten und fünfzehnten Tag des Monats getragen.

Die malaiische Batik unterscheidet sich im Design merklich von der bekannteren javanischen Variante mit ihren kleinflächigeren Mustern und dezenteren Naturfarben. In Malaysia werden die Umrisse aus Wachs meist mithilfe großer Kupferstempel *(cap)* auf den weißen Stoff aufgetragen, sodass sich wiederholende Muster entstehen. Der an ein großes Bügeleisen erinnernde Stempel wird in heißes Bienenwachs getaucht, das sich in den feinen Rillen festsetzt – eine schweißtreibende Tätigkeit, die vor allem von Männern ausgeführt wird. Anschließend wird der Stoff wie in einem Malbuch ausgemalt. Nachdem die Farben in einer Lösung acht Stunden fixiert wurden, entfernt man das Wachs mit heißem Wasser. Bei den gut 2 m langen Sarongs erhalten die Kopfstücke, die hinten getragen werden, ein eigenes Muster.

Bei teureren Batiken und dekorativen Batikbildern werden die Konturen mit einem Pinsel oder kleinen Wachskännchen *(canting)* von Hand gezogen. Die abgedeckten Stellen blei-

Sie kommen nur bei bedeutenden Zeremonien zum Einsatz: die Pua Kumbu

ben in der ursprünglichen Farbe erhalten. Dies macht man sich auch bei mehrfachen Färbeprozessen zunutze. Dabei werden mit flüssigem Wachs alle Flächen abgedeckt, die ihre aktuelle Farbe behalten sollen. Danach wird der gesamte Stoff in ein Farbbad getaucht. Nachdem das Wachs entfernt ist, wird der Vorgang mit anderen Farben wiederholt – ein überaus aufwendiger Prozess, der nur noch selten angewendet wird.

Kain Songket – mit dem Brokat verwandt

Mindestens ebenso wertvoll, aber noch aufwendiger in der Herstellung als Batiken sind die Kain Songket, kunstvoll gewebte, brokatähnliche Stoffe aus Seide oder Baumwolle mit eingearbeiteten Gold- oder Silberfäden. Auf traditionellen Webstühlen werden sie zumeist in Kelantan in einem langwierigen Prozess gefertigt. Ursprünglich wurden die Kain Songket zu Kopfschmuck *(tanjak)*, Schultertüchern oder Sarongs verarbeitet, heute fertigt man aus den kostspieligen Stoffen auch gerne edle Blusen und Abendkleider. Unverändert wird Kleidung aus diesem Material vor allem zu Hochzeiten und anderen wichtigen Anlässen getragen.

Die Techniken von Kain Songket sind sowohl auf indonesischen Inseln als auch in Thailand, Kambodscha und Indien verbreitet. Es ist umstritten, wie diese Webart auf die malaiische Halbinsel gelangte, wo die Sultane bereits im 15. Jh. Kleidung aus Kain Songket trugen und zeremonielle Tücher aus diesen Stoffen bei wichtigen Riten Verwendung fanden. Noch heute werden an den Sultanshöfen bei repräsentativen Anlässen überaus wertvolle Stoffe zur Schau gestellt. Die abgelegten Prachtstücke kann man in Museen bewundern.

Pua Kumbu – Ikatdecken

Die Iban in Sarawak sowie einige andere Kulturen in Zentral- und Südostasien pflegen eine weitere Webart: die Ikattechnik. Hierbei werden die Kettfäden vor dem Weben bündelweise umwickelt und gefärbt, sodass die abgebundenen Stellen die Originalfarbe beibehalten. Dieser Vorgang wird mehrfach wiederholt, wodurch nach dem Weben die etwas verschwommen wirkenden geometrischen Muster und sogar Darstellungen von Tieren entstehen. Traditionell dauerte das Färben mit einem Sud aus Wurzeln, Blättern oder Früchten und das Weben mehrere Monate. Die großen Decken, Pua Kumbu, sind Erbstücke und der Stolz der Familie. Einige mit Darstellungen von Menschen werden ausschließlich bei wichtigen Zeremonien verwendet, andere holt man vor allem beim Erntefest Gawai Dayak hervor.

Mittlerweile sind Pua Kumbu beliebte Souvenirs und Ikatstoffe werden zu modischer Kleidung verarbeitet. Allerdings kommen kaum noch Naturfarben zum Einsatz, einige Textilien werden sogar maschinell gefertigt. Wer sich vor dem Kauf über die Qualität informieren möchte, findet im Textile Museum in Kuching eine hervorragende Sammlung.

Wissenswertes für die Reise

Anreise und Verkehr
Übernachten
Essen und Trinken
Outdoor
Feste und Veranstaltungen
Reiseinfos von A bis Z

Palmen, Strand und Meer – und fertig ist das Urlaubsparadies

Essen mit allen Sinnen: Selbst Reis wird in Malaysia kunstvoll verpackt

Nach Herzenslust shoppen in der Chinatown von Kuala Lumpur

Anreise und Verkehr

Einreisebestimmungen

Für die Einreise nach Malaysia, Brunei und Singapur ist kein Visum erforderlich. Benötigt wird ein Pass (Kinder brauchen unabhängig vom Alter ein eigenes Reisedokument), der zum Zeitpunkt der Einreise noch mindestens sechs Monate Gültigkeit hat.

Der bei der Ankunft in Form eines einfachen Stempels ausgestellte **Visit Pass** berechtigt Deutsche, Schweizer und Österreicher zu einem 90-tägigen Aufenthalt in West-Malaysia und kann in einem Immigrationsbüro vor Ort um 30 Tage verlängert werden. Bei einer Reise von West-Malaysia nach Sarawak wird ein zweiter Visit Pass ausgestellt, der sich an der Aufenthaltsdauer in West-Malaysia orientiert. Näheres siehe **www.imi.gov.my.**

Ein- und Ausfuhr von Waren

Während bei der Einreise nach Singapur selbst einzelne Zigaretten versteuert werden müssen, können nach Malaysia 200 Zigaretten bzw. 225 g Tabak zollfrei eingeführt werden, außerdem 1 l alkoholische Getränke (nicht gestattet von Malaysia nach Singapur) sowie eine kleine Menge Parfüm. Neuwaren müssen ab einem Wert von 500 RM/500 S$ bei der Ein- und Ausreise deklariert und versteuert werden. Eine Einfuhrerlaubnis ist auch für mitgebrachte Medikamente erforderlich. Die Ein- und Ausfuhr von Bargeld ist in Malaysia auf 10 000 US$ bzw. 20 000 S$ begrenzt.

Strafbar macht man sich mit Produkten von Tieren und Pflanzen, die unter das Washingtoner Artenschutzabkommen fallen, etwa Krokodile, Schildkröten und ›Strandsouvenirs‹ wie Muscheln, Seesterne oder Korallenstücke, auch bestimmte Tropenhölzer dürfen nicht in die EU eingeführt werden (Liste aller Arten unter **www.artenschutz-online.de**).

Anreise

... mit dem Flugzeug

Der **Kuala Lumpur International Airport (KLIA),** www.klia.com.my, ca. 70 km südlich der malaysischen Hauptstadt, und der **Changi Airport Singapore,** www.changiairport.com, sind Drehkreuze, die aus Europa von vielen europäischen und asiatischen Fluggesellschaften teils nonstop angeflogen werden, u. a. von Lufthansa, www.lufthansa.com, Condor, www.condor.com, KLM, www.klm.com, Malaysia Airlines, www.malaysiaairlines.com, Singapore Airlines, www.singaporeair.com, Scoot, www.flyscoot.com, Emirates, www.emirates.com, und Qatar Airways, www.qatarairways.com. Von beiden Flughäfen aus bestehen gute Verbindungen in alle Landesteile sowie die Nachbarländer, wohin Flüge mit Malaysia Airlines, AirAsia, Firefly, Lion Air oder Malindo Air gebucht werden können. Über die Sicherheit und Zuverlässigkeit der Airlines informiert die Website www.airlineratings.com.

Normalerweise bekommt man Tickets für den Flug von Europa nach Malaysia bereits ab 800 €. Wenn im Sommer jedoch alle gleichzeitig in den Urlaub wollen, sind die Preise um einiges höher. Wer vor Ort nicht per Mail oder Handy kontaktiert werden kann, sollte sich unbedingt drei Tage vor dem Rückflug von der Airline die Abflugtermine bestätigen lassen, die sich manchmal überraschend ändern. Da manche Flüge überbucht sind, empfiehlt es sich, rechtzeitig am Flughafen einzuchecken.

... auf dem Landweg

Von Thailand und Singapur aus ist **West-Malaysia** auf dem Landweg zu erreichen. Es bestehen internationale Zugverbindungen zwischen Bangkok und Padang Besar sowie zwischen Singapur und Kuala Lumpur. Zudem verkehren zahlreiche Busse über die Grenzen, besonders häufig zwischen dem thailändischen Hat Yai und Penang sowie zwischen Singapur und Johor Bahru. Selten nutzen Ausländer die Grenzübergänge zu Thailand an der Ostküste der malaiischen Halbinsel, da die thailändischen Südprovinzen aufgrund der Auseinandersetzungen zwischen der muslimischen Bevölkerung und der Zentralregierung in Bangkok als unsicher gelten. Über den Causeway von und nach Singapur erfolgt die Abfertigung rund um die Uhr professionell und schnell. Allerdings bilden sich an verlängerten Wochenenden und bei Ferienbeginn bzw. -ende in Singapur lange Schlangen.

Es ist auch kein Problem, auf dem Landweg von Brunei und dem indonesischen Kalimantan nach **Ost-Malaysia** einzureisen. Da jedoch nicht alle Grenzübergänge für Ausländer geöffnet sind, sollte man sich zuvor bei der malaysischen Botschaft über die aktuelle Lage informieren. Wer auf dem Landweg von Sarawak durch Brunei nach Sabah fährt, muss mehrere Grenzübergänge passieren.

... auf dem Seeweg

Derzeit bestehen nur wenige internationale Fähr- und Schiffsverbindungen. An der Westküste der malaiischen Halbinsel kann man von Satun und Koh Lipe in Thailand nach Pulau Langkawi übersetzen (https://telaga-terminal.com) sowie mit Fähren aus Dumai (Indonesien) nach Melaka und Port Dickson (www.indomalfastferry.com) sowie von Tarakan und Nunukan in Indonesien nach Tawau in Sabah. Die Grenzabfertigung erfolgt jeweils im Zielhafen. Schiffe aus den Philippinen sind aus Sicherheitsgründen nicht zu empfehlen.

Verkehrsmittel im Land

Vor allem die malaiische Halbinsel verfügt über ein gut ausgebautes Straßennetz, auf dem viele Busse internationalen Standards und Überlandtaxis verkehren. Außerdem gibt es eine Eisenbahnlinie entlang der Westküste sowie in den Nordosten der Halbinsel. In Ost-Malaysia sind abgelegene Ziele mit dem Flugzeug zu erreichen.

Flugzeug

Neben der staatlichen **Malaysia Airlines,** www.malaysiaairlines.com, fliegen auch kleinere Gesellschaften malaysische Reiseziele an. Deren Flüge sind über das Internet mit Kreditkarte zu buchen und umso günstiger, je früher sie gebucht werden. Es lohnt sich, die Preise zu vergleichen.

Fast alle Inlandsflüge ab Kuala Lumpur starten am **Kuala Lumpur International Airport (KUL).** AirAsia und andere Billig-Airlines verkehren ab dem 2 km entfernten **KLIA2-Terminal,** www.klia2.info, der per Bahn und Shuttlebus erreichbar ist. Von Kuala Lumpurs Hauptbahnhof KL Sentral fahren ständig Zubringerbusse und Züge, www.kliaekspres.com, zu beiden Terminals. Nur noch wenige Flüge starten am zentrumsnahen **Subang Airport (SZB),** der ca. 15 km westlich der Innenstadt liegt.

Je nach Ziel und Kabinenklasse muss vor dem Abflug eine Flughafensteuer (Depature Levy) entrichtet werden. In den Kleinflugzeugen von MASwings ist das Freigepäck auf 10–20 kg begrenzt. Übergepäck muss generell

Vorbilder für Ingenieure: Die traditionellen Drachen sollen böse Geister vertreiben und verursachen beim Fliegen keine Emissionen

teuer bezahlt werden. Kleine Flugzeuge sind schnell ausgebucht, was vor allem für Flüge innerhalb Ost-Malaysias auf Borneo eine Rolle spielt.

AirAsia (www.airasia.com): Die Billig-Airline fliegt ab Kuala Lumpur zu vielen Reisezielen in Malaysia.

Firefly (www.fireflyz.com.my): Die Tochter der Malaysia Airlines offeriert günstige Flüge ab Subang, Kuala Lumpur und Penang zu Zielen auf der Halbinsel sowie nach Ost-Malaysia, Singapur, Sumatra und Phuket.

Malaysia Airlines (www.malaysiaairlines.com.my): Verkehrt in West- und Ost-Malaysia teils zu ebenso günstigen Preisen wie die Billigflieger-Konkurrenz.

MASwings (www.maswings.com.my): Eine Tochter der Malaysia Airlines, die mit ATR 72-500 und Twin Otter ins Landesinnere von Ost-Malaysia.

Batik Air Malaysia (www.malindoair.com): ehemals Malindo Air. Die Tochter der indonesischen Lion Air fliegt Ziele auf der Halbinsel und Singapur sowie in Ost-Malaysia und den Nachbarländern an.

Zug

Der Hauptbahnhof von Kuala Lumpur, der **KL Sentral,** verspricht mehr, als das begrenzte Eisenbahnnetz hält. Die wichtigste Nord-Süd-Linie zwischen Thailand, Butterworth, Kuala Lumpur und Singapur wurde ausgebaut und elektrifiziert. Hingegen gibt es auf der nicht elektrifizierten Strecke durch das Landesinnere von Tumpat bei Kota Bharu über Kuala Lipis nach Gemas noch viele unbeschrankte Bahnübergänge, sodass Verspätungen an der Tagesordnung sind.

Bei den elektrischen **Expresszügen** (ETS) sollte man Plätze vorab reservieren. **Nachtzüge** nach Tumpat lohnen nur in diese Richtung, weil man in die Gegenrichtung nach Johor Bahru das landschaftlich interessantere Landesinnere bei Nacht passiert. Die einfachen **Shuttles** (vergleichbar mit Bummelzügen) durch das Landesinnere sind häufig nicht nur unpünktlich, sondern auch überfüllt.

Fahrpläne und Ticketbuchung bis zu einem Monat im Voraus über die Website der malaysischen Eisenbahn Keretapi Tanah Melayu **www.ktmb.com.my**; Tickets auch über Buchungsplattformen wie www.busonlineticket.com, www.easybook.com und www.malaysiabus.com.

Bus

Die staatliche Gesellschaft **Transnasional,** www.transnasional.com.my, und zahlreiche private Busunternehmen verkaufen an den Busbahnhöfen Tickets mit Sitzplatzreservierung. Für die viel befahrenen Routen zwischen den Großstädten an der Westküste sind Vorbuchungen nicht erforderlich. Ansonsten empfiehlt es sich, einen bis zwei Tage zuvor das Ticket zu kaufen. Da viele Busbahnhöfe außerhalb des Zentrums liegen, sind Tickets auch online (s. oben), in Reisebüros und einigen Unterkünften zu bekommen. Die meisten Busse verkehren tagsüber, vor allem vormittags. Auf Langstrecken sind auch Nachtbusse unterwegs. Für die Fahrten sollte man etwas Warmes zum Anziehen einpacken, da die Klimaanlagen meist sehr hoch eingestellt sind.

Die Business-, Super-Express- und VIP-Busse, die es bei größeren Busgesellschaften gibt, haben weniger Sitzplätze und sind daher bequemer, aber auch teurer. Generell sind kleinere Gesellschaften unzuverlässiger als die größeren, die teils im Internet über ihre Verbindungen informieren und Buchungsmöglichkeiten anbieten, u. a. **Aero Line,** www.aeroline.com.my, **Mara Liner,** www.maralinergroup.my, **Plusliner/Nice,** www.plusliner.com.my, **Transtar Express,** www.transtar.travel.

Zwischen beliebten Zielen für Rucksackreisende wie Cameron Highlands, Kuala Lumpur, Penang, Pulau Perhentian (Kuala Besut), Taman Negara etc. verkehren Backpackerbusse, die ihre Passagiere häufig direkt in der Unterkunft abholen, z. B. **NKS,** www.nkstravel.com. Manche Minibusse, die auf Strecken nach Thailand eingesetzt werden, sind nicht sicher.

Bequemes Sightseeing: Melaka lässt sich auch wunderbar per Boot erkunden

Überlandtaxi

Schneller als mit einem Bus reist man mit den Überlandtaxis (Kereta Sewa), die man an Busbahnhöfen oder zentralen Plätzen findet und die zumeist bestimmte Strecken bedienen. Die Autos dürfen maximal vier Passagiere befördern und fahren in der Regel los, sobald sie voll besetzt sind. Man kann auch das komplette Fahrzeug mieten. An einigen Sammelplätzen für Langstreckentaxis hängen Preise für ortsübliche Strecken aus, die für das ganze Auto gelten. Vor allem abends, am Wochenende, bei Fahrten zum Hotel oder wenn das Taxi erst am Folgetag bzw. leer zurückfahren muss, werden höhere Summen verlangt. Fordern die Fahrer unangemessen hohe Preise, lohnt es sich, zu handeln oder ein anderes Auto zu nehmen.

Boot

Vom Festland verkehren **Fähren** auf vorgelagerte Inseln. U. a. bestehen regelmäßige Verbindungen nach Pangkor, Penang, Langkawi, Tioman, zu den Perhentian-Inseln und nach Labuan. Zu anderen Inseln an der Ostküste wird der Verkehr bei hohem Wellengang eingestellt, was vor allem während der Regenzeit der Fall ist.

Mietwagen

In allen größeren Städten West-Malaysias und an den meisten Flughäfen werden Autos vermietet. Die einzigen Hürden sind der Linksverkehr und das (Einbahnstraßen-)Labyrinth der Großstädte. Wie überall unterscheiden sich die Tarife je nach Unternehmen, Mietdauer und Wagenklasse, aber fast alle Anbieter bieten günstige Stand-by-Tarife, Sonderangebote und Frühbucherrabatte. Auf der zollfreien Insel Langkawi beispielsweise sind Mietwagen um einiges günstiger als im restlichen Malaysia, wo mit Preisen ab RM 110 pro Tag zu rechnen ist. Teurer sind Geländewagen, vor allem in Ost-Malaysia. Bei einigen großen Firmen wie **Avis,** www.avis.com.my, **Hertz,** https://www.simedarbycarrental.com, oder **Hawk,** www.hawkrentacar.com.my, können Autos an einem Ort gemietet und an einem anderen Ort abgegeben werden, wofür allerdings ein Aufpreis fällig wird. Bei diesen Unternehmen kann man auch Navigationssysteme mieten. Generell empfehlenswert ist der Abschluss einer Zusatzversicherung *(collision damage waiver),* um bei Schäden die Eigenbeteiligung abzudecken. Für die Anmietung muss man 21 Jahre alt sein. Es genügt der nationale Führerschein.

Motorrad

Wegen des starken Verkehrs sollten nur geübte Motorradfahrer eine Tour durch Malaysia in Betracht ziehen, denn vor allem auf den Hauptstraßen geht es recht chaotisch zu. Im Land besteht Helmpflicht und trotz der tropischen Hitze sollte unbedingt Schutzkleidung getragen werden. Unerlässlich ist auch der internationale Motorradführerschein, ohne den bei Unfällen kein Schutz durch die Reisekrankenversicherung besteht.

Kleinere Motorräder und Roller kann man auf Pulau Pinang, Pulau Pangkor und auf Pulau Langkawi mieten. Größere Maschinen verleiht in Kota Kinabalu **GoGoSabah,** Lot G2, Wisma Sabah, Tel. 01 02 34 05 03, www.facebook.com/gogosabah, und in Kuala Lumpur **Malaysian Motorcycle Getaways,** F-50-2, Jln. Teknologi 3/9, Bistari De Kota, Kota Damansara, Petaling Jaya, 47810, Selangor, Tel. 03 61 41 86 12, www.ridemalaysia.com.my. Letztere organisieren zudem regelmäßig geführte Touren auf der malaiischen Halbinsel.

Verkehrsregeln

In Malaysia herrscht Linksverkehr und auf den vorderen Sitzen besteht Anschnallpflicht. Die Höchstgeschwindigkeit beträgt 50 km/h in Ortschaften, 90 km/h auf Landstraßen und 110 km/h auf Autobahnen. Im Kreisverkehr hat Vorfahrt, wer von rechts kommt. Die wichtigsten Begriffe auf den Straßenschildern sind: *awas* – Vorsicht, *berhenti* – Stopp, *dilarang melatak* – Parkverbot, *dilarang memotong* – Überholverbot, *ikut kiri* – links fahren, *jalan rosak* – Straßenschäden, *jalan sehala* – Einbahnstraße, *lebuhraya* – Autobahn, *lencongan* – Umleitung, *pusat bandar* – Stadtzentrum, *simpang ke* ... – Abzweigung nach ...

Die Nord-Süd-Autobahn an der Westküste ist gebührenpflichtig. Wer länger unterwegs ist, kann sich an Tankstellen oder Mautschranken eine Touch & Go Card mit Guthaben aufladen, mit der man bargeldlos zahlt. In vielen Innenstädten werden Parkgebühren fällig, die teilweise einen Coupon erfordern. Dieser ist üblicherweise in Kiosken und kleinen Läden erhältlich oder aber man erkundigt sich vor Ort bei den Einheimischen nach den Verkaufsstellen.

Tankstellen haben in der Regel von 6 bis 23 Uhr geöffnet. 2023 kostete 1 l Super (95 Oktan) RM 2,05. Der staatlich regulierte und subventionierte Benzinpreis ist an kleinen und entlegenen Tankstellen etwas höher.

Öffentlicher Nahverkehr

In den großen Städten und in deren Umgebung verkehren **Stadtbusse,** die an gekennzeichneten Haltestellen stoppen bzw. überall dort halten, wo Passagiere warten. Die meisten Fahrzeuge sind klimatisiert und mit Fahrkartenautomaten ausgestattet, wofür man ausreichend Kleingeld bereithalten sollte. In allen anderen Bussen bezahlt man direkt beim Fahrer.

Taxis sind weitverbreitet, aber außerhalb von Kuala Lumpur fahren sie praktisch nie mit Taxameter. Dann gelten Festpreise oder man muss den Preis vor Fahrtantritt aushandeln. Einfacher und stressfreier sind Fahrten mit Privattaxis, die in größeren Städten über die App Grab, www.grab.com, gebucht, bezahlt und per GPS verfolgt werden können (vergleichbare App in Brunei: Dart).

Die einst im ganzen Land verbreiteten **Fahrradrikschas** sind nur noch in wenigen Städten auf den Straßen unterwegs, in George Town sowie vor allem in Melaka, wo sie besonders fantasievoll geschmückt werden. Touristen sollten mit einem Mindestpreis von RM 25 pro Fahrt rechnen.

Übernachten

Bei Malaysias vielfältigem Zimmerangebot findet jeder eine Unterkunft, die seinen Bedürfnissen und seinem Geldbeutel entspricht. Generell sollte man neuen oder renovierten Gebäuden den Vorzug geben, denn im tropischen Klima altern die Einrichtungen extrem schnell.

Frühzeitige Reservierungen sind ratsam, besonders während der Schulferien in Singapur und Malaysia (s. unten), an wichtigen Feiertagen, an langen Wochenenden und bei spätem Eintreffen am Zielort. In Nationalparks und auf kleinen Inseln ist das Angebot begrenzt, sodass manche Unterkünfte bereits Wochen im Voraus ausgebucht sind, vor allem in Sabah im Danum Valley, rings um Pulau Sipadan und auf dem Gunung Kinabalu. Schnell belegt sind auch die Top-Quartiere in Kuala Lumpur, Penang und Melaka sowie die Unterkünfte in den Cameron Highlands und an den Stränden von Langkawi, Perhentian und Tioman.

Die in diesem Reiseführer angegebenen Preiskategorien beziehen sich – sofern nicht anders vermerkt – auf Standard-Doppelzimmer in der Saison. Hinzu kommt eine beim Check-in fällige **Bettensteuer** (Tourist Tax) von RM 10 pro Person (ausgenommen hiervon sind Schlafsäle), einige Bundesstaaten (z. B. Penang, Melaka und Pahang) erheben zusätzlich ein »Heritage Tax« oder »Sustainability Charge« von RM 2–3.

Gewisse Unannehmlichkeiten können in Zimmern aller Preisklassen durch z. B. Moskitos, Ameisen, Kakerlaken oder Bettwanzen entstehen. Letztere sind nachtaktiv und hinterlassen nach einem Biss juckende Quaddeln. Ihr Auftreten sollte umgehend an der Rezeption gemeldet werden. Auch ist darauf zu achten, dass sie nicht weiterverbreitet werden, d. h. gründlich duschen, die Kleidung heiß waschen und das Gepäck mit einem Insektenspray behandeln.

Viele Zimmer können im Internet über die Website der jeweiligen Unterkunft oder über Reiseportale (s. S. 102) gebucht werden – manchmal erheblich billiger als vor Ort, z. B. www.agoda.de (App), www.booking.com (auch App), www.expedia.de (auch App), www.holidaycheck.de, www.hostelbookers.com, www.hostelworld.com, www.hotelopia.de. Wer nicht reserviert hat, sollte sich nicht scheuen, an der Hotelrezeption nach einem Rabatt zu fragen oder – falls zuvor überprüft – dem günstigeren Internetpreis. Die im Hotelprospekt angegebenen *published rates* gelten nur äußerst selten, meist werden gleich die günstigeren *promotion rates* offeriert.

PREISKATEGORIEN

€ bis 200 RM (40 €)
€€ 200 bis 450 RM (40–90 €)
€€€ über 450 RM (90 €)

Die Preise in diesem Buch gelten für ein Standard-Doppelzimmer.

Hotels

Besser als im funktional-gesichtslosen Einheitsbrei der vielen Budget- und Businesshotels wohnt es sich in Unterkünften mit Charakter. Einige sind in restaurierte Kolonialbauten oder klassische chinesische Geschäftshäuser eingezogen, bieten aber alle modernen Annehmlichkeiten. Außerhalb der Touristenziele werden Hotels überwiegend von einheimischen Geschäftsleuten für Tagungen oder für Familienfeiern gebucht – entsprechend ist das Angebot, vom Frühstück bis zu den Gemeinschaftseinrichtungen.

In den internationalen 5-Sterne-Hotels verströmen Tropenholz, Edelstahl, Glas und andere wertvolle Baumaterialien einen Hauch von Luxus – ein Doppelzimmer kostet hier ab 90 €. Dafür werden die Gäste umsorgt mit flauschigen Handtüchern in Marmorbädern. Smartphone-Dockingstation, Kaffeemaschine und Stereoanlage sind auch längst kein Luxus mehr. Man wandelt auf dicken Teppichen und glänzenden Holzböden, schläft wie auf Wolken, zur Entspannung geht es ins angeschlossene Spa oder an den Pool.

Auch die Zimmer in Mittelklassehotels sind klimatisiert und verfügen über Fernseher mit Satellitenprogrammen (Astro), manchmal auch Kühlschrank. Einige Hotelketten wie **Grand Hotels International,** www.ghihotels.com.my, in Malaysia sowie **Fragrance Hotel,** www.fragrancehotel.com, und **Hotel 81,** www.hotel81.com.sg, in Singapur bieten ordentlichen Standard für relativ wenig Geld.

Resorts

An viel besuchten Stränden und in einigen Waldgebieten findet man Resorts, die in Größe und Ausstattung erheblich variieren können. Üblicherweise verfügen sie über eine Gartenanlage mit einem oder mehreren Pools, Restaurant und Bar. Die Zimmer sind meist geräumig und haben einen Balkon mit Sitzgelegenheiten oder Liegen. Für eine Übernachtung im Doppelzimmer zahlt man zwischen 50 und 100 €.

In kleineren Resorts befinden sich die Zimmer oft in Bungalows, deren Möblierung in der billigsten Kategorie manchmal aus kaum mehr als einem Bett besteht. Allerdings gibt es auch hier in der Regel eine warme Dusche, eine Klimaanlage und eine Terrasse.

Wer eine Vorliebe für Individualtourismus hat, sollte die großen Resorts meiden, die bevorzugt von Reisegruppen gebucht werden.

Gästehäuser und Hostels

Bei Individualreisenden beliebt sind die Gästehäuser und Hostels mit häufig kleinen, aber sauberen Zimmern und Schlafsälen mit Klimaanlage. Die Bäder mit zumeist warmen Duschen werden in der Regel gemeinschaftlich genutzt, einige der Zimmer haben auch eigene Bäder. Zum Standard dieser Unterkünfte gehören zudem Aufenthaltsräume mit Küchenzeile und Frühstücksmöglichkeit, TV, WLAN und manchmal Waschmaschinen. Viele Hostels haben sogar Doppelmatratzen für Paare und regelrechte Schlafkojen mit eigener Lampe, Steckdose und Vorhang.

Manchmal sind gepflegte ältere Hotels in zentraler Lage die bessere Wahl gegenüber top bewerteten Häusern der Onlineplattformen. Wer Anschluss sucht, ist in Hostels gut aufgehoben, wobei sie für 2 Pers. im Vergleich zu günstigen Businesshotels (ab RM 100 pro DZ) nicht immer das bessere Preis-Leistungs-Verhältnis bieten.

OFFIZIELLE SAISONDATEN

In Malaysia und Singapur fällt die Hochsaison mit den Schulferien zusammen:
1–2 Wochen im März/April
2 bzw. 4 Wochen im Mai/Juni
1–2 Wochen Ende Juli/Anfang Aug.
6 Wochen von Mitte Nov.–Ende Dez.

Homestays

Um den Alltag in einem Dorf hautnah zu erleben, empfiehlt sich der Aufenthalt in einem Homestay, wo man mehr oder weniger eng mit der Gastfamilie zusammenlebt. Das von der Regierung geförderte Programm hat allerdings nur wenig im Angebot, das auf westliche Ansprüche zugeschnitten ist, wenngleich manche Homestays bereits dem Standard von Gästehäusern entsprechen. Zunehmend werden diese Privatunterkünfte über Airbnb, www.airbnb.de, angeboten. Spannend sind die Übernachtungen in Langhäusern (s. S. 311), wo die Gäste auf der Gemeinschaftsveranda oder in abgetrennten Bereichen unter Moskitonetzen schlafen.

Essen und Trinken

Malaiische, chinesische und indische Einflüsse

»*Sudah makan?*« – ›Schon gegessen?‹, lautet eine häufige Begrüßung in Malaysia. Essen ist wichtig und ein soziales Ereignis. Gerne trifft man sich mit Freunden auf Märkten oder mit der ganzen Familie im Restaurant. Dabei gibt es eine riesige Auswahl an Gerichten – als größtes Plus der multikulturellen Gesellschaft Malaysias erweist sich die kulinarische Vielfalt.

Die tropischen **malaiischen Speisen** schmecken immer ein wenig nach Meer und Kokospalmen. Ab und an überraschen sie mit einer trägen Süße oder verursachen Schweißausbrüche. Schuld daran sind die Grundzutaten: Fischpaste *(belacan),* Kokosmilch *(santan),* Palmzucker *(gula melaka)* und die scharfen Chilis. Zusammen mit Zwiebeln und Knoblauch bilden sie die Basis vieler Gerichte, die durch würzige Blätter, Kräuter, Wurzeln und Nüsse ihre besondere Note erhalten. Neben vielerlei Gemüse werden insbesondere Fisch, Hähnchen, Rind und Lamm zubereitet.

Ganz anders präsentiert sich die **chinesische Küche,** die ihre Wurzeln überwiegend im südchinesischen Raum hat. Hier geben neben Knoblauch und Ingwer vor allem Soßen die eher süße oder salzige Geschmacksrichtung vor: Soja-, Austern-, Schwarze-Bohnen- oder süß-saure Soße. Vieles wird im Wok kurz gebraten oder frittiert, anderes wird gedämpft. Die Fleischauswahl ist durch keinerlei religiöse Vorschriften beschränkt.

In den **indischen Restaurants** riecht und schmeckt alles nach kräftigen Gewürzen wie Kreuzkümmel, Koriander, Kardamom und Gelbwurz sowie nach *ghee,* dem Butterfett. Auf großen Herdplatten werden Brote und Pfannkuchen gebraten und aus riesigen Kübeln Reis sowie Linsen *(dhal)* und diverse Currys serviert. Manche Restaurants sind rein vegetarisch, andere haben Hühnchen-, Lamm- und Fischgerichte auf der Karte. Rindfleisch wird von Hindus und vielen Sikhs nicht gegessen und nur von Mamak, muslimischen Indern, zubereitet.

Nur wenige Restaurants und Garküchen haben **Gerichte der Orang Asli oder Dayak** im Angebot. Viele derer Zutaten stammen aus dem Dschungel und sind in den Städten nicht zu bekommen. Manchmal bietet sich auf Festen oder bei Reisen in den Urwald die Gelegenheit, Reis in Bambus gegart oder sogar Sago zu probieren, das traditionelle Grundnahrungsmittel der Dschungelbewohner, das aus dem Stamm der Sagopalme gewonnen wird.

Natürlich haben sich die Köche auch gegenseitig in die Töpfe geblickt und etwas abgeschaut. So schmecken die Currys in manchen malaiischen Garküchen durchaus etwas indisch und das luftige indische Brot *roti canai* wird bereits als urmalaiische Erfindung angesehen. Vor allem die Chinesen in den Straits Settlements haben viele malaiische Zutaten übernommen und eine ganz neue Küchentradition begründet, die exzellente **Peranakan-Küche,** auch Nyonya Food genannt (s. S. 82).

PREISKATEGORIEN

€ bis 25 RM (5 €)
€€ 25 bis 75 RM (5–15 €)
€€€ über 75 RM (15 €)

Preise für ein Hauptgericht oder Menü

Typische Gerichte

Wahrscheinlich wird man es nicht schaffen, alles zu probieren, aber es gibt ein paar Gerichte, die man unbedingt essen sollte.

Nudelsuppen gibt es vor allem bei Chinesen in vielen Varianten, doch die dicke cremige

Laksa, ein Nudeleintopf zumeist auf Fischbasis, ist ein absolutes Highlight der Peranakan-Küche. Ebenfalls beliebt ist die aus Thailand stammende scharfe **Tom Yam** (wird jedoch zu Reis serviert) mit Huhn oder Garnelen, Pilzen, Zitronengras, Kha (einer Ingwerart) und Chili.

Sowohl Nudeln als auch Reis werden gerne mit verschiedenen Zutaten gebraten und stehen als **Fried Noodles** (Mee Goreng) oder **Fried Rice** (Nasi Goreng) hoch in der Gunst von Sparfüchsen. Interessanter schmeckt **Nasi Lemak,** in Kokosmilch gekochter Reis mit Beilagen wie hartgekochten Eiern, frittierten Trockenfischen oder einem Curry, das zumeist Huhn, Gemüse und Erdnüsse enthält. Von der chinesischen Insel Hainan stammt der populäre **Chicken Rice** – Reis wird in Hühnerbrühe gekocht und zusammen mit Hühnchenfleisch, Ingwer- und Chilisoße, Gurken und einer klaren Brühe serviert.

Das luftige Fladenbrot **Roti Canai** wird normalerweise mit einer Currysoße, aber auch in süßen Varianten mit Zucker, Bananen und Kondensmilch serviert. Weitverbreitet ist auch **Murtabak,** mit Lamm- oder Rinderhack gefülltes *roti.* Zu den beliebtesten Snacks gehört **Rojak,** ein Salat aus Gurke, Ananas, grünen Mangos und Erdnüssen, der mit Soßen unterschiedlicher Geschmacksrichtungen übergossen wird, sowie **Satay,** auf einem Holzkohlegrill gegarte Fleischspießchen, die man zusammen mit Erdnusssoße, Gurken und Klebreis isst.

Viele indische Mahlzeiten bestehen aus verschiedenen Gemüsecurrys, Linsen und anderen Zutaten. Eine südindische Spezialität sind frisch gebackene, gefüllte Fladenbrote, **Tosai** genannt, die in der knusprig-dünnen Version **Paper Tosai** besonders lecker schmecken.

Nyonya – traditionelle Fusion-Küche

Mit riesigen Woks, Tontöpfen und Essstäbchen beladen erreichte das Gefolge der chinesischen Prinzessin Hang Li Po im 15. Jh. Melaka. Zu jener Zeit gab es dort noch keine chinesischen Lebensmittelläden, und so waren sie darauf angewiesen, ihre Rezepte mit einheimischen Zutaten zuzubereiten. Erstaunt stellten sie fest: Es schmeckte gar nicht so schlecht.

Der Legende nach könnte es sich so abgespielt haben. Erwiesen ist, dass sich Jahrhunderte später einige der überwiegend männlichen chinesischen Migranten mit einheimischen malaiischen Frauen zusammentaten. Die Nachfahren dieser Beziehungen, die männlichen *baba* und die weiblichen *nyonya,* heirateten bevorzugt untereinander und bildeten eine eigene Gemeinschaft, die Peranakan (s. S. 54).

Das Aufeinandertreffen der beiden unterschiedlichen Kulturen hatte höchst kreative Folgen, besonders in der Küche. Die kräftigen vielfältigen Gewürze der malaiischen Küche wie Galgant *(lengkuas)* und Gelbwurz *(kunjit)* sowie Zitronengras *(serai),* Chilis *(cili)* und andere einheimische Früchte und Kräuter gaben den südchinesischen Gerichten eine völlig neue Note. Mit dem einheimischen Sago *(sagu)* und Klebreis *(pulut),* Palmzucker *(gula melaka)* und Kokosmilch *(santan)* ließen sich sogar hervorragende Süßigkeiten herstellen.

Vor allem die kräftig-bunten Nyonya-Kuchen *(kuih)* genießen einen ausgezeichneten Ruf. Die meisten verdanken ihren Duft und besonderen Geschmack den Pandanusblättern *(pokok pandan),* die mitgekocht werden und dabei einen grünen Farbstoff absondern. Zum Andicken wird Gelatine aus Seetang *(agar-agar)* verwendet. Viel Geduld erfordert die Herstellung der feinen Schichtkuchen *(kuih lapis),* bei denen jede Lage erst fest werden muss, bevor die nächste in einer anderen Farbe aufgetragen werden kann.

Ein zentraler Bestandteil der delikaten Nyonya-Gerichte ist *belacan,* eine in ungekochtem Zustand geruchsintensive feste Paste aus getrockneten Garnelen. Sie bildet die würzige Basis vieler Gemüse und Soßen, die vor allem für die kräftigen Currys mit weiteren Zutaten angereichert und mit gemahlenen Lichtnüssen *(buah keras)* angedickt werden. Statt der teuren, schwer zu knackenden Lichtnüsse werden allerdings meist Macadamianüsse oder Mandeln verwendet. Ein Erfolgsgeheimnis vieler Gerichte liegt darin, Fleisch und Fisch vor der Zuberei-

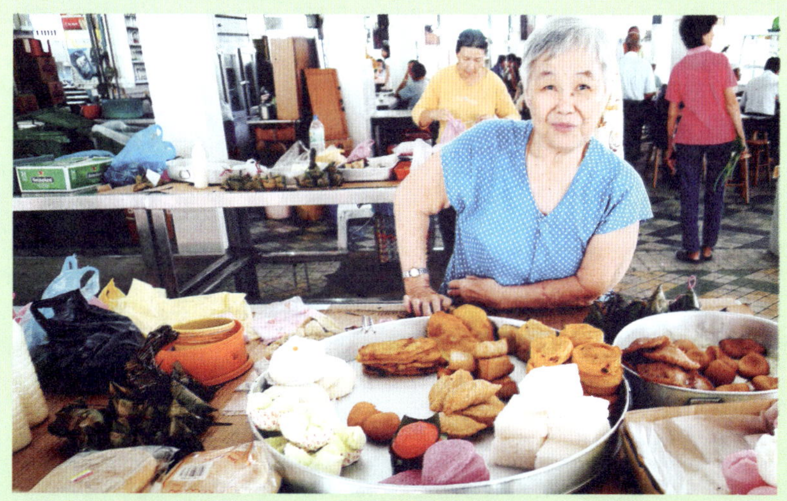

Auf den Märkten preist jeder seine ganz besondere Spezialität an

tung über längere Zeit zu marinieren. Besonders beim Rindfleischcurry *(rendang)* werden Koriander, Fenchelsamen und frische Gewürze wie Zitronengras und Tamarinde zu einem einmaligen Geschmacksereignis kombiniert.

Die malaiische Küche auf Penang ist stärker von Thailand und die in Melaka und Singapur stärker von Indonesien beeinflusst. Das wirkt sich auch auf die Nyonya-Gerichte aus, die im Norden eher sauer und im Süden eher süßer sind sowie mehr Kokosmilch enthalten und mit fermentierten Pangibaumnüssen *(buah keluak)* gekocht werden. Zudem hat sich der portugiesisch-eurasische Einfluss in Melaka in der Nyonya-Küche niedergeschlagen. Entsprechend werden hitzige Debatten darüber geführt, welche der aufwendigen Zubereitungsarten der Nudeleintöpfe *(laksa)* die beste ist und wo die feinsten Kuchen hergestellt werden.

Wo essen?

Wegen einer besonders leckeren Laksa-Nudelsuppe fahren Malaysier kilometerweit zu einem bestimmten **Essenstand** und warten dann geduldig in der Schlange, um frisch zubereitete Nudeln mit einer würzigen Brühe übergossen zu bekommen und in Minutenschnelle zu schlürfen. Die meisten Essensstände haben sich auf wenige Gerichte spezialisiert, deren Rezepte von Generation zu Generation vererbt werden. Auf kleinstem Raum wird hier auf Holzkohle gegrillt und dort in riesigen Woks gebraten, in Tonöfen gebacken oder frisch Gedämpftes aus Bambuskörben verkauft. Selbst am Straßenrand köchelt es in Töpfen und Kesseln vor sich hin.

Mehrere Essensstände sind meist in **Food Courts** oder **Hawker Centres** zusammengeschlossen, wobei muslimische Stände aufgrund der religiösen Essensvorschriften räumlich von den Ständen mit anderen Speisen getrennt sind. In Einkaufszentren, aber auch an Flughäfen nehmen Food Courts einen großen Bereich ein. Das Essen wird direkt an den Ständen geholt und kann dann an jedem beliebigen freien Tisch verzehrt werden. Für frische Fruchtsäfte und andere Getränke gibt es gesonderte Stände. Manchmal wird mit Coupons bezahlt, die zuvor an einer zentralen Kasse erworben werden können. Food Courts findet man auch im Freien. In der Regel öffnen sie erst bei Sonnenuntergang und sind in lauen Tropennächten wohl eine der originellsten und preiswertesten Möglichkeiten zum Essengehen. Teilweise gehören sie zu einem **Nachtmarkt** *(pasar malam),* auf dem auch Textilien, Haushaltswaren und andere Dinge verkauft werden. Vor allem im Ramadan sind die Nachtmärkte rings um die Moscheen ein beliebter Treffpunkt zum Fastenbrechen.

Nur zu den Essenszeiten öffnen malaiische **Büfett-Restaurants,** wo man einen Teller mit Reis bekommt und sich die Gemüse-, Fisch- und Fleischgerichte dazu an einer Theke aussucht. Eine ähnliche Einrichtung gibt es bei den muslimischen Tamilen. In deren nüchternen Mamak-Restaurants, den **Nasi Kandar,** wird rund um die Uhr preiswertes vorgekochtes Essen serviert, zumeist Fleisch in dicker, scharfer Kokosnuss-Currysoße. Die *roti canai* sowie *teh tarik,* der kräftige gesüßte Milchtee, werden aber frisch zubereitet. Die Lokale sind beliebte, aber nicht immer hygienisch einwandfreie Treffpunkte.

Zum Plaudern trifft man sich auch im **Kedai Kopi,** einem Coffee Shop, wo zum lokalen Kaffee Spezialitäten der ansässigen chinesischen Essensstände angeboten werden. Im vergleichbaren **Kopi Tiam** gibt es neben Kaffee zumeist nur Toast mit *kayah* (Marmelade aus Kokosmilch und Eigelb) sowie Eiergerichte. Mit der landesweiten Kette Old Town schwang sich ein in Ipoh ansässiger Kopi Tiam sogar zur Franchise auf und serviert auch andere malaysische Gerichte, allerdings nicht unbedingt in guter Qualität. Wer dem einheimischen Kaffee nicht viel abgewinnen kann, findet Alternativen in Ketten wie The Coffee Bean & Tea Leaf.

Die Vielfalt der einheimischen Küchen wird durch **internationale Restaurants** ergänzt, wo häufig wahre Meisterköche am Herd stehen. Nicht selten sind in großen Hotels westliche wie asiatische Restaurants vertreten, oder es werden Büfetts mit Gerichten aus verschiedenen Ländern aufgebaut, um den unterschiedlichen Geschmäckern Rechnung zu tragen. Aus Rücksicht auf muslimische Gäste ist in den meisten Hotels das Essen *halal* und entspricht den muslimischen Essensvorschriften.

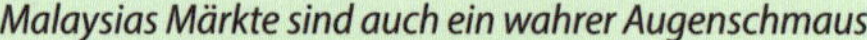

Wie essen?

Ein Messer gilt als Waffe und ist höchstens in der Küche, aber nicht auf dem Tisch zu finden.

Malaysias Märkte sind auch ein wahrer Augenschmaus

Für Touristen werden natürlich Ausnahmen gemacht, wenngleich man die Butter oft mit dem Löffelrücken auf dem Toast verstreichen muss.

Asiatisches Essen kommt in vielen Fällen mundgerecht zerteilt auf den Tisch. Traditionell wird zum Essen die rechte Hand benutzt, keinesfalls die ›unreine‹ linke, die in der Toilette zum Einsatz kommt. Das Essen mit der Hand ist in ländlichen Gebieten und einfachen indischen Restaurants immer noch üblich und eine interessante Erfahrung, da dabei auch die Struktur der Speisen wahrnehmbar wird. Es braucht allerdings etwas Übung, in den südindischen Banana-Leaf-Restaurants so elegant wie die Inder vom Bananenblatt zu essen. Auch Brot wird mit der rechten Hand zum Mund geführt. Nur bei Krebsen und beim Schälen von Obst darf mit beiden Händen zugelangt werden. Vor und nach dem Essen werden die Hände gewaschen, wofür es in den meisten Restaurants separate Waschbecken gibt. Manchmal bekommt man auch eine Schale mit Wasser gereicht.

Die Mehrheit der Malaien verwendet zum Essen Löffel und Gabel, wobei die Gabel in der linken Hand liegt und als eine Art Messer fungiert, mit dem man die Nahrung auf den Löffel in der rechten Hand schiebt. Zu Nudelsuppen und in chinesischen Restaurants werden Essstäbchen *(chop sticks)* gereicht. Falls man damit nicht zurechtkommt, sind auch Gabeln und Löffel zu bekommen. Von den aufgetragenen Speisen nimmt man sich jeweils eine kleine Portion mit einem Löffel oder Stäbchen auf einen Teller oder legt sie gleich auf die Schale mit dem Reis.

Essgewohnheiten

Es ist kein Problem, rund um die Uhr etwas Essbares aufzutreiben. Selbst im Fastenmonat Ramadan, wenn alle muslimischen und malaiischen Essensstände und Restaurants tagsüber geschlossen sind, stehen Chinesen weiterhin in der Küche. Aus Rücksicht auf fastende Muslime isst und trinkt man im Ramadan tagsüber nicht in der Öffentlichkeit, sondern hinter verschlossenen Türen.

Zum **Frühstück** gibt es in den Hotels für Chinesen eine Reissuppe, für Malaien gebratene Nudeln oder andere herzhafte Speisen und für Europäer Toast mit Marmelade sowie Spiegeleier, Rühreier oder Omelette. Schweinefleisch ist von der Karte verbannt, dafür bekommt man hin und wieder *beef* oder *turkey bacon.* Ergänzt wird das Ganze mit etwas Obst, Säften, manchmal auch Cornflakes oder *roti canai.* Auch die größeren Hotels haben selten mehr zu bieten.

Das **Mittag- und Abendessen** nehmen die Einheimischen gerne außer Haus ein, sodass sich vor allem in den Städten eine große Auswahl an Essensmöglichkeiten jeder Preisklasse bietet. Die Gerichte – insbesondere an Essensständen, in Coffee Shops und kleineren Familienbetrieben – sind ausgesprochen preiswert. Teuer wird es in klimatisierten Restaurants mit entsprechendem Ambiente und in internationalen Hotels. Wo es keine Speisekarte gibt, bestellt man an den Auslagen oder lässt sich vom Koch bzw. Kellner beraten. Bei Fisch und Meeresfrüchten sollte man sich nicht scheuen, nach dem Preis zu fragen, denn sie werden nach Gewicht berechnet und können recht teuer sein.

Wer mit einer größeren Gruppe in ein chinesisches Restaurant geht, bestellt normalerweise viele verschiedene Gerichte, die in beliebiger Reihenfolge und beeindruckender Geschwindigkeit aus der Küche kommen. Jeder versucht von jedem Gericht, indem man sich mit seinen Essstäbchen selbst bedient. Ansonsten liegen Löffel zum Servieren bereit. In traditionellen chinesischen Restaurants sind Plastikteller weitverbreitet, die am Ende des Mahls samt Tischdecke blitzschnell in einer großen Wanne verschwinden – hier zählt die Qualität der Speisen mehr als das Ambiente. Da Chinesen selten alleine essen gehen, gibt es fast nur große runde Tische für acht bis zehn Personen, an denen sich Alleinreisende einsam fühlen können.

Flaschen mit Trinkwasser werden meist ohne Nachfrage auf den Tisch gestellt, aber nur bezahlt, wenn sie geöffnet worden sind. Chinesen trinken zum Essen gerne grünen Tee, der meist kostenlos ist, oder Bier, selten Wein. In einfachen Lokalen holt man sich die Softdrinks selbst aus dem Kühlschrank.

Outdoor

Golf

Seit der Kolonialzeit wird in Malaysia Golf gespielt. Einige der alten Plätze sind noch in Betrieb und genießen Kultstatus, darunter der 1893 gegründete Royal Selangor Golf Club (rsgc.com.my) in Kuala Lumpur, der Fraser's Hill Golf Club ca. 120 km nördlich von Kuala Lumpur und verschiedene Plätze in den Cameron Highlands. Einige der 9-, 18- oder 27-Loch-Plätze wurden von international bekannten Architekten gestaltet. Viele liegen rings um Kuala Lumpur auf dem Gelände ehemaliger Plantagen und stillgelegter Zinnminen, andere sind eingebunden in Ferienzentren mit Luxusresorts. Die meisten Klubs nehmen Touristen als Mitglieder auf Zeit auf. Weitere Infos: **Malaysian Golf Association** (MAG), 14 Jalan 4/76C, Desa Pandan, Kuala Lumpur, Tel. 03 92 83 73 00, https://mgaonline.com.my.

Hash House Harriers

Die Schnitzeljagd wurde während der britischen Kolonialzeit in Kuala Lumpur zu einem sozialen Event verfeinert. Nach Tagen der Arbeit und einem meist ausschweifenden Wochenende traf man sich montagabends zum Lauf an der frischen Luft, allerdings nicht ohne sich anschließend mit einem Bier zu belohnen. Von Kuala Lumpur aus verbreitete sich dieser organisierte Gruppensport über die ganze Welt, vor allem im Commonwealth. Bei der Interhash kommen Mitglieder aus aller Herren Länder zusammen. In Malaysia werden die Hashs noch immer vor allem von den dort lebenden Ausländern organisiert. Die Treffpunkte der Männer- (Hashers) und Frauengruppen (Harriets) in Kuala Lumpur und Kota Kinabalu stehen in der Zeitung. Gäste sind willkommen. Infos: **www.malaysianhashcouncil.com.**

Kajakfahren

In einigen Strandresorts werden Kajaks vermietet, mit denen selbst Anfänger entlang der Küste paddeln können. Besonders interessant sind Touren durch Mangrovenwälder oder in Dschungelgebieten, z. B. auf Pulau Langkawi, nahe Kuching oder Kota Kinabalu.

Nicht nur Taucher, auch Schnorchler kommen in Malaysia auf ihre Kosten

Radfahren

In Städten haben es Radfahrer nicht leicht und viele Mieträder sind in schlechtem Zustand. Besser ist die Ausrüstung bei organisierten Touren abseits der Hauptstraßen ab Kuala Lumpur, Penang, Melaka, Kuching und Kota Kinabalu. Für Gepäckradtouren auf eigene Faust sollte man das Fahrrad und die Ausrüstung von zu Hause mitbringen. Hilfreiche Informationen finden Reiseradler auf **www.rad-forum.de.**

Rafting

Auf einigen Flüssen Malaysias werden Raftingtouren angeboten. Verschiedene Veranstalter in Kuala Lumpur organisieren Trips auf dem Sungai Selangor (Grad 4), dem Sungai Kampar (Grad 2–3), dem Jeram Besu (Grad 1–3) und dem Sungai Slim (Grad 2–3). In Sabah können Raftingtouren in Kota Kinabalu gebucht werden. Die 9 km lange Strecke auf dem Sungai Padas ab Pangi bei Tenom führt über sieben Stromschnellen vom Grad 3 in der Trockenzeit bis zu Grad 5 in der Regenzeit. Eher für Familien mit kleinen Kindern und Anfänger sind die Touren auf dem Sungai Kiulu (Grad 1–2), ebenfalls bei Tenom, geeignet.

Segeln

Die Inselwelt von Langkawi eignet sich wunderbar für kurze Segeltörns und romantische Sunset Cruises, die von örtlichen Veranstaltern und Hotels angeboten werden. In den Jachthäfen von Langkawi liegen Segelboote vor Anker, deren Besitzer auf den Meeren zwischen Australien und Thailand unterwegs sind. Einige vermieten ihre Jachten auch für längere Touren. In Sabah ist der Jachthafen von Tanjung Aru bei Kota Kinabalu der Anlaufpunkt für Interessierte und die kurze Tour durch die nahe gelegene Inselwelt des Tunku Abdul Rahman National Park eine schöne Einstimmung.

Tauchen und Schnorcheln

Vor allem Sabah punktet mit ein paar traumhaften, aber auch gut besuchten Revieren. Bei Tauchern gilt die Unterwasserwelt von Pulau Sipadan bei Tawau als eines der Highlights weltweit. Weitere tropische Korallenriffe findet man in der Sulusee sowie vor den Inseln des Tunku Abdul Rahman National Park bei Kota Kinabalu. In West-Malaysia gelten Tioman, Redang und Perhentian als gute Tauchreviere. Anfänger finden auf Tioman und Perhentian bisweilen sogar Tauchschulen mit deutschsprachigen Tauchguides.

Die Tauchschule sollte international anerkannten Tauchorganisationen wie PADI angeschlossen und die Leihausrüstung in gutem Zustand sein. Vor dem Buchen eines Kurses ist zu klären, ob die theoretische Ausbildung von einem kompetenten und zertifizierten Lehrer erfolgt, wie groß die Lern- und Tauchgruppen sind und was in den Kurskosten enthalten ist.

Viele Hausriffe nahe dem Strand können beim Schnorcheln erkundet werden. Auch einige Tauchboote nehmen Schnorchler mit. Bei Touren ist die Ausrüstung meist im Preis inbegriffen, ansonsten kann man Schnorchel, Taucherbrille und Flossen bei Tauchschulen und in Läden an den Stränden ausleihen.

Wandern

Mehrtägige Wanderungen sind nur in wenigen Regionen des Landes möglich und im tropischen Klima durch kaum erschlossene Dschungelgebiete überaus anstrengend. Aber sowohl in West- als auch in Ost-Malaysia gibt es vor allem in den Nationalparks eine Vielzahl kürzerer Touren, die dank markierter Wege auf eigene Faust durchgeführt werden können (s. S. 11).

Im Tieflandwald lauern Blutegel, die zwar lästig, aber ungefährlich sind. Die Gefahr, die von aggressiven Wespen und Hornissen ausgeht, wird wesentlich unterschätzt, während Schlangen überschätzt werden.

Feste und Veranstaltungen

Der Familienverbund ist in Malaysia von weitaus größerer Bedeutung als in Europa. Auch wo sich Großfamilien in Auflösung befinden, pflegt man den Kontakt zu allen Mitgliedern und trifft sich häufig, insbesondere zu Familienfeierlichkeiten. Die drei großen Feste zu Geburt, Hochzeit und Bestattung werden je nach Religion und Ethnie völlig unterschiedlich begangen.

Vom westlichen Indien und östlichen China bis in die indonesische Inselwelt reichen die Wurzeln der Riten, die die Migranten bei ihren Festlichkeiten nach wie vor pflegen. Und trotz umfassender Christianisierung versuchen auch die indigenen Völker ihre Kultur zu bewahren. Einen Eindruck von den komplexen Traditionen, die bei diesen Feierlichkeiten in Kleidung und Zeremonien zum Ausdruck kommen, erhält man in vielen Museen Malaysias.

Wichtige Feierlichkeiten

Chinesisches Neujahr

Viele chinesische Familienbetriebe schließen einzig in den drei Tagen rund um das Chinesische Neujahr im Januar bzw. Februar. Dann gehört die Zeit ganz der Familie. Vor den Feiertagen wird das Haus geputzt und Glück bringendes Essen gekocht. Am ersten Tag dankt man seinen Vorfahren und geht in den Tempel. Kinder erhalten kleine rote Umschläge mit Geldbeträgen (Ang Pao) und Löwentänzer ziehen durch die Straßen, um die Läden zu segnen. Anschließend sind Familienbesuche angesagt. Man nutzt die freien Tage zudem für Ausflüge und zum Besuch von Freunden. Malls und Supermärkte überbieten sich mit kitschiger Deko und Sonderangeboten.

Hari Raya Puasa (Hari Raya Aidilfitri)

Das größte und wichtigste Fest für Muslime sind die Feierlichkeiten zum Ende des Monats Ramadan. Nach vier entbehrungsreichen Wochen des Fastens schaut man hoffnungsvoll hinauf zum Himmel, doch erst wenn der neue Mond an drei verschiedenen Orten des Landes gesichtet wird, darf gefeiert werden.

Schon Tage zuvor drängen sich die Menschen in Einkaufszentren und auf Märkten, um Kleidung und Berge von Leckereien einzukaufen. Zum Aidilfitri versammeln sich in den Moscheen Gläubige zum Gebet, es werden ohne Unterbrechung Koranverse rezitiert, zudem werden Almosen, Geschenke und Essen verteilt. In den folgenden Tagen und Wochen kann nun alles nachgeholt werden, was man während des Ramadan versäumt hat. Familien, Institutionen und Politiker laden zum ›Open House‹ ein. Zudem ist es die Zeit für Ausflüge und allseitiges ›Homecoming‹ *(balik kampung)*, was im ganzen Land zu einem enormen Verkehrschaos führt.

Thaipusam

Das größte hinduistische Fest zum Vollmondtag Ende Januar bzw. Anfang Februar wird in Malaysia besonders spektakulär in den Batu Caves (s. S. 139) von Kuala Lumpur gefeiert. Bereits vor Sonnenaufgang pilgern Hunderttausende zu dem riesigen Höhlentempel. Einige haben sich Haken in die Haut gebohrt und daran *kavadis* befestigt, schwere, mit Glöckchen oder Pfauenfedern geschmückte Bögen, die sie über ihren Köpfen tragen. Andere ziehen an den Haken große Wagen mit Götterstatuen hinter sich her oder haben ihre Körper, Wangen oder Zunge mit riesigen Nadeln durchbohrt. Sie scheinen wie in Trance zu sein und keinen Schmerz zu spüren, wenn sie sich in den Menschenmassen teils tanzend in Richtung des Heiligtums bewegen und langsam die steilen Treppen zu den Höhlentempeln emporsteigen.

Gawai Dayak und Kaamatan

Die großen Dayak-Feste in Sarawak und Sabah vom 30. Mai bis zum 2. Juni sind für viele, die in den Städten arbeiten, die Zeit, in ihre Langhäuser zurückzukehren. Der Reis ist eingebracht und eine erste Kostprobe zu frischem Reiswein (Tuak) vergoren. Klebreis wird für die Gäste in Bambus gegart. Man legt traditionelle Kleidung an, schmückt die Langhäuser mit neuen Bambusmatten und wertvollen Ikatdecken (Pua Kumbu).

Riesige Gongs werden geschlagen, böse Geister vertrieben, guten werden Opfergaben dargebracht, Tänze aufgeführt, Hahnenkämpfe und Wettbewerbe im Blasrohrschießen veranstaltet. In den Städten der Provinz finden große Jahrmärkte statt, zu den Attraktionen gehört in Sarawak auch eine Regatta mit den langen traditionellen Booten.

Um seinen Göttern an Thaipusam Ehrerbietung zu zeigen, ist für einen gläubigen Hindu kein Gewicht zu schwer und kein Schmerz zu groß

Festkalender

Januar/Februar

Chinesisches Neujahr: (Neumondtag zwischen 21. Jan. und 19. Febr.): s. S. 88. Besonders prunkvoll fallen die Neujahrs-Veranstaltungen in George Town und in Singapur aus.

Thaipusam (Vollmondtag Ende Jan./Anfang Febr.): s. S. 88. Das wichtigste Fest der Hindus wird in vielen Städten der Westküste begangen, in Singapur, Kuala Lumpur, Penang, und Johor Bahru jedoch am prächtigsten.

Februar/März/April

Festival Layang-layang (Ende Febr./Anfang März): Wenn der Monsun weht, steigen in Johor Bharu beim Weltdrachenfest (IG: @pasirgudang_kitefest) bunte Drachen in allen Formen und Farben in den Himmel und fechten Wettkämpfe aus.

Hari Raya Puasa, s. S. 88 (10. April 2024, 31. März 2025, 20. März 2026, 10. März 2027).

Mai/Juni/Juli

Wesak (Vollmondtag im Mai – 22. Mai 2024, 12. Mai 2025, 31. Mai 2026, 20. Mai 2027): Am höchsten buddhistischen Feiertag anlässlich Buddhas Geburt, Erleuchtung und seines Übergangs ins Nirwana versammeln sich die Gläubigen abends in den Tempeln, um mit Kerzen und Blumen in den Händen zu beten.

Gawai Dayak/Kaamatan (30. Mai–2. Juni): s. S. 88.

Aidiladha (Opferfest) (17. Juni 2024, 7. Juni 2025, 27. Juni 2026, 17. Mai 2027): Zum Gedenken an die Bereitschaft Abrahams, seinen eigenen Sohn zu opfern, strömen Männer festlich gekleidet zum Gebet in die Moscheen des Landes. In einigen Dörfern werden Ziegen oder Rinder geschlachtet.

Awal Muharram (Ma'al Hijrah) (7. Juli 2024, 27. Juni 2025, 17. Juni 2026, 6. Juni 2027): Das islamische Neujahrsfest wird in den Moscheen des Landes begangen.

Rainforest World Music Festival (letztes Juni- oder erstes Juli-Wochenende): Weltmusik der Extraklasse im Sarawak Cultural Village bei Kuching, s. S. 305.

George Town Festival (Mitte bis Ende Juli): Eineinhalb bis zwei Wochen dauert das multikulturelle George Town Festival in der gleichnamigen Stadt und zeigt unterschiedliche Kunst, Musik und performative Kultur (www.georgetownfestival.com).

August/September

Nationalfeiertag Singapur (9. Aug.): Mit Massenumzügen, Militärparaden, Straßenfesten und anderen Großveranstaltungen wird der Unabhängigkeit von der Malaysischen Föderation 1965 gedacht.

Nationalfeiertag Malaysia (31. Aug.): Schon Anfang August kündigt er sich im Straßenbild mit großen Fahnen und Sonderangeboten in den Geschäften an – Hari Merdeka, der Tag, an dem das Land 1957 offiziell unabhängig wurde. Er wird in Kuala Lumpur und einer zweiten, jährlich wechselnden Stadt mit großen Umzügen begangen.

Agong's Geburtstag (9. Sept.): der offizielle Geburtstag des Königs (unabhängig vom tatsächlichen Geburtstag des jeweiligen Amtsinhabers), große Militärparade in Kuala Lumpur.

Malaysia Day (16. Sept.): Straßenfeste und Umzüge mit fahnenschwenkenden, bunt gekleideten Menschen erinnern daran, dass sich an diesem Tag im Jahr 1963 die unabhängigen Staaten Malaya, Nord-Borneo, Sarawak und Singapur zur Malaysischen Föderation zusammenschlossen.

Maulidur Rasul (16. Sept. 2024, 5. Sept. 2025, 26. Aug. 2026, 15. Aug. 2027): Zu Mohammeds Geburtstag versammeln sich festlich gekleidete Gläubige in den Moscheen, um ihn zu preisen.

Oktober/November

Deepavali (31. Okt. 2024, 20. Okt. 2025, 8. Nov. 2026, 28. Okt. 2027): Zum hinduistischen Lichterfest werden alle Hindutempel festlich geschmückt und mit Hunderten kleiner Lämpchen oder bunt blinkenden Lichterketten ausgeleuchtet. Besonders schön in Singapur, George Town, Kuala Lumpur und an den Batu Caves.

Reiseinfos von A bis Z

Alkohol

In muslimischen Restaurants, Unterkünften und Geschäften werden keine Alkoholika verkauft. Bei Chinesen ist hingegen fast immer ein Bier zu bekommen, das außer auf den zollfreien Inseln Langkawi, Tioman und Labuan jedoch relativ teuer ist. Nur auf der Karte besserer Restaurants und Bars sowie in internationalen Hotels und Resorts sind Cocktails, Weine und Spirituosen zu finden. In Sarawak und Sabah sind aus Reis gebraute alkoholische Getränke wie Tuak, Tapai oder Arak Teil der lokalen Kultur.

Auskunft

Folgende Büros sind auch zuständig für Österreich und die Schweiz:

Malaysia Tourism Promotion Board
Weißfrauenstr. 12–16, 60311 Frankfurt a. M.
Tel. 069 460 92 34 20
https://www.malaysia.travel

Singapore Tourism Board
Bockenheimer Landstr. 24
60323 Frankfurt a. M.
Tel. 069 920 77 00
www.visitsingapore.com

Die Touristenbüros vor Ort sind häufig nur auf Publikumsverkehr ausgerichtet und antworten nicht auf Anfragen von außerhalb. Kontaktadressen stehen in den jeweiligen Regionalkapiteln.

Barrierefrei reisen

Auch wenn es noch nicht viele behindertengerechte Einrichtungen gibt, wagen sich immer mehr Einzelreisende mit Handicap nach Malaysia. Singapur ist in Sachen Barrierefreiheit weiter als die meisten Städte in Europa. Hilfreich bei der Vorbereitung einer solchen Reise ist u. a. folgende Organisation:

Ace Altair Travels
Ein Tour- und Transportunternehmen in Kuala Lumpur, das sich auf gehbehinderte Touristen und Rollstuhlfahrende eingestellt hat.
Tel. 01 25 51 39 83
http://disabledtravelinmalaysia.weebly.com

Eine nützliche Checkliste für Traveller mit Behinderung findet sich auf der Website **www.reisecheckliste.org/menschen-mit-behinderung.**

Botschaften und Konsulate

... in Deutschland

Botschaft von Malaysia
Klingelhöferstr. 6
10785 Berlin
Tel. 030 885 74 90
https://www.kln.gov.my/web/deu_berlin

Generalkonsulat von Malaysia
Bleichstr. 64–66, HAT 64, 8. Etage
60313 Frankfurt a. M.
Tel. 069 870 03 72 10
https://www.kln.gov.my/web/deu_frankfurt

Botschaft von Singapur
Voßstr. 17
10117 Berlin
Tel. 030 226 34 30
www.mfa.gov.sg/berlin

... in Österreich

Botschaft von Malaysia
Floridsdorfer Hauptstr. 1–7, Florido Tower
1210 Wien, Tel. 01 505 10 42
https://www.kln.gov.my/web/aut_vienna

... in der Schweiz

Botschaft von Malaysia
Jungfraustr. 1, 3005 Bern
Tel. 031 350 47 00
www.kln.gov.my/web/che_berne

International Cointrin Centre
Route de Pre-Bois 20
Block A, 2. Etage
1215 Genf 15
Tel. 022 710 75 00
www.kln.gov.my/web/che_geneva

... in Malaysia

Botschaft der Bundesrepublik Deutschland
207 Jln. Tun Razak
26. Stock, Menara Tan & Tan
50400 Kuala Lumpur
Tel. 03 21 70 96 66
www.kuala-lumpur.diplo.de

Honorarkonsulat der Bundesrepublik Deutschland
c/o BMC Sdn. Bhd.
MWE Plaza 8, Lebuh Farquhar
10200 Penang
Tel. 04 263 25 66
penang@hk-diplo.de

Botschaft von Österreich
67 Jln. Raja Chulan, Wisma Goldhill
50200 Kuala Lumpur
Tel. 03 20 30 04 00
www.bmeia.gv.at/oeb-kuala-lumpur

Botschaft der Schweiz
16 Persiaran Madge
55000 Kuala Lumpur
Tel. 03 21 48 06 22
www.eda.admin.ch/kualalumpur

Dos and Don'ts

Kopf, Füße und Hände

In vielen asiatischen Ländern, auch in Malaysia, gilt der obere Teil des menschlichen Körpers als heilig und der untere als unheilig. Nur Kindern darf über den Kopf gestreichelt werden, ansonsten versucht man jede Berührung dieses edelsten Körperteils zu vermeiden. Sogar Friseure bitten teilweise um Erlaubnis, die Haare schneiden zu dürfen.

Ein Affront ist es, einem anderen Menschen oder gar Buddha die Füße entgegenzustrecken, was vor allem beim Sitzen auf dem Boden Schwierigkeiten bereitet. In traditionellen Gesellschaften ist es zudem unhöflich, sich über die Köpfe einer sitzenden Gruppe zu erheben. Wer aufstehen will, geht deshalb leicht gebeugt hinter den Sitzenden vorbei und niemals zwischen ihnen hindurch. Dabei wird die rechte Hand vorgestreckt, um anzudeuten, dass keine Waffe getragen wird.

Bei den Händen gilt die rechte Hand als rein und wird zum Essen, Geben und Nehmen benutzt, während die linke unreine Hand nur bei der Reinigung auf der Toilette zum Einsatz kommt. Zur Begrüßung legen Malaien die rechte Hand aufs Herz – damit deuten sie an, dass die Begrüßung von Herzen kommt. Manchmal geht dem ein Händeschütteln voraus, bei dem der Grüßende mit beiden Händen die rechte Hand des Begrüßten umfasst. Besonders förmlich grüßt man eine Respektsperson, indem man ihren Handrücken sacht an die eigene Stirn führt. Grüßt ein Mann eine muslimische Frau, sollte der Handschlag, wenn überhaupt, von ihr ausgehen, ansonsten ist Körperkontakt zu vermeiden.

Im Tempel und in der Moschee

Vor dem Betreten von Moscheen und der meisten Tempel ist es üblich, die Schuhe auszuziehen. Chinesische Tempel werden durch die rechte Türe betreten und durch die linke verlassen. Während man sich in ihren Innenräumen ungezwungen bewegen kann, ist das zentrale Heiligtum in Hindutempeln allein den Gläubigen vorbehalten. Frauen dürfen die Innenräume von Moscheen nicht betreten. Wenn Zeremonien stattfinden, ist in allen Gebetshäusern Zurückhaltung geboten, sofern man nicht von einem Einheimischen zur Teilnahme eingeladen wird.

Gesicht verlieren

Ausländer sollten darauf achten, Malaysier auf keinen Fall zu blamieren, damit sie nicht ihr Gesicht verlieren. Das trifft auch auf die Stadtbewohner zu, selbst wenn dort die alten Traditionen scheinbar von westlichen Einflüssen überlagert wurden. So gilt beispielsweise ein »Nein« als unhöflich und wird möglichst vermieden. Stattdessen wird die Absage nur angedeutet, indem man mit »vielleicht« antwortet, das Thema wechselt oder die Entscheidung verschiebt. Konflikte werden, sofern sie sich nicht vermeiden lassen, auf gar keinen Fall lautstark in der Öffentlichkeit ausgetragen. Deshalb stoßen auch Touristen auf Unverständnis, die ihren Ärger zeigen.

In Unterhaltungen sollten keine einheimischen Wertmaßstäbe kritisiert werden, auch wenn sich herausstellt, dass die Gesprächspartnerin ihren Mann mit drei weiteren Frauen teilt oder die Ehe von den Eltern arrangiert wurde.

Gesellschaftliches Rollenverständnis

Vor allem die chinesischen Traditionen sind stark mit der Ahnenverehrung verknüpft. Demgemäß werden alte Menschen respektvoll behandelt und geehrt. In den meisten Familien treffen die ältesten Familienmitglieder die endgültigen Entscheidungen. In einigen animistischen Kulturen wie z. B. bei den Iban glaubt man, dass psychisch behinderte Menschen den Göttern nahestehen, sodass sie im Dorf nicht ausgegrenzt werden, sondern eine besondere Rolle innehaben.

Zu Gast bei Einheimischen

Da es durch das Nebeneinander der Religionen unterschiedliche Essensvorschriften gibt, ist es üblich, sich vor einem gemeinsamen Essen nach den Ernährungsgewohnheiten zu erkundigen. Mit dem Essen wird erst nach einer entsprechenden Aufforderung begonnen. Von angebotenen Speisen und Getränken sollte man zumindest eine Kleinigkeit probieren. Wer sich selbst bedient, füllt den Teller nur teilweise, da ein Nachschlag üblich ist.

Um nicht in Fettnäpfchen zu treten, folgt man bei Einladungen am besten dem Vorbild der Einheimischen. Kleinere Fehltritte lassen sich schnell mit einem Lächeln und einer entschuldigenden Geste beheben. Die entsprechende Antwort lautet häufig *»Tidak apa-apa!«* – »Das macht nichts!«

Geschenke

Gastgeschenke sind beim ersten Besuch unüblich. Wer von einer befreundeten Familie eingeladen wird oder bei ihr wohnt, kann ein persönliches Geschenk von zu Hause mitbringen, z. B. einen Kalender, Fotos oder Typisches aus der Heimat. Keinesfalls sollten Messer verschenkt werden, denn sie zerschneiden die Freundschaft.

Bei Muslimen ist darauf zu achten, dass Glücksspiele nicht erlaubt sind und Spielkarten sowie andere Spiele als solche angesehen werden könnten. Zudem müssen Lebensmittel *halal,* d. h. entsprechend dem Koran erlaubt sein – darauf ist nicht nur bei Fleischgerichten, sondern beispielsweise auch bei Gummibärchen zu achten. Ansonsten sind Süßigkeiten beliebte Gastgeschenke, bei Chinesen am besten paarweise. Sie werden ausschließlich mit der rechten Hand überreicht und vom Empfänger erst ausgepackt, wenn der Schenkende nicht mehr anwesend ist.

Dresscode

Weit mehr als in Europa werden Fremde in Malaysia nach ihrer Kleidung beurteilt. Vor allem beim Besuch religiöser Stätten oder traditioneller Dörfer sollten sich insbesondere Frauen dezent anziehen, Oberarme und Knie bedeckt halten und keine tief ausgeschnittene Kleidung tragen. Auch ist schmutzige oder zerschlissene Kleidung viel verpönter als im Westen.

Drogen

Bereits auf dem Einreiseformular wird auf die hohen Strafen bei Drogenbesitz hingewiesen. Selbst wegen kleiner Mengen von Marihuana oder Haschisch kommen Touristen vor Gericht und immer wieder wurden Todesurteile gegen

Händler und Schmuggler vollstreckt. Dennoch konsumieren vor allem junge Männer in den Städten Heroin und Morphine sowie zunehmend Amphetamine. Zur eigenen Sicherheit sollte man sich von dieser Szene fernhalten.

Einkaufen

Märkte und **Markthallen** versorgen wie eh und je die einheimische Bevölkerung mit allem Notwendigen, vor allem auf dem Land. In Sabah hat sich die Tradition der **Tamus** gehalten, großer Wochenmärkte, auf denen nicht nur Obst, Gemüse, Haushaltswaren und Kleidung, sondern auch Vieh gehandelt wird. Für Touristen interessant sind die **Straßenmärkte,** wo sich so manches ungewöhnliche Souvenir finden lässt, sowie die **Nachtmärkte,** die eine einmalige Atmosphäre ausstrahlen.

Immer größer und luxuriöser werden die klimatisierten **Einkaufszentren.** Unter einem Dach vereinen sie auf mehreren Etagen Supermärkte, eine Vielzahl unterschiedlicher Läden sowie Modeboutiquen mit einem Warenangebot von einheimischen Labels bis zu den neuesten Kreationen internationaler Designer. Teilweise sind ganze Etagen bestimmten Branchen wie der Elektronik vorbehalten und teilweise finden sich in den Shopping Malls Galerien, private Museen, Vergnügungsparks und Multiplex-Kinos. Auch das kulinarische Angebot kann sich sehen lassen – es umfasst Spezialitätenrestaurants ebenso wie Food Courts und Filialen von Fast-Food- und Kaffeehausketten.

Kunsthandwerk

In Malaysia gibt es eine sehr breite Palette an Kunsthandwerk, die sich in **Souvenirläden** nur erahnen lässt. Einen guten Eindruck von der Fertigkeit einheimischer Handwerker erhält man in Museen, doch wenngleich heutige Stücke teilweise nach alten Vorlagen gefertigt werden, sind sie doch (fast) immer ein Produkt moderner Massenproduktion und weniger fein und detailreich als die Exponate im Museum.

Das eine oder andere schöne Stück kann man inmitten von Massenprodukten im staatlichen **Craft Complex** in Kuala Lumpur oder auf Pulau Langkawi entdecken. Auch hochpreisige **Antiquitätenläden** eignen sich zum Stöbern. Verzichten sollte man auf den Kauf von alten Erbstücken, für die eine Exportgenehmigung benötigt wird, doch in den Antiquariaten finden sich auch andere hübsche Gegenstände. Das Gleiche gilt für die wenigen **Museumsshops,** die jedoch zumeist ein begrenztes Angebot haben.

Zeitgenössische Kunst und hochwertiges Kunsthandwerk wird zudem in **Galerien** verkauft, die sich vor allem in Kuala Lumpur, George Town und Kuching etabliert haben. Da die Künstler dort nur einen minimalen Anteil des Verkaufserlöses erhalten, findet man qualitativ hochwertige Kunst zunehmend auch auf **Märkten,** wo der Verkauf ohne Mittelsmänner möglich ist. Garantiert *made in Malaysia* sind Mitbringsel aus **Werkstätten** oder **Dörfern,** in denen Kunsthandwerker arbeiten. Hier sollte man den Preis ohne großes Handeln akzeptieren, um so die Einheimischen zu unterstützen.

Schnäppchen

Textilien, Schuhe und andere Kleidungsstücke sind preiswert und qualitativ zumeist gut. Allerdings entsprechen Größe und Design oft nicht den Wünschen und Bedürfnissen europäischer Käufer. In den Factory Outlets einiger Einkaufszentren kann man das eine oder andere Schnäppchen machen. Handys, Kameras und andere Waren der Unterhaltungselektronik sind recht günstig, aber nicht alles funktioniert, was auf Straßenmärkten verkauft wird. Zudem sind Markenprodukte nicht unbedingt billiger als bei uns und müssen bei der Ankunft im Heimatland verzollt werden. Der Zoll beschlagnahmt auch alle kopierten Markenwaren und illegalen DVDs, die auf einigen Nachtmärkten verkauft werden.

Elektrizität

Die Netzspannung beträgt 240 V und 50 Hz. In abgelegenen Langhäusern und einigen Unterkünften auf Inseln oder in Nationalparks wird der Strom von Generatoren erzeugt, die meist nur nachts in Betrieb sind. Deshalb sollten Fotografen einen zusätzlichen Akku mitnehmen. Für die Steckdosen ist ein Adapter erforderlich (dreipoliger Messerstecker). Viele Steckdosen müssen vor dem Betrieb wie Lichtschalter eingeschaltet werden.

Feiertage

Die muslimischen Feiertage richten sich nach dem Mondkalender, wobei sich die Termine jedes Jahr nach vorn verschieben. Der islamische Kalender beginnt mit der Flucht Mohammeds aus Mekka am 16. Juli 622 n. Chr. und besteht aus 12 Mondmonaten mit jeweils 29 oder 30 Tagen, d. h. er ist 10 bis 11 Tage kürzer als das Sonnenjahr. Den chinesisch-buddhistischen Feiertagen liegt der chinesische imperiale Kalender zugrunde. Die Monate haben ebenfalls 29 oder 30 Tage, jedoch wird innerhalb von 19 Jahren sieben Mal ein zusätzlicher Monat eingeschoben. Die Termine variieren nur innerhalb eines Monats. Hinzu kommen regionale Feiertage wie die Geburtstage der jeweiligen Sultane sowie Feiertage einzelner Ethnien, die nur in Gebieten mit entsprechendem Bevölkerungsanteil gefeiert werden.

In den Bundestaaten Kelantan, Terengganu und Kedah auf der malaiischen Halbinsel fällt das Wochenende auf den Donnerstag und Freitag, im südlichen Johor auf den Freitag und Samstag (allerdings nur in öffentlichen Einrichtungen). Überall sonst im Land folgt man dem System der westlichen Welt. Sobald ein staatlicher Feiertag auf ein Wochenende fällt, ist der folgende Arbeitstag frei.

1. Jan. – Neujahr

Neumondtag zwischen 21. Jan. und 19. Febr. – Chinesisches Neujahr

Febr./März – Beginn des Fastenmonats Ramadan (10. März 2024, 28. Febr. 2025, 17. Febr. 2026, 7. Febr. 2027)

März/April – Ende des Ramadan (Hari Raya Puasa, Hari Raya Aidilfitri; 10. April 2024, 31. März 2025, 20. März 2026, 10. März 2027)

1. Mai – Internationaler Tag der Arbeit

Vollmondtag im Mai – Feier anlässlich Buddhas Geburt, Erleuchtung und seines Übergangs ins Nirwana (Hari Wesak; 22. Mai 2024, 12. Mai 2025, 31. Mai 2026, 20. Mai 2027)

Mai/Juni – Zeit der Hadsch, der Pilgerfahrt nach Mekka (Hari Raya Haji, Aidiladha; 17. Juni 2024, 7. Juni 2025, 27. Juni 2026, 17. Mai 2027)

Juni/Juli – Islamisches Neujahrsfest (Ma'al Hijrah, Awal Muharram; 7. Juli 2024, 27. Juni 2025, 17. Juni 2026, 6. Juni 2027)

31. Aug. – Unabhängigkeitsfeier zum Nationalfeiertag

Aug./Sept. – Mohammeds Geburtstag (Maulidur Rasul; 16. Sept. 2024, 5. Sept. 2025, 26. Aug. 2026, 15. Aug. 2027)

9. Sept. – Offizieller Geburtstag des Königs (Agong's Birthday)

16. Sept. – Malaysia Day

Neumondtag Ende Okt./Anfang Nov. – Hinduistisches Lichterfest (Deepavali; 31. Okt. 2024, 20. Okt. 2025, 8. Nov. 2026, 28. Okt. 2027)

25. Dez. – Weihnachten

Fotografieren

Malaysier fotografieren sehr gerne und lassen sich auch gerne fotografieren. Es gibt aber Ausnahmen, vor allem strenggläubige Muslime, sodass man Menschen nur mit ihrer Erlaubnis fotografieren sollte. Selbst für einen guten Schnappschuss sollten sich Fotografen in Tempeln niemals zwischen die Betenden und den Altar drängen und auch bei Festen Zurückhaltung üben. In vielen Museen darf aus Sicherheitsgründen nicht fotografiert werden.

Frauen

Allein reisende Frauen brauchen sich bezüglich ihrer Sicherheit in Malaysia und Singapur kaum zu sorgen. Die Tabuisierung der Sexualität im Islam führt allerdings dazu, dass sich manche Männer bereits durch die

Anwesenheit einer Touristin animiert fühlen, sich als potenziellen Guide, Beschützer oder Partner ins Gespräch zu bringen. Wer in Ruhe gelassen werden möchte, sollte direkte Blickkontakte meiden, keine Hände schütteln, sich konservativ kleiden und ein Foto des ›daheimgebliebenen Gatten‹ dabeihaben. Generell ist es wesentlich einfacher, unkomplizierte Kontakte zu einheimischen Frauen als zu Männern aufzubauen. Allein reisende Frauen mit Kindern dürften diesbezüglich keine Probleme haben, sie werden in aller Regel respektvoll behandelt.

Geld

Währung und Wechselkurse

Landeswährung ist der malaysische Ringgit (RM oder MYR), manchmal noch Malaysian Dollar genannt, der in 100 Sen unterteilt ist. Es gibt Banknoten unterschiedlicher Serien im Wert von 1, 5, 10, 20, 50 und 100 Ringgit sowie Münzen zu 5, 10, 20 und 50 Sen. 1-Sen- und 1-Ringgit-Münzen sind kaum noch in Gebrauch.

Im Dezember 2023 lag der Wechselkurs bei 1 € = RM 5, 1 CHF = RM 5,22. Der Singapur-Dollar und der Brunei-Dollar standen bei 1 € = S$ 1,45 bzw. B$ 1,45 und 1 CHF = S$ 1,51 und B$ 1,51. Der Kurs zwischen Singapur-Dollar und Ringgit betrug S$ 1 zu RM 3,46. Aktuelle Kurse unter www.oanda.com.

SPERRUNG VON BANK- UND KREDITKARTEN

bei Verlust oder Diebstahl*:
0049 116 116
oder 0049 30 4050 4050
(* Gilt nur, wenn das ausstellende Geldinstitut angeschlossen ist, Übersicht: www.sperr-notruf.de)
Weitere Sperrnummern:
- MasterCard: 0049 800 81 91 04 01
- VISA: 1800 80 01 59
- American Express: 0049 69 97 97 20 00
- Diners Club: 0049 69 900 15 01 35

Halten Sie Ihre Kreditkartennummer, Kontonummer und Bankleitzahl bereit.

Geldbeschaffung und Kreditkarten

Die Einfuhr von **Bargeld** muss bei einem Betrag von mehr als 10 000 US$ angemeldet werden. Der Nachschub an Bargeld ist durch zahlreiche Geldautomaten gesichert. Sie stehen u. a. in Einkaufszentren, vor oder in Banken, in einigen Tankstellen und an Flugplätzen. Auf kleinen Inseln wie Pangkor, Kapas und den Perhentians sollte ausreichend Bargeld vom Festland mitgeführt werden. Vor der Reise sollte man sich unbedingt bei der Hausbank erkundigen, ob die jeweiligen Bank-, Debit- und Kreditkarten in Malaysia genutzt werden können oder erst freigeschaltet werden müssen. Bei dieser Gelegenheit kann man sich zudem über die Gebühr pro Transaktion und den Maximalbetrag für die tägliche Abhebung informieren, der meist 500 € beträgt.

Mit den **Kreditkarten** einiger Banken wie z. B. der DKB kann man weltweit kostenlos Geld abheben und seine Kreditkarte per App nach Belieben sperren und freigeben. Die bargeldlose Zahlung mit Kreditkarten ist in Städten weitverbreitet. Es ist darauf zu achten, dass das Kreditkartenkonto ein ausreichendes Guthaben aufweist, da sonst die Karte gesperrt oder die Zahlung abgelehnt wird. Die Karte sollte man stets bei sich tragen und ihren Verlust umgehend melden.

Banken wechseln **Reiseschecks** gegen Gebühr und tauschen ebenso wie Wechselstuben **Fremdwährungen** wie Euro, Schweizer Franken und US-Dollar.

Gesundheit

Vorsorge

Neben dem üblichen Standardimpfschutz gegen Polio, Tetanus und Diphterie ist eine Impfung gegen Hepatitis A und B ratsam, bei

Reisen nach Sarawak auch gegen Tollwut. Bei längeren Aufenthalten in ländlichen Gebieten können auch Impfungen gegen Typhus und Japanische Enzephalitis sinnvoll sein. In jedem Fall sind die Empfehlungen der Tropeninstitute zu befolgen. Weitere Tipps finden sich auf den folgenden Websites: Auswärtiges Amt, **www.auswaertiges-amt.de** (auch App), Centrum für Reisemedizin, **www.crm.de,** Bereit zu reisen, **www.bereit-zu-reisen.de,** und Robert-Koch-Institut, **www.rki.de.**

Auf dem Langstreckenflug verringert sich durch den Bewegungsmangel der Blutfluss, wodurch es bei gefährdeten Personen zu Embolien kommen kann. Dagegen helfen Bewegung, gute Flüssigkeitszufuhr und notfalls das Tragen von Kompressionsstrümpfen. Wer bis zum Abflug im Alltagsstress gefangen war, sollte am Zielort ruhig starten und dem Körper die Möglichkeit geben, sich an das tropische Klima und die Zeitumstellung zu gewöhnen.

Reiseapotheke

Alle Dauermedikamente sollten in ausreichender Menge mitgenommen werden. Für mitgebrachte, rezeptpflichtige Medikamente sollte eine ärztliche Bescheinigung in englischer Sprache mit Unterschrift/Stempel im Gepäck sein. Zudem gehören in die Reiseapotheke: Sonnen- und Mückenschutzmittel (No Bite, Autan Family), Pflaster, Verbandszeug, Wunddesinfektionsmittel, Salben gegen Juckreiz, Entzündungen und Pilzinfektionen, Schmerzmittel ohne Acetylsalicylsäure (da diese bei Dengue-Fieber gefährlich ist), Mittel gegen Durchfall, Verstopfung und Sodbrennen, fiebersenkende Mittel, Elektrolytpulver zur Rückführung von Mineralien, Augentropfen, das Hausmittel bei Erkältung und ein Fieberthermometer. Je nach ärztlicher Einschätzung kann man bei längeren Reisen durch Ost-Malaysia auch ein Malariamittel zur Stand-by-Therapie (z. B. Lariam, Malarone) einpacken.

Krankenversicherungsschutz

Da Krankenkassen die Kosten für medizinische Behandlungen in Malaysia in der Regel nicht erstatten, ist der Abschluss einer Auslandskrankenversicherung erforderlich. Sofern sie nicht im Kreditkartenvertrag enthalten ist, kann sie bei vielen Kassen gesondert abgeschlossen werden und kostet jährlich um 10 €, wobei die Aufenthaltsdauer pro Reise zumeist begrenzt ist. Eine Auslandskrankenversicherung erstattet bei akuten Krankheiten alle Ausgaben, wenn nach der Rückkehr die entsprechenden Belege eingereicht werden. Bei hohen Unkosten rechnen einige internationale Krankenhäuser direkt mit den Versicherungen ab. Die Behandlung chronischer Krankheiten sowie Zahnbehandlungen, die über einen Notfall hinausgehen, sind normalerweise nicht erstattungsfähig.

Vorsichtsmaßnahmen im Land und Gesundheitsgefahren

Bei allen Aktivitäten im Freien sind ausreichend Trinkwasser sowie Hut und Sonnenbrille unentbehrlich. Ansonsten reagiert der Körper auf die hohe Sonneneinstrahlung und den Wassermangel unter Umständen mit Kopfschmerzen, Fieber und Übelkeit, selbst bei bedecktem Himmel. Kommen Erbrechen und Orientierungslosigkeit hinzu, könnte es ein Hitzeschlag sein, der sofort von einem Arzt behandelt werden muss.

Um Hautkrebs vorzubeugen, sollte man eine Sonnencreme mit hohem Schutzfaktor benutzen. Nicht zu unterschätzen ist die Erkältungsgefahr durch Klimaanlagen. Sind sie zu kalt eingestellt, hilft nur eine warme Jacke.

Bei empfindlichen Mägen können bereits der lange Flug und die Umstellung auf das ungewohnte Essen für Irritationen sorgen. Wenn sie länger als drei Tage anhalten, hilft ein Griff in die Reiseapotheke. Außerdem sollte man viel Wasser (kein Leitungswasser!) trinken und die Zufuhr von Salz nicht vergessen. Bei fiebrigen Durchfällen empfiehlt es sich, sofort einen Arzt aufzusuchen. Sicherheitshalber kann man auf ungeschältes Obst, Salate und anderes nicht ausreichend erhitztes Essen verzichten.

Wichtig ist der Schutz vor Stechmücken, die vor allem in der Regenzeit frühmorgens und zum Sonnenuntergang aktiv sind. Dann gilt es außerhalb klimatisierter Räume ein Mückenschutzmittel aufzutragen sowie lange Hosen, engmaschige Socken und langärmlige Blusen oder Hemden anzuziehen. Auch wenn Malaria kaum noch vorkommt, gibt es lokale Epidemien von Dengue- und – seltener – Chikungunya-Fieber, die durch Mückenstiche ausgelöst werden. Beide Viruserkrankungen verursachen nach einer Inkubationszeit von drei bis sieben Tagen Fieberanfälle mit Kopf- und Gelenkschmerzen sowie Hautausschläge. Sie sind nicht therapierbar, Paracetamol kann aber schmerzlindernd und fiebersenkend eingesetzt werden. Zum Schutz vor der durch Mücken übertragbaren Hirnhautentzündung Japanische Enzephalitis kann man sich bei einem längeren Aufenthalt in ländlichen Regionen impfen lassen. Wer sich gegen den seltenen Fall einer Malariainfektion in Gebieten ohne ärztliche Versorgung wappnen möchte, kann zur Überbrückung ein Stand-by-Medikament mitnehmen. Auch wenn Infektionen mit dem Zika-Virus in Malaysia, Singapur und Brunei extrem selten geworden sind, sollten Schwangere eine nicht nötige Reise nach Möglichkeit verschieben.

Unter locker sitzender Kleidung, die keinen Hitzestau verursacht, haben Hitzepickel und Hautpilze kaum eine Chance. Die Einheimischen verhindern starkes Schwitzen mit Talcum-Körperpuder.

Die tropische Kleintierwelt sorgt für mancherlei Verdruss. Häufiges Duschen und saubere Betten schützen vor Flöhen und Wanzen. Anhängliche Blutegel sind im feuchten Dschungel unangenehme, aber harmlose Begleiter. Es passiert sehr selten, dass Menschen von Giftschlangen oder Skorpionen gebissen werden, denn sie greifen nur an, wenn sie sich attackiert fühlen. Sofern an Stränden Sandfliegen vorkommen, deren Bisse über lange Zeit stark jucken, sollte man die Haut mit viel Babyöl einreiben.

Im Meer sollten Kontakte mit Feuerkorallen, Steinfischen, Stachelrochen und Seeigeln vermieden werden. Quallen tauchen saisonal in allen Meeren auf und sind vor allem für allergisch reagierende Menschen ein ernsthaftes Problem. Besonders gefährlich sind die sporadisch auftretenden Portugiesischen Galeeren und Würfelquallen. Schmerzhafte Stellen müssen sofort mit hochprozentigem Essig oder Cortisonspray behandelt werden.

Ärztliche Versorgung

Auf einigen Inseln und in abgelegenen ländlichen Gebieten ist die medizinische Versorgung nicht ausreichend. Im Notfall sollte man so schnell wie möglich versuchen in ein Krankenhaus zu kommen. Bei Standardverletzungen oder kleineren Blessuren ist auch auf die Krankenstationen und Praxen in ländlichen Regionen Verlass. Allerdings gibt es pro 1000 Einwohner in Malaysia nur halb so viele Ärzte wie in Deutschland.

Krankenhäuser

Staatliche Krankenhäuser und Privatkliniken haben qualifizierte, Englisch sprechende Ärzte. In chinesischen Krankenhäusern, wo nach traditionellen Heilmethoden gearbeitet wird, gibt es manchmal kein Englisch sprechendes Personal, sodass ein Dolmetscher hilfreich ist.

Bei ernsthaften Problemen empfiehlt es sich, eines der privaten Krankenhäuser in Kuala Lumpur oder Singapur aufzusuchen, deren Ausstattung und Standard oft besser ist als in vergleichbaren mitteleuropäischen Einrichtungen. Die Behandlungskosten liegen zumeist unter denen im Heimatland, sodass sie von der Reisekrankenversicherung im Notfall erstattet werden. Bei einer Krankenhausbehandlung bekommt man dort auch die entsprechenden Medikamente.

Aufgrund der günstigeren Behandlungskosten lassen sich vor allem Langzeiturlauber in Malaysia die Augen lasern, zahnärztlich behandeln oder operativ verschönern, zumindest wenn dies daheim nicht von der Kasse bezahlt wird. Auch die Anfertigung von Brillen ist in Malaysia wesentlich günstiger als in Europa.

Raffles Hospital: 585 North Bridge Rd., Singapur, Tel. 63 11 11 11, www.rafflesmedicalgroup.com.
Prince Court Medical Centre: 39 Jln. Kia Peng, Kuala Lumpur, Tel. 03 21 60 00 00, www.princecourt.com.

Apotheken und Drogerien

In vielen Einkaufsstraßen und -zentren gibt es Filialen von Drogerieketten *(pharmacy)*, die auch Medikamente verkaufen. Weit häufiger als in Deutschland sind diese nicht verschreibungspflichtig und zudem billiger. Neben Apotheken wie Watsons, www.watsons.com.my, und Guardian, www.guardian.com.my, mit dem gängigen Angebot an westlichen Medikamenten verkaufen chinesische Apotheken wie Eu Yan Sang, www.euyansang.com, Heilmittel der traditionellen Medizin. Die meisten öffnen von 9 bis 18 Uhr, einige bis 22 Uhr. Periodenprodukte sind im ländlichen Raum oder auf kleineren Inseln mitunter rar, ein kleiner Vorrat für alle Fälle ist nicht verkehrt.

Handeln

Außer in Kaufhäusern und Supermärkten sowie in Geschäften mit ausgeschilderten Festpreisen kann fast überall gehandelt werden. Da die Spannbreite der Preise äußerst weit ist, gibt es nur einige generelle Regeln: Souvenirs und Höherpreisiges sollten erst erworben werden, wenn man bereits einige Zeit im Land verbracht hat, das Preisniveau kennt und nicht den Eindruck eines unerfahrenen Bleichgesichts erweckt. Wer sich aufs Handeln einlässt, sollte wissen, welchen Preis er zu bezahlen bereit ist. Im Laufe der Verhandlungen finden Käufer und Händler dann Schritt für Schritt langsam oder auch ganz schnell zueinander. Dabei feilscht man keinesfalls längere Zeit um geringe Beträge oder macht die Ware unnötig schlecht. Ist der Preis nach einigem Hin und Her immer noch zu hoch, kann man sich woanders umsehen. Sobald man als Käufer jedoch einen Preis genannt hat und der Händler zustimmt, ist der Handel abgeschlossen und es gibt kein Zurück.

Internetzugang

Die meisten Malaysier nutzen das Internet, in besiedelten Gebieten beträgt die Abdeckung mit 4G oder 5G nahezu 100 % respektive 80 %. Internetfreie Zonen gibt es immer weniger und folglich auch kaum noch Internetcafés.

Wer mit Laptop, Tablet oder Smartphone unterwegs ist, kann sich ins WLAN, hier Wi-Fi genannt, einloggen. Kostenlos ist dieses in vielen Restaurants, Cafés, Einkaufszentren und öffentlichen Einrichtungen von Malaysia sowie in ganz Singapur (Wireless@SG). Sehr günstig ist das Surfen mit einheimischer SIM-Card und einem Datenpaket, das alle malaysischen Telefongesellschaften anbieten.

Karten

Gedrucktes Kartenmaterial über Malaysia ist selten korrekt. Besser sind die Karten von Googlemaps, die sich auch zum Navigieren eignen. Zudem kann man auf OpenStreetMap und Maps.me zurückgreifen, deren Karten auch heruntergeladen und offline genutzt werden können.

Viele Mietwagenfirmen stellen Navigationssysteme zur Verfügung. Hervorragende Kartenvorlagen gibt es für die malaiische Halbinsel. In Ost-Malaysia sind abseits der Städte und Highways viele Straßen noch unbefestigt oder es handelt sich um holprige Holzfällerpisten (darauf achten, ob die Straßen auf der Karte offiziell nummeriert/bezeichnet sind). Für das GPS können die von der Community generierten Karten von **MalSing** (www.malsingmaps.com) im Mapking- oder Garmin-Format kostenlos heruntergeladen werden.

Google Street View ist in Malaysia für viele Orte verfügbar und wird alle Jubeljahre auch aktualisiert. In Singapur ist Street View stets aktuell und funktioniert auch auf Wanderwegen, in Fußgängerzonen und sogar in Food Courts (praktisch, um vorab nach bestimmten Garküchen oder Speisen zu suchen).

Mit Kindern unterwegs

Die kinderfreundliche Atmosphäre, viele Tiere, Strände und das lebhafte Straßenleben lassen Kinder die Unannehmlichkeiten der Reise schnell vergessen. Neben dem langen Flug macht vor allem Kleinkindern die Zeitumstellung zu schaffen. Es empfiehlt sich daher, die ersten Tage nach der Ankunft in einer ruhigen angenehmen Unterkunft zu verbringen und ganz gemächlich die neue Umgebung zu erkunden.

In den Tropen schwitzt man weit mehr als in Europa, weswegen besonders Kinder viel trinken müssen. Die Hitze fördert die Schweißbildung und Hautausschläge. Dagegen hilft Talcum-Babypuder, den es vor Ort zu kaufen gibt. Kopfbedeckung, entsprechende Kleidung und Sonnencreme schützen empfindliche Kinderhaut vor der starken Sonneneinstrahlung. Windeln sind in größeren und kleineren Städten erhältlich, genauso Babynahrung und westliches Essen. Viele chinesische Gerichte entsprechen dem Geschmack der Kinder ebenso wie Satay-Fleischspieße mit Erdnusssoße und Krabbenchips *(krupuk)*, während andere malaiische und indische Speisen meist zu scharf gewürzt sind. Obst sollte immer geschält werden. Leitungswasser ist generell tabu, selbst fürs Zähneputzen.

Moskitos sind in der Regenzeit, vor allem kurz vor Sonnenuntergang, eine Plage. Gefährlich können vor allem Kindern Moskitos werden, die Dengue-Fieber übertragen, gegen das es für Europäer noch keine Impfung gibt (Dengvaxia ist nur in betroffenen Risikogebieten zugelassen). Um Stiche zu vermeiden, ist es hilfreich, die Kinder schon nachmittags zu duschen, ihnen schützende Kleidung anzuziehen und sie mit einem mückenabweisenden Mittel wie Autan Family einzureiben. Ein Moskitonetz hält alle Kleintiere fern.

Kinderwagen sind auf dem Land und selbst in Städten (ausgenommen Singapur) ungeeignet. Deshalb macht man es am besten wie die Einheimischen und trägt die Kleinen in einer Rückentrage. Wer dennoch einen Kinderwagen mitnehmen möchte, sollte eine geländegängige Version wählen. Im Auto sitzen die meisten Kinder in Malaysia nicht im Autositz, sondern auf dem Schoß. Die meisten Hotels sind auf Familien eingestellt und verfügen über benachbarte Zimmer mit Verbindungstür, Mehrbettzimmer oder Zusatzbetten.

Innerhalb des Landes reisen Kinder unter vier Jahren in Bus und Zug kostenlos, haben dann jedoch keinen Anspruch auf einen eigenen Sitzplatz. Kinder bis zu zwölf Jahren zahlen den halben Preis.

Kleidung und Ausrüstung

Dank des tropischen Klimas braucht man etwas Warmes zum Überziehen nur für klimatisierte Busse und Räume sowie Abstecher in die Berge. In konservativen Gegenden sollte die Kleidung locker sitzen, bei Frauen nicht zu tief ausgeschnitten sein und Oberarme sowie Oberschenkel bedecken. Abends bieten lange Hosen, Socken und langärmlige Hemden oder Blusen Schutz vor Moskitostichen. Die Badekleidung sollte nicht allzu freizügig sein, vor allem in der Nähe malaiischer Dörfer. Bei Einladungen wird Wert auf korrekte Garderobe gelegt. So tragen Chinesen weiße, blaue oder schwarze Kleidung nur bei Begräbnissen, hingegen gilt Rot als Farbe der Freude. In den meisten Hotels und Gästehäusern wird Wäsche innerhalb eines Tages gewaschen, wobei der Preis erheblich schwanken kann.

Wer im Urlaub wandern möchte, benötigt feste Schuhe. Ansonsten reichen Sandalen sowie ein Paar Flip-Flops, die an Pools und unter öffentlichen Duschen für eine bessere Hygiene sorgen. Vor Regen und Sonne schützen ein breitkrempiger Hut oder ein Schirm. Regenjacken sind ungeeignet, da sich unter ihnen die Hitze staut. Sonnenbrille und -creme gehören ebenso ins Gepäck wie ein Strandhandtuch, eine Taschenlampe für eventuelle Stromausfälle bzw. entlegene Orte ohne Elektrizität und Höhlenerkundungen, Papiertaschentücher (auch als Ersatz für evtl. nicht vorhandenes Toilettenpapier), das Handy, die Kamera mit Ladegerät, Speicherkarten und Adapter (s. S. 94) sowie eine Reiseapotheke (s. S. 97).

Den Pass, die Flugunterlagen und andere wichtige Papiere sollte man vor der Abreise scannen oder abfotografieren und in die Cloud legen oder an die eigene Mailadresse schicken, um im Fall eines Verlusts einen Nachweis zu haben. Geld und Kreditkarten werden am besten in einem Geldgurt dicht am Körper verstaut. Für Wanderungen empfiehlt sich ein Tagesrucksack.

Klima und Reisezeit

Malaysia liegt in den Innertropen, nur wenige Hundert Kilometer nördlich des Äquators, wo sich die Temperaturen im Tiefland das ganze Jahr über zwischen 34 °C tagsüber und 22 °C in der Nacht bewegen. Im Bergland ist es merklich kühler. So steigt das Thermometer in den Cameron Highlands selten über 22 °C und auf dem Gunung Kinabalu kann es nachts sogar Frost geben. Das ganze Jahr über herrscht eine hohe Luftfeuchtigkeit, vor allem in den Wäldern im Landesinnern, die wie ein Schwamm die Feuchtigkeit speichern.

Ausschlaggebend für die zwei Jahreszeiten, die Trocken- und die Regenzeit, sind wechselnde Winde, die vom Meer kommend auf das Festland treffen. Dort steigen die Luftmassen auf und kühlen mit zunehmender Höhe immer stärker ab. Dadurch können sie weniger Wasser speichern, was kräftige Niederschläge zur Folge hat. Im europäischen Sommer steht die Sonne nahe dem nördlichen Wendekreis und sorgt in Malaysia für Wind aus Südwesten. Auf der malaiischen Halbinsel, die im Regenschatten der Insel Sumatra liegt, ist es dann bis auf den äußersten Nordwesten relativ trocken. Sobald sich die Sonne dem südlichen Wendekreis nähert, dreht der Wind, kommt nun aus Richtung Nordosten und trifft vom Südchinesischen Meer ungeschützt auf die Ostküsten von West- und Ost-Malaysia, wo sich dann dunkle Monsunwolken entladen.

Wettervorhersage

Über die aktuelle Wetterlage informiert z. B. die Website des meteorologischen Instituts: **www.met.gov.my.**

Reisezeit nach Regionen

In **West-Malaysia** regnet es im Nordwesten überwiegend im April/Mai und September/Oktober, während es im Januar/Februar trocken ist. Zur gleichen Zeit sind auch die Niederschläge rings um Kuala Lumpur etwas höher. Südlich der Hauptstadt regnet es das ganze Jahr über gleichmäßig viel. Allerdings fällt die Regenzeit schwächer aus als im Norden, sodass die Region das ganze Jahr über gut zu bereisen ist. Hingegen sollte man die nördliche Ostküste zwischen Kota Bharu und Kuantan sowie das Landesinnere von Oktober bis Februar meiden.

Auch **Ost-Malaysia** hat je nach Ausrichtung der Küste ein anderes lokales Klima. Insgesamt fallen hier mehr als 3000 mm Niederschläge

Klimadaten Kuala Lumpur

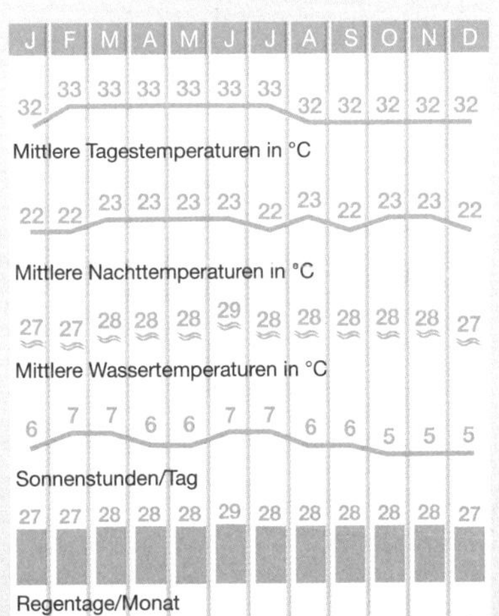

Klimadaten Kota Kinabalu

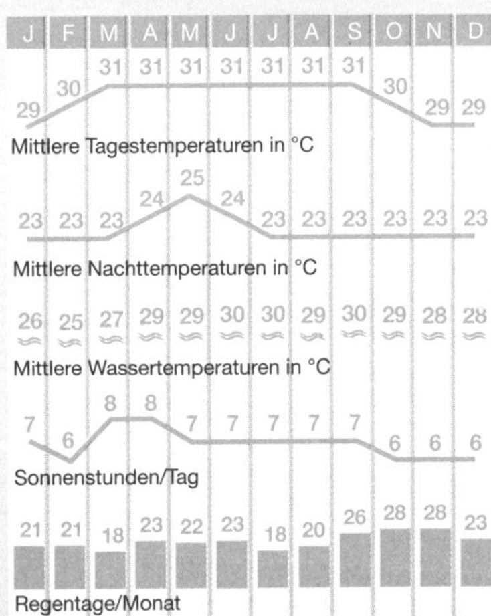

im Jahr (in Deutschland um 700 mm) und an vielen Orten regnet es an zwei von drei Tagen – mit Ausnahme der Trockenzeit während des Südwestmonsuns im Juli/August. Der regenreiche Nordostmonsun trifft besonders heftig von Oktober bis Februar das Gebiet rings um Kuching, auch in Sandakan wird es dann sehr nass. In Sabah sind Stürme selten, weshalb der Norden der Insel Borneo auch als Land unter dem Wind bezeichnet wird.

Während der Schulferien (s. S. 80) und Feiertage (s. S. 95) sind viele Hotels und Verkehrsmittel ausgebucht, besonders am Ende des Ramadan und zum Chinesischen Neujahr. Inseln haben zudem an verlängerten Wochenenden großen Zulauf.

ONLINE BUCHEN

Flüge, Mietwagen, Pauschalreisen etc. können auch über Reiseplattformen gebucht werden, die manchmal sehr günstige Last-Minute-Angebote bieten:
www.ebookers.de (auch App)
www.expedia.de (auch App)
www.holidaycheck.de (auch App)
www.lastminute.de (auch App)
www.opodo.de (auch App)
www.travelchannel.de (auch App)
www.tripadvisor.de (auch App)
www.weg.de (auch App)

LGBTQ+

Gleichgeschlechtliche Paare, die sich an den Händen halten, sind keineswegs lesbisch oder schwul, sondern sehr gute Freunde. Homosexualität ist in Malaysia noch immer ein Tabuthema und homosexuelle Handlungen sind als »Vergehen gegen die Natur« gesetzlich verboten, in Brunei drohen bei Verstoß sogar drakonische Strafen. Entsprechend werden gleichgeschlechtliche Verhältnisse nicht öffentlich gelebt. Nur in Kuala Lumpur und in George Town gibt es einige dezent operierende Bars. Die PT Foundation, www.ptfmalaysia.org, setzt sich im Rahmen der AIDS-Bekämpfung auch für die gesellschaftliche Anerkennung von Schwulen und Lesben ein.

Links

www.malaysia.travel: Malaysias Fremdenverkehrsamt informiert über touristische Ziele und aktuelle Veranstaltungen, gibt Tipps für Aktivitäten und listet entsprechende Adressen sowie Hotels der gehobenen Preisklasse.

www.sarawaktourism.com und **www.sabahtourism.com:** Die Websites der Tourismusbüros von Sarawak und Sabah mit aktuellen Informationen über regionale Feste, Listen von Hotels, Restaurants und Reiseveranstaltern sowie Tipps zu Reisezielen (engl.).

www.visitsingapore.com (auch App): Umfangreicher Reiseführer zu Singapur mit aktuellen Tipps.

www.timeout.com: Das recht umfangreiche Online-Magazin rund um Restaurants, Events, Kunst, Entertainment, Shopping und Nachtleben hat viele Infos zu Kuala Lumpur und Singapur parat.

www.gov.sg: Die offizielle Website der Regierung von Singapur ermöglicht einen spannenden Einblick in das alltägliche Geschehen der Stadt (engl.). Viele Daten und Statistiken sind auf dem neuesten Stand.

scmp.com: Die Online-Ausgabe der englischsprachigen South China Morning Post berichtet auch regelmäßig über Malaysia und Singapur.

http://thestar.com.my (auch App) und **www.nst.com.my** (auch App): Online-Ausgaben der auflagenstärksten englischsprachigen Zeitungen Malaysias (The Star und New Straits Times) mit vielen aktuellen Artikeln zum Tagesgeschehen (engl.).

www.theborneopost.com (auch App) und **www.dailyexpress.com.my:** Die größten Tageszeitungen von Sarawak und Sabah online (engl.).

www.gsskl.com.my: Website der deutschsprachigen Community in Kuala Lumpur, die auch das Magazin KL-Post vertreibt.
www.german-association.org.sg: Website für die deutschsprachige Gemeinde in Singapur.
www.malaysiakini.com (auch App): In diesem unabhängigen, sehr politiklastigen Nachrichtenportal kommen auch kritische und investigative Journalisten zu Wort.
www.auswaertiges-amt.de (auch App): Länderinfos zu Malaysia mit Sicherheitshinweisen, Medizintipps sowie aktuellen Botschaftsadressen und Einreisebestimmungen (dt.).

Literatur

Klassiker

Burgess, Anthony: The Long Day Wanes: A Malayan Trilogy, London 1996 (engl.). In den 1950er-Jahren beobachtet Burgess als Lehrer mit kritischem Blick die Zustände in British Malaya.
Chapman, Freddie Spencer: The Jungle is Neutral, London 2003 (engl.). Der britische Offizier Chapman schildert seine Erlebnisse im von Japanern besetzten Malaya, wo er im Dschungel hinter der Front Guerillakämpfer ausbildete.
Conrad, Joseph: Almayers Wahn, im Sammelband mit »Der Verdammte der Insel«, Frankfurt 1983, sowie im Sammelband »Erzählungen«, Bielefeld 2007. Die Lebensgeschichte eines Europäers während der britischen Kolonialzeit. Die Erzählung wurde 2011 in einer französisch-belgischen Koproduktion unter dem Titel »Hanyut« verfilmt.
Fauconnier, Henri: The Soul of Malaya, Singapur 2007 (engl.). Viele meinen, dies sei der beste Roman, der jemals über Malaysia geschrieben wurde. Fauconnier lebte als Pflanzer Anfang des 20. Jh. in Malaya.
Han Suyin: And the Rain My Drink, Singapur 2010 (engl.). Ein Klassiker der unter einem Pseudonym schreibenden Schriftstellerin Elizabeth Comber über Malaya in den 1940er- und 1950er-Jahren während der Zeit der kommunistischen Aufstände.
Maxwell, William George: In Malay Forests, Charleston 2010 (engl.). Der Reprint des 1907 in England erschienenen Klassikers enthält spannende Geschichten eines britischen Naturforschers, die aus heutiger Sicht wie Märchenerzählungen erscheinen.
Tan Kok Seng: Son of Singapore, Man of Malaysia sowie Eye on the World, Singapur 2014 (engl.). Eine interessante autobiografische Trilogie aus der Zeit nach dem Zweiten Weltkrieg, neu aufgelegt, erhältlich auf localbooks.sg.

Unterhaltung

Flint, Shamini: Die tödliche Familie Lee – Inspektor Singh ermittelt in Malaysia, München 2010. Ein Krimi, in dem der eigenwillige Inspektor aus Singapur die Verstrickungen von schönen Models und reichen Holzhändlern in kriminelle Machenschaften ermittelt.
Godshalk, C. S.: Kalimantaan, London 2012 (engl.). In dem Roman, der auf der Lebensgeschichte von James Brooke basiert, trifft der englische Abenteurer Gideon Barr den Sultan von Brunei, der ihn zum weißen Raja von Sarawak macht.
Ismail, Barbara: Shadow Play, Princess Play, Shadow Kite, Moon Tiger und Spinning Top, Singapur 2012–20 (engl.). In dieser Reihe lösen die resolute Marktfrau Maryam und der unbeholfene Inspektor Osman mysteriöse Kriminalfälle im Kelantan der 1970er-Jahre, stets mit viel Bezug zur malaiischen Kultur und Folklore.
Konsalik, Heinz: Im Auftrag des Tigers, München 1998. In dem Öko-Thriller kämpfen Umweltaktivisten für die Rettung der letzten Tiger. Auch als Hörbuch-Download erhältlich.
Tan Twan Eng: Gift of Rain, Newcastle upon Tyne 2007 (engl.). In diesem historischen Roman eines malaysisch-chinesischen Autors gerät ein junger Mann während der japanischen Besatzung in einen Loyalitätskonflikt.
ders.: Der Garten der Abendnebel, München 2015. Der zweite historische Roman des Autors spielt zur Nachkriegszeit. Eine chinesische Richterin und Überlebende eines Internierungslagers lernt die andere Seite eines japanischen Gärtners kennen, der in den Cameron Highlands arbeitet.

Tash Aw: Die Seidenmanufaktur ›Zur schönen Harmonie‹, Hamburg 2007. Die turbulente Zeit der Zinnbarone und chinesischen Kulis wird in diesem Roman wieder lebendig.

Hintergrundinformationen

Raslan, Karim: Ceritalah 1: Malaysia in Transition, 2: Journeys through South-East Asia, 3: Malaysia – A Dream Deferred, Kuala Lumpur 1996–2009 (engl.). Der Kolumnist der englischsprachigen malaysischen Zeitung The Star hat einige seiner besten Artikel in Buchform herausgebracht.

Siebert, Rüdiger: Vision Malaysia, Multikulti, Malls, Moscheen, Bad Honnef 2008. Die Annäherung des erfahrenen Journalisten Siebert an den Vielvölkerstaat ist das Thema seiner Reportagen.

Bildbände

Davis, Wade/Mackenzie, Ian und **Kennedy, Shane:** Nomads of the Dawn – The Penan of the Borneo Rainforest, Petaluma/USA, 1995 (engl.). Liebevolle und zugleich tragische Dokumentation der letzten Nomaden auf Borneo.

Ong, Edric/Invernizzi Tettoni, Luca: Living in Sarawak, Singapur 1996 (engl.); Sarawak Style, Singapur 2001 (engl.). Zwei Bildbände über die Architektur, Kunst und Kultur von Sarawak.

Maße und Gewichte

Seit den 1970er-Jahren wird in Malaysia metrisch gemessen, allerdings haben aus britischer Kolonialzeit einige englische *miles* und *pounds* überlebt. So finden sich bei einigen Ortsangaben noch die alten Meilensteine (*batu* = ›Meile‹) und auf einigen Märkten wird noch mit *pound* gewogen. Auch in den Pubs findet man ein Überbleibsel der ehemaligen Kolonialherrschaft: die Biereinheit *pint* (0,57 l).

Medien

Fernsehen und Radio

Das staatliche Radio Televisyen Malaysia sendet in Malaysisch und anderen Landessprachen überwiegend einheimische Beiträge, die

Raschelt da was? Seine Pause nutzt dieser Rikscha-Fahrer mit dem Lesen einer Zeitung. In Malaysia gibt es 40 (über-)regionale Zeitungen

auch als Lifestream im Internet unter www.rtm.gov.my empfangen werden können. Auf bestimmte Zielgruppen zugeschnitten sind die mit viel Werbung gespickten Privatsender, die u. a. auf www.xtra.com.my gestreamt bzw. als Mediathek aufgerufen werden können. Großer Beliebtheit erfreut sich TV3, der auf Englisch und Malaysisch sendet. NTV7 lockt mit einer Mischung aus Hongkongfilmen, Serien und Talkshows. Das Programm von 8TV ist vor allem für Chinesen und TV9 für gläubige Muslime gestaltet. Die meisten Hotels haben zudem englischsprachige Satellitenprogramme. Über Astro TV, www.astro.com.my, kann eine große Bandbreite an Film-, Familien-, Nachrichten-, Doku-, Musik- und Sportkanälen empfangen werden, z. B. der Musikkanal Channel [V], HBO Southeast Asia, NTV, Star Movies, The Disney Channel und die Deutsche Welle (DW TV), www.dw.de, die rund um die Uhr zumeist auf Englisch Nachrichten, Talkshows sowie Magazine der deutschen staatlichen Programme zeigt. Der Filmkanal Vision Four, www.visionfour.com, unterhält ebenfalls rund um die Uhr mit einem alle drei Stunden wechselnden Programm aus Blockbustern und Dokumentarfilmen.

Auf verschiedenen Kurzwellenfrequenzen sind BBC, www.bbc.co.uk, sowie die Deutsche Welle, www.dw.de, zu empfangen. Lokale englischsprachige Musiksender sind Fly FM, www.flyfm.com.my, Lite, www.lite.my, und TraXX fm, http://traxxfm.rtm.gov.my, die auch über Internet gehört werden können.

Zeitungen

An Kiosken werden etwa 40 regionale und überregionale Zeitungen in Englisch, Malaiisch, Chinesisch und Tamil verkauft. Landesweit sehr verbreitet sind die Tageszeitungen Utusan Malaysia und Berita Harian in Bahasa Malaysia sowie die englischsprachigen Tageszeitungen New Straits Times, www.nst.com.my, und The Star, www.thestar.com.my. Kritische Artikel, die man dort vergeblich sucht, stehen in der Online-Zeitung malaysiakini, www.malaysiakini.com.

Nachtleben

Je größer die Städte und je höher der chinesische Bevölkerungsanteil, umso lebhafter und vielseitiger ist das Nachtleben. Da muslimischen Malaien der Alkoholgenuss verboten ist, feiern sie eher in Cafés – mit oder ohne Karaoke – sowie im privaten Kreis.

Bars, Pubs, Discos

In Kuala Lumpur konzentrieren sich die Diskotheken und Pubs in einigen Ausgehvierteln und internationalen Hotels. Diese sind auch an anderen Orten ein guter Anlaufpunkt für alle, die am Abend in gepflegter Atmosphäre Entspannung suchen. Das Angebot in den Urlaubsgebieten ist vor allem auf Touristen zugeschnitten. Am Wochenende kommen abends viele Besucher aus Singapur in das benachbarte Johor Bahru, um dort das preiswertere Nachtleben zu genießen. Auch in George Town, Ipoh, Kuching, Miri und Kota Kinabalu ist am Wochenende am meisten los.

Junge Chinesen und Inder sowie westliche Besucher treffen sich in den angesagten Restaurants, Pubs, Bars, Lounges, Discos und Klubs, wobei der Unterschied zwischen den verschiedenen Etablissements fließend ist. Mit Sandalen und Shorts, T-Shirts oder allzu lässiger Kleidung wird man manchmal nicht eingelassen. Draußen bleibt auch, wer jünger als 21 Jahre ist, denn erst ab diesem Alter ist der Konsum von Alkohol erlaubt. Manche Lokale gestatten bereits 18-Jährigen, andere erst 23-Jährigen den Zutritt. Da Razzien häufig sind, empfiehlt es sich, den Pass mitzunehmen. Die meisten Pubs schließen bereits um 22 Uhr, viele Klubs und Discos in Kuala Lumpur dagegen erst gegen 2 oder 3 Uhr. Vor allem am Wochenende wird eine *cover charge* verlangt, die um RM 25–50 liegt und ein Freigetränk einschließt. In manchen Bars und Pubs werden zur Happy Hour am frühen Abend Getränke zu ermäßigten Preisen angeboten.

Veranstaltungstermine

Stadtmagazine und Websites listen aktuelle Veranstaltungen in Kuala Lumpur, Singapur, Penang, Kuching und Kota Kinabalu und informieren über Musikveranstaltungen in Klubs und Konzertsälen ebenso wie über Tanz- und Theateraufführungen, Kunstausstellungen und andere Events – entsprechende Adressen sind im Reiseteil gelistet. Tickets können gebucht werden über **www.livenation.my** oder **www.ticket2u.com.my.**

Namen

Religion und Kultur bestimmen die Namen. Bei chinesischen Namen wird der Familienname vorangestellt, zumeist gefolgt von zwei weiteren Vornamen. Christen, die überwiegend Chinesen sind oder einer ethnischen Minderheit angehören, bevorzugen Vornamen aus dem Alten Testament oder der westlichen Welt, denen der Familienname folgt.

Muslime haben keine Familiennamen, sondern stellen ihrem Vornamen den Vornamen ihres Vaters nach. Manchmal werden beide Vornamen verbunden mit *bin* (›Sohn von‹, kurz B., Bt.) bzw. *binti* (›Tochter von‹, kurz Bint.). Andere ethnische Gruppen verwenden als Bindeglied *anak lelaki* (›Sohn von‹, kurz a/l) bzw. *anak perempuan* (›Tochter von‹, kurz a/p) oder geschlechtsneutral *anak* (›Kind von‹). Angesprochen werden Muslime immer mit ihrem ersten Namen, der auch ein Doppelname sein kann: Beginnt er mit Haji bzw. Hajjah, haben sie bereits eine Pilgerfahrt nach Mekka unternommen. Muslimische Frauen behalten nach der Eheschließung ihre Namen. Viele Muslime verwenden im Familienkreis einen anderen Namen als unter Freunden oder im Geschäftsleben.

Adlige führen Titel wie Tunku (›Herrscher‹) oder Raja (›König‹, ›Prinz‹). Andere Ehrentitel wie Dato' und Tun werden vom Sultan oder der Regierung verliehen.

Notfälle

Polizei: 999 (Malaysia und Singapur)
Feuerwehr: 994 (Malaysia), 995 (Singapur)
Krankenwagen: 999 (Malaysia), 995 (Singapur)

Öffnungszeiten

Viele chinesische **Läden** schließen erst, wenn der letzte Kunde den Laden verlassen hat, meist haben sie tgl. von 9.30–19 Uhr geöffnet. **Supermärkte** und **Einkaufszentren** öffnen in der Regel von 10–22 Uhr, Filialen der Kette 7-Eleven sowie viele Mamak-Restaurants rund um die Uhr. **Banken:** Mo–Fr 10–16.30 und Sa 9.30–11.30 Uhr. **Postämter:** Mo–Fr 8.30–17.30, Sa 8.30–13 Uhr. **Behörden** öffnen Mo–Do 8–12.45, 14–16.15, Fr 8–12.15, 14.45–16.15 Uhr. In Kelantan, Terengganu und Kedah fällt das Wochenende auf den Freitag und Samstag, die Öffnungszeiten sind dementsprechend.

Post

Ansichtskarten nach Europa kosten RM 0,90/080 S$, Briefe bis 20 g RM 4,80/1,50 S$, in Malaysia + 6 % MwSt. Die Sendungen erreichen die Empfänger in der Regel nach drei bis acht Tagen. Auch wenn die Post zuverlässig ist, sollten wertvolle Sendungen besser den nationalen Kurierdiensten anvertraut werden. Bei der malaysischen Post ist das das Pos Laju (www.pos.com.my), in Singapur die Speedpost International Delivery (www.singpost.com).

Pakete bis maximal 30 kg können relativ günstig als Seefracht *(seamail, surface parcel)* verschickt werden, brauchen dann aber etwa 6–15 Wochen. Ein Vielfaches kostet Luftfracht *(airmail),* die dafür nur maximal zwei Wochen unterwegs ist. Bei internationalen Paketsendungen wird eine Zollerklärung benötigt.

Rauchen

In öffentlichen Gebäuden und Verkehrsmitteln, in klimatisierten Restaurants, Büros und Einkaufszentren ist Rauchen verboten. In Singapur drohen bei Missachtung happige Geldstrafen!

Reisekasse

Das durchschnittliche Familieneinkommen pro Monat liegt in Malaysia bei etwa RM 6600 (knapp 1318 €). Allerdings sind die Einkommensunterschiede erheblich, sodass die meisten Familien, vor allem auf dem Land, mit weniger Geld auskommen müssen. Ungelernte Arbeiter verdienen auf Plantagen oder als Haushaltshilfe um RM 1600 (ca. 332 €) monatlich. Entsprechend günstig lässt es sich in Malaysia leben und reisen, zumal Lebensmittel, Benzin und öffentliche Verkehrsmittel vom Staat subventioniert werden.

Reisekasse

Wer mit öffentlichen Verkehrsmitteln reist und in Food Courts oder an Essensständen einheimische Gerichte isst, kann günstig leben und benötigt etwa 30–40 € pro Tag ohne Sonderausgaben. In größeren Städten wie Melaka und George Town oder auf Inseln wie Perhentian und Tioman sowie im Taman Negara National Park und in den Cameron Highlands gibt es billige Hotels und Gästehäuser mit Schlafsaalbetten oder einfachen Bungalows. Allerdings ist hier nicht immer Ruhe garantiert und auch die Sauberkeit lässt vielerorts zu wünschen übrig.

Mit etwas mehr Geld in der Tasche findet man in den meisten Städten attraktive Hotelzimmer, die ab etwa 30 € ein gutes Preis-Leistungs-Verhältnis bieten. Auch an den Stränden ist im mittleren Preissegment das Angebot breiter gefächert. Zum Essen kann man sich ein Bier gönnen, das in Malaysia mit etwa 4 € für eine 660-ml-Flasche teurer als das Essen sein kann. Bequemer und schneller als Busse sind die etwa doppelt so teuren Überlandtaxis. Noch flexibler wird das Reisen mit einem Mietwagen, der je nach Mietdauer mit mindestens 25 € pro Tag zu Buche schlägt. Große Autos oder Geländewagen sind teurer, Kleinwagen auf der zollfreien Insel Langkawi dagegen wesentlich günstiger.

Es wäre allerdings schade, wenn man sich nicht auch etwas Luxus gönnen würde, denn dieser ist in Malaysia gar nicht so teuer. Viele Resorts und 5-Sterne-Hotels bieten ihre Zimmer im Internet zu Sonderkonditionen an. Ausflüge in abgelegene Dschungelgebiete, Übernachtungen in Langhäusern, Schnorchel- oder Tauchtrips ermöglichen einen Einblick in völlig neue Welten.

Ein einfaches Gericht an einem Essenstand kostet 2–3 €, im Restaurant bis zu 10 €. Die Preise für eine Flasche Trinkwasser oder einen Softdrink liegen ebenso wie eine Fahrt mit dem Stadtbus bei rund 0,50 €. Dagegen schlägt eine Taxifahrt im Stadtgebiet mit 3–5 € zu Buche. Richtig teuer kann der Besuch einiger Highlights werden, beispielsweise die Besteigung des Gunung Kinabalu, eine Tour ins Danum Valley oder Übernachtungen in schönen Tauchresorts auf abgelegenen Inseln.

Spartipps

Zu zweit reist man immer günstiger, denn Einzelzimmer gibt es kaum und der Zimmerpreis bleibt fast immer der Gleiche. Auch sind Betten im Schlafsaal bei zwei Personen nur unwesentlich billiger als ein günstiges Zimmer. Hotels lassen sich günstiger über Veranstalter oder das Internet buchen (s. S. 79). Eine Ermäßigung für Senioren gibt es bei einigen Museen, in Nationalparks und Sehenswürdigkeiten bereits ab 55 Jahren, bei anderen erst ab 60 Jahren oder nur für Einheimische. Auch die Grenzen für Kinderermäßigung werden unterschiedlich gehandhabt. Studentenrabatt gibt es meist nur für einheimische Studierende.

In nicht klimatisierten Restaurants ist das Essen meist preiswerter und nicht unbedingt schlechter als dort, wo die Klimaanlage läuft. Mit einheimischer SIM-Karte sind lokale wie internationale Telefongespräche vom Handy sehr günstig.

Sicherheit

Wer die üblichen Vorsichtsmaßnahmen beachtet, kann unbeschwert durch Malaysia reisen. Auch das wohlhabende muslimische Sultanat Brunei und der Stadtstaat Singapur sind sehr sichere Reiseländer. Dennoch gilt es auch hier einige Grundregeln zu beachten: Teurer Schmuck gehört nicht ins Reisegepäck. Auch iPads und Smartphones wecken Begehrlichkeiten und sollten nie im Zimmer oder am Pool unbeaufsichtigt liegen bleiben. Je wertvoller etwas ist, umso näher sollte man es am Körper tragen. Ein Schloss am Gepäck schützt vor Gelegenheitsdieben, wenn der Koffer oder der Rucksack auf Reisen aufgegeben oder in gemeinschaftlich genutzten Räumen abgestellt werden. Zusätzlich kann man das Gepäck mit einem leichten Fahrradschloss anketten.

Ein Safe ist kein guter Platz, um Kreditkarten zu verwahren, denn es fällt nicht auf, wenn damit unerlaubt bezahlt wurde. Weitere Tipps zur Sicherheit bei Kreditkarten s. S. 96. Nach einem Diebstahl ist sofort bei der Polizei Anzeige zu erstatten, vor allem, wenn Kreditkarten oder gar der Pass verloren gegangen sind. Wer den Reisepass und den Einreisestempel nach seiner Einreise in Malaysia abfotografiert, kann im Falle eines Verlusts seine Identität einfacher nachweisen. Soll der Schaden anschließend durch eine Reisegepäckversicherung beglichen werden, ist ein in englischer Sprache abgefasstes Polizeiprotokoll erforderlich.

Vor allem in Kuala Lumpur und auf Penang ist Drogenbeschaffungskriminalität ein Problem. Touristen sollten sich vor Taschendieben in Acht nehmen und Taschen immer so umhängen, dass sie von Motorradfahrern nicht weggerissen werden können. Wer selbst Motorrad fährt, sollte seine Tasche nicht in den oft am Lenker angebrachten Korb legen, da sie mit einem Griff entwendet werden kann.

Vorsicht ist angebracht, wenn sich Straßenbekanntschaften allzu freundlich nach den persönlichen Verhältnissen erkundigen und ›zufällig‹ Verwandte in Deutschland haben. Einige Besucher, die Einladungen in ein Privathaus angenommen hatten, wurden dort zu einem Kartenspiel überredet, bei dem es um hohe Beträge ging. Nach einer anfänglichen Glückssträhne hatten sie keine Möglichkeit mehr auszusteigen und wurden um viel Geld betrogen.

Auf vielen Nachtmärkten werden nachgemachte Markenwaren angeboten. Es ist klar, dass eine goldene Rolex für 25 € oder eine Casio G-Shock für 6 € nicht echt sein können, aber viele Kopien sind von so schlechter Qualität, dass man sich die Geldausgabe sparen kann. Zudem beschlagnahmt der Zoll in Deutschland die Produktfälschungen. Besondere Vorsicht ist beim Kauf von Edelsteinen und teurem Schmuck geboten.

Die unterschiedlichen Moralvorstellungen der muslimischen und westlichen Welt bergen vor allem in Touristengebieten mit einer überwiegend malaiischen Bevölkerung einigen Zündstoff. Speziell Frauen sollten nicht allzu freizügig an einsamen Stränden spazieren gehen, da das durchaus als Aufforderung missverstanden werden könnte. Nacktbaden ist streng verboten und kann mit bis zu drei Jahren Gefängnis bestraft werden. Auch Homosexualität steht in Malaysia unter Strafe. Da die strenge Scharia-Gesetzgebung Muslime auch für sexuelle Handlungen bestraft, die bei uns gesellschaftlich akzeptiert werden, sollte man sich in der Öffentlichkeit zurückhaltend verhalten.

Telefonieren

Öffentliche Telefone gibt es kaum noch, genauso Internetcafés. Wesentlich üblicher und bequemer ist es, mit dem Handy zu telefonieren. Die Netzabdeckung ist selbst in abgelegenen Orten und auf Inseln sehr gut. Fast überall stehen schnelle Verbindungen zur Verfügung, sodass man mit einem Datenpaket gut und günstig surfen (und über WhatsApp telefonieren) kann. Da Roaming außerhalb der EU nach wie vor sehr teuer ist, lohnt sich eine malaysische Prepaid-SIM-Card von Hotlink (Maxis), www.hotlink.com.my, oder Celcom, www.celcom.com.my. Sie wird in vielen Telefonläden verkauft und gleich installiert, sofern das Handy kein SIM-Lock besitzt. Mit der Sondervorwahl 132 (Hotlink) sind internationale Gespräche ins deutsche, Schweizer oder österreichische Festnetz ab 14 Sen pro Minute möglich und damit teilweise billiger als ein lokales Gespräch. Celcom hat ähnliche Tarife. Für Singapur empfehlen sich Singtel und M1 Card.

Auch am Strand ist Erreichbarkeit das höchste Gebot

Wer günstig aus dem Ausland nach Malaysia telefonieren möchte, kann sich im Internet über Möglichkeiten informieren: Telekom-Kunden unter www.teltarif.de, Kunden anderer Netzbetreiber über EasyTelecom, www.easytelecom.de.

Internationale Vorwahlnummern: Deutschland 0049, Österreich 0043, Schweiz 0041, Malaysia 0060, Brunei 00673, Singapur 0065.

Toiletten

Öffentliche Toiletten, *tandas* oder WC genannt, gibt es in allen Einkaufszentren, Tankstellen und Busbahnhöfen. Sie entsprechen meist westlichem Standard und sind nur selten asiatische Hocktoiletten. Häufig gibt es statt Papier jedoch Handduschen.

Trinkgeld

Ein Trinkgeld wird in Hotels und teuren Restaurants auf der Rechnung meist automatisch zum Preis addiert (in Malaysia gelten 10 % *service charge* und 6 % *tax*). Ansonsten ist es nicht üblich, Trinkgeld zu geben, aber es wird gerne angenommen. Bei Taxifahrten mit Taxameter sollte man die Summe aufrunden und Dienstleistungen wie Gepäcktragen und Autowaschen – selbst wenn nicht ausdrücklich erwünscht – mit ein paar Ringgit entlohnen.

Wellness

Die ethnische Vielfalt Malaysias hat auch das Wellnessangebot bereichert. Von den indonesischen Inseln, China und Indien haben traditionelle Methoden zum Heilen und Verschönern ihren Weg ins Land gefunden. Dschungelbewohner wissen die Heilkräfte der Natur zu nutzen (s. S. 52) und auch auf dem Land greift man gerne auf Überliefertes zurück. Blinde werden als geschätzte Masseure ausgebildet. In den Spas der Städte und internationalen Hotels hat man einige dieser Traditionen aufgegriffen und verfeinert. Die Wellnessangebote reichen von einfachen kosmetischen Behandlungen bis zu hochpreisigen Rundumpaketen für einen Erholungsurlaub für Leib und Seele.

Zeit

Die Zeitverschiebung zur mitteleuropäischen Zeit (MEZ) beträgt + 7 Std. bzw. zur Sommerzeit + 6 Std.

Unterwegs in Malaysia

»Diese Wälder gehören zu den wundervollen Dingen der Erde. Ihre Ausdehnung ist immens, und die Bäume, die sie bilden, wachsen so dicht beisammen, dass sie sich gegenseitig bedrängen und überlagern.«
Sir Hugh Clifford, In Court and Kampung, 1896

Malaysia besitzt einen der ältesten Regenwälder der Erde

Südchinesisches
Meer
Kuala
Lumpur
Melaka

Kapitel 1

Kuala Lumpur und die südliche Halbinsel

Ankommenden vermittelt der internationale Flughafen südlich von Kuala Lumpur einen ersten Eindruck von der modernen Seite des Tropenlands. Dann geht es auf Highways oder in der Schnellbahn vorbei an endlosen Ölpalmplantagen, stillgelegten Zinnminen und Vorstädten in die Hauptstadt im Herzen des Klang Valley.

Hier leben Malaien, Chinesen, Inder und Migranten aus Asien und Europa Tür an Tür. Sie alle genießen die Leckerbissen der chinesischen Garküchen ebenso wie der indischen Banana-Leaf-Restaurants, feiern gemeinsam ihre großen Feste und treffen sich beim Einkaufsbummel in riesigen Einkaufszentren oder auf einem der traditionellen Märkte. In der City locken Aussichtspunkte, Parks, Museen, ein Aquarium und am Stadtrand ein hinduistischer Höhlentempel sowie ein beeindruckendes Dschungelgebiet.

Südlich von Kuala Lumpur erstreckt sich die aus dem Boden gestampfte Verwaltungshauptstadt Putrajaya, ganz in der Nähe von Seremban, wo bereits seit Jahrhunderten Minangkabau aus Westsumatra siedeln. Melakas turbulente Geschichte wird auf einem Rundgang durch die Altstadt und in zahlreichen Museen erlebbar. Nach so viel Kultur hat man sich ein paar erholsame Tage auf Pulau Tioman verdient. Die Tropeninsel begeistert mit palmengesäumten Stränden, guten Bademöglichkeiten, Korallenriffen, Dschungelgebieten und tausend Meter hohen Bergen.

Ein buntes Völkergemisch und multikulturelles Miteinander prägt Kuala Lumpur, die pulsierende Metropole und Hauptstadt Malaysias

Auf einen Blick: Kuala Lumpur und die südliche Halbinsel

Sehenswert

Kuala Lumpur und Umgebung: Im Zentrum der Hauptstadt konzentrieren sich chinesische und indische Tempel sowie beeindruckende Moscheen, hervorragende Restaurants, belebte Märkte und hypermoderne Einkaufszentren, während vor den Toren der Metropole vielfältige Ausflugsmöglichkeiten locken (s. S. 116).

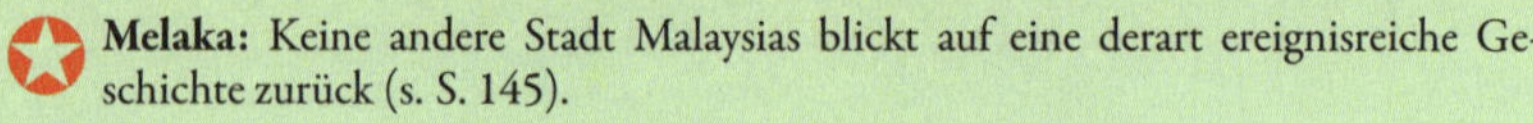

Melaka: Keine andere Stadt Malaysias blickt auf eine derart ereignisreiche Geschichte zurück (s. S. 145).

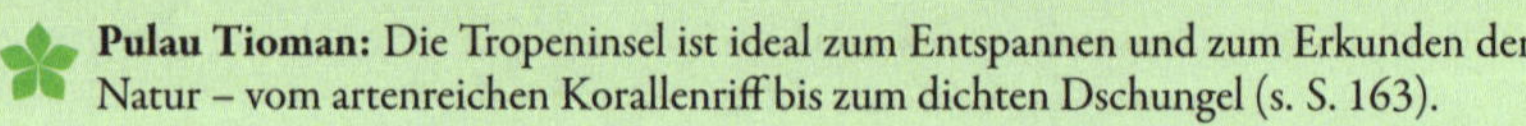

Pulau Tioman: Die Tropeninsel ist ideal zum Entspannen und zum Erkunden der Natur – vom artenreichen Korallenriff bis zum dichten Dschungel (s. S. 163).

Schöne Routen

Rundgang durch Kuala Lumpurs Chinatown: In diesem alten Viertel kann man am Fluss entlang zum Central Market bummeln, chinesische und indische Tempel besichtigen, auf dem Nachtmarkt einkaufen und essen gehen (s. S. 121).

Spaziergang durch das koloniale Melaka: An keinem anderen Ort Malaysias lassen sich so dicht beieinander die Reste der überaus turbulenten Kolonialgeschichte des Landes besuchen (s. S. 145).

Unsere Tipps

Islamic Arts Museum – Schätze des Orients in Kuala Lumpur: Textilien, Messingarbeiten, Kalligrafien und andere Kunstwerke aus verschiedenen asiatisch-islamischen Ländern werden auf vier Stockwerken hervorragend präsentiert (s. S. 124).

Kuala Lumpur City Centre – Sightseeing unter den Petronas Twin Towers: Die höchsten Zwillingstürme der Welt stehen in Kuala Lumpur und beherbergen neben zahllosen Läden auch ein Aquarium, mehrere Museen und Galerien sowie zwei Aussichtsplattformen (s. S. 129).

Batu Caves – Höhlen für Hindugötter: Vor den Toren der Hauptstadt liegt das wichtigste hinduistische Heiligtum Malaysias, das zum Thaipusam-Fest von über 1 Mio. Pilgern besucht wird (s. S. 139).

PERAK
PAHANG
Südchinesisches Meer
SELANGOR
Kuala Lumpur und Umgebung
Batu Caves
Kuala Lumpur City Centre
Islamic Arts Museum
Pulau Tioman
NEGERI SEMBILAN
Tauchen und Schnorcheln vor Pulau Tioman
Rundgang durch die Chinatown
MELAKA
Spaziergang durch das koloniale Melaka
Melaka
Straße von Melaka
JOHOR
INDONESIEN
SINGAPUR

Zeugnis chinesischer Einwanderer: der See Yeoh Temple in Kuala Lumpur

Tauchen und Schnorcheln vor Pulau Tioman: Einige Tauchschulen haben eine lange Tradition, denn selbst nach vielen Tauchgängen überrascht die Unterwasserwelt immer wieder aufs Neue (s. S. 168).

Kuala Lumpur und Umgebung

▶ 2, D/E 2/3

Die höchsten Zwillingstürme und einer der höchsten Wolkenkratzer der Welt dominieren die Skyline von Malaysias Hauptstadt, wo Hochbahnen und Schnellstraßen gediegene Kolonialbauten mit futuristischen Konstruktionen aus Glas und Edelstahl verbinden. Nur wenige Kilometer außerhalb dieser modernen Welt pflegen die für ihre Holzschnitzereien bekannten Mah Meri noch ihre animistischen Traditionen.

Nirgends sonst in Malaysia sind Reisen zu verschiedenen Kulturen über so geringe Distanzen möglich, sind die Lebenswege der Menschen so mannigfach, die Unterschiede zwischen den Generationen so groß wie in Kuala Lumpur. Man braucht nicht erst einen redseligen Taxifahrer zu treffen, der auf den wenigen Kilometern zum Ziel seine verwickelte Familiengeschichte ausbreitet. Es genügt ein Spaziergang durch zwei Viertel, die nicht unterschiedlicher sein könnten wie der lokale Milchtee Teh Tarik und Cafè Latte: Chinatown und Bukit Bintang, besser bekannt als das Goldene Dreieck.

In der Chinatown, wo die Stadt 1857 ihren Anfang nahm, verfallen Fassaden, sträubt sich der Rest des alten Kuala Lumpur gegen den Abriss. Unter den Arkaden sitzen die letzten Schuhmacher, die schnell für ein paar Ringgit Schuhe reparieren. Die Läden der zwei- bis

Der futuristische Saloma Link bringt einen trockenen Fußes über den Klang-Fluss

dreistöckigen chinesischen Geschäftshäuser dienen ihren Besitzern gleichzeitig als Wohnstube, und das bereits seit Generationen. Auf den wenigen ruhigeren Plätzen zwischen den viel befahrenen Straßen treffen sich sonntags Hunderte legaler und illegaler Gastarbeiter aus den ärmeren Nachbarländern, für die diese Welt heimischer und bezahlbarer ist als die des modernen Kuala Lumpur wenige Kilometer entfernt. Dort, in Bukit Bintang, hat der neue Wohlstand eine Welt aus Chrom und Glas in die Höhe schießen lassen, die Welt der klimatisierten Einkaufszentren und weltweit vernetzten Büros. In der Mittagspause flanieren Tausende Angestellte in smarten Outfits durch ihr künstlich gestaltetes Umfeld, in dem sie alles finden, was sie zum Leben brauchen: vom Parkhaus für den Mittelklassewagen über den Friseur und Fitnesscenter bis zum Food Center fürs Mittagessen und den Restaurants für die Abendgestaltung. Hier erinnert nichts mehr an das traditionelle Kuala Lumpur mit seinen rustikalen Coffee Shops, stattdessen wird das Viertel geprägt von der höchsten Starbucks-Dichte des Landes und einem ziemlich gehobenen Preisniveau.

Orientierung

Das Herz der Stadt bildet Kuala Lumpurs **Chinatown** am Ostufer des Sungai Klang. Nördlich und westlich davon liegen das **Kolonialviertel** und **Little India,** im Osten grenzt das **Goldene Dreieck** an, Kuala Lumpurs modernes Geschäftszentrum **Bukit Bintang.** Jenseits des Flusses und breiter Straßen erstreckt sich im Westen der weitläufige **Perdana Botanical Garden,** an den im Süden, nahe dem Hauptbahnhof KL Sentral, das indisch geprägte **Brickfields** anschließt.

Kolonialviertel

Cityplan: S. 119
Ein Besuch des historischen Viertels um den Merdeka Square gehört zum Standardprogramm einer Malaysiareise, denn hier bekommt man einen guten Eindruck von den Anfängen der Stadt. Ein Großteil der Gebäude steht am unscheinbaren und doch bedeutsamen Zusammenfluss des Sungai Klang und Sungai Gombak, wo Mitte des 19. Jh. Boote aus den Straits Settlements Waren für die nahen Zinnminen anlandeten. Die erste Siedlung rings um die Anlegestelle und den Marktplatz, den heutigen Merdeka Square, am Ostufer des Sungai Gombak erhielt den Namen Kuala Lumpur, ›Schlammiger Zusammenfluss‹. Gegen die anfänglichen Widerstände der malaiischen Fürsten verdankt die Stadt ihre rasante Entwicklung einem geschäftstüchtigen Chinesen, dem legendären Yap Ah Loy (s. S. 122).

Merdeka Square 1

Auf dem großen **Merdeka Square** (Dataran Merdeka) wurde 1957 vom damaligen Premierminister Tunku Abdul Rahman die Unabhängigkeit proklamiert. Der hier 100 m in den Himmel ragende Fahnenmast gilt als einer der höchsten der Welt. Nach Sonnenuntergang flanieren die Menschen um den Springbrunnen und genießen die abendliche Abkühlung.

Der Merdeka Square liegt auf der Strecke der Hop-on Hop-off City Tour, eines Busses, der an zahlreichen touristenrelevanten Punkten in Kuala Lumpur hält (s. S. 138).

Kuala Lumpur City Gallery 2

Tel. 03 26 98 33 33, tgl. 9–18.30 Uhr, Eintritt frei, Hop-on-Hop-off-Bus Stopp 24
Auf der Südseite des Merdeka Square beherbergt ein markantes Verwaltungsgebäude im kolonialen Renaissance- und indischen Mogulstil die **Kuala Lumpur City Gallery.** Mithilfe historischer Stadtpläne und Fotos sowie interaktiver Modelle und eines großen Dioramas lässt sich die Entwicklung der Stadt gut nachvollziehen. Faszinierend ist das maßstabgerechte Holzmodell des Großraums Kuala Lumpur inkl. aller Neubauprojekte, ein kleines Meisterwerk der Betreiberfirma, die sich auf die Herstellung von Holzmodellen spezialisiert hat. Besucher können einen Blick in die Werkstätten werfen und einige der Produkte in einem Shop erwerben.

Anschluss s. S. 130/131
Cityplan Goldenes Dreieck
Bukit Nanas
Dewan Bandaraya
Jln. Raja Laut
Jln. T. Abd. Rahman
Jln. Masjid India
Jln. Melayu
S. Klang
Jln. Parlimen
Lorong Ampang
Jln. Bukit Nanas
St. John's Cathedral
Old City Hall
Jabatan Penerangan
Jln. Melaka
St. Mary's Cathedral
Mahkamah Tinggi
Masjid Jamek
Muzium Telekom
Jln. Gereja
Jln. Raja
Jln. Tun Perak
Exchange Square
Jln. Raja Chulan
Persiaran Maybank
S. Gombak
Jln. Mahkamah Persekutuan
Leboh Ampang
Jln. H. S. Lee
Jln. Hang Lekiu
Jln. Raja
Jln. Benteng (Riverside Walk)
Jln. Tun
Maybank Tower
Medan
Pasar
Jln. Tun Tan Siew Sin
Lama
Jln. Pudu
Altes Hauptpostamt
Metrojaya
Lebuh Pasar Besar
Jln. Yap Ah Loy
Jln. Pudu
Pudu
Kota Raya Kompleks
Wesley Methodist Church
Jln. Sultan Hishamuddin
Jln. Hang Kasturi
Jln. Petaling
Jln. Benteng (Riverside Walk)
Lebuh
Wisma Fui Chu
Jln. Sultan
Jln. Kuching
Jln. Tang Cheng Lock
Lorong Hang Jebat
Jln. Wesley
Jln. Bukit Aman
Jln. Hang Lekir
Jln. Tugu
Jln. Tun H.S. Lee
Morgenmarkt
Jln. Petaling
MABA Stadium
Pejabat Post Besar (General Post Office)
Jln. Hang Jebat
Jln. Cenderasari
Pasar Seni
Jln. Sultan
PN 11
Jln. Kinabalu
Plaza Warisan
Jln. Sultan Mohammed
Jln. Panggong
Jln. Petaling
Lorong Petaling
Jln. Sambanthan
Jln. Tun H.S. Lee
Jln. Balai Polis
Chin Woo Stadium
Swimming-pool
Chan See Shu Yuen
Bulatan Merdeka
Jln. Stadium
Jln. Lembah Perdana
Jln. Kinabalu
Merdek Stadiur
Maharajalel
Jln. Maharajalela
Keretapi Tanah Melayu
Jln. Sultan Hishamuddin
Stesen Kuala Lumpur (Regionalzüge)
S. Klang
Jln. Sultan Mohammed
Jln. S. Sulaiman
Jln. Kg.
Jln. Akar
Attap
KL Sentral (Hauptbahnhof)
0 50 100 150 200

Kuala Lumpur – Zentrum

Sehenswert

1 Merdeka Square
2 Kuala Lumpur City Gallery
3 National Textile Museum
4 Sultan Abdul Samad Building
5 Selangor Club
6 Masjid Jamek
7 Straßenmarkt
8 Masjid India
9 Lebuh Ampang
10 Central Market
11 See Yeoh Temple
12 Nachtmarkt
13 Sri Mahamariamman Temple
14 Masjid Negara
15 – 19 s. Karte S. 127
20 – 25 s. Karte S. 130

Übernachten

1 – 2 s. Karte S. 130
3 The Majestic Hotel
4 – 6 s. Karte S. 130
7 – Tian Jing Hotel
8 – 9 s. Karte S. 130
10 Yu Hotel
11 s. Karte S. 130

Essen & Trinken

1 – 5 s. Karte S. 130
6 Merchant's Lane
7 s. Karte S. 130
8 Saravana Bhavan

Einkaufen

1 – 4 s. Karte S. 130
5 Evergreen Tea House
6 Santhi Silks
7 s. Karte S. 127

Abends & Nachts

1 – 3 s. Karte S. 130
4 – 8 s. Karte S. 127

Aktiv

1 s. Karte S. 127
2 s. Karte S. 130

National Textile Museum 3

Jln. Sultan Hishamuddin, www.muziumtekstil negara.gov.my, tgl. 9–17 Uhr, 5 RM

Südöstlich des Merdeka Square sind im ehemaligen Gebäude der Eisenbahnverwaltung nun feine Stoffe und Accessoires zu sehen. Die informative Ausstellung führt in verschiedene Techniken ein und zeigt hübsche traditionelle Stoffe und Schmuckstücke.

Sultan Abdul Samad Building 4

Eines der augenfälligsten Gebäude der Stadt ist das von A. C. Norman im maurischen Stil entworfene, zwischen 1894 und 1897 erbaute **Sultan Abdul Samad Building** mit seinem 41 m hohen Glockenturm. Hier hat heute das Ministerium für Information, Kommunikation und Kultur seinen Sitz. Das Gebäude gehört zum Reigen der Kolonialbauten um den Merdeka Square, die abends bunt angestrahlt werden und eine würdige Kulisse für Großveranstaltungen am Nationalfeiertag und zu anderen Anlässen bieten.

Selangor Club 5

Bereits 1880 ließ sich der erste britische Resident in Kuala Lumpur nieder. Wenige Jahre später entstand etwas oberhalb vom Merdeka Square der **Selangor Club,** ein Treffpunkt der britischen Oberschicht, zu dem u. a. ein Hockey- und Cricketplatz, ein Swimmingpool sowie ein großes Billardzimmer gehören. Das wunderbare, im englischen Tudorstil errichtete Gebäude erfüllt noch heute seinen alten Zweck, wenngleich es inzwischen zeitgemäßere Etablissements gibt, in denen sich die ›gute Gesellschaft‹ zu treffen pflegt.

Masjid Jamek 6

Tgl. außer feiertags 8–12.30, 14.30–16.30, Fr 15–16 Uhr, LRT-Station Masjid Jamek

Kokospalmen flankieren die kleine **Masjid Jamek,** die 1909 im nordindisch-muslimischen Stil am Zusammenfluss von Sungai Klang und Sungai Gombak erbaut wurde. Die Moschee verdankt ihre ansprechende orientalische Architektur dem britischen Architekten Arthur Benison Hubback, der auch für einige andere Gebäude in Malaysia verantwortlich zeichnet, u. a. den Bahnhof in Ipoh (s. S. 185). Außerhalb der Gebetszeiten kann die Moschee in entsprechender Kleidung, die man vor Ort leihen kann, besichtigt werden, allerdings nur im Rahmen einer Führung. Abends wird das Wasser rund

Perfekt für ein kaltes Bier in lauer Abendluft: die Straßenrestaurants in Chinatown

um die Moschee blau angestrahlt und ab 21.15 Uhr mit mehreren Licht-Klang-Installationen, Nebel und Fontänen bespielt – besonders schön zu beobachten von der südlichen Brücke.

Little India

Cityplan: S. 119

Nördlich und östlich der Jamek-Moschee, zwischen der Jalan Tuanku Abdul Rahman und der Jalan Tun H. S. Lee, weht in **Little India** ein Hauch von Indien durch die Straßen. Der Geruch von Räucherstäbchen, Curry und Jasminblüten liegt in der Luft. Aus zahlreichen Geschäften schallen lautstark hinduistische Mantras oder Bollywoodmusik. Neben duftenden exotischen Würzmischungen werden Saris und kragenlose Hemden *(kurtas)*, Poster von Göttern und Filmhelden, bunte Armreifen *(bangles)* und Goldschmuck feilgeboten. In kleinen Restaurants backen dunkelhäutige Tamilen Fladenbrote und servieren Currygerichte auf Bananenblättern.

In der **Jalan Melayu** betrieben schon immer südindisch-muslimische Gewürz- und Textilhändler sowie hinduistische Geldverleiher aus Chettinad in Tamil Nadu ihre Geschäfte. Auf einem kleinen, verkehrsberuhigten Platz zwischen Straße und Fluss hat sich ein muslimischer **Straßenmarkt** 7 angesiedelt, auf dem es sich entspannt bummeln lässt. Am Samstag öffnet zudem ein Nachtmarkt. Direkt gegenüber erhebt sich die älteste Moschee der Stadt, die bereits 1863 von muslimischen Händlern im südindischen Stil erbaute dreistöckige **Masjid India** 8, noch immer die wichtigste Gebetsstätte der muslimischen Tamilen in Kuala Lumpur.

Folgt man der Jalan Melayu in östlicher Richtung und quert auf der Jalan Tun Perak den Sungai Klang, so wird bald danach die Querstraße **Lebuh Ampang** 9 erreicht, in der noch einige der ältesten zweistöckigen Geschäftshäuser Kuala Lumpurs stehen. Wer danach durch die abgehenden Gassen spaziert, wird neben urigen (mittags beliebten) Garküchen auch einige Verschönerungsmaßnahmen entdecken, mit denen die Stadtverwaltung die vernachlässigten Ecken des Viertels neuerdings aufzuwerten versucht.

Chinatown

Cityplan: S. 119
Kaum ein Besucher lässt sich einen Bummel über den Nachtmarkt der **Chinatown** entgehen. Wer dem dichten Gedränge entfliehen möchte, kann auf dem **Riverside Walk** am Fluss entlangschlendern oder sich in der Jalan Tun H. S. Lee unter die Gläubigen im chinesischen und indischen Tempel mischen. Einkaufsmuffel setzen sich einfach in eines der Restaurants am Central Market oder dem Nachtmarkt und beobachten das bunte Treiben. Geführte Rundgänge durch die Chinatown (s. S. 137) ermöglichen tiefere Einblicke in die Geschichte und den Alltag dieses vielschichtigen Quartiers. Doch rückt das moderne Kuala Lumpur dem alten Viertel sichtlich auf den Pelz: Während westlich des Flusses der mit islamischen Motiven designte **Dayabumi Complex** an der Jalan Sultan Hishamuddin 1984 als erster Wolkenkratzer Kuala Lumpurs (mit läppischen 32 Stockwerken) für Schlagzeilen sorgte, türmt sich östlich der 2023 fertiggestellte **PNB 118 Tower** zu unglaublichen 678,9 m auf. Es ist das höchste Gebäude in Südostasien und eines der höchsten der Welt.

Central Market 10

Jln. Hang Kasturi, tgl. 10–22 Uhr, Kasturi Walk tgl. 11–23 Uhr, LRT-Station Pasar Seni, Hop-on-Hop-off-Bus Stopp 17
Auf dem Areal, wo sich bereits 1888 der erste Markt in Kuala Lumpur befand, steht das 1936 errichtete Art-déco-Gebäude des **Central Market,** eine Fundgrube für Souvenirs. An vielen kleinen Ständen in der Halle und auf dem **Kasturi Walk** davor werden statt Obst und Gemüse nun Textilien, Antiquitäten, Schmuck und chinesische Möbel sowie andere Produkte lokaler Handwerker, aber auch viel Massenware verkauft. Wer mag, kann sich seinen Namen in ein Reiskorn gravieren lassen und es als Anhänger tragen oder bei Chi Siew Yin (KU26) ein eigenes chinesisches Siegel erwerben. Für Stärkung sorgen einheimische Delikatessen in mehreren Restaurants im Erdgeschoss und auf einer Galerie im 1. Stock.

Im nördlich daran angrenzenden **The Annexe** stellen einheimische Künstler in kleinen Galerien ihre Bilder und andere Werke aus. Einigen Malern kann man über die Schulter schauen, man kann sich porträtieren lassen und sogar Malkurse belegen. Das überteuerte Musuem »Illusion 3D Art« im 2. Stock (Eintritt RM 50) lohnt dagegen nicht.

See Yeoh Temple 11

Jln. Lebuh Pudu, tgl. 7–17 Uhr
Etwas versteckt hinter chinesischen Geschäftshäusern liegt in einer kleinen Gasse östlich des Central Market das älteste taoistische Heiligtum von Kuala Lumpur, der **See Yeoh Temple** (Sin Sze Si Sze Ya Temple). Ein Schild vor dem Haupteingang informiert über seine Geschichte: »Der Sin-Sze-Si-Sze-Ya-Tempel wurde im Jahr 1864 von Kapitan Yap Ah Loy gegründet und ist den Schutzheiligen Sin Sze Ya und Si Sze Ya gewidmet. Diese Heiligen haben Kapitan Yap Ah Loy geleitet, als er gegen die Feinde kämpfte und Kuala Lumpur während des Bürgerkriegs von 1870 bis 1873 verteidigte. Dieser Tempel hat die Geburt und das Wachstum unserer großartigen Stadt Kuala Lumpur miterlebt.«

In den Anfangszeiten diente der Tempel der chinesischen Gemeinde auch als Verwaltungs- und Kulturzentrum. Sein Inneres ist üppig mit roten Lampions, bestickten Wandbehängen, Malereien und vergoldeten Schnitzereien dekoriert. Ein besonders dekoratives Werk der Holzschnitzkunst hängt über dem Haupteingang, ein dreidimensionales Relief eines Herrschers mit seinem Hofstaat. Auf dem Altar thronen die beiden Schutzpatrone der Stadt und links neben dem Altar steht eine Statue von Yap Ah Loy (s. S. 122).

Yap Ah Loy – Herrscher mit zwei Gesichtern

Wer ist dieser Mann, dessen Statue in chinesischen Tempeln verehrt wird und nach dem eine Straße in Kuala Lumpurs Chinatown benannt ist? Für die einen ist Yap Ah Loy der Gründungsvater des modernen Kuala Lumpur, für die anderen ein gerissener Geschäftsmann und gnadenloser Herrscher.

Das Gefüge der malaiischen Sultane und lokalen Herrscher geriet Mitte des 19. Jh. aus den Fugen, als wohlhabende chinesische Kaufleute aus den britischen Straits Settlements in den lukrativen Zinnabbau investierten. Von den neuen Minenbesitzern wurden Tausende mittelloser Kulis aus China ins Land gebracht und in den Berg- und Tagebauregionen schnellten die Bodenpreise in die Höhe. Auch der Sultan von Selangor stattete Expeditionen aus, die sich auf die Suche nach dem begehrten Metall machen sollten. Während er dabei ein Vermögen verlor, hatte Raja Abdullah, ein ferner Verwandter, mehr Glück: 1857 entdeckte er in Ampang nahe dem Zusammenfluss von Sungai Klang und Sungai Gombak Zinn.

Der plötzliche Reichtum von Raja Abdullah ließ zwischen den malaiischen Herrschern einen Streit um die Kontrolle über die Zinnminen entflammen, auch in den Bergwerken kam es zu schweren Auseinandersetzungen zwischen verschiedenen Clans. Es folgte ein jahrelanger Bürgerkrieg, der erst 1874 durch die Intervention der Briten endete. In dieser unruhigen Zeit wurde Yap Ah Loy 1869 zum Anführer der chinesischen Community (Kapitan Cina). Seine Aufgabe war es, die Zinnsteuer für den malaiischen Herrscher einzutreiben, unter den Chinesen für Ruhe und Ordnung zu sorgen und mit der neuen britischen Administration zu verhandeln.

Geboren wurde Yap Ah Loy 1837 in einem kleinen Hakka-Dorf im südchinesischen Guangdong. Im Alter von 17 Jahren kam er nach Malaya, wo er sich zunächst als Minenarbeiter und Kleinhändler durchschlug. Yap Ah Loys Schicksal wendete sich, als sein Freund Liu Ngim Kong zum zweiten Kapitan Cina und er selbst zu dessen Leibwächter aufstieg.

Nach dem Tod seines Freundes wurde Yap Ah Loy zum Nachfolger bestimmt. Er regierte mit harter Hand. So ließ er jeden Dieb durch Kuala Lumpur schleifen, schnitt Wiederholungstätern ein Ohr ab oder – wenn das nicht half – sogar die Kehle durch. Auf die Köpfe seiner Feinde setzte er eine Prämie aus. Yap Ah Loy hatte ein schwieriges Erbe angetreten, denn nach dem Ende des Bürgerkriegs waren Städte wie Minen verwüstet und die Zinnpreise lagen am Boden. Doch der Chinese gab nicht auf und brachte nach dem Friedensschluss sogar den Bergbau wieder in Schwung. Als die Preise erneut anstiegen, war Yap Ah Loy wenig überraschend der größte Minenbesitzer in Kuala Lumpur.

Aufgrund seiner Erfolge überließen ihm die Briten die Verwaltung der Stadt und erteilten ihm weitgehende politische Befugnisse. Unter dem strengen Regiment von Yap Ah Loy wurde Kuala Lumpur zu einem bedeutenden Wirtschaftsstandort und 1880 zum Verwaltungszentrum der britischen Administration ernannt. Ein herber Rückschlag ereilte die Stadt 1881, als eine Feuersbrunst die aus Holz erbauten malaiischen und chinesischen Siedlungen in Schutt und Asche legte. Da auf Anweisung der Briten beim Wiederaufbau nur noch Ziegel verwendet werden durften, ließ Yap Ah Loy im heutigen Stadtteil Brickfields (s. S. 125) eine große Ziegelei errichten und die Stadt planmäßig wieder aufbauen.

Der See Yeoh Temple in Chinatown wurde von Yap Ah Loy gegründet

Die englische Reiseschriftstellerin Isabella Bird, die das Land 1879 bereiste, beschrieb Yap Ah Loy in ihren Briefen als einen innovativen Arbeitgeber und gerechten Politiker, der sozial engagiert war und sich den Briten gegenüber loyal verhielt.

So viel zu seinen guten Taten, doch Yap Ah Loy wusste auch aus seinen Kontakten Kapital zu schlagen und ging aus seiner Regentschaft nicht ganz mittellos hervor: Nebeneinkünfte aus Bordellen und Spielsalons, Wucherzinsen und dem Opiumhandel machten ihn zum reichsten Mann der Stadt. Er starb 1885 vermutlich an den Folgen einer Bronchitis und liegt auf dem Kwong Tong Cemetery der Hauptstadt begraben. Nach seinem Tod wurde die Macht seines Nachfolgers von den Briten beschnitten, 1902 auch der Titel Kapitan Cina abgeschafft.

Nachtmarkt 12

Jln. Petaling, tgl. 16 Uhr bis gegen Mitternacht

Im Laufe des Nachmittags wird die überdachte Jalan Petaling für den Verkehr gesperrt, dann gesellen sich zu den vielen kleinen Läden und Ständen am Straßenrand mobile Verkaufsbuden in der Straßenmitte. In den Gängen herrscht ein dichtes Gedränge und Taschendiebe haben Hochkonjunktur. Die Händler preisen eindringlich ihre Waren an, ein Großteil davon nachgemachte Markenartikel. Vor allem Uhren und T-Shirts, aber auch Hemden, Hosen, Schuhe und Taschen von bekannten Designern sind begehrte Mitbringsel, und kaum einer lässt sich davon abschrecken, dass der heimische Zoll die Fälschungen beschlagnahmt, die meist unter menschenunwürdigen Bedingungen gefertigt worden sind. Zudem werden minderwertige Produkte und der neueste Plastikkitsch aus China zu überhöhten Preisen angeboten. Da abends ein dichtes Gedränge herrscht, empfiehlt es sich, gleich ab 16 Uhr einzukaufen, wenn die Atmosphäre noch wesentlich entspannter ist. Abends kann man dann in einem der Restaurants oder an einem der Essensstände im Freien Platz nehmen und in aller Ruhe das Treiben beobachten.

Sri Mahamariamman Temple 13

Jln. Tun H. S. Lee, LRT-Station Pasar Seni

Ein Block westlich des Nachtmarkts erhebt sich der **Sri Mahamariamman Temple,** das älteste Hinduheiligtum des Landes. Das religiöse und kulturelle Zentrum der ersten indischen Einwanderer in Malaya wurde 1873 gegründet. In den 1970er-Jahren fügte man den 23 m hohen Gopuram über dem Eingang hinzu, der im Stil der Tempel von Tamil Nadu errichtet wurde und auf fünf Etagen 228 Vertreter der hinduistischen Götterwelt versammelt. Der Torturm symbolisiert den Übergang von der materiellen in die spirituelle Welt.

Das Tempelinnere darf auch von Nicht-Gläubigen betreten werden, allerdings nur barfuß. Im zentralen Heiligtum wird die Namensgeberin verehrt, Sri Maha Mariamman, eine wichtige indische Muttergöttin und Inkarnation der Göttin Parvati, die ihrerseits eine Gefährtin von Shiva und Beschützerin der Reisenden ist. Links und rechts wird Sri Maha Mariamman flankiert von ihren Söhnen, dem Elefantengott Ganesha sowie Lord Murugan, dessen Statue anlässlich des jährlichen Thaipusam-Fests (s. S. 137) in einer beeindruckenden Prozession zu den Batu Caves (s. S. 139) transportiert wird, wo man ihn ebenfalls verehrt.

Südliches Zentrum

Cityplan: S. 119, 127

Masjid Negara 14

Jln. Lembah Perdana, Sa–Do 9–12, 15–16, 17.30–18.30 Uhr, Fr nur nachmittags, Hop-on-Hop-off-Bus Stopp 23, Go KL City Bus (rot)

Südwestlich vom Dayabumi Complex erhebt sich das 72 m hohe Minarett der **Masjid Negara,** die 1965 in einem für die damalige Zeit modernen Stil als Symbol der Unabhängigkeit Malaysias für bis zu 12 000 Gläubige erbaut wurde. Das 16-fach gefaltete Dach symbolisiert einen geöffneten, das Minarett einen geschlossenen Regenschirm. Die Nationalmoschee kann in angemessener Kleidung, die vor Ort ausgeliehen wird, besucht werden.

Islamic Arts Museum 15

Jln. Lembah Perdana, Tel. 03 22 74 20 20, www.iamm.org.my, tgl. 9.30–18 Uhr, RM 20, Hop-on-Hop-off-Bus Stopp 16, Go KL City Bus (rot)

Beim Betreten des **Islamic Arts Museum** öffnet sich Besuchern die Schatzkammer des Orients. Im 1. Stock werden die Augen für die Besonderheiten der islamischen Kunst geschärft und anhand von zahlreichen Beispielen auch gleich damit vertraut gemacht – die Palette reicht von ausgewählten Werken der Architektur und Kalligrafie bis zu dekorativen Elementen aus der malaiischen Region, China und Indien. Das Obergeschoss vermittelt einen guten Eindruck vom üppigen Reichtum der an der Seidenstraße gehandelten Waren und zeigt schweren juwelenbesetzten

Schmuck, wertvolle Ikat-, Brokat- und Seidenstoffe, mit Elfenbein und feinen Schnitzereien dekorierte Truhen sowie Waffen und andere Schätze. Beeindruckend sind der Kiswa, ein schwarzer Brokatvorhang, der die Ka'ba bedeckte, das zentrale islamische Heiligtum in Mekka, und das Ottomanenzimmer im Kalligrafieraum.

National Museum 16

Jln. Damansara, Tel. 03 22 67 11 11, www.muziumnegara.gov.my, tgl. 9–17 Uhr, RM 5, kostenlose 1-stündige Führungen auf Englisch Mo–Sa 10 Uhr, MRT-Station Muzium Negara, LRT- und Monorail-Station KL Sentral, Hop-on-Hop-off-Bus Stopp 20, Go KL City Bus (rot)

Etwas altbacken wirkt das **National Museum** (Muzium Negara) aus dem Jahr 1963. Die Räume konzentrieren sich auf die Höhepunkte der Landesgeschichte. Galerie A behandelt die Frühgeschichte. Es folgen die frühen Reiche mit dem Schwerpunkt auf die malaiischen Sultanate und Melaka in Galerie B und die Einflüsse europäischer Kolonialmächte sowie die japanische Besatzung in Galerie C. Die Zeit nach dem Zweiten Weltkrieg und die Unabhängigkeit werden in Galerie D präsentiert.

Zum Komplex des National Museum gehören zwei weitere Museen. Im **Ethnology of the Malay World Museum** (Muzium Etnologi Dunia Melayu) wurde eine Ausstellung über den malaiischen Kulturraum zusammengestellt, unter anderem mit Textilien, Waffen, Schmuck sowie traditionellen Spielen wie Drachen und Kreisel. Das **Orang Asli Craft Museum** (Muzium Seni Kraf Orang Asli) präsentiert Kunsthandwerk der Mah Meri und anderer Ureinwohner wie Holzfiguren oder Masken sowie ihre Traditionen.

Perdana Botanical Garden 17

Jln. Damansara, Hop-on-Hop-off-Bus Stopp 14, 15, Shuttlebus zu 22 Stopps ab Masjid Negara

Das grüne Herz der City, Perdana Botanical Garden (Lake Gardens) südwestlich vom Merdeka Square und der Chinatown, wird durch den Fluss, die Bahn, die Hochbahn sowie mehrspurige Schnellstraßen nahezu abgeriegelt – auf dem Fußweg zu den Attraktionen in dieser 92 ha großen hügeligen Parklandschaft gilt es viele Hindernisse zu überwinden. Einfacher ist es mit dem Hop-on-Hop-off-Bus oder Shuttlebus, der mitten durch den Park fährt.

Im **Perdana Botanical Garden** wurden außergewöhnliche Bäume aus aller Welt, heimische Farne und Gewürzpflanzen, dekorative Ingwer- und Heliconiaarten sowie andere typische Tropengewächse angepflanzt. Nahe einem kleinen Wasserfall und der fast schon organisch anmutenden Glaskonstruktion am östlichen Ufer trifft man auf den Eingang zum Hibiskuspark, dem Taman Bunga Raya, wo viele verschiedene Arten der Nationalblume zu finden sind. Südlich davon wachsen im wunderbaren Orchideengarten, dem Taman Orkid, bis zu 120 verschiedene Arten dieser Königin der Blumen (tgl. 7–20 Uhr, Eintritt frei).

Angrenzend daran befindet sich der **KL Bird Park** (Hop-on-Hop-off-Bus Stopp 22) mit einem der weltweit größten Freifluggelände und insgesamt über 3000 Vögeln. Zu den fast 200 Arten aus allen Kontinenten gehören Nashornvögel, Adler, Papageien, Pfauen und Strauße (www.klbirdpark.com, tgl. 9–18 Uhr, Einlass bis 17 Uhr, Vogelshow 12.30, 15.30 Uhr, Erw. RM 85, Kind. RM 60).

Etwa 5 Fußmin. nördlich des Bird Park liegt der **Butterfly Park,** ein liebevoll angelegter Schmetterlingspark mit Teichen und einem Bach, in dem es von Fischen nur so wimmelt. Obwohl das ebenfalls von Netzen überspannte Gelände gar nicht so weitläufig ist, kann man sich hier gut eine Stunde aufhalten und ganz aus der Nähe die wunderbaren Schmetterlinge beobachten und fotografieren, rund 5000 sind hier beheimatet (Jln. Cenderasari, www.klbutterflypark.com, tgl. 9–18 Uhr, Erw. RM 30, Kind. RM 18).

Brickfields

Südlich des Parkgeländes bzw. südöstlich des Hauptbahnhofs KL Sentral erstreckt sich in **Brickfields** ein weiteres indisches Zentrum von Kuala Lumpur. In der Gegend rings um die Jalan Tun Sambanthan siedelte die briti-

sche Kolonialverwaltung vor dem Zweiten Weltkrieg vor allem Arbeiter aus Sri Lanka an, die für den Bau und Betrieb der Eisenbahn benötigt wurden. Heute bewohnen sie uniforme Wohnblocks und betreiben Restaurants, Wäschereien, Juwelier- und Textilläden oder sind als Taxifahrer unterwegs.

Der wichtigste Tempel der Sri-Lanka-Tamilen ist der 1902 erbaute **Sri Kandaswamy Temple** 18 in der Jalan Scott. Im **Temple of Fine Arts** 19, einem Kulturzentrum in der Jalan Berhala, wird die tamilische Tradition von Musik, Tanz und Theater gepflegt (116 Jln. Berhala, Tel. 03 22 74 37 09, www.tfa.org.my, Monorail Tun Sambanthan).

Goldenes Dreieck

Cityplan: S. 130
Im **Goldenen Dreieck,** dem lebendigen Viertel rings um die **Jalan Bukit Bintang,** zeigt

Kuala Lumpur

Sehenswert

1 – 14 s. Karte S. 119
15 Islamic Arts Museum
16 National Museum mit Ethnology of the Malay World Museum und Orang Asli Craft Museum
17 Perdana Botanical Garden
18 Sri Kandaswamy Temple
19 Temple of Fine Arts
20 – 25 s. Karte S. 130

Übernachten

1 – 2 s. Karte S. 130
3 s. Karte S. 119
4 – 6 s. Karte S. 130
7 s. Karte S. 119
8 – 9 s. Karte S. 130
10 s. Karte S. 119
11 s. Karte S. 130

Essen & Trinken

1 – 5 s. Karte S. 130
6 s. Karte S. 119
7 s. Karte S. 130
8 s. Karte S. 119

Einkaufen

1 – 4 s. Karte S. 130
5 – 6 s. Karte S. 119
7 Sunny Side Up Market

Abends & Nachts

1 – 3 s. Karte S. 130
4 Spark KL
5 Nationaltheater
6 Sutra Dance Theatre
7 Kuala Lumpur Performing Arts Centre (KLPac)
8 Mid Valley Megamall

Aktiv

1 LaZat
2 s. Karte S. 130

---

sich Kuala Lumpur modern, westlich orientiert und gleichzeitig sehr chinesisch – schließlich befindet sich hier nach der Lehre des Feng Shui der Bauch des Drachen ›Kuala Lumpur‹, der Wohlstand verspricht. Umso überraschender, dass sich viele Restaurants, Geschäfte oder Friseursalons des **Ain Arabia** genannten Viertels zwischen Jalan Bukit Bintang und Jalan Bedara fest in libanesischer, jemenitischer oder marokkanischer Hand befinden und das malaysische Kaleidoskop der Gesichter um weitere Facetten bereichern.

Kompleks Kraf Kuala Lumpur 20

63 Jln. Conlay, Tel. 03 21 62 75 33, tgl. 9–17 Uhr, RM 3, Hop-on-Hop-off-Bus Stopp 11

Inmitten des geschäftigen Einkaufszentrums bietet der staatliche **Kompleks Kraf Kuala Lumpur** eine Oase der Ruhe. Das Kunsthandwerkszentrum liegt in einer Straße mit mächtigen Tropenbäumen *(raintrees)*, die von Epiphythen überwuchert sind.

Vor allem Reisegruppen werden kurz durch das etwas vernachlässigte Museum geschleust, bevor sie sich in den Verkaufsräumen mit Mitbringseln eindecken können. In einigen der umliegenden Kioske arbeiten u. a. Holzschnitzer und man kann selbst Batikbilder malen.

Rumah Penghulu Abu Seman 21

Jln. Conlay, Tel. 03 21 44 92 73, www.badanwarisanmalaysia.org, Di–Sa 10–17 Uhr, RM 10

Wenige Schritte westlich vom Kompleks Kraf lohnt ein Besuch im Heritage Center. Inmitten der Citytürme duckt sich hier das traditionelle malaiische Holzhaus, wie es von der Heritage Society an seinem Standort in Nord-Malaysia demontiert und hier fachgerecht wiederaufgebaut worden ist. Um 15 Uhr, Sa auch 11 Uhr, finden Führungen durch das Häuschen statt, die auf das historische Interieur genauso Bezug nehmen wie auf die damit verbundene traditionelle Lebensweise der Malaien.

KLCC – Bukit Bintang Walkway

Tgl. 6–23 Uhr, Hop-on-Hop-off-Bus Stopp 6

Nach Hindernisläufen auf den Bürgersteigen und vergeblichen Versuchen, die stark befahrenen Straßen ohne Fußgängerampeln zu überqueren, meint man davon überzeugt zu sein, dass Kuala Lumpur keine fußgängerfreundliche Stadt ist. Doch dann wird man eines Besseren belehrt. Mitten in der belebten Einkaufsgegend Bukit Bintang beginnt hinter der Passage des Einkaufszentrums **Pavilion KL** 4 der **KLCC – Bukit Bintang Walkway,** mehrere lange Fußgängerbrücken, die über die Jalan Raja

Sie sind längst zum Wahrzeichen Kuala Lumpurs geworden: die Petronas Twin Towers

Chulan und vorbei an unansehnlichen Rückseiten von Hotels, Parkplätzen und Bürohochhäusern bis zum **Kuala Lumpur Convention Centre** führen. Für die wenig attraktiven Aussichten entschädigt die Bequemlichkeit, denn die überdachten Brücken aus Edelstahl und Glas mit ihren polierten Steinböden sind klimatisiert. Putzkolonnen sorgen für Sauberkeit, Wachleute und Kameras an jeder Ecke für Sicherheit. Vor allem zur Mittagszeit herrscht hier ein ziemliches Gedränge, denn allein im KLCC arbeiten rund 11 000 Angestellte, die sich in der Pause zum Shoppen und zum Essengehen aufmachen. Auch durch Bukit Bintang strömt eine Vielzahl von Menschen, prima zum Leutegucken. Um 23 Uhr wird der Zugang zum Walk-

way geschlossen und öffnet erst um 6 Uhr morgens wieder seine Türen.

Kuala Lumpur City Centre (KLCC) 22

Tel. 03 23 31 17 69, www.petronastwintowers.com.my, LRT KLCC, MRT KLCC East, Hop-on-Hop-off-Bus Stopp 6, Go KL City Bus (grün)

Auch heute noch sind die **Petronas Twin Towers** die weltweit höchsten Zwillingstürme. Bei ihrer Fertigstellung 1996 waren sie sogar die höchsten Gebäude der Welt. Silbern glänzend ragen sie 452 m in den Himmel und stellen ein markantes und attraktives Element der Skyline dar. Ebenso faszinierend wie von außen präsentieren sich die Petronas Twin Towers von innen.

Im Untergeschoss des KLCC, das die Basis der Türme bildet, taucht man ab ins Meer. Das Highlight des zweistöckigen **Aquaria KLCC** ist ein großer Acryltunnel, durch den man hindurchlaufen kann und dabei ganz nah die Unterwasserwelt des Ozeans zu Gesicht bekommt, darunter Meeresschildkröten, Mantas und Haie. Die Besucher erfahren aber auch viel Wissenswertes über die Entwicklungsgeschichte der Erde, die Bedeutung des Wassers im Regenwald und die Ökosysteme der Küsten und Riffe (www.aquariaklcc.com, tgl. 10–20, Einlass bis 19 Uhr, Haifütterung Mo, Mi, Sa 15 Uhr, Erw. RM 75, Kind. und Senioren RM 65).

Mit einem Ticket vom Infoschalter im Erdgeschoss (Ground Level) oder einem vorab online reservierten Termintickeț kann man in einem Expressaufzug 170 m in den 41. Stock fahren, wo die Zwillingstürme durch die 58 m lange **Skybridge** miteinander verbunden sind. Nach einem kurzen Rundgang geht es mit einem weiteren Lift zum **Observation Deck** ins 86. Stockwerk in der Spitze des Turms (www.petronastwintowers.com.my, Di–So 9–21 Uhr, Erw. RM 98, Kind. und Senioren RM 50, die Tickets sind limitiert, gelten nur zu festen Zeiten und sind teilweise Stunden bis Tage im Voraus ausverkauft. Tickets für denselben Tag gibt's nur am Schalter.).

Das architektonisch interessante **Suria KLCC Shopping Centre** erstreckt sich über sechs Stockwerke und zwei Flügel, in denen jeweils die Ampang Mall und die Ramlee Mall untergebracht sind. Verbunden werden sie durch die zentrale Park Mall und den offenen Centre Court. Zwei gläserne Aufzüge ermöglichen gute Ausblicke auf das Einkaufszentrum, vom Food Court im 2. Stock der Park Mall genießt man eine gute Aussicht auf den KL City Centre Park (tgl. 10–22 Uhr).

Kuala Lumpur – Goldenes Dreieck

Sehenswert

1 – 14 s. Karte S. 119
15 – 19 s. Karte S. 127
20 Kompleks Kraf Kuala Lumpur
21 Rumah Penghulu Abu Seman
22 Kuala Lumpur City Centre (KLCC)
23 KL City Centre Park
24 Menara Kuala Lumpur
25 KL Forest Park

Übernachten

1 Mandarin Oriental

2 Traders Hotel
3 s. Karte S. 119
4 PARKROYAL
5 The Kuala Lumpur Journal Hotel
6 Anggun Boutique Hotel
7 s. Karte S. 119
8 Gold3 Boutique Hotel
9 The Freedom Club Hostel
10 s. Karte S. 119
11 KLoé Hotel

Essen & Trinken

1 Mr. Chew's Chino Latino Bar
2 Bijan
3 Bombay Palace

Fortsetzung S. 132

4 Sao Nam
5 Dharma Realm Food Centre
6 s. Karte S. 119
7 Jalan Alor
8 s. Karte S. 119

Einkaufen

1 Berjaya Times Square
2 Plaza Low Yat
3 Fahrenheit 88
4 Pavilion KL
5 – 6 s. Karte S. 119
7 s. Karte S. 127

Abends & Nachts

1 Sky51
2 Vertigo
3 Changkat Bukit Bintang
4 – 8 s. Karte S. 127

Aktiv

1 s. Karte S. 127
2 Hot Yo Studio

Vor allem Kindern gefällt ein Besuch im **Petronas Science Centre** (Petrosains) im 4. und 5. Stock des Centre Court. Das interaktive Museum thematisiert die Geschichte der Petroleumindustrie und interessante physikalische Phänomene. Wie in einem Vergnügungspark fährt man in einer Bahn durch die Finsternis und entdeckt die Wirkung von Energie, kann einen 3D-Film betrachten und auf Computern musizieren (Tel. 03 23 31 81 81, www.petrosains.com.my, Di–Fr 9.30–17.30, Sa, So, Fei 9.30–18.30, Einlass bis 16 bzw. 17 Uhr, Erw. RM 35–40, Kind. und Senioren RM 20–25).

KL City Centre Park 23

Während eines Aufenthalts in der Stadt erblickt man die Zwillingstürme (und all die ringsherum entstandenen Hochhäuser) immer wieder aus einer neuen Perspektive. Einer der besten Ausblicke eröffnet sich vom großen **KL City Centre Park,** einer gepflegten Parkanlage mit Ruhebänken unter Schatten spendenden hohen Bäumen, Spazierwegen, die zu kleinen Seen und Wasserspielen führen. Der Teich mit Springbrunnen wird um 20 und 21 Uhr zum Schauplatz der Licht- und Soundshow Lake Symphony. Außerdem gibt es in dem kleinen Park für Familien mit Kindern einen tollen Spielplatz mit diversen Rutschen, Wippen, Klettermöglichkeiten. An heißen Tagen besonders erfreulich: das Freibad.

Menara Kuala Lumpur 24

Jln. Puncak, www.menarakl.com.my, tgl. 9–22 Uhr, Erw. RM 52, Kind. RM 31, mit Sky Deck RM 105/55, Reservierung für das Restaurant erforderlich unter Tel. 03 20 20 21 21, LRT Dang Wangi, Monorail Bukit Nanas, Hop-on-Hop-off-Bus Stopp 8, Monorail Bukit Nanas, Go KL City Bus (grün)

Westlich der Zwillingstürme erhebt sich auf einem Hügel der 421 m hohe **Menara Kuala Lumpur** (KL Tower). Von seinen Aussichtsplattformen in 276 m und (gegen Aufpreis) 300 m Höhe bietet sich die beste Aussicht über die Stadt und das Klang Valley. Mutige trauen sich in den überhängenden Glaskasten Sky Box. Einmal im Jahr springen hier Base Jumper in die Tiefe.

KL Forest Eco Park 25

Erw. RM 40, Kind. RM 5, Park tgl. 7–18, Ausstellung tgl. 9–17 Uhr

Zu Füßen des KL Towers konnte sich ein kleines Stückchen ursprünglicher Regenwald behaupten. Auf dem 200 m langen Canopy Walkway kommt man der dichten Wipfelregion ein Stück näher. Auf den Pfaden des **KL Forest Eco Park,** einst Teil eines riesigen Dschungelgebiets, sind einige Tropenbäume informativ beschildert und eine Ausstellung informiert über das Ökosystem Regenwald im Allgemeinen. Wer noch zum Taman Negara oder nach Ost-Malaysia reist, kann sich den Eintrittspreis jedoch sparen.

Infos

Malaysian Tourism Centre (MaTiC): 109 Jln. Ampang, Tel. 03 92 35 48 00, www.matic.gov.my, tgl. 8–17 Uhr; Monorail Bukit Nanas, Hop-on Hop-off Bus Stopp 7; im Bahnhof KL Sentral, 1. Stock, Tel. 03 22 74 31 25, tgl. 9–18 Uhr. Infos über Kuala Lumpur und das restliche Land, auch Stadtpläne und Broschüren. Auf der Bühne werden Di und Mi ab 15 Uhr 45 Min.

lang traditionelle Tänze aufgeführt. Eintritt frei.

Tourist Police: neben dem Malaysian Tourism Centre, 109 Jln. Ampang.

Übernachten

Luxus in toller Lage – **Mandarin Oriental 1 :** neben dem KLCC (s. S. 129), Tel. 03 23 80 88 88, www.mandarinoriental.com. Gepflegtes 5-Sterne-Hotel, von den 643 geräumigen Zimmern überblicken die teureren den Park. Mehrere ausgezeichnete Restaurants, netter Pool mit Spa, freundlicher Service. €€€

Im Trend – **Traders Hotel 2 :** neben dem KLCC (s. S. 129), Tel. 03 23 32 98 88, www.shangri-la.com. Hippes, entspanntes Hotel mit Pool. Klare Linien dominieren auch in den Zimmern mit großzügigen Bädern. Teurere Zimmer mit fantastischem Ausblick auf den Park und die Twin Towers. Unschlagbar ist auch der Ausblick von der mehrfach ausgezeichneten Sky Bar im 33. Stock, die ab 17 Uhr öffnet (Happy Hour 19–20 Uhr). €€–€€€

Koloniales Ambiente – **The Majestic Hotel 3 :** 5 Jln. Sultan Hishamuddin, Tel. 03 27 85 80 00, www.majestickl.com. Seit 1932 logierten viele berühmte Gäste in der einstigen Residenz des deutschen Konsuls nahe dem alten Hauptbahnhof. Nach der Schließung des unzeitgemäßen Altbaus 1984 öffnete hier 2012 ein Luxushotel, das durch einen Neubaublock auf 253 Zimmer und Suiten erweitert wurde. Neben teils großzügigen Räumen im modernen Kolonialstil umfasst es einen kleinen Pool, ein Spa, das originalgetreu restaurierte Colonial Café, eine Tea Lounge und eine Bar. €€–€€€

Komfortable Apartments – **PARKROYAL Services Suites Kuala Lumpur 4 :** 1 Jln. Nagasari, Tel. 03 20 84 10 00, www.panpacific.com. Mitten im Geschehen von Bukit Bintang, umgeben von Bars und Restaurants, kann man sich hier wie zu Hause fühlen. Geräumige Suiten mit 1–2 Zimmern und voll ausgestatteter Küchenzeile, einige mit toller Aussicht. 2 Pools. €€–€€€

Originell – **The Kuala Lumpur Journal Hotel 5 :** 30 Jln. Beremi, Tel. 03 21 10 22 11, www.kljournalhotel.com. Fußläufig zwischen Einkaufs- und Ausgehviertel wohnt es sich komfortabel inmitten von Retro-Chic, großformatigen Fotografien und ausgefallenen Designobjekten. Vom Pool, der direkt aus einem Wes-Anderson-Film stammen könnte, hat man Aussicht auf eine der betriebsamsten Kreuzungen der Stadt. €€

Charmant – **Anggun Boutique Hotel 6 :** 7 & 9 Tengkat Tong Shin, Tel. 03 21 45 80 03, www.anggunkl.com. In dem zentral gelegenen, kleinen Hotel im chinesischen Stil setzt Holz die Akzente. Rings um einen überdachten Innenhof gruppieren sich nett möblierte, kleine Zimmer mit TV, einige sind mit Himmelbetten und hübschen Waschbecken aus chinesischem Porzellan ausgestattet. Bird Nest Café and Bar auf der Dachterrasse im 4. Stock. €€

Ruhepol in Chinatown – **Tian Jing Hotel 7 :** 66-68 Jln. Sultan, Tel. 03 20 22 11 31, www.tianjinghotel.com. Mitten im Chinesenviertel verbergen sich hinter dem Café-Restaurant im Erdgeschoss entzückende kleine Zimmer im modernen Stil mit Vintage-Anleihen. Ungewöhnlich sind die halb offenen (aber sichtgeschützten Bäder). €€

Schnappschuss – **Gold3 Boutique Hotel 8 :** 179 Jln. Bukit Bintang, Tel. 03 21 10 39 65, www.gold3hotel.com. Das hinter den Malls Lot10 und Fahrenheit gelegene Designhotel widmet sich ganz dem Thema Fotografie und hat sogar ein kleines Fotografiemuseum im Stil der 1970er. Hier und dort finden sich Kameras aus verschiedenen Epochen. Die Zimmer sind klein, aber komfortabel. €€

Modernes Hostel – **The Freedom Club Hostel 9 :** 11B Medan Imbi, Tel. 01 02 80 33 82. Ein ruhiges, sauberes Hostel im Industrial Chic, zentral gelegen und von freundlichen Mitarbeitern geführt. Es gibt gemischte Schlafsäle mit 4–10 Betten. €–€€

Kernsarniertes Shophouse – **Yu Hotel 10 :** 126 Jln. Petaling, Tel. 011 36 88 22 78, https://leveragehotel.com/yu-hotel-kuala-lumpur. Eine preiswerte Option mitten in Chinatown. Die funktional und schlicht gehaltenen Zimmer im typischen Standard der unteren Mittelklasse sind sauber und ideal für Preisbewusste, die nur zum Schlafen ins Hotel kommen. Aus einem Club in der Nähe wummern manchmal die Bässe (Ohrstöpsel mitbringen!). €

Für Designbewusste – **KLoé Hotel** 11 : 227 Jln. Bukit Bintang, Tel. 03 27 72 13 13, www.kloehotel.com. Mitten im Goldenen Dreieck überzeugt dieses Hotel mit seinem stimmigen Design, das zwischen Retro- und skandinavischer Warehouse-Ästhetik angesiedelt ist. Die gute Lage und das Café-Restaurant sind weitere Pluspunkte. €€€

Essen & Trinken

Japanisch vom Feinsten – **Kampachi:** im Pavilion KL 4 (s. S. 135), 6. Stock, Tel. 03 21 48 96 08, www.kampachi.com.my, tgl. 11–22 Uhr. In diesem Kettenrestaurant gibt es keine Sushi vom Band, sondern formvollendete japanische Küche mit den feinsten Zutaten. Hervorragend sind die selbst gemachten Soba-Nudeln. Sonntags günstiges Mittagsbüfett. Einige Gerichte kann man sich von 11 bis 21.30 Uhr auch liefern lassen. RM 50–120.

Kreativ und edel – **Mr. Chew's Chino Latino Bar** 1 : Level 23A Tower B, The Troika, 19 Persiaran KLCC, Tel. 03 21 62 08 86, www.mr-chew.com, tgl. 18–24 Uhr. Stylisches Bar-Restaurant mit originellen Kreationen – wie wär's mit Ente mit Orangensoße nach Sichuan-Art oder Barramundi mit Tamarindensoße und Avocado-Salsa? Zum Nachtisch winken Bananen-Burritos oder Chrysanthemen-Eis. Reservierung empfehlenswert. €€–€€€

Authentisch malaiisch – **Bijan** 2 : 3 Jln. Ceylon, Tel. 03 20 31 35 75, www.bijanrestaurant.com, tgl. 16.30–23 Uhr. Erstklassige malaiische Gerichte, serviert von aufmerksamen Kellnern und Kellnerinnen in gediegenem Ambiente. Unbedingt das Rendang und die Garnelen in Tempoyak-Soße probieren! Abends ist eine Reservierung ratsam. €€

Gediegen indisch essen – **Bombay Palace** 3 : 20 Jln. Sultan Ismail, Tel. 03 21 71 72 20, www.facebook.com/bombaypalacekl, tgl. 12–14.30, 18.30–22.30 Uhr. Versteckt im Life Centre lädt das mehrfach ausgezeichnete nordindische Punjab-Restaurant zum stilvollen Dinieren ein. Alle Gerichte sind überaus geschmackvoll gewürzt – vom Tandoori-Hühnchen, das an den weiß eingedeckten Tischen als Vorspeise serviert wird, bis zu den Süßigkeiten wie Halwa, Barfi und Bahar. €€

Sozial engagiert – **Annalakshmi:** im Temple of Fine Arts 19 (s. S. 126), Tel. 01 27 47 48 95, http://annalakshmi.com.my, Di–So 11.30–15, 18.30–22 Uhr. Im Erdgeschoss des Kulturzentrums hat sich dieses sozial engagierte Restaurant etabliert. Mittags gibt's ein Buffet, abends Essen à la carte (Di–Do) bzw. ein festes Menü (Fr–So). In der Cafeteria hinter der Parkgarage am Fluss bis 14.45 Uhr zudem einfache, täglich wechselnde Gerichte gegen eine Spende. Kein Alkohol. €

Frisch Vietnamesisch – **Sao Nam** 4 : 25 Tengkat Tong Shin, Tel. 03 21 44 12 25, www.saonam.com.my, tgl. 12.30–14.30, 18–22.30 Uhr. Alte sozialistische Parteiplakate schmücken die Wände, aber die Zutaten der Gerichte sind frisch. Eine Spezialität des Hauses ist Ente in Tamarindensoße. €–€€

Preiswert und vegetarisch – **Dharma Realm Food Centre** 5 : Jln. Ampang/Ecke Lorong Binjai, zwischen Oxley Towers und Menara Atlan, Mo–Fr 11–14.30 Uhr. Mitten auf dem Klostergelände der Dharma Realm Guan Yin Sagely Monastery bietet diese versteckte, unscheinbare Kantine jeden Tag ein reichhaltiges Mittagsbuffet mit mehr als 30 ausschließlich vegetarischen Speisen zu unschlagbar günstigen Preisen. Ein guter Ort, um die Vielfalt vegetarischer Gerichte in der chinesischen Küche kennenzulernen. €

Luftig Chinesisch – **Hakka Restaurant:** im Pavilion KL 4 (s. S. 135), 90 Jln. Raja Chulan, Tel. 03 21 43 19 08, www.hakkakl.com, tgl. 11.30–14.30, 17.30–22.30 Uhr. In der hohen, überdachten Passage kann man beim Steamboat frische Zutaten in einer brodelnden Brühe selbst garen – empfehlenswert für ein gemeinsames Essen im größeren Kreis. Zudem sind die Fisch- und Schweinefleischgerichte von der Karte zu empfehlen, wobei die kleinen Portionen für zwei Personen ausreichen. Freundlicher, schneller Service. €–€€

Rustikal und urig – **Merchant's Lane** 6 : 150 Jln. Petaling, Tel. 03 20 22 17 36, www.facebook.com/merchantslane, Di–Fr 11.30–21.30, Sa/So 9.30–21.30 Uhr. Das klimatiserte Café-Restaurant mit zusammengewürfeltem

Interieur und dem Charme des Provisorischen eignet sich hervorragend, um einem Regenguss oder der Mittagshitze zu entgehen und es sich bei gutem Kaffee, einem späten Frühstück, herzhaften Pastagerichten oder einem Stück Kuchen gutgehen zu lassen. €–€€

Eine chinesische Schlemmermeile – **Jalan Alor 7:** tgl. 11–23 Uhr. Schon um die Mittagszeit sind viele Restaurants geöffnet, aber abends verwandelt sich die ganze Straße in eine Schlemmermeile. Man sitzt an Tischen im Freien und beobachtet bei einem kühlen Bier das bunte Treiben. Das kulinarische Angebot reicht von Fisch und anderem Seafood bis zu frisch gegrillten Chicken Wings und Satayspießen. €–€€

Überwältigendes Angebot – **Food Republic:** im Pavilion KL 4 (s. S. 135), 168 Jln. Bukit Bintang, Ecke Jln. Raja Chulan, www.pavilion-kl.com, tgl. 10–22 Uhr. Im schicken Einkaufszentrum ist das Untergeschoss ganz den kulinarischen Genüssen vorbehalten. Neben einem Spezialitäten-Supermarkt wird in einem Food Court malaiisch, chinesisch, thailändisch, koreanisch, vietnamesisch, japanisch und westlich gekocht. Die meisten Stände haben sich auf einige wenige lokale Gerichte spezialisiert, andere sorgen für Getränke wie frisch gepresste Säfte oder Kaffee. €–€€

Chinesisches Nudelparadies – **Din Tai Fung:** 6. Stock im Pavilion KL 4 (s. S. 135), Tel. 03 21 48 82 92, www.dintaifung.com.my, Mo–Do 11–21.15, Fr 11–21.30, Sa 10.30–21.30, So 10.30–21.15 Uhr. Die überaus leckeren gefüllten Teigtaschen Xiao Long Bao und andere frische Nudelgerichte haben zum gigantischen Erfolg dieses taiwanesischen Restaurants beigetragen, das mittlerweile um die 200 Filialen weltweit und sogar einen Michelin-Stern erhalten hat. €–€€

Vegetarisches vom Bananenblatt – **Saravana Bhavan 8:** 26 Leboh Ampang, Tel. 03 20 72 27 55, www.saravanabhavan.com, tgl. 8–23 Uhr. Diese Filiale der internationalen südindisch-vegetarischen Kette ist zu Recht sehr beliebt. Der Service ist schnell und freundlich, die *meals* und *tifin* werden authentisch zubereitet und serviert, die großen, hauchdünnen *paper tosai* sind knusprig und der Masalatee schmeckt. Kein Alkohol. Filialen u. a. in der 196 Jln. Tun Sambanthan sowie im Signatures Food Court im KLCC. €

Einkaufen

Einkaufszentren – Eine der größten Malls Südostasiens ist der **Berjaya Times Square 1**, Jln. Imbi, https://berjayatimessquarekl.com, mit 1000 Geschäften und einem Themenpark mit einer Achterbahn, die sich vom 5. bis zum 10. Stock erstreckt. Auf Computer und Software sowie Kommunikationstechnik spezialisiert hat sich **Plaza Low Yat 2**, 7 Jln. Bintang, www.plazalowyat.com. Ganz im Trend liegt die Lifestyle Mall **Fahrenheit 88 3**, 79 Jln. Bukit Bintang, www.fahrenheit88.com. Glamourös präsentieren sich das riesige **Pavilion KL 4** zwischen Jln. Raja Chulan und Jln. Bukit Bintang, www.pavilion-kl.com, sowie das **Suria KLCC 22** unter den Petronas Twin Towers, www.suriaklcc.com.my (s. S. 129), das durch das benachbarte **Avenue K,** 156 Jln. Ampang, www.avenuek.com.my, Konkurrenz erhalten hat. Fast alle tgl. 10–22 Uhr, Restaurants und Kinos länger.

Zeitgenössische Kunst – **The Annexe@Central Market 10:** s. S. 121.

Malaysisches Kunsthandwerk – Großes Angebot im und um den **Central Market 10**, s. S. 121, sowie im staatlichen **Kompleks Kraf Kuala Lumpur 20**, s. S. 127.

Englischsprachige Bücher – **Kinokuniya:** im 4. Stock des KLCC 22 (s. S. 129), Tel. 03 21 64 81 33. Die riesige Filiale der japanischen Kette hat landesweit das größte Angebot an englischsprachigen Büchern.

Chinesischer Tee – **Evergreen Tea House 5:** 62-66 Jln. Sultan, Tel. 03 20 26 86 08, tgl. 10–19 Uhr. Hochwertige chinesische Tees, edle Schalen, Kännchen sowie Zubehör rund um das belebende Heißgetränk.

Indische Seide – **Santhi Silks 6:** 25 Jln. Melayu, Tel. 03 26 92 83 62, LRT Masjid Jamek, tgl. 9.30–21 Uhr. Hochwertige Stoffe, mit eigener Schneiderei.

Individuell und kreativ – **Sunny Side Up Market 7:** The Row, Jln. Doraisamy, www.facebook.com/sunnysideupmarket, am ersten Wochenende des Monats. Ein monatliches Ereig-

Shoppen, Schlemmen, Leute gucken mitten im Goldenen Dreieck der Stadt: im Pavilion KL

nis ist dieser Pop-Up-Markt mit zahlreichen lokalen Verkäufern, die selbst gemachte, kreative oder einfach nachhaltige Produkte verkaufen. Da gibt es originell bedruckte Beutel, Naturkosmetik, Schmuck, malaysische Snacks oder stylische Batik-Accessoires.

Abends & Nachts

Über Veranstaltungen informieren die Websites der Stadtmagazine **Time Out KL,** www.timeout kl.com, **Live Nation,** www.livenation.my, und **What's On KL,** IG: @whats.on.kl.

Schick und luftig – **Sky51** 1 **:** 51. Stock, EQ, Equatorial Plaza, Jln. Sultan Ismail, Tel. 03 27 89 77 77, www.eqkualalumpur.equatorial.com, tgl. 17–1 Uhr. Gediegene Skybar mit dezenter Lounge-Atmosphäre, toller Sicht auf die Skyline und exquisiten Snacks und Häppchen – für das nötige Kleingeld, versteht sich.

Sundowner – **Vertigo** 2 **:** 59. Stock, Banyan Tree Hotel, 2 Jln. Conlay, Tel. 03 21 13 18 22, www.banyantree.com, tgl. 18–24 Uhr. Die höchste Skybar des Landes bietet tolle Sicht auf die Petronas Twin Towers und serviert erstklassige Cocktails zu asiatisch angehauchten Tapas. Dresscode *smart casual.*

Ausgehstraße – Die schmale **Changkat Bukit Bintang** 3 im Goldenen Dreieck ist derzeit das beliebteste Ausgehviertel in der City. Hier konzentrieren sich Restaurants, Cocktailbars und Pubs, deren rasch wechselnde Namen und Ausstattung versuchen, dem sich ständig wandelnden Geschmack der kosmopolitischen Partyszene Rechnung zu tragen. Die meisten öffnen tgl. 17–0.30, am Wochenende bis 3 Uhr.

Klubs & Discos – **Spark KL** 4 **:** TREC (www.trec.com.my), 436 Jln. Tun Razak, Tel. 01 03 03 88 00, www.sparkclubkl.com.my, Do–Sa 22–3 Uhr. Malaysias größter Tanzschuppen liegt mitten im TREC, einem am Reißbrett entworfenen Ausgehkomplex mit Bars und Restaurant. Wer keine Lust auf Abzappeln hat, kann also auch gemütlich in der Barzeile ein Bier trinken gehen und das Szenevolk beobachten (vor allem an Wochenenden).

Theater & Konzerte – Tickets für die meisten Veranstaltungen sind erhältlich unter www.livenation.my und www.ticket2u.com.my. **Nationaltheater** 5 (Istana Budaya): Jln. Tun Razak, Tel. 03 40 26 55 58, www.istanabudaya.gov.my. **Sutra Dance Theatre** 6 **:** 12 Persiaran Titiwangsa 3, Tel. 03 40 21 10 92, www.sutrafoundation.org.my. **Kuala Lumpur Performing Arts Centre** 7 (KLPac): Sentul Park, Jln. Strachan, Tel. 03 40 47 90 00, www.klpac.org. **Malaysian Philharmonic Orchestra:** im Suria KLCC 22 (s. S. 129), Tel. 03 23 31 70 08, www.mpo.com.my.

Multiplex-Kinos – Englischsprachige Filme laufen in den Kinos vieler Einkaufszentren. Ein besonderes Erlebnis sind die Golden Screen Cinemas, mit Sofas und Luxussitzen im **Pavilion KL** 4 (s. S. 135), **Berjaya Times Square** 1 (s. S. 135) und in der **Mid Valley Megamall** 8 **,** Lingkaran Syed Putra. Das aktuelle Programm findet sich unter www.gsc.com.my.

Aktiv

Geführte Touren – **Food Tour Malaysia:** Tel. 01 62 96 57 90, www.foodtourmalaysia.com. Diverse Erkundungstouren der städtischen Garküchen und kulinarischen Eigenarten von Malaysia, gewürzt mit Anekdoten und kleinen Aha-Momenten. Zu Fuß, per Pkw oder mit öffentlichen Verkehrsmitteln, ab US$62.

Kochkurse – **LaZat** 1 **:** Malay House, Penchala Hills, Lot 3196, Jln. Penchala Indah, südwestlich des Zentrums, Tel. 01 93 82 78 78, lazatcooking.com. Etwa 4-stündige Kurse, deren Schwerpunkt jeden Tag wechselt (ab RM 340 p. P.).

Radtouren – **Bike with Elena:** Tel. 01 38 50 05 00, www.bikewithelena.com. In kleinen Gruppen radelt man unter Leitung eines Guides durch die ländliche Umgebung oder durch die Gartenstadt Putrajaya (S. 143). Die Radtouren in der verkehrsreichen City sind eher nicht zu empfehlen.

Vergnügungsparks – **Berjaya Times Square** 1 **:** 1 Jln. Imbi, Tel. 03 21 17 31 18, www.berjayatimessquarethemeparkkl.com, Mo–Fr 12–20, Sa, So, Fei und Schulferien 11–20 Uhr, Erw. RM 75, Kind. RM 70, Senioren RM 32. Der Indoor-Vergnügungspark mit zahlreichen Fahrgeschäften, Spielstationen, Kletterlabyrinth und Achterbahn erstreckt sich über mehrere Etagen der Berjaya Times Square Mall.

Yoga – **Hot Yo Studio** 2 **:** Decathlon KLCC, Four Seasons Place, Tel. 01 72 35 80 88, www.hotyostudio.my. Für RM 50 können auch Touristen in dem modernen Yoga-Studio an Kursen teilnehmen. Es gibt auch Yoga speziell für Kinder und Jugendliche.

Termine

Thaipusam-Fest (Vollmondtag Ende Jan./Anfang Febr.): Das wichtigste hinduistische Fest. Millionen Gläubige ziehen vom Sri-Mahamariamman-Tempel in der Chinatown zu den Batu Caves.

Federal Territory Day (1. Febr.): Umzüge und Wettbewerbe im Tun Abdul Razak Heritage Park und am Titiwangsa Lake.

Nationalfeiertag (31. Aug.): Große Parade, vorbei am Merdeka Square, Volksfest.

Verkehr

Flüge: Der große **Kuala Lumpur International Airport (KLIA),** https://airports.malaysiaairports.com.my, liegt ca. 70 km südlich des Zentrums. Hier starten alle internationalen sowie die meisten nationalen Flüge, u. a. nach Alor Setar, Kota Bharu, Kuala Terengganu, Kuantan, Langkawi, Johor Bahru, Penang, Singapur und zu den großen Küstenstädten in Ost-Malaysia. 2 km südlich des internationalen Flughafens und von dort mit Bussen (RM 2,50) und Zügen (RM 2) erreichbar, befindet sich der **KLIA2 Terminal,** www.klia2.info, für Billigflieger. Dies ist einer der wichtigsten Flughäfen von AirAsia, www.airasia.com, und das Drehkreuz weiterer Billig-Airlines. Verbindungen bestehen u. a. nach Alor Setar, Johor Bahru, Kota Bharu, Kuala Terengganu, Langkawi, Penang, Singapur und Ost-Malaysia. Transport in die City vom KLIA und KLIA2 mit der Schnellbahn KLIA Ekspres und KLIA Transit (s. S. 138) sowie mit Bussen und Taxis (je nach Taxityp RM 90–110).

Vom alten Flughafen **Subang (SBZ)** im gleichnamigen Vorort ca. 15 km westl. des Zentrums gibt es nur wenige Flüge, v. a. mit

Firefly und Malaysia Airlines. Vom SBZ fährt der Rapid-Bus Nr. 772 (RM 2) zum Bahnhof KL Sentral, Taxi 70 RM.

Züge: Vom Hauptbahnhof **Stesen Sentral Kuala Lumpur** (KL Sentral) im Stadtviertel Brickfields (s. S. 125), Jln. Stesen Sentral, Tel. 03 22 79 88 88, www.klsentral.com.my (inhaltlich veraltet), fahren Züge nach Süden bis Singapur (Woodlands), nach Norden über Ipoh nach Butterworth (Penang) und weiter zur Grenze nach Thailand in Padang Besar, nach Nordosten über Jerantut und Kuala Lipis bis Tumpat (Kota Bharu). Fahrplan: www.ktmb.com.my.

Busse: Die meisten Busse starten vom großen **Terminal Bersepadu Selatan (TBS),** Tel. 03 90 51 20 00, www.tbsbts.com.my, in Bandar Tasik Selatan etwa 6 km südl. des Zentrums, u. a. nach Johor Bahru (4–5 Std., RM 32–40), Kuala Besut für Pulau Perhentian (8–9 Std., RM 45–48) und Melaka (3 Std., RM 11–18), mindestens stdl. nach Singapur (5–6 Std., RM 30–65) sowie 10 x tgl. in die Cameron Highlands nach Tanah Rata (4–5 Std., RM 35), ca. halbstdl. nach Ipoh (2–3 Std., RM 20–30), etwa stdl. nach Penang (5–6 Std., RM 34–60), ca. stdl. nach Kuantan (4 Std., RM 24–27). Weitere Ziele im Bundesstaat Pahang bedient u. a. die **Pekeliling (Tun Razak) Bus Station,** Jln. Tun Razak, im nördlichen Zentrum, LRT Titiwangsa, z. B. stdl. nach Genting (1 Std., RM 10) und 8 x tgl. nach Jerantut (für Taman Negara). Direkt zum Nationalpark gegen 8 Uhr mit Minibussen von NKS, Tel. 01 97 09 12 32, www.nkstravel.com, ab Hotel Travelodge (Chinatown) oder ab 8.30 Uhr mit Han Travel, Tel. 01 29 88 20 22, https://han.travel, für RM 95, mit Bootsfahrt ab Kuala Tembeling RM 140.

Überlandtaxis: Sie befahren bestimmte Routen und starten von Plattform 18 und 19 der Pudu Sentral Bus Station, sobald sie voll sind. Fahrten Richtung Norden in die Cameron Highlands (RM 350), nach Fraser's Hill (RM 250), Ipoh (RM 280); ins Landesinnere nach Kuala Gandah (RM 200), Genting Highlands (RM 100) oder Kuala Lipis (RM 280); Richtung Süden nach Melaka (RM 200).

Mietwagen: Für Rundreisen empfiehlt es sich, ein Auto zu mieten, z. B. bei Avis, www.avis.com.my; Hawk Rent A Car, www.hawkrentacar.com.my; Sime Darby Car Rental/Hertz, https://www.simedarbycarrental.com.

Fortbewegung in der Stadt

Kuala Lumpur Transit System: Es gibt eine Monorail, die drei Hochbahnlinien LRT Kelana Jaya, Ampang und Sri Petaling, die teils unterirdisch verkehrenden MRT-Linien zwischen Sungai Buloh und Kajang bzw. zwischen Damansara und Putrajaya sowie die beiden KTM-Komuter-Linien Batu Caves – Tampin und Tanjung Malim – Port Klang mit Umstieg u. a. am KL Sentral. Der KLIA Ekspres und KLIA Transit, www.kliaekspres.com, fahren vom Bahnhof KL Sentral nach Putrajaya sowie zu den Flughäfen KLIA und KLIA2. Monorail, MRT und LRT bilden einen Verbund, beim Umstieg in Komuter-Züge ist ein neues Ticket erforderlich. Die Warteschlange an den Ticketautomaten umgeht man mit Guthabenkarten (Touch'n'Go), die mancherorts beworbenen Sammelkarten KL Pass und KL TravelPass lohnen nicht, die vermeintliche Ersparnis ist schwer zu realisieren. Informationen unter www.myrapid.com.my.

Busse: Die klimatisierten Busse von **Rapid-KL** fahren alle 15–60 Min. auf festen Routen (RM 1–5). Die kostenlosen violetten **Go-KL-City-Busse** verkehren alle 5–10 Min. von Bukit Bintang nach Pasar Seni, zum KLCC und Medan MARA sowie vom KL Sentral nach Chow Kit und halten an über 90 Stationen. Die Doppeldeckerbusse **KL Hop-on Hop-off City Tour,** www.myhoponhopoff.com, kreisen auf zwei Rundkursen in der City und halten an 27 touristenrelevanten Stopps (9–18 Uhr, alle 30–45 Min., Tagesticket Erw. RM 60, Kind./Stud. RM 40, beim Busfahrer).

Taxis: Da oft von Touristen völlig überhöhte Preise verlangt werden, sollte man darauf bestehen, dass das Taxameter eingeschaltet wird (Grundgebühr RM 3–4 inkl. 1 km, jeder weitere km RM 1,25–1,50). Trotz weiterer Zuschläge für Wartezeiten, Flughafentransfer dritter oder vierter Personen bzw. Gepäckstücke, Nachtfahrten und telefonischer Vorbestellungen sind die Fahrten günstig. Die blauen Executive-Taxis sind teurer. Saubere Fahrzeuge und günstige Preise bieten per Smartphone bestellbare Privatfahrer des Online-Vermittlers Grab.

Nördlich von Kuala Lumpur

Kepong Forestry Park (FRIM) ▶ 3, B 2

Tel. 03 62 79 75 92, www.frim.gov.my, tgl. 7.30–19 Uhr, RM 5, Kind. RM 1, Baumkronenpfad Sa–Do 8.30–15.30 Uhr

Auf dem 600 ha großen Areal des **Kepong Forestry Park** hatten eine Zinnmine, Sägemühlen und chinesische Bauern für den Kahlschlag des ursprünglichen Dschungels gesorgt. Dennoch wurde das Gebiet nördlich der Hauptstadt im Jahr 1918 Teil einer Schutzzone und 1926 Sitz des **Forestry Research Institute of Malaysia (FRIM).** Von der beeindruckenden Arbeit des Instituts zeugen heute gepflegte Themengärten und ein Dschungelgebiet mit dichtem Baumbestand.

Der Besuch beginnt im **One Stop Center,** wo eine informative Karte und Broschüren über die Pflanzen und Wanderwege bereitliegen. Auf Wunsch werden Guides vermittelt, die auf den ausgeschilderten Wegen jedoch nicht nötig sind. Ein Souvenirshop und eine Cafeteria ergänzen das Angebot.

In der nahen **Research Gallery** erfährt man mehr über die Arbeit des Instituts. Nebenan beginnt der ausgeschilderte, maximal halbstündige **Keruing Trail,** ein Rundweg zu alten und wertvollen Bäumen. Mehr tropische Nutzhölzer stehen am knapp einstündigen **Salleh Nature Trail,** besonders faszinierend wegen einer Pflanzung von Kapur-Bäumen *(Dryobalanops aromatica),* deren Blätterdach sich nicht berührt und dadurch eine gespenstische, spinnennetzartige Struktur angenommen hat. Mehr über das Ökosystem Regenwald ist bei einem gut halbstündigen Spaziergang auf dem **Engkabang Trail** zu erfahren. Dieser wie auch der ähnlich lange Sebasah Trail verlaufen durch Feuchtgebiete. In verschiedenen Arboreta gedeihen Dipterocarpen, Koniferen, an die 90 Obstbaumarten sowie mehr als 40 Spezies von Bambus und im **Ethnobotanical Garden** traditionelle Heilpflanzen.

An der Abzweigung zum Picknickplatz am Sungai Kroh stehen zwei traditionelle Holzhäuser: ein **Rumah Terengganu** aus Chengal-Holz, das ohne Metallnägel erbaut wurde, und ein **Rumah Melaka.**

In den weitläufigen **Kepong Botanical Gardens,** 3 km südwestlich des FRIM-Areals, befindet sich der **Forest Sky Walk,** https://skywalk.frim.gov.my, ein 250 m langer Baumkronenpfad, auf dem Besucher in Höhen zwischen 18 und 50 m einen Blick in die oberen Etagen der Dschungelriesen werfen können (Sa–Do 8.30–15.30 Uhr, RM 40, Schüler RM 25, Mindestalter 7 Jahre). Für den 50 m hohen Aussichtsturm ist ein Mindestalter von 13 Jahren Voraussetzung (zzgl. RM 10).

Verkehr

Anfahrt in 20 Min. mit dem Komuter-Zug bis Kepong und weiter mit dem Taxi (Preis unter RM 10).

Batu Caves ▶ 2, J 13

Bereits seit 1892 pilgern Hindus zu den Höhlentempeln in den steil aufragenden Karstfelsen nordöstlich der Stadt. Bereits auf dem Weg vom eigenen Bahnhof zu den gut besuchten **Batu Caves** werden Pilger wie Touristen von einer riesigen **Statue des Hanuman** begrüßt, dem furchtlosen Affengeneral, der Lord Rama im Ramayana-Epos getreu zur Seite stand. Die Höhlen samt Treppen und goldener Statue zählen zu den meistfotografierten Attraktionen in ganz Malaysia.

Ramayana Cave

Die Wandbilder in der nahen **Ramayana Cave** erzählen die Geschichte von Rama und seiner treuen Gattin Sita, die von einem Dämonenherrscher entführt wird und erst nach dramatischen Kämpfen von ihrem Gemahl befreit werden kann. Der erste Tempel mit den vergoldeten Türmen ist dem noblen und gütigen Bhishma aus dem Mahabharata-Epos und Lakshmi, der Gefährtin von Vishnu und Göttin des Wohlstands, gewidmet.

Cave Villa

Tgl. 9–17 Uhr, RM 15

Die links der Regenbogentreppe und sich in Privatbesitz befindliche **Cave Villa** in einer ebenerdigen Höhle enthält bunte Statuen der Hauptdarsteller eines klassischen tamilischen Heldenepos, viele hinduistische Götterstatuen sowie kitschige Dekorationen. Etwa stündlich werden indische Tänze auf der kleinen Bühne gezeigt. Die Höhle und Tänze sind hübsch anzusehen, aber die Haltungsbedingungen der Fische, Schildkröten, Schlangen und Vögel stehen zu Recht in der Kritik.

Light Cave

tgl. 10–17 Uhr, Eintritt frei

Der lange und in bunten Farben strahlende Treppenaufgang zur Haupthöhle, der Light Cave, wird flankiert von einer 42,7 m hohen goldfarbenen **Statue von Lord Murugan,** dem Sohn von Shiva und Shakti, und dem **Sri Subramaniam Temple.** Hier werden neben Shiva auch sein Sohn Ganesha, der Elefantengott, und Minakshi, die fischäugige Göttin, eine südindische Version von Parvati, der Gefährtin von Shiva, verehrt. Die 272 bunt angemalten Stufen haben es in sich, doch Pläne für eine Seilbahn werden vorerst in der Schublade bleiben – für wahre Gläubige käme ein solches Transportmittel nicht infrage.

Kurz vor dem Ende des Treppenaufgangs führen einige Stufen nach links zur **Dark Cave,** deren naturbelassene, 2 km lange Passagen mit sieben Kammern seit 2019 leider auch nicht mehr im Rahmen von Führungen zugänglich sind.

Am obersten Ende der Treppe liegt die große Haupthöhle, die **Light Cave,** in der Statuen einiger weiterer Helden des Ramayana-Epos stehen. Im hinteren Bereich finden in einem kleinen Heiligtum von 8 bis 13 und von 16 bis 20.30 Uhr Puja-Zeremonien statt. Die angrenzende Treppe endet in einer zweiten, oben offenen Kammer. Der Schrein im Zentrum für Lord Murugan ist mit zahlreichen Statuen bunt geschmückt.

Vor allem am Wochenende zieht es viele Pilger hierher, die den Souvenirhändlern und Restaurants ein gutes Geschäft garantieren. Authentisch und preiswert ist das Essen in den südindischen Lokalen am Haupteingang, im Dhivya's Café kann man sogar die nach strikten Regeln zubereiteten Jain-Gerichte probieren.

PROZESSION ZU DEN BATU CAVES

Zum **Thaipusam-Fest** an Vollmondtagen im Januar bzw. Februar gedenkt man des Kampfes von Lord Murugan gegen den Dämonenherrscher Soorapadman, den er dank der Lanze von Parvati besiegen konnte. Beim größten Hindufest außerhalb Indiens pilgern über 1 Mio. Menschen in einer bunten Prozession von Kuala Lumpurs Sri Mahamariamman Temple (s. S. 124) in acht Stunden zu den ca. 15 km entfernten Batu Caves. Einige Gläubige haben sich nach wochenlanger spiritueller Vorbereitung Haken in die nackte Haut gebohrt, an denen sie große Wagen mit Götterstatuen hinter sich herziehen oder halbkreisförmige Aufbauten *(kavadis)* einhängen, andere haben sich kleine Lanzen durch die Wangen oder Zungen gestochen.

Verkehr

Anfahrt in 20 Min. mit dem Komuter-Zug bis Batu Caves.

Kuala Gandah (▶1, L 2)

National Elephant Conservation Centre, Tel. 01 39 79 02 72, http://wildlife.gov.my, tgl. 10.30–16.15, letzter Einlass 15.30 Uhr, Eintritt frei, Spende wird erwartet. Anfahrt: Von Kuala Lumpur auf dem E8 bis Lanchang, dann 10 km auf der Landstraße 236 nach Norden (ca. 2 Std.). Es fahren

Mehr als 270 bunte Treppenstufen führen in die beeindruckenden Batu Caves

keine Busse hierher. Taxi ab Kuala Lumpur ca. RM 500 hin und zurück. Max. 120 Besucher pro Tag, keine Voranmeldungen. Organisierte Touren ab RM 280 p. P. (z. B. Han oder NKS, S. 281). Mückenmittel einpacken.

Seit den 1970er-Jahren verloren viele Elefanten ihre Heimat durch Rodungen oder die Schaffung von Stauseen. Konflikte zwischen Mensch und Tier waren die Folge. Die herumirrenden Dickhäuter wurden mithilfe trainierter Arbeitselefanten eingefangen und in das 1990 gegründete Kuala Gandah Elephant Sanctuary gebracht, wo sie gemeinsam mit domestizierten Elefanten leben.

Besucher können sich in einer Ausstellung über die Arbeit der Organisation und wilde Elefanten in Westmalaysia informieren. Zudem wird ein Film gezeigt (tgl. 12–14 Uhr). Gegen 11.15 und 14.15 Uhr werden einige der insgesamt rund 20 hier lebenden Elefanten am Fluss gewaschen, daran dürfen sich bis zu zehn Gäste für 50 RM pro Gruppe plus RM 10 pro Person beteiligen; im Anschluss demonstrieren die Mahouts, wie sie die Elefanten anleiten und ihnen kleine Aufgaben geben, gefolgt von einer Fütterung. Zudem sind Spaziergänge mit Elefanten ab 11 Uhr mit Guide für RM 80, längere für RM 150, möglich. Trotz des naturnahen Areals und des zugrundeliegenden Tierschutzgedankens empfinden viele die Dressur und Zurschaustellung der Elefanten als kommerziell und nicht artgerecht, insbesondere das Anketten und Separieren einzelner Tiere macht sich bisweilen in Stresssymptomen wie dem Hin- und Herwiegen des Kopfes bemerkbar – immerhin aber wird den Tieren so ein konfliktfreies Dasein ermöglicht.

Genting Highlands

▶ 1, K 12

Sofern kein Stau in Kuala Lumpur für Verspätung sorgt, sind bereits nach einer Stunde Fahrt die **Genting Highlands** 55 km nordöstlich der City erreicht. Über den E8 und einen steil ansteigenden Abzweig durch eine herrliche Berglandschaft kommen überwiegend chinesische Besucher am Wochenende hier herauf. Allerdings haben sie zumeist keinen Blick für die Schönheiten der Natur, sondern nur ein Ziel: das **Spielcasino** in 1700 m Höhe. Dieses hat jedoch seit der Eröffnung des Casinos in Singapur an Attraktivität eingebüßt und wurde daher um diverse Shoppingoutlets und familienfreundliche Themenparks ergänzt.

Seit in den 1970er-Jahren das Highland Hotel mit dem Casino auf dem **Gunung Ulu Kali** erbaut wurde, entstanden zahlreiche Hotelblocks, darunter das First World Hotel mit weit über 7000 Zimmern, riesige Apartmentanlagen und ein regelrechter Vergnügungspark. Für Zeitvertreib sorgen Bühnenshows und Restaurants, viele Shops, ein 18-Loch-Golfplatz, eine künstliche Schneelandschaft, eine Kunstgalerie und etliches andere mehr. Vieles ist jedoch auf die Vorlieben der asiatischen Klientel ausgerichtet. Eine 2,8 km lange **Seilbahn** fährt von 7–23 Uhr für RM 10 ab dem 2. Stock im Awana Bus Terminal zur Sky Avenue Station nahe dem Gipfel hinauf.

Dabei passiert man den gigantischen **Chin Swee Caves Temple,** wo viele um Glück am Spieltisch oder Automaten beten. Er ist u. a. durch einen riesigen Buddha im Lotossitz kaum zu übersehen und über einen Fußweg

Im Mah Meri Cultural Village wird auch die Tradition des Holzschnitzens gewahrt

von der Chin Swee Station erreichbar, die von 8–19 Uhr von der Seilbahn angefahren wird (Infos unter www.rwgenting.com).

Verkehr

Busse: Vom KLIA Airport, dem Hauptbahnhof KL Sentral, vom TBS Busterminal oder der Pudu Sentral Bus Station in Kuala Lumpur tagsüber alle 2–3 Std. (1 Std., RM 10, mit Seilbahn RM 20).
Taxis: Ab Hauptbahnhof KL Sentral oder der Pudu Sentral Bus Station für RM 100.

Südlich von Kuala Lumpur

Mah Meri Cultural Village

▶ 2, H 14

Tel. 01 16 56 42 800, http://mmcv.org.my/web, Sa, So und Fei 10–18, letzter Einlass 16 Uhr, wochentags nach Voranmeldung, Eintritt und kulturelle Vorführung RM 25, Kinder unter 10 J. kostenlos

Südlich der modernen Hafenanlagen von **Pelabuhan Klang** liegen auf **Pulau Carey,** jenseits der Ölpalmplantagen des Sime-Darby-Konzerns, fünf kleine Dörfer der Mah Meri, einstige Seenomaden, die zu den ältesten Bewohnern der malaiischen Halbinsel gehören. Erst in den vergangenen Jahrzehnten haben sie sich an die moderne Gesellschaft angepasst und ihren animistischen Glauben sowie damit verbundene Rituale aufgegeben.

Im **Kampung Sungei Bumbung,** 1 km von der Plantageneinfahrt entfernt, dokumentiert das von Mah Meri geleitete **Mah Meri Cultural Village** die vom Aussterben bedrohte Kultur. Eine Ausstellung informiert über verschiedene Orang-Asli-Völker, ihre Feste und Zeremonien. Besonders faszinierend sind die Masken und Statuen aus dem rötlichen Holz des seltenen Mangrovenbaums *(Nyireh Batu),* darunter einige, die von der UNESCO ausgezeichnet wurden (s. S. 69) und im Orang Asli Craft Museum in Kuala Lumpur stehen (s. S. 125). Die ausdrucksstarken Schnitzereien waren früher von spiritueller Bedeutung und können heute käuflich erworben werden. Auch den kunstvollen Pandanus-Flechtarbeiten der Frauen wird eine heilende Wirkung zugesprochen.

Von Reiseveranstaltern in Kuala Lumpur werden Tagestouren hierher angeboten, aber das Village steht natürlich auch Individualreisenden offen.

Verkehr

Nur mit dem eigenen Fahrzeug oder einem Taxi (ca. RM 200 hin und zurück ab Kuala Lumpur) zu erreichen.

Putrajaya ▶ 2, J 14

Die Modellstadt des 21. Jh. auf halbem Weg zwischen Kuala Lumpur und dem internationalen Flughafen KLIA wurde als zukunftsweisendes Verwaltungszentrum für die Zentralregierung auf dem Reißbrett konzipiert. Als Teil des Multimedia Super Corridor (MSC, s. S. 32) entlastet die weitläufige, grüne Plan- und Parkstadt zusammen mit der Zwillingsstadt Cyberjaya das übervölkerte Klang Valley.

Rund um den Dataran Putra

Bekannte Architekten wurden verpflichtet und entwarfen repräsentative Ministerien im islamischen Stil, riesige Moscheen und futuristisch anmutende Brücken. Am **Dataran Putra,** dem zentralen Platz mit 300 m Durchmesser, erhebt sich das 116 m hohe Minarett der **Masjid Putra** im persisch-islamischen Stil, die bis zu 10 000 Gläubigen Platz bietet. Im **Perdana Putra Complex** gegenüber sind einige Ministerien und die Büros des Premierministers untergebracht.

Masjid Tuanku Mizan Zainal Abidin

25 Jln. Tuanku Abdul Rahman, Presint 3

Persische Vorbilder haben auch für die 435 m lange **Putra Bridge** Pate gestanden, über die der Prachtboulevard Persiaran Perdana Richtung Süden führt. Er verbindet weitere Verwaltungsbauten miteinander und endet am Kongresszentrum. Auf etwa halber Strecke erhebt sich gegenüber dem Justizministerium die **Masjid Tuanku Mizan Zainal Abidin.** Der moderne Sakralbau, dessen Erbauung 55 Mio. US-$ kostete, ist doppelt so groß wie die Masjid Putra und erhielt nach seiner Eröffnung 2010 wegen seiner eigenwilligen Architektur den Beinamen Eiserne Moschee.

Seri Perdana Complex

Persiaran Seri Perdana, Precint 10, www.seriperdana.gov.my
Nordwestlich vom Dataran Putra und ebenfalls über eine Brücke erreichbar, befindet sich die Residenz des Premierministers. Der **Seri Perdana Complex** beeindruckt bereits von außen durch seine Größe und kann nach vorheriger Absprache im Rahmen geführter Touren besucht werden (mindestens eine Woche vorher online anmelden, Reisepass mitbringen).

Botanical Garden und Putrajaya Wetlands

Botanischer Garten: Di–So 9–12 und 14–19 Uhr, RM 2; Wetlands: tgl. 9–18 Uhr, Eintritt frei; Bootstouren ab RM 40, Infos: www.cruisetasikputrajaya.com
Mehr Spaß macht es, durch den im Norden des Dataran Putra liegenden **Botanical Garden** zu schlendern, der ebenso wie die angrenzenden **Putrajaya Wetlands** künstlich angelegt wurde. Auch ein Spaziergang über die Uferpromenade entlang dem 650 ha großen See lohnt sich, im Süden kann ein Bauwerk im marokkanischen Stil bewundert werden. Danach kann man sich bei einer Bootstour erholen (Sightseeing-Boote legen im Süden des Dataran Putra ab) und die gewagten Brückenkonstruktionen bestaunen. Im **Lake Recreation Centre** weiter nordöstlich können Kajaks ausgeliehen werden.

Feste

Viele Besucher zieht die jährliche **Floria** im August/September an, eine hochkarätige Blumen- und Gartenschau.

Verkehr

Anreise ab Kuala Lumpur mit KLIA Transit ab KL Sentral (etwa alle 30 Min., RM 10) oder mit der MRT bis Putrajaya (PY42), wo der Umstieg in Busse und Taxis möglich ist. Im Stadtgebiet verkehren etwa alle 20–30 Min. elektrische Nadi-Putra-Busse.

Seremban ▸2, K 15

In **Seremban,** der betriebsamen Hauptstadt des kleinen Bundesstaats Negri Sembilan südlich von Kuala Lumpur, fällt es schwer, Relikte der interessanten Geschichte zu entdecken. Zwischen dem 15. und 17. Jh. siedelten sich in der Gegend zahlreiche Minangkabau aus Westsumatra an und bis 1895 gab es hier neun Fürstentümer. Heute ist die Stadt vorwiegend ein Verkehrsknotenpunkt ohne touristisches Interesse – außer für Traveller, die genau solche authentischen Orte suchen, an denen das Leben einfach seinen Gang geht.

Church of the Visitation

85A Jln. Yam Tuan, www.visitationseremban.org
Die während der Kolonialzeit von 1889–1934 erbaute große Kirche im neogotischen Stil wirkt mitten im Geschäftszentrum wie ein Relikt aus einer anderen Welt. Sie ist immer noch das Zentrum einer aktiven katholischen Gemeinde mit täglichen Gottesdiensten um 6.45, Sa 18, So 9.30 Uhr.

Taman Seni Budaya

Jln. Sungai Ujong, Sa–Do 10–18, Fr 10–12, 14.45–18 Uhr, Eintritt frei
Das kleine, vernachlässigte **Muzium Negeri Sembilan** etwa 2 km westlich des Bahnhofs umfasst einen aus Holz errichteten Hauptbau im Minangkabau-Stil, einen Reisspeicher und ein traditionelles Haus. Die wechselnden Ausstellungen im Erdgeschoss haben kaum Bezug zur Minangkabau-Kultur.

Verkehr

Anreise ab Kuala Lumpur mit dem Komuter-Zug oder per Bus ab der Pudu Sentral Bus Station bzw. vom Pasar Seni gegenüber der LRT-Station.

Melaka und die Südspitze der Halbinsel

Die UNESCO-Welterbestadt Melaka zehrt von ihrem Kolonialerbe und vom Tourismus, während die Industrie- und Hafenstadt Johor Bahru auf die Wirtschaftskontakte mit Singapur baut. Touristen und Einheimische gleichermaßen strömen auf die Tropeninsel Tioman mit ihren palmenbestandenen Sandstränden und fantastischen Regenwäldern.

Noch in den 1970er-Jahren war die weitgehend flache Südspitze der malaiischen Halbinsel von tropischem Regenwald bedeckt. Entlang der Ostküste gab es nicht einmal eine durchgehende Straßenverbindung und die wenigen abgelegenen Fischerdörfer waren nur mit Booten zu erreichen. Seither wurden auf mehr als 100 000 ha Ölpalmplantagen angelegt, die sich kilometerlang über die Landschaft erstrecken. Nur noch an einigen steileren Hängen hat der Dschungel überlebt.

Melaka ▶ 2, L 16

Cityplan: S. 149

Auf engstem Raum zeugen in **Melaka** Relikte aus über fünf Jahrhunderten von der turbulenten Geschichte der Stadt und von ihren Einwohnern: von malaiischen Sultanen und chinesischen Seefahrern, von europäischen Eroberern aus Portugal, den Niederlanden und Großbritannien, von wohlhabenden Händlern, trickreichen Schmugglern und wundertätigen Missionaren. Das überschaubare Zentrum der World Heritage Site lässt sich gut zu Fuß oder mit einer Fahrradrikscha erkunden. Aufmerksame Beobachter werden dabei im Stadtbild Perioden des Aufbaus wie der Zerstörung, Zeichen des Wohlstands wie der Armut aufspüren.

In den vergangenen zwei Jahrzehnten hat ein ehrgeiziger Bauboom der Stadt viele unansehnliche Neubauten beschert, sowohl im Hinterland als auch auf aufgeschütteten Arealen an der Küste. Gleichzeitig waren in Teilen der Altstadt die schäbigen Wohnhäuser jahrzehntelang vom Verfall bedroht, was zumindest Aussteigern und traditionellen Handwerkern ein bezahlbares Refugium ermöglichte. Mit der Aufnahme der Stadt in die Welterbeliste hat sich vieles verändert: Die Gebäude der Altstadt wurden aufwendig restauriert, alteingesessene Bewohner und Geschäfte mussten schicken Läden, Cafés und Boutiquehotels weichen, das Angebot an Hotelbetten hat sich vervielfacht. Vor allem am Wochenende strömen junge Leute aus Kuala Lumpur und Singapur nach Melaka, um zu feiern und das Flair der liberalen Stadt zu genießen. Dann steigen die Zimmerpreise im gleichen Maß wie der Lärmpegel auf den Straßen. Die Restaurants sind bis auf den letzten Platz besetzt und in den lauen Tropennächten fällt es leicht, bei einem Drink und guter Musik Kontakte zu schließen. Zudem findet am Wochenende ein Nachtmarkt statt, der einen Besuch lohnt.

Red Square 1

Rikschafahrer mit ihren bunt herausgeputzten Fahrzeugen gehen auf dem **Red Square** (Dutch Square) im Herzen des historischen Zentrums auf Kundenfang und Einheimische wie Touristen flanieren um den markanten **Uhrturm** mit dem **Queen Victoria's Fountain** aus britischer Zeit. Einen Kontrast zu diesen historischen dekorativen Elementen bilden die jüngsten Ergänzungen: das riesige I-Love-Melaka-Herz und die kitschigen Rikschas – beliebte Selfie Spots einheimischer Urlauber. Alle Gebäude in der Umgebung des Platzes wurden 1911 auf Anweisung des britischen Gouverneurs rot gestrichen, eine Tradition, die seither beibehalten wird und auf die der Name ›Roter Platz‹ zurückzuführen ist.

Bastion Middleburg

Dem Flussufer zugewandt liegen die Grundmauern der von den Portugiesen zwischen 1660 und 1670 erbauten **Bastion Middleburg** 2, einst Teil einer großen Befestigungsanlage mit insgesamt neun Bastionen. Gleich daneben entdeckt man ein altes, rekonstruiertes **Wasserrad** 3. Auf der anderen Straßenseite liegen Reste der einstigen Festungsmauern, und die dortige **Melaka Fort Gallery** 4 (Melaka Fort Gallery tgl. 9–17 Uhr, Eintritt frei) zeigt unter anderem ein maßstabsgetreues Modell der gesamten Anlage rund um den heutigen St. Pauls Hill.

Christ Church 5

Mo–Sa 9–16.30, So 8.30–13 Uhr

Für die 1753 fertiggestellte protestantische **Christ Church** ließen niederländische Großbürger die Ziegel eigens aus ihrer Heimat einschiffen. Unter den Briten wurde die Kirche anglikanisch und erhielt einen Uhrturm. Im Innern kann man alte Grabplatten entziffern und auf dem Kirchengestühl aus dem 18. Jh. eine Auszeit vom Treiben auf dem Platz nehmen.

Stadthuys 6

Tel. 062 82 65 26, Di–Do, Sa 9–17.30, Fr 9–12.15 und 14.45–17.30 Uhr, RM 20

Am auffälligsten ist das zwischen 1641 und 1656 unter Gouverneur Jan van Twist erbaute **Stadthuys,** das älteste erhalten gebliebene niederländische Gebäude des Orients. In den Räumen des ehemaligen Rathauses stellt das **History and Ethnography Museum** Ausgrabungsfunde und historische Gebrauchsgegenstände aus. Die Vitrinen sind gefüllt mit Werkzeugen der Fischer und Reisbauern, Waffen, traditionellen Musikinstrumenten, Porzellan und Haushaltsgegenständen. Die originalgetreu hergerichtete Wohnstube des Gouverneurs sowie Nachbauten eines traditionellen Coffee Shops, eines indischen Kiosks und einer niederländischen Bäckerei im Nebengebäude vermitteln einen Eindruck vom damaligen Leben. Melakas ethnische Vielfalt zeigt sich u. a. in den ausgestellten Hochzeits- und Festgewändern der Malaien, indischen Chetties, Nyonya und Portugiesen. Im Obergeschoss wird anhand von Dioramen und Gemälden die Stadtgeschichte präsentiert und eine Extra-Ausstellung ist dem chinesischen Admiral Cheng Ho (s. S. 53) gewidmet. Landkarten, Informationen über die Nachfahren seiner adoptierten Kinder und vieles mehr bieten Einblick in sein Leben.

Durch den Hintereingang des Stadthuys gelangt man zu weiteren, eher selten besuchten Museen am Hang. Einen Blick lohnen das **Literature Museum** 7, das u. a. über Formen der malaiischen Lyrik, das Schattenspiel Wayang Kulit, Dichter und Schriftsteller informiert, und das **Governor's Museum** 8 im einstigen niederländischen Gouverneurssitz aus dem 17. Jh. Das weitgehend im Originalzustand erhaltene Gebäude beheimatet neben einem prächtigen Speisesaal und Büro verschiedene Galerien zur Geschichte der politischen Herrscher und viele Staatsgeschenke.

St. Paul's Church 9

Oberhalb vom Gouverneurspalast erhebt sich auf dem **St. Paul's Hill** die Ruine der portugiesischen **St. Paul's Church** von 1521. Seit 1592 wurden hier verdiente Männer beigesetzt, deren ehrenwerte Taten die Inschriften auf den Grabsteinen bezeugen. Mitte des 16. Jh. nutzte der spanische Jesuitenmissionar Francisco de Xavier (Franz Xaver) die Kirche als Basis für seine Tätigkeit in Japan und China, wo er im Jahr 1552 starb. Sein Leichnam wurde vorläufig in der Kirche beigesetzt, später jedoch ins indische Goa überführt. Heute erinnert nur noch eine Statue vor der Kirche an den Wegbereiter christlicher Mission in Asien. Besucher des Stadthuys gelangen durch dessen Hintereingang hinauf zur Kirche, der Hauptzugang befindet sich an der Porta de Santiago.

Porta de Santiago 10

Die steinerne **Porta de Santiago** ist der klägliche Rest der mächtigen Festung **A Famosa,** die einst die Stadt dominierte. Sie wurde 1511 von den Portugiesen errichtet und 1670 im Auftrag der niederländischen Vereenigde Oostindische Compagnie restauriert. 1807 schleiften die Briten das Fort, nachdem sie die Stadt von den Niederländern übernommen hatten. Einer Intervention von Stamford Raffles (s. S. 42) ist es zu verdanken, dass das Tor verschont blieb. Gegenüber sind freigelegte Grundmauern der Festung zu sehen.

Dataran Pahlawan 11

Jln. Merdeka, IG: @dataranpahlawan, tgl. 10–22 Uhr

Beim Bau des großen Einkaufszentrums **Dataran Pahlawan** stieß man auf Überreste des Wachturms der **Bastion Wilhelms** und integrierte sie in den Food Court. Es ist kaum vorstellbar, dass der Turm damals am Meer gestanden haben soll, denn seither wurde die Stadtfläche durch Landaufschüttungen mehrmals erweitert. Die Reliefs des Brunnens in dem überwiegend unterirdisch angelegten Einkaufszentrum stellen die Geschichte von Melaka dar.

Istana und niederländischer Friedhof

Parameswara, ein Prinz aus dem buddhistischen Königreich Sri Vijaya in Sumatra, gründete 1402 Melaka und errichtete den **Istana** 12 , einen Palast aus Holz, der 1460 niederbrannte. Getreu den Aufzeichnungen in den Malaiischen Annalen (s. S. 64) wurde das Gebäude mit traditionellen Materialien rekonstruiert und beherbergt heute das **Sultanate Palace Museum** (Muzium Budaya). In der Audienzhalle in 1. Stock wird mit lebensgroßen Figuren ein Empfang nachgestellt und gegenüber der im 15. Jh. ausgetragene legendäre Kampf zwischen den mystischen Helden Hang Tuah und Hang Jebat, zwei treuen Untertanen des

Nicht Moskau, sondern Melaka: der ›Rote Platz‹ mit Christ Church und Königin-Victoria-Brunnen

Kampung Morten
Jln. Kampung Morten
Lorong Haji Bachee
Putra Specialist Hospital
Jln. Tun Ali
Markthalle
The Shore
Jln. Gaha Maju
Bunga Paya Pantai
Jln. Bunga Raya Pantai
Jln. Bendahara
Lorong Haji Zainuddin
Jln. Kilang
Plaza Hang Tuah
S. Melaka
Jln. Hang Tuah
Pengkalan Rama
Jln. Puteri Hang Li Po
Jln. Munshi Abdullah
Jln. Kubu
Jln. Kampung Hulu
Jln. Kee Ann
Kampung Jawa
Jln. Portugis
Masjid Kg. Hulu
Jln. Baru
Jln. Masjid
Kampung Bukit Cina
Jln. Bunga Raya
Kampung Dua
Riverside Walk
Jln. Bukit Cina
Sam Po Kong Temple
Sultan's Well
Jln. Kampung Pantai
Jln. Tukang Emas
Jln. Hang Lekiu
Jln. Temenggong
Jln. Hang Jebat
Jln. Tukang Besi
Jln. Laksamana
Sikh-Gurdwara
Jln. Banda Kaba
Jln. Hang Kasturi
St. Francis
Tourist Police
Lorong Hang Jebat
Jln. Gereja
Jln. Tun Tan Cheng Lock
Kampung Banda Kaba
Jln. Parameswara
Jln. Kota Laksamana 5
St. Paul's Hill
Istana Garden
Jln. Chan Koon Cheng
Jln. Kota Laksamana 1
Jln. Kota
Bandar Hilir
Sacred Heart Convent
Independence Memorial
St. Francis Institution
Jln. Merdeka
Quayside
Bastion Wilhelms
Heritage Park
Medan Samudra
Malacca International Ferry Terminal
Pahlawan Walk
Jln. Pm 3
Jln. Pm 4
Jln. Pm10
Jln. Pm 1
Plaza Mahkota
Jln. Pm 5
Taman Mahkota
Jln. Melaka Raya 1
Jln. Melaka Raya 3
Jln. Melaka Raya 2
Jln. Pm 6
Mahkota Medical Centre
Jln. Syed Abdul Aziz
Jln. Pm11
Jln. Pm 14
Jln. Pm 15
0
100
200
300
400

Melaka

Sehenswert

- 1 Red Square
- 2 Bastion Middleburg
- 3 Wasserrad
- 4 Melaka Fort Gallery
- 5 Christ Church
- 6 Stadthuys
- 7 Literature Museum
- 8 Governor's Museum
- 9 St. Paul's Church
- 10 Porta de Santiago
- 11 Dataran Pahlawan
- 12 Istana
- 13 Niederländischer Friedhof
- 14 Merdeka Park
- 15 Menara Taming Sari
- 16 Royal Malaysian Navy Museum
- 17 Maritime Museum
- 18 Customs Museum
- 19 Baba and Nyonya Heritage Museum
- 20 Cheng Hoon Teng Temple
- 21 Masjid Kampung Keling
- 22 Sri Poyyatha Vinayagar Moorthi
- 23 Cheng Ho Cultural Museum
- 24 Villa Sentosa – The Living Museum
- 25 Bukit Cina
- 26 Medan Portugis
- 27 Pulau Melaka
- 28 Masjid Tengkera
- 29 Ayer Keroh

Übernachten

- 1 5 Heeren
- 2 Casa del Rio
- 3 The Majestic Malacca
- 4 Treasures Hotel and Suites
- 5 Courtyard@Heeren
- 6 1825 Gallery Hotel
- 7 Puri Hotel
- 8 Heeren House
- 9 Apa Kaba Guesthouse

Essen & Trinken

- 1 Salud Tapas
- 2 The Baboon House
- 3 The Daily Fix
- 4 Amy Heritage Nyonya Cuisine
- 5 Pak Putra Restaurant
- 6 Botanist Cafe
- 7 Hoe Kee Chicken Rice
- 8 Calanthe Art Café

Einkaufen

- 1 Red Handicrafts
- 2 Wah Aik
- 3 Jalan Hang Jebat
- 4 Orang Utan House
- 5 Hatten Square
- 6 Mahkota Parade
- 7 Melaka Mall

Abends & Nachts

- 1 The Old Merchant
- 2 Geographer Café
- 3 Encore Melaka

Aktiv

- 1 The Clay House

Sultans von Melaka (Jln. Kota, tgl. 9–17 Uhr, RM 20).

Hinter dem Palast sind auf dem alten **niederländischen Friedhof** 13, der später auch für verstorbene britische Militärangehörige genutzt wurde, noch 38 Gräber aus der Kolonialzeit erhalten geblieben.

Merdeka Park und Menara Taming Sari

http://menaratamingsari.com, Mo–Fr 9–22, Sa/So 9–23 Uhr, Erw. RM 23, Kind. RM 15, Senioren RM 18

Auf der Jalan Kota geht es vorbei an Museen und durch den **Merdeka Park** 14 mit alten Fahrzeugen zum 110 m hohen Panoramaturm **Menara Taming Sari** 15. In einer gläsernen drehbaren Kapsel kann man in fünf Minuten bis in 80 m Höhe hinauffahren und sich einen Überblick über die Stadt verschaffen, bevor es in nur zwei Minuten wieder hinabgeht.

Royal Malaysian Navy Museum und Maritime Museum

Beide Mo–Do 9–17.30, Fr–So 9–19 Uhr, zusammen RM 20

Das **Royal Malaysian Navy Museum** 16 neben dem Turm zeigt nautische Instrumente, Bilder berühmter Seefahrer und aus gesunkenen Handelsschiffen geborgene Gegenstände. Vor allem aber wird die bedeutende Rolle der Marine in den Mittelpunkt gerückt. Interessanter ist das dazugehörige **Maritime Museum** 17, untergebracht im Nachbau des portugiesischen Segelschiffs Flor de la Mar am Ufer des Sungai Melaka. Hier erhalten Besucher einen guten Einblick in die Geschichte der Seefahrt, des Handels und die Bedeutung des Hafens zur Zeit der Portugiesen, Niederländer und Engländer.

Customs Museum 18

Mo–Fr 9.30–17, Sa/So 9–18 Uhr, Eintritt frei

In alten Lagerhallen am Fluss zeigt das **Customs Museum** (Zollmuseum) konfiszierte Waffen, Drogen, Tierfelle, ›pornografische‹ Produkte (oftmals als anstößig gewertete Kunstobjekte) sowie einige historische Relikte aus den Zeiten der Gold- und Zinnschmuggler. Außerdem Uniformen, diverse Ausrüstung und Fahrzeuge der Zollbeamten.

Baba and Nyonya Heritage Museum 19

50 Jln. Tun Tan Cheng Lock, www.babanyonya museum.com, mit Ausnahme chinesischer Feiertage tgl. 10–17 Uhr, Erw. RM 18, Kind. RM 13

Am Ostufer des Sungai Melaka zeugen die reich dekorierten Fassaden der Häuser der Peranakan (s. S. 54) vom Wohlstand ihrer Bewohner. Das gut erhaltene **Baba and Nyonya Heritage Museum** ist seit Generationen in Familienbesitz und vermittelt mit seinen alten Möbeln und anderen Antiquitäten einen guten Eindruck von der Kultur der Baba und Nyonya. Besucher bekommen eine ausführliche Broschüre mit Erläuterungen oder können sich im Vorfeld für eine offizielle Führung anmelden.

Cheng Hoon Teng Temple 20

Jln. Tokong, www.chenghoonteng.org.my, tgl. 7–19 Uhr

Wie George Town hat auch Melaka eine sogenannte Straße der Harmonie, in der Gebetshäuser unterschiedlicher Religionen in trauter Eintracht nebeneinander stehen. Bereits Mitte des 17. Jh. gründeten die ersten Immigranten aus China den prachtvollen **Cheng Hoon Teng Temple,** den ältesten chinesischen Tempel des Landes. Die zentrale Halle mit ihrem reich dekorierten Dach wurde 1704 von Handwerkern aus Fujian und Guandong mit importierten Materialien streng nach den Prinzipien des Feng Shui erbaut. Ihr Inneres ist üppig mit Holzschnitzereien und Lackarbeiten geschmückt. Noch immer ist der Tempel ein bedeutendes kulturelles Zentrum für Anhänger des Taoismus, Buddhismus und Konfuzianismus.

In den benachbarten Geschäften werden Tempelbedarf und Opfergaben für die Ahnen verkauft. Das Angebot umfasst u. a. aus Papier gefertigte Modelle von Villen, Autos, Flugtickets und iPads, die verbrannt werden und auf diese Weise zu den Toten im Jenseits gelangen sollen. Damit es den Verstorbenen nicht an Geld mangelt, macht man das Gleiche mit Fantasiebanknoten, sogenanntem Höllengeld, das gleich bündelweise auf den Verkaufstischen liegt.

Masjid Kampung Keling 21

Im nächsten Block weiter östlich, an der Kreuzung der Jalan Tukang Emas (Goldsmith Street) mit der Jalan Lekiu, erhebt sich das höchst ungewöhnliche Minarett der **Masjid Kampung Keling** aus dem Jahr 1748, das in seiner heutigen Form (nach Restaurierung 1872) an eine chinesische Pagode erinnert. Auch die Kanzel (Minbar) in der kleinen Gebetshalle wirkt chinesisch, wohingegen die portugiesischen Fliesen, die korinthischen Säulen und der viktorianische Leuchter vom anderen Ende der Welt stammen bzw. von dort beeinflusst sind.

Sri Poyyatha Vinayagar Moorthi 22

Der benachbarte unscheinbare Hindutempel **Sri Poyyatha Vinayagar Moorthi** von 1781 ist einer der ältesten Malaysias, in dem der Elefantengott Lord Ganesha (Vinayagar) im Zentrum der Verehrung steht. Auf einem Nebenaltar wird auch seinem Bruder Lord Muruga geopfert.

Cheng Ho Cultural Museum 23

51 Lorong Hang Jebat, www.chengho.org/ museum, tgl. 9–18 Uhr, RM 10

Ein Muss für chinesische Touristen ist der Besuch im großen, privaten **Cheng Ho Cultural Museum.** In acht ehemaligen Geschäftshäusern wird anhand von Modellen, Schautafeln und chinesischem Porzellan das Leben des Admirals (s. S. 53) aufgeblättert, der auf sieben Expeditionen zwischen 1405 und 1433 den Indischen Ozean bis zur afrikanischen Küste erkundete. Mit mehr als 200 Schiffen und einer 27 800 Mann starken Besatzung war Cheng Hos Flotte die wohl größte des 15. Jh. Er soll in einem dieser Gebäude sein Handelshaus unterhalten haben.

Villa Sentosa – The Living Museum 24

138 Jln. Kampung Morten, Tel. 01 96 32 66 50, tgl. 10–12.30 und 14.30–17.30 Uhr, Eintritt frei, eine Spende von RM 20 wird erwartet

Bei einer Bootsfahrt auf dem Sungai Melaka oder einem Spaziergang Richtung Norden auf dem Fußpfad am östlichen Flussufer entlang entdeckt man andere Seiten der Stadt. Hinter der großen Brücke und den großen Wohntürmen von **The Shore** liegt die Siedlung **Kampung Morten,** wo überwiegend Malaien leben. Eines der kleinen, traditionellen Holzhäuser, die **Villa Sentosa – The Living Museum,** kann besichtigt werden. Ein Mitglied der Großfamilie von Haji Hashim führt Besucher durch das Haus und ermöglicht ihnen einen Einblick in das Alltagsleben.

Bukit Cina 25

Am Ostrand des Zentrums steht am Fuß des **Bukit Cina** der **Sam Po Kong Temple,** der Admiral Cheng Ho (s. S. 53) gewidmet ist. Der benachbarte ummauerte **Sultan's Well** soll Mitte des 15. Jh. für die chinesische Prinzessin gegraben worden sein, die den Sultan von Melaka heiratete. Während der holländischen Zeit wurde der Brunnen als wichtigste, niemals versiegende Süßwasserquelle der Stadt gut bewacht – und dennoch mehrfach vergiftet. Auf dem Hügel erstreckt sich ein **chinesischer Friedhof,** der mit seinen über 12 000 Gräbern als einer der größten seiner Art außerhalb Chinas gilt (nur schlecht mit Bussen erreichbar, zu Fuß sind es vom Zentrum aus etwa 20 Min.).

Medan Portugis 26

In den 1930er-Jahren gründeten die Nachkommen der Portugiesen 3 km südöstlich des Zentrums an der Jalan Albuquerque die **Medan Portugis.** In der portugiesischen Siedlung lebten etwa 1200 katholische Eurasier, die sich mittlerweile fast völlig integriert haben. Nur noch wenige alte Leute sprechen oder verstehen das Kreol-Portugiesisch Cristão, aber die alten Volkstänze und Trachten werden zu Festlichkeiten wie der Festa San Pedro (s. S. 158) zuverlässig aus der Mottenkiste geholt.

Von wenig Erfolg gekrönt war der Versuch, die portugiesische Tradition touristisch zu vermarkten. Vielleicht liegt das am bislang mageren Angebot, denn außer einigen Fischrestaurants und Essensständen, einer katholischen Kapelle und einem kleinen **Museum,** das einen Einblick in die Geschichte und Kultur der portugiesischstämmigen Bevölkerung Melakas ermöglicht (aber zuletzt meist geschlossen blieb), hat das Viertel wenig zu bieten.

Einen Besuch lohnt die katholische Gemeinde allerdings zur **Festa San Pedro** (s. S. 158) sowie zur Weihnachtszeit, wenn vom 16. bis 29. Dezember alle Gebäude und Plätze im Lichterschmuck erstrahlen (Stadtbus 17 alle 40 Min. bis zur Jln. Albuquerque).

Pulau Melaka 27

Richtung Süden, zum Meer hin, wird das historische Zentrum von Einkaufszentren begrenzt, hinter denen sich bis zum Wasser eine mehrspurige Schnellstraße und Neubauviertel mit gleichförmigen Reihenhäusern und Hoteltürmen erstrecken. Vorgelagert ist die künstlich aufgeschüttete Insel **Pulau Melaka,** die durch eine Brücke mit dem Festland verbunden ist. Obwohl hier fast nie etwas los ist, hat man die Insel stetig vergrößert, damit Platz ist für das Großprojekt Melaka Gateway: In ferner Zukunft soll hier ein Kreuzfahrtterminal in Betrieb gehen, gefolgt von einem Tiefseehafen und jeder Menge Hotels und Entertainment. Ob alles realisiert wird, bleibt fraglich, denn schon einmal hat man sich mit derartigen Luftschlössern auf Pulau Melaka arg verhoben: Das Großprojekt Arab City für wohlhabende Besucher aus dem arabischen Raum scheiterte kläglich. Geblieben sind Bauruinen und die 2006 eingeweihte **Masjid Selat** (Malacca Straits Mosque), die einzige Moschee, die unmittelbar an der Straße von Melaka steht.

Masjid Tengkera 28

Anfahrt mit Stadtbus 47 oder 51 bis zur Moschee

An der Straße nach Port Dickson steht 1,5 km westlich des Zentrums eine der ältesten erhaltenen gebliebenen Moscheen Malaysias. Die aus dem Jahr 1728 stammende **Masjid Tengkera** hat wie die Moscheen im indonesischen Java einen quadratischen Grundriss und ein dreifach gestaffeltes, pagodenförmiges Dach. Unmittelbar daneben befindet sich das Grab des Sultans von Johor, der Singapur an Stamford Raffles abgetreten hatte.

Ayer Keroh 29

Beiderseits der Zufahrtstraße zur Autobahn liegen etwa 10 km nordöstlich des Zentrums im Vorort **Ayer Keroh** verschiedene Attraktionen, die vor allem Einheimische anziehen, zu den interessanteren gehört das **Orang Asli Museum.** Im traditionellen Langhaus sind Alltagsgegenstände der auf der Halbinsel lebenden Ureinwohner ausgestellt (Di–Do, Sa, So 9–17.30, Fr 9–12.15 und 14.45–17.30 Uhr, RM 5). Der **Mini Malaysia & ASEAN Cultural Park** entpuppt sich als Park mit 13 traditionellen Häusern aus verschiedenen Regionen Malaysias, allerdings befinden sich praktisch immer einige davon in Renovierung. Gegen

Uferpromenade des Sungai Melaka

12 Uhr werden traditionelle Tänze vorgeführt (Tel. 062 34 99 88, tgl. 9–18 Uhr, RM 45, Kind. RM 35, Anfahrt mit Stadtbus 19 bis zum Eingang).

Abstecher nach Merlimau

Wer mit eigenem Fahrzeug von Melaka nach Johor Bahru reist, sollte einen Abstecher zur **Demang Abdul Ghani Gallery** (auch Rumah Pusaka Demang Abdul Ghani) in der Jalan Masjid Jamek in Merlimau machen. Hier wurde ein im 19. Jh. erbautes Malaienhaus im typischen Melaka-Stil liebevoll restauriert und für Besucher geöffnet. Es wurde von einer Reihe von Dorfvorstehern bewohnt und weist chinesische Einflüsse auf, wie z. B. die schönen Kacheln an der Frontseite und diverse Holzschnitzermotive (Di–So 9–17, RM 3). Es ist eines der wenigen gut erhaltenen Häuser dieser Art und mit Harthölzern wie Merbau, Chengal und Teak errichtet.

Infos

Tourism Malaysia: am Roten Platz, Tel. 062 83 62 20, Sa–Do 9–17, Fr 9–12.15 und 15–17 Uhr, wechselnde Mittagspause; im Busbahnhof Melaka Sentral. Prospekte, Karten und Infos über die Stadt.

Übernachten

Traditionsbewusst – **5 Heeren** 1 **:** 5 Jln. Tun Tan Cheng Lock, Tel. 06 29 22 25, www.5hee

Schuhe für gebundene Füße

Zwei Schuhmacher in Melaka sind die letzten des Landes, die nach alter Familientradition winzige Schuhe für Frauen mit Lotosfüßen anfertigen. Während diese nur noch als Souvenir gekauft werden, haben ihre mit Perlenstickereien verzierten Nyonya-Slipper wieder Konjunktur.

Stolz sind die Brüder Raymond und Tony auf die Zeitungsartikel über ihr ungewöhnliches Gewerbe, die gerahmt die Wände ihres kleinen Ladens Wah Aik in der Altstadt schmücken. Schon vielen Neugierigen haben sie ihre Familiengeschichte erzählt – von ihrem Vater Yeo Sing Guat, der ihnen das Handwerk beibrachte, und ihrem Großvater Yeo Eng Tong, der zu Beginn des 20. Jh. aus Hainan nach Melaka gekommen war. In China hatte er bei einem Hokkien-Schuhmacher gearbeitet und so fertigte er auch in seiner neuen Heimat Schuhe nach Maß für winzige Lotosfüße, im Auftrag von Kundinnen aus Melaka ebenso wie aus Singapur und Penang. Schließlich lebten zu jener Zeit in den Straits Settlements noch mehr als tausend Frauen mit gebundenen Füßen, die gerade einmal 7 bis 12 cm lang waren.

Die bei den Han-Chinesen weitverbreitete, über tausend Jahre alte Tradition wurde auch in den wohlhabenden Familien von Malaya gepflegt. Als Maßstab für die Schönheit einer Frau galt damals die Größe ihrer Füße, die überdies ein Zeichen von Charakterstärke und Wohlstand waren. Eine Braut mit perfekten Lotosfüßen wurde allein zum Vergnügen geheiratet, denn sie war nur begrenzt in der Lage zu arbeiten und zu laufen. Doch immerhin wirkte sie mit ihren Trippelschritten und ihrem schwankenden Gang sehr erotisch – wenngleich die Bewegungen nur darauf ausgerichtet waren, die empfindlichen vorderen Fußbereiche zu entlasten und auf den Fersen die Balance zu halten.

Bereits 2- bis 5-jährigen Mädchen umwickelte man die Füße mit Baumwoll- und Seidenbändern. Dabei wurden die vier kleinen Zehen immer weiter unter die Sohle geschoben, die Füße so weit wie möglich gestreckt und mehrere Knochen gebrochen, bis sich Fußballen und Ferse berührten. Die verkrüppelten Füße waren der wertvollste Körperteil und Bestandteil der Intimsphäre einer Frau. Sie wurden nicht in der Öffentlichkeit gezeigt, sondern bandagiert in winzige Lotosschuhe gesteckt, deren Schönheit den Wert ihrer Trägerin zum Ausdruck brachte.

Zwar gehört dieses Schönheitsideal der Vergangenheit an, doch die feinen Seidenschühchen, die mit äußerster Präzision nach alten Vorlagen gefertigt werden, sind als Souvenirs beliebt. Hinter Glas werden in der Werkstatt von Wah Aik nicht nur unbezahlbare Lotosschuhe, sondern auch Nyonya-Slipper aufbewahrt. Die mit Perlenstickereien nach viktorianischen oder chinesischen Motiven geschmückten Sandalen wurden einst von Nyonya (s. S. 54) getragen, aber auch heute treffen wieder Bestellungen ein, rote oder goldene für Hochzeiten, schwarze oder weiße für Begräbnisse. Sie bilden die idealen Accessoires zum Sarong Kebaya, der Kombination aus einer bestickten Bluse und einem Batikwickelrock. Die traditionelle Kleidung der Nyonya-Frauen erfährt gerade ein Revival, denn die eng anliegenden Kebaya-Blusen sehen ziemlich sexy aus.

ren.com. Das altehrwürdige Peranakan-Anwesen wurde stilecht renoviert und steckt voller Antiquitäten und kunsthandwerklicher Eyecatcher. Die Zimmer mit allen modernen Annehmlichkeiten sind sogar individuell gestaltet, einige haben Himmelbetten und imitieren den britischen Kolonialstil. Freundlicher Service. Zum Frühstück gibt es u. a. Nyonya-Snacks. €€–€€€

Zentral – **Casa del Rio** 2 **:** 88 Jln. Kota Laksamana, Tel. 062 89 68 88, www.casadelrio-melaka.com. Direkt am Fluss liegt dieses große Hotel im mediterranen Stil. Ansprechende Zimmer, die teureren überblicken den Fluss. Spa, großer Swimmingpool auf dem Dach, Terrassenrestaurant am Fluss. €€€

Edler Kolonialstil – **The Majestic Malacca** 3 **:** 188 Jln. Bunga Raya, Tel. 062 89 80 00, www.majesticmalacca.com. Das alte Hotel stand lange leer, bis es totalsaniert zum Eingangsbereich eines Luxushotels mutierte, dessen komfortable Zimmer im angrenzenden 10-stöckigen Neubau liegen. Bei der Gestaltung standen die Nyonya (s. S. 82) Pate, im edlen Restaurant ebenso wie im fantastischen Spa. Die 52 gepflegten Zimmer und 2 Suiten wurden mit allen Annehmlichkeiten sowie einem Bad mit frei stehender Wanne ausgestattet, aber im traditionellen Stil möbliert. Bar und Lesezimmer, Pool, Fitnesscenter. €€€

Komfortabel und gemütlich – **Treasures Hotel and Suites** 4 **:** 108 Jln. Bendahara, Tel. 06 77 55 151, www.treasureshotel.com. Schlicht und bequem hat man es in den zweckmäßig gehaltenen Zimmern und schickeren Suiten dieses Familienbetriebs, in dem farbige Akzente den Mix aus Holz, Ziegeloptik und klaren Linien aufheitern. €€

Schick in alten Gemäuern – **Courtyard@Heeren** 5 **:** 91 Jln. Tun Tan Cheng Lock, Tel. 062 81 00 88, www.courtyardatheeren.com. Ein altes chinesisches Geschäftshaus wurde gelungen restauriert und zu einem freundlichen Boutiquehotel umgestaltet. Nicht alle der 15 etwas in die Jahre gekommenen Zimmer haben Fenster, sind aber apart im traditionellen chinesischen Stil eingerichtet und haben einen Safe, Internetzugang und bequeme (Himmel-)Betten. Persönlicher und freundlicher Service. €€

Originell – **1825 Gallery Hotel** 6 **:** 27 Jln. Bunga Raya, Tel. 062 88 28 68, http://1825galleryhotel.com. Modern mit kolonialem Touch ist die Einrichtung der Zimmer im Neubau an der Uferpromenade, angenehm die große Dusche, in der Deluxe-Kategorie mit Balkon, andere ohne Fenster. Restaurant mit viel Grün und Flussblick. €€

Charmant – **Puri Hotel** 7 **:** 118 Jln. Tun Tan Cheng Lock, Tel. 062 82 55 88, www.hotelpuri.com. Eines von Melakas ersten Boutiquehotels in historischen Gemäuern; in 4 benachbarten Häusern 86 ansprechende Zimmer, die günstigeren sind klein und dunkel, aber bequem und stilvoll eingerichtet. Luftiges Café im Innenhof, Spa. €€

Romantisch – **Heeren House** 8 **:** 1 Jln. Tun Tan Cheng Lock, Tel. 01 43 63 52 18, https://signaturepuzzlehotel.com/heerenhouse. 5 kleine, ordentliche und stellenweise mit Antikmöbeln eingerichtete Zimmer werden in diesem alten chinesischen Haus über einem Café vermietet. €€

Familiäres Homestay – **Apa Kaba Guesthouse** 9 **:** 28 Kampung Banda Kaba, Tel. 062 83 81 96, www.facebook.com/28apakaba. Mitten in einem großen, ruhigen Garten und doch zentral liegt dieses alte Haus. Die 8 Zimmer mit/ohne Bad und AC oder Ventilator sind einfach, aber nett mit lokalem Touch eingerichtet. Sitzgelegenheiten im Garten und in der Gemeinschaftsküche, Fahrradverleih. €

Essen & Trinken

Tapas & Wein – **Salud Tapas** 1 **:** 94 Jln. Tun Tan Cheng Lock, Tel. 062 82 98 81, www.facebook.com/saludtapas, Mi–Di 16–24 Uhr. Angenehm entspannen lässt es sich in der hohen klimatisierten Halle und dem schmalen Innenhof bei leckeren Tapas und einem gepflegten Glas Wein. Zudem weitere spanische Hauptgerichte. €–€€

Beste Burger – **The Baboon House** 2 **:** 89 Jln. Tun Tan Cheng Lock, Tel. 06 283 16 35, www.facebook.com/thebaboonhouse, Mi–Mo 10–17 Uhr. Das restaurierte chinesische Geschäftshaus trägt die Handschrift des Künstlers und Journalisten Song Luo Zhe. Die Einrichtung ist ebenso geschmackvoll und kreativ wie das

Angebot an Souvenirs. Das Highlight sind allerdings die saftigen Burger, die man in den efeuumrankten Innenhöfen und historischen Räumlichkeiten bei entspannter Musik genießen kann. €€

Tägliche Dosis – **The Daily Fix** 3 : 55 Jln. Hang Jebat, Tel. 013 29 06 855, www.facebook.com/thedailyfixcafe, tgl. 8.45–17.30 Uhr. Wer hinter die Kulissen des Souvenirshops Next KK blickt, findet dieses betriebsame Café-Restaurant mit Retro-Design – und steht zur Mittagszeit ohne Reservierung einige Zeit in der Warteschlange. Es lohnt sich, denn die Brunchgerichte, Kuchen und Smoothies sind exzellent! €

Echt Nyonya – **Amy Heritage Nyonya Cuisine** 4 : 75 Jln. Melaka Raya 24, Taman Melaka Raya, Tel. 01 96 26 96 55, Di–So 11.30–14, 18–21 Uhr. In dem kleinen Lokal legt Amy Koh Wert auf authentische Nyonya-Küche aus frischen Zutaten. Als Vorspeise empfehlen sich die mit Rettich gefüllten, knusprigen Top Hats und als Hauptgericht Garnelen in Tamarindensoße oder Ayam Buah Keluak, ein typisches, dunkles Hühnchencurry mit schwarzen Nüssen, dessen Zubereitung sehr aufwendig ist. Zum Abschluss kann man die bunten Klebreiskuchen probieren. Reservierung empfehlenswert. €€

Populärer Inder – **Pak Putra Restaurant** 5 : 56 Jln. Kota Laksamana, Tel. 01 26 01 58 76, Di–So 17.30–1 Uhr. Obwohl das einfache offene nordindische Restaurant etwas abseits der Touristenmeile liegt, ist es jeden Abend gut besucht. Die meisten Gäste sitzen an Tischen im Freien. V. a. die frisch aus dem Tonofen gezauberten würzigen Tandoori-Hähnchen und knusprigen Nan-Brote mit oder ohne Füllung schmecken hervorragend. €

Gesunde Kost – **Botanist Cafe** 6 : 41 Jln. Melaka Raya 8, Tel. 062 92 28 19, www.botanist.com.my, tgl. 11–21.30 Uhr. Wer keinen schnellen Service erwartet, aber Wert auf gesunde und fleischlose Kost legt, ist hier richtig. In dem klimatisierten Restaurant beweist Wendy Lim, dass es auch ohne künstliche Zusatzstoffe gut schmecken kann. Außer chinesischen Gerichten mit malaiischen und japanischen Einflüssen sowie handgemachten Nudeln gibt es auch Sandwiches. €

Chinesischer Favorit – **Hoe Kee Chicken Rice** 7 : 4–8 Jln. Hang Jebat, Tel. 064 83 47 51, tgl. 9.30–16 Uhr. Für viele chinesische Touristen scheint es ein Muss zu sein, Hokkien Chicken Rice Balls zu probieren, die es hier seit 1962 gibt. Obwohl sich der Coffee Shop bereits auf die Nachbarläden ausdehnt, bilden sich besonders gegen Mittag lange Schlangen. Die in Butter und Ingwer gekochten Reisbällchen sind nicht jedermanns Geschmack, die gedämpften Hühnchen schmecken aber sehr gut. €

Kreativ – **Calanthe Art Café** 8 : 11 Jln. Hang Kasturi, Tel. 062 92 29 60, www.facebook.com/calanthe.melaka, Fr–Mi 8.30–21.30 Uhr, Frühstück bis 11.30 Uhr. Das kreativ gestaltete, entspannte Café listet auf seiner Karte 13 Kaffeesorten. Auch Liebhaber von Tee, Smoothies und Shakes kommen hier auf ihre Kosten. Zudem wechselnde Tagesgerichte, Snacks sowie westliche und asiatische Speisen. €

Nachtmarkt – **Jonker Walk:** Jln. Hang Jebat 3 . Auf dem beliebten Nachtmarkt werden Fr–So ab 17 Uhr zwischen Verkaufsständen mit allerlei Souvenirs (s. rechts) auch lokale Snacks, süße Leckereien und erfrischende Getränke angeboten. €

Einkaufen

Traditionelles Kunsthandwerk – In den Straßen der Altstadt gibt es noch chinesische Handwerker, die nach alten Überlieferungen arbeiten. **Red Handicrafts** 1 : 30C Jln. Hang Kasturi, tgl. 10–18 Uhr. Ray Tan stellt filigrane Scherenschnitte aus hauchdünnem rotem Seidenpapier her, die Drachen, Phönixe und andere mythologische Figuren oder chinesische Schriftzeichen wie Wohlstand und langes Leben darstellen – eine 1500 Jahre alte Tradition. **Wah Aik** 2 : 92 Jln. Tun Tan Cheng Lock, Tel. 062 84 97 26, Mo–Sa 9–17 Uhr. Die Familie produziert seit mehreren Generationen für die alteingesessenen Nyonya-Familien winzige chinesische Lotosschuhe (ab RM 100) sowie mit klitzekleinen bunten Perlen kunstvoll bestickte Nyonya-Slipper (ab RM 850; s. S. 154).

Souvenirs – **Jalan Hang Jebat** 3 : Die Straße ist eine Fundgrube für Liebhaber von Antiquitäten und Krimskrams, aber man findet auch schicke Boutiquen.

Auf dem Jonker Street Night Market wechseln nicht nur Souvenirs den Besitzer. Wie war's mit Hühnerbein am Spieß?

Kunst – **Orang Utan House** 4 **:** 59 Jln. Hang Jebat, Tel. 062 82 68 72, auf Facebook, tgl. 11–18 Uhr. Erschwingliche Drucke und Souvenirs mit Zeichnungen des Künstlers Charles Cham.

Einkaufszentren – Die meisten Malls öffnen tgl. 10–22 Uhr. **Dataran Pahlawan** 11 **:** s. S. 147. Die flächenmäßig größte Mall nahe dem historischen Zentrum beheimatet auch einen Food Court, Restaurants und ein Kino. **Hatten Square** 5 **:** über eine Fußgängerbrücke mit dem Dataran Pahlawan verbunden. Eher höheres Preisniveau. **Mahkota Parade** 6 **:** www.mahkotaparade.com.my, neben dem Hatten Square. Etwas älter und billiger als die beiden anderen, mit Parkson Grand Department Store, zwei Buchläden und Supermarkt. **Melaka Mall** 7 **:** Lebuh Ayer Keroh, nahe dem Busbahnhof. Melakas größtes Einkaufszentrum mit einem breiten Lebensmittelangebot und einem Kino.

Abends & Nachts

Gemütlich und unprätentiös – **The Old Merchant** 1 **:** 88 Jln. Kampung Pantai, www.facebook.com/theoldmerchant, Di–Do 18–1, Fr, Sa 18–2, So 18–1 Uhr. Zwischen roten Lampions, alten Sonnenschirmen und unverputzten Wänden kredenzen die Barkeeper originelle Cocktails wie »Cendol Malacca«, »Made for Nyonya« oder »Cherry Blossom«.

Beliebter Treffpunkt – **Geographer Café** 2 **:** 83 Lorong Hang Jebat, Ecke Jln. Hang Lekir, Tel. 062 81 68 13, www.geographer.com.my, Mo–Do 11–22, Fr 11–24, Sa 9–24, So 9–22 Uhr. Mitten im Ausgehviertel hat sich diese Eckkneipe mit Tischen auf dem Bürgersteig etabliert. Besonders voll ist es Fr–Mo ab 20.30 Uhr, wenn Livemusik für Stimmung sorgt. Ansonsten liebt man portugiesische Musik oder Jazz und East-meets-West-Küche.

Ein Riesentheater – **Encore Melaka** 3 , Lorong Hajah Maznah, https://encore-melaka.com. Wie ein riesiger Eisblock liegt die Mehrzweckhalle an einem aufgeschütteten Küstenabschnitt ca. 3 km südwestlich des Zentrums. Hier werden Musicals und Konzerte aufgeführt, Tickets online ab RM 88.

Aktiv

Töpfer-Workshop – **The Clay House** 1: 18 Jln. Tukang Emas, Tel. 062 92 69 16, mengguloh@gmail.com, Do–Di 10–18 Uhr. 90-minütige Einführung ins Töpfern ab RM 70.
Radtouren – **Melaka on Bike:** Tel. 01 96 52 50 29, www.melakaonbike.com. Ab 2 Interessenten 3- bis 4-stündige Stadttouren (8.30, 15 und 19 Uhr, RM 120–150); ab 4 Teilnehmern auch Tagestouren (RM 250 inkl. Mittagessen).
Flussfahrten – **Melaka River Cruise:** Tel. 062 81 43 22, www.melakarivercruise.my. Von verschiedenen Anlegestellen starten 45-minütige Touren auf dem Sungai Melaka (9–23 Uhr, 9 km, Erw. RM 30 einfach, Kind. RM 25 einfach).

Termine

Vor allem am Wochenende treten im Zentrum Musiker und Kleinkünstler auf.
Chinesisches Neujahrsfest (Ende Jan./Anfang Febr.): Zwei Wochen lang finden Veranstaltungen statt. Die Altstadt ist mit roten Laternen dekoriert und es werden Löwentänze für ein gutes neues Jahr aufgeführt.
Festa San Pedro (Ende Juni/Anfang Juli): In der portugiesischen Siedlung wird der Schutzpatron der Fischer geehrt, Höhepunkt ist eine Prozession bunter Fischerboote am letzten Tag.

Verkehr

Flüge: Der Melaka Airport, 7 km nördl. in Batu Berendam, wird kaum genutzt, da es bis zu Kuala Lumpurs KLIA (s. S. 137) nicht weit ist. Stadtbus 21A fährt zum Busbahnhof, ein Taxi dorthin kostet RM 40.
Busse: Der Busbahnhof Melaka Sentral liegt an der Lebuh Amj, Ecke Jln. Melaka Sentral, etwa 3 km nördl. des Zentrums. Den ganzen Tag über starten hier mindestens im Stundentakt Busse nach Ipoh (5–6 Std., RM 34–45), Butterworth (7 Std., RM 45–65), Johor Bahru (3 Std., RM 21–23), Singapur (4 Std., RM 25–31) sowie nach Kuala Lumpur zum Terminal Bandar Tasik Selatan (3 Std., RM 11–18), vor allem morgens zudem Busse an die Ostküste nach Kuantan (5–6 Std., RM 28–34) und Kuala Terengganu (9–10 Std., RM 43–48). Wer nach Mersing möchte (Fähren nach Pulau Tioman), sollte gegen 8 Uhr oder mittags fahren und eine Zwischenübernachtung einplanen (ca. 4–5 Std., RM 25). Stadtbus 17 fährt alle 20 Min. ins Zentrum, ein Taxi kostet RM 20.
Überlandtaxis: Vom Busbahnhof, Zone D, Tel. 062 88 13 25, nach Johor Bahru (RM 270), Kuala Lumpur (RM 250), zum Flughafen KLIA (RM 180), nach Mersing (RM 300).
Fähren: Mit kleinen Expressbooten ins indonesische Dumai (Mo–Do 14.30, Fr 9.30, Sa/So 10 und 14.30 Uhr, 2 Std., RM 187). Buchung bei Indomal Fast Ferry, www.indomalfastferry.com.

Fortbewegung in der Stadt

Busse: Für Touristen nützlich sind die Stadtbusse Nr. 17 (Busbahnhof Melaka Sentral–Jln. Bendahara–Roter Platz–Mahkota Parade–Medan Portugis), die Nr. 19 nach Ayer Keroh.
Taxis: Taxi Melaka, Tel. 01 99 48 18 87, www.taximelaka.com, blaue Executive-Taxis mit Taxameter, die Einschaltgebühr beträgt RM 6. Bei anderen Taxis muss der Preis vorher ausgehandelt werden. Kurze Strecken kosten RM 20, 1 Std. RM 40–50.
Fahrradrikschas: Mehr als 100 Rikschafahrer transportieren in fantasievoll geschmückten, teils mit Stereoanlagen bestückten Fahrzeugen v. a. Touristen durch das Zentrum. In der verkehrsberuhigten historischen Zone macht eine Fahrt mehr Spaß als in der Altstadt, wo Rikschas schnell zum Verkehrshindernis werden, besonders wenn sich eine Reisegruppe in einer langen Rikschaprozession durch die Straßen bewegt. Eine Fahrt kostet rund RM 40 (nicht Dollar oder Euro!) pro Stunde.

Johor Bahru ▶ 2, Q 19

Die Metropole an der Südspitze des eurasischen Kontinents zählt ca. 1,8 Mio. Einwohner, im Einzugsgebiet lebt eine weitere halbe Million Menschen. Damit ist **Johor Bahru** nach Kuala Lumpur die zweitgrößte Metropole des Landes und zusammen mit Singapur eine der am dichtesten bevölkerten Regionen Südostasiens. Die meisten ausländischen Besucher betrachten die Stadt nur als notwendige Durchgangsstation auf dem Weg nach Singapur (s. S. 393). Beide Städte sind seit 1924 durch den Causeway miteinander verbunden, einen 1 km langen Damm, über den Tag und Nacht Menschen und Güter strömen. Am Wochenende kommen junge, modisch gekleidete Urlauber aus Singapur, um zu shoppen, günstig einzukehren und mit ihren Smartphone-Kameras auf Motivsuche zu gehen. Dann steigen die Zimmerpreise und füllen sich die Restaurants. Ansonsten kann man in Johor Bahru deutlich günstiger wohnen als in Singapur. Das haben auch chinesische Investoren erkannt, die gegenwärtig weiten Abschnitten der Küste mit Landaufschüttungen und Apartmenthochhäusern ein neues Gesicht geben.

Stadtzentrum

Das eigentliche Stadtzentrum ist überschaubar und erstreckt sich westlich des Causeway am Wasser. Umgeben von Einkaufszentren und kleinen indischen Läden erhebt sich der bunte Eingangsturm des hinduistischen **Sri Mariamman Temple.** Er ist einer der ältesten Tempel Malaysias, auch wenn ihm das nach der umfassenden Renovierung nicht mehr anzusehen ist (Jln. Ungku Puan, tgl. 6–21 Uhr).

Im Zentrum erinnern auch einige Gebäude daran, dass die Stadt Sitz eines bedeutenden Sultansgeschlechts ist. Vor allem Sultan Abu Bakar (1862–95), der Vater des modernen Johor Bahru, hat das Gesicht der Stadt geprägt. Er war ein großartiger Diplomat mit guten Beziehungen, nicht nur zu den lokalen chinesischen Führern, sondern auch zu Königin Victoria. Abu Bakars anglophile Neigungen spiegeln sich in der maurisch-viktorianischen Architektur der repräsentativen Bauten aus jener Zeit wider, die vor allem von dem chinesischen Philanthropen und Geschäftsmann Wong Ah Fook erbaut wurden. Ein herausragendes Beispiel ist die Sultansresidenz **Istana Besar** von 1866 am westli-

Im Legoland sind auch Miniaturen von Gebäuden in Johor Bahru vertreten, wie hier das Sultan Ibrahim Building aus den 1930er-Jahren

chen Rand des Zentrums nahe der Küste. Der von einer weitläufigen Gartenanlage umgebene Palast beherbergt das wegen Renovierungsarbeiten seit Jahren geschlossene **Royal Abu Bakar Museum** mit den königlichen Insignien, Kronjuwelen, Staatsgeschenken und anderen Raritäten aus dem Besitz des Sultans (Jln. Belukar).

Chinese Heritage Museum

42 Jln. Ibrahim, Tel. 07 21 34 080, Di–So 9–17 Uhr, Eintritt RM 6

Der Schwerpunkt des kleinen dreistöckigen Museums in einem alten Haus liegt auf der Geschichte der chinesischen Einwanderer. Aber auch die Zeit der japanischen Invasion und das Verhältnis zur benachbarten Wohlstandsinsel werden thematisiert.

Arulmigu Sri Rajakaliamman Temple

Jln. Tun Abdul Razak 1/1, für Touristen geöffnet tgl. 7–12 und 19–22 Uhr, RM 10, Taxi ca. RM 10

Etwa 1 km nördlich der Innenstadt steht der kleine hinduistische **Arulmigu Sri Rajakaliamman Temple** aus dem Jahr 2009. Im Innern wirkt er wie ein Glaspalast, denn seine Wände sind mit 300 000 bunten Spiegelmosaiken besetzt. Überall glitzert und funkelt es, sodass man meinen könnte, die Götterskulpturen stammten aus einer anderen Welt. Die Inspiration für den Bau bekam Guru Bhagawan Sittar, der Gründer des Tempels, bei einem Besuch in Bangkok, wo es zahlreiche solcher Gebetshäuser gibt. Der Tempel liegt an der Eisenbahnlinie Richtung Melaka. Er ist nicht leicht zu finden, weshalb sich für die Anfahrt ein Taxi empfiehlt.

Legoland

Tel. 075 97 88 88, www.legoland.com.my, tgl. 10–18 Uhr, Erw. RM 199, Kind. RM 169, Wasserspaßbad Erw. RM 149, Kind. RM 129, Aquarium RM 89, Kind. RM 69, Kombiticket für Themenpark und Aquarium RM 279/219 bzw. für alle drei Attraktionen RM 339/279; Anfahrt mit Bus LM1 ab JB Sentral und Larkin

Im rund 30 ha großen **Legoland** östlich der Stadt bilden mehr als 60 Millionen kleiner Steinchen Sehenswürdigkeiten aus ganz Asien nach. Man kann auch selbst tätig werden oder sich in einem der Fahrgeschäfte bzw. dem Wasserspaßbad vergnügen. Naturinteressierte können einige Zeit im Sea-Life-Aquarium verbringen.

Skyscape

Menara JLand, neben dem Einkaufszentrum Komtar JBCC, www.menarajland.com.my, tgl. 9.30–17.30, letzter Einlass 16 Uhr, Erw. RM 38, Kind. RM 28

Den besten Blick über die Stadt mit ihren vielen Hochhäusern und den Causeway nach Singapur hat man von der Glasbodenplattform des Menara JLand. Das Zeitfenster von 15 Minuten pro Besuch ist kurz, aber ausreichend.

Übernachten

Am Wochenende steigen die Preise.

Stylisch und gehoben – **Amari Johor Bahru:** 82 Jln. Trus, Tel. 072 66 88 88, www.amari.com/johor-bahru. Die schick und modern designten, geräumigen Zimmer des 5-Sterne-Hotels mit guter Aussicht verteilen sich auf die oberen Etagen eines Hochhauses. Einige haben direkten Zugang zum Pool, der auch ein Kinderbecken hat. Die edel gestaltete Lobby und das Spa befinden sich auf Level 6. €€–€€€

Zentral und großzügig – **DoubleTree by Hilton:** 12 Jln. Ngee Heng, Tel. 072 68 68 68, www.hilton.com. Angenehmer Komfort, gute Lage und professioneller Service zeichnen das 350 Zimmer zählende Hotel aus. Nach den Shoppingtouren in den umliegenden Malls wird sich in der Sauna, am großen Pool oder im Fitnessraum ums körperliche Wohlbefinden gekümmert. €€–€€€

Mitten im Geschehen der Stadt – **Belllo Hotel:** 21 Jln. Meldrum, Tel. 072 21 38 66, www.belllohotel.com. Von den kleinen Businesshotels im Zentrum ist dieses noch eines der besten und saubersten. Die weiße Farbgestaltung lässt selbst die günstigeren Zimmer zum Lichthof heller erscheinen. Alle Zimmer mit Regendusche, Flachbildschirm, Safe und Wasserkocher. Allerdings sind sie etwas hellhörig. €€

Essen & Trinken

Stimmungsvoller Coffee Shop – **Restoran Hua Mui:** 131 Jln. Trus, www.huamui.com, tgl. 8–17 Uhr. Es scheint, als sei die Zeit im verblichenen hainanesischen Coffee Shop von 1946 stehengeblieben. Der Gastraum mit einem Boden aus alten Mosaikfliesen und Hockern an kleinen Tischen wird nur von Ventilatoren gekühlt. Es gibt leckere Suppen, Nasi Lemak (Reis mit Beilagen), Chicken Rice, Nudelgerichte und saftige Hähnchenschnitzel. €

Original südindisch – **Restoran Vaanavil (Nilla):** 3 Jln. Ungku Puan, Tel. 072 27 57 22, tgl. 9–22 Uhr. Das Restaurant gegenüber dem Sri Mariamman Temple könnte ebenso gut im südindischen Chennai liegen. Im Speisesaal wird wenig Wert auf eine ansprechende Ausstattung gelegt, es geht laut und betriebsam zu. Auf Bananenblättern werden vegetarische Meals mit unbegrenztem Nachschlag oder auf Alutellern Currys vom Büfett serviert. Hervorragend sind die großen, knusprigen *paper tosai,* die Linsenbrote *uttapam* und die indischen Süßigkeiten aus der Vitrine. €

Nachtmärkte – Auf mehreren Nachtmärkten im Zentrum drängen sich abends die Menschen, um zu essen, zu shoppen oder die unpolierte Atmosphäre zu genießen. Ein **malaiischer Nachtmarkt** mit Halal-Gerichten befindet sich in den Gassen, die von der Jln. Station und Jln. Siu Chim sowie der Jln. Tun Abdul Razak und Jln. Wong Ah Fook begrenzt werden. Südlich schließt sich der chinesische **Meldrum Walk** mit vielen weiteren Essensständen an. Zudem werden auf der **Jalan Meldrum** Snacks und warme Gerichte verkauft. €

Einkaufen

Einkaufszentren – **City Square:** www.citysqjb.com. Zwischen Jln. Wong Ah Fook und Jln. Tun Abdul Razak, über eine Fußgängerbrücke direkte Verbindung zum Sultan Iskandar Complex und JB Sentral, tgl. 10–22 Uhr. Die günstigeren Preise verlocken viele Familien aus Singapur zur Schnäppchenjagd. Das große Einkaufszentrum im Zentrum ist immer gut besucht und hat einen interessanten Food Court auf der obersten Etage. Nördlich schließt sich das etwas gehobenere **KOMTAR JBCC** an, www.komtarjbcc.com.my.

Nächtlicher Bummel – **Bazar JB:** Di–So 18–24 Uhr. Der allabendlich gut besuchte Nachtmarkt in der Jln. Segget und Jln. Tan Hiok Nee, unweit der Jln. Wong Ah Fook, ist eine Fundgrube für Klamotten, Souvenirs und jede Menge Kitsch.

Abends & Nachts

Es scheint, als hätte das saubere Singapur alles Unplanbare und Unangepasste über den Causeway geschoben und im alten Zentrum von Johor Bahru entsorgt. Besonders in der **Jalan Meldrum** ist viel los – in billigen Hotels dienen dunkle Karaoke-Bars und Lounges der Kontaktanbahnung. Die Gäste der einfachen chinesischen Restaurants sitzen an Tischen auf dem Bürgersteig und beobachten bei Snacks und kühlem Bier das Getümmel.

Verkehr

Flüge: Der Senai Airport, www.senaiairport.com, liegt 25 km nordwestl. der Stadt. Malaysia Airlines, www.malaysiaairlines.com, fliegt nach Kuala Lumpur und Kuching. AirAsia fliegt außerdem nach Kota Kinabalu, Miri, Kuching, Penang, Tawau, Ipoh, Langkawi, Alor Setar, Kota Bharu und Bintulu sowie zu weiteren internationalen Zielen. Firefly verbindet mit Kuala Lumpur und Penang. Causeway-Link-Busse fahren stdl. zum Grenzübergang im Zentrum (1 Std., RM 8), der Stadtbus 333 fährt alle 2 Std. zum Busbahnhof Larkin Sentral (45 Min., RM 3), Taxis ab RM 40, mit der App Grab günstiger.

Züge: Der Bahnhof JB Sentral wurde in den Sultan Iskandar Complex am östlichen Rand des Zentrums integriert. Allerdings enden die Züge nach Singapur bereits kurz hinter der Grenze in Woodlands, sodass sich die Bahn nur für eine Fahrt Richtung Norden lohnt. Die Züge fahren durch kleine Orte im Hinterland nach Gemas, dort umsteigen nach Kuala Lumpur und Butterworth (4,5–5 Std.). Der südliche Streckenabschnitt soll bis 2025 elektrifiziert und dann auch von den ETS-Schnellzügen angefahren werden, die bereits die Westküste ab Kuala Lumpur hinauffahren. Ein Nachtzug tgl. ab JB Sentral über Kuala Lipis nach Wakaf Bharu bei Kota Bharu (17 Std.).

Busse: Der große Busterminal Larkin Sentral liegt 6 km nördl. des Zentrums. Hier starten mehrmals tgl. Busse nach Kota Bharu (12 Std., RM 65–75), nach Kuala Lumpur (4–5 Std., RM 32–40), Kuantan (5–6 Std., RM 29–34), Kuala Terengganu (9–10 Std., RM 50), Mersing (2,5 Std., RM 13–18), Melaka (3 Std., RM 21–23) sowie über Ipoh (7 Std., RM 54–75) nach Penang (9 Std., RM 65–90). Stadtbus 227 und Causeway-Link-Busse fahren zum JB Sentral ins Zentrum.

Überlandtaxis: Ab Larkin Sentral, Tel. 01 77 85 72 79, zum Airport KLIA (RM 450), nach Melaka (RM 350), Mersing (RM 200) und Singapur, Queen St. (RM 80).

Fähren: Von der Berjaya Waterfront im Duty-Free-Komplex, 88 Jln. Ibrahim Sultan, Stulang, 3 km östl. des Zentrums, http://berjayawaterfront.com, verkehren Fähren nach Indonesien: 6–9 x tgl. nach Pulau Batam (7.15–18.30 Uhr, 1,5 Std., RM 100 einfach, RM 160 hin und zurück) und 1–3 x tgl. nach Tanjung Pinang auf Pulau Bintan (2,5 Std., RM 130 einfach, RM 210 hin und zurück) zzgl. RM 21 Hafensteuer.

Fortbewegung in der Stadt und nach Singapur

Busse: Vom Busbahnhof (CIQ) im Untergeschoss des Bahnhofs JB Sentral gibt es Shuttlebusse zum Senai Airport, zum Busbahnhof Larkin Sentral und nach Singapur zur MRT-Station Woodlands, MRT-Station Kranji und zum Ban San Terminal, Queen St., Ecke Arab St. Es fahren die schnelleren gelben Causeway Link-Busse CW1 und CW2 sowie der langsamere rote SBS Transit Bus Nr. 170. Für die Grenzabfertigung steigt man mit Gepäck aus und fährt mit dem nächsten Bus weiter (dafür das Ticket bereithalten!).

Ausreise: Im Sultan Iskandar Complex östlich der Jln. Tun Abdul Razak erfolgt rund um die Uhr die Grenzabfertigung CIQ *(customs, immigration and quarantine)*, die zumeist effektiv und reibungslos verläuft. Ein Visum für Singapur ist nicht erforderlich. Auf dem Causeway kommt es in der Rushhour, zu Ferienbeginn und -ende sowie an Wochenenden und Feiertagen zu erheblichen Staus.

Mersing ▶ 2, Q/R 16

Von Johor Bahru verläuft die kurvenreiche Fernstraße 3 durch nahezu unbesiedeltes Gebiet Richtung Mersing. Es dominieren endlose Ölpalmplantagen, die manchmal eingezäunt sind, weil wilde Elefanten aus den wenigen verbliebenen Dschungelgebieten auf ihren Wanderrouten die Straße kreuzen.

Der Fischereihafen **Mersing** bildet das Sprungbrett in einen Archipel aus 64 bewohnten und unbewohnten Vulkaninseln, von denen neun seit 1994 im **Mersing Marine Park** geschützt sind. Sofern bei der Ankunft in Mersing das letzte Boot bereits abgelegt hat, kann man hier eine Nacht verbringen, etwas Proviant für den Inselaufenthalt besorgen und durch den kleinen Ort spazieren. Der beste Ausblick eröffnet sich vom Hügel mit der **Masjid Besar Mersing.** Gott sei Dank ist Mersing vom geplanten Megaprojekt Mersing Laguna mit künstlich aufgeschütteten Inseln verschont geblieben. Entlang der Flussmündung bieten Fischerboote ein schönes Fotomotiv.

Muzium Mersing

243 Jln. Ibrahim, Eintritt frei, Sa–Mi 9–16.45, Do 9–15 Uhr

Wer etwas Zeit totschlagen möchte, kann sich in dem kleinen Museum (250 m südlich der Jetty) Relikte aus der Zeit des Zweiten Weltkriegs sowie ein Sammelsurium von (teils aus Schiffswracks geborgenen) Antiquitäten anschauen und sich u. a. über die Schlacht von Endau informieren, als sich die japanischen Invasoren im Januar 1942 ein Luft- und Seegefecht mit den alliierten Streitkräften lieferten.

Übernachten

Zentral und sauber – **Hard Rock VIP Guest House:** 345 Jln. Ismail, Tel. 01 77 87 00 32, https://staymersing.business.site. Schlicht und funktional wohnen Gäste in diesem etwas hellhörigen Stadthotel in guter Lage, 10 Gehminuten vom Fähranleger entfernt. Die Apartments vom Gastgeberpaar Eric und Mandy haben 2–4 Schlafzimmer und sind ziemlich geräumig. €€

Einfach, aber sauber – **Embassy Hotel:** 3 Jln. Ismail, über dem Sweet Goh Trading Shop, Tel.

077 99 35 45. Das Hotel im Zentrum liegt über einem Chinarestaurant und hat zweckmäßige, etwas hellhörige Zimmer. Jeweils ca. 15 Fußmin. zur Jetty und zum Busbahnhof. €

Essen & Trinken

Städtisches Flair – **Seventy One Coffee House:** 98 Jln. Sulaiman, Tel. 01 89 15 46 77, Mo–Sa 10.45–18.30 Uhr. Klimatisiertes, schickes Restaurant mit Café und Bar sowie einer Terrasse. Die Wartezeit auf Fähre oder Bus vertreiben sich junge Einheimische gern bei Kaffee und Kuchen oder Smoothies. €

Großes Mittagsbüfett – **Mersing Lucky Restaurant:** 1 Jln. Dato' Timor, Tel. 01 77 79 30 31, tgl. 5.30–11, 13–23.30 Uhr. In dem traditionellen offenen Restaurant unter dem Mersing Hotel gibt es vormittags deftige Nudelspeisen und abends eine Vielzahl an chinesischen Gerichten mit und ohne Fleisch. Auch Bier. €

Am Fährhafen – **Mersing Harbour Centre:** Sa–Do 8–16 Uhr. Gegenüber der Zufahrt zum Fähranleger servieren einfache Garküchen (z. B. Miracle Kitchen) im Mersing Harbour Centre günstige Nudeleintöpfe (*laksa*).

Verkehr

Busse: Der Busbahnhof liegt 1,3 km westlich des Fährhafens in der Jln. Jeti. Mehrmals tgl. nach Johor Bahru (2,5 Std., RM 13–18), nach Jerteh für Pulau Perhentian (6–7 Std., RM 48), über Kuantan (2,5 Std., RM 18–20) und Kuala Terengganu (6 Std., RM 33–39) sowie nach Kuala Lumpur (5–6 Std., RM 33–42), morgens und mittags nach Melaka (4–5 Std., RM 26) sowie gegen Mittag und am frühen Nachmittag nach Singapur (4 Std., RM 48).

Überlandtaxis: Vom Fährhafen nach Johor Bahru (RM 200), Kuala Lumpur (RM 550), Kuantan (RM 300), Melaka (RM 400, abends teurer). Kurze Strecken ab RM 10.

Fähren: Tickets für die Fähren gibt es gegenüber der Jetty im Mersing Harbour Centre. In der Hochsaison sollte man auch die Rückfahrt bereits in Mersing buchen. Ebenfalls im Mersing Harbour Centre ist der Eintritt in den Marine Park zu zahlen (RM 30 für alle). Verbindungen nach Salang auf Pulau Tioman (2 Std., Erw. RM 60, Kind. RM 55) mit den großen Fähren von Bluewater, www.bluewater.my, je nach Gezeiten zwischen 7 und 16.30 Uhr, in der Regenzeit nur 1 x tgl., sonst nach Bedarf. Auf dem Weg nach Salang legen die Boote zuvor in anderen Orten von Pulau Tioman an, u. a. in Tekek und Air Batang, nach Bedarf auch an anderen Stränden.

Pulau Tioman

▶ 2, R/S 14/15

Bizarre dschungelbedeckte Berge ragen steil aus dem türkisgrünen Meer empor. In felsumrahmten Buchten entlang der Küste liegen kleine Dörfer, an weißen, mit Kokospalmen bestandenen Sandstränden hübsche Resorts und Bungalowanlagen. Das zerklüftete Hinterland von **Pulau Tioman,** der größten Insel an der malaysischen Ostküste, wird vom 1038 m hohen **Gunung Kajang** überragt. Im Süden, nahe Mukut, bestimmen die beiden steil aufragenden, etwa 630 m hohen Granitgipfel **Gunung Nenek Semukut** und **Gunung Batu Simau** das Landschaftsbild. Der Legende nach sollen sie die Hörner eines versteinerten Drachens bilden, der – mit ein wenig Fantasie – in der Silhouette der Insel zu erkennen ist. Geologisch betrachtet gehören die Gipfel zu einem Gebirgszug, der, bevor er vor Urzeiten vom Meer überspült wurde, mit dem asiatischen Kontinent verbunden war. So kommt es, dass auf der Insel noch viele seltene Pflanzen und Tiere existieren, die auf dem Festland schon lange ausgestorben sind, darunter 20 Unterarten von Schmetterlingen, viele Amphibien und Reptilien wie eine Süßwasserschildkröte mit weichem Panzer oder ein Wels, der an Land leben kann.

Geschichte

Historische Dokumente sowie Porzellanfunde in den Inseldörfern Nipah und Juara deuten darauf hin, dass Pulau Tioman bereits vor über 1000 Jahren von arabischen und chinesischen Segelschiffen angefahren wurde, um Frischwasservorräte aufzufüllen. Als die europäischen Kolonialmächte Südostasien eroberten, verlor die Insel an Bedeutung und machte nur noch als Piratennest von sich reden. Viele Bewohner flüchteten oder wurden als Sklaven verkauft, bis britische Kriegsschiffe die Seeräuber vertrieben. Nur wenige Einheimische erlebten die Landung der Japaner im Zweiten Weltkrieg. Als diese ein Flugfeld auf der Insel anlegten, verminten die Briten die umliegenden Gewässer. Die Minen sind bereits vor langer Zeit entfernt worden, geblieben sind die Wracks zweier britischer und japanischer Schiffe sowie von zwei holländischen U-Booten.

Das erste Hotel der Insel, das Berjaya Tioman Resort, entstand 1975 am Strand südlich des Dorfs Tekek. Schon bald kamen mit den Versor-

Zwischen Air Batang und der Monkey Bay klammert sich das Panuba Inn Resort an das felsige Meeresufer

gungsbooten auch Globetrotter auf die Insel, die bei der Fischerfamilie Nazri unterkamen. Als Tioman Ende der 1970er-Jahre vom Time Magazine zu einer der schönsten Inseln der Welt gekürt wurde, gab es kein Halten mehr. An den Stränden entstanden immer neue Unterkünfte, zunächst einfache Holzbungalows, später auch luxuriöse Resorts. Sie liegen wie die sechs Dörfer überwiegend an der Westküste, die im Winter vor den Monsunwinden und dem aufgepeitschten Südchinesischen Meer besser geschützt ist.

Kampung Tekek

Das größte Inseldorf liegt eingekeilt zwischen der Landebahn des kleinen Flughafens und dem Jachthafen. Touristen kommen höchstens nach **Kampung Tekek,** um im Supermarkt Süßigkeiten, Zigaretten, Wein und Bier zollfrei einzukaufen und sich am Geldautomaten der einzigen Bank der Insel, gegenüber vom Abflugterminal, mit Barem zu versorgen. Neben einer Moschee, einer Schule sowie einer Polizei- und Krankenstation findet man am nördlichen Ortsende nahe dem Meer den Marine Park Complex. Eigentlich sollte eine Uferpromenade diesen Küstenabschnitt verschönern, doch sie wird unterspült und verfällt, sodass sie ebenso wie die nahe Müllverbrennungsanlage der Insel nicht gerade zur Attraktivität dieser Gegend beiträgt. Von ihrer besseren Seite zeigt sich die Bucht im Süden rings um das riesige Berjaya Tioman Resort mit einem netten öffentlichen Sandstrand.

Air Batang

Über einen befestigten Fahrweg ist der nächste Strand nördlich von Kampung Telek zu erreichen, **Air Batang** (ABC Beach). Vorbei am Fußballplatz des Dorfs, an Minimärkten und kleinen Resorts, flaniert man gelassen unter Schatten spendenden Kokospalmen und Mangobäumen am Meer entlang. Nur im Norden und Süden der Bucht eignen sich sandige Strandabschnitte gut zum Baden, ansonsten ist das Ufer steinig und voller Korallenschrott.

Von Air Batang nach Kampung Salang

Von Air Bantang führt ein Dschungelpfad Richtung Norden zur Unterkunft Panuba Inn (15 Min.) und weiter zur **Monkey Bay** (1,25 Std.), einer einsamen Badebucht. Der Weg, der recht schlüpfrig und anstrengend sein kann, endet nach einer weiteren Stunde in Kampung Salang. Unterwegs sollte man sich vor den diebischen Makaken in Acht nehmen. Einfacher gelangt man mit einem Taxiboot zu den Stränden und nach Salang.

Kampung Salang

In der geschützten Bucht von **Kampung Salang** ist das Meer meist relativ ruhig. Südlich der Jetty und der Lagune tummeln sich vor allem einheimische Sonnenanbeter am Strand, im Hinterland und entlang der steinigen Küste Richtung Norden stehen die Bungalows und Restaurants der Resorts. Die riesigen Warane sowie periodische Invasionen von Moskitos und Sandfliegen haben wahrscheinlich empfindlichere Europäer vertrieben. Reisebüros offerieren Schnorcheltouren und Inselrundfahrten, die Boote der Tauchschulen fahren zu fantastischen Riffen und Schiffswracks.

Kampung Juara

Die einzige nennenswerte Siedlung an der exponierten Ostküste, **Kampung Juara,** ist mit einem Geländewagen (45 Min.) oder in 2,5 Std. zu Fuß auf einer steilen, 7 km langen Dschungelstraße über einen 500 m hohen Bergrücken zu erreichen. Vor dieser dramatischen Bergkulisse erstreckt sich eine weite, halbkreisförmige Bucht mit dem schönsten Sandstrand der Insel, einigen kleinen Resorts und dem **Juara Turtle Project** (Tel. 09 41 93 244, www.juaraturtleproject.com, tgl. 11–13, 15–17 Uhr, Spende). Die NGO mit dem Ziel des Erhalts der Schildkrötenpopulation befindet sich fast am Ende des südlichen Strandabschnitts jenseits der Felsen, die die Bucht etwa mittig in zwei Strände teilen. Auch in Juara haben sich Tauchzentren angesiedelt. Auf dieser dem Meer zugewandten Seite der Insel sind Wind und Wellen zudem merklich stärker und konstanter, sodass sich sogar der eine oder andere Surfer hierher verirrt.

Übernachten

Komfortable Zimmer sind auf der Insel relativ teuer, die günstigen hingegen sind oft sehr einfach. Einige Boutiqueresorts liegen an steilen Hängen in einsamen Buchten, sodass man außer dem angeschlossenen Restaurant keine Alternative zum Essen hat. Viele Anlagen, v. a. im Süden und an der Ostküste, bleiben in der Regenzeit von Nov. bis Febr./März geschlossen.

... in Kampung Tekek:

Die Nummer eins – **Berjaya Tioman Resort:** Tel. 094 19 10 00, www.berjayahotel.com. Das älteste Inselresort mit 268 Zimmern und Suiten in einem Park am Südende der Bucht hat die Ausmaße eines kleinen Dorfs. Die Chalets sind nicht mehr ganz frisch, aber großzügig und bequem. Als Alternative zum Büfett-Restaurant bietet das Matahari Restaurant thailändisch inspirierte Gerichte. Schöner Sandstrand, gute Schnorchelmöglichkeiten, 2 Pools, Tauchschule, Bootsvermietung, Golfplatz, Spa, hoteleigener Bus zur Fähre und zum Flugplatz. €€€

Entspannen unter Bäumen – **Swiss Cottage:** Tel. 011 28 99 58 74, www.swiss-cottage-tioman.com. Die klimatisierten Chalets aus Holz und Bambus stehen unter Bäumen und haben eine Veranda mit Hängematte, Tisch und Stühlen, einige Bungalows mit Meerblick haben nur einen Ventilator. Außerdem Doppelbungalow am Meer mit 2 Zimmern im asiatischen Stil sowie älteres Langhaus mit Zimmern für bis zu 3 Personen. Nettes Restaurant, Buchverleih, Tauchschule, Stand-Up Paddle, Boots- und Dschungeltouren. €€

... in Air Batang:

Nicht nur für Taucher – **Tioman Dive Resort:** Tel. 094 19 12 18, www.divetioman.com. 2-stöckiger solider Neubau, 11 geräumige helle Balkonzimmer für 2–4 Pers., bequeme Betten, Kühlschrank, Safe, Internetzugang, Flachbildschirm und DVD-Player. Sparfüchse nächtigen im Schlafsaal (RM 50). Gäste der Tauchbasis werden bevorzugt. €€

Einfach ruhig – **Bamboo Hill Chalets:** Tel. 01 94 11 43 92, www.bamboohilltioman.com. Am Hang am nördlichen Ende der Bucht an einem kühlen Bergbach mit natürlicher Badestelle stehen in einem gepflegten Garten mit Bambushain 6 kleine Holzbungalows. Zur Ausstattung gehören Ventilator, Moskitonetz und kalte Duschen, für etwas mehr Geld ist auch ein Kühlschrank dabei. Teurer ist der Familienbungalow mit Wohnzimmer und Terrasse. €€

Inselklassiker – **Nazri's Place I:** am südlichen Ende von Air Batang, Tel. 01 74 90 13 84, IG: @nazrisplace_. Nazri und seine Kinder haben den ältesten Traveller-Treffpunkt der Insel ausgebaut und modernisiert. Mittlerweile gibt es 32 Zimmer in Bungalows und Häusern, die sich erheblich in Ausstattung und Komfort voneinander unterscheiden. Beliebt sind die 12 Superior-Zimmer im Neubau, der etwas zurückversetzt auf einem weitläufigen Gelände steht. Im Restaurant wird abends gegrillt. Gut besucht ist zudem die benachbarte Strandbar. €–€€

... in Kampung Juara:

Unter Kokospalmen – **1511 Coconut Grove,** Tel. 011 17 56 87 95, www.1511coconutgrove.my. In einem idyllischen Palmengarten stehen luftige, einladende Bungalows mit AC, teils mit Meerblick. Auf der anderen Seite des Strandwegs kann in einem kleinen Türmchen mit unschlagbarer Aussicht gewohnt werden. €€

Strand vor der Tür – **Tiongman Scubadive & Lodge:** Tel. 01 33 81 83 11, www.facebook.com/tiongmanscuba. Am Strand südlich des Piers vermietet die von Brian und Pavlina geführte Tauchschule vier preiswerte Zimmer im zweistöckigen Haus mit Meerblick. €€

... auf der südlichen Inselhälfte:

Elegant und exklusiv – **JapaMala Resort:** bei Kampung Nipah, Tel. 094 19 77 77, www.japamalaresorts.com. Die 12 Chalets des Boutique-Resorts liegen am Hang im Dschungel oder direkt am Meer und sind über Plankenwege miteinander verbunden. Alle verfügen über AC, geschmackvolle Ausstattung, Internetzugang, Espressomaschine, iPod-Dockingstation, Flachbildschirm, DVD-Player und gefüllte Minibar, die teuren zudem über einen kleinen Privatpool und Sonnendeck mit Freiluftdusche. Schöner Pool und exklusiver weißer Privatstrand. Eine Alternative zum teuren thailändisch-vietnamesischen Tamarind Restaurant ist das Mandi Mandi Restaurant mit Cocktailbar am Ende des Piers (s. S. 169). €€€

Behaglich und familienfreundlich – **Minang Cove Resort:** bei Tanjung Bayan, Tel. 01 46 36 22 64, www.tiomanislandresort.net. Die freundlichen englisch-malaysischen Besitzer haben ihr Resort an einen von Felsen umgrenzten kleinen Sandstrand gebaut. Die 12 soliden Häuser rings um das Restaurant, die Bibliothek und die Bar sind bequem im westlichen Stil eingerichtet. Einige mit Küche eignen sich gut für einen Familienurlaub. Tauchschule, Spa, Sonnendeck mit Liegen, gute Schnorchelmöglichkeiten, Kanuverleih. Wanderweg nach Mukut (3 Std.). Halbpension und Transfer zur Jetty in Kg. Genting sind inklusive. €€€

Ein ausgezeichnetes Getaway – **Melina Beach Resort:** zwischen Kampung Paya und Kampung Genting, Tel. 094 19 70 80, www.melinabeachresort.com. An einem von großen Granitfelsen umrahmten kleinen Sandstrand stehen Chalets von unterschiedlicher Größe und Ausstattung für 2–10 Pers. Sehr schön sind die Beach Suite und das Penthouse mit 3 Zimmern, offenem Bad und großer Dachterrasse. Luftiges Restaurant, Kanu- und Schnorchelverleih. Umweltbewusstes Management. Halbpension und Transfer von der Jetty in Kg. Paya sind inklusive. €€€

Essen & Trinken

Da den meisten Unterkünften ein Restaurant angeschlossen ist, gibt es außerhalb kein nennenswertes Angebot.

... in Kampung Tekek:

Entspannte Strandbar – **Tioman Cabana:** südl. des Jachthafens hinter dem Persona Island Resort, Tel. 094 19 10 45, IG: @tiomancabanavillage, tgl. 9–15, 19–22.30 Uhr. Nette Strandbar unter Palmen, in der die einheimischen jungen Besitzer auch Burger, Pizza oder Reisgerichte zubereiten. Bei frischen Cocktails, kühlem Bier und entspannter Musik genießt man den Sonnenuntergang. Verleih von Surfbrettern und Stand Up Paddles. Internetzugang. €–€€

... in Air Batang:

Pizza am Strand – **Sunset Corner:** neben Nazri's Place I (s. S. 166), Tel. 01 67 04 00 88, Do–Di 15–22 Uhr. Vor der beliebten Strandbar kann man in Liegen und an Tischen sowie in einem kleinen Pavillon essen und trinken. Die reichhaltig belegten Sandwiches und Pita-Brote mit leckerer Füllung werden von den Pizzen noch übertroffen. €

... in Kampung Salang:

Fisch vom Grill – **Salang Dreams Restaurant:** nördl. der Jetty, Tel. 01 37 12 12 73, meist tgl.

TAUCHEN UND SCHNORCHELN VOR PULAU TIOMAN

Tour-Infos

Start: Tauchbasen in Salang und an anderen Stränden
Saison: Ende April bis September
Kosten: Tauchkurs mit PADI-Zertifikat um RM 1300–1600, Halbtagestour mit 2 Tauchgängen und Leihausrüstung um RM 250–300
Buchung: s. S. 169

Verschiedene Tauchschulen auf **Pulau Tioman** werben mit einem breiten Angebot an Kursen überwiegend in englischer Sprache. Die meisten haben ihre Basis in der Bucht von Salang, da von dort sowohl die Hausriffe in 5 bis 15 m Tiefe als auch weiter entfernte Tauchziele schnell angesteuert werden können. Erfahrene Taucher kommen etwa eine halbe Bootsstunde nordwestlich von Salang auf ihre Kosten, wo Sichtweiten von 10 bis 20 m die Regel sind und die schönsten Riffe des Marine Park liegen. Angesteuert werden meist die Gewässer um die größere Pulau Tulai, auch Coral Island genannt, sowie um die kleineren Pulau Cebeh und Pulau Labas etwas weiter westlich.

Pulau Labas ist ein beliebtes Ziel von Höhlentauchern, die in die verwinkelten Unterwassertunnel zwischen den Granitfelsen abtauchen. Das vorgelagerte **Tiger Reef,** ein Korallenpfeiler in 10 bis 22 m Tiefe, ist eines der besten Tauchgebiete der Region, aber infolge der starken Strömung eher für erfahrene Taucher geeignet. Inmitten der von Weichkorallen und Schwämmen bedeckten Unterwasserlandschaft tummeln sich Barrakudas, Schwarzspitzen-Riffhaie, Ammenhaie, Rochen, Napoleon-, Angler- und Papageienfische. Im kleineren **Golden Reef** etwas weiter westlich sind in 18 bis 26 m Tiefe zudem schöne Gärten mit Fächerkorallen zu sehen.

Die kleine Granitinsel **Pulau Cebeh** ist von dichter Vegetation überzogen und umgeben von klaren Gewässern mit Riffen in 8 bis 24 m Tiefe. Besonders nördlich und südlich der Insel entdeckt man inmitten von Felsen und Tunneln bunte Fächerkorallen, Weichkorallen und Anemonen. Manchmal lassen sich im Süden auch Karettschildkröten blicken.

Pulau Tulai empfiehlt sich für einen entspannten Tauchausflug, da die Insel auch einige nette Strände besitzt. Für Schnorchler und Tauchanfänger gibt es geeignete Tauchplätze mit Napoleonfischen, Barrakudas und Makrelen. Wer schon etwas erfahrener ist, kann am Ende der Lagune in der wunderschönen **Teluk Kador** an den bis zu 20 m abfallenden Felsen entlang bis zu einem Überhang tauchen.

Zwei große Schiffswracks aus dem Zweiten Weltkrieg, die HMS Repulse und die HMS Prince of Wales, liegen in über 50 m Tiefe und wurden unter besonderen Schutz gestellt, sodass sie für Hobbytaucher unerreichbar sind. Um auch für Wracktaucher eine Attraktion zu schaffen, hat man vor ein paar Jahren vor Kampung Tekek drei Boote in 30 m Tiefe versenkt, die nun ein künstliches Riff bilden: die aus den 1960er-Jahren stammende, 31 m lange **KM Sipadan,** ehemals in den Diensten der Royal Malaysian Navy, sowie zwei beschlagnahmte thailändische Fischerboote.

9–22 Uhr. Direkt am Meer steht dieses große offene Restaurant, das abends auch Tische und Stühle am Strand aufstellt. Beliebt sind Hähnchen und Fisch vom Grill mit Zitronensoße, auch Garnelen und andere Gerichte. €–€€

... in Kampung Juara:

Gute Hausmannskost – **Mia Cafe:** 1,3 km südlich vom Pier, Tel. 01 77 51 92 31, tgl. 7.30–15 und 18–21 Uhr. Das familiengeführte Bistro der herzlichen Mia versorgt Hungrige zuverlässig mit solider, preiswerter Kost aus der einheimischen Küche, v. a. Currys, Nudelgerichte, Rotis und Seafood. €

Aktiv

Klettern – Erfahrene Kletterer mit eigener Ausrüstung versuchen sich auf verschiedenen Routen am Dragon's Horn, dem markanten Zwillingsfelsen im Süden bei Kampung Mukut. Die meisten Kletterer übernachten dafür im dortigen Simukut Hillview Resort (Tel. 011 23 42 93 74), deren Betreiber auch den Dschungelpfad zum Fuß des Felsens kennen. Genaue Infos zu Routen, Schwierigkeitsgraden und topografischen Besonderheiten unter www.thecrag.com/en/climbing/malaysia/mukut.

Schnorcheln – Viele Resorts und Minimärkte verleihen Masken, Schnorchel und Flossen. Gut lässt es sich rings um die Felsen vor Salang, in der Monkey Bay, nördlich von Air Batang, vor dem Berjaya Tioman Resort und nördlich von Paya schnorcheln. Tauchboote nehmen Schnorchler manchmal zur Coral Island mit (RM 100/Pers.).

Tauchen – s. S. 168. Es gibt mehr als ein Dutzend Tauchschulen. **B & J Diving Centre:** Air Batang, Tel. 094 19 12 18, www.divetioman.com. Bereits seit 1987 gibt es diese große Tauchschule mit Kursen in englischer und deutscher Sprache, einem Trainingspool in Air Batang, eigenen Booten und Nitroxtauchgängen. Das Team betreibt auch Riffpflege und pflanzt Korallen. **Ray's Dive:** Kampung Juara, Tel. 01 35 22 34 50, www.raysdive.com. Beliebte kleine PADI-Tauchbasis an der Ostseite der Insel mit freundlichen, geduldigen Tauchlehrern. **Tauchlehrerin Kat** bietet im Swiss Cottage Kurse im Apnoetauchen an, Tel. 01 77 24 01 90, https://freedivetioman.com.

Radfahren – In Air Batang und Kampung Tekek kommt man gut mit dem Fahrrad voran. Räder werden in mehreren Anlagen für ca. RM 20/Tag vermietet.

Wandern – An der Westküste kann man auf mehr oder weniger gut ausgebauten Fußpfaden wandern und dann per Boot zurückkehren. Abwechslungsreich ist die gut halbtägige Tour von Kampung Salang nach Air Batang und von dort zum Marine Park Information Centre in Kampung Tekek. Vom Berjaya Tioman Resort in Kampung Tekek kann man auf einem Pfad in einem halben Tag über Kampung Paya nach Kampung Genting laufen. Von Kampung Tekek nach Kampung Juara an der Ostküste verläuft parallel zur Straße ein Wanderweg (2,5 Std.), der hinter der Moschee nördlich der Landebahn beginnt und durch schöne Dschungelgebiete führt.

Verkehr

Flüge: Vom Flugplatz in Kampung Tekek starten Kleinflugzeuge von SKS Airways, www.sksairways.com, nach Kuala Lumpur (Subang).

Fähren: Ab Kampung Salang je nach Gezeiten und Saison tgl. 1–4 x nach Mersing (6.30–16.30 Uhr, ca. 2 Std., Erw. RM 60, Kind. RM 50). Stopps werden eingelegt in Air Batang, Kampung Tekek, Kampung Genting und Kampung Paya. Zum gleichen Preis verkehren Fähren von und nach Tanjung Gemok auf dem Festland zwischen Endau und Rompin nördlich von Mersing.

Fortbewegung auf der Insel

Pick-ups: Wagen für den Transport auf der einzigen Inselstraße zwischen West- und Ostküste vermitteln die Unterkünfte in Kampung Juara und Läden in Kampung Tekek (ab RM 35/Pers.).

Motorradtaxis: Die Zweiräder mit Beiwagen verlangen für eine Fahrt entlang der Küste von Kampung Tekek und Air Batang ab RM 10.

Taxiboote: Je nach Entfernung liegt der Preis bei RM 30–150 pro Person. Für Ausflüge oder Inselrundfahrten können Boote gechartert werden (bis zu 10 Pers., RM 200–500). Auch Tourangebote (RM 85–150 pro Pers.).

Südchinesisches
Meer
George Town

Kapitel 2

Der Nordwesten

Im Winter, wenn der Monsun an der Ostküste der malaiischen Halbinsel für ungemütliches Wetter sorgt, lockt im Nordwesten die Sonne. Bereits seit Jahrzehnten wird das Ferienziel Penang deshalb als Alternative zum trüben Winter daheim angeboten. Auch Pulau Langkawi ist ein Touristenmagnet. Das verdankt die Insel nicht nur ihren schönen Stränden, sondern auch einer gezielten, politisch geförderten Tourismusentwicklung.

Bei Weitem nicht so entspannend wie die Strände von Penang, dafür umso interessanter ist die belebte Altstadt von George Town. Hier blieb manches erhalten, was in anderen Städten längst wegsaniert wurde, und so künden repräsentative Kolonialbauten und prachtvolle Villen vom Wohlstand ihrer einstigen Bewohner. Außerdem lassen sich in George Town chinesische Traditionen beobachten, die im Mutterland seit der Kulturrevolution in Vergessenheit geraten sind. Und schließlich lockt die UNESCO-Stadt mit den kulinarischen Kreationen der Bewohner der Straits Settlements, die für ihre gute Küche bekannt sind.

Südlich von Penang erstreckt sich das Kinta Valley, in dessen Zinnminen Tausende überwiegend chinesische Kulis einst den Reichtum der Zinnbarone erarbeiteten. In Ipoh zeugen prachtvolle Gebäude von dieser Zeit, etwas außerhalb findet man Höhlentempel der frühen Arbeitsmigranten und in Taiping entstand auf dem Gelände einer ehemaligen Mine eine wunderschöne Parklandschaft.

Die Berge sind nur schwer zugänglich und bis auf wenige Ziele kaum erschlossen. Zu den beliebten Hill Stations gehören neben den ausgedehnten und viel besuchten Cameron Highlands die weitgehend naturbelassene Region der Fraser's Hills sowie Bukit Larut vor den Toren von Taiping.

Während an der Ostküste im Winter der Monsun für Wind und Regen sorgt, lässt sich an der Westseite von Langkawi prima Strandurlaub machen, so wie hier am Pantai Cenang

Auf einen Blick: Der Nordwesten

Sehenswert

Cameron Highlands: Ein kühles Bergklima, Teeplantagen und Landhäuser im englischen Stil bieten Abwechslung zum tropischen Tiefland (s. S. 176).

George Town: Die Erfolgsgeschichte der Straits Settlements, der britischen Herrscher und der chinesischen Händler haben das Gesicht dieser charaktervollen Stadt auf der Insel Penang geprägt. Ihre lebendige Altstadt zählt zum UNESCO-Weltkulturerbe (s. S. 198).

Pulau Langkawi: Die größte Insel an der Westküste wartet mit dschungelbewachsenen Bergen, Kautschukplantagen, kleinen Dörfern, Reisfeldern und weiten Sandstränden auf – Malaysia im Miniaturformat (s. S. 220).

Schöne Routen

Fahrt auf den Gunung Brinchang: Von Tanah Rata führt eine Straße auf den höchsten Berg der Cameron Highlands (s. S. 179).

Auf dem East-West-Highway von Butterworth nach Kota Bharu: Erst diese in den 1980er-Jahren erbaute Straße hat die Berge im Landesinnern zugänglich gemacht und ermöglicht nun eine spannende Fahrt von der West- zur Ostküste (s. S. 197).

Pulau Pinang umrunden: Ruhige Dörfer wechseln sich mit trubeligen Urlaubsorten ab, immer im Blick sind die dschungelbedeckten Berge des Inselinnern (s. S. 212).

Unsere Tipps

Chinesische Clanhäuser in George Town: Mit jahrtausendealten Riten werden hier die Ahnen verehrt (s. S. 200).

Laksa essen in Balik Pulau: Viele Einheimische schwören, dass die Fischsuppe in diesem kleinen Ort auf Pulau Pinang die beste in ganz Malaysia ist (s. S. 219).

Per Seilbahn zum besten Aussichtspunkt von Pulau Langkawi: Mit der Standseilbahn geht es über dichten Dschungel auf den höchsten Berg der Insel, der fantastische Ausblicke über bizarre Kalkformationen bis aufs Meer bietet (s. S. 232).

Bootsfahrten durch die Inselwelt von Pulau Langkawi: Von den Jachthäfen starten Fähren zu kleinen Inseln, schnittige Jachten laden zu romantischen Segeltörns ein und mit dem Kajak kann man durch die Mangrovenwälder paddeln (s. S. 236).

Kajaktour durch den Mangrovenwald von Langkawi
Südchinesisches Meer
Trekking auf Pulau Langkawi
PERLIS
THAILAND
Per Seilbahn zum besten Aussichtspunkt
Pulau Langkawi
Bootsfahrten
KEDAH
Kota Bharu
Streifzug durch die Altstadt von George Town
George Town
Pulau Pinang
Wanderung auf den Penang Hill
Butterworth
Auf dem East-West-Highway von Butterworth nach Kota Bharu
Laksa essen in Balik Pulau
Chinesische Clanhäuser
Pulau Pinang umrunden
KELANTAN
Andamanensee
PERAK
Taiping
Cameron Highlands
Kuala Kangsar
Ipoh
Gunung Brinchang
Wandern in den Cameron Highlands
Fahrt auf den Gunung Brinchang
Tanah Rata
PAHANG

Wandern in den Cameron Highlands: Markierte Pfade eignen sich sehr gut für Touren auf eigene Faust (s. S. 180).

Streifzug durch die Altstadt von George Town: Alte Gemäuer, Tempel und Werkstätten lassen die Geschichte aufleben (s. S. 200).

Wanderung auf den Penang Hill: Der Weg auf den Penang Hill führt steil hinauf zu einem Kolonialhotel mit fantastischer Aussichtsterrasse (s. S. 214).

Trekking auf Pulau Langkawi: Nach einem anstrengenden Dschungelmarsch lockt ein kühles Bad am Wasserfall (s. S. 233).

Kajaktour durch den Mangrovenwald von Langkawi: Über spiegelglatte Gewässer gleitet man durch eine unwirkliche Welt zwischen Land und Meer (s. S. 234).

Von Kuala Lumpur nach Penang

Keine der Jahreszeiten sorgt in den Innertropen für Abkühlung, nur Klimaanlagen oder eine Fahrt hinauf in die Highlands, die mit einer ganz eigenen Pflanzenwelt überraschen. Auf den Spuren der Zinnschürfer wandelt man im Bundesstaat Perak, wo die Entdeckung der weltweit größten Zinnvorkommen Ende des 19. Jh. einen Boom wie einst der Goldrausch in Kalifornien auslöste.

Fraser's Hill ▶ 1, J/K 11

Noch immer trägt diese bezaubernde Hillstation ca. 100 km nördlich von Kuala Lumpur den Namen eines schottischen Abenteurers: Louis James Fraser. Er hatte Ende des 19. Jh. seine Heimat verlassen, um in Australien Gold zu schürfen, blieb aber auf halber Strecke in Malaya hängen. Seinen späteren Wohlstand verdankte Fraser Maultierkarawanen, mit denen er unter Mithilfe chinesischer Kulis Eisenerz von den Minen in Kuala Kubu Bharu (▶ 1, J 12) zur Bahn nach Kuala Lipis (▶ 1, K/L 10) transportieren ließ. Zudem soll er in seinem winzigen Handelsstützpunkt einen Spielsalon und eine Opiumhöhle betrieben sowie mit Opium gehandelt haben. Kurz bevor seine Verhaftung anstand, verschwand er spurlos.

1917 kehrte ein Bischof aus Singapur von einem Kurzurlaub im Gap Resthouse am Fuß der Berge zurück und pries die reizvolle Gebirgslandschaft. Bereits ein Jahr später beschloss die Kolonialregierung, das Hochland zu erschließen und es nach seinem ersten weißen Siedler **Fraser's Hill** zu nennen. 1922 konnte die steile, einspurige Zufahrtsstraße **The Gap** eröffnet werden.

Im Zentrum

Auf der von sieben bis zu 1524 m hohen Bergen eingerahmten Hochebene, die in romantische Seitentäler ausläuft, entstanden in den folgenden Jahren gediegene Bungalows aus grauem Granit im viktorianischen Stil und im Zentrum rings um den von Efeu umrankten Uhrturm die Polizeistation, das Postamt und ein 9-Loch-Golfplatz, an dem die Einbahnstraße nach oben endet. Bis zum Bau einer weiteren Straße Anfang dieses Jahrhunderts wurde die alte Zufahrtstraße stündlich wechselnd für die Auf- bzw. Abfahrt freigegeben. Manchmal wird auch heute noch auf diese Methode zurückgegriffen, denn die ›neue‹ Straße ist ständig von Erdrutschen bedroht, desgleichen die gigantischen Apartmentanlagen an den steilen Berghängen.

Vor allem am Wochenende und in den Schulferien sind viele Bungalows, Ferienwohnungen und die wenigen Hotels belegt. Die kühlen Berge eignen sich hervorragend zum Beobachten von Vögeln und zum Wandern. Das **Bird Interpretive Centre** im Sports Complex informiert nicht nur über die mehr als 260 hier vorkommenden Vogelarten, sondern auch über andere Bewohner der Bergwelt (tgl. meist 9.30–17 Uhr, Eintritt frei). Wenn wider Erwarten geschlossen ist, beim Puncak Inn gegenüber fragen.

Wanderwege

In der näheren Umgebung sind herrliche Wanderungen auf markierten, allerdings teils überwachsenen Pfaden möglich. Schräg gegenüber der Moschee beginnt der schlecht markierte, 15-minütige **Abu Suradi Trail** mit einem steilen Aufstieg. Kurz nach der Regenzeit kann er gesperrt oder schlecht begehbar sein. Danach spaziert man durch einen üppigen Wald voller Farne, Flechten und Moose. Nahe der Maybank Lodge trifft der Weg auf den **Mager Trail,** der nach 310 m hinter der Krankenstation am Ortseingang endet.

Weiter westlich, hinter dem TM Bangalo, zweigt der schwierige **Pine Tree Trail** ab. Über 5,6 km geht es steil hinauf in den Mooswald auf den Twin Peak Hill (1505 m) und anschließend auf demselben Weg wieder hinunter. Für diese Tour sollte man einen ganzen Tag einplanen.

Recht einfach ist eine Wanderung auf dem 700 m langen, 40-minütigen **Hemmant Trail** um den nördlichen Bereich des (von Architekt Frank Hemmant entworfenen) Golfplatzes, wo man Kannenpflanzen entdecken kann und auf Infotafeln Interessantes über die Natur erfährt. Der anschließende, vor allem bei Vogelfreunden beliebte 30-minütige **Bishop's Trail** (2 km) ist schwieriger zu begehen, da er stellenweise recht steil und sehr schlüpfrig ist.

Übernachten

Very british – **Ye Olde Smokehouse:** etwa 2 km nördl. vom Zentrum, Tel. 093 62 22 26, www.thesmokehouse.my. In diesem mitten im Wald gelegenen Häuschen aus einer anderen Zeit erinnert selbst der Duft der Blumenbouquets an England. Das ehemalige Erholungsheim britischer Soldaten ist heute ein Hotel mit 14 individuell eingerichteten, etwas hellhörigen Zimmern, die weniger muffigen liegen im 1. Stock. Die Suiten lohnen die Mehrausgabe, v. a. die Honeymoon-Suite Victoria mit Himmelbett, Jacuzzi und fantastischer Aussicht. Das Restaurant und die Bar sind ebenso sehenswert wie das kleine Cottage mit dem Wirtschaftsraum. Gäste können den Internetzugang nutzen, am besten im kleinen Lesesaal mit dem alten Globus und der tollen Aussicht. €€–€€€

In ruhiger Natur – **MCM Nature Discovery Villa** (Stephen's Place): Jln. Girdle, Tel. 01 38 18 57 60. Sechs der sieben geräumigen, teils für Familien oder Kleingruppen geeigneten Zimmer sind nach Pflanzen benannt und mit entsprechenden Motiven dekoriert. Nur für Erwachsene ist die separate Sky Cabin auf Höhe der Baumkronen. €€

Große Anlage – **Shahzan Inn:** Jln. Lady Guillemard, Tel. 093 62 23 00, www.shahzaninn-fraserhill.com. Im größten Hotel des Orts mit 94 Zimmern und Apartments ist am Wochenende noch am ehesten etwas frei. Die angenehmeren Zimmer mit Balkon überblicken den Golfplatz. Großes Restaurant. €–€€

In zentraler Lage – **Puncak Inn:** am Uhrturm im Zentrum, Tel. 093 62 20 07. 28 winzige, aber gemütliche Zimmer mit englischem Touch, kleinen Duschen und Blick über das Zentrum und den Golfplatz. In der Rezeption erhalten Besucher gute Tipps und im Souvenirshop können die staatlichen Bungalows gebucht werden. Mit Restaurant. €–€€

Essen & Trinken

Etablierte Taverne – **Scott's Pub & Restaurant:** im Zentrum beim Uhrturm, Tel. 093 62 21 18, www.thesmokehouse.my, tgl. 12–15, 17–21.30 Uhr. Seit 1919 wird in diesem Haus Bier ausgeschenkt. Bei Sonnenschein kann man draußen und an kühlen Abenden vor dem Kamin sitzen. Für Unterhaltung sorgen Sportübertragungen auf großen Bildschirmen. Das Essen im Pubstil ist relativ hochpreisig. Die Taverne gehört den gleichen Besitzern wie das Smokehouse (s. links). €€

Devonshire Cream Teas – **Smokehouse Restaurant:** im Ye Olde Smokehouse (s. links), tgl. 8–22 Uhr. Am stilvollsten isst man im Smokehouse, das bereits im Jahr 1924 erbaut wurde. Seine Gäste machen es sich an dunklen Holztischen in den gediegenen Speisesälen, auf Plüschsofas vor dem Kamin, in der mit alten Stichen und Messingbeschlägen dekorierten Bar oder im Blumengarten gemütlich. Wem die Anfahrt am Abend zu mühsam ist, der kann nachmittags hierher wandern und Devonshire Cream Teas mit Scones, Erdbeermarmelade und Sahne genießen. €€–€€€

Günstig – **Food Garden:** nahe der Moschee im Zentrum, geöffnet nach Bedarf. In dem beliebten, einfachen Essenszentrum kann man wählen zwischen chinesischer, indischer und malaiischer Küche zu verträglichen Food-Court-Preisen. Auch Frühstück. €

Aktiv

Reiten & Bogenschießen – **The Paddock:** östlich vom Golfplatz, Tel. 09 36 22 195, Sa–Do

8.30–18.30, Fr 8.30–12 und 14.45–18.30 Uhr. Hier kann man eine Runde auf ehemaligen Rennpferden reiten und sich im Bogenschießen (ab RM 10) üben.

Wandern – Die Trails sind ausgebaut und markiert, werden aber immer wieder schnell von der Vegetation überwuchert. Dennoch sind Touren auf eigene Faust problemlos möglich. Tafeln informieren in Englisch über die Flora und Fauna. Sicherheitshalber sollte man seine Unterkunft über die geplante Route informieren und für Notfälle ein Handy dabeihaben. Erforderlich sind zudem feste Schuhe, ausreichend Wasser und ein Regenschutz, denn in den Bergen kommt es regelmäßig zu ergiebigen Niederschlägen, v. a. nachmittags.

Verkehr

Überlandtaxis: Es gibt keine Busse nach Fraser's Hill. Taxis ab Kuala Lumpur kosten etwa RM 200, ab Kuala Lipis RM 200, ab Kuala Tembeling (Taman Negara) RM 280. Die nächste Busstation ist Raub, das mit dem Taxi für RM 90 erreichbar ist.

Cameron Highlands

▶ 1, H/J 9

Karte: S. 179

Während der Fahrt hinauf in die Berge wandelt sich das Landschaftsbild. Palmen und andere Pflanzen des tropischen Tieflands treten immer mehr in den Hintergrund, dafür tauchen zunehmend Baumfarne auf. Sobald die ersten Nadelhölzer zu sehen sind, kann man beruhigt die Klimaanlage ausschalten, die Autofenster herunterkurbeln und die frische Bergluft genießen. Märchenhafte Wälder voller Moose, Farne und Orchideen bedecken die höchsten Berge. In Hochtälern gedeihen auf steilen Feldern und in Gewächshäusern Kräuter, Kohl und anderes Gemüse sowie Erdbeeren und Rosen. Auch der Teeanbau hat in den **Cameron Highlands** Tradition, ebenso wie der Tourismus. Neben den englischen Kolonialbeamten, die sich gern in dem feucht-kühlen Klima aufhielten (s. S. 183), haben chinesische Bauern, indische Plantagenarbeiter und vor allem die ursprünglichen Bewohner, die Orang Asli, die Region geprägt.

Tanah Rata

Der Hauptort der Highlands ist **Tanah Rata,** das von ausländischen Touristen als Übernachtungsort bevorzugt wird. An der Hauptstraße liegen einige einfache indische und chinesische Restaurants sowie malaiische Essensstände, zahlreiche Souvenirgeschäfte und Minimärkte. Von der britischen Kolonialzeit zeugen am Ortseingang an einem Hang die grauen Steinbauten der christlichen Grundschule **SK Convent** 1 und auf

In den Teeplantagen der Cameron Highlands können auch Touristen etwas vom Anbau und der Verarbeitung des Teestrauchs (Camellia sinensis) lernen

einem Hügel nahe dem Sportplatz das alte **Resthouse** 2.

Brinchang

Nördlich von Tanah Rata verläuft die Hauptstraße am alten Golfplatz vorbei nach **Brinchang.** Am Ortseingang erhebt sich der kleine hinduistische **Sri Thandayuthabani Temple** 3, der Lord Murugan gewidmet ist. Wer kurz darauf nach rechts abbiegt, steht nach 900 m vor dem buddhistischen **Sam Poh Temple** 4. Das zentrale Heiligtum wird von zwei goldfarbenen Löwenstatuen und fünf gigantischen Tempelwächtern bewacht (tgl. bis 17 Uhr).

Das Ortszentrum von Brinchang mit vielen Hotel- und Apartmentanlagen in schlecht nachgeahmter Tudor-Architektur ist nicht besonders attraktiv. Mehrere Blumen- und Schmetterlingsgärten sowie andere Touristenattraktionen säumen die Straße Richtung Norden.

Time Tunnel 5

Tel. 01 63 28 84 38, tgl. 9–18 Uhr, RM 8

Nicht nur für historisch Interessierte lohnt sich der Besuch des privaten Museums **Time Tunnel** 1,5 km nördlich von Brinchang. Mit großer Leidenschaft hat Mr. See zusammengetragen, was in früheren Generationen in Haushalten und Geschäften der Highlands gebraucht wurde, vom Blechspielzeug bis zum Friseurstuhl. Die umfangreiche Sammlung wird durch Fotos

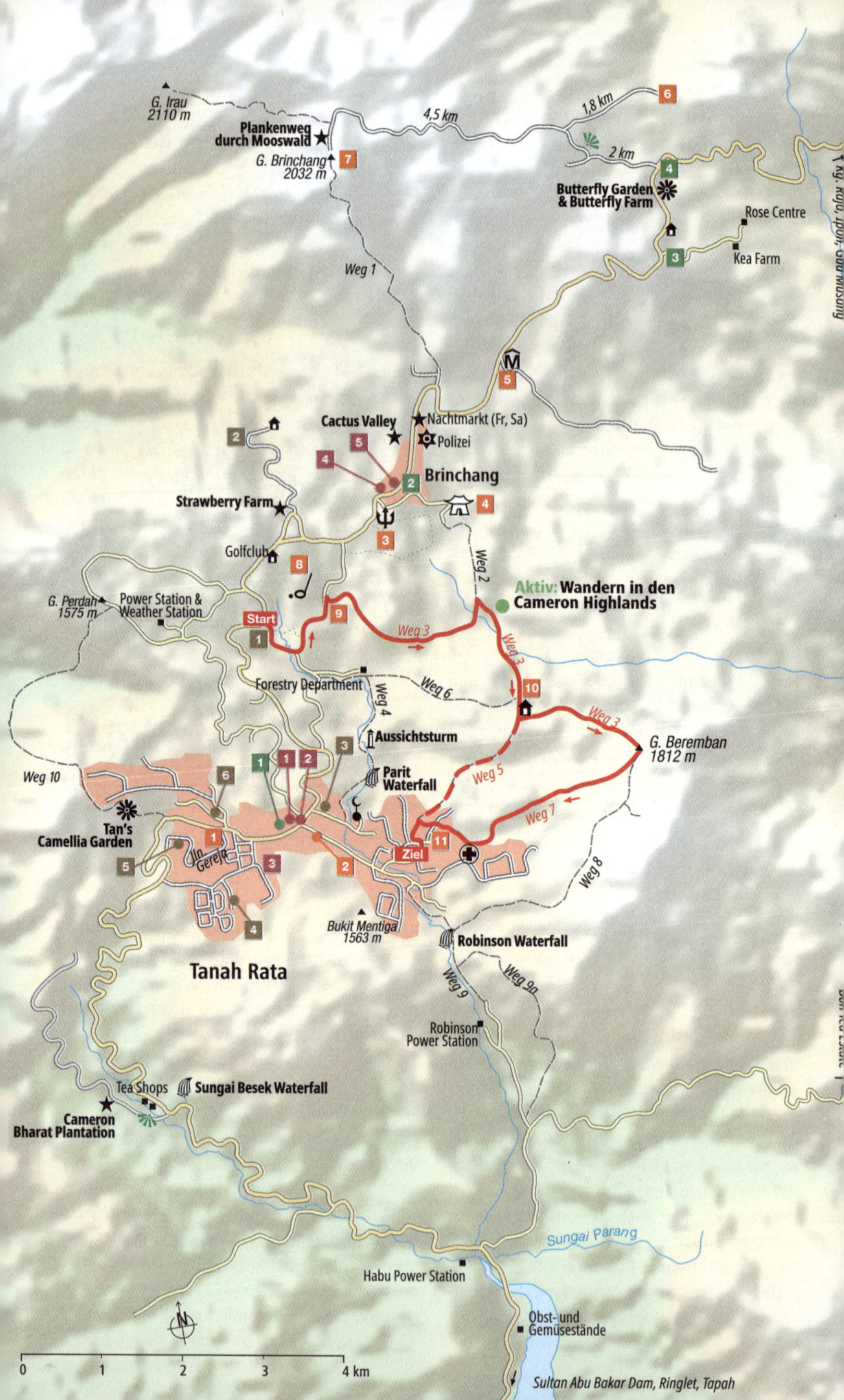
G. Irau
2110 m
Plankenweg durch Mooswald
G. Brinchang
2032 m
4,5 km
1,8 km
2 km
Butterfly Garden & Butterfly Farm
Rose Centre
Kea Farm
Weg 1
Nachtmarkt (Fr, Sa)
Cactus Valley
Polizei
Brinchang
Strawberry Farm
Golfclub
Weg 2
G. Perdah
1575 m
Power Station & Weather Station
Aktiv: Wandern in den Cameron Highlands
Start
Weg 3
Forestry Department
Weg 4
Weg 6
Aussichtsturm
G. Beremban
1812 m
Weg 10
Parit Waterfall
Weg 5
Weg 7
Tan's Camellia Garden
Jln. Gereja
Ziel
Weg 8
Bukit Mentiga
1563 m
Robinson Waterfall
Tanah Rata
Weg 9
Weg 9a
Robinson Power Station
Tea Shops
Sungai Besek Waterfall
Cameron Bharat Plantation
Sungai Parang
Habu Power Station
Obst- und Gemüsestände
Sultan Abu Bakar Dam, Ringlet, Tapah
0
1
2
3
4 km

Cameron Highlands

Sehenswert

1 SK Convent
2 Resthouse
3 Sri Thandayuthabani Temple
4 Sam Poh Temple
5 Time Tunnel
6 Sungai Palas BOH Tea Estate
7 Gunung Brinchang
8 Golfplatz
9 Arcadia Cottage
10 Schutzhütte
11 MARDI

Übernachten

1 Smokehouse Hotel
2 Strawberry Park Resort
3 Century Pines Resort
4 Highlanders Garden Guesthouse
5 Gerard's Place
6 Father's Guest House

Essen & Trinken

1 Highland Spices und Sri Brinchang
2 The Lord's Cafe
3 G.V.
4 Cameron Organic Produce
5 Hyland Restaurant

Einkaufen

1 Yung Seng
2 Anytime Teatime
3 Markt
4 Markt

---

ergänzt und liefert einen lebendigen Eindruck vom Leben in den Highlands zur Zeit der Briten und des Notstands in den 1950er-Jahren, als sich kommunistische Guerillakämpfer in den Bergen der Cameron Highlands organisierten.

Sungai Palas BOH Tea Estate 6

Tel. 054 93 13 24, www.bohtea.com, Di–So 8.30–16.30 Uhr

Auf dem Weg zum Gunung Brinchang lohnt sich ein Abstecher zum **Sungai Palas BOH Tea Estate,** wo immer noch die alten Maschinen aus britischer Zeit laufen. Die Teefabrik kann im Rahmen kostenloser Führungen besichtigt werden. Wie ein Riegel schiebt sich der benachbarte gläserne Flachbau des **BOH Tea Centre** in die malerisch grüne Hügellandschaft hinein und besticht mit seiner modernen, preisgekrönten Architektur. Das Gebäude beherbergt ein aufschlussreiches Museum zur Geschichte des Teeanbaus, einen Laden sowie ein Teehaus mit großer Terrasse, wo Besucher professionell zubereiteten Tee und die einmalige Aussicht genießen können.

Gunung Brinchang 7

Jenseits der Teeplantage und der Gemüsefelder windet sich die schmale steile Straße durch einen märchenhaften Bergwald auf den 2032 m hohen **Gunung Brinchang** hinauf. Die Bambushaine und Baumfarne machen in höheren Lagen Platz für Rhododendren und niedrige, verkrüppelte Bäume, die mit Moosen und Flechten überwuchert sind. Bei Touren durch den Mooswald, der unter Naturschutz steht, entdeckt man Kannenpflanzen und Orchideen. Der 250 m kurze Plankenweg unterhalb des Gipfels ist manchmal wegen Reparaturen geschlossen.

Neben der Radio- und Fernsehstation auf dem höchsten befahrbaren Punkt Malaysias steht ein **Aussichtsturm.** Wer die Aussicht genießen möchte, sollte am besten früh kommen – nachmittags ziehen oft Wolken auf.

Infos

Mehrere ›Touristeninformationen‹ im Zentrum von Tanah Rata dienen in erster Linie dazu, Touren in die Umgebung zu verkaufen. Sie vermitteln zudem Backpackerbusse in den Taman Negara National Park und nach Kuala Besut, dem Fährhafen für Pulau Perhentian.

Übernachten

… in und um Tanah Rata:

Im britischen Kolonialstil – **Smokehouse Hotel 1 :** zwischen Tanah Rata und Brinchang am Golfplatz, Tel. 054 91 12 15, www.smoke

WANDERN IN DEN CAMERON HIGHLANDS

Tour-Infos

Start: The Smokehouse Hotel, Anfahrt mit Taxi oder Bus ab Tanah Rata; **Ziel:** MARDI
Dauer/Länge: 2–3 Std./3 km (Weg 3 + 5)
Schwierigkeitsgrad: mit normaler Kondition möglich
Karten: s. S. 179. Hilfreich ist die »Cameron Highlands Discovery Map«, die man in vielen Läden in Tanah Rata kaufen kann.
Hinweis: Für einige Wanderwege braucht man eine Genehmigung (Permit), s. S. 184.

Dank des kühlen Klimas und wunderbarer Bergwälder ist es ein Genuss, in den Cameron Highlands zu wandern. Getrübt wird die Freude nur durch schlecht oder nicht markierte Wege, teils sehr steile Streckenabschnitte und manchmal auch durch umgefallene Bäume und Erdrutsche, die besonders bei Regen zu Hindernissen werden. Da sich die Lage schnell ändern kann, sollte man sich vor dem Start in Gästehäusern über die aktuelle Situation erkundigen. Empfehlenswert ist ein früher Aufbruch, denn Vögel und andere Waldbewohner wie Affen sind besonders morgens aktiv und daher leichter zu sehen. Zudem wird man am Vormittag weniger häufig von Niederschlägen überrascht. Die Tour beginnt am **Smokehouse Hotel** 1, einem Hotel im Tudorstil. Die ersten 10 Min. geht es gemächlich entgegen dem Uhrzeigersinn auf der Straße am alten **Golfplatz** 8 entlang, der sich gleich hinter der Brücke über den Sungai Bertam von seiner schönsten Seite zeigt. Eingebettet in eine herrliche Landschaft, wird er vom höchsten Berg der Cameron Highlands, dem Gunung Brinchang, überragt. An der Ausschilderung zum Wisdom Park OCBC Sri Sentosa und Arcadia Cottage wählt man die untere der drei schmalen Straßen, die nach weiteren 10 Min. am Blumengarten des **Arcadia Cottage** 9 endet. Ein schmaler ausgeschilderter Zugang zum **Weg 3** führt nun vorbei an einem kleinen chinesischen Schrein in den Wald hinein. Die Wanderung über dichtes Wurzelgeflecht den Berg hinauf erfordert ständige Aufmerksamkeit. Deshalb lohnt es sich, ab und zu stehenzubleiben und einen Blick nach oben in die verkrüppelten Äste der Bäume zu werfen, die von Moosen überwachsen sind. Einige Pflanzen entlang dem Weg sind sogar ausgeschildert, beispielsweise die Steinfruchteiche *(Lithocarpus)* mit ihren ledrigen Blättern und eichelförmigen Früchten, der Minyak Berok *(Xanthophyllum spp)*, der zu den Kreuzblumengewächsen gehört, und der immergrüne Berangan *(Castanopsis, Scheinkastanie)*, der längliche, spitz zulaufende Blätter hat und zu Nutzholz verarbeitet wird.

Wer sich Zeit für Fotostopps lässt und gemächlich aufsteigt, wird nach etwa 30 Min., 820 m oberhalb vom Golfplatz, auf die Abzweigung zu **Weg 2** treffen. Dieser ständig bergauf und bergab führende Pfad hat den chinesischen **Sam Poh Temple** in Brinchang (s. S. 177) zum Ziel. Er ist zwar nur 1 km lang, aber sehr schwer zu begehen, sodass man für die Strecke rund 1,5 Std. benötigt.

Daher bleibt man besser auf dem Weg 3, der nun teils recht steil in ein wunderschönes Tal hinabführt. Mit jedem Schritt wird der Wald dichter und grüner, die Bäume nehmen an Höhe zu und auch die Luftfeuchtigkeit steigt an. Das Wasserrauschen in der Ferne entpuppt sich bald als schmaler Bach, den es zweimal zu überqueren gilt. Vorbei an Farnen und hohen, von Moosen und gewaltigen Epiphythen malerisch bewachsenen Bäumen steigt man wieder hinauf. Teilweise ist der Boden von einem Teppich aus Blütenblättern bedeckt, die aus den oberen Stockwerken der Bäume herabgerieselt sind. 10 Min. nach der Abzweigung von **Weg 6** zum **Forestry Department** steht mitten im Wald eine solide **Schutzhütte** 10 mit Sitzbänken. Hier hat man nach gut 1,5 Std. den schwierigsten Teil der Wanderung hinter sich gebracht.

Wer die Tour erweitern möchte, kann dem Weg 3 von hier weiter folgen, etwa 1 km zum 1812 m hohen **Gunung Berembun** aufsteigen und über den immer recht schlüpfrigen **Weg 7** in insgesamt ca. 3 Std. zum MARDI in Tanah Rata zurückkehren. Weniger beschwerlich ist die Wanderung von der Schutzhütte auf dem anfangs breiten, dann immer schmaler werdenden **Weg 5** zurück nach Tanah Rata, insgesamt etwa 1,5 km (Genehmigung erforderlich!). Es geht vorbei an weiteren Minyak-Berok-Bäumen und einem Kandisbaum *(Garcinia)*, der mit der Mangostane verwandt ist. Wer sich auskennt, entdeckt vielleicht einen wilden Durianbaum. Auf dem letzten Teil der Strecke durch Mooswald wird der Untergrund immer sandiger und der Pfad immer ausgespülter, sodass der kurze Abstieg vor allem bei Regen zu einer Rutschpartie werden kann. Dieser Abschnitt ist ein beliebter Platz von Vogelkundlern, die hier nach seltenen Arten Ausschau halten.

Schon bald endet der Wald und die ersten Kräuter- und Gemüsefelder kommen ins Blickfeld. Die Unterkunft am Beginn der Asphaltstraße und die Teeplantage auf dem anderen Hügel, wo Weg 7 endet, gehören zur landwirtschaftlichen Versuchsstation **MARDI** 11. Selbst bei Regen eignen sich der überdachte Blumengarten mit Ruhebänken und das **Café** hinter dem Verwaltungsgebäude gut für eine Pause vor dem etwa 20-minütigen Rückweg nach Tanah Rata. Bei schönem Wetter lohnt ein Rundgang durch den Kräutergarten, die Teeplantage und die Erdbeerfelder. Ein Laden verkauft Marmelade, Chutneys, getrocknete Früchte, Tees, Säfte und andere landwirtschaftliche Erzeugnisse. Übrigens: Wer die Wanderung in umgekehrter Richtung unternimmt, zahlt an der Schranke einen Eintritt von RM 3, wer dagegen vom Berg kommt, braucht nichts zu zahlen.

househotel.com. 15 kleine, komfortable Suiten mit Bad und 9 Zimmer in einem Haus aus den 1930er-Jahren im Tudorstil, gediegen und liebevoll mit Plüschsofas, schweren Holzmöbeln und Nippes eingerichtet. Abends echtes Kaminfeuer im Speisesaal. €€–€€€

Großzügig – **Strawberry Park Resort** 2: 6 km nördlich von Tanah Rata hinter der Strawberry Farm, Tel. 054 91 11 66, www.strawberryparkresorts.com. Weitläufige Hotelanlage mit guter Aussicht vom Berg. Die Zimmer und Apartments bieten viel Platz und komfortable Ausstattung, ein Spa, eine Sauna und Sportangebote runden den Aufenthalt ab. €€

Zentral und komfortabel – **Century Pines Resort** 3: 42 Jln. Masjid, Tel. 054 91 51 15, www.centurypinesresortcameron.com.my. In der Nebensaison werden die einfachen Zimmer dieses 5-stöckigen Hotels mit Badzugang durch den Flur recht günstig angeboten. Die Deluxe-Zimmer haben neben eigenem Bad als Extras große Betten und eine Terrasse oder einen Balkon. Besser die Zimmer im Haupthaus und nicht im Nebengebäude buchen. Restaurant mit Terrasse, Sauna und Fitnesscenter. €€

Hell und sauber – **Highlanders Garden Guesthouse** 4: 17 Jln. Mentigi, Tel. 01 35 30 60 81, www.facebook.com/highlandersguesthouse. In einem netten Garten am Ortsrand liegt dieses dreistöckige Gästehaus mit Garten. Einige der 12 geräumigen Zimmer eignen sich auch für Familien. €€

Gut betreut – **Gerard's Place** 5: Carnation Block, C 9, 10 und 17, gegenüber dem Heritage Hotel, Tel. 01 65 66 11 11, www.gerardsplace.com. Von den engagierten Besitzern Gerard und seiner Frau Jay geleitetes, nett eingerichtetes Guesthouse im Untergeschoss der Apartmenthäuser. Saubere Zimmer mit gefliesten Böden und teils Gemeinschaftsbädern. Angenehme Gemeinschaftsräume mit Küche und Fernsehzimmer, viele Infos und gute Touren mit engagierten Naturschützern. €–€€

Mit Schlafsaalbetten – **Father's Guest House** 6: Barre IJ Centre, Lot 110, Jln. Carnation, Tel. 01 65 66 11 11, www.fathersguesthouse.net. Gerard und Jay (s. Übernachtung Nr. 5) betreiben auch ein vierstöckiges Gebäude nördlich der Hauptstraße als kleines Hotel, wobei hier alle Zimmer über eigene Bäder verfügen und für 2–4 Personen geeignet sind. In einem Containeranbau befindet sich die Gemeinschaftsküche, daneben eine offene Veranda zum Sitzen. Sparfüchse können im Schlafsaal übernachten. €

Essen & Trinken

... in und um Tanah Rata:

England in den Tropen – **Smokehouse Restaurant** 1: s. links, tgl. Mittagessen 12–14.30, Abendessen 18.30–21.30 Uhr, Afternoon Tea auch zwischendurch. Gäste von außerhalb dürfen in dem Hotelrestaurant nur speisen, wenn sie ordentlich gekleidet sind. Die Atmosphäre in dem stilvollen Speisesaal ist überzeugender als das Beef Wellington oder die Steaks. €€–€€€

Gutes Preis-Leistungs-Verhältnis – **Highland Spices und Sri Brinchang** 1: 26 und 25 Jln. Besar, tgl. 8–22 Uhr. In den alten Geschäftshäusern und auf den betriebsamen Terrassen an der Hauptstraße werden in den benachbarten Restaurants indische Klassiker serviert: indisches Frühstück mit frischen *roti canai* und *tosai,* Reisgerichte auf dem Bananenblatt, Fisch im Tontopf sowie Tandoori-Hähnchen und frisch gepresste Säfte. Schneller Service. €

Leckeres Lassi – **The Lord's Cafe** 2: Jln. Besar, 1. Stock des Marrybrown, Tel. 01 95 72 28 83, Mo–Sa 10–17 Uhr. In dem schlichten Café im 1. Stock werden neben selbst gebackenen Kuchen und Scones extrem gute Lassi zubereitet, besonders das Mango-Lassi schmeckt hervorragend. €

Roti canai zum Frühstück – **G.V.** 3: östlich der Cameron Fair, Tel. 01 65 02 14 62, tgl. 6–17 Uhr. Das südlichste der kleinen Straßenbistros in dieser Zeile serviert morgens exzellente *roti canai* frisch gebacken, die selbst mit Ei und einer geschmackvollen Currysoße nur wenige Ringgit kosten. €

... in Brinchang:

Biovegetarisches Steamboat – **Cameron Organic Produce** 4: Brinchang, neben dem

Die Highlands zur Zeit der Briten

Bereits die britischen Kolonialherren zogen sich zur Erholung in die kühlen Berge zurück, wo inmitten von Blumenrabatten gelegene Landhäuser im englischen Stil, knisternde Kaminfeuer, Wasserfälle, Morgennebel und gepflegte Golfplätze ein Gefühl von der Heimat vermittelten.

Das Plateau in über 1000 m Höhe rings um das Blue Valley wurde 1885 von William Cameron, einem Landvermesser im Dienst der britischen Kolonialregierung, bei einer seiner Expeditionen in der Titiwangsa Range entdeckt und kartiert. Sein malaiischer Begleiter Kulop Riau drang erst Jahre später in das Tal rings um das heutige Tanah Rata vor.

Die Erschließung der Cameron Highlands geht auf das Konto von Sir Hugh Low, einem britischen Kolonialoffizier, der seit 1877 im heutigen Bundesstaat Perak lebte. Low, der fließend Malaiisch sprach, reformierte die Verwaltung, förderte den Kautschukanbau und pflegte darüber hinaus seine naturkundlichen Interessen. Ihn faszinierten die Berge, bereits 1851 hatte er den Gunung Kinabalu in Sabah bestiegen. So erregte auch das von dschungelbedeckten Höhenzügen umgebene Plateau sein Interesse. Er wollte dort Pflanzen der gemäßigten Breiten anbauen, die im Tiefland nicht gediehen, und für seine unter der Hitze leidenden Landsleute einen Luftkurort einrichten. Ein Pfad wurde durch den Dschungel geschlagen, passierbar nur mit Pferden oder zu Fuß. Da die Reise für die meisten zu anstrengend und zu zeitraubend war, blieben die wenigen Dschungelnomaden für die nächsten 40 Jahre weitgehend unter sich.

1925 besuchte Sir George Maxwell das Hochland. Der Kolonialbeamte, ebenfalls in den Diensten der Regierung von Perak, beschloss von Tapah aus eine Straße durch das schwierige Terrain bauen zu lassen. Das Projekt forderte viele Opfer und wurde erst 1931 fertiggestellt. 1929 begann John Archibald Russell, Sohn eines britischen Verwaltungsbeamten, mit dem Teeanbau und legte damit den Grundstein für den Sungai Palas BOH Tea Estate.

Wenngleich die Straße anfangs noch unbefestigt war, wurde das Hochland bei den Engländern schnell populär. Es entstanden erste Hotels, ein Government Rest House und ein Golfplatz, Baumschulen, Gemüsefelder, eine Versuchsfarm und zwei Internate. Firmen und wohlhabende Engländer errichteten Ferienhäuser, legten Blumengärten an und schufen sich so im tropischen Malaya ein Stück Heimat. Ältere Bewohner erinnern sich noch gut an die couragierte Anne Laugharne Phillips Griffith-Jones (1890–1974) aus Wales, die bis ins hohe Alter in den Highlands lebte. Eigentlich wollte sie in Singapur nur ihren Bruder besuchen, doch dann begann sie in der Tanglin School zu arbeiten, Singapurs erster Grundschule für Kinder der Kolonialbeamten. 1935 eröffnete Miss Griffith-Jones in den Cameron Highlands ein englisches Internat, die heutige Slim School. Nach dem Einmarsch der Japaner musste u. a. diese Schule schließen und Griffith-Jones wurde im Changi Prison in Singapur interniert, wo sie für die Kinder eine weitere Schule gründete.

Rasa Passadena Hotel, Tel. 054 91 48 07, tgl. 12–22 Uhr. Hier kommt vegetarische Biokost, aber auch Fleisch in die Steamboatbrühe. €€

Traditionelles Steamboat – **Hyland Restaurant** 5 **:** Brinchang, oberhalb vom Rasa Passadena Hotel, Tel. 054 91 43 23, tgl. 10–21.30 Uhr. An den großen, runden Tischen des einfachen offenen Restaurants genießen v. a. Chinesen das beste Steamboat der Cameron Highlands - Gemüse, Fisch, Garnelen, Tintenfisch, Huhn, Tofu und mehr werden in der Brühe eines mit Holzkohle befeuerten Topfs am Tisch gegart. €€

Einkaufen

... in Tanah Rata:

Souvenirs – **Yung Seng** 1 **:** 29 und 30 Jln. Besar, Tel. 054 91 20 31, tgl. 10–17 Uhr. In den beiden benachbarten Läden sticht aus einem bunten Mix von Souvenirs verschiedener asiatischer Länder die umfangreiche Sammlung geschnitzter Holzmasken und -statuen von den Mah Meri in Pulau Carey (s. S. 69) heraus, die allerdings ihren Preis haben. Nicht verpassen sollte man das hervorragende Mah Meri Museum im 1. Stock.

... in und um Brinchang:

Tee, Schokolade & mehr – **Anytime Teatime** 2 **:** 18 Jln. Besar, Main Sq., Tel. 054 91 53 62, auf Facebook, tgl. 9–22.30 Uhr. Der kleine Laden am zentralen Platz ist vollgepackt mit Tee aus Sri Lanka, süßen Leckereien und anderen Souvenirs. **Sungai Palas BOH Tea Estate** 6 **:** s. S. 179

Obst & Gemüse – **Märkte** 3 u. 4 **:** etwa 3 km nördl. von Brinchang, gegenüber der Abzweigung zum Gunung Brinchang. Hier werden neben Blumen und Gemüse auch Erdbeeren verkauft.

Aktiv

Wandern – Touren auf eigene Faust in der Umgebung von Tanah Rata sind mit der Cameron Highlands Discovery Map (s. S. 180) möglich. Allerdings sind einige Abzweigungen nicht gut ausgeschildert, was einheimischen Guides zuzuschreiben ist, die nicht arbeitslos werden wollen. **Achtung:** Für die Trails 1–8 war zuletzt ein **Permit** vom Forestry Department erforderlich (RM 10), das im Vorfeld besorgt werden muss. Keine Genehmigung erforderten die Trails 9, 9a, 10 sowie der zuführende Trail Nr. 6 (der womöglich in 10a umnummeriert wird).

Geführte Touren – Von Wanderungen über Vogelbeobachtung bis zu einer Tagestour zur Rafflesia bei den Temiar tief im Dschungel nahe Kelantan reicht das Angebot der örtlichen Veranstalter.

Verkehr

Busse: Die Busstation liegt im Zentrum von Tanah Rata. Busse verschiedener Gesellschaften fahren mehrmals tgl. nach Kuala Lumpur (ca. 4–5 Std., RM 23–40) sowie über Ipoh in Richtung Norden und Westen (ca. 3 Std., RM 25). Dort ist beim Umsteigen zu beachten, dass es mehrere Busbahnhöfe gibt. Bis 16 Uhr fahren zudem Busse nach Penang (5 Std., RM 32). Backpackerbusse (https://nkstravel.com) fahren von den Gästehäusern nach Kuala Besut (Fährhafen für Pulau Perhentian) um 8 Uhr (6–8 Std., RM 120) und zum Taman Negara National Park ebenfalls um 8 Uhr (6 Std., RM 95 bzw. RM 140 mit Boot ab Kuala Tembeling).

Überlandtaxis: Neben der zentralen Busstation warten Taxis mit dem Schild »Kereta Sewa« (›Fahrzeug zu mieten‹), darunter einige alte Mercedestaxis, das älteste aus dem Jahr 1964. Sie fahren zu Festpreisen, die dem Aushang zu entnehmen sind, bestimmte Routen, und können zudem für Rundfahrten durch die Highlands für RM 25/Std. gemietet werden. Nach Ipoh RM 180, Kuala Lumpur RM 380, zum KLIA Airport RM 430, in den Taman Negara National Park (Kuala Tahan) RM 550.

Ipoh und Umgebung

▶ 1, G/H 8/9

Cityplan: S. 186

Ende des 19. Jh. verwandelten immense Zinnvorkommen eine unbedeutende Siedlung im Kinta Valley in eine Stadt der Millionäre. Die riesigen Schaufelbagger, die in nicht einmal 100 Jahren die Lagerstätten erschöpfend abtrugen, sind inzwischen verrostet. Was blieb, sind riesige geflutete Tagebau-Kraterlandschaften sowie schmucke Verwaltungsgebäude, Banken und Geschäftshäuser. **Ipoh,** die Hauptstadt von Perak (›Silber‹) und die größte Stadt im **Kinta Valley,** erstreckt sich heute über viele Kilometer von Batu Gajah im Süden bis Sungai Siput nordöstlich von Kuala Kangsar. Im Osten wird der Ballungsraum wie ein Amphitheater von steil aufragenden, dschungelbedeckten Karstformationen begrenzt. Teile der bis zu 400 Mio. Jahre alten Kalkfelsen werden in Zementwerken zerschreddert, andere sind von Höhlen durchzogen, die seit Generationen als buddhistische Tempel und zur Meditation dienen.

Bahnhof 1

Bereits der 1917 nach Plänen des britischen Architekten A. B. Hubback im britisch-kolonialen Mogul-Stil errichtete **Bahnhof** lässt erahnen, wie reich die Stadt einmal gewesen sein muss. Im 1. und 2. Stock bot das Majestic Station Hotel ab den 1920er-Jahren Reisenden eine angemessene Bleibe und Geschäftsleuten, Politikern und Zinnbaronen mit seiner 180 m langen Veranda einen perfekten Ort, um bei einem *stengah* (Whisky Soda) die neuesten Ereignisse zu diskutieren. Nach langem Siechtum und Verfall ist das Hotel geschlossen, der Bahnhof wurde renoviert.

Im vielseitig gestalteten Park vor dem Bahnhof steht die Pflanze, die der Stadt ihren Namen gab: ein **Ipoh-Baum** *(Antiaris toxicaria).* Das wie ein harmloser Gummibaum aussehende Gewächs sondert ein weißes Harz ab, das tödlich ist und von den Orang Asli als Gift für ihre Blasrohrpfeile verwendet wird.

Rings um den Padang

Zwischen der Eisenbahntrasse und dem Sungai Kinta erstreckt sich das alte Zentrum. Auf der Westseite des **Padang** erhebt sich das ehemalige Rathaus, der **Dewan Bandaraya** 2, und nördlich daran angrenzend das Gerichtsgebäude, der **High Court** 3. Der altehrwürdige **Royal Ipoh Club** 4 (www.royalipohclub.org.my) mit seinem gepflegten Rasen, auf dem noch heute Cricket gespielt wird, könnte ebenso in England stehen. Zwischen der kleinen **Masjid India** und der **St. John's Church** werden die Schüler der 1912 gegründeten **St. Michael's Institution** 5 noch immer im Geist des französischen Theologen Jean-Baptiste de La Salle unterrichtet. Im Zweiten Weltkrieg diente das Schulgebäude zuerst den Briten als Hospital und später japanischen Offizieren und der Polizei als Quartier.

In der Altstadt

In den vergangenen Jahren hat man auch in Ipoh den Reiz der alten chinesischen Geschäftshäuser erkannt, sie renoviert und schmucklose Fassaden mit Wandgemälden verschönert. Seither haben sich rings um den **Kong Heng Square** 6 nette Boutiquen, Cafés und Restaurants angesiedelt. Es ist kein »Square« im eigentlichen Sinne, vielmehr ein umfunktioniertes altes Gebäudeensemble mit dem Charme des Verblichenen und dem Reiz des Modernen. In der gegenüberliegenden **Concubine Lane** 7 (wo einst die Nebenfrauen der Zinnbarone wohnten) wird am Wochenende abends ein kleiner Straßenmarkt aufgebaut. Im einstigen Clubhaus der Bergbauarbeiter **Han Chin Pet Soo** (3 Jln. Bijeh Timah, Di–So 9.30–17 Uhr, Spende) erfahren Besucher im Rahmen einer Führung mehr über die chinesischen Einwanderer und den Zinnbergbau, Anmeldung unter www.ipohworld.org/reservation/#4.

Perak Tong 8

Tgl. 9–18 Uhr, 6 km nördl. der Stadt, Anfahrt mit Bus 35

Entsprechend der alten chinesischen Tradition wurden bereits von frühen Immigranten natürliche Höhlen in den Karstfelsen zu Tempeln umgestaltet. Besonders schön ist der buddhistische **Perak Tong,** den Chong Sen Yee, ein Mönch aus China, im Jahr 1926 anlegen ließ. Der Höhlentempel liegt am Fuß des 120 m hohen bewaldeten **Gunung Tasek,** der östlich der alten Straße nach Kuala Kangsar kurz hinter der Autobahnauffahrt steil emporragt. Durch das mittlere der drei Gebäude im chinesischen Stil betritt man die Haupthöhle. Sie wird von einer über 12 m ho-

Ipoh

Sehenswert

1 Bahnhof
2 Dewan Bandaraya
3 High Court
4 Royal Ipoh Club
5 St. Michael's Institution
6 Kong Heng Square
7 Concubine Lane
8 Perak Tong
9 Tambun
10 Sam Po Tong
11 Kellie's Castle

Übernachten

1 The Banjaran Retreat
2 Bedrock Hotel
3 Hotel Excelsior
4 French Hotel
5 M Boutique Hotel
6 Dragon & Phoenix Hotel

Essen & Trinken

1 Oversea Restaurant
2 STG Boutique Café
3 Above Gastrobar
4 Purple Cane Tea House
5 Restoran Foh San
6 Restoran Thean Chun
7 Old Town White Coffee

Einkaufen

1 Ipoh Parade
2 AEON Ipoh Station 18
3 Memory Lane
4 Nachtmarkt

hen Buddhafigur im Lotossitz dominiert, die von vielen kleineren Statuen umgeben ist. Die Wände sind mit Kalligrafien sowie Szenen aus chinesischen Sagen und Legenden geschmückt. Rechts hinter dem Hauptaltar führt eine bis 16 Uhr beleuchtete Passage durch den Felsen und über eine Treppe mit 385 Stufen an der Felswand hinauf zu mehreren Aussichtspunkten und Pavillons, die eine schöne Aussicht auf die Stadt bieten.

Tambun 9

Bus T33A oder B nach Tanjung Rambutan alle 2 Std. bis 20 Uhr, Taxi RM 25

Etwa 10 km östlich des Zentrums sprudeln bei **Tambun** (Sunway City) am Fuß von Kalkfelsen inmitten eines traumhaften Tals heiße Quellen aus dem Boden. Bereits seit den 1920er-Jahren genießen Einheimische wie Besucher das Bad in dem schwefelhaltigen Wasser. Während es früher jedoch herrlich

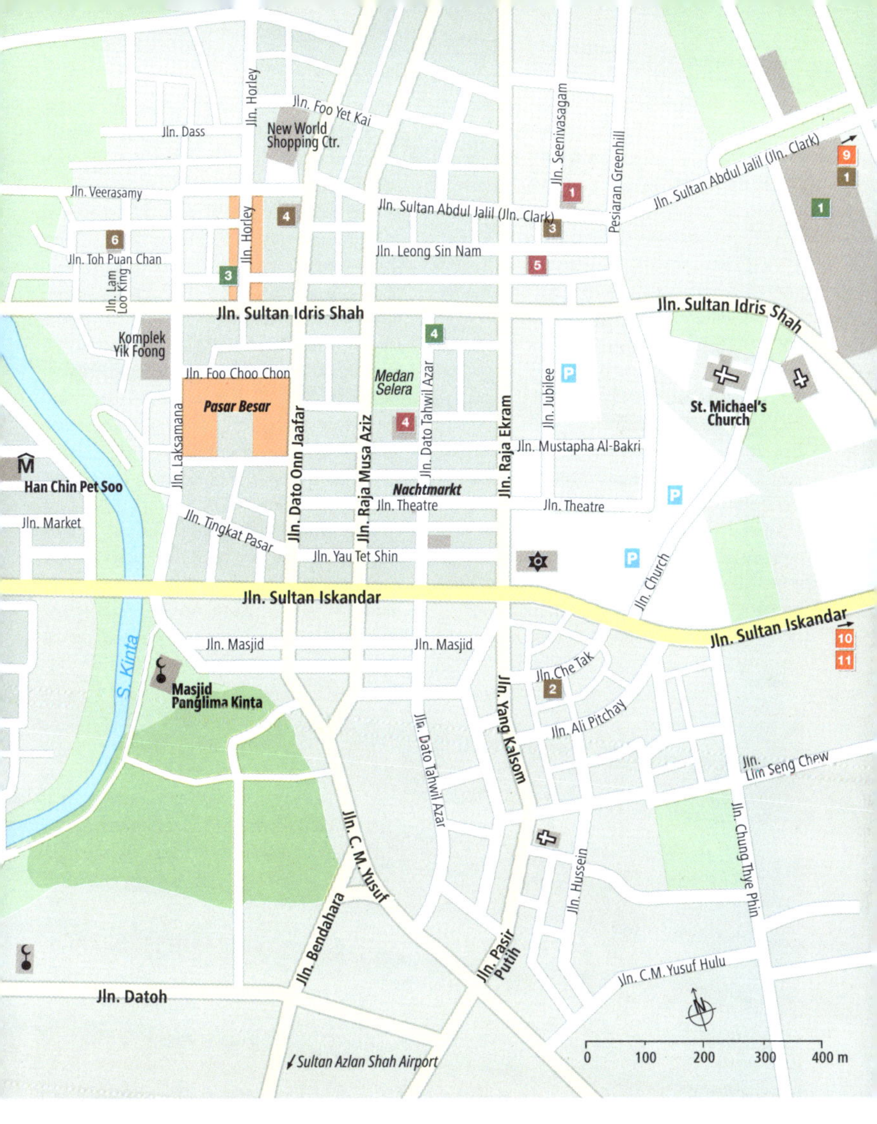

ruhig zuging, herrscht in einem Bereich des Tals heute ziemlicher Trubel, seit hier ein Freizeitpark inklusive Hotel erbaut worden ist. In der **Lost World of Tambun** vergnügen sich vor allem Familien in der Badelandschaft mit Rutschen und Röhren, einem Streichel- und Tigerzoo, auf Karussells, beim Zinnschürfen im Tin Valley und vielem mehr. Anschließend kann man sich in einem Spa verwöhnen lassen oder das Freibad bei Nacht besuchen (Tel. 055 42 88 88, www.sunwaylostworldoftambun.com, Mo, Mi–Fr 11–23, Sa, So, Fei und in den Schulferien 10–18 Uhr, Erw. RM 127, Kind. und Senioren RM 120, Nachtbaden RM 85/76, einige Attraktionen werden gesondert berechnet, z. B. das Spa). Komplettiert wird der ganze Rummel in naher Zukunft durch ein großes Einkaufszentrum und ein neues Krankenhaus der Sunway-Gruppe.

Wer es sich leisten kann, besucht in einem ruhigen Tal nördlich vom Vergnügungspark das fantastische Luxusresort **The Banjaran Hotsprings Retreat** (Tel. 052 10 77 77, www.thebanjaran.com). Auch hier werden Spa-Anwendungen geboten oder man zieht sich in wunderbar gestaltete Höhlen zur Meditation oder in die Dampfsauna zurück. Tagestickets RM 350 inkl. Wertcoupon für Anwendungen und Verpflegung.

Sam Po Tong und kleinere Höhlentempel 10

Eine Reihe weiterer Höhlentempel liegt am Fuß des **Gunung Rapat** etwa 6 km südlich des Zentrums. Jüngeren Datums ist der erste Tempel, der taoistische **Ling Sen Tong.** Hier befindet sich eine große Kuan-Yin-Statue, die von Glücks- und Schutzgöttern, Märchenfiguren, Tieren des chinesischen Kalenders und seltsam anmutenden vermenschlichten Schweinen und Affen umgeben ist (tgl. 8–16.30 Uhr, Anfahrt mit Bus 66 oder T34).

Bereits 1867 wurde der dahinter liegende **Nam Thean Tong** gegründet, der ›Höhlentempel des Südlichen Himmels‹. Entsprechend älter und weniger farbintensiv sind die Statuen der weisen Männer, Götter und Ahnen. Sofern der Treppenaufgang rechts neben der Haupthöhle geöffnet ist, gelangt man über teils baufällige Stufen zu weiteren Höhlen, die jedoch nicht ausgeleuchtet sind (tgl. 8–16.30 Uhr).

Durch einen hübschen chinesischen Garten mit vielen Blumen, kleinen Bächen, künstlichen Felsen und einem Drachenboot aus Beton gelangt man zum größten und schönsten Tempel, dem **Sam Po Tong** (›Tempel des Dreifachen Juwels‹). Die große Haupthöhle umfasst mehrere Altäre, auf denen sich Opfergaben stapeln. Ein schmaler Zugang im hinteren Bereich öffnet sich zu einem von hohen Felsen umgrenzten Garten. In einem kleinen Teich le-

Kellie's Castle, der Traum eines schottischen Pflanzers, liegt heute in Ruinen

ben zahlreiche Schildkröten, die man füttern darf (tgl. 8–16.30 Uhr).

Am Ende des Tals befindet sich ein **tibetischer Tempel,** der von der Dudjom New Treasure Buddhist Society der Nyingma-Tradition errichtet wurde. Hier verehrt man Padmasambhava, der den tantrischen Buddhismus nach Tibet brachte (wechselnde Öffnungszeiten).

Kellie's Castle 11

Tel. 053 65 33 81, tgl. 9.30–17.15 Uhr, RM 10, Anreise von Ipoh bis zur Abzweigung mit dem Bus, der über Batu Gajah nach Gopeng fährt, weiter mit Bus 72

William Kellie Smith hieß der schottische Pflanzer und Minenbesitzer, der innerhalb weniger Jahre ein ordentliches Vermögen angehäuft hatte und sich in den 1920er-Jahren nahe **Batu Gajah,** etwa 20 km südlich des Zentrums von Ipoh, das prächtige **Kellie's Castle** erbauen ließ. Da er der hinduistischen Kultur zugeneigt war, ließ er Handwerker und Materialien wie Ziegel aus Madras kommen. Während der sechsjährigen Bauphase erhielt das dreistöckige Landschloss im maurischen Stil sogar den ersten Aufzug des Lands. Ein Tunnel wurde zu einem 500 m westlich gelegenen Hindutempel gegraben, auf dessen Dach inmitten der Hindugötter auch eine Statue des weißen Hausherrn thront. Doch die Bauarbeiten standen unter einem schlechten Stern und gerieten ins Stocken, als sich die Spanische Grippe nach Südostasien ausbreitete. Mehrere Arbeiter auf seinen Plantagen und auf der Baustelle starben, Smith geriet in finanzielle Schwierigkeiten. Als sein Vermögen aufgebraucht war, verkaufte er das Anwesen noch vor seiner Fertigstellung und reiste Ende 1926 nach Europa, wo er kurz darauf in Lissabon starb. Kellie's Castle verfiel zur fotogenen Ruine und hat sich als begehbares ›Spukschloss‹ einen Namen gemacht. Seine Geschichte ist im Informationszentrum neben dem kleinen Café am Eingang nachzulesen.

Infos

Ipoh Tourist Office: Jln. Tun Sambanthan, Tel. 052 08 31 51, www.facebook.com/IpohTIC, Mo–Do 8–13, 14–17, Fr 9–12.15, 14.45–18 Uhr. Prospekte von Ipoh und Perak, kleine Ausstellung über die Stadt.

Übernachten

Wellness in traumhafter Lage – **The Banjaran Hotsprings Retreat 1:** 1 Persiaran Lagun Sunway 3, Tel. 052 10 77 77, www.sunwayhotels.com/the-banjaran. In dem nach ökologischen Prinzipien ganzheitlich orientierten Luxusretreat mit 45 Villen bestehen die besten Voraussetzungen, Körper und Geist zur Ruhe kommen zu lassen. Das traumhafte Ensemble vereint heiße Quellen, mehrere Höhlen und einen Wasserfall inmitten eines naturbelassenen Dschungels. Im Spa (s. links) kommen die traditionellen Heilkünste der Malaien, Inder und Chinesen ebenso zum Zug wie moderne medizinische Erkenntnisse. Man kann in Tropfsteinhöhlen meditieren, in Dampfbädern entspannen und in einem einmaligen Weinkeller ab 18 Uhr den Tag ausklingen lassen. €€€

Komfortabel – **Bedrock Hotel 2:** 13–15 Jln. Che Tak, Tel. 052 41 30 31, https://bedrockhotelipoh.com. Die das Hotel führende Familie betreibt einen Steinbruch, und so stehen auf den Fluren viele interessante (teils von Künstlern behauene) Steine in Glasvitrinen aus. Die Zimmer sind wohnlich und gut ausgestattet. €€

Renovierter Klassiker – **Hotel Excelsior 3:** 43 Jln. Sultan Abdul Jalil, Tel. 052 53 66 66, www.hotelexcelsior.com.my. Die 196 komfortablen, geräumigen Zimmer auf 12 Stockwerken können gut gegen die jüngere Konkurrenz bestehen. Gute Lage. Beliebtes chinesisches Restaurant und Bar. €€

Nettes Design – **French Hotel 4:** 60–62 Jln. Dato Onn Jaafar, Tel. 052 41 30 30, www.frenchhotel.com.my. Mattglaswände, die das Bad abtrennen, Hängeschränke und orangefarbene Plastikstühle setzen Akzente, bequeme Betten, Wasserkocher und ein großer Flachbildschirm sorgen für Komfort in dem 5-stöckigen Neubau. Die günstigen Zimmer haben allerdings keine Fenster. €–€€

Im Industriedesign – **M Boutique Hotel 5:** 2 Hala Datuk 5, Tel. 052 55 55 66, www.mboutiquehotels.com. Jede Etage ist in einem eigenen Stil mit Vintage-Möbeln und allerlei Schnickschnack eingerichtet. Die Zimmer sind komfortabel, aber ein wenig hellhörig. Das benachbarte Café serviert malaysisches Frühstück. €€

Einfach, aber ruhig – **Dragon & Phoenix Hotel 6: 23–25** Jln. Toh Pua Chah, Tel. 052 53 46 61. In diesem Hotelblock aus den 1920er-Jahren werden große, saubere Zimmer mit AC und Bad vermietet. Die einfachen Möbel sind nicht mehr die neuesten, aber es gibt gute Matratzen. €

Essen & Trinken

Frische Meeresfrüchte – **Oversea Restaurant 1:** 57–65 Jln. Seenivasagam, Tel. 052 53 80 05, www.oversea.com.my, tgl. 11.30–15, 17– 23 Uhr. Die große Filiale dieser traditionellen kantonesischen Restaurantkette wird gern für Familienfeste gebucht. Dann gibt es große Platten mit frisch zubereiteten Fischen und anderen Meerestieren, gegrilltem oder gedämpftem Schweinefleisch sowie das eine oder andere vegetarische Gericht. Da die Portionen in verschiedenen Größen serviert werden, kann man auch zu zweit hingehen. €€

Moderne europäische Küche – **STG Boutique Café 2:** 18 & 20 Jln. Tun Sambanthan, Tel. 052 43 31 16, www.facebook.com/stgipoholdtown, tgl. 12–23 Uhr. Das von Sabah Tea Garden unterhaltene Café-Restaurant serviert gute westliche Küche, v. a. Mediterranes nett angerichtet in gediegener Atmosphäre. Freilich gibt es auch die Tees aus Sabah und Desserts. €€

Originell und lecker – **Above Gastrobar 3:** 89 Jln. Sultan Yussof, Tel. 01 25 10 69 75, www.facebook.com/abovegastrobar. Auf dem Dach eines alten Hauses werden zwischen Kletterpflanzen, Stahl und Wellblech gelungene Kreationen wie Spargel an Mangodressing, Lamm mit Edamame und Miso oder Pasta mit Ikura und Zitronenöl serviert. Nicht ganz günstig, aber eine willkommene Abwechslung. €€€

Tee zelebrieren – **Purple Cane Tea House 4:** 2 Jln. Dato Tahwil Azar, Tel. 052 53 30 90, www.facebook.com/PurpleCaneTeaHouse, tgl. 11–22 Uhr. Wer hier in entspannter Atmosphäre eine Teezeremonie genossen hat, der wird einem Teebeutel nichts mehr abgewinnen können. In dem architektonisch spannend gestalteten Laden und dem angrenzenden Restaurant kann man die Zeit vergessen. Die Gerichte stellen unter Beweis, dass Tee auch Suppen, Currys und Puddings ein besonderes Aroma verleiht. Günstige Mittagsmenüs Mo–Fr 11–15 Uhr. €–€€

Chinesisches Frühstücksfest – **Restoran Foh San 5:** 51 Jln. Leong Sin Nam, Tel. 052 54 03 08, www.fohsan.com.my, Mi–Mo 7–14.30 Uhr. Auf zwei Stockwerken werden bereits frühmorgens durch luftige Hallen Wagen geschoben, die bepackt sind mit Bambuskörbchen und Containern voller gedämpfter Dim Sum (unterschiedlich gefüllte Teigtaschen), Schälchen mit Porridge und anderen chinesischen Frühstücksleckereien. Je nach Appetit wählt man eine Portion nach der anderen aus und genießt sie zusammen mit Tee. €

Institution – **Restoran Thean Chun 6:** 73 Jln. Bandar Timah, Tel. 052 55 30 76, Fr–Di 8–16.30 Uhr. Der alteingesessene typisch malaysische Coffee Shop serviert heute wie damals seine Nudelsuppen, Satay-Spieße und Egg Custards. Es geht zeitweise laut und betriebsam zu, gesprochen wird hauptsächlich Chinesisch, aber die Preise sind unschlagbar. €

Wo alles begann – **Old Town White Coffee 7:** 3 Jln. Tun Sambathan, Tel. 05 25 46 359, www.oldtownmy.com, tgl. 9–22 Uhr. Mutterhaus der international erfolgreichen Kette. Im traditionell gestalteten, modernen Coffeeshop-Ambiente genießen die Gäste an runden Marmortischen typisch malaysischen Kaffee und Snacks. €

Einkaufen

Lebensmittel – Für Einheimische sind Pomelos, gelb-grüne ballgroße Zitrusfrüchte, das beliebteste Mitbringsel aus Ipoh. Sie werden in der Stadt und an vielen Ständen entlang der Ausfallstraßen angeboten. Auch in Salz gegarte Hähnchen sind typisch.

Einkaufszentren – **Ipoh Parade 1:** 105 Jln. Sultan Abdul Jalil. Neben zwei Supermärkten sind hier auch Restaurants, ein Food Court und mehrere Kinos untergebracht. **AEON Ipoh Station 18 2:** 2 Susuran Stesen 18, weit außerhalb südwestlich der Stadt. Das größte Einkaufszentrum von Perak.

Märkte – **Memory Lane** 3 : Jln. Horley (Memory Lane), So 6–12 Uhr. Der größte Flohmarkt des Landes. **Nachtmarkt** 4 : Jln. Datuk Tahwil Azar, tgl. 19–24 Uhr. Auf dem malaiischen Markt werden Kleidung, billiger Krimskrams und Snacks verkauft.

Aktiv

City Tour – **Ipoh Secrets:** Tel. 01 25 21 27 73, www.ipohsecrets.com. Guide John leitet gute Stadtführungen, die Spaziergänge in der Altstadt mit Fahrten zu Zielen in der Umgebung und Verkostung regionaler Spezialitäten kombinieren. Eine Tour ohne Auto kostet pro Tag RM 540, mit Auto RM 800 (max. 4 Pers.).

Höhlentouren – 25 km südl. von Ipoh kann die 1,9 km lange Tropfsteinhöhle **Gua Tempurung** erkundet werden. Von 9 bis 16 Uhr werden 40-minütige Touren entlang einem unterirdischen Flussbett zum Golden Flowstone im zweiten Dom durchgeführt (RM 20), bis 15 Uhr längere Touren zur letzten Kammer namens Top of the World (ab 5 Pers. RM 30). Vormittags auch Raftingtouren.

Rafting – **Riverbug:** Tel. 01 23 13 10 06, www.riverbug.asia. Touren auf dem Sungai Kampar mit 14 Stromschnellen der Klasse 1–3 (ab RM 155, ab 5 Pers.). Möglich auch in Kombination mit einer Höhlentour oder Abseilen im Wasserfall (ab RM 245); **Gua Tempurung Outdoor Camp:** Tel. 053 59 15 61, www.gtoc.asia. Außer Rafting (ab RM 235) auch Trekking, Höhlentouren und Abseilen am Wasserfall.

Verkehr

Flüge: Vom Sultan Azlan Shah Airport fliegen AirAsia und Scoot nach Johor Bahru und Singapur. Erreichbar mit Bus T37.

Züge: Vom Bahnhof westl. der Jln. Panglima Bukit Gantang Wahab gute Verbindungen Richtung Süden nach Kuala Lumpur und Richtung Norden nach Butterworth (Penang) und Padang Besar (Grenze zu Thailand).

Busse: Die meisten Fernbusse starten am Terminal Amanjaya 11 km nordwestlich des Zentrums am Highway (Bus T30 ab Medan Kidd, 30 Min., oder per Taxi für ca. 30 RM): häufige Verbindungen mit Bussen aus Kuala Lumpur nach Butterworth (Fähre nach George Town, Penang, 2 Std., RM 18–20), in die Cameron Highlands (2 Std., RM 20–22), vormittags und abends nach Johor Bahru (8 Std., RM 54–75) und teilweise weiter nach Singapur (8 Std., RM 60–70), nach Kota Bharu (8 Std., RM 35–40), fast rund um die Uhr gehen Busse nach Kuala Lumpur (2 Std., RM 20–27), mehrmals tgl. auch zu den Flughäfen KLIA und KLIA2 (4 Std., RM 42) und nach Melaka (5 Std., RM 34–45). Am alten Busbahnhof Medan Kidd südlich vom Bahnhof starten einige Busse in die Umgebung, u. a. alle 30 Min. nach Kuala Kangsar (90 Min., RM 7) und 6–7x tgl. nach Taiping (1 Std., RM 10) sowie 3–4x tgl. über den Terminal Amanjaya in die Cameron Highlands.

Überlandtaxis: Sie warten an den Busbahnhöfen und bedienen u. a. die festen Strecken Butterworth (RM 300), Cameron Highlands (RM 180–210), Kuala Kangsar (RM 80) und Taiping (RM 120–140).

Fortbewegung in der Stadt

Stadtbusse: Vom Busbahnhof Medan Kidd südlich des Bahnhofs werden Ziele in und außerhalb der Stadt angefahren (RM 1,50–6).

Taxis: Haltestellen an den Busbahnhöfen sowie tagsüber in der Jln. Datuk Tahwil Azar. Die Autos haben kein Taxameter und die Fahrer verlangen von Touristen überhöhte Preise. Eine Fahrt im Stadtgebiet kostet ca. RM 10, zu den Tempeln RM 20, zu Kellie's Castle RM 40 und Gua Tempurung RM 50.

Kuala Kangsar ▶ 1, G 8

Der geruhsame Ort am Ufer des Sungai Perak bildet einen Gegenentwurf zu den beiden quirligen chinesischen Nachbarorten Ipoh und Taiping. Bereits seit dem 18. Jh. residiert in **Kuala Kangsar** der Sultan von Perak. Am Ende der Larut-Kriege, nach dem Friedensvertrag von Pangkor (s. S. 34), etablierten die Engländer hier 1874 ihr erstes Protektorat und Verwaltungszentrum auf der Halbinsel. Der erste britische Resident, James W. W. Birch, wurde allerdings bereits nach einem Jahr von einem lokalen malaiischen Herrscher ermordet. Auch der vierte Resident, Hugh Low, schrieb Geschichte: Er pflanzte in seinem Garten die ersten Kautschukbäumchen Malaysias an, die zuvor im Kew Garden in London aus geschmuggeltem brasilianischem Samen gezogen worden waren.

Malay College Kuala Kangsar

Zwischen dem Bahnhof und dem Markt künden wuchtige Bauten in Alleen mit alten Bäumen vom Einfluss der britischen Kolonialmacht. Im neoklassizistischen Schulgebäude des **Malay College Kuala Kangsar** erhielten seit 1905 die männlichen Nachfahren der Kolonialbeamten und malaiischen Oberschicht eine standesgemäße Ausbildung. Zu den ehemaligen Schülern des angesehenen Internats zählen Könige, Sultane, Premierminister, hohe Verwaltungsbeamte und berühmte Rugbyspieler. Einer der Lehrer war der Schriftsteller Anthony Burgess, der sich in seinem Roman »The Malayan Trilogy« (s. S. 65) durchaus kritisch mit dem Alltag im Internat auseinandersetzt (Jln. Tun Razak, hinter dem Rugbyfeld).

Schräg gegenüber, neben der Distriktverwaltung, steht noch immer einer der **Kautschukbäume,** die einst von Sir Hugh Low angepflanzt wurden. Daneben kann man einige alte Werkzeuge der Pflanzer betrachten (Jln. Tun Razak, Ecke Jln. Raja Chulan).

Galeri Sultan Azlan Shah

Tel. 057 77 53 62, Sa–Do 10–17, Fr 10–12.15, 14.45–17 Uhr, z. Zt. wg. Renovierung geschl., Erw. RM 4, Kind./Sen. RM 2

Die grüne Hügellandschaft am Südufer des Sungai Perak war dem Sultanshof vorbehalten. 1903 ließ sich der 28. Sultan von Perak am Bukit Chandan die **Istana Hulu** errichten. Später diente der elegante Palast jahrzehntelang als Schulgebäude und wurde dann im viktorianisch-maurischen Stil liebevoll restauriert. Nun präsentiert hier die **Galeri Sultan Azlan Shah** Erinnerungsstücke und Schätze aus dem Privatbesitz des 34. Herrschers, Sultan Azlan Shah (1928–2014). Besucher, die durch die gepflegten Räumlichkeiten schreiten, können seine Uniformen und Orden ebenso bewundern wie seine Kleidung für offizielle Anlässe und sportliche Aktivitäten sowie seine Uhren-, Gedenkmünzen- und Koransammlungen. Wer sich schon einmal den Kopf darüber zerbrochen hat, was man jemandem schenkt, der bereits alles hat, wird den Einfallsreichtum bewundern, mit dem die Geschenke für das silberne Thronjubiläum des Sultans 2009 ausgewählt wurden – in Vitrinen glitzern Kristallvasen und vergoldeter Nippes, faszinierendes Kunsthandwerk zeugt von der Kreativität seiner Untertanen.

Masjid Ubudiah

Tgl. 9–12, 15–16, 17.30–18 Uhr

Unter hohen Palmen erheben sich ca. 500 m weiter östlich die goldenen Kuppeln und schlanken Türme der fotogenen **Masjid Ubudiah,** die 1913 nach Entwürfen des umtriebigen A. B. Hubback im maurischen Stil errichtet wurde. Die schlichten Innenräume können nur von Männern besichtigt werden, eine Spende wird erwartet. Auf dem Gelände liegen außerdem Mitglieder der Herrscherfamilie von Perak begraben.

Istana Iskandariah

Etwas oberhalb der Moschee liegt gut abgeschirmt auf dem Bukit Chandan inmitten eines weitläufigen Parks der Sultanspalast **Istana Iskandariah.** Seitdem Sultan Iskandar Shah das Gebäude 1930 im islamischen Stil erbauen ließ, diente es mehreren Sultanen als Residenz. Erst 1984 wurde die Istana modernisiert und um über 11 000 m² erweitert, sodass nun sowohl die Limousinen der Sultansfamilie als auch die Thronhalle angemessen untergebracht sind.

Istana Kenangan

Jln. Istana, Di–Do, Sa/So 10–16.30, Fr 10–12.15 und 14.45–16.30 Uhr, Eintritt frei

Jenseits des Hügels liegt etwas versteckt unterhalb der Istana Iskandariah der kleine, anmutige Palast der Schwester des einstigen Sultans, die **Istana Kenangan** aus dem

Sie gilt als eine der schönsten Moscheen Malaysias: die Masjid Ubudiah

Jahr 1926. Beim Bau des schwarz-gelben Holzhauses auf Stelzen mit geflochtenen Wänden und schönen Schnitzereien im malaiischen Stil wurden keine Metallnägel verwendet. Zwei Jahre lang diente das Gebäude sogar als Sultanspalast und in den letzten Jahren als **Royal Museum** (Muzium DiRaja), das jedoch auch nach Abschluss der Restaurierungsarbeiten zuletzt die meiste Zeit geschlossen blieb.

Infos

Tourist Information Centre: 1A Jln. Kangsar, südlich vom Uhrturm, Tel. 057 77 77 17, Di–So 8.30–16.30 Uhr. Der Prospekt der Stadt ist mit Vorsicht zu genießen, denn viele darauf verzeichnete Projekte wurden schon wieder eingestellt.

Übernachten, Essen

Klein aber fein – **The Shop Hotel:** 1 Persiaran Seri Delima, Tel. 01 77 43 84 01, www.facebook.com/theshophotel. Modern, komfortabel und sauber sind die Zimmer über dem Café, wenngleich einige keine Fenster haben und ziemlich klein sind (€). Die meisten anderen Unterkünfte der Stadt sind altbacken, wenig einladend oder auf einheimische Familien und Regierungsmitarbeiter ausgerichtet.

Verkehr

Züge: Am ca. 5 km außerhalb gelegenen Bahnhof halten 10 Züge, die zwischen Butterworth und Kuala Lumpur verkehren.
Busse: Vom Busterminal, Jln. Raja Bendahara, um 11.30, 12.30 und 18.45 Uhr nach Butterworth (2 Std., RM 11), etwa alle 20 Min. nach Ipoh (90 Min., RM 7) und stdl. nach Taiping (RM 4), zudem viele Busse nach Kuala Lumpur (3–4 Std., RM 20–30).
Überlandtaxis: Vom Busterminal nach Butterworth (Fähre nach George Town, Penang, RM 145), Ipoh (RM 65–75) und Taiping (RM 50–60). Eine Fahrt in Kuala Kangsar kostet ab RM 10.

Taiping ▶ 1, F 7/8

Bereits 1848 begannen chinesische Einwanderer, finanziert von wohlhabenden Kaufleuten aus den Straits Settlements, in Larut am gleichnamigen Fluss das wertvolle Zinn aus dem Boden zu graben. Zwischen den rivalisierenden chinesischen Clans, die sich mit lokalen malaiischen Herrschern verbündeten, gab es immer wieder Streitigkeiten um die Schürfrechte. Die Spannungen entluden sich bei nichtigen Anlässen in blutigen Auseinandersetzungen. Als die Gefahr bestand, dass die Larut-Kriege auf den ganzen Bundesstaat Perak übergreifen würden, intervenierten im Jahr 1874 die Engländer. Sie sicherten sich im Friedensvertrag von Pangkor politischen Einfluss und benannten Larut um in **Taiping,** ›Stadt des ewigen Friedens‹.

1885 verkehrte die erste Eisenbahn des Landes von Port Weld (heute: Kuala Sepetang) an der Küste nach Taiping. Die ersten Besucher müssen überrascht gewesen sein, vor der Kulisse einer bis zu 1448 m aufragenden, dschungelbedeckten Bergkette eine mustergültig angelegte Stadt vorzufinden.

Perak Museum und Umgebung

Jln. Taming Sari, Tel. 058 07 20 57, www.jmm.gov.my/en/museum/perak-museum, tgl. 9–17 Uhr, RM 5

In einem hübschen Kolonialgebäude nördlich des Geschäftszentrums legten die Briten bereits 1883 die Basis für eine umfassende natur- und völkerkundliche Sammlung, was das **Perak Museum** zum ältesten Museum Malaysias macht. Mittlerweile sind neue Bereiche hinzugekommen, u. a. Ausstellungen zur Geschichte der Metallbearbeitung, über die Früchte und Heilpflanzen der Orang Asli, die großen Feste verschiedener ethnischer Gruppen sowie über die traditionellen Spiele und unterschiedlichen Methoden der Töpfer in den verschiedenen Regionen. Einen Schwerpunkt bildet im 1. Stock die Orang-Asli-Ausstellung mit wunderschönen Mah-Meri-Masken, magischen Gegenständen, Musikinstrumenten, Hausmodellen, Waffen und Werkzeugen.

Vom Museum aus blickt man auf die hohen Mauern des **Gefängnisses** aus dem Jahr 1879, das immer noch genutzt wird. Dahinter liegt in einem weitläufigen Park der **New Club** aus dem Jahr 1894, die wichtigste soziale Institution in Perak. Südlich vom Museum erhebt sich die kleine **All Saints Church.** Die Kirche aus dem Jahr 1886 ist das älteste anglikanische Gotteshaus Malaysias.

Lake Gardens

Lake Gardens: geöffnet rund um die Uhr, Zoo: Tel. 058 08 65 77, https://zootaiping.gov.my, tgl. 8.30–18 Uhr, Erw. RM 16, Kind. RM 8, Night Safari tgl. 20–23 Uhr, Erw. RM 20, Kind. RM 10

Als die große Zinnmine nordöstlich des Zentrums erschöpft war, flutete man 1890 den Tagebau und gestaltete die Fläche zu einer reizenden Parklandschaft um, den **Lake Gardens** (Taman Tasik). Auf schmalen, von knorrigen, ausladenden Bäumen überschatteten Straßen und Spazierwegen rings um mehrere große Seen gelangt man zu einem japanischen Friedenspark und einem Seerosenteich. Ein beliebtes Ausflugsziel ist der **Burmese Pool** am Ende einer Stichstraße im Wald. An einem Bergbach entlang führen Wanderwege weiter in den Wald hinein.

Das beliebteste Ziel in den Lake Gardens ist der weitläufige **Zoo,** der älteste des ganzen Landes und einer der schönsten noch dazu. Ein Großteil der etwa 140 Tierarten wird in Freigehegen gehalten. Bei der fantastischen Night Safari können Besucher durch die tropische Nacht spazieren (oder fahren) und nachtaktive Tiere beobachten.

Bukit Larut

Anfahrt mit Jeeps ab der Talstation in der Jln. Bukit Larut von Sa–Do um 8.30, 10.30, 12.30 und 14.30, Fr um 8.30, 10 und 15 Uhr, RM 10/Pers. hin und zurück, Reservierungen und Informationen unter Tel. 058 07 72 41, www.bukitlarut.com

Jenseits der Lake Gardens liegt vor den Toren der Stadt in über 1200 m Höhe die älteste Hill Station Malaysias, **Bukit Larut** (Maxwell Hill). Der kleine, gepflegte War Cemetery an der Zufahrtsstraße ist die letzte Ruhestätte der während des Zweiten Weltkriegs verstorbenen Commonwealth-Soldaten. Von der Talstation windet sich eine 13 km lange, steile Straße über 72 Haarnadelkurven den **Gunung Hijau** (›Grüner Berg‹) hinauf. Oben ist es deutlich kühler, die natürliche Vegetation mit duftenden Nadelbäumen, Baumfarnen, Moosen und Flechten erinnert an die Cameron Highlands. Die meisten Besucher spazieren durch den Wald hinauf zur Telecom Station und genießen von dort die Aussicht über die Stadt bis zur Küste. An klaren Tagen ist in der Ferne sogar die Insel Penang zu erkennen, aber meist verhindern dicke Wolken die Sicht – schließlich ist Bukit Larut mit 4000 mm Niederschlag jährlich der regenreichste Ort West-Malaysias. Doch auch im Nebel strahlen die Wälder eine geradezu magische Faszination aus. Britische Kolonialbeamte übernachteten früher in den staatlichen Bungalows, die heute jedoch überwiegend verfallen sind. Im Zeitalter der Klimaanlagen haben die Unterkünfte in der kühlen Bergregion ihre Attraktivität eingebüßt. Indische Malaysier besuchen den kleinen Tempel zu Ehren der Göttin Kali.

Kuala Sepetang

Tgl. 8–17 Uhr, Eintritt RM 15

Das größte Mangrovengebiet der Halbinsel erstreckt sich 16 km westlich von Taiping. In der **Matang Mangrove Forest Reserve** bietet ein 1,4 km langer, bisweilen vernachlässigter Plankenrundweg interessante Einblicke in ein ansonsten unzugängliches, bedeutendes Ökosystem. Zudem Bootstouren ab der einstigen Hafenstadt Port Weld (heute: Kuala Sepetang), wo die zu besichtigende Produktion von Holzkohle und Seafoodrestaurants zu einem weiteren Stopp anregen.

Infos

Taiping Tourist Office: im Uhrturm, Jln. Kota, Tel. 058 05 32 45, Mo–Fr 9.30–15, Sa 9–17 Uhr. Ausgabe von detaillierten Stadtplänen.

Übernachten

Rustikal – **Sentosa Villa:** Jln. 8, Taman Sentosa, Tel. 058 05 10 00, www.facebook.com/SentosaVillaResort. In einem üppigen Park am Fuß des Bukit Larut stehen Bungalows unterschiedlicher Ausstattung. Im Haupthaus auch Zimmer und ein malaiisches Restaurant. €€

Zentral – **Louis Hotel:** 129–131 Jln. Pasar, Tel. 058 08 23 33. In diesem Hotel neben der großen Markthalle mit sauberen Zimmern und einem aufmerksamen, freundlichen Service ist das Preis-Leistungs-Verhältnis gut. €–€€

Preiswert und persönlich – **Sojourn Beds:** 54 Jln. Kota, Tel. 01 03 98 82 95, www.facebook.com/sojournbc. Freundliches Hostel in guter Lage, wo Backpacker und Budget-Traveller über dem Café in 4-Bett-Schlafsälen oder einfachen Doppelzimmern wohnen. €

Essen & Trinken

Seafood – **Jing Yik Man Tang Seafood:** 27 Jln. Maharaja Lela, Tel. 01 25 20 29 51, tgl. 17–24 Uhr. Das einfache Open-Air-Restaurant serviert gute Fischgerichte nach chinesischer Machart, aber auch Fleischgerichte in drei verschiedenen Portionsgrößen. €–€€

Leckere Säfte – **Cheeky Summer:** 92 Jln. Barrack, Tel. 058 07 32 88, www.facebook.com/cheekysummer92, tgl. 11–20 Uhr. Vor allem junge Leute treffen sich gern in der kleinen, nett eingrichteten Saftbar in einem alten Eckhaus nördlich der Markthalle und genießen erfrischende Smoothies, die ohne Zusätze frisch zubereitet werden, oder kleine gesunde Snacks und Smoothie Bowls. €

Einfach, billig und gut – **Kedai Kopi Kong Meng:** Jln. Kelab Cina, neben Fulham Tours, Di–So 6.30–11, 16.30–21 Uhr. Das Frühstücksrestaurant verkauft Dim Sum. Man sitzt gemütlich in einer Seitengasse unter freiem Himmel und genießt die frittierten, mit Lotospaste gefüllten Sesam-Reisbällchen. €

Märkte – Der überdachte **Food Market** in der Jln. Panggung Wayang, Ecke Jln. Iskandar, hat eine chinesische und eine malaiische Abteilung und ist tagsüber in Betrieb. Abends öffnen Essensstände im und um den Prima Coffee Shop und der Straßenmarkt in der Jln. Maneckshа, Ecke Jln. Kota. Weitere chinesische **Essenmärkte** befinden sich gegenüber der Taiping Mall und am Rand der Lake Gardens an der Jln. Maharaja Lela, Ecke Jln. Lengkungan. €

So schön kann Tagebau sein: Aus der gefluteten Mine entstanden die Lake Gardens

Verkehr

Züge: Am Bahnhof, Jln. Stesen, halten Züge zwischen Butterworth und Kuala Lumpur.

Busse: Vom lokalen Busbahnhof im Zentrum, Jln. Panggong Wayang, stdl. nach Kuala Kangsar (30 Min., RM 4) sowie mehrmals tgl. nach Ipoh (1 Std., RM 10). Weitere Ziele vom Busbahnhof Kamunting, 6 km nordwestlich, z. B. mehrmals tgl. nach Butterworth (Fähre nach George Town, Penang, 1,5 Std., RM 8–10), Kuala Lumpur (4 Std., RM 25) oder zum KLIA Airport (5 Std., RM 45).

Überlandtaxis: Vom lokalen Busbahnhof nach Butterworth (RM 130) oder Ipoh (RM 100–140), Kuala Kangsar (RM 50–60).

Taxis: Sie warten am Busbahnhof sowie rings um den Markt und kosten vom Zentrum zum Zoo RM 12, zur Basis des Bukit Larut und zum Busbahnhof Hentian Kemunting Raya RM 10.

Nördlicher East-West-Highway ▶ 1, F 6–L 3

Erst seit Anfang der 1980er-Jahre ist es möglich, im Norden der malaiischen Halbinsel von der West- zur Ostküste zu fahren. Eigentlich handelt es sich bei dem **East-West-Highway** um eine normale Landstraße. Sie wurde mühsam durch die bis dahin unzugänglichen Berge im Grenzgebiet zu Thailand gebaut und verbindet Butterworth, den Ausgangspunkt für einen Besuch von Penang (s. S. 198), und andere Orte an der Westküste mit dem Bundesstaat Kelantan und dessen Hauptstadt Kota Bharu.

Ab Butterworth trifft der autobahnähnliche erste Streckenabschnitt kurz vor Pulai auf die Federal Route 4. Eine nette Alternative zur Rennstrecke durch die Berge ist die gemächlichere Fahrt auf der Landstraße 76 über Baling und Pengkalan Hulu. Hier ist der Highway von großer strategischer Bedeutung, nicht zuletzt, weil die Gegend an die unruhigen Thai-Provinzen Yala, Songkhla, Pattani und Narathiwat angrenzt. Da eine Reise in diese Gebiete nicht zu empfehlen ist, wird auch der für Ausländer offen stehende Grenzübergang **Pengkalan Hulu** (▶ 1, G 5) nur selten genutzt.

Nach etwa einem Drittel der Strecke ab Butterworth ist **Gerik** (▶ 1, G 6) erreicht. Der ehemals einsame Außenposten hat sich zu einem geschäftigen Örtchen entwickelt, zumal von hier eine weitere Straße durch das Lenggong Valley nach Kuala Kangsar und zu den einstigen Zinnstädten (s. S. 184) führt. Seinen Aufstieg verdankte Gerik zunächst der Holzwirtschaft, die auf den neuen Verbindungswegen die kostbaren Tropenstämme abtransportieren konnte, und später der Plantagenwirtschaft, die das abgeholzte Land mit Ölpalmen überzieht. Umweltschützer versuchen deshalb das letzte große zusammenhängende Dschungelgebiet in der **Titiwangsa Range** zu schützen, die die Grenze zwischen den Bundesstaaten Perak und Kelantan bildet. Sie ist die Heimat der Orang Asli (›Ureinwohner‹), von denen einige noch halbnomadisch leben. Die Artenvielfalt in den rund 130 Mio. Jahre alten Bergwäldern sucht weltweit ihresgleichen, sogar Tiger und Elefanten leben hier.

Von Eingriffen in die großartige Natur zeugt auch der **Tasik Temenggor,** der ein gewaltiges Areal überflutet hat. 45 km östlich von Gerik, dort, wo der East-West-Highway den Stausee überquert, kann man auf der Insel **Pulau Banding** (▶ 1, H 5) übernachten und Bootstouren unternehmen. An der Public Jetty auf der Ostseite der Insel, nördlich vom Highway, finden sich ein Büro der Nationalparkverwaltung (das aber oft nicht besetzt ist) und Touranbieter. Für einen Besuch des **Royal Belum State Park** (▶ 1, H/J 4/5) im Norden benötigt man eine Sondergenehmigung (Kompleks Pejabat Kerajaan Negeri Perak, JKR 341, Jln. Sultan Abd Aziz, Gerik, www.royalbelum.my, Sa und Mo–Do 8–13 und 14–17, Fr 8–12.15 und 14.45–17 Uhr, Permit RM 20), die bei kommerziellen Tourpaketen in der Regel vom Anbieter besorgt wird.

148 km vor Kota Bharu eröffnet sich vom Gebirgskamm der Titiwangsa Range am gleichnamigen Rastplatz bei klarem Wetter eine herrliche Aussicht auf die Bergwelt.

Übernachten

Umweltbewusst – **Belum Rainforest Resort:** Pulau Banding, Tel. 057 91 68 00, www.belumrainforestresort.com. Das am Ufer gelegene Resort mit Pool und Spa vermietet kleine Standardzimmer und größere Superiorzimmer, die recht komfortabel sind. Besser als das Büfett im Restaurant sind À-la-carte-Gerichte. Bootsfahrten und Touren in den Regenwald. €€€

Verkehr

Busse: Überlandbusse zwischen Butterworth und Kota Bharu halten auf Wunsch am Resort direkt am East-West-Highway. Von Gerik mehrmals tgl. nach Ipoh (2 Std., RM 15–17) und Kuala Lumpur (5 Std., RM 35).

Überlandtaxis: Von der Busstation in Gerik zum Belum Rainforest Resort RM 60, nach Ipoh RM 170, nach Kota Bharu RM 250.

Penang

Die beiden längsten Brücken in Festlandsüdostasien verbinden die Insel Penang (Pulau Pinang) mit der Malaiischen Halbinsel. Die wirtschaftlich bedeutsame Insel lockt mit der lebendigen, abwechslungsreichen Altstadt von George Town, die nicht nur historisch interessierte Besucher in ihren Bann zieht. Die kosmopolitische, multikulturelle Atmosphäre hat trotz des Touristenansturms nichts von ihrer Anziehungskraft verloren.

George Town ▸ 1, F 6

Cityplan: S. 202

Im historischen Zentrum von **George Town** wohnen Menschen unterschiedlicher Herkunft so dicht beieinander wie in kaum einer anderen malaysischen Stadt. Das Leben spielt sich überwiegend im Freien ab und das Viertel hat viel von seinem alten Charme bewahrt. Herausgeputzte historische Bauten zeugen von der ereignisreichen Geschichte der Straits Settlements.

Geschichte

1786 bot **Sir Francis Light** im Namen der englischen East India Company dem Sultan von Kedah militärischen Beistand gegen die siamesischen Angreifer an. Als Gegenleistung erhielt er eine ordentliche Geldsumme und die Insel Penang, die er sogleich als Handelsstützpunkt ausbaute.

Britische Schiffe aus Indien, die bislang im indonesischen Aceh Zwischenstation gemacht hatten, konnten nun von Kalkutta und Madras aus die kürzere Strecke über Pulau Pinang nehmen und vorbei am damals noch niederländischen Stützpunkt Melaka nach China segeln. Diese Route wurde nicht nur von der Handelsflotte der British East India Company genutzt, sondern auch von Schiffen privater Kaufleute, die in großen Mengen Opium aus dem indischen Bengalen nach China lieferten und damit das englische Handelsdefizit durch den Import von chinesischem Tee ausglichen.

Sir Francis Light gab der neuen Siedlung den Namen des regierenden Königs und benannte die Insel zu Ehren des Thronfolgers in Prince of Wales Island um. Nach der Gründung von Singapur und der Übernahme von Melaka durch die Briten wurden die drei Hafenstädte 1826 zu den **Straits Settlements** zusammengeschlossen und der **British East India Company** in Kalkutta unterstellt. Damit hatten sich die Briten die wirtschaftliche Vormachtstellung im Ostindienhandel gegen die von Batavia (dem heutigen Jakarta) aus operierenden Niederländer gesichert.

Der sichere Hafen von George Town wurde zu einem attraktiven Handelsplatz selbst für Kaufleute aus dem arabischen, indischen und chinesischen Raum. Menschen aus Niederländisch-Ostindien, Siam, Burma, China, Indien, dem Mittleren Osten und Europa siedelten sich auf der Insel an. Die Besitzer von Zinnminen und Kautschukplantagen ließen sich an der Küste prachtvolle Villen bauen und schickten ihre Kinder in christliche Internate, die auf Pulau Pinang eingerichtet wurden. Internationale Handelshäuser und Banken eröffneten Niederlassungen und füllten die Kassen der Stadt. Eine Pferderennbahn, Theater, Kinos, Spielsalons und Opiumhöhlen sorgten in den 1930er-Jahren für die nötige Zerstreuung.

Im Zweiten Weltkrieg bedrohten japanische und deutsche U-Boote die Schifffahrt auf der Ostasienroute. Ende 1941 hatten japanische Truppen auch

Penang erobert und bauten die Insel zur U-Boot-Basis aus. Heute ›besetzen‹ dagegen Touristen die Insel, besonders seit die Altstadt von George Town 2008 zum UNESCO-Weltkulturerbe erklärt wurde.

Orientierung

Die **historische Altstadt** umfasst das alte Zentrum vom Fort Cornwallis bis zur Fußgängerüberführung am südwestlichen Ende der Love Lane sowie deren Verlängerung Lebuh Carnavon und wird im Süden begrenzt von der Gat Lebuh Melayu. Zwischen den Hauptstraßen Lebuh Light am Fort Cornwallis, der parallel verlaufenden Lebuh Chulia und der von Süden nach Nordosten führenden Lebuh Pantai erstreckt sich ein Gewirr schmaler Straßen mit vielen Geschäften.

Die **Lebuh Chulia** ist die Touristen-Flaniermeile von George Town. Richtung Meer trifft sie auf die **Lebuh Pantai** (Beach Street), eine der ersten Straßen der Insel. Die ehemalige Uferpromenade verläuft heute zwei Blocks landeinwärts vom Meer, da der Hafen im Zeitalter der Dampfschiffe vertieft und Land aufgeschüttet wurde.

An diese bestandsgeschützte Kernzone schließt westlich die sogenannte **Buffer Zone** an. Sie reicht bis zur Jalan Transfer im Norden sowie der Jalan Burma und deren Verlängerung Jalan Dr. Lim Chwee Leong im Westen. Westlich dieser UNESCO-Zone erhebt sich das alles überragende **KOMTAR Building,** das als guter Orientierungspunkt dient. In der Altstadt ist man zu Fuß und mit Fahrrädern gut unterwegs, zu entfernteren Zielen sind Taxis oder Busse ratsam.

Fort Cornwallis 1

Tgl. 9–19 Uhr, RM 20, Kind. RM 10

Ein guter Ausgangspunkt für die Erkundung der Altstadt ist das **Fort Cornwallis.** Sir Francis Light ließ an dieser Stelle das erste Fort erbauen, das zu Beginn des 19. Jh. seine derzeitige Form erhielt.

Hinter dem Eingang an der Westseite begrüßt die Statue des Gründers von George Town die Besucher. Die Festung diente eher als administratives Zentrum und musste nie ihre Verteidigungsfähigkeit unter Beweis stellen. Von Piraten und malaiischen Sultanshöfen konfiszierten Engländer die Kanonen, darunter die 1603 in den Niederlanden gegossene Sri Rambai, die besonders von Frauen als Fruchtbarkeitssymbol verehrt wurde. Innerhalb des Forts kann man das Pulvermagazin von 1814, die Grundmauern der ersten Kapelle und alte Lagerhallen besuchen. Letztere beherbergen eine Ausstellung über die Geschichte der Insel, der britischen East India Company und von Sir Francis Light.

Rund um den Padang

Westlich des Forts erstreckt sich ein großer, freier Platz, der **Padang,** der in keiner Stadt aus britischer Kolonialzeit fehlen darf. Hier finden noch immer politische wie kulturelle Großveranstaltungen statt, wird Cricket und Fußball gespielt. Am Abend flaniert man über die herausgeputzte **Esplanade** am Meer entlang und genießt die kühle Brise.

Der Kolonialverwaltung diente die **Town Hall** 2 von 1880 als Klub und Bibliothek, nun wird sie für wechselnde Ausstellungen genutzt. In der 1903 in einem ähnlich repräsentativen Kolonialstil errichteten **City Hall** 3, dem Rathaus, tagt der Stadtrat.

House of Yeap Chor Ee 4

Eingang in der Lebuh King, Tel. 042 61 01 90, www.houseyce.com, Di–Sa 10–17 Uhr, RM 20, Kind. RM 10

Gegenüber vom Padang steht in der Lebuh Light das repräsentative **House of Yeap Chor Ee.** Der chinesische Besitzer war ein erfolgreicher Zuckermagnat und der erste Bankgründer in George Town. In den Innenräumen seines ehemaligen Wohnhauses ist eine Ausstellung zum Leben chinesischer Immigranten zu sehen, durch die man im Rahmen einer Führung geleitet wird.

Pinang Peranakan Mansion 5

29 Lebuh Gereja bzw. Church St., Tel. 042 64 29 29, www.pinangperanakanmansion.com.my, tgl. 9.30–17 Uhr, RM 25, Kind. RM 12

Im prunkvollen **Pinang Peranakan Mansion,** einem zweistöckigen Stadthaus vom

STREIFZUG DURCH DIE ALTSTADT VON GEORGE TOWN

Tour-Infos

Start: Lebuh Pantai, Ecke Lebuh Armenian
Ziel: Lebuh Muntri, Ecke Lebuh Leith
Länge/Dauer: ca. 2,5 km/mind. 3 Std.
Touren: Penang Heritage Trust (s. S. 210).
Karte: S. 202

Im Gassengewirr der Altstadt wechselt ein Highlight das andere ab, doch auch dazwischen gibt es viel Interessantes zu entdecken. An einigen Hauswänden informieren Tafeln über die historische Bedeutung der Gebäude, an anderen haben Künstler auf Wandbildern oder mit Stahlkonstruktionen Szenen aus dem alten Penang festgehalten.

Den Startpunkt in der Lebuh Armenian markiert eines der beliebtesten **Wandbilder** 6 der Altstadt, geschaffen von dem Litauer Ernest Zacharevic: Ein junges Mädchen, das mit seinem Bruder Fahrrad fährt. Ein paar Schritte weiter beeindruckt das **Batik Painting Museum** 7 mit Batikbildern lokaler Künstler von den 1950er-Jahren bis heute (19 Lebuh Armenian, www.batikpg.com, tgl. 10–18 Uhr, RM 10).

Von der Lebuh Armenian führt rechts eine Passage zum ältesten von über 105 Clanhäusern in George Town. Diese dienten als Versammlungshalle von chinesischen Familien gleicher Herkunft und gleichen Familiennamens, die fern der Heimat den Zusammenhalt suchten und ihre Traditionen pflegten. Bereits um 1820 wurde der Clan gegründet, der sich in dem charmanten **Cheah Kongsi** 8 traf. Er war bekannt für seine Loyalität gegenüber den Straits Settlements, was die Löwenköpfe im englischen Stil an der ansonsten klassisch chinesischen Fassade unterstreichen (http://cheahkongsi.org, Mo–Sa 10–16 Uhr, RM 10). Schräg gegenüber informieren Tafeln im Zugangsweg zum taoistischen **Hock Teik Cheng Sin Temple** 9 (Mo–Sa 9–17 Uhr) über die Bedeutung der Clanhäuser und die Chingay-Prozession, die auf Penang das Ende des chinesischen Neujahrsfests markiert und hier ihren Ausgang nimmt. Sie wird auch von der **Stahlskulptur ›Tiger‹** 10 an der Wand gegenüber vom Eingang thematisiert.

Das schönste Clanhaus der Stadt, **Khoo Kongsi** 11, ist links über die Lebuh Cannon und eine gut ausgeschilderte Gasse zu erreichen. Der Khoo-Clan aus der Provinz Fujian war bereits früh durch Handel in den Straits Settlements zu Wohlstand gelangt, der auch im Clanhaus zum Ausdruck kommen sollte. Man scheute keine Ausgaben und ließ zwischen 1894 und 1902 ein üppig dekoriertes Gebäude im chinesischen Stil erbauen. Figurenarrangements aus buntem Porzellan zieren das geschwungene Dach der zentralen Halle, in der die Götter und die Ahnentafeln des Clans stehen. Das gut gestaltete Museum im Erdgeschoss thematisiert die chinesische Einwanderung, die Ahnenverehrung im Konfuzianismus und die Bedeutung des Khoo-Clans. In einem Nebengebäude werden im siebten Mondmonat Chinesische Opern aufgeführt (www.khookongsi.com.my, tgl. 9–17 Uhr, RM 15).

In der Lebuh Cannon entdeckt man auf einem weiteren **Wandbild** 12 von Ernest Zacharevic einen alten Bekannten wieder – diesmal steht der Bruder des Mädchens auf einem Stuhl. Am

Ende der Lebuh Cannon erhebt sich die älteste Moschee der Stadt, die **Masjid Melayu** 13**,** die 1808 von dem wohlhabenden arabischen Händler Syed Hussain Al-Idid im Aceh-Stil errichtet wurde. Sir Francis Light hatte den aus einem mächtigen Herrscherhaus stammenden Kaufmann aus Aceh mit dem Versprechen abgeworben, dass er hier mit seinem Gefolge nach der islamischen Scharia leben dürfe (tgl. 10–13, 14–16 und 17–19 Uhr).
Weiter auf der Lebuh Armenian geht es zum **Syed Al-Attas Mansion** 14**,** dem 1860 errichteten ehemaligen Wohnhaus eines wohlhabenden Händlers aus Aceh (Nr. 128). An die vom Aussterben bedrohte Tradition des Puppenspiels wird im **Teochew Puppet and Opera House** mit einer liebevoll gestalteten Ausstellung erinnert (Nr. 122, www.facebook.com/teochewpuppetandopera, Di–So 10–18 Uhr, RM 10, zuletzt häufig geschlossen). Besichtigt werden kann das **House of Dr. Sun Yat Sen** 15**,** dem Gründervater der Republik China (Nr. 120, www.facebook.com/sunyatsenmuseum, Di–Sa 9–17, So 13–17 Uhr, RM 5).
Auf der Jalan Masjid Kapitan Keling wendet man sich nun Richtung Norden. Die Straße wird auch **Street of Harmony** genannt, denn hier stehen drei Gebetshäuser unterschiedlicher Religionen. Indische Muslime, die in diesem Viertel wohnen und viele Geschäfte betreiben, besuchen die **Masjid Kapitan Keling** 16**.** Die erste Moschee der Stadt wurde Anfang des 19. Jh. von der südindischen Gemeinde gegründet, in den 1930er-Jahren entstand der heutige Bau im Mogul-Stil (Sa–Do 11.30–13, 14–18, Fr 14.30–18 Uhr). Etwas weiter nördlich erhebt sich der 1833 erbaute hinduistische **Sri Mariamman Temple** 17**,** dessen hohes Eingangstor mit Götterstatuen geschmückt ist (Eingang in der Lebuh Queen, tgl. 6.30–12, 16.30–21 Uhr). Bevor das dritte Gebetshaus erreicht ist, sorgt in der Lorong Pasar die **Palmen-Stahlskulptur** 18 des Cartoonisten Tang Moon Kiang für Erheiterung: Ein Inder, der auf der Suche nach berauschendem Palmwein fälschlicherweise eine Betelnusspalme hinaufklettert. An der Ecke Lorong Pasar und Jalan Masjid Kapitan Keling findet sich im **Asia Cafe** 19**,** dem ältesten Coffee Shop der Stadt, seit Jahrzehnten die gleiche Stammkundschaft ein. Nun ist es nicht mehr weit zum ältesten chinesischen Tempel von George Town, dem **Goddess Of Mercy (Kuan Yin) Temple** 20 (s. Abb. S. 17). Der Duft riesiger Räucherstäbchen weist den Weg zu diesem taoistischen Tempel, der 1801 zu Ehren der Göttin der Barmherzigkeit, Kuan Yin, und der Beschützerin der Seefahrer, Ma Chor Poh, erbaut wurde. Im Hof stehen große Löwenstatuen und das Dach zieren bunte Drachen. Vor allem am 1. und 15. Tag eines Mondmonats sowie zu den chinesischen Neujahrsfeiern kommen viele Gläubige hierher. An großen Festtagen werden traditionelle Chinesische Opern aufgeführt (Jln. Masjid Kapitan Keling, tgl. 9–18 Uhr).
Auf der **Lorong Stewart** geht es vorbei an den Stahlskulpturen ›Temple Day‹, ›Mahjong‹ und ›Beca‹ Richtung Westen. Die Arkaden nahe der Kreuzung mit der Love Lane schmückt die **Stahlskulptur ›Five Foot Way‹** 21**,** die Wand schräg gegenüber die **Stahlskulptur ›Amah‹** 22**,** die allen Kindermädchen gewidmet ist. Wer sich über den Ursprung des Namens **Love Lane** aufklären lassen möchte, läuft in Richtung Lebuh Chulia, wo kurz vor der nächsten Kreuzung links die **Stahlskulptur der untreuen Ehemänner** 23 zu sehen ist. Vor 200 Jahren lebten in der Love Lane u. a. die Zweitfrauen reicher chinesischer Kaufleute, die sich mit ihren Familien gleich um die Ecke in der Lebuh Muntri niedergelassen hatten.
Auf dem Weg durch die Lebuh Muntri können Interessierte einen Blick in den prächtig geschmückten **Thean Hou Temple** 24 werfen. Der Tempel der Hainan-Chinesen zu Ehren von Meeresgöttin Mazu wurde 1895 fertiggestellt und anlässlich seines 100-jährigen Jubiläums von Handwerkern aus China mit Steinornamenten und Reliefarbeiten im Stil der Sung-Dynastie versehen. An der Kreuzung mit der Lebuh Leith steht die **Stahlskulptur ›Businessmen‹** 25 des Cartoonisten Lefti. Sie thematisiert die chinesischen Händler, die durch Beteiligungen an Zinnminen zu Wohlstand gelangt waren und sich mit malaiischen Herrschern verbündet hatten.

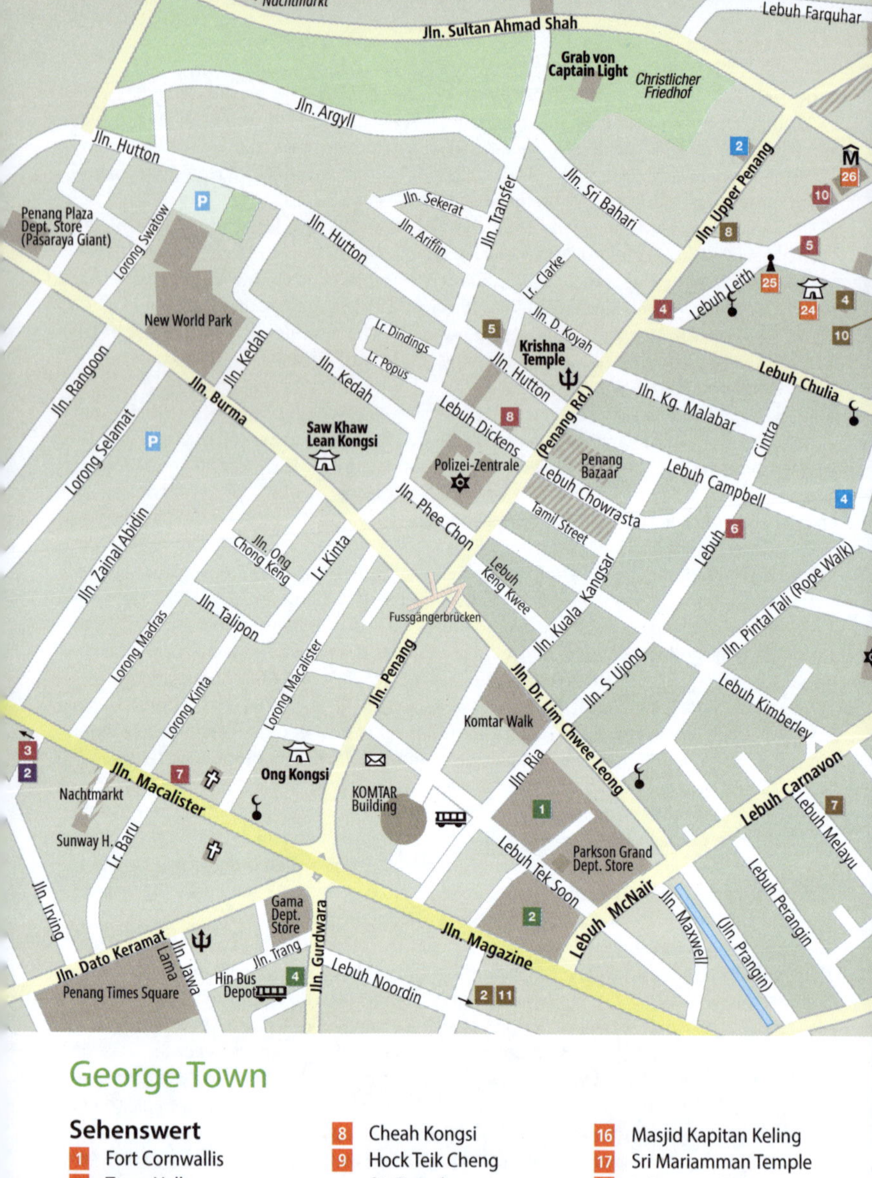

George Town

Sehenswert

1 Fort Cornwallis
2 Town Hall
3 City Hall
4 House of Yeap Chor Ee
5 Pinang Peranakan Mansion
6 Wandbild
7 Batik Painting Museum
8 Cheah Kongsi
9 Hock Teik Cheng Sin Temple
10 Stahlskulptur ›Tiger‹
11 Khoo Kongsi
12 Wandbild
13 Masjid Melayu
14 Syed Al-Attas Mansion
15 House of Dr. Sun Yat Sen
16 Masjid Kapitan Keling
17 Sri Mariamman Temple
18 Palmen-Stahlskulptur
19 Asia Cafe
20 Goddess Of Mercy Temple
21 Stahlskulptur ›Five Foot Way‹
22 Stahlskulptur ›Amah‹

23 Stahlskulptur der untreuen Ehemänner
24 Thean Hou Temple
25 Stahlskulptur ›Businessmen‹
26 Cheong Fatt Tze Mansion
27 St. Xavier's Institution
28 Cathedral of the Assumption
29 Penang State Museum

Übernachten

1 Eastern & Oriental Hotel
2 Noordin Mews
3 23 Lovelane
4 Muntri Mews
5 Hotel Penaga
6 Bayview Hotel
7 Betel Nut Lodge
8 Merchant Hotel
9 You Le Yuen
10 Moon Tree 47
11 RumahKu
12 Star Lodge

Essen & Trinken

1 Kebaya Dining Room
2 Edelweiss
3 Mum's Nyonya Cuisine
4 Kashmir

Fortsetzung S. 204

5 Gala House
6 Tai Tong Restaurant
7 De Happy Restaurant
8 EE Beng Vegetarian Food
9 The Mugshot Cafe
10 Red Garden Food Paradise
11 Krsna
12 Sri Ananda Bahwan

Einkaufen

1 Prangin Mall
2 1st Avenue
3 Little India
4 Hin Market
5 Areca Books

Abends & Nachts

1 Hongkong Bar
2 Soho Free House
3 Three Sixty
4 Manchu Bar

Aktiv

1 Nazlina's, Spice Station
2 Penang Homecooking School
3 Penang Heritage Trust

Ende des 19. Jh., ist ein Museum untergebracht. Gezeigt werden 1000 mehr oder weniger echte chinesische Antiquitäten, die allerdings ohne erklärende Begleittexte auskommen müssen.

Cheong Fatt Tze Mansion 26

14 Lebuh Leith, Tel. 042 62 00 06, www.cheongfatttzemansion.com, 45-minütige informative Führungen auf Englisch um 11 und 14 Uhr, RM 25, Audio-Tour ohne Guide tgl. 11–18 Uhr, RM 26 (eigene Kopfhörer und Smartphone mitbringen)

Einer der wohlhabendsten Chinesen von George Town ließ sich in der zweiten Hälfte des 19. Jh. das **Cheong Fatt Tze Mansion** (The Blue Mansion) erbauen. Die prächtigste Stadtvilla jener Zeit verfügte über 38 Zimmer und war die Familienresidenz des Geschäftsmanns und chinesischen Vizekonsuls Cheong Fatt Tze, der durch den Warenaustausch mit seinen Handelspartnern in Java, Sumatra, Hongkong und China zu Wohlstand gekommen war und als einer von Chinas letzten Mandarinen und ersten Kapitalisten gilt. Das Gebäude verbindet in einzigartiger Weise europäische Stilelemente wie gotische Fensterbögen mit chinesischer Architektur und den Prinzipien des Feng Shui. Es war zudem Wohnstatt von Tan Tay Po, der (offiziell) achten Ehefrau von Cheong Fatt Tze. Das Anwesen diente Filmen wie »Crazy Rich Asians« als Kulisse. Die Rikschas vor dem Haus stammen von den Dreharbeiten zum Film »Indochine« mit Cathérine Deneuve von 1992, der u. a. hier gedreht wurde. Wer sich der Atmosphäre nicht entziehen mag, kann hier auch übernachten.

Eastern & Oriental Hotel 1

Das **Eastern & Oriental Hotel** ist zweifelsohne eines der legendären Kolonialhotels in Asien. Bis in die 1930er-Jahre hinein stieg hier die High Society ab und feierte rauschende Feste. Gegründet wurden die beiden Hotels 1884 bzw. 1885 von den armenischen Sarkies-Brüdern, zu deren Imperium auch das Raffles in Singapur und das Strand in Yangon gehörten. Vor über 100 Jahren legten sie die beiden gut gehenden Häuser Eastern Hotel und Oriental Hotel zusammen und schufen damit das längste Promenadenhotel Asiens.

Nach dem Zweiten Weltkrieg wurde der viktorianische Flügel abgerissen und machte einem Allerweltsbau Platz. Aber im großen Ballsaal ging es weiterhin rund und die 1889-Bar, in der schon Rudyard Kipling, Somerset Maugham und Hermann Hesse ihren *stengah* (Whiskey Soda) getrunken hatten, war noch in Betrieb. Insbesondere die einst von Somerset Maugham bewohnte Suite wurde im alten Stil bewahrt und in Ehren gehalten. Zur Jahrtausendwende entkernte man das Hotel und baute es bis auf Teile der Fassade und der Kuppelhalle im historischen Stil der 1920er-Jahre neu auf. Seither ist alles viel schöner und schicker, doch der Flair des alten E & O ist dabei größtenteils auf der Strecke geblieben (s. S. 205).

Britisches Viertel

Am nördlichen Ende der Love Lane erstreckt sich das Viertel der britischen Kolonialverwaltung mit der etablierten Jungenschule **St. Xavier's Institution** 27, der von Sir Francis Light gegründeten katholischen **Cathedral of the Assumption** 28 und dem **Penang State Museum** 29, das im Gebäude der Penang Free School, der ersten englischsprachigen staatlichen Schule östlich von Suez (1816–1927), untergebracht ist und damit einen würdigen Rahmen gefunden hat. Die Ausstellung über die Geschichte der Insel berichtet von arabischen Händlern, indischen und burmesischen Plantagenarbeitern sowie von den Traditionen und Lebensgewohnheiten der Malaien und Chinesen. Historische Fotos von Straßenszenen und Transportmitteln ermöglichen einen guten Vergleich zu heute. Auch die wichtigsten Stationen der Stadtgeschichte, die interessantesten Gebetsstätten und die traditionellen Zünfte werden dokumentiert. Im letzten Raum sind schöne alte Stiche und Gemälde von Pulau Pinang zu sehen (Lebuh Farquhar, www.penangmuseum.gov.my, wegen Renovierung bis 2024 geschlossen).

Infos

Penang Global Tourism: 8B Lebuh Pantai, Tel. 042 64 34 56, www.mypenang.gov.my, Mo–Fr 9–17, Sa 9–15, So, Fei 9–13 Uhr; spezialisiert auf Penang, viele Broschüren auch zum Download. Gute Infos auch auf www.penang-traveltips.com.

George Town World Heritage Centre: 116 & 118 Lebuh Aceh, Tel. 042 61 66 06, Mo–Fr 9–17 Uhr. Hier erhält man Infos über die Architektur der alten Geschäftshäuser, auf der Website stehen viele interessante Broschüren und Stadtpläne mit historisch-kulturellen Schwerpunkten zum Download.

Übernachten

Legendär – **Eastern & Oriental Hotel 1:** 10 Lebuh Farquhar, Tel. 042 22 20 00, www.eohotels.com. Einst das erste Haus der Insel, in dem berühmte Besucher wie Somerset Maugham und Hermann Hesse ein- und ausgingen (s. S. 204). 213 Suiten in 5 Kategorien, alle vollständig erneuert und im alten Stil höchst komfortabel gestaltet mit separatem Wohnraum, riesigem Bad und teils sogar Butlerservice. Die teuren mit großer Terrasse und Zugang zum Pool. €€€

Charmant – **Noordin Mews 2:** 53 Lebuh Noordin, Tel. 042 63 71 25, www.noordinmews.com. Angenehmes Boutiquehotel in ruhiger Lage nahe dem KOMTAR Building. Wo einst Rikschafahrer eine Bleibe fanden, können Gäste nun in zwei sanierten zweistöckigen Häuserzeilen aus den 1920er-Jahren wunderbar entspannen. Die 18 Zimmer sind mit alten chinesischen Fliesen und Liebe zum Detail komfortabel eingerichtet. Ein kleiner Garten mit Pool, eine Lounge und ein Lesezimmer laden zum Bleiben ein. Gutes Frühstück inklusive. €€€

Gemütliches Gesamtkunstwerk – **23 Lovelane 3:** 23 Love Lane, Tel. 042 62 13 23, www.23lovelane.com. Die alte Stadtvilla im Zentrum wurde mit viel Liebe zum Detail stilvoll restauriert und wird sehr freundlich und professionell geleitet. Den ruhigen Innenhof umrahmen 10 individuell gestaltete Zimmer mit Möbeln aus den 1930er-Jahren, iPod-Dockingstation und Bildern zeitgenössischer Künstler. Luftigere Zimmer im Obergeschoss, 2 Maisonette-Zimmer für Familien. €€€

Kleine Oase – **Muntri Mews 4:** 77 Lebuh Muntri, Tel. 042 63 51 25, www.georgetownheritage.com/muntri-mews-hotel. Das Boutiquehotel vermietet hinter seinem Café 9 Zimmer und Suiten, die hochwertig im minimalistischen Stil eingerichtet sowie ruhig, hell und sauber sind. Freundliches, aufmerksames Personal. €€–€€€

Charmant – **Hotel Penaga 5:** Lebuh Clarke, Ecke Jln. Hutton, Tel. 042 61 18 91, http://hotelpenaga.com. 15 alte 2-stöckige Häuser wurden kernsaniert und um ein Stockwerk erweitert. Die 45 hellen Zimmer sind unterschiedlich eingerichtet, behindertengerecht und haben große Bäder mit Jacuzzi und Massagedusche. Der Charme der Holzböden, alten Fliesen und Möbel wird durch modernes Mobiliar geschmackvoll unterstrichen. Alle Zimmer mit Safe, Wasserkocher, Minibar, TV, Bademantel, einige mit Balkon, zudem Lofts und Suiten. Bibliothek, Restaurant, schmaler, langer Pool, kleiner Garten. €€–€€€

Zentral – **Bayview Hotel 6:** 25 Lebuh Farquhar, Tel. 042 63 31 61, https://bhgp.bayviewhotels.com. Der Hotelblock stammt aus den 1970er-Jahren, die 340 Zimmer sind aber gut ausgestattet und bieten teilweise Meerblick.

Viele der alten chinesischen Geschäftshäuser wurden sorgsam restauriert

Empfehlenswert ist das Three Sixty Drehrestaurant mit Skybar (s. S. 210) auf dem Dach. Schattiger Pool, Fitnesscenter und Garten. €€

Klein und persönlich – **Betel Nut Lodge 7 :** 100 Lebuh Melayu, Tel. 042 64 41 00, www.betelnutlodge.com. Das aus den 1860er-Jahren stammende, damals u. a. als Wohnhaus, Ziegelgeschäft und Schwalbenzucht genutzte Gästehaus in ruhiger Lage hat nur 6 Zimmer, die aber wohnlich und gepflegt sind und mit dem herzlichen Service von Joel punkten können. €€

Gutes Preis-Leistungs-Verhältnis – **Merchant Hotel 8 :** 55 Jln. Penang, Tel. 042 63 28 28, www.merchanthotelpenang.com. Im sauberen Hotelblock werden 93 mit allem Erforderlichen eingerichtete Zimmer vermietet. Angeschlossen sind ein Restaurant und eine Dachterrasse mit guter Aussicht, Parkplatz. €€

Bed & Breakfast – **You Le Yuen 9 :** 7 Lorong Love, Tel. 01 24 33 30 19, www.youleyuen.com. Charmant, mit nostalgischem Touch hergerichtet, aber nicht überkandidelt. Die netten Gastgeber sorgen in der kleinen, gut gelegenen Pension für persönliche Atmosphäre. Einige Zimmer sind recht hellhörig (Ohrstöpsel!). Zum Frühstück gibt's auch mal Roti Canai oder Nasi Lemak. €€

Individuell – **Moon Tree 47 10 :** 47 Lebuh Muntri, Tel. 042 64 40 21, www.facebook.com/MoonTree47. Junge Designer haben das Haus aus den 1920er-Jahren mit Trödel und einigen Antiquitäten recht authentisch in die Zeit des alten Penang zurückversetzt. 8 recht kleine Zimmer im Obergeschoss mit AC und eigenen oder Gemeinschaftsbädern. Im Erdgeschoss kann man in rustikalem Ambiente guten Kaffee trinken und frühstücken. €–€€

Gemütlich und sauber – **RumahKu** 11: 39 Lebuh Noordin, Tel. 04 68 86 962, www.rumahkugroup.com. Empfehlenswertes Gästehaus mit gemütlichen Gemeinschaftsräumen, Kochmöglichkeit, hübschen Designs und freundlichen Angestellten. Alle Zimmer verfügen über eigene Bäder und sind mit bequemen Betten ausgestattet. Einziges Manko: Sie bieten (wie viele Unterkünfte in George Town) wenig Platz. Begrünter Innenhof und kurzer Laufweg zu den Einkaufszentren. €–€€

Zweckmäßig – **Star Lodge** 12: 39 Lebuh Muntri, Tel. 042 62 63 78. Das Star Lodge befindet sich in einem Neubau, der sich gut in die alte Nachbarschaft integriert. Hier offeriert der freundliche Besitzer 29 saubere Zimmer mit Fenstern, gefliesten Böden und kleinen Duschen. Für Klimaanlage oder einen Balkon wird ein kleiner Aufschlag fällig. €

Essen & Trinken

Fine Dining – **Kebaya Dining Room** 1: 2–16 Lebuh Stewart, Tel. 042 64 23 33, https://kebaya.com.my, Mi–Mo 18–22.30 Uhr, Reservierung erforderlich. Hier passt alles, das Ambiente, der Service und die aus hochwertigen Zutaten delikat gewürzten Gerichte der Menüs nach klassischen südostasiatischen Rezepten. Nur 4-Gänge-Menüs. €€€

Röstl im historischen Zentrum – **Edelweiss** 2: 38 Lebuh Armenian, Tel. 042 61 89 35, www.edelweisscafe.com, Do, Fr 18.30–22, Sa/So 17–22 Uhr. Theresa und Urs aus der Schweiz haben mit diesem Restaurant vielen Deutschsprachigen in der Stadt einen Treffpunkt gegeben. In dem gemütlichen, mit Antiquitäten eingerichteten alten Geschäftshaus und kleinen Innenhof lässt man sich riesige Würste, Rösti, Kuchen, Käsefondue und ande-

UNESCO-Weltkulturerbe – Licht und Schatten

2008 war es so weit: Die beiden historischen Städte George Town und Melaka wurden von der UNESCO zum Weltkulturerbe erklärt. Mit der Aufnahme in die prestigeträchtige Liste wird dem kulturellen Erbe mehr Aufmerksamkeit zuteil – von Städteplanern wie von Spekulanten.

Wohl kaum eine andere malaysische Stadt hat so viele historische Gebäude wie George Town: Ganze Straßenzüge mit über 100 Jahre alten chinesischen Geschäftshäusern, prunkvolle Stadtvillen einstiger Zinnbarone, repräsentative Bank- und Verwaltungsgebäude der britischen Kolonialherren, Tempel, Kirchen und Moscheen, geschichtsträchtige Friedhöfe sowie Hotels, in denen Geschichte geschrieben wurde. Die alten Gemäuer scheinen geradewegs dafür geschaffen zu sein, traditionelle Koch- und Handwerkskünste, Riten und Überlieferungen zu bewahren. Mit den Coffee Shops werden authentische Rezepte wie ein Familienschatz vererbt, in den Werkstätten im Erdgeschoss der Wohnhäuser geben Goldschmiede, Holzschnitzer und andere Handwerker ihr Wissen von Generation zu Generation weiter und in chinesischen Clanhäusern und Tempeln werden Feste gefeiert und Rituale gepflegt, die im Mutterland der Kulturrevolution zum Opfer gefallen sind.

Ein Spaziergang durch die Straßen von George Town ist wie eine Reise in die Vergangenheit. Allein in der über 100 ha großen Core Zone stehen 1700 historische Gebäude. Etliche Fassaden wurden bereits restauriert, Wohnungen entkernt und modernisiert. Doch nur wenige der ehemaligen Bewohner können sich diese kostspieligen Sanierungen leisten. Viele haben ihre Häuser daher an kapitalkräftige Interessenten verkauft und sind in eines der Hochhäuser in den Neubausiedlungen gezogen, die wie Pilze aus dem Boden schießen und die Altstadt in den Klammergriff nehmen. Seit der Abschaffung der Mietpreisbindung im Jahr 2000 steigen die Preise Jahr für Jahr, vervielfachen sich die Grundstückspreise und beschleunigen damit den Prozess.

Mit den alteingesessenen Bewohnern verliert die Altstadt viele ihrer kleinen Läden, in denen Nachbarschaftsbeziehungen gepflegt und die jüngsten Neuigkeiten ausgetauscht wurden. Die nachfolgenden Boutiquen und Cafés sind vor allem das Ziel von Touristen und jungen Einheimischen aus der Oberschicht. Auch findet kaum ein alter Handwerker einen Nachfolger, denn mit der zeitaufwendigen Herstellung indischen Hochzeitsschmucks, geschnitzter Türschilder oder chinesischer Lampions lässt sich heute kaum noch der Lebensunterhalt verdienen. Die Stadtverwaltung ist sich dieser Problematik bewusst und versucht gezielt gegenzusteuern. Bereits 1986 begann der Penang Heritage Trust (https://pht.org.my) das multikulturelle Erbe für kommende Generationen zu dokumentieren und es damit vor dem Vergessen zu retten. Die Organisation kämpft gegen den Abriss alter Häuser ebenso wie für eine nachhaltige Sanierung und den Erhalt traditioneller Fähigkeiten und Techniken. Einen hervorragenden Einblick in ihre Arbeit und die Geschichte von George Town erhält man auf den geführten Stadtspaziergängen des Penang Heritage Trust (s. S. 210).

re Leckereien munden. Theresa leitet hervorragende Heritage-Touren (s. S. 210) und hat im Obergeschoss ein kleines Heimatmuseum eingerichtet. €–€€

Authentische Nyonya-Küche – **Mum's Nyonya Cuisine** 3 **:** Lorong Abu Siti 31 D, Tel. 042 29 13 18, www.facebook.com/mumsnyonyacuisine, Di–So 11–14, 18–20.30 Uhr. V. a. Einheimische besuchen dieses gepflegte, von einer Peranakan-Familie geführte Restaurant, das authentische Gerichte dieser außergewöhnlichen Küche auftischt (s. S. 82). Tipp: *rendang* und *curry kapitan* oder für Mutigere Fischkopfcurry *purut ikan* und *otak otak*. €€

Nordindische Currys – **Kashmir** 4 **:** 105 Jln. Penang, Tel. 042 63 74 11, tgl. 11–22 Uhr. Alteingesessenes Lokal im Untergeschoss des Oriental Hotel. Der Service ist nicht der schnellste, doch die Currys schmecken hervorragend, sodass häufig alle Tische belegt sind. €–€€

Entspanntes Café – **Gala House** 5 **:** 102 Lebuh Muntri, Ecke Lebuh Leith, Tel. 042 61 31 18, www.facebook.com/galahouse.com.my, Di 8–17, Mi–So 8–23 Uhr. Hier wird Östliches mit Westlichem kombiniert, z. B. Spaghetti mit Kimchi und Lachs. Auch Sandwiches, Salate, Steaks, Burger und leckere Kuchen aus dem Kühltresen. Rustikale Einrichtung, entspannte Musik. €€

Dim Sum – **Tai Tong Restaurant** 6 **:** 45 Lebuh Cintra, Tel. 042 63 66 25, Di–So 6–13.30 und 18–21 Uhr. Dieses einfache kantonesische Restaurant ist bekannt für gefüllte Teigtaschen und andere gedämpfte Kleinigkeiten, die auf Wagen durch das Restaurant geschoben werden. €

Meeresfrüchte satt – **De Happy Restaurant** 7 **:** 58 Jln. Macalister, nahe KOMTAR Bldg., Tel. 01 24 85 23 88, www.facebook.com/dehappyrestaurant, tgl. 16.30–23 Uhr. Frische Garnelen, Fische, Muscheln, Krebse und andere Lebewesen aus dem Meer werden im großen, teils offenen Restaurant auf chinesische Art und halal zubereitet. €–€€

Vegetarische Vielfalt – **EE Beng Vegetarian Food** 8 **:** 20 Lebuh Dickens, Tel. 01 24 57 06 60, Fr–Mo 7–20 Uhr. Das unscheinbare Restaurant liegt abseits der Touristenroute und ist eine gute Adresse für Vegetarier. Mittags wird ein Selbstbedienungsbüfett mit etwa 30 authentischen Gerichten aufgebaut. €

Leckeres Gebäck – **The Mugshot Cafe** 9 **:** 302 Lebuh Chulia, Tel. 01 12 64 47 007, www.facebook.com/themugshotcafepenang, tgl. 8–22 Uhr. Das Café lockt mit belegten Bagels, Muffins und Smoothies. Nebenan in der ausgezeichneten Rainforest Bakery gibt es zudem Brot und Brötchen (fast) wie in Europa sowie Kuchen. €–€€

Vielfalt unter freiem Himmel – **Red Garden Food Paradise** 10 **:** 20 Lebuh Leith, www.redgarden-food.com, tgl. 17–1 Uhr. Großer Essensmarkt im Hof einer alten Villa. An Ständen werden malaiische, indische, thailändische und chinesische Snacks sowie Seafood verkauft. Zu späterer Stunde Livemusik. €–€€

Süßes aus Indien – **Krsna** 11 **:** 276 Lebuh Pasar, Tel. 042 62 64 04, tgl. 7.30–21 Uhr. Der Namensgeber, der Hindugott Krishna, ist für seine Liebe zu Süßigkeiten bekannt. Entsprechend gut sind hier die *ladus,* die süßen Bällchen, die im Eingangsbereich dieses kleinen Restaurants verkauft werden. Auch die frisch zubereiteten *tosai, idli* und *puri,* die von 7 bis 12 und dann wieder ab 15.30 Uhr zu bekommen sind, lohnen einen Besuch, ebenso der würzige Masala-Tee. €

Authentisch südindisch – **Sri Ananda Bahwan** 12 **:** 55 Lebuh Penang, Ecke Lebuh China, Tel. 042 64 42 04, www.sabgroup.com.my, tgl. 7–22.30 Uhr. Bei diesem einfachen Inder gibt es auch Fleischgerichte, die man sich im offenen Restaurant und an Tischen auf dem Bürgersteig schmecken lassen kann. €

Einkaufen

Einkaufszentren – Am südwestlichen Altstadtrand grenzen an das KOMTAR Building die **Prangin Mall** 1 **,** https://prangin-mall.com, das größte Einkaufszentrum, und **1st Avenue** 2 **,** www.1st-avenuepenang.com.my, mit einer Aussichtsplattform im 8. Stock.

Alles aus Indien – In der Fußgängerzone von **Little India** 3 rings um die Lebuh Pasar und die Lebuh Penang gibt es indische Musik und Filme, hinduistische Götterstatuen, bunte Armreifen, Kurtas und Saris, exotische Gewürze, Räucherstäbchen und vieles mehr zu kaufen.

Kunst & Kunsthandwerk – **Hin Market 4:** 31 Jln. Gurdwara, https://hinbusdepot.com, Sa/So 11–17 Uhr. Das alte Hin Bus Depot wurde zur Begegnungsstätte für Junge und Kreative umfunktioniert. Am Wochenende ist Markt, dann sind originelle Handarbeiten, Souvenirs und Kunsthandwerk zu erstehen.

Bücher – **Areca Books 5:** 72 Lebuh Aceh, Tel. 042 61 81 86, www.arecabooks.com, Fr–Di 10–18 Uhr. In dem gut kuratierten Buchladen sind auch seltenere Bücher über Malaysia, Penang und George Town zu finden.

Abends & Nachts

Eine Bar voller Geschichten – **Hongkong Bar 1:** 371 Lebuh Chulia, tgl. ab 15 Uhr bis der letzte Gast geht. In dieser alteingesessenen kleinen Bar vergnügten sich bereits in den 1920er-Jahren Soldaten und Matrosen. Ein Brand hat viele alte Erinnerungsstücke vernichtet, aber die Inhaberfamilie führt die Tradition weiter.

Rustikales Pub – **Soho Free House 2:** 50A Jln. Penang, im Peking Hotel, Tel. 042 63 33 31, tgl. 12–3 Uhr. Lokales und internationales Bier vom Fass, Sportereignisse auf Großbildschirmen, Kicker, Billard sowie Pub Food wie Hamburger und Pies.

Skybar – **Three Sixty 3:** Bayview Hotel (s. S. 205), Tel. 042 61 35 40, https://360rooftop.com.my, So–Do 16–1, Fr, Sa 16–2 Uhr. Der Platz, um mit einem kühlen Bier oder Cocktail (RM 30–40) in einer lauen Tropennacht die Aussicht über die Altstadt von George Town und das Meer zu genießen.

Fernöstlich – **Manchu Bar 4:** 38 & 40 Jln. Pintal Tali, Tel. 01 25 00 75 88, www.facebook.com/manchupenang, Di–So 19–3 Uhr. Diese etwas versteckte Cocktailbar erinnert an eine Mischung aus chinesischem Teehaus und Opiumhöhle, aber stilvoll und mit einigen originellen Drinks.

Aktiv

Kochkurse – **Nazlina's, Spice Station 1:** 2 Lebuh Campbell, Tel. 01 24 11 73 00, www.pickles-and-spices.com. Die 5-stündigen Kurse beginnen immer So, Di und Do um 8 Uhr am Markt Campbell, Ecke Carnarvon Street. **Penang Homecooking School 2:** 85 Taman Berjaya, Pulau Tikus, Tel. 01 64 37 43 80, https://penanghomecookingschool.com. Kurse mit Marktbesuch Mo–Sa ab 9 Uhr. **Tropical Spice Garden:** s. S. 218.

Stadtspaziergänge – **Penang Heritage Trust 3:** 26 Lebuh Gereja, Tel. 042 64 26 31, https://pht.org.my. U. a. Rundgänge durch Little India oder auf den Spuren der deutschen Pioniere, zu religiösen Stätten in der Street of Harmony, Vorträge mit architektonischem oder kulinarischem Schwerpunkt. **Edelweiss 2:** s. S. 207. Theresa Pereira Capol, Tel. 01 24 85 69 08, vom Restaurant Edelweiss organisierte individuelle historische Touren ab 3 Pers. für RM 300.

Termine

Vor allem während der chinesischen Feste wird in George Town viel geboten. Sonst hält sich das kulturelle Angebot in Grenzen.

Chinesisches Neujahr (Ende Jan./Anfang Febr.): Zwei Wochen lang wird das neue Jahr mit Böllern und Löwentänzen, Tempelbesuchen und gutem Essen begangen.

Thaipusam (Ende Jan./Anfang Febr.): Die üppig dekorierte Statue von Subramaniam wird vom Sri Mariamman Temple durch die Stadt zum Nattukkotai Chettiar Temple kurz vor dem Botanischen Garten gebracht.

George Town Festival (Juli/Aug., www.georgetownfestival.com): Vier Wochen lang Kunst-, Musik- und Theaterveranstaltungen.

Pesta Pulau Pinang (Dez.): Diverse Veranstaltungen und ein Drachenbootrennen.

Verkehr

Flüge: Vom Penang International Airport ca. 20 km südl. von George Town fliegen Malaysia Airlines, AirAsia, Firefly und Batik Air nach Kuala Lumpur, Johor Bahru, Kota Bharu, Kota Kinabalu, Kuching und Langkawi. Internationale Flüge mit AirAsia, Batik Air, Jetstar, Scoot und Thai Airways u. a. nach Bangkok, Phuket, Singapur, Jakarta, Surabaya, Medan, Dubai und Doha. Coupon-Taxis fahren nach George Town (RM 47) und

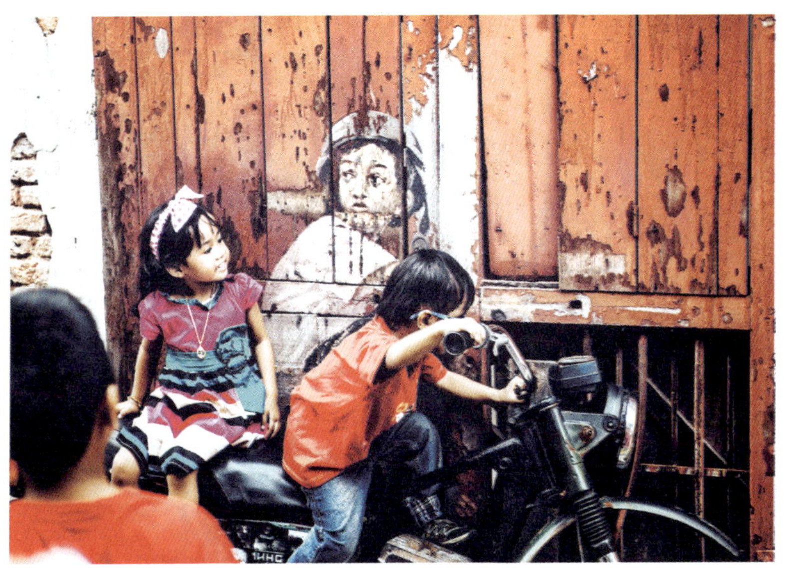

Street Art ist selbst in kleinen Gassen in George Town zu entdecken

Batu Ferringhi (RM 74). Eine LRT-Bahn vom Komtar Building bis zum Flughafen soll bis 2028 gebaut werden.

Züge: Der Bahnhof, Tel. 043 31 27 96, befindet sich in Butterworth auf dem Festland neben dem Ferry Terminal. Verbindungen über Taiping, Kuala Kangsar und Ipoh nach Kuala Lumpur, außerdem nach Norden an die Grenze zu Thailand (Padang Besar). Fahrplan unter: www.ktmb.com.my.

Busse: Von Penangs Busbahnhof Terminal Bas Ekspres Sungai Nibong, 11 km südl. von George Town (Shuttlebus zum KOMTAR, s. S. 199), sowie vom Busbahnhof in Butterworth (gleich neben dem Ferry Terminal auf der Festlandseite) gibt es Verbindungen in alle Richtungen – manche Busse starten in Sungai Nibong und halten 30 Min. später in Butterworth. Der dortige Busbahnhof ist übersichtlicher, durch die Fähren gut erreichbar und bietet eine Online-Plattform für den Ticketkauf, https://eticket.penangsentral.com.my. Mehrmals tgl. fahren Busse nach Ipoh (2 Std., RM 20–28), Kuala Lumpur (5–6 Std., RM 32–45) und Tanah Rata in den Cameron Highlands (5–6 Std., RM 32–40). Einige Strecken sind ab Butterworth zudem merklich billiger, u. a. nach Alor Setar (2 Std., RM 11), nach Kota Bharu (7 Std., RM 37–40), nach Melaka (7 Std., RM 45–55) oder Taiping (1 Std., RM 14). Zudem fährt ein Bus um 22.30 Uhr nach Mersing (Fähre nach Tioman, 9–10 Std., RM 65).

Überlandtaxis: Überlandtaxis findet man am KOMTAR Building (s. S. 199) und am Terminal Bas Ekspres Sungai Nibong. Von dort u. a. nach Ipoh (RM 200–280), Taiping (RM 130–150) und in die Cameron Highlands (RM 400). Zu Zielen im Norden ist es günstiger, vom Taxistand nördl. der Fähranlegestelle in Butterworth aus zu starten, z. B. nach Alor Setar (RM 150) und Kuala Kedah (RM 150).

Mietwagen: Avis, am Flughafen, Tel. 18 00 88 28 47, www.avis.com.my; Hawk, am Flughafen Tel. 13 00 88 64 88, www.hawkrentacar.com.my; Hertz, am Flughafen Tel. 046 43 02 08, www.hertz.com; Kasina, 195 Block G, Mukim 12, Jln. Sultan Azlan Shah, Sungai Nibong, Tel. 046 44 18 42, 01 24 38 25 34, www.kasina.com.my.

Fähren: Auto- und Personenfähren zwischen dem Ferry Terminal in George Town und dem Terminal in Butterworth verkehren von 5.40 bis 0.40 Uhr stdl. (RM 2/Pers.). Von der Anlegestelle auf dem Festland ist es nicht weit zum Terminal der Fernbusse, der Überlandtaxis und zum Bahnhof.

Fortbewegung in der Stadt und auf der Insel

Stadtbusse: Kostenlose CAT-Stadtbusse rotieren alle 15–20 Min. von 6–23 Uhr durch das Zentrum und halten u. a. am KOMTAR Bldg. und am Weld Quay. Die rot-blauen Busse von **Rapid Penang,** www.myrapid.com.my, fahren vom Weld Quay (Ferry Terminal) und dem KOMTAR Bldg. etwa alle 30 Min. zum Botanischen Garten (Nr. 10), nach Batu Ferringhi und Teluk Bahang (Nr. 101, 102), zur Penang Hill Railway (Nr. 204), zum Airport (Nr. 102, schneller mit 401/401E), nach Balik Pulau (Nr. 401, 401E, von dort mit Nr. 501 nach Teluk Bahang) und zum Terminal Bas Ekspres Sungai Nibong (Nr. 303, 304).

Taxis: Sie fahren ohne Taxameter und kosten im Zentrum ca. RM 15, zum Terminal Bas Ekspres Sungai Nibong RM 30, zum Kek Lok Si Temple RM 35, zum Botanischen Garten RM 25, nach Batu Ferringhi RM 45 und nach Butterworth RM 85. Für Inselrundfahrten ab 3 Std. werden RM 35/Std. verlangt. Günstiger ist die Buchung von Privattaxis über die App Grab.

Die Insel Penang

▶ 1, D/E 5/6

Karte: S. 216

Bei einer Inselumrundung zeigt **Pulau Pinang** immer wieder ein neues Gesicht: Großzügige Urlaubsresorts dominieren die Sandstrände im Norden, kleine Dörfer mit ständig wachsenden Neubauvierteln die Täler im Westen und Industriebetriebe internationaler Konzerne die dem Festland zugewandte Seite. Im Zentrum der Insel erheben sich bis zu 833 m hohe, dschungelbedeckte Berge.

Suffolk House 1

Oberhalb der Jln. Air Itam, der Ausfallstraße nach Westen, Tel. 042 28 39 30, www.suffolkhouse.com.my, tgl. 12–23 Uhr, Mittagessen 12–14.30, High Tea 14.30–17.30, Dinner 18–22 Uhr, Rapid-Busse 201, 204

Etwa 2 km westlich des Zentrums liegt auf einem Hügel in **Air Itam** hinter der Methodist Boy School das **Suffolk House,** an dessen Stelle 1792/93 Sir Francis Light mit seiner Geliebten residierte, bevor 1805 das heutige Anwesen errichtet wurde. Auch ein Teil der Serie »Indischer Sommer« wurde hier gedreht. Eine wunderschöne Parkanlage bietet den perfekten Rahmen für das Gebäude, einen kleinen, repräsentativen Palast im indischen Kolonialstil mit 12 Zimmern, die rings um einen Ballsaal angeordnet sind. Die Möbel sind zwar nicht original erhalten, vermitteln aber einen guten Eindruck vom Leben zur damaligen Zeit. Stimmungsvoll ist ein Essen im Restaurant mit Pavillons und einer großen Bar im überdachten Hof. €€€

Kek Lok Si Temple 2

http://kekloksitemple.com, tgl. 8.30–18 Uhr, Rapid-Busse 201, 203 und 204

Pilger und Touristen aus dem In- und Ausland strömen nach Air Itam, um zum größten buddhistischen Heiligtum des Landes hinaufzusteigen und dort zu beten oder nur die Aussicht auf die Stadt zu genießen. Seit dem Baubeginn des **Kek Lok Si Temple** 1893 wird die riesige, an einem bedeutenden geomantischen Punkt gelegene Anlage ständig erweitert. Neue Statuen, Pagoden und Gebetshallen übertrumpfen in ihrer Opulenz und Größe die alten und künden vom Wohlstand großzügiger Spender. Die meisten Besucher gehen zu Fuß zum Tempel. Sie drängen sich durch den von Souvenirständen flankierten Zugangsweg und steigen dann langsam die zahlreichen Treppen von Terrasse zu Terrasse hinauf. Wer nicht gerne läuft oder den Händlern entgehen will, kann mit dem Auto die schmale Bergstraße hinauffahren, die vom Haupteingang rechts am Tempel vorbeiführt, und die letzten Ebenen mit einer kleinen Bahn überbrücken.

Im Garten des unteren und zugleich ältesten Bereichs tummeln sich in einem Teich zu

Füßen einer zierlichen siebenstöckigen Pagode zahlreiche Schildkröten – Symbol für ein langes Leben. Linker Hand erkennt man das runde Mondtor, hinter dem sich eine von Buddhastatuen umgebene Pagode verbirgt. Rechts beginnt der Aufstieg zur **Pagode der Zehntausend Buddhas** aus dem Jahr 1930. Das markante Bauwerk überragt den nördlichen Teil der Anlage und gilt bereits als Wahrzeichen der Insel. Auf einer achteckigen Basis im chinesischen Stil steht ein weißer Turm im siamesischen Stil und darauf erhebt sich eine burmesische Pagode, womit sich drei Länder des Mahayana- und Theravada-Buddhismus harmonisch miteinander vereinen. Auch in den Gebetshallen wird eine einmalige Bandbreite an buddhistischen, taoistischen und konfuzianistischen Ritualen praktiziert. Sogar die viergesichtige Statue von Hindu-Gott Brahma wird als buddhistische Schutzgottheit verehrt. Oberhalb der Gebetshallen steht unter einem Pavillon eine über 30 m hohe **Bronzestatue von Kuan Yin,** dem Bodhisattva des Mitgefühls, die von über hundert kleineren Kuan-Yin-Statuen und chinesischen Tierkreiszeichen-Symbolen umgeben ist. Während des Chinesischen Neujahrsfestes erhellen Zehntausende roter Lampions den Kek Lok Si Temple.

Penang Hill 3

Schon früher gehörte die Besteigung des 830 m hohen **Penang Hill** (Bukit Bendera) zum Pflichtprogramm europäischer Besucher, so zumindest berichtete es 1911 Hermann Hesse. Noch heute sind die höchste Erhebung der Insel und das Hochland drum herum dank des kühlen Klimas, der üppigen Vegetation und der schönen Aussicht ein beliebtes Ausflugsziel.

Bereits Mitte des 18. Jh. ließ Sir Francis Light auf dem Berg Erdbeerfelder anlegen, die bis zum Zweiten Weltkrieg gepflegt wurden und der Gegend um die heutige Bergstation ihren Namen gaben: **Strawberry Hill.** Noch vor 100 Jahren trugen Kulis das Gepäck der Reisenden ebenso wie das Essen und alles andere zu The Crag hinauf, dem Wohnhaus eines Schotten, das Hesse an eine Berghütte in den Alpen oder im Schwarzwald erinnerte. Alles änderte sich, als 1923 die erste asiatische Standseilbahn von Air Itam zum Penang Hill ihren Betrieb aufnahm. Die Briten errichteten Hotels und Villen, die Inder einen Tempel für Lord Murugan und die Malaien eine Moschee. Auf der Terrasse des Bellevue Hotel, der ehemaligen Residenz des ersten Polizeichefs Mr. Halliburton, genoss man beim Ausblick auf die Stadt einen Drink und danach in einem der zwölf Zimmer eine wohltemperierte Nacht – eigentlich gar nicht so verschieden von heute, nur dass (fast) alles ein wenig moderner geworden ist.

Zu Beginn dieses Jahrhunderts wurde die **Standseilbahn** überholt und erhielt Wagen mit klimatisierten Abteilen. Statt wie früher in 25 Min. gleitet sie nun in rasanten 6 Min. nach oben. Nach 2 km ist auf 735 m die Bergstation erreicht, wo auf einem Abstellgleis noch ein alter Waggon steht. Dahinter wird man von Souvenir- und Essensständen in Empfang genommen. In einem Garten im englischen Stil steht ein typisches englisches Landhaus, in dem das edle **David Brown's Restaurant** gehobene europäische Küche serviert (Tel. 048 28 83 37, www.penanghillco.com.my, tgl. 12–21 Uhr, €€–€€€).

Auf der Hauptstraße ist es nicht weit zu einem Murugan geweihten **Hindutempel** und der dahinter liegenden **Moschee.** Weiter oben schirmt ein Wachhaus den Zugang zu **Bel Retiro,** dem 1789 erbauten Bungalow des Gouverneurs, ab. Noch immer gibt es das **Bellevue Hotel** auf dem Halliburton Hill, das jedoch dringend eine Auffrischung bräuchte. Die Terrasse punktet allerdings nach wie vor mit einer fantastischen Aussicht (Tel. 042 27 40 06, http://bellevuehotel.my).

Auf dem 3 km langen Weg zum Western Hill verkehren Golfcarts zu mehreren Kolonialvillen und dem **Monkeycup Garden.** In der als Café betriebenen Anlage gedeihen verschiedene Arten von Farnen und fleischfressenden Pflanzen *(Nepenthes),* die typisch für südostasiatische Bergregionen sind (tgl. 9–18 Uhr, Erw. RM 12, Kind. 6).

Nahe dem Postamt beginnt unterhalb einiger alter Bungalows der 1,6 km lange Naturlehrpfad **The Habitat** (http://thehabitat.

WANDERUNG AUF DEN PENANG HILL

Tour-Infos

Start: Botanical Garden (s. S. 215)
Ziel: Penang Hill, Rückfahrt mit der Penang Hill Railway nach Air Itam (s. S. 213)
Dauer: 2–3 Std.
Länge: ca. 5 km
Schwierigkeitsgrad: steiler, teils über Treppen führender Aufstieg

Für die Wanderung vom Botanical Garden auf den Penang Hill gibt es zwei Möglichkeiten. Am Kreisverkehr vor dem Eingang zum Garten zweigt eine schmale Straße ab, die allerdings so steil nach oben führt, dass sie nur von Geländewagen befahren werden darf. Da hier seit Inbetriebnahme der Standseilbahn kaum noch Autos unterwegs sind, eignet sich die Strecke gut zum Wandern. Das wissen auch die vielen Jogger, denen man vor allem in der unteren Hälfte begegnet. Ein Großteil trainiert für die Penang Hill Heritage Forest Challenge, ein Laufwettbewerb, bei dem jährlich Ende Juni/Ende Juli Hunderte von Läufern in sechs Kategorien starten, um die über 7 km auf den Berg zurückzulegen.

Sportlich sollte man auch für Variante zwei sein, die im ersten Streckenabschnitt eine attraktive Alternative zur Jeepstraße darstellt und im **Botanischen Garten** beginnt. Hinter dem Eingang folgt man der Ausschilderung ›Trail to Penang Hill‹ zuerst geradeaus und anschließend nach links auf die **Upper Circular Road.** Nahe einer Brücke zweigt der Wanderweg links ab und verläuft durch dichten Dschungel steil aufwärts. Über zahllose Stufen ist nach etwa 20 Min. eine Lichtung mit dem verlassenen **Station 46 Resthouse** erreicht. Hier wendet man sich nach links und trifft nahe Km 1,4 auf die Jeepstraße.

Nach einem weiteren guten Kilometer auf der Straße durch einen Wald lädt der **Tea Kiosk 84** zu einer Rast ein. Unter einem Wellblechdach stehen Tische und Bänke, ein alter Chinese kocht gegen eine Spende auf offenem Feuer Tee. Gut erholt kann man nun den nächsten Streckenabschnitt angehen, der mit einer Steigung von bis 30 % aufwartet. Bei Km 2,8 bietet sich ein **Rastplatz** zur Verschnaufpause an und wenig später genießt man einen Blick über die dschungelbedeckten Berge bis zur Küste. Die Strecke zwischen den Ruhebänken bei Km 3,5 und der Abzweigung der **Viaduct Road** bei Km 3,7 säumen einige schöne alte Dschungelbäume voller Schmarotzerpflanzen. Bei Km 4,1 ist der erste Bungalow auf dem Penang Hill in Sicht, **Grace Dieu,** und kurz darauf sieht man rechts die Treppen, die nach 5 Min. zum Postamt auf der Bergstation führen, von dem es nach links zur **Penang Hill Railway** geht.

my, tgl. 9–19, letzter Einlass 17.30 Uhr, RM 60, Kinder und Senioren RM 40). Der Pfad verläuft durch verschiedene Themengärten. Mehr Nervenkitzel bietet der Hochseilparcous Flight of the Colugo (RM 210, Reservierung erforderlich). Die 13 bzw. 15 m hohen Baumkronenpfade Langur Way und Curtis Crest bieten tolle Ausblicke vom höchsten Punkt der Insel. Hier hielten bereits die Briten Aussicht nach herannahenden Schiffen.

Auch der malaiische Name für den Penang Hill, Bukit Bendera (›Flaggenhügel‹), ist darauf zurückzuführen, dass man im Zeitalter der ersten Dampfschiffe hier oben nach dem Postschiff sowie wichtigen Besuchern Ausschau hielt und die Information durch das Hissen einer Flagge in die Stadt übermittelte.

Verkehr

Standseilbahn: Penang Hill Railway, tgl. 6.30–22 Uhr, RM 15 einfach, RM 30 hin und zurück. Zwei Mal im Jahr ist die Bergbahn wegen Wartung für mehrere Tage außer Betrieb, die Zeiten stehen auf www.penanghill.gov.my.
Stadtbusse: Zur Talstation der Bergbahn fährt Rapid-Bus 204.

Hill Top Murugan Temple 4

Jln. Kebun Bunga, tgl. 6–12, 16.30–21 Uhr, Rapid-Bus 10

Nordwestlich der Stadt, etwa 1 km vor dem Botanischen Garten, steht auf der linken Seite der Jalan Kebun Bunga (Jalan Waterfall) der **Sri Ganesha Temple.** Von hier winden sich Fußwege mit über 500 Stufen zu einem weiteren Tempelkomplex hinauf, dem **Hill Top Murugan Temple,** der offiziell **Arulmigu Balathandayuthapani Temple** genannt wird und 2012 eingeweiht wurde. Auf dem Gelände des ältesten Hindutempels der Insel aus dem Jahr 1782 entstand einer der größten Murugan-Tempel außerhalb Indiens. Ein schöner Blick auf den Komplex mit seinem siebenstöckigen, über 21 m hohen Gopuram eröffnet sich auf halbem Weg nach oben vom alten Tempel. Die modern gestaltete Haupthalle wird von Säulen im südindischen Chola-Stil getragen und von mehreren Schreinen gerahmt. Während der Thaipusam-Feierlichkeiten bei Vollmond Ende Januar/Anfang Februar wird in einem über 4 m hohen goldenen Wagen Murugans Speer unter der Anteilnahme Tausender Gläubiger vom Sri Mariamman Temple (s. S. 201) hierher und nach einigen Tagen wieder zurückgebracht. Auch im April/Mai findet zum Chitraparuvam-Fest eine Prozession zwischen beiden Tempeln statt.

Botanical Garden 5

Am Ende der Jln. Kebun Bunga, botanicalgardens.penang.gov.my, tgl. 5–20 Uhr, Eintritt frei, Rapid-Bus 10

Am Ende der Jalan Kebun Bunga erstreckt sich in einem von dschungelbedeckten Hügeln umgebenen Tal der gepflegte **Botanical Garden.** Er ist am frühen Abend bei Joggern und am Wochenende als Familienausflugsziel beliebt. Auf Rundwegen kann man die Vielfalt tropischer Pflanzen aus aller Welt bewundern, außerdem gibt es einen Rainforest Trail durch einen kleinen Primärdschungel, einen Palmen- und Kräutergarten, einen Steingarten mit Farnen, ein Begonien- und Kaktushaus sowie ein Orchideenhaus mit einheimischen Arten und Kannenpflanzen. Wer im hinteren Bereich der Anlage dem Bach in das Tal hinein folgt, gelangt zu einem Wasserfall mit Badeplatz. Die Gewächshäuser mit Begonien, Bromelien und Farnen öffnen nur Di, Mi und Do von 9–12 Uhr.

Nördliche Vororte

Entlang der Küste Richtung Norden geht George Town nahtlos in die Vororte **Pulau Tikus, Tanjung Tokong** und **Tanjung Bungah** über, wo auf aufgeschüttetem Land viele exklusive Wohnparks mit Loft-Villen und gigantischen Apartment-Hochhäusern entstanden sind. In dieser Ecke haben sich zahlreiche ausländische Langzeiturlauber niedergelassen, die das nahe Meer und die kühle Brise zu schätzen wissen. Anfang des vergangenen Jahrhunderts war dies noch der absoluten Oberschicht vorbehalten, die sich entlang der heutigen Jalan Sultan Ahmad Shah, der sogenannten **Millionaires Row,** prächtige Landhäuser inmitten tropischer Gärten erbauen ließ. Die wenigen, die dem Abriss entgangen sind, wurden aufwendig restauriert.

In Pulau Tikus lohnen zwei Tempel der Theravada-Buddhisten einen Zwischenstopp. Den Eingang des im klassischen Bangkok-Stil erbauten **Wat Chaiya Mangkalaram** 6 bewachen zwei riesige Tempelwächter und die Treppenaufgänge flankieren Nagaschlangen. Unter dem Dach der Haupthalle des Tempels beten Gläubige vor einem 33 m langen ruhenden Buddha, auf dessen Rückseite die

Urnen mit der Asche von Verstorbenen beigesetzt sind (Lorong Burma, tgl. 8–17.30 Uhr, CAT-Bus Tanjung Tokong, Rapid-Busse 10, 101, 103, 104).

Auf der gegenüberliegenden Straßenseite steht der **Dhammika Rama 7**, das burmesische Äquivalent zum Thai-Tempel. Hier bewachen zwei weiße Elefanten den Eingang und in der Haupthalle, die mit wunderschönen Holzschnitzereien verziert ist, erhebt sich eine weiße, üppig vergoldete Buddhastatue (tgl. 5–18 Uhr).

Essen & Trinken

Deutscher Treffpunkt – **Ingolf's Kneipe:** 1F Jln. Sungai Kelian, südlich vom Copthorne Orchid Hotel, Tanjung Bungah, Tel. 048 99 57 96, auf Facebook, Mo–Sa 12–14, 18–24 Uhr. In dieser gemütlichen Kneipe treffen sich Penangs Deutschsprachige. Die Bratwürste, Schnitzel etc. schmecken wie daheim, es gibt auch deutsche Biere. €€

Essen unter freiem Himmel – **Nachtmarkt:** Persiaran Gurney, am großen Kreisverkehr nördlich vom Gurney Plaza in Pulau Tikus, tgl. ab 17.30 Uhr. An den Essensständen wird malaiisch und chinesisch gekocht, dazu werden frische Säfte und kühles Bier serviert. €

Einkaufen

Einkaufszentrum – **Gurney Plaza:** zwischen Jln. Kelawai und Persiaran Gurney, Pulau Tikus, www.capitaland.com/my/malls/gurney-plaza/en.html, tgl. 10–22 Uhr. Das Angebot zielt auf die Mittel- und Oberschicht ab, im 3. Stock findet man einen Buchladen von Popular mit englischer Literatur (Rapid-Busse 101, 102).

Batu Ferringhi 8

Die schmale Küstenstraße windet sich über die felsige Nordspitze der Insel bis nach **Batu Ferringhi,** wo bereits seit den 1960er-Jahren Touristen aus aller Welt einen Badeurlaub an weißen Sandstränden unter Palmen genießen. Das Manko der Wasserverschmutzung in der Straße von Melaka und die damit einhergehende Quallenplage versuchen die Ferienresorts mit tropischen Gartenanlagen, attraktiven Pools und gepflegten Stränden auszugleichen. Internationale Hotels bestimmen das Bild. In dem kleinen Ortskern finden sich eine Moschee sowie jede Menge Touristenlokale und Souvenirläden.

Übernachten

Gediegen – **Shangri-La's Rasa Sayang Resort & Spa:** 500 m nordöstlich vom Ortskern, Tel. 048 88 88 88, www.shangri-la.com. Das großzügige 5-Sterne-Resort am Ostrand der Bucht gilt als eines der besten der Insel. In den 304 Zimmern wird man mit allem erdenklichen Luxus verwöhnt. Geräumige Bäder mit Dusche und Wanne, in den Premier-Zimmern Jacuzzi auf dem Balkon, üppiges Frühstücksbüfett, leckeres Essen im Spice Market Restaurant, edles Spa, zwei nette Pools unter alten Bäumen, weitläufiger Garten und ein breites Angebot an Aktivitäten auch für Kinder. €€€

Beliebt bei jungen Familien – **Hard Rock Hotel:** am westlichen Ortsausgang von Batu Ferringhi, Tel. 048 81 17 11, www.hardrockhotels.com/penang. Die internationale Kette hat in dem Resort ihr klassisches Konzept ungesetzt – in Vitrinen sind über 500 Instrumente und Kostüme berühmter Musiker zu sehen, deren Fotos die Wände in den 250 dezent poppig gestalteten Zimmern zieren. 11 Preiskategorien, alle Zimmer u. a. mit 50-Zoll-TV und On-Demand-Filmen, kostenlosem Musik-Streaming über Lautsprecher, die teuren mit frei stehenden Badewannen und Poolzugang vom Balkon oder der Terrasse. Riesige Poollandschaft, Unterhaltungsprogramm im Kids und Teens Club, Pizzeria, Lobby Bar, am Wochenende ab 22.30 Uhr Livemusik im Café. €€€

Für Aktivurlauber – **Shangri-La's Golden Sands Resort:** Batu Ferringhi, Tel. 048 86 19 11, www.shangri-la.com. 4-Sterne-Hotel mit 387 hellen, geräumigen Zimmern. 3 Pools, Tennisplätze, Fitnesscenter, Badelandschaft mit Rutschen und Segway-Parcours. Zum Hotel gehört die beliebte Sigi's Bar & Grill (s. S. 218). €€€

Romantisch – **Lone Pine:** 97 Jln. Batu Ferringhi, Tel. 048 86 66 86, www.marriott.com/penlp. 1948 erbaute der Arzt Dr. Albert McKern am Strand einen Bungalow, der nun als Restaurant und Souvenirshop dient. Die späteren Pächter eröffneten hier das erste Strandhotel des Orts mit 10 Zimmern. Mit der letzten Renovierung 2010 entstand ein stilvolles Boutiquehotel im minimalistischen Stil, alle 90 Zimmer und Suiten haben Meerblick. Fitnessraum, Salzwasserpool. €€€

Essen & Trinken

Im Tropengarten – **Ferringhi Garden:** 34 A-C Batu Ferringhi, nahe der Moschee, Tel. 048 81 11 6, www.facebook.com/ferringhigarden, tgl. 16–22.30 Uhr. Im weitläufigen Gartenlokal sorgen die vielseitige Speisekarte und romantisches Flair dafür, dass die Gäste der angrenzenden Hotels gern wiederkommen. €€

Entspannt & kreativ – **Sigi's Bar & Grill On The Beach:** im Garten des Shangri-La's Golden Sands Resort (s. S. 217), Tel. 048 86 18 52, tgl. 15–23 Uhr. Das freundliche Lokal am Strand serviert westliche und Fusion-Gerichte sowie gute Steaks, die allerdings ihren Preis haben. Sonntagabends wird gegrillt. Die Bar ist ein toller Platz für einen Sundowner und bleibt während Liveübertragungen von großen Sportereignissen auch länger offen. Abends ist eine Reservierung erforderlich. €€

Viele Stammgäste – **Happy Garden:** am westlichen Ortsausgang von Batu Ferringhi, Tel. 01 64 90 35 43, https://happygarden2u.wordpress.com, Do–Di 18–22.30 Uhr. In dem von einer chinesischen Familie geführten, einfachen Restaurant sitzt man etwas abseits der Straße in einem Garten. Die Karte ist auf den Geschmack der Touristen abgestimmt, von Schinken und Eiern zum Frühstück bis zum Nudelauflauf am Abend. €–€€

Essenmarkt – **Kafe Long Beach:** 98A Batu Ferringhi, westlich vom Lone Pine neben dem Nachtmarkt, Tel. 01 64 22 21 13, Do–Di 18–23 Uhr. Sauberer überdachter Food Court mit indischen, malaiischen, japanischen und chinesischen Favoriten: frisch gegrillte *Satay*, knusprige Frühlingsrollen, gefüllte Pfannkuchen sowie Pizza etc. Manches ist allerdings bereits gegen 20 Uhr ausverkauft. Günstiges Bier. €

Verkehr

Busse: Rapid-Busse 101 und 102 ab George Town.

Tropical Spice Garden 9

Tel. 048 81 17 97, www.tropicalspicegarden.com, Mo–Do 9–16.30, Fr–So 9–18 Uhr, Erw. RM 28, Kind. RM 15; Touren in Englisch (RM 48/28 inkl. Eintritt) und Kochkurse (RM 260/130 inkl. Eintritt und Führung); Rapid-Bus 101 und 102

Abwechslung vom Strandleben verspricht der **Tropical Spice Garden** auf halber Strecke von Batu Ferringhi nach Teluk Bahang. Ein kleines Dschungelgebiet und der informativ beschilderte Gewürzgarten mit über 500 tropischen Pflanzenarten locken zu einem Spaziergang unter Palmen. Im **Museum** im Visitor Centre in der Lone Crag Villa lassen sich der weitere Weg der Gewürze verfolgen und bei den Kochkursen (für Erw. und Kind. ab 7 Jahren) die verschiedenen Aromen direkt zu einem authentischen malaiischen, indischen, thailändischen oder Nyonya-Gericht veredeln.

Penang National Park 10

Tgl. 8–18, letzter Einlass 17 Uhr, Erw. RM 50, Kind. RM 15–20, Senioren kostenlos

Westlich von Teluk Bahang endet die Straße an einem Fischerpier. Hier liegt der Eingang zum Penang National Park, wo gegenüber vom Anmeldeschalter auch die Trekking Guides ein Büro haben (S. 218).

Das 2563 ha große Schutzgebiet wird von mehreren Fußpfaden durchzogen. In 20 bis 30 Min. erreicht man einen Strand an der Mündung des **Sungai Teluk Tukun.** Der Küstenwanderweg passiert die Forschungsstation USM und führt um die **Teluk Aling** zum **Monkey Beach,** 3,4 km vom Eingang entfernt. Von hier kann man zum 1883 erbauten Leuchtturm auf dem **Mukah Head** hinaufsteigen. Wer lieber durchs Landesinnere spaziert, erreicht vom Eingang aus nach ca. 2 Std. den **Pantai Kerachut** an der Westküste. Mit Ausnahme einiger Felsen und sandiger Buchten säumen unzugängliche Mangrovenwälder die Küste des Parks. Landeinwärts gehen sie in *Dipterocarpaceen*-Wälder über.

Aktiv

Wandern – **Penang Nature Guide Association:** am Eingang zum Nationalpark, Tel. 048 81 47 88, shahnatureguide@gmail.com, geführte Wanderungen RM 100–250. Geführte Touren, auch in Kombination mit Bootsfahrten.

Verkehr

Busse: Endstation Rapid-Bus 101 ab George Town.

Escape Adventureplay 11

Tel. 048 81 11 06, www.escape.my, Di–So 10–18 Uhr, am Counter RM 167, Kind. RM 111, online günstiger, Rapid-Bus 501 ab Balik Pulau

Im **Escape Adventureplay** etwa 1 km südlich vom Kreisverkehr in **Teluk Bahang** können sich auch Erwachsene auf einem riesigen Spielplatz austoben. Es gibt Kletterparcours und Ziplines, Schaukeln und Tunnel zum Krabbeln und eine Badelandschaft. Man kann auf einer der längsten Wasserrutschen der Welt von 70 m Höhe über 1140 m durch die Baumwipfel rutschen. Vor allem für Kinder und Jugendliche ein großes Vergnügen.

Entopia 12

Tel. 048 88 81 11, www.entopia.com, tgl. 9–18, letzter Einlass 17 Uhr, Erw. RM 75, Kind. und über 60-Jährige RM 55

Rund 200 m südlich von Escape Adventureplay liegt ein Komplex aus Freigehegen und Terrarien, in denen zahllose bunte Schmetterlinge, aber auch andere Insekten sowie Frösche beobachtet werden können. Die interessanten Texttafeln, die guten Führungen und Vorträge vermitteln viel Wissen zu den einzelnen Arten und ihren Besonderheiten. Zweimal tgl. werden frisch entwickelte Schmetterlinge fliegen gelassen. Auch Seidenraupen und Riesenkäfer können hier aus nächster Nähe erlebt werden.

Von Teluk Bahang nach Balik Pulau

6 km südlich von Teluk Bahang wachsen auf der 10 ha großen **Tropical Fruit Farm** 13 am Hang oberhalb der Straße rund 200 verschiedene Tropenfrüchte wie Papayas, Mangos, Durians und Drachenfrüchte. Bei Rundfahrten über das Gelände werden die Obstsorten vorgestellt, die ihre Reife zumeist zwischen Juni und August erreichen. Am Eingang kann man Früchteteller und frische Säfte kaufen (Tel. 01 24 97 19 31, https://tropicalfruitfarm.com.my, tgl. 9–17 Uhr, Farmtouren bis 16.30 Uhr, Erw. RM 44, Kind. RM 13–30, Rapid-Bus 501 ab Teluk Bahang oder Balik Pulau).

Im Westen der Insel bedecken Wälder sowie Plantagen mit Nelken- und Muskatbäumen die Berghänge. Auf halber Strecke nach Balik Pulau legen Ausflügler gerne am **Titi Kerawang Waterfall** 14 eine Pause ein und genießen die Aussicht auf die Küste. Die restliche Strecke zurück nach George Town ist kaum der Rede wert, nur **Balik Pulau** 15 lohnt noch einen Stopp, allerdings aus kulinarischem Grund (s. oben).

Verkehr

Busse: Der Busbahnhof von Balik Pulau befindet sich neben der Markthalle. Von hier aus ist es nicht weit bis zur Hauptstraße. Rapid-Bus 401, 401E und CAT Balik Pulau ab George Town bzw. 501 ab Teluk Bahang.

IM NUDELSUPPENHIMMEL

Die lokaltypische Asam Laksa hat mit den cremig-curryartigen Eintöpfen Singapurs oder Sarawaks wenig gemein. Ihre fischige, mit Tamarinde und Zitronengras angesäuerte Basis erinnert an das nahe Thailand – unbedingt probieren! An den Ständen des **Chuan Heong Café** und **Kim Laksa** in Balik Pulau (s. unten) gibt es nach Ansicht vieler Einheimischer die beste **Laksa** der Insel. Immerhin werden täglich bis zu 1000 Portionen der säuerlichen Nudelsuppe auf Fischbasis für wenige Ringgit vor allem an Ausflügler aus George Town verkauft, die den Weg hierher nur deshalb auf sich nehmen (Jln. Balik Pulau, gegenüber und neben dem alten Markt; Chuan Heong Cafe Fr–Mi 9–16 Uhr; Kim Laksa Mi–So 9–17 Uhr).

Pulau Langkawi und die Nordwestspitze

Pulau Langkawi, die größte der 99 Inseln des Archipels nahe der thailändischen Grenze, bietet sehr viel Abwechslung. Weiße Sandstrände, dschungelbedeckte Berge, malaiische Dörfer, eine gute touristische Infrastruktur und zollfreie Einkaufsmöglichkeiten machen sie zu einem attraktiven Touristenziel.

Pulau Langkawi

▶ 1, B–D 2/3

Karte: S. 225

Auf **Pulau Langkawi,** Hauptinsel dieses Archipels, leben etwa 96 000 überwiegend malaiische Einwohner weitgehend vom Tourismus. Alle anderen dschungelbedeckten Inselchen besitzen keine nennenswerten Siedlungen.

Der größte Ort auf Pulau Langkawi ist Kuah, wo auch die Fähren vom Festland anlegen. Von dort aus führen gut ausgebaute Straßen nach Westen zu den längsten Stränden der Insel, Pantai Tengah und Pantai Cenang, sowie Richtung Norden in die schönste Bucht nach Tanjung Rhu. Durch die gezielte touristische Entwicklung der vergangenen Jahrzehnte hat sich Pulau Langkawi stark verändert (s. S. 37).

Infos

Bei vielen sogenannten ›Informationsbüros‹ im Fährterminal und an den Stränden handelt es sich um Reiseagenturen, die Touren und Unterkünfte vermitteln wollen.

Tourism Malaysia Information Centre: in Kuah am Fähranleger, Tel. 049 61 15 29, tgl. 9–18 Uhr; außerdem gibt es eine Filiale im Flughafengebäude, tgl. 9–20 Uhr.

Im Internet: http://naturallylangkawi.my.

Aktiv

Segeltörns – Ab dem **Royal Langkawi Yacht Club** 1 in Kuah (s. S. 232) oder dem Jachthafen in Teluk Burau (s. S. 232) werden Segeltörns in den Gewässern des Langkawi-Archipels angeboten. **Mantablu Cruises,** Tel. 01 27 33 78 50, www.manta.my. Auf dem Segelkatamaran mit Liegenetzen, Toiletten, Duschen, Kabinen und Schnorchelausrüstung können private und gemeinschaftliche Touren durch die Andamanensee unternommen werden. Für Einzelreisende empfiehlt sich die 4-stündige Sunset Dinner Cruise für RM 280, Kind. RM 180, vorausgesetzt, es kommen genügend Passagiere zusammen. **Crystal Yacht Holidays:** Tel. 049 55 65 45, www.crystalyacht.com. Die Jacht von Jamie und Ryoko Scott segelt seit 1989 durch den Archipel, auf Anfrage auch mehrtägige Touren nach Thailand (Tagestour RM 340–400, Sunset Cruise Mo–Sa 17–20 Uhr inkl. Getränke RM 250). **Tropical Charters:** Tel. 049 55 34 07, www.tropicalcharters.com.my. Der 2-stöckige Katamaran mit Platz für bis zu 65 Passagiere schippert meist mit Motor durch die Inselwelt (Tagestour 10–16 Uhr RM 290, Kinder RM 145, Sunset Dinner Cruise 17–20 Uhr RM 199, Kind. RM 99).

Wandern, Kajakfahren & mehr – **Dev's Adventure Tours:** Tel. 01 94 94 91 93, www.facebook.com/DevsAdventureTours. Erfahrene englischsprachige Guides leiten die 3- bis 5-stündigen Mangroven-, Kajak-, Trekking- und Radtouren sowie Rundfahrten mit kulturellem Schwerpunkt (RM 140–250/Pers.). Empfehlenswert ist die abendliche Dschungelwanderung. **Jungle Walla:** Tel. 01 92 25 23 00, www.junglewalla.com. Einer der Pioniere der geführten Naturwanderungen ist Irshad Mobarak (2,5-stündige Mangroventouren RM 140, Kajaktouren RM 200–250, Dschungeltrekking RM 120–180, Vogelbeobachtungen RM 250 und Touren zu den südlichen Inseln). **Peter Höfinger:** Tel. 01 24 56 47 50, http://peter-hoefinger.yolasite.com. Der Österreicher lebt seit 1989 auf Langkawi und leitet informative 4- bis 5-stündige Touren durch die Mangroven und den Regenwald (RM 240 inkl. Abholung). Foto- und Birdwatching-Touren RM 295.

Rad- und Motorrad fahren – **T-Shop 2:** am Pantai Tengah. Verleih von Motorrädern um RM 40 und Fahrrädern (um RM 20 pro Tag). **Dev's Adventure Tours:** s. oben. Organisation von Fahrradtouren.

Tauchen und Schnorcheln – Alle Veranstalter fahren zu Tauchgründen im Marine Park, vor allem in der Saison von Oktober bis Mai. Tagestouren mit 2 Tauchgängen kosten RM 255–390, Schnorcheln um RM 115–260, inklusive Abholung. Zwischen Juni und September finden aufgrund hoher Wellen und geringer Sichtweiten kaum Tauchausflüge statt. **Scuba Club Langkawi 3:** 2347 Kg. Lubuk Buaya, nahe Pantai Cenang, Tel. 011 10 91 02 55, www.scubaclublangkawi.com, **Langkawi Scuba 4:** Pantai Cenang, Tel. 01 99 53 88 76, http://www.langkawi-scuba.com.

Termine

The Royal Langkawi International Regatta (Jan./Febr., Tel. 049 66 40 78, www.langkawiregatta.com). Bei der sechstägigen Regatta ab dem Royal Langkawi Yacht Club bei Kuah treten Dutzende von Jachten in verschiedenen Klassen an.

Langkawi International Maritime & Aerospace Exhibition (April/Mai, an jeweils ungeraden Jahren, www.limamalaysia.com.my): Zur Zeit der internationalen Flugausstellung LIMA füllen sich selbst die Betten in den weniger beliebten Hotels mit Menschen, die sich für Flugshows sowie militärisches und ziviles Fluggerät begeistern.

Verkehr

Flüge: Der Langkawi International Airport, Tel. 049 55 13 11, liegt 20 km westl. von Kuah. Zahlreiche Verbindungen nach Kuala Lumpur, Penang, Johor Bahru und Singapur mit Air Asia, www.airasia.com, Firefly, www.fireflyz.com.my, Batik Air Malaysia, www.malindoair.com, Scoot, www.flyscoot.com, und Malaysia Airlines, www.malaysiaairlines.com.

Fähren: Langkawi Ferry Line Ventures, Tel. 049 66 39 88, www.langkawiferryline.com, fährt vom Jetty Point Terminal bei Kuah zum Festland – 5 x tgl. nach Kuala Kedah (7.30–19 Uhr, 1,5 Std., RM 34,50, Kind. RM 25,50), 17 x tgl. nach Kuala Perlis (7.30–19 Uhr, 1 Std., RM 27, Kind. RM 19,50, die letzte Fähre fällt manchmal aus oder ist voll, deshalb frühzeitig buchen). Mit Andaman Ferry Ventures, Tel. 049 66 39 88, http://andamanferry.com.my, um 9.30 Uhr nach Satun in Thailand (1,15 Std., RM 45, Kind. RM 35). Nach Ko Lipe verkehren Boote nur in der Saison von Oktober bis Mai ab Telaga Harbour, Tel. 01 24 09 17 37, www.telaga-terminal.com (9.30, 10 und 14.30 Uhr, 1,25–

ZOLLFREI EINKAUFEN

Seit 1987 ist die Insel zollfreie Zone. Die Ausfuhr von zollfreien Waren aufs Festland ist pro Person auf 200 Zigaretten und 1 l alkoholische Getränke begrenzt. Am Flughafen und am Fährterminal werden Passagiere bei der Ausreise kontrolliert. Um Duty-free-Waren im Wert von bis zu RM 500 aufs Festland zu bringen, muss ein Mindestaufenthalt von 48 Stunden auf der Insel nachgewiesen werden – Fähr- oder Flugticket daher unbedingt aufbewahren.

In einige der schönsten Buchten von Pulau Langkawi gelangt man nur per Boot

1,5 Std., RM 160, Kind. RM 140). Ab dem Frachthafen in Tanjung Lembung fährt die Autofähre Langkawi Roll-on Roll-off (RoRo), Tel. 049 66 98 81, www.langkawiroro.com, nach Kuala Perlis (zwischen 10 und 11.30 Uhr, 2 Std., RM 150–280/Pkw).

Fortbewegung auf der Insel

Busse: Auf Pulau Langkawi fahren keine öffentlichen Busse.

Mietwagen: Sie sind relativ günstig, da sie zollfrei importiert werden. Kleinwagen sind in Reisebüros und Hotels für RM 50–120/Tag zu

bekommen. Es ist darauf zu achten, dass sie versichert sind. Kasina Rent A Car: am Flughafen, am nördlichen Pantai Tengah in der Sun Mall und im Four Seasons, Tel. 049 55 59 99, www.kasina.com.my (die Autos sind etwas teurer, aber versichert).

Taxis: Pkw-Taxis und Minibusse fahren vom Flughafen, Ticket-Counter, Tel. 049 55 18 00, und vom Jetty Point Terminal in Kuah, Tel. 049 66 39 75, zum Festpreis. Ansonsten sind die Fahrpreise verhandelbar. Vom Fährterminal/Flughafen nach Kuah RM 10/32, nach Pantai Cenang oder Pantai Tengah RM 30/20, nach Datai RM 70/62 und nach Tanjung Rhu RM 40/36. Preisgünstig sind auch Fahrten über die App Grab (S. 78). Wer ein Taxi für Ausflüge chartern möchte, sollte mit RM 30/ Std. kalkulieren.

Kuah

Kuah, das einstige Fischerdorf in der Nähe des Fähranlegers, hat sich mithilfe der Einnahmen aus dem Tourismus ordentlich herausgeputzt. Von der Jetty bis zum Ortseingang verläuft entlang der Küste die Strandpromenade mit dem **Eagle Square** 1, so benannt nach dem riesigen Denkmal in Form eines Seeadlers, das Wahrzeichen der Insel.

Parallel zur Uferstraße erstreckt sich unweit vom Fährterminal und dem Eagle Square mit der Adlerfigur der **Taman Legenda** 2. Das Schönste an dem weitläufigen Park rings um einen künstlich angelegten See sind weniger die Skulpturen, die Themen der lokalen Folklore aufgreifen, sondern der Ausblick zum Sonnenuntergang vom Ufer aus. Im Norden des Parks, neben der Al-Hana-Moschee, steht ein eigentümlicher Uhrturm, dessen geschwungene Brückenkonstruktion über Treppen begehbar ist (tgl. 9–19 Uhr, Eintritt frei).

Die alte **Masjid Al Hana** 3 an der Uferstraße wirkt im Verhältnis zu den wuchtigen Einkaufspalästen, Hotels und Verwaltungsgebäuden geradezu winzig. Wie ein kleiner, islamischer Eiffelturm ragt ca. 1 km nordwestlich der Moschee der 138 m hohe **MAHA Tower** 4 in den Himmel. Von der Aussichtsplattform im 18. Stock und von der Glasbodenfront im 33. Stock kann man die Aussicht genießen. Abends wird der Turm farbig angeleuchtet (www.mahatower.com.my, tgl. 10–22 Uhr, Erw./Kind. RM 78/46, zum Sonnenuntergang RM 90/54). Etwa 2,8 km nordöstlich des Ortes liegt an der Jln. Air Hangat, etwas versteckt gegenüber vom MARA Building **Wat Wanar-**

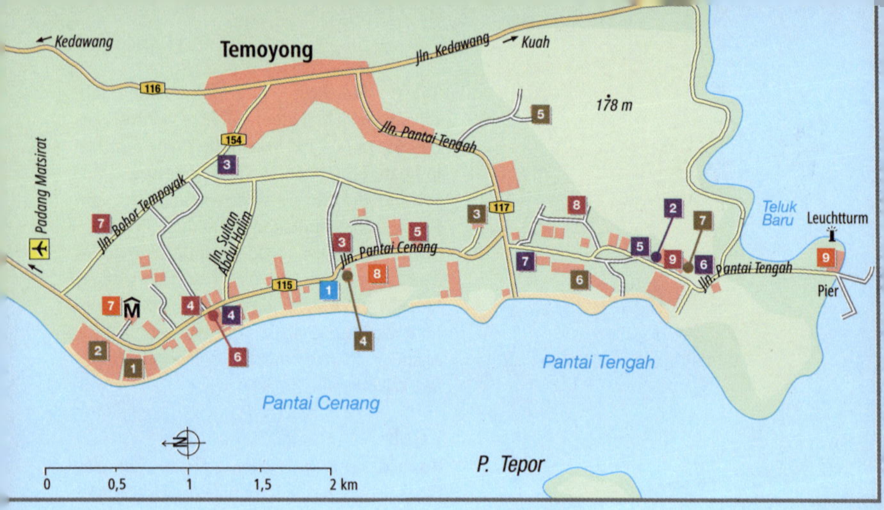

Kedawang
Temoyong
Jln. Kedawang
Kuah
116
178 m
5
154
Jln. Pantai Tengah
3
Padang Matsirat
Jln. Bohor Tempoyak
Jln. Sultan Abdul Halim
117
8
2
7
Teluk Baru
Leuchtturm
7
3
5
3
Jln. Pantai Cenang
5
9
6
7
8
115
1
7
6
9
Jln. Pantai Tengah
Pier
7
M
4
4
6
4
2
1
Pantai Tengah
Pantai Cenang
N
0
0,5
1
1,5
2 km
P. Tepor

Gua Cerita
117 m
Tanjung Rhu
20
Teluk Datai
17
Teluk Ewa
Pasir Hitam
Padang Lalang
9
Golfplatz
18
16
Zementwerk
Sungai Itau
aktiv: Kajaktour durch den Mangrovenwald von Langkawi
19
Telaga Ayer Hangat
Gunung Mat Cincang
708 m
113
112
161
Kubang Badak
Ewa
Durian Perangin-Wasserfall
S. Cina
Kelubi
15
14
P
aktiv: Trekking im tropischen Regenwald von Langkawi
Gunung Raya
881 m
S. Petang
Kuala Teriang
114
Lubok Semilang
13
8
12
Ulu Melaka
Pantai Kok
10
Teluk Burau
10
11
Bukit Temin
Padang Matsirat
152
6
Ko Lipe
Langkawi International Airport
Bayas
General Hospital
Kelibang
Mata Ayer
112
Golfplatz
Kedawang
Malut-Stausee
115
2
P. Rebak
Temoyong
Pantai Cenang
167
Straße von Melaka
Tanjung Lembung
Pantai Tengah
P. Tepor
23
283 m
Teluk Baru
siehe Detailkarte
24
Kuala Perlis (Autofähre)

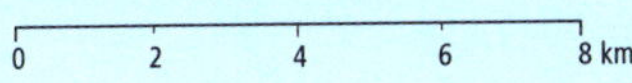

Pulau Langkawi

Sehenswert

1 Eagle Square
2 Taman Legenda
3 Masjid Al Hana
4 MAHA Tower
5 Wat Wanararm
6 Makam Mahsuri
7 Laman Padi
8 Underwater World
9 Porto Malai
10 Padang Beras Terbakar
11 Atma Alam Art Village
12 Telaga Harbour Park
13 Oriental Village
14 Seilbahn
15 Telaga Tujuh
16 Pasir Tengkorak
17 Langkawi-Wasserfall
18 Temurun-Wasserfall
19 Kompleks Kraf Langkawi
20 Tanjung Rhu
21 Hutan Paya Bakau Kilim
22 Kilim Geoforest Park
23 Pulau Dayang Bunting
24 Pulau Beras Basah

Übernachten

1 Casa del Mar
2 Pelangi Beach Resort & Spa
3 White Lodge
4 The Cabin
5 Pondok Keladi
6 The Frangipani Langkawi Resort
7 Ambong Rainforest Retreat
8 The Danna
9 The Datai

Essen & Trinken

1 Melior Langkawi
2 Nam Restaurant

Fortsetzung S. 226

3 Food Truck Area
4 Yasmin Syrian Restaurant
5 Red Tomato Restaurant
6 Artisans Pizza
7 Temoyong Night Market
8 fatCUPID
9 Cactus Restaurant
10 Santai

Einkaufen

1 Langkawi Parade

Abends & Nachts

1 Yellow Beach Cafe

Aktiv

1 Royal Langkawi Yacht Club
2 T-Shop
3 Scuba Club Langkawi
4 Langkawi Scuba
5 Yuan Spa
6 Langkawi Yoga
7 Alun-Alun Spa

---

arm 5 (Tel. 049 67 19 17), nach seinem Gründer auch Wat Luang Por Khun genannt, ein ruhiger buddhistischer Waldtempel im thailändischen Stil mit einer großen, nur scheinbar aus dem Felsen gemeißelten Kuan-Yin-Statue und geschmückten kleinen Stupas. In der Gebetshalle finden sich Buddhafiguren (in der Mitte eine große vor einem gemalten Bodhibaum) und Plastiken von buddhistischen Würdenträgern, wie man es aus Thailand kennt.

Essen & Trinken

Fleischlos glücklich – **Melior Langkawi** 1 **:** 33 Jln. Pandak Mayah 4, Tel. 01 94 50 34 13, www.facebook.com/meliorlangkawi, Mi–Mo 11–19.30 Uhr. Hier kommen kreative vegetarische Gerichte auf den Tisch, etwa »Buddha« Bowls, vegetarisches Rendang, Quinoa-Salat oder Nudelgerichte aus dem Tontopf. €

Einkaufen

Einkaufszentrum – **Langkawi Parade** 1 **:** Jln. Padang Matsirat, tgl. 10–22 Uhr. Das größte Einkaufszentrum auf Langkawi zeigt allmählich Alterserscheinungen, hat aber immerhin das einzige Kino der Insel und einen großen Supermarkt.

Abends & Nachts

Außerhalb der großen Hotels und der wenigen Strandbars findet kein nennenswertes Nachtleben statt. Da die Insel überwiegend von Muslimen bewohnt ist, werden immer wieder Mietverträge für Pubs nicht verlängert. Aus Rücksicht auf die Einheimischen sollte außerhalb von Bars und Restaurants in der Öffentlichkeit kein Alkohol konsumiert werden.

Makam Mahsuri 6

Tgl. 8–18 Uhr, RM 17, Kind. RM 7

Auf halbem Weg von Kuah zum Flughafen liegt abseits der Hauptstraße **Makam Mahsuri,** das Grab einer jungen muslimischen Frau, das zu einem malaiischen Pilgerort geworden ist. Den Zugangsweg säumen Verkaufsbuden, die Souvenirs, Snacks und traditionelle malaiische Medizin feilbieten. Überall ist die tragische Geschichte zu lesen, die sich vor über 200 Jahren ereignet haben soll. Mahsuri war eine Dorfschönheit, die während der Abwesenheit ihres Mannes einem Reisenden Obdach gewährte. Daraufhin wurde sie von der eifersüchtigen Ehefrau des Dorfchefs des Ehebruchs bezichtigt und trotz ihrer Unschuldsbeteuerungen zum Tod verurteilt. Bei ihrer Hinrichtung strömte weißes Blut aus ihrem Körper, das als Zeichen ihrer Unschuld gedeutet wurde. Mit ihren letzten Worten verfluchte sie die Insel für sieben Generationen. In der Tat kam es in der folgenden Zeit zu Missernten und Kriegen. Die Inselbewohner führten ein klägliches Dasein, bis Langkawi in den 1980er-Jahren aus seinem Dornröschenschlaf erwachte. Auf dem Grabstein von Mahsuri ist der verhängnisvolle Fluch nachzulesen. Zudem können ein alter Brunnen und ein traditionelles Haus mit einer Ausstellung zu Geologie, Geschichte, traditionellen Spielen und Kuchen besichtigt werden.

Pantai Cenang und Pantai Tengah

Die beliebtesten und längsten Badestrände von Pulau Langkawi erstrecken sich im Südwesten der Insel. Entsprechend herrscht hier viel Leben, und man trifft auf die unterschied-

In den Strandhotels von Langkawi (hier das Casa del Mar am Pantai Cenang) kann man unter Palmen bestens die Seele baumeln lassen

lichsten Touristen aus aller Herren Länder. Lagebedingt erlebt man hier auch schöne Sonnenuntergänge. Vor allem am **Pantai Cenang** entstehen immer größere Unterkünfte und andere touristische Einrichtungen. Mit der fast lückenlosen Bebauung des Küstenstreifens erschließen die Investoren längst auch das dörfliche Hinterland.

Am nördlichen Ende des Pantai Cenang informiert das Reismuseum **Laman Padi** 7 über das wichtigste Grundnahrungsmittel Südostasiens. Allerdings ist das Interesse der Besucher eher gering, was sich in der etwas vernachlässigten Ausstellung widerspiegelt. (tgl. 10–17 Uhr, Eintritt frei).

Die **Underwater World** 8 am südlichen Strandende ist besonders an Regentagen ein beliebtes Ausflugsziel. In dem Aquarium werden die einheimischen Meeres- und Küstenbewohner präsentiert, von Korallenfischen bis zu Krokodilen und anderen Reptilien. Ein Bereich ist den Wasserbewohnern des südafrikanischen Regenwalds vorbehalten, ein anderer afrikanischen Wassertieren der Savanne, und in einem weiteren Bereich bestaunen Einheimische die Tierwelt der Polargebiete, beispielsweise Pinguine und Seelöwen (www.underwaterworldlangkawi.my, tgl. 10–18, Fei 9.30–18.30 Uhr; Fütterungszeiten: Pinguine 11 und 14.45, Seelöwen Sa–Do 14.30, Fr 16 Uhr; Erw. RM 50, Kind. RM 40).

Südlich der Underwater World und des Einkaufszentrums schließt der Pantai Cenang an den Pantai Tengah an, der ebenfalls gut erschlossen, aber weniger betriebsam und mehr von großen Hotelanlagen geprägt ist. Die Küstenstraße endet am **Porto Malai** 9, wo Jachten, aber auch große Kreuzfahrtschiffe anlegen.

Übernachten

... am Pantai Cenang:

Elegantes Boutique-Resort – **Casa del Mar** 1: Jln. Pantai Cenang, Tel. 049 55 23 88, www.casadelmar-langkawi.com. Direkt am nördlichen Strand liegt dieses gepflegte Haus im mediterranen Stil. 34 Zimmer und Suiten mit hochwertiger Möblierung, Safe, Kaffeemaschine. Gartenanlage mit Pool, professioneller und freundlicher Service, hervor-

ragendes Restaurant (s. unter Essen & Trinken) und Spa. €€€

Großzügige 5-Sterne-Anlage – **Pelangi Beach Resort & Spa 2 :** Jln. Pantai Cenang, Tel. 049 52 88 88, www.pelangiresort.com. Das Luxusresort erstreckt sich weitläufig am nördlichen Strandabschnitt, der bei Sonnenuntergang zu romantischen Spaziergängen einlädt. In einem tropischen Garten liegen großzügig verteilt 355 geschmackvoll gestaltete Holzbungalows im malaiischen Stil mit allem Komfort. Das Zentrum bildet ein riesiger Pool. Zudem ein umfassendes Sportangebot. Umfangreiches Frühstücksbüfett. €€€

Gutes Preis-Leistungs-Verhältnis – **White Lodge 3 :** Jln. Pantai Tengah, am Südende des Pantai Cenang, Tel. 049 55 30 72, http://whitelodgelangkawi.com. Von der Strandstraße zurückversetzt stehen weiße Reihenhäuser mit Terrasse und 33 sauberen Zimmern (auch für Familien) mit Balkon oder Terrasse rund um einen Garten mit Pool. €€

Komfort im Container – **The Cabin 4 :** Jln. Pantai Cenang, Tel. 01 24 17 84 99. Mit viel Fantasie wurden Container umgestaltet, die relativ nah an der Straße in einem gepflegten Garten stehen. 20 wohnliche Zimmer mit Flachbildschirm, Wasserkocher, kleiner Terrasse und Internetzugang. Freundlicher Service. €€

Ideal zum Entspannen – **Pondok Keladi 5 :** Kampong Padang Putih, etwa 500 m landeinwärts vom Aseania Resort vor dem Surau (Gebetsraum) rechts abbiegen und weitere 500 m fahren, Tel. 049 55 16 48, 01 25 36 92 16, pondokkeladi@gmail.com. Die kleine, liebevoll gestaltete Anlage in ruhiger Lage wird von Rosidi, der lange in England gelebt hat, geleitet. Unter Kokospalmen stehen Bungalows und Reihenhäuser rings um die offene Lobby mit vielen Sitzgelegenheiten und einer Frühstücksküche, in der sich jeder Gast nach Belieben bedienen kann. 3 Nächte Mindestaufenthalt, frühzeitige Buchung erforderlich. €€

... am Pantai Tengah:

Umweltfreundliches Strandresort – **The Frangipani Langkawi Resort 6 :** Tel. 049 52 00 00, www.frangipanilangkawi.com. Insgesamt 115 geräumige Zimmer und Villen mit Freiluftdusche in einer gepflegten Gartenanlage an einem ruhigen Strandabschnitt mit Restaurant, Bar und zwei Pools mit ausreichend Liegen. Spa, Fitnessraum, eigener Anbau von Kräutern sowie Geflügelhaltung, viele Maßnahmen für Nachhaltigkeit. Gutes Frühstücksbüfett. €€–€€€

Kulinarisch wird man auf Langkawi bestimmt nicht enttäuscht

Stilvoll – **Ambong Rainforest Retreat 7 :** Jln. Teluk Baru, Tel. 04 95 58 428, www.ambong-ambong.com. Gediegenes, geschmackvoll in die tropische Natur eingebettetes Resort mit Pool, Spa und Restaurants, davon eines rein vegetarisch. Die Zimmer verfügen über alle Annehmlichkeiten, die man für die Preisklasse erwartet, auch der Service ist top. €€€

Essen & Trinken

... am Pantai Cenang:

Verbindung der alten und neuen Welt – **La Sal 1 :** im Casa Del Mar (s. S. 227), Tel. 049 55 23 88, tgl. 7–11, 12–23 Uhr. Das Strandrestaurant mit Tischen auf dem weißen Sand vereint westliche und östliche Kochkünste sowie Produkte aus Asien und Australien zu einem kulinarischen Hochgenuss. Auch auserlesene Weine und Cocktails. €€–€€€

Genuss für alle Sinne – **Nam Restaurant 2 :** im Bon Ton Resort, nördl. vom Pantai Cenang an der Straße zum Flughafen, Tel. 049 55 36 43, http://bontonresort.com/dining, tgl. 11–23 Uhr. Ebenso stilvoll wie das kleine Resort hat die australische Besitzerin das offene Restaurant mit Blick ins Grüne gestaltet. Von 12 bis 17 Uhr gibt es Mezze und leichte Gerichte, von 17–19 Uhr Tapas und von 19 bis 22.30 Uhr Nyonya- und Fusion-Gerichte bei Kerzenschein. Tipp: Nyonya-Platte, eine Zusammenstellung malaiischer und chinesischer Favoriten. Auch gute Weine und leckere Desserts. €€–€€€

Vielfalt auf 4 Rädern – **Food Truck Area 3 :** Am Pantai Cenang öffnen tgl. einfache Garküchen und Food Trucks mit allerlei günstigen Gerichten: Satay und Snacks vom Grill, Nasi Goreng in allerlei Variationen, Nudelsuppen nach Thai-Art, malaiische Gerichte vom Buffet, Burger, dazu frische Säfte. Einige

Stände öffnen schon morgens, andere erst am Abend. €

Nahost-Flavor – **Yasmin Syrian Restaurant** 4 : Jln. Pantai Cenang, Tel. 01 12 14 80 461, www.facebook.com/yasmin123.86, tgl. 12–24 Uhr. Gute syrisch-arabische Küche mit Falafel und Kebabs, knusprigen Kibbeh, ofenwarmem Fladenbrot und den typischen Teekännchen. €–€€

Rundum gut – **Red Tomato Restaurant** 5 : gegenüber der Underwater World, Tel. 049 55 40 55, www.redtomatorestaurant.com.my, Mo 9–15, Di, Mi 15–22, Do–Sa 9–22 Uhr. Tanja aus Deutschland und ihr malaiischer Mann, der Künstler Oli, haben das mit vielen Grünpflanzen und Kunstwerken eingerichtete Restaurant mit Straßenterrasse zu einer Institution gemacht. Bereits morgens genießt man bei entspannter Musik ein leckeres und gesundes Frühstück mit selbst gebackenen Brötchen, fantastischem Müsli, gutem Kaffee und frischen Säften, Lassis oder Shakes. Auch sonst wird eine große Bandbreite frischer Salate, Pizzen und Pasta, Fisch, Steaks und vegetarischer Gerichte serviert. Auch glutenfreie Speisen. €€

Molto bene – **Artisans Pizza** 6 : 41230 Jln. Pantai Cenang, Tel. 049 55 12 32, tgl. 14–24 Uhr. Das kleine Bistro an der Straße macht bis spät in die Nacht gute Pizzen in drei Größen mit unterschiedlichen Belägen, auch vegetarische Alternativen und zum Mitnehmen. Besonders Hungrige können zwischen treffend titulierten Menüs wählen: Singles, Couples und »After Marriage«. €–€€

Nachtmarkt – **Temoyong Night Market** 7 : am Flussufer in Kampung Temoyong östl. vom Pantai Cenang, Do 18–22 Uhr. Interessanter als die Handyhüllen und Jeans auf dem Nachtmarkt unter freiem Himmel ist das authentische lokale Essen. Wer die viele Wegwerfplastik vermeiden möchte, kann sich im nahen Restaurant Kasbah gegen kleines Entgelt Besteck und Behälter leihen und sein Essen sogar dort essen. €

... am Pantai Tengah:

Kreativ – **fatCUPID** 8 : im La Pari-Pari, Tel. 049 55 30 10, www.fatcupid.com.my, Do–Mo 10–15, 18–21.30 Uhr. Die Küche ist inspiriert von der Nyonya-Küche der Großeltern und kulinarischen Erfahrungen in Australien. Leckere Sandwiches, Burger, Laksa, Rendang sowie Cocktails. €€

Große Auswahl – **Cactus Restaurant** 9 : Tel. 01 24 77 30 98, tgl. 8–13 und 16–22.30 Uhr. Das rustikale, kleine, offene Restaurant am südlichen Ende der Restaurantmeile ist bei Touristen aus den gegenüberliegenden Hotelanlagen sehr beliebt. Auf der Speisekarte, die es auch auf Deutsch gibt, stehen viele westliche sowie einheimische Gerichte; auch breites Frühstücksangebot. €–€€

Einkaufen

Souvenirs – **Bon Ton Resort** 2 : an der Straße zum Flughafen, Pantai Cenang. In einem

Laden vor dem Nam Restaurant findet man geschmackvolle Mitbringsel.
Zollfrei shoppen – **The Zon 8**: im gleichen Komplex wie die Underwater World, Pantai Cenang, Tel. 049 55 53 00, Mo–Do 10–19, Fr–So 10–21 Uhr. Duty-free-Supermarkt mit preiswerten Spirituosen, Zigaretten, Süßigkeiten, Textilien, Haushaltswaren und Kunsthandwerk aus Malaysia sowie den Nachbarländern.

Abends & Nachts

Aufgrund der überwiegend muslimischen Einwohner hält sich das Angebot in Grenzen. Dennoch kann man in einigen Strandbars gemütlich Cocktails und Bier trinken.
Chillen am Strand – **Yellow Beach Cafe 1**: Pantai Cenang, Tel. 01 23 15 14 32, www.yellowbeachcafe.com, Mi–Mo 17–1 Uhr. Die kleine, gelbe Strandbar mit Sitzkissen und Hängematten ist gemütlich eingerichtet und eignet sich gut für einen romantischen Sundowner oder einen entspannten Abend – mit den Füßen im Sand kann man die laue Tropennacht genießen. Am Wochenende ab 19 Uhr Musik vom DJ und ab 21 Uhr Livemusik.

Aktiv

Wellness – **Yuan Spa 5**: Jln. Pantai Tengah, Tel. 049 55 28 28, www.facebook.com/Yuan2828, tgl. 12.30–21.30 Uhr. Kleiner, aber feiner Wellness-Tempel mit Massagen ab RM 98/Std., Gesichtsmasken, Body Scrubs und Aromatherapien. **Langkawi Yoga 6**: La Pari-Pari, Pantai Tengah, Tel. 01 96 52 06 83,

Mit der Seilbahn geht es zum höchsten Punkt der Insel auf den Gunung Mat Cincang

www.langkawi-yoga.com. Gutes Hatha-Yoga unter Leitung von Dorothy jeden Mo, Mi und Sa ab 8.15 Uhr, auch mehrtägige Retreats. **Alun-Alun Spa** 7: am Pantai Cenang, Tel. 049 53 38 38, und am Pantai Tengah im Tropical Resort, Tel. 049 55 55 70, www.alunalunspa.com, tgl. 12–23 Uhr. In den gepflegten Filialen des Spas aus Kuah wird man von sachkundigem Personal wunderbar verwöhnt, was die Mehrausgabe lohnt.

Padang Matsirat

Bevor Touristen die Insel entdeckten, war **Padang Matsirat** 7 km nördlich des Flughafens der größte Ort des Archipels. Das Ziel malaiischer Touristen ist der **Padang Beras Terbakar** 10 (›Platz des verbrannten Reises‹), auf dem die Bewohner einst ihre gesamte Ernte verbrannten, um sie nicht in die Hände der anrückenden siamesischen Soldaten fallen zu lassen. Jahrhundertelang waren die nördlichen malaiischen Sultanate dem siamesischen Königreich tributpflichtig, was sich erst änderte, als die Engländer 1904 die heutigen Grenzen festlegten.

Lohnend ist ein Besuch im **Atma Alam Art Village** 11, in dem Batiken, Ölgemälde, Keramiken und malaysisches Kunsthandwerk ansprechend präsentiert werden. Neben ihrer Galerie betreiben die Batikmalerin Roshada Yusof (Sada) und der Maler Aza Osman, der Deutsch spricht, auch ein kleines Café (östl. Ortseingang, Tel. 049 55 26 15, www.atmaalam.com, Mi–Mo 10–17.30 Uhr).

Essen & Trinken

... in Kampung Batu Ara (etwa 3 km nördl. von Padang Matsirat):

Verstecktes Kleinod – **Santai** 10: 132 Jln. Pantai Kok, Tel. 04 95 52 702, www.santailangkawi.com, Mo–Sa 8.30–13.30, 17–23 Uhr. Stilvolles, familiengeführtes Restaurant mit gutem Service. Malaysische wie westliche Gerichten sowie verschiedene Frühstücksoptionen. €€

Aktiv

Batikkurse – **Atma Alam Art Village** 11: s. S. 232. Angeboten werden halbstündige Einführungen in Batikmalerei für RM 30 und längere Kurse. Eine vorherige Anmeldung ist erforderlich (Sa–Do 14–17 Uhr).

Pantai Kok

Pantai Kok, ein kleiner Strand im Westen der Insel, wurde auf dem Reißbrett völlig umgestaltet. Im Westen der geschützten Badebucht mit einem relativ schattenlosen Sandstrand und einem kleinen Leuchtturm errichtete man den **Telaga Harbour Park** 12 (www.telagaharbour.com), der einen Jachthafen, eine Uferpromenade mit Cafés und Restaurants sowie ein Luxushotel umfasst.

Übernachten

Großzügig – **The Danna** 8: Telaga Harbour Park, Tel. 049 59 32 88, www.thedanna.com. Bereits der noble Eingangsbereich und die weiße Fassade erinnern an das gediegene Raffles Hotel in Singapur. Auch die hohen luft- und lichtdurchfluteten Innenräume des 5-stöckigen 5-Sterne-Hotels versetzen in die Zeit der britischen Pflanzer zurück. 125 geräumige Zimmer in hellen Tönen mit komfortablen Marmorbädern und ansehnlichem Balkon, über 50 m langer Pool, Lese- und Billardraum, Spa, Kinderklub und guter Service. Das edle Restaurant The Planter's hat auch Tische auf einer Terrasse. €€€

Oriental Village 13

Etwa 500 m nördlich der **Teluk Burau,** einer Bucht am Ende der Hauptstraße, wurde das **Oriental Village** (tgl. 8.30–18 Uhr) angelegt, ein inzwischen merklich in die Jahre gekommenes Freiluftareal mit künstlichen Seen, Geschäften, Restaurants, Cafés, Essensständen und Blick auf die dschungelbedeckten Berge. »Orientalisch«, wie der Name vermuten lässt, geht es hier nicht wirklich zu. Die meisten Touristen kommen nur wegen der **Seilbahn** 14 auf den Gunung Mat Cincang, um deren Talstation herum noch einige zweitrangige Attraktionen hauptsächlich die asiatische Klientel interessieren.

Gunung Mat Cincang

Talstation der Seilbahn im Oriental Village in der Teluk Burau, www.panoramalangkawi.

com, 9.30–18 Uhr, bei schlechtem Wetter wird die Bergbahn stillgelegt, desgleichen etwa einmal jährlich für zwei Wochen zur Wartung. Erw. RM 85 hin und zurück, Kind. RM 65, SkyBridge zusätzlich RM 6, Kind. RM 4. Während der Wartezeit kann man unter der Kuppel des SkyDome über die traumhafte Aussicht und im SkyRex über Dinosaurier staunen.

Im Westen der Insel ragt das älteste Gebirge des Landes empor. Den höchsten Punkt bildet der dschungelbedeckte, 708 m hohe **Gunung Mat Cincang,** dessen zerklüftete Flanken

TREKKING AUF PULAU LANGKAWI

Tour-Infos

Start: Parkplatz mit Essensständen am Ende der ausgeschilderten Stichstraße, die kurz vor dem Oriental Village (s. S. 232) etwa 1 km Richtung Norden führt. Anfahrt mit dem Taxi ab Pantai Cenang (RM 35). Für die Rückfahrt zum Oriental Village laufen, wo Taxis warten.

Dauer: ca. 2 Std. hin und zurück

Schwierigkeitsgrad: relativ anstrengend

Infos: Am Parkplatz befinden sich eine Infotafel und ein kleines Besucherzentrum.

Die Hänge des **Gunung Mat Cincang** bedeckt ein geschützter Tropendschungel mit vielen hohen Bäumen. Vor allem nach kräftigen Regenfällen lohnt ein Ausflug zum Wasserfall **Telaga Tujuh** 15 etwa auf halber Strecke zwischen Tal- und Bergstation der Seilbahn. Das Wasser, das in der Trockenperiode fast versiegt, hat die scharfen Felskanten des Flussbetts im Laufe von Jahrmillionen glatt geschliffen und unzählige romantische Pools geschaffen – gemäß den Legenden der Insel sind dies die Badeplätze von Feen, die dem Wasser heilende Kraft verleihen.

Hinter den Essen- und Souvenirständen beginnt 150 m vom Parkplatz entfernt der Wanderweg, der durch den Dschungel steil hinaufführt. Vor allem am frühen Morgen und am Nachmittag kann man riesige Eichhörnchen, Makaken und große Nashornvögel beobachten. Schon nach etwa 15 Min. geht es links zum Fuß des Wasserfalls ab, wo die schäumende Gischt aus 90 m Höhe herabstürzt. Vor allem Familien kommen zum Picknicken hierher, da Kinder schön im Wasser plantschen können und der Weg vom Parkplatz kurz ist.

Knapp 30 Min. dauert der nun folgende schweißtreibende Aufstieg über 638 Stufen zu einem Plateau mit weiteren Pools. Hier kann man ein erfrischendes Bad in einem der sieben natürlichen Becken nehmen und von der überhängenden Aussichtsplattform die Aussicht bis zur Küste genießen. Keinesfalls jedoch sollte man die Absperrung am Ende der Pools überklettern, denn im dahinterliegenden schlüpfrigen Flussbett sind bereits Touristen abgestürzt. Auch sollten keine Lebensmittel mit heraufgebracht werden, da sie dreiste Makaken anlocken, die sich mit den Taschen davonstehlen. An den Pools bieten Schutzhütten Unterschlupf, sollte es regnen.

Wer möchte, kann mit einem der Guides, die am Eingang warten, auf zwei Pfaden weiter den Berg hinauf durch Dschungel wandern. Der Pfad zur Bergstation der Seilbahn beginnt bereits kurz hinter dem Eingang am Wassertank und ist sehr schwierig. Es empfiehlt sich, frühzeitig abzusteigen, da es im dichten Wald schnell dunkel wird.

KAJAKTOUR DURCH DEN MANGROVENWALD

Tour-Infos

Start: Anlegestelle im Hutan Paya Bakau Kilim, 700 m von der Hauptstraße entfernt
Anfahrt: Abholservice bzw. Taxi ab den Stränden ca. RM 40, ab Kuah ca. RM 25
Dauer: 1–4 Std.
Schwierigkeitsgrad: einfach
Buchung: Dev's Adventure Tours, Jungle Walla (s. S. 221), sowie Fauna Flora Eco, Tel. 01 24 41 15 68, www.faunafloraeco.com. Außerdem werden an der Anlegestelle Boote vermietet. Die Qualität der Guides schwankt stark.

Selbst Anfänger können die ein- oder zweisitzigen Seekajaks steuern und die ruhigen Gewässer der Inselwelt ganz aus der Nähe erkunden. Die Boote werden in einigen Resorts und im Mangrovenschutzgebiet Hutan Paya Bakau Kilim nördlich von Kuah vermietet. Auch manche Ausflugsboote haben Kajaks an Bord, damit Touristen auf kurzen Ausflügen in einsame Buchten und kleine Höhlen paddeln können. Empfehlenswert sind geführte Touren durch das Gewässerlabyrinth der Mangrovenwälder und zu den vorgelagerten kleinen Inseln.
Besonders spannend ist der Ausflug durch das Mangrovendickicht des 100 km² großen **Hutan Paya Bakau Kilim** 21 . Über den trägen Sungai Kelim und den Sungai Kisap sowie schmale namenlose Kanäle paddelt man vorbei an spektakulären, von Erosion geformten Karstfelsen, an die sich die zähe Vegetation zu klammern scheint. Aufmerksamkeit verdienen vor allem die endemischen, extrem langsam wachsenden Palmfarne, die bereits vor 200 Mio. Jahren existierten.

Bei Ebbe tummeln sich im Schlamm zwischen den bizarren Schnorchel-, Knie- und Luftwurzeln unzählige Winkerkrabben, Einsiedlerkrebse und Schlammspringer, die ältesten Landbewohner unseres Planeten. Manchmal schwimmt auch ein großer Waran vorbei. Selbst Schlangen und Languren sind im Geäst der Bäume zu entdecken und am Himmel ziehen Seeadler ihre Kreise. Näher als in einem geräuschlosen Kajak kann man der Natur nicht sein.

schier unüberwindbar zu sein scheinen. Dank österreichischer Technik jedoch kann man die steilste **Seilbahn** 14 der Welt besteigen und in klimatisierten Gondeln zur Bergstation in fast 700 m Höhe hinaufschweben. Nur gute 15 Min. dauert es, die über 2 km lange Strecke zu überwinden, dann ist der ›Flug‹ über die dichten Baumwipfel auch schon zu Ende. Unterhalb der Bergstation schwingt sich die von einem 82 m hohen Pylon getragene SkyBridge, eine 125 m lange, gewundene Metallbrücke, über grüne Baumwipfel und unzugängliche Schluchten (s. Abb. s. S. 31). Höchst beeindruckend präsentiert sich die Aussicht, die man von der Brücke und Bergstation aus genießt – bei gutem Wetter reicht der Blick bis zu den thailändischen Inseln.

Datai

Jenseits der dschungelbedeckten Berge liegt abseits vom Trubel **Datai** an der Nordwestküste. Die Stichstraße hierher endet ca. 43 km von Kuah entfernt hinter exklusiven Strandresorts und einem Golfplatz. Während die dortigen Strände Hotelgästen vorbehalten sind, können sich am **Pasir Tengkorak** 16, 9 km hinter der Abzweigung der Stichstraße, alle erholen. Vom künstlich angelegten **Langkawi-Wasserfall** 17 nur rund 2,4 km weiter verläuft ein schmaler Pfad 5 Min. landeinwärts zum natürlichen **Temurun-Wasserfall** 18 mit hübschem kleinem Badepool mitten im Dschungel.

Übernachten

Resort in üppiger Natur – **The Datai** 9: Tel. 049 50 05 00, www.thedatai.com. An einem schönen Sandstrand in einer abgelegenen, von Regenwald umrahmten Bucht lädt dieses umweltbewusste 5-Sterne-Resort zum Entspannen ein. Die 121 großzügigen Zimmer und Villen verfügen über viele Extras, u. a. Espressomaschinen. Außerdem gibt es 3 Pools, mehrere Restaurants, einen Beach Club, Lounge, Spa und Fitnesscenter. Im Angebot sind teils kostenlose Dschungel- und Riffspaziergänge, Kochkurse sowie andere Aktivitäten. €€€

Kompleks Kraf Langkawi 19

Tel. 049 59 19 13, www.kraftangan.gov.my, tgl. 10–18 Uhr, Eintritt frei

Nahe **Teluk Ewa** an der Nordküste liegt das staatliche Kunstgewerbezentrum Kompleks Kraf Langkawi. Rings um den Verkaufsraum für malaiisches Kunsthandwerk und Textilien kann man täglich außer freitags Handwerkern beim Weben, Flechten und Batiken über die Schulter schauen.

Wie all diese Gegenstände früher im Alltag verwendet wurden, zeigen zwei kleine **Museen.** In der ersten Ausstellung bekommt man anhand von lebensgroßen, in traditionelle Festgewänder gekleidete Puppen die Hochzeitsbräuche verschiedener malaysischer Nationalitäten vorgeführt. Das zweite Museum zeigt Werkzeuge der Bootsbauer und Holzschnitzer, alte Boote, Fallen, Spielzeug, Musikinstrumente und Wayang-Kulit-Schattenspielfiguren.

Tanjung Rhu 20

Die schönste Bucht der Insel an der Nordküste besitzt einen weißen Sandstrand und wird von Kasuarinen, Mangroven und den steil aufragenden Karstfelsen des Kilim Geopark umrahmt. Allerdings ist in **Tanjung Rhu** wegen zweier Luxusresorts nur ein kleiner Strandbereich im Osten öffentlich zugänglich. Wenn sich bei Ebbe das Meer weit zurückzieht, spazieren Urlauber auf den Sandbänken bis zu vorgelagerten Felseninseln hinaus. Vorsicht geboten ist beim Baden, vor allem bei hohem Wellengang während der Flut. Infolge gefährlicher Unterströmungen haben sich schon mehrere tödliche Badeunfälle ereignet.

Kilim Geoforest Park 22

Im **Kilim Geoforest Park** im äußersten Nordosten der Insel winden sich Bäche und Flüsse durch unzugängliche Mangrovenwälder, die von dschungelbedeckten Felsformationen umrahmt werden. Steil aufragende Kliffs am Meer wurden von Wind und Wasser zu dramatischen Überhängen geformt und zu Tunneln ausgespült. Zahlreiche Höhlen durchziehen die porösen Felsen. An der Küste wechseln sich Karstfelsen mit glatt geschliffenem, grauem Granit, buntem Sandstein und Stränden voller Kieselsteine ab.

Unweit der Jetty für Touristenboote informiert das **Geopark Discovery Centre (GDC)** über die geologische Geschichte der Inselgruppe, interessante Landschaftsformen und das Ökosystem der Mangroven (https://langkawigeopark.com.my, tgl. 9–17 Uhr, Eintritt frei). Den bis zu 550 Mio. Jahre alten Landschaften im Nordwesten und Osten von Pulau Langkawi sowie den Inseln Dayang Bunting, Tuba und Lima wurde der Titel »Geopark im von der UNESCO unterstützten Weltnetz« verliehen. Den Ausschlag hierfür hatten die unglaubliche geologische Vielfalt sowie die reichhaltige Flora und Fauna gegeben, die man bei einer Fahrt mit der Seilbahn (s. S. 235) sowie auf Bootstouren erkunden kann, z. B. ab Tanjung Rhu (s. S. 234) oder direkt vor Ort im Mangrovenschutzgebiet am Sungai Kilim.

Weniger empfehlenswert sind die einstündigen Standardtouren, bei denen man im großen und lautstarken Tross durch die Fledermaushöhle zieht und danach in eine wunderschöne, von hohen Felsen umrahmte Bucht zum Seeadler-Füttern fährt – von Letzterem muss unbedingt abgeraten werden, denn die wilden Tiere verlieren durch das Füttern mit Hähnchenabfällen ihren natürlichen Instinkt und nehmen zudem eine Unmenge an Antibiotika zu sich. Es gibt jedoch interessante Ausflugsalternativen, beispielsweise die

BOOTSTOUREN ZU DEN INSELN

Günstig muss nicht immer gut sein, das gilt vor allem für Bootstouren zu den kleinen Inseln. Beim billigsten halbtägigen Ausflugsangebot zu den südlichen Inseln donnert das gut gefüllte Schnellboot mit Höchstgeschwindigkeit hinüber zur **Pulau Dayang Bunting** 23, wo es seine Passagiere entlädt und sofort nach Kuah zurückfährt, um die nächste Ladung Besucher zu holen. Im Südwesten der Insel steigt man zu einem Süßwassersee (Eintritt RM 6) hinauf, der einer Legende nach kinderlosen Frauen Nachwuchs verspricht. Nach einem Bad im oder einer Tretbootfahrt auf dem trüben Wasser geht es zurück zur Anlegestelle. Manchmal schließt sich ein Badeaufenthalt an einem der schönen Sandstrände von **Pulau Beras Basah** 24 an, von dem man mit mehr oder weniger sonnenverbrannter Haut wieder nach Langkawi zurückkehrt (RM 45–50). Im Angebot sind zudem Inselrundfahrten um Langkawi (ab RM 100) oder Ausflüge nach Pulau Payar (ca. 33 km südöstlich von Langkawi, ab RM 380). Man kann auch ein Schnellboot chartern oder einen entspannten Segeltörn durch die Inselwelt unternehmen (s. S. 220).

höchst informative Mangroventour mit Peter Höfinger (s. S. 221) oder den Guides von Jungle Walla (s. S. 221) mit Dev's Adventure Tours (s. S. 221).

Die Nordwestspitze der Halbinsel

Sultanat Perlis ▶ 1, D/E 1/2

Das kleinste malaiische Sultanat, das **Sultanat Perlis,** liegt am nördlichen Zipfel des Landes. Die meisten Transitreisenden nach Thailand fahren allerdings über die Autobahn im Osten daran vorbei.

10 km südöstlich der geruhsamen Hauptstadt **Kangar** liegt **Arau,** der kleine Sultanssitz mit einer alten und neuen Staatsmoschee sowie dem Palast des Sultans. Hier steigen die Reisenden aus der Eisenbahn aus, die weiter nach Langkawi wollen. Der letzte Bahnhof in Malaysia ist **Padang Besar,** 35 km nördlich von Kangar. In dem lebendigen Grenzort werden alle Grenzformalitäten erledigt, bevor es auf der Thai-Seite mit dem International Express nach Hat Yai oder Bangkok geht.

Alor Setar ▶ 1, E 3

Die Hauptstadt von Kedah und Sitz des Sultans, **Alor Setar,** ist das größte Geschäfts- und Verwaltungszentrum im Nordwesten. Die überwiegend von chinesischen Geschäftshäusern geprägte Innenstadt erstreckt sich westlich des Bahnhofs bis zum Sungai Anak Bukit.

Im Zentrum

Fast schon am Flussufer liegt die **Masjid Zahir** von 1912, eine der schönsten orientalischen Moscheen Malaysias. Am gegenüberliegenden Platz stehen Repräsentationsbauten der Sultane, u. a. der **Balai Nobat,** ein gelber, achteckiger Turm, und der ehemalige **Sultanspalast.**

Die über 100 Jahre alte Audienzhalle **Balai Besar** im sino-malaiischen Stil beherbergt heute das **Kedah Royal Museum** (Muzium Diraja), wo man sich über die Sultansfamilie informieren kann (Tel. 047 32 79 37, Sa–Do 9–17, Fr 9–12.30, 14.30–17 Uhr, Eintritt frei).

Südwestlich davon stellt ein umfunktioniertes Gerichtsgebäude von 1912 heute als **Balai Seni Negri** wechselnde Künstlerinnen und Künstler aus (Sa–Do 9–17, Fr 9–12.30, 14.30–17 Uhr, Eintritt frei).

Muzium Negeri

Sa–Do 9–17, Fr 9–12.30, 14.30–17 Uhr, Eintritt frei, Taxi vom Zentrum RM 15

Angesichts der erforderlichen Anfahrt nur unwesentlich lohnender ist ein Besuch des **Muzium Negeri,** das sich etwa 2,5 km nördlich des Zentrums und unmittelbar westlich der Lebuhraya Darul Aman befindet. Die überschaubare Ausstellung präsentiert archäologische Funde aus der Region, Textilien und Koranhandschriften.

Muzium Padi

Tel. 047 35 13 15, So–Do 9–17 Uhr, RM 5, Kind. RM 2, Kamera RM 2, Taxi vom Zentrum RM 30

8 km nördlich der Stadt, schon am Rand der Reisfelder, beleuchtet das **Muzium Padi** alles, was mit dem Grundnahrungsmittel Reis in Verbindung gebracht werden kann – von den Werkzeugen der Bauern über Reisspeicher und -sorten bis zur Geschichte des Reisanbaus. Schließlich gilt der hiesige Bundesstaat Kedah als die Reiskammer des Landes.

Infos

Tourism Malaysia: Jln. Raja, Kompleks Pelancongan Negeri Kedah, Tel. 047 31 23 22, So–Mi 8–17, Do 8–15.30 Uhr. Informationen über Ziele auf dem Festland und Pulau Langkawi.

Übernachten

Stylisch renoviert – **38 PC:** 38 Jln. Tunku Yaakub, Tel. 047 00 77 09, www.facebook.com/38PekanCina. Das alte Shophouse in der Chinatown wurde sorgsam entkernt und modernisiert, aber nicht ohne hier und dort ein paar Vintage-Hingucker zu platzieren. Kleiner Pool auf dem Dach, in der Nachbarschaft mehrere Restaurants. €€

Verkehr

Flüge: Vom Sultan Abdul Halim Airport, ca. 11 km nördl. der Stadt, mit AirAsia, www.airasia.com, Firefly, www.fireflyz.com.my, Batik Air Malaysia, www.malindoair.com, und Malaysia Airlines, www.malaysiaairlines.com, regelmäßig nach Kuala Lumpur und Johor Bahru.

Züge: ETS-Züge fahren mehrmals tgl. Richtung Norden zum Grenzübergang in Padang Besar. Von dort fährt um 18 Uhr ein Zug bis Bangkok. Richtung Süden mehrmals tgl. nach Kuala Lumpur, jedoch ohne Halt in Butterworth.

Busse: Am Terminal Bas Shahab Perdana ca. 4 km nordwestlich vom Stadtzentrum halten alle Überlandbusse, Verbindungen bestehen u. a. nach Butterworth (alle 2 Std. von 7.30–19 Uhr, 2 Std., RM 11) und Kuala Lumpur (von morgens bis abends nahezu ständig, 5–6 Std., RM 43–50), nach Kangar (etwa stdl. von 6–19.45 Uhr, 1 Std., RM 7), zum Fährhafen für Pulau Langkawi nach Kuala Kedah (etwa stdl. 6.30–19.15 Uhr, 30 Min., RM 2,50); Anfahrt zum Terminal mit Stadtbus 208, ein Taxi vom Zentrum kostet um RM 15–20. Busse nach Sungai Petani (alle 1–2 Std., 1 Std., RM 8).

Überlandtaxis: Von der Taxistation im Zentrum nahe dem Markt u. a. nach Butterworth (RM 150), Kuala Kedah (RM 40), Sungai Petani

Orientalisch durch und durch: die Masjid Zahir in Alor Setar

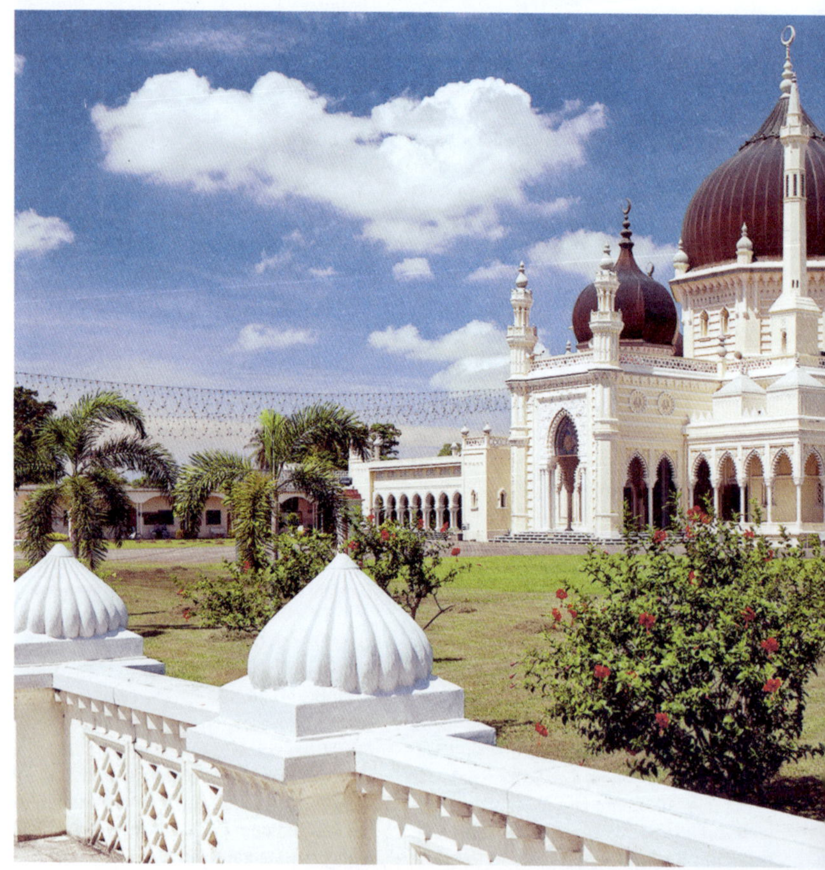

(RM 100), Changlun zur Bushaltestelle an der thailändischen Grenze (RM 70). Vom Busbahnhof RM 20 günstiger.

Von Alor Setar nach Butterworth ▶ 1, E 4

Durch eine weite grüne Ebene mit malaiischen Dörfern geht es von Alor Setar Richtung Süden. Bevor man das industrielle Ballungsgebiet von Butterworth erreicht, das bereits in **Sungai Petani** (▶ 1, E 5) beginnt, lohnt es sich, einen Abstecher zum 1217 m hohen Gunung Jerai zu machen. Um dorthin zu gelangen, fährt man von Sungai Petani zunächst nach **Merbok** (▶ 1, E 5) und von dort weiter über eine 2,5 km lange ausgeschilderte Zufahrtsstraße.

Gunung Jerai

Museum: Tel. 044 57 20 05, www.jmm.gov.my, tgl. 9–17 Uhr, Eintritt frei, Taxi ab Sungai Petani ca. RM 40 einfach

Bereits die frühen Seefahrer nutzten den markanten Berg als Navigationspunkt, daher verwundert es nicht, dass hier Reste von hinduistischen und buddhistischen Tempeln, von Befestigungsanlagen und Versammlungshallen ausgegraben wurden. Die Funde stammen wahrscheinlich aus dem 3. bis 14. Jh., als arabische, indische und chinesische Seefahrer am Südwesthang des Bergs, im Tal des Sungai Bujang, eine Handelsstation betrieben.

Über die Ausgrabungsarbeiten kann man sich im kleinen angeschlossenen **Muzium Arkeologi Lembah Bujang** informieren, in dem neben vielen anderen Objekten Steinmetzarbeiten, Skulpturen, Schmuck und Keramiken ausgestellt sind. Oberhalb des archäologischen Museums können verschiedene Ausgrabungsstätten besucht werden, von den Gebäuden sind allerdings nur noch die Grundmauern zu sehen.

Sungai Merbok Mangrove Reserve

Kompleks Jeti Semeling, Kuala Muda, tgl. 8.30–17 Uhr, Bootstouren ab RM 160 p. P.

Rund 13 km südöstlich des Archäologischen Museums ist die Semeling Bridge über den Sungai Merbok erreicht. Entlang seiner Ufer erstreckt sich ein über 4000 ha großes Mangrovenschutzgebiet, das jenseits der Brücke über einen Boardwalk und auf Bootstouren erkundet werden kann. Diese sind im Vorfeld mit einem Anbieter (z. B. bei Bootsführer Azizan Darus, Tel. 01 34 89 81 89, RM 200/ Std.) zu arrangieren und führen außerdem zu einer Austernzucht (mit Verkostung). An der Jetty befindet sich neben einer kleinen Ausstellung auch der Nachbau eines igluförmigen Kiln, in dem traditionell Mangrovenholzkohle produziert wurde.

Südchinesisches
Meer
Kota Bharu
Kuala Terengganu

Kapitel 3

Die Ostküste und das Landesinnere

Palmenstrände, so weit das Auge reicht, dazwischen liegen kleine Fischerdörfer, gleich drei malaiische Sultansstädte und weit draußen im tiefblauen Meer Inseln umgeben von Korallenriffen. Im Landesinnern erheben sich Berge mit den größten Dschungelgebieten der Halbinsel.

Ein ideales Urlaubsziel, möchte man meinen – würde nicht der Monsun ausgerechnet im europäischen Winter die Ostküste mit reichlich Regen beschenken, der die tropisch-grüne Landschaft erst zu dem macht, was daran so reizvoll ist. Gewöhnungsbedürftig für viele Reisende mag auch sein, dass man sich hier im ›malaiischsten‹ und konservativsten Teil des Landes befindet. Westliches Badeleben entspricht nicht unbedingt den Moralvorstellungen strenger islamischer Sittenwächter, weshalb zwischen den meisten Resorts und Dörfern sorgsam Abstand gewahrt wird. Doch noch gibt es viel Platz für Bungalowanlagen inmitten von Kokoshainen und vor allem auf den vorgelagerten Inseln, wo es immer schon um einiges entspannter zuging.

Keine Reise in diese Ecke Malaysias wäre komplett ohne eine Wanderung durch den tropischen Regenwald mit seinen Urwaldriesen, Schlingpflanzen, Epiphyten, seinen großen und kleinen Tieren – nicht nur Naturfreunde wird allein die Variationen an Schmetterlingen begeistern, denen man hier begegnet. Der Dschungel ist ein Paradies für Fotografen, desgleichen die Märkte, wo bunt gekleidete Frauen sowie exotische Früchte in allen Farben und Formen wunderbare Motive abgeben, beispielsweise die große Vielfalt an Bananen, von mehligen Kochbananen aus dem Dschungel über gezüchtete Sorten und Hybride, die teils nur fingergroß sind.

Javaneraffen tummeln sich auch auf einigen vorgelagerten Inseln der Ostküste, etwa auf den Perhentian-Inseln

Auf einen Blick: Die Ostküste und das Landesinnere

Sehenswert

Pulau Perhentian: In den kleinen Bungalowanlagen dieser aus zwei Eilanden bestehenden Inselgruppe an der nördlichen Ostküste fühlen sich vor allem Individualreisende wohl. Auch wer tauchen lernen will, ist hier am richtigen Platz (s. S. 253).

Kuala Terengganu: Ihrem Ölreichtum verdankt die Sultansstadt ein modernes Stadtbild und ein großartiges Museum. Auf dem Markt und in der Chinatown hingegen fühlt man sich in die Vergangenheit versetzt (s. S. 259).

Taman Negara National Park: Der bereits 1938 gegründete Nationalpark umfasst den ältesten Regenwald der Erde. Dank einer guten Infrastruktur sind die Wasserfälle, Badeplätze und Aussichtspunkte gut auf eigene Faust zu erkunden (s. S. 275).

Schöne Routen

Auf Nebenstraßen durch malaiische Küstendörfer: Mit einem eigenen Fahrzeug und einem Smartphone kann man selbst im Gewirr der malaiischen Dorfstraßen und Kokosplantagen nicht verloren gehen (s. S. 249).

Mit dem Dschungelzug von Jerantut nach Kota Bharu: Gemächlich schaukelt man entlang schlammig-brauner Flüsse und durch die letzten Dschungelgebiete West-Malaysias von Ort zu Ort (s. S. 281).

Von Gua Musang nach Kuala Terengganu: Nur wenige Fahrzeuge verkehren auf den immer wieder von Erdrutschen blockierten Straßen durch das von tropischen Regenwäldern und Plantagen bedeckte Bergland – eine Tour für Selbstfahrer (s. S. 283).

Unsere Tipps

Gelanggang Seni in Kota Bharu: In dem Kulturzentrum werden riesige Trommeln geschlagen und Kreiselspiele sowie andere Wettkämpfe vorgeführt (s. S. 245).

Terrapuri Heritage Village – ein Prachtstück malaiischer Baukunst: 62 km nördlich von Kuala Terengganu am Meer liegt diese Unterkunft, in der aus den Materialien von abgerissenen, traditionellen Holzhäusern stilvolle Bungalows erbaut wurden (s. S. 265).

Canopy Walkway im Taman Negara National Park: Ungewöhnlichen ›Tiefblick‹ in den Dschungel ermöglichen Hängebrücken durch die Wipfel von Urwaldriesen (s. S. 277).

Treffpunkt für Individualreisende: die Strände von Pulau Perhentian

Wanderung auf Pulau Perhentian Besar: Auf dem Weg durchs Inselinnere spaziert man durch einen Wald voller unbekannter Pflanzen und Tiere und lernt die nahezu unberührte Seite des Eilands kennen (s. S. 256).

Meeresschildkröten beobachten bei Cherating und Kemaman: Wenn vom Aussterben bedrohte Meeresschildkröten zur Eiablage an den Strand kommen, sind Naturschützer dabei (s. S. 270).

Die Besteigung des Bukit Teresek: Von dem Berg im Taman Negara National Park bieten sich atemberaubende Aussichten über die Dschungellandschaft (s. S. 280).

Die Ostküste

Entlang der Ostküste liegen an weiten Flussmündungen drei Städte: im Norden das konservativ-malaiische Kota Bharu, südlich davon Kuala Terengganu, die Hauptstadt des reichen Ölsultanats Terengganu, und schließlich das geschäftige Kuantan. Erholung bieten die vielen tropischen Palmenstrände, sowohl auf dem Festland als auch auf den vorgelagerten Inseln.

Kota Bharu ▶ 1, L 3

Cityplan: S. 246

Im äußersten Nordosten Malaysias liegt abseits jeglicher industrieller Ballungsgebiete **Kota Bharu,** trotz ihrer bald 600 000 Einwohner und ihrer Nähe zu Thailand eine verhältnismäßig unbedeutende Stadt. Die knapp 20 km entfernte Grenze bringt kaum Vorteile, da die Bewohner auf thailändischer Seite – ebenfalls malaiische Muslime – in ihrem ständigen Kampf um größere Autonomie auch vor gewaltsamen Auseinandersetzungen nicht zurückschrecken und ein sicherer Warenaustausch daher nicht möglich ist.

Im Sultanat Kelantan, dessen Hauptstadt Kota Bharu ist, gab es weder einen Kautschukboom noch einen Zinnrausch, die einen wirtschaftlichen Auftrieb hätten herbeiführen können. Da auch keine Ölquellen sprudeln, wurde das Hinterland zum Öllieferanten erkoren. Auf riesigen abgeholzten Flächen sind Ölpalmplantagen entstanden, die nun etwas Geld in die Stadt spülen und ihr einige repräsentative Gebäude, große Einkaufszentren und neue Straßen beschert haben.

Die überwiegend konservative malaiische Bevölkerung von Kota Bharu spricht einen Dialekt, der im restlichen Land kaum verstanden wird. Auch kulturell versucht man seine Identität zu wahren, möchte andererseits jedoch vom wirtschaftlichen Fortschritt des Landes profitieren – ein Spagat, der bei einem Besuch der Stadt immer wieder zum Ausdruck kommt.

Muslimische Ruhetage

In den Sultanaten Kelantan und Terengganu ist Freitag der offizielle Ruhetag und Sonntag ein normaler Arbeitstag.

Kelantan State Museum 1

Jln. Hospital, Tel. 097 48 22 66, Sa–Mi 8.30–16.45, Do 8.30–15.30 Uhr, RM 4

Im ehemaligen Landesvermessungsamt aus der Kolonialzeit hat das **Kelantan State Museum** mit seiner Ausstellung zur Landesgeschichte und Kultur einen Platz gefunden. Die Historie des Sultanats reicht 10 000 Jahre bis zu den ersten Höhlenbewohnern von Gua Cha zurück. Auf frühe Handelsbeziehungen mit China weisen Keramikfunde hin, die bei archäologischen Grabungen nahe Gua Musang am Sungai Nenggiri, einem Nebenfluss des Sungai Kelantan, entdeckt wurden. Auch der jüngeren Geschichte ist ein Bereich gewidmet, beispielsweise dem Einmarsch der Japaner. Von der hohen Qualität des malaiischen Kunsthandwerks zeugen im 1. Stock detailliert gearbeitete Drachen und Schattenspielfiguren. Eine Kunstgalerie mit zeitgenössischen Werken schlägt den Bogen zur Gegenwart.

Pasar Besar Siti Khadijah 2

Zwischen Jln. Buluh Kubu und Jln. Belakang Istana, tgl. 7.30–17.30 Uhr

Der alte, überdachte **Pasar Besar Siti Khadijah** nördlich der lokalen Busstation ist in seiner Farbenpracht kaum zu überbieten und eine Domäne der Frauen. Im weitläufigen Erdgeschoss des Zentralmarkts türmen sich Obst und Gemüse, während in den oberen Stockwerken Haushaltswaren und Kleidung verkauft werden. Der schönste Ausblick auf den Gemüsemarkt bietet sich vom 2. Stock. Hier findet man auch allerlei malaiisches Kunsthandwerk sowie Stoffe und Kleider, deren florale Muster das bunte Treiben im Erdgeschoss widerzuspiegeln scheinen. Allerdings sorgen die Konkurrenz der Supermärkte und auch das veränderte Einkaufsverhalten bereits hier und da für leere Stände.

Istana Balai Besar, Istana Jahar und Istana Batu

Vom Markt kann man durch eine verkehrsberuhigte Straße vorbei am nicht zugänglichen ehemaligen Sultanspalast **Istana Balai Besar** 3 von 1844 zur **Istana Jahar** 4 schlendern. Hinter der mit feinen Holzschnitzereien hübsch verzierten Fassade des zweistöckigen Palasts von 1887 zeigt das kleine **Muzium Adat Istiadat Diraja Kelantan** Kleidung sowie andere Gegenstände aus dem Besitz der Sultansfamilie und informiert über die Rituale am Hof. Lohnend ist ein Abstecher in den hinteren Anbau, der über einen separaten Eingang zugänglich ist, wegen der fantastischen Sammlung von Kris-Dolchen in der Waffenausstellung. Weitere Familienerbstücke und alte Fotos sind in der angrenzenden **Istana Batu** 5 von 1939 zu sehen, die das **Royal Museum** beherbergt (Tel. 097 48 77 37, Sa–Mi 8.30–16.45, Do 8.30–15.30 Uhr, RM 4).

Rings um den Padang Merdeka

Ein hohes Tor grenzt den Palastbereich vom **Padang Merdeka** ab, an dem sich die große **Masjid Muhammadi** 6 erhebt. Daneben informiert ein weiteres Museum über den Islam.

Wer sich für die jüngere Zeitgeschichte interessiert, kann einen Blick in das ehemalige Gebäude der Mercantile Bank of India aus dem Jahr 1912 werfen. In dem hier untergebrachten **Memorial Perang** 7 wird der japanischen Invasion am 8. Dezember 1941 am Pantai Sabak 14 km östlich von Kota Bharu gedacht, mit der der Zweite Weltkrieg Südostasien erreichte (Tel. 097 48 22 66, Sa–Mi 8.30–16.45, Do 8.30–15.30 Uhr, RM 4).

Gelanggang Seni 8

Eingang in der Jln. Mahmood, Tel. 097 48 55 34, Mo, Mi, Sa 15–17.30, Mi auch 21–23 Uhr, im Dez., Jan. und während des Ramadan geschlossen, Eintritt frei

Knapp 1 km südöstlich des Kelantan State Museum organisiert das kleine malaiische Kulturzentrum **Gelanggang Seni** unter freiem Himmel ein abwechslungsreiches Programm mit Gruppen aus den umliegenden Dörfern. Mr. Roselan, der durch die Veranstaltung führt, hält im Touristenbüro (s. unten) das aktuelle Programm bereit. Dargebracht wird nicht nur traditionelle Musik, sondern auch Silat, die traditionelle Art der Selbstverteidigung. Trommeln, Gongs und Flöten begleiten die Schaukämpfe, bei denen schwarz gekleidete Männer aus graziösen tanzartigen Bewegungen heraus plötzlich einen vermeintlichen Gegner angreifen und ihn zu Boden zwingen. Auch das traditionelle Kreiselspiel Main Gasing (s. S. 250) ist an einigen Tagen zu sehen und am Mittwoch ab 21 Uhr abends sogar das Schattenspiel Wayang Kulit. Zudem bekommt man am Montag gezeigt, wie die Wau, die traditionellen Drachen, hergestellt werden und wie das beliebte Geschicklichkeitsspiel Congkak funktioniert. Am Montag und Samstag werden auf einem Lkw sogar riesige Trommeln, die Rebana Ubi, geschlagen.

Infos

Tourist Information Centre: Jln. Sultan Ibrahim, Tel. 097 48 55 34, So–Do 8–12.30, 14.30–17, Fr, Sa bis 15.30 Uhr, in der Nebensaison nur Sa–Mi. Von den hilfsbereiten Mitarbeitern erhält man einen Stadtplan und Infos über aktuelle Veranstaltungen.

Übernachten

Modernisierter Klassiker – **Grand Riverview Hotel** 1: Jln. Post Office Lama, Tel. 097 43 99 88, www.grv.com.my. Großes Hotel mit schicker Lobby, Pool und 299 eher klassisch-ge-

Kota Bharu

Sehenswert

1 Kelantan State Museum
2 Pasar Besar Siti Khadijah
3 Istana Balai Besar
4 Istana Jahar
5 Istana Batu
6 Masjid Muhammadi
7 Memorial Perang
8 Gelanggang Seni

Übernachten

1 Grandriver View Hotel
2 The Grand Renai
3 Hotel Perdana
4 Jewels Hotel
5 Crystal Lodge
6 Little Cozy Homestay

Essen & Trinken

1 Syam Restaurant
2 Sun Two Restaurant
3 Mars Cafe
4 Westlake Eating House
5 Medan Selera Kebun Sultan

Einkaufen

1 K. B. Mall
2 Tesco Hyper Market
3 Aeon Mall
4 Kampung Kraftangan

Aktiv

1 SR Outdoor Gear Centre

---

mütlich eingerichteten Zimmern, teils auch Blick auf den Fluss. Chinesisches Restaurant. €€

Mit chinesischem Touch – **The Grand Renai** 2: Jln. Sultan Yahya Petra, Tel. 097 46 22 33, https://grandrenai.com. Das 5-Sterne-Haus liegt südöstlich des Zentrums und bietet einen internationalen Standard. 298 großzügige elegante Zimmer und Suiten, Bäder mit Wanne und Dusche. Im edlen chinesischen Restaurant wird freitags von 10–14.30 Uhr ein Dim-Sum-Büfett aufgebaut. Pool im 8. Stock, Spa, Fitnesscenter. €€

Mit malaiischem Touch – **Hotel Perdana** 3: Jln. Mahmood, Tel. 097 45 88 88, https://perdana.attanahotels.com/perdana-kota-bharu. Das Luxushotel bietet 272 großzügige, saubere und komfortable Zimmer in hellen Farben mit flauschigen Teppichen und modernem Bad. Die günstigeren haben keine Aussicht, dafür punktet das Dachrestaurant im 11. Stock mit tollem Ausblick (tgl. ab 18.30 Uhr). Umfangreiches Frühstücksbüfett, Pool im Innenhof. €€

Zentral – **Jewels Hotel** 4: Lot 1159–1160 Jln. Maju, Tel. 097 47 47 88, www.jewelshotel.com.my. Für eine Nacht ausreichend ist dieses 3-stöckige, zentral gelegene Hotel mit 32 zeitgemäß eingerichteten, aber nicht mehr ganz frischen Zimmern. Sie verfügen über

Flachbildschirme, Wasserkocher und schlichte Bäder. €€

Freundlich und sauber – **Crystal Lodge 5 :** 124 Jln. Che Su, Tel. 097 47 08 88, http://crystallodge.my. Die 80 Zimmer sind relativ klein, aber sauber und verfügen über schnellen Internetzugang, Wasserkocher und Kühlschrank. Im Obergeschoss befindet sich der Frühstücksbereich mit netter Dachterrasse. €€

Gesellig – **Little Cozy Homestay 6 :** 3188 N Jln. Dusun 1, Tel. 01 69 36 59 35, www.facebook.com/littlecozyhomestay. Der nette Uncle Yang quartiert die Gäste seines Hauses in schlichten, preiswerten Zimmern mit Gemeinschaftsräumen ein. Als passionierter Fahrradfahrer unternimmt er mit ihnen Radtouren durch das Umland oder zeigt ihnen seine Stadt. €

Essen & Trinken

Kulinarisches aus dem Nachbarland – **Syam Restaurant 1 :** Lot 594 Jln. Hospital Berek 12, Tel. 097 48 47 13, Sa–Do 11–15.30, 18.30–22.30, Fr 18.30–22.30 Uhr. Das große klimatisierte Restaurant existiert seit 1979 und überrascht mit einer breiten Auswahl an thailändischen und chinesischen Gerichten. €–€€

Zentrale Institution – **Sun Two Restaurant 2 :** 782A Jln. Temenggong, Tel. 097 46 22 25, www.facebook.com/suntworestaurant, Do–Di 12–22 Uhr. Das seit den 1940ern existierende Restaurant erfreut sich heute wie damals großer Beliebtheit und serviert malaiische und chinesische Gerichte (freilich ohne Schwein), außerdem Thailändisches wie Tom Yam und feurigen Salat. €

Kräftige Süppchen – **Mars Cafe 3 :** Lot 3970 Jln. Post Office Lama, Tel. 01 46 44 90 99, Sa–Do 7.30–17.30 Uhr. In dem unprätentiösen Café Restaurant neben der Kleiderboutique schwören Stammgäste auf das Reisgericht Nasi Ayam mit Hühnchen und eine deftige Brühe mit Fleischeinlage. Morgens werden herzhafte Frühstücksgerichte aufgetischt. €

Riesige Auswahl – **Westlake Eating House 4 :** 4211 Jln. Kebun Sultan, https://westlake-eating-house.business.site, tgl. 10.30–22 Uhr. Absolut unschlagbar ist das chinesische Büfett mit einer großen Auswahl an Gemüse-, Fleisch- und Fischgerichten, das mittags in dem einfachen offenen Restaurant aufgebaut wird. Besonders die Barbecue-Ente ist beliebt. Alles schmeckt sehr lecker und ist preiswert, nur bezüglich der Hygiene muss man Abstriche machen. €

Essenmarkt – **Medan Selera Kebun Sultan 5 :** Jln. Kebun Sultan, tgl. 6–23.30 Uhr. Auf dem überdachten chinesischen Essenmarkt werden an zahlreichen Ständen preiswerte Nudelsuppen, Satay, geröstetes Schweinefleisch und andere einfache Gerichte, aber auch Muscheln oder Chicken Rice im Tontopf zubereitet sowie bunte Säfte und Kuchen verkauft. Das Essen kann an den Metalltischen vor Ort verzehrt werden. €

Einkaufen

Einkaufszentren – **K. B. Mall 1 :** Jln. Sultan Ibrahim, Ecke Jln. Hamzah, Sa–Do 10–22, Fr 10–12.30 u. 14.30–22 Uhr. Viele Läden, diverse Fastfood-Outlets, ein Pacific-Hypermarket und ein Food Court. **Tesco Hyper Market 2 :** an der Brücke vor dem Busbahnhof, tgl. 8–22 Uhr. Das große Angebot umfasst auch westliche Produkte wie Käse, Backwaren etc. **Aeon Mall 3 :** Jln. Maulana Khurasan, Sa–Do 10–22, Fr 10–12.30 und 14.30–22 Uhr. Die größte Mall von Kelantan hat jede Menge Klamottenläden, einen Daiso-Shop mit praktischen Kleinigkeiten, einen Popular-Buchladen und natürlich Restaurants und Fastfood-Ketten.

Kunsthandwerk – Mehrere Läden im Zentrum, vor allem im **Kampung Kraftangan 4 ,** Jln. Hilir Kota, Sa–Do 10–16.45 Uhr, verkaufen Batiken, Flechtarbeiten und anderes malaiisches Kunsthandwerk. Eine kleine Ausstellung informiert dort über Batik-Techniken (RM 2), die Interessierte auch selbst einmal ausprobieren können. Die großen Batik- und Songketläden liegen an der Straße zum Strand (s. S. 249).

Aktiv

Touren – **SR Outdoor Gear Centre 1 :** Jln. Tok Hakim, Tel. 01 99 42 40 22, www.fb.com/www.sroutdoorgearcentre.com.my, So–Do 10–18, Sa 11–17 Uhr. Im Ausrüsterladen werden vielfältige Touren von Suzilan, dem Sekretär der Kelantan Guide Association, angeboten, darunter Trekking am Gunung Stong

(s. S. 286), Kajak- und Mountainbike-Touren sowie gemütliche Radtouren durch Dörfer und zu kulinarischen Highlights der Stadt.

Verkehr

Flüge: Der Sultan Ismail Petra Airport, Tel. 097 73 74 00, liegt 8 km östl. des Zentrums. Mit AirAsia, www.airasia.com, nach Kota Kinabalu, Kuala Lumpur, Johor Bahru und Kuching, mit Firefly, www.fireflyz.com.my, nach Kuala Lumpur und Penang, mit Malaysia Airlines, www.malaysiaairlines.com, und Batik Air Malaysia, www.malindoair.com, nach Kuala Lumpur. Anfahrt mit Stadtbus Nr. 9 (etwa stdl., RM 2), ein Taxi ins Zentrum kostet RM 30.

Züge: Der Bahnhof, Tel. 097 19 69 86, liegt in Wakaf Bharu, 3 km westl. des Zentrums. 1 x tgl. abends nach Johor Bahru (ca. 16–17 Std.), 4 x tgl. mit Bummelzügen nach Gua Musang (5–6,5 Std.), 2 x tgl. nach Kuala Lipis (6,5–7,5 Std.). Anfahrt mit den Stadtbussen Nr. 19 und 43 (etwa alle 30 Min., RM 3), Taxis vom Zentrum kosten RM 30.

Busse: Vom Busbahnhof Terminal Bus Tesco starten die meisten Fernbusse mit Ausnahme von Plusliner und Transnasional. Mehrmals tgl. nach Kuala Lumpur (8 Std., RM 44–50), an die Westküste nach Alor Setar (7 Std., RM 35–45), nach Ipoh (7–8 Std., RM 35–39), nach Butterworth (7–8 Std., RM 38–42), über Kuala Terengganu (3 Std., RM 15–16) nach Kuantan (6–7 Std., RM 35). Vom zentral gelegenen lokalen Busbahnhof, Jln. Hilir, u. a. mit Bus Nr. 639 um 7, 10, 14 und 17.30 Uhr nach Kuala Besut, dem Fährhafen für Pulau Perhentian (1,5 Std., RM 6), und in die Umgebung.

Überlandtaxis: Abfahrt vom Markt in der Jalan Hilir, nördlich vom Markt sowie von weiteren Haltestellen im Zentrum nach Gua Musang (RM 200), Kuala Besut (RM 80), Kuala Terengganu (RM 200), Rantau Panjang an die Grenze zu Thailand (RM 40–50). Kontakt und Infos: Tel. 097 48 13 86.

Mietwagen: Z. B. Hawk Rent a Car, am Flughafen, Tel. 097 48 13 86, www.hawkrentacar.com.my.

Taxis: Zu Zielen innerhalb der Stadt kostet ein Taxi RM 10–15, für Touren etwa RM 30–35/Std. bei mind. 3 Std. Mietdauer.

Die Umgebung von Kota Bharu

Wie ein Spinnennetz durchziehen der mächtige Sungai Kelantan, seine Zuflüsse sowie zahlreiche Kanäle die weite fruchtbare Ebene um Kota Bharu. Auf schmalen Landstraßen gelangt man in typisch malaiische Siedlungen, wo im Schatten alter Obstbäume oder hoher Kokospalmen traditionelle Holzhäuser auf Stelzen neben modernen Allerweltsbauten stehen. Am besten lässt sich dieses Gebiet mit einem Taxi oder Mietwagen erkunden, da viele Ziele nicht von Bussen angefahren werden.

Von Kota Bharu nach Thailand ▶ 1, L 3–K 4

Bis 1909, als die Briten Kelantan zu ihrem Protektorat erklärten, gehörte dieses Gebiet zum siamesischen Reich. Auch siedelt hier eine Minderheit von Thais, weshalb hier noch einige interessante Thai-Tempel zu finden sind.

Wat Kok Seraya

Von der Straße 134 nach Pengkalan Kubor nordwestlich von Kota Bharu zweigt in **Cabang Empat** (▶ 1, L 3) rechts die Straße D 23 nach **Kampung Berangan** ab, auf der nach 1,5 km der **Wat Kok Seraya** erreicht ist. Hier wird neben einem goldenen Chedi eine weiße Kuan-Yin-Statue verehrt.

Wat Maisuwankiri

Die D 23 mündet in Kampung Berangan auf die D 21. In Richtung Tumpat biegt man hinter Berangan rechts auf die Landstraße D 172 zum 1,5 km entfernten **Wat Maisuwankiri** ab, zu dessen Anlage ein üppig dekoriertes dreistöckiges Gebäude gehört. Es wird überragt von einer riesigen Buddhastatue, zu deren Füßen eine Gebetshalle in Form eines mythologischen Boots steht. Obwohl das von zwei Nagaschlangen bewachte Gebäude aus Beton erbaut wurde, scheint es auf dem Teich zu schwimmen.

Knallbunte und extrem süße Minikuchen sind eine Spezialität aus Kota Bharu

Tumpat

Ein weiterer sehenswerter Tempel befindet sich in **Tumpat,** die Endstation der Eisenbahn im Mündungsdelta des Sungai Kelantan. Der **Wat Pikulthong** steht am Ortseingang südlich der Straße, ca. 100 m vor der Abzweigung ins Zentrum. Auf dem weitläufigen Areal wird ein großer stehender bzw. schreitender Buddha aus Marmor verehrt.

Weiterreise nach Thailand

Von Tumpat verläuft eine Küstenstraße Richtung Nordwesten, vorbei an einer Dünenlandschaft, und endet in **Pengkalan Kubor** am thailändisch-malaysischen Grenzfluss Sungai Golok. Wer ins nördliche Nachbarland fahren möchte, kann entweder hier einreisen oder am populäreren Übergang weiter südlich bei **Rantau Panjang.** Wegen der politisch instabilen Lage in den thailändischen Südprovinzen ist die Route nicht ganz ungefährlich. Bei der Einreise wird Deutschen derzeit eine visafreie Aufenthaltserlaubnis von 30 Tagen erteilt, bei Einreise auf dem Landweg allerdings nur 15 Tage. Nahe dem Busbahnhof in Rantau Panjang hat sich ein großer Grenzmarkt etabliert.

Verkehr

Busse: Von Kota Bharu mit den Nahverkehrsbussen 27 nach Pengkalan Kubor bzw. mit Nr. 29 nach Rantau Panjang.
Taxis: Die Fahrtkosten von Kota Bharu in die beiden Grenzorte betragen jeweils ca. RM 60.

Die Küste nördlich von Kota Bharu ▶ 1, L 3

Pantai Cahaya Bulan

Am Wochenende fahren viele Einheimische an den **Pantai Cahaya Bulan** (PCB), den ›Mondscheinstrand‹, um im Schatten von Kokospalmen zu picknicken und die angenehme Meeresbrise zu genießen. Der Sandstrand wurde aus religiösen Gründen umbenannt, denn früher trug er den für Muslime anzüglichen Namen Pantai Cinta Berahi, ›Strand der leidenschaftlichen Liebe‹. Leider hat das Meer kräftig an dem Sandstreifen geknabbert, der deshalb

Nichts für kleine Kinder

Kein Kindervergnügen, sondern ein Ausdruck uralter Traditionen sind der Drachenbau, die Kreiselwettkämpfe und das Schattenspiel – Tätigkeiten, die von gestandenen Männern in Kelantan mit allergrößter Ernsthaftigkeit gepflegt werden. Hier zeigen sie ihre handwerkliche Kunstfertigkeit ebenso wie ihr Körpergeschick, ihre Konzentrationsfähigkeit und die Verbindung zur Welt ihrer Vorfahren.

Stundenlang können sich Männergruppen mit einem Rahmen aus dünnen Bambusstäben beschäftigen, der einmal ein Drachen werden soll. Zuerst gilt es festzulegen, ob es nur ein Layang-Layang für die Kinder zum Spielen oder ein echter Drachen, ein Wau, mit einer Spannweite von bis zu 2 m werden soll. Je nach Form ist es dann ein Katzendrachen (Wau Kucing), der in der Luft summen, das Wetter vorhersagen und sogar böse Geister vertreiben kann, oder ein weiblicher Drachen (Wau Jala Budi), der etwas tiefer klingt. Der Pfauendrachen (Wau Merak), der bevorzugt nachts geflogen wird, kann sogar in sieben verschiedenen Tönen singen. Am leichtesten und wendigsten ist der Blattdrachen (Wau Barat), der als einziger bemalt wird. Bei allen anderen beklebt man die Rahmen mit mehreren Lagen verschiedenfarbigen Papiers, aus dem mit einem Messer florale Muster ausgeschnitten werden. Gewundene Zweige symbolisieren die schicksalhaften Wendungen im Leben eines Mannes, Blüten stellen die Frauen dar, wobei wie bei einem Mandala immer eine große Blume das Zentrum bildet, die Mutter allen Lebens. Nur Spezialisten können die übergroßen, 3,5 m langen und 2,5 m breiten Monddrachen (Wau Bulan) anfertigen und steigen lassen.

Ebenfalls nur Männer nehmen an den Kreiselwettkämpfen teil, den Main Gasing, für die man viel Kraft und Geschick benötigt. Der tellergroße, teils über 5 kg schwere Kreisel aus hartem Holz wird vom Tukang Gasing, dem Kreiselmeister, mit einem fast 4 m langen Strick aufgezogen. Sobald er auf die quadratische Lehmplattform geworfen wird und sich dreht, fängt ihn ein anderer Mann mit einer kleinen Holzschaufel auf und setzt ihn auf einen eingeölten Pfahl. Dort rotiert der Kreisel unter den wachsamen Augen der Männer ein bis zwei Stunden lang – ein Wettbewerb kann sich über fünf Runden einen ganzen Tag hinziehen. Früher wurde Main Gasing nach verrichteter Feldarbeit zum Zeitvertreib gespielt, doch die Zeiten haben sich geändert, denn heute vergnügen sich die Männer lieber vor dem Fernseher oder am Computer.

Das Schattenspiel Wayang Kulit war ursprünglich im ganzen südostasiatischen Raum verbreitet. Im muslimischen Bundesstaat Kelantan ist es etwas in Ungnade gefallen, da die aus Büffelhaut ausgestanzten Figuren Menschen darstellen, was konservative Gläubige als Häresie begreifen. Ebenfalls nicht gerade islamkonform sind die traditionellen Themen des Schattenspiels, das sich zumeist um Geschichten aus den beiden großen hinduistischen Epen Ramayana und Mahabharata rankt. Deshalb erzählt der Puppenspieler, der Dalang, nun die Geschichten von einheimischen Helden, während er die Figuren über die weiße, von hinten erleuchtete Leinwand führt.

durch einen hohen Wall befestigt wurde und viel von seiner Attraktivität eingebüßt hat.

An der Zufahrtsstraße zum Strand bieten Geschäfte Songket und Batiken an, die teils aus Indonesien stammen. Viele der kleinen Manufakturen in der Umgebung sind geschlossen worden. Wer jedoch Zeit hat, das Labyrinth der Nebenstraßen und die Dörfer zu erkunden, kann hier und da noch beobachten, wie Frauen mit Wachskännchen die Muster auf die aufgespannten Stoffe auftragen und später einfärben. Nahe der Küste werden vor Häusern Krabbenchips, *krupuk,* in der Sonne getrocknet, und ab und an ist ein alter Mann anzutreffen, der Holzschnitzereien oder Schattenspielfiguren fertigt. Wer das malaiische Dorfleben aus unmittelbarer Nähe kennenlernen möchte, sollte die Unterkunft in **Kampung Banggol** etwas abseits der Zufahrtsstraße zum Pantai Cahaya Bulan ansteuern (s. unten).

Sabak

Am 8. Dezember 1941 kurz nach Mitternacht begann der Zweite Weltkrieg im Pazifik, bereits 1,5 Stunden vor dem Angriff auf Pearl Harbour, an einem schattenlosen Strand bei **Sabak,** 14 km nordöstlich von Kota Bharu. Im Schutz der Nacht landeten am Strand die ersten japanischen Truppen. Zu Fuß und auf Fahrrädern stießen sie kämpfend Richtung Süden von Dorf zu Dorf und durch Dschungelgebiete vor, die von den Engländern für undurchdringlich gehalten worden waren. Nur drei Wochen später erreichten andere Einheiten Penang. Über die japanische Invasion informiert in Kota Bharu das Memorial Perang (s. S. 245).

Übernachten

In einem malaiischen Kampung – **Pasir Belanda Resort:** Kampung Banggol, Tel. 097 71 85 06, www.pasirbelanda.com. In einem hübschen Garten stehen 7 gepflegte, sehr saubere Bungalows mit Klimaanlage, Wasserkocher und komfortablen Betten, darunter ein Doppelbungalow mit kleineren, preiswerteren Zimmern sowie 3 Familienbungalows für bis zu 4 Pers. Hinter dem Privathaus des Besitzers Cikgu Mustafa und seiner Familie verbergen sich eine große Terrasse zum Entspannen und ein kleiner Pool an einem ruhigen Gewässer. Das Frühstück wird auf der Terrasse serviert, Mittag- und Abendessen gibt es bei der Nachbarin, die auch Kochkurse anbietet. Bei einer anderen Nachbarin kann man einen Einführungskurs im Batikmalen belegen oder bei einem Drachenbauer lernen, wie man einen Wau dekoriert. Für Entdeckungstouren in die Umgebung stehen Fahrräder und Kanus zur Verfügung. €€

Verkehr

Busse: Zum Pantai Cahaya Bulan fährt ab Kota Bharu 6 x tgl. Bus Nr. 10, Taxi RM 20. Nach Sabak nur mit dem Taxi für RM 30.

Südlich von Kota Bharu

▶ 1, L/M 4

Masjid Nilam Puri Kampung Laut

Auf dem Weg Richtung Süden über den Highway 8 lohnt sich nach 10 km ein Stopp in **Nilam Puri,** um die älteste Moschee Malaysias anzusehen. Die **Masjid Nilam Puri Kampung Laut** steht auf dem Gelände der islamischen Akademie Yayasan Islam und wurde vor etwa 300 Jahren von javanischen Einwanderern ohne einen einzigen Metallnagel aus Holz errichtet. Ähnlich wie ihre Vorbilder in Java steht sie auf Stelzen, hat einen nahezu quadratischen Grundriss, ein dreifach gestaffeltes Dach und ein separates Minarett. Sie darf nur von außen besichtigt werden.

Kuala Besut

Kuala Besut ist für die meisten Reisenden das nächste Ziel, denn von hier legen die Fähren nach Pulau Perhentian (s. S. 253) ab. Der weitläufige Fischerort an der Mündung des Sungai Besut wird im Zentrum von Tourbüros und dem Treiben am Fährhafen dominiert und verfügt sonst über keinerlei nennenswerte Attraktionen. Hier übernachtet man nur, wenn die letzte Inselfähre des Tages bereits abgelegt hat.

Infos

Im Umkreis des Fährterminals in Kuala Besut findet man Reiseagenturen, wo man Unter-

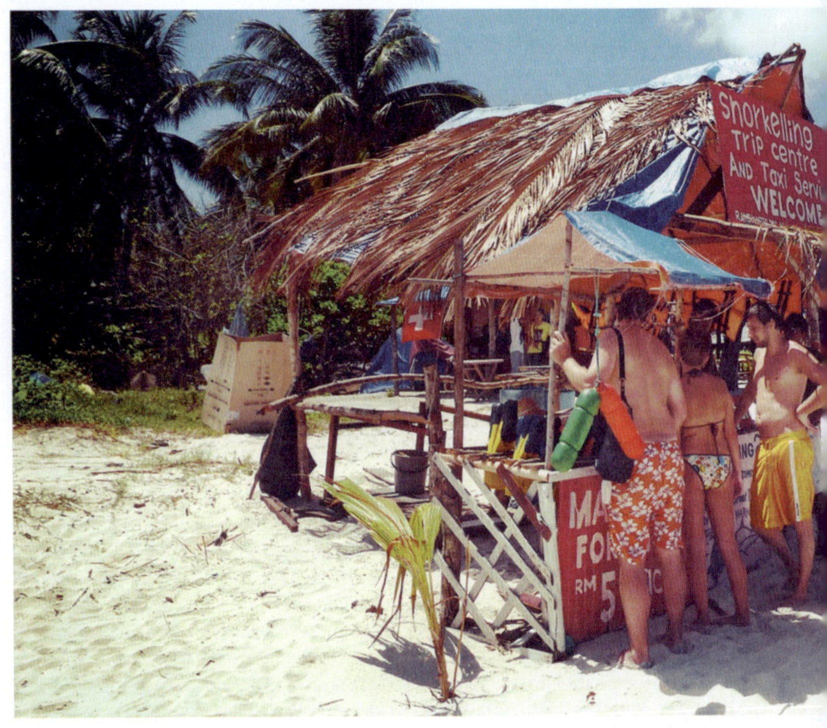

An einigen Inselstränden kann man Schnorchelausrüstung leihen

künfte auf den Inseln buchen sowie Boots- und Bustickets kaufen kann. Auch einige Tauchschulen und große Resorts haben hier ihre Basis, die deren Gästen als Anlaufpunkt dient.

Übernachten

Wenn die Fähre weg ist – **IZ Budget:** ca. 1,3 km südwestlich der Jetty am Markt, im 1. Stock, Tel. 01 93 08 99 06. Sehr spartanische, klimatisierte Zimmer, teils ohne Fenster, aber mit Dusche, am Busbahnhof. €

Verkehr

Busse: Busbahnhof, gegenüber der Post bzw. neben dem Markt, 800 m südwestlich des Fähranlegers, mit Bus Nr. 639 nach Kota Bharu (4 x tgl. gegen 7.15, 10.15, 14.14 und 17.45 Uhr, 1,5 Std., RM 6). Mehrmals tgl. nach Kuala Lumpur (8 Std., RM 45) und (Fr nur vormittags) nach Kuala Terengganu (2 Std., RM 12). Weitere Busse auch zu anderen Zielen ab Jerteh, 15 km südwestlich, dorthin per Taxi (RM 20). Backpackerbusse (NKS, https://nkst ravel.com, und Han, https://han.travel) fahren in der Saison von Mitte März bis Mitte Oktober um 9.30 und 10 Uhr in die Cameron Highlands (6 Std., RM 60–70), um 10 Uhr in den Taman Negara National Park (7 Std., RM 120).

Überlandtaxis: Sie warten am Busbahnhof, Tel. 01 99 44 66 31, und am Fährhafen. Nach Kota Bharu (RM 70), Kuala Terengganu (RM 120) und Bahnhof Tanah Merah (RM 80).

Fähren: Je nach Bedarf und Wetter legen zwischen 8 und 17 Uhr Schnellboote nach Pulau Perhentian ab, die nach Bedarf an verschiedenen Piers oder vor den Stränden halten, wo Taxiboote die Passagiere abholen (30–40 Min., RM 35, Kind. RM 20, Charter ab

RM 450 plus RM 30 Conservation Fee (Meeresschutzgebiet). Die Fahrt zurück treten die Boote gegen 8, 12 und 16 Uhr an, in der Regenzeit seltener. Da es bei Wellengang eine Auf-und-Ab-Partie werden kann, empfiehlt sich ein Boot am Vormittag und ein Sitzplatz möglichst weit hinten.

Pulau Perhentian und Pulau Redang

Über viele Jahre galten die Tropeninseln im äußersten Nordosten Malaysias als Geheimtipp unter Rucksackreisenden und als bar- und discofreie Alternative zu den thailändischen Stränden. Neben einfachen Holzhütten bot lange Zeit nur ein Resort auf Pulau Perhentian Besar etwas mehr Komfort. Doch die fantastischen Korallenriffe vor der Küste lockten immer mehr Touristen auf die Inseln. Eine Tauchschule und eine Bungalowanlage nach der anderen öffneten ihre Tore. Es wurden große Piers gebaut, Pulau Redang erhielt sogar ein Elektrizitätswerk und einen Flugplatz. Heute herrscht an vielen Stränden ein touristischer Wildwuchs und man macht sich wenig Gedanken über den Müll und die Abwässer, die zunehmend die örtlichen Ökosysteme belasten. Andere Strände werden von umsichtigen Resortmanagern und Tauchschulen sauber gehalten. Während die Perhentian-Inseln bei Individualreisenden hoch im Kurs stehen, wird Redang vorwiegend von Pauschal- und Luxustouristen aufgesucht.

Pulau Perhentian

▶ 1, N 4

Auf der großen **Pulau Perhentian Besar** konzentrieren sich die Bungalowanlagen an drei Stränden. Im Südosten erstreckt sich die weite, halbmondförmige **Teluk Dalam** 1 (Flora Bay), die bei Ebbe zu flach

Wichtige Reisetipps

In der Regenzeit von November bis Januar schließen viele Resorts. Hingegen sind im Juli und August viele Anlagen bereits Wochen im Voraus ausgebucht. Während die Preise dann vor allem bei Onlinebuchung ins Astronomische steigen, werden in der Nebensaison oder bei Walk-In-Gästen vor Ort erhebliche Rabatte gewährt. Die meisten Bungalows sind recht hellhörig, sodass es in unmittelbarer Nähe des Restaurants, der Tauchbasis, der Bootsanlegestelle oder des Generators laut sein kann. Qualifizierte Fachkräfte sind Mangelware auf den Inseln, was sich beim Zimmerservice, in der Küche und beim technischen Dienst bemerkbar macht. Auch die eingeschränkte Versorgung mit Lebensmitteln ist zu spüren. Zudem sind alkoholische Getränke relativ teuer und nicht überall erhältlich.

zum Schwimmen ist. An der Südwestküste ist der lange, weiße Sandstrand zwischen dem leer stehenden **Marine Park Centre** 2 im Süden und der schönen **Teluk Pauh** 3 im Norden durch Felsvorsprünge unterteilt, die bei einer Wanderung überklettert werden müssen. Ein Großteil der kleineren Buchten der Insel ist unbewohnt und nur zu Fuß oder per Boot zu erreichen.

Im Südosten der kleineren, lang gestreckten **Pulau Perhentian Kecil** liegt das Fischerdorf **Kampung Pasir Hantu** 4 mit einer über dem Wasser errichteten Moschee, einer Schule und einer Krankenstation. Die meisten Bungalowanlagen konzentrieren sich an der schmalsten Stelle der Insel an zwei Stränden, die über einen Fußpfad miteinander verbunden sind.

TAUCHEN UND SCHNORCHELN

Die meisten Inselbesucher buchen Pauschalarrangements, die eine Unterkunft mit Voll- oder Halbpension sowie eine begrenzte Anzahl von Schnorchel- und/oder Tauchausflügen umfassen. Man kann aber auch vor Ort in den Büros der Tauchschulen und an den Hotelrezeptionen Touren organisieren. Die Sichtweiten sind am größten von April bis September, wenn das Meer ruhig ist. Während der Regenzeit zwischen Ende Oktober und Anfang Februar bleiben die Tauchschulen geschlossen. Von allen werden 1-tägige Schnupperkurse mit einem begleiteten Tauchgang angeboten (RM 200–280), außerdem 3- bis 4-tägige Open-Water-Kurse (RM 1200–1400) sowie Kurse für Fortgeschrittene. Seit 2003 sind die Gebiete rings um die Inseln als Marine Park unter Schutz gestellt.

Von der dicht bebauten **Teluk Aur** 5 (Coral Bay) an der Westküste ragt ein großer Bootssteg hinaus aufs Meer. Etwas nördlich wurden große unberührte Dschungelareale für ein überdimensioniertes Luxusresort zerstört. Der bei jungen Reisenden beliebte **Pasir Panjang** 6 (Long Beach) an der Ostküste ist zwar der längste Sandstrand auf der Insel, aber es gibt hier gefährliche Unterströmungen und bei hohem Wellengang können die Boote nicht anlanden. Die immer dichtere Bebauung ist nicht immer etwas fürs Auge.

Übernachten, Essen

... auf Pulau Perhentian Besar:

In einer eigenen Bucht – **Perhentian Island Resort** 1: Teluk Pau, Tel. 096 91 11 11, www.perhentianislandresort.net. Die größte und erste teure Anlage auf Perhentian mit 106 klimatisierten Zimmern liegt an einem traumhaft schönen, von Felsen umrahmten Strand mit Liegen und einem eigenen Pier. Leider entspricht der Service im Restaurant nicht der Kategorie, auch die Zimmerpflege könnte etwas besser sein. Pool, Spa, Tennisplatz. Eigenes Zubringerboot vom Festland. €€€

Mit Bar – **Tuna Bay Island Resort** 2: Tel. 096 90 29 02, www.tunabay.com.my. An einem schönen Strandabschnitt mit Kokospalmen stehen 55 Holzbungalows mit AC oder Ventilator und Terrasse, einige mit Kühlschrank. Das Restaurant serviert eine große Bandbreite an Gerichten, auch Alkohol, ist aber überteuert. €€–€€€

An einem ruhigen Strand – **Abdul's Chalets** 3: südl. vom Marine Park Centre, Tel. 01 99 12 73 03, www.abdulchalet.com. Die klimatisierten Reihenhäuser stehen an einem sauberen, ruhigen Strandabschnitt mit Palmen. Sehr schön sind die Doppelbungalows mit großer Fensterfront. Das Restaurant mit dem ständig laufenden Fernseher serviert ab 18.30 Uhr ein Seafood-Barbecue, lässt allerdings zu wünschen übrig. €€

Vielseitig – **Coral View Island Resort** 4: zwischen Teluk Pauh und dem Hauptstrand, Tel. 096 91 17 00, https://coralviewislandresort.com.my. Alter, Ausstattung und Lage der Bungalows differieren erheblich. Die bil-

Pulau Perhentian

Sehenswert

1 Teluk Dalam (Flora Bay)
2 Marine Park Centre
3 Teluk Pauh
4 Kampung Pasir Hantu
5 Teluk Aur (Coral Bay)
6 Pasir Panjang (Long Beach)

Übernachten

1 Perhentian Island Resort
2 Tuna Bay Island Resort
3 Abdul's Chalets
4 Coral View Island Resort
5 Mama's Chalets
6 Bubbles Dive Resort
7 MIMPI Perhentian
8 Alunan Resor
9 Keranji Beach Resort

Essen & Trinken

1 Chillout Cafe

Aktiv

1 Flora Bay Divers
2 Matahari Divers
3 Anti Gravity Divers
4 Turtle Bay Divers

---

ligeren Häuser oben am Hang sind beengt und haben sehr einfache Bäder, die teuren am Strand bieten Klimaanlage und schönen Meerblick, wirken aber mitunter etwas überkandidelt. Das malaiische Restaurant (kein Alkohol) hat Internetzugang und ist wegen

WANDERUNG AUF PULAU PERHENTIAN BESAR

Tour-Infos

Start: Perhentian Island Resort
Dauer/Länge: ca. 3 Std./ca. 3 km
Schwierigkeitsgrad: schweißtreibend und teils steil, aber recht einfach
Karte: s. S. 255

Bei einer Wanderung durch das Landesinnere von **Pulau Perhentian Besar** entdecken Badeurlauber eine ganz neue Seite der Insel. Wer rechtzeitig am Morgen aufbricht, wird nicht nur weniger schwitzen, sondern entlang dem Weg auch Vögel, Bindenwarane und vielleicht sogar eine Affenherde zu Gesicht bekommen. Schon wenige Meter oberhalb der von Kasuarinen und Kokospalmen gesäumten Strände erstreckt sich tropischer Regenwald. Viele Tiere und Pflanzen, die hier leben, sind bislang kaum erforscht worden.

Hinter dem **Perhentian Island Resort** (s. S. 254) verläuft ein ausgeschilderter Fußweg, der am Tennisplatz vorbei etwa 15 Min. steil hinaufführt. Bald erreicht man eine breite Schneise parallel zur zentralen Wasserleitung und folgt dieser nach links etwa 20 Min. durch dichten Dschungel über den Bergrücken. Nun beginnt der etwa 15-minütige Abstieg vorbei am umzäunten Wasserwerk zu einer vermüllten Lagune hinter dem **Awana Beach Resort,** vor dem sich der feine weiße Sandstrand der **Teluk Dalam** erstreckt. Hier wendet man sich nach rechts. Die Restaurants der Bungalowanlagen laden zu einer Pause und das Meer zum Baden ein.

Wer bereits müde ist, kann mit einem gecharterten Boot an die Westküste zurückkehren. Ansonsten spaziert man am **Flora Bay Resort** vorbei und nimmt dann die steile Kletterpartie hinauf in den Dschungel in Angriff. Auf der anderen Seite geht es ebenso steil hinab in das mit riesigen Granitfelsen gesprenkelte Grasland. Nach einer halben Stunde stößt man unterhalb des südlichen Piers hinter dem Campingplatz und einem kleinen Bistro auf die Küste und wenige Minuten später auf **Abdul's Chalets** (s. S. 254), die erste Bungalowanlage am Strand und eine der ersten der Insel. Wer den Bootsservice von hier nicht in Anspruch nehmen möchte, kann über die Strände zum Ausgangspunkt zurücklaufen.

seiner guten Küche beliebt. Vor der Landzunge aus kann man schnorcheln und paddeln. Eigenes Zubringerboot. €€–€€€

Mittendrin – **Mama's Chalets** **5** : Tel. 01 39 84 02 32, www.mamaschalet.com.my. Gepflegte Holzhäuser mit Terrasse in 3 Reihen parallel zum Meer. Die 25 günstigen Zimmer in der hinteren Reihe haben nur Ventilatoren, die 10 teureren und die 6 Familienbungalows auch AC. Aziz, der etwas Deutsch spricht, sorgt auch im Restaurant für das Wohl seiner Gäste. Abends wird Fisch gegrillt, der besonders gut mit Kokossoße schmeckt. €€–€€€

Blubberblasen – **Bubbles Dive Resort** **6** : Tel. 01 95 99 96 28, www.bubblesdc.com. Vor allem Taucher, Taucherinnen und Reisende mit Kindern haben an dieser umsichtig geführten Unterkunft – gelegen in einer einsamen Strandbucht – ihre Freude beim Schnorcheln, Baden oder ersten Schnuppertauchgängen mit dem hauseigenen Tauchzentrum. €€€

... auf Pulau Perhentian Kecil:

Meerblick vom Pool – **MIMPI Perhentian 7 :** Pasir Panjang, Tel. 060 96 97 77 77, www.mimpiperhentian.com. Das vierstöckige Haus mit Tauchbasis und komfortablen, modern ausgestatteten Zimmern dominiert die nördliche Bucht. Wenn die Wellen mal zu hoch schlagen, kann im Pool gebadet werden. €€€

Luxus mit traumhaftem Ausblick – **Alunan Resort 8 :** Oberhalb des kleinen Petani Beach an der Südküste, Tel. 01 64 48 82 97, www.alunanresort.com. Das komfortabelste Resort der Insel mit 18 modernen, zweistöckigen Suiten am Hang. Durch die verglasten Fronten und von der privaten Terrasse mit großer Hängematte Ausblick aufs Meer. €€€

Einsame Buchtt – **Keranji Beach Resort 9 :** Keranji Beach, Tel. 01 66 47 64 06, www.keranjibeach.com. Ein bisschen Robinson-Flair gefällig? Gäste der 10 einfachen Holzbungalows haben den Strand (fast) für sich allein, relaxen in der Hängematte oder schnorcheln durch die Bucht. Die günstigen teilen sich ein Bad. Bistro vor Ort. Zeitig reservieren! €€

Essen & Trinken, Aktiv

Schnorcheln – Ab Pulau Perhentian Besar werden 2- bis 3-stündige Schnorcheltouren zu unterschiedlichen Zielen angeboten (je nach Anzahl der Stopps RM 30–60 bzw. RM 50–90).

Tauchen – Auf Pulau Perhentian Besar werden Tauchgänge und -kurse u. a. angeboten von **Flora Bay Divers 1**, Tel. 096 91 16 61, www.florabaydivers.com. Auf Pulau Perhentian Kecil nutzen viele Anfänger die günstigen Angebote zum Tauchenlernen, u. a. bei **Matahari Divers 2**, Tel. 01 33 55 23 52, www.mataharidivers.com, **Anti Gravity Divers 3**, Tel. 01 45 44 81 24, www.scubadivingperhentian.com, viele interessante Kurse und Umweltprojekte, oder **Turtle Bay Divers 4**, Tel. 01 93 33 66 47, www.facebook.com/turtlebaydivers93, auch deutschsprachige Kurse.

Surfen und Kajakfahren – An etlichen Unterkünften und im Umfeld der Strandbars, wie z. B. am Long Beach beim **Chillout Cafe 1**, können Kajaks für etwa RM 60 pro Tag gemietet werden.

Verkehr

Fähren: s. S. 252

Taxiboote: Sie verlangen je nach Entfernung RM 10–30/Pers., abends kosten sie das Doppelte. Teluk Dalam–Abdul's RM 15, Teluk Dalam–Pasir Panjang RM 25, Perhentian Island Resort–Pasir Panjang RM 15.

Pulau Redang ▶ 1, O/P 4

Von Merang und Kuala Terengganu (s. S. 259) wird die etwa 45 km vom Festland entfernte **Pulau Redang** angefahren, die vor allem bei asiatischen Urlaubern beliebt ist. Um die Mole auf der Insel bauen zu können, mussten die Fischerfamilien aus dem Wasserdorf **Teluk Bakau** ins Landesinnere nach **Ulu Redang** hinter das Flugfeld umgesiedelt werden. Die einzige Inselstraße verbindet beide Orte miteinander und endet im Norden an einem exklusiven Resort in der **Teluk Dalam,** einer wunderschönen Badebucht. Alle anderen Unterkünfte konzentrieren sich an den breiten schneeweißen Sandstränden der Ostküste, die durch felsige Landzungen aus rotem Sandstein voneinander getrennt sind. Bis zum Baustopp 2004 entstanden hier innerhalb weniger Jahre unzählige Bungalows, Reihenhäuser und sogar mehrstöckige Hotels. Da jedoch keine ausreichende Wasserversorgung gewährleistet war, zieren nun einige Bauruinen die Küste.

In einer Aufzuchtstation für die auf den Inseln brütenden Suppen- und Karettschildkröten am **Pasir Chagar Hutang** (Turtle Bay, http://seatru.umt.edu.my) im Norden der Insel arbeiten Freiwillige, für hartgesottene, naturinteressierte Touristen kostet das einwöchige Freiwilligenprogramm (beginnend jeweils Sa) RM 880 inkl. Übernachtung, Transfer und Essen. Vor der Küste erheben sich Felseninseln, umgeben von faszinierenden Korallenriffen, das Hinterland beeindruckt mit dichter Dschungelvegetation. Die meisten Touristen buchen Pauschalreisen, bei denen

Unterwassergärten an der Ostküste

Bereits vom Boot aus sind die faszinierenden tropischen Korallenriffe zu erkennen, die von wenigen Metern unter der Wasseroberfläche bis in über 50 m Tiefe reichen. Diese komplexen maritimen Ökosysteme sind der Lebensraum ganz unterschiedlicher Meeresbewohner.

Korallenriffe schützen die Küsten vor hohen Wellen und Erosion und bieten zahlreichen Wasserpflanzen und -tieren eine Heimat. Bei Ebbe tummeln sich zwischen dem abgestorbenen Korallenschrott Einsiedlerkrebse, Winkerkrabben und Schnecken. Zwischen Felsen und Korallen sind auf dem sandigen Untergrund im Wasser Seesterne, Kolonien von Seeigeln und Stechrochen zu sehen. Zackenbarsche und andere Großfische kommen aus den Tiefen des Ozeans ins Riff, um zu laichen. Die Korallenstöcke sind eine perfekte Kinderstube, in der kleine Fische gut versteckt aufwachsen können.

An den Außenriffen gedeihen Weichkorallen und Seefächer (Gorgonien), dazwischen siedeln Seeanemonen, die zu den skelettlosen Blumentieren gehören. Auch Jäger lauern in größeren Nischen auf Beute und hoch über dem Steilabfall ziehen Schwarzspitzen-Riffhaie und Schulen von Stachel-Bernstein- und Regenbogenmakrelen ihre Kreise. Gelegentlich lassen sich sogar Walhaie und Mantarochen sehen. Ebenfalls häufige Gäste sind Suppen- und Karettschildkröten, denn sie kommen zur Eiablage an die Strände.

Das Grundgerüst dieser küstennahen, sanft abfallenden Saumriffe bilden winzige Nesseltiere, Steinkorallen-Polypen. Sie leben bereits seit 400 Mio. Jahren auf der Erde und gehören somit zu ältesten Bewohnern unseres Planeten. Im Laufe von Millionen von Jahren haben diese Lebewesen die Basis der gewaltigen Riffe erschaffen, die weltweit eine Fläche von 600 000 km^2 bedecken, etwa die doppelte Größe von Polen. Die frei schwebenden Larven der Nesseltiere setzen sich an Felsen ebenso wie an Schiffswracks oder anderen festen Oberflächen fest und scheiden aus ihrer oberen Zellschicht Aragonit, ein Calciumcarbonat, aus, das einen Schutzpanzer bildet. Auf dem Außenskelett wächst ein knospenförmiger Anhang mit einem neuen Polypen heran. Zooxanthellen, winzige Parasiten, die in Symbiose mit den Polypen leben, nähren die Steinkorallen der Tropen und verleihen ihnen ihre schimmernden Farben.

Sobald die Wassertemperaturen um 1 bis 2 °C ansteigen, geraten die Korallen unter Stress und stoßen die Parasiten ab, wodurch sie absterben und ihre Farbe verlieren, was als Korallenbleiche bezeichnet wird. Sinkt die Wassertemperatur wieder, werden die Korallenskelette von neuem lebendigem Gewebe überwuchert. Infolge der globalen Erwärmung tritt dieses Phänomen immer häufiger auf. Die empfindlichen Kalkgebilde sind auch durch den zunehmenden Säuregehalt des Meerwassers, die Wasserverschmutzung sowie unachtsame Wassersportler und Bootsanker in Mitleidenschaft gezogen worden bzw. stark gefährdet. Deshalb sollte man Müll vermeiden, beim Tauchen und Schnorcheln große Vorsicht walten lassen und sich nie auf Korallen stellen.

Bootsausflüge zum Schnorcheln im zumeist klaren blauen Meer mit inbegriffen sind.

Übernachten

Exklusiv – **The Taaras Beach & Spa:** Teluk Dalam, Tel. 096 30 88 88, www.thetaaras.com. Die weitläufige, von März bis Oktober geöffnete Anlage liegt unter Bäumen an einem eigenen Strand. 183 behagliche Zimmer in 5 Kategorien sowie Suiten, teils in riesigen Blocks am Hang, teils in Bungalows am Strand, alle mit Flachbildschirm, Internetzugang, Safe, Kühlschrank, Balkon. 2 Restaurants, Bar, Pool, Spa, Tauchschule, viele Wassersportaktivitäten. €€€

Preiswert – **Redang Pelangi Resort:** Pasir Panjang, Tel. 096 24 21 58, www.redangpelangi.com. Im Norden des Pasir Panjang liegt dieses seit 1990 operierende Resort mit vernünftigen Preisen und gepflegten klimatisierten Zimmern. Vergleichsweise gute Balance zwischen Massenbetrieb und Atmosphäre. Pauschalpakete inkl. Transfer, Schnorcheln und Verpflegung im DZ €€–€€€.

Tropenparadies – **Wisana Village:** Teluk Kalong Kecil, Tel. 01 82 33 5118, https://wisanavillage.com/the-resort. Da es nur 10 Zimmer gibt, kann man am abgelegenen puderweißen Strand an der Westküste im Reihenhaus und in netten Bungalows direkt am Meer gut entspannen. Leckeres, frisch zubereitetes Essen. Pro Person im DZ mit Vollpension in der Nebensaison ab €€.

Verkehr

Flüge: Im Rahmen von Pauschalangeboten für Gäste des Taaras werden von der Berjaya-Gruppe Flüge mit kleinen Cessna von und nach Kuala Lumpur (Subang Airport), Kuala Terengganu und Singapur durchgeführt.

Fähren: Von der Jetty Sungai in Merang, 43 km nördlich von Kuala Terengganu (Taxi RM 50), fahren zwischen März und Oktober gegen 9.30, 10.30 und 13 Uhr kleine Schnellboote zu den Resorts auf der Insel und gegen 9 und 11 Uhr wieder zurück zum Festland (ca. 1 Std., RM 110 hin und zurück). Die großen Fähren legen in Kuala Terengganu (s. unten) am Terminal Feri Shahbandar im Zentrum ab. Tgl. um 9.30 und 15 Uhr bzw. während der Regenzeit je nach Wetterlage Mo und Do um 15 Uhr zum Pasir Panjang, die spätere auch zur Kampung Jetty in Teluk Bakau, Rückfahrt von der Insel gegen 7 und 12.30 Uhr ab Pasir Panjang 1,5 Std., RM 110 hin und zurück. Hinzu kommt die **Marine Park Conservation Fee** von RM 30, Kind. RM 15.

Kuala Terengganu

▶ 1, O 6

Cityplan: S. 261

Bei der Anfahrt nach **Kuala Terengganu** über breite, stark befahrene Ausfallstraßen wirkt die Sultansstadt an der Mündung des Sungai Terengganu modern und geschäftig. Ganz anders ist die Atmosphäre in den engen Gassen rings um den Markt, wo die Zeit stillgestanden zu sein scheint und das Leben noch seinen geruhsamen Gang geht. Stadt und Umland blicken auf eine lange Geschichte zurück.

Voller Stolz verweisen die malaiischen Bewohner auf den Terengganu-Stein (s. S. 262), dessen Inschrift als ältestes schriftliches Zeugnis in Malaysia gilt und bezeugt, dass der damalige Herrscher des Sultanats bereits 1303 zum Islam konvertierte. Auch die chinesische Minderheit hat eine lange Tradition in Kuala Terengganu. Unter dem Namen Teng-Ya-Nu belieferte das Handelszentrum vermutlich schon vor 600 Jahren die Flotte von Admiral Cheng Ho.

Das einst überschaubare Städtchen erlebte in den 1970er-Jahren einen gewaltigen Boom, als vor der Küste Erdöl und Erdgas gefunden wurden. Da das Sultanat an den Einnahmen beteiligt ist, kann es sich zahlreiche Repräsentationsbauten, ein großes Stadion, ein Museum und ein Krankenhaus, städtebauliche Verschönerungsmaßnahmen und die Ausrichtung der internationaler Segelregattas leisten. Investiert wurde auch in Erosionsschutzdämme sowie ehrgeizige Bauprojekte wie das **Kuala Terengganu City Centre** (KTCC) mit Malls,

Hochhäusern und einer Marina. Durch großflächige Landaufschüttungen ist das ehemals weit entfernte Seberang Takir auf der gegenüberliegenden Flussseite längst in greifbare Nähe zur Altstadt gerückt, vor allem seit Südostasiens erste Zugbrücke den buchstäblichen Katzensprung möglich macht.

Terengganu Drawbridge 1

www.terengganudrawbridge.com.my, Mo–Do 10–19, Fr–So 10–12.30 und 14.30–22 Uhr, RM 8–22

Ein neues Wahrzeichen mit Symbolcharakter ist die **Jambatan Angkat** (Terengganu Drawbridge), eine 638 m lange Klappbrücke über den im Flussdelta angelegten Kanal. Besucher können im 15. Stock zwischen den beiden südlichen Türmen die Aussichtsplattform (mit Glasbodenplatte) betreten, sich die Gemälde malaysischer Künstler ansehen und an der Basis einen Blick auf das hydraulische System werfen, das die 76 m langen Brückenklappen (Baskülen) öffnet und schließt.

Istana Maziah 2

Ende des 19. Jh. zog der Sultan in die zweistöckige **Istana Maziah** am Fuß des Hügels ein. Der 1897 im französischen Stil erbaute kleine Palast wird immer noch für Staatsempfänge und Zeremonien genutzt und kann daher nicht besichtigt werden.

Masjid Abidin 3

Jln. Masjid Abidin

Schon vom Bukit Puteri aus erblickt man südlich der Istana Maziah das weiße Minarett der hübschen Abidin-Moschee, die sich anders als so manch moderne Moschee wohltuend und dezent in die Umgebung einfügt. Manchmal zeigen Freiwillige interessierten Touristen das 1859 erbaute Gotteshaus, außerhalb der Gebetszeiten versteht sich.

Pasar Payang 4

Jln. Kampung Cina, tgl. 7–18 Uhr

Wuseliges Treiben herrscht rund um die beiden großen Markthallen des **Pasar Payang** westlich des Bukit Puteri. Hier stapeln sich Obst und Gemüse, Fleisch, Trockenfisch und *krupuk*, andernorts Haushaltswaren und Kunsthandwerk sowie Textilien, darunter bunte Batikstoffe. Viele Stoffhändler sind außerdem in den Läden südlich des Markts ansässig.

Chinatown

Südlich der Markthallen beginnt die Jalan Kampung Cina, die das Herz der **Chinatown** bildet. Viele der über 100 Jahre alten zweistöckigen Geschäftshäuser wurden sorgsam restauriert und beherbergen inzwischen Boutiquen und Büros – beispielsweise haben hier einige der hochpreisigen Inselresorts von Pulau Redang ihren Unternehmenssitz –, doch dazwischen findet man traditionelle Coffee Shops. Künstler haben triste Wände und schmale Gassen mit Street Art aufgepeppt.

Vorbei am hübschen chinesischen **Ho Ann Kiong Temple** 5 von 1801, der schon zweimal abgebrannt ist und prachtvoller als zuvor wieder aufgebaut wurde, geht es nach Süden zum **Chinatown Gate** 6 **,** dem mit blauen Drachen verzierten Eingangstorbogen. Hier zweigt ein schmaler, leicht zu übersehender Durchgang in Richtung Fluss ab, die **Turtle Alley** 7 **.** In dieser Gasse thematisieren schöne Wandreliefs das Leben der vom Aussterben bedrohten Meeresschildkröten (http://turtle alley.wordpress.com). Die auf aufgeschüttetem Land angelegte **Uferstraße** und die Brücken zum großen Parkplatz auf einer künstlichen Insel eignen sich für Spaziergänge in der abendlichen Brise nach Sonnenuntergang.

Pulau Duyong 8

Von der Uferstraße blickt man auf die größte der 13 Flussinseln, die mit kleinen Fähren und über die **Sultan Mahmud Bridge** auch mit Autos zugänglich ist. Obwohl sich das Leben auf der Insel durch die Straßenanbindung verändert hat, findet man noch immer ein paar ursprüngliche Ecken. In einer kleinen **Werft** am Ostufer der Insel werden nach überlieferter Technik Boote gebaut (So–Do 9–17 Uhr). Treffpunkt der Einheimischen ist der **Nachtmarkt (Pasar Malam),** der jeden Freitagabend im Süden der Insel nahe der Brücke stattfindet. Ein Kontrastprogramm bietet sich an der Nordspit-

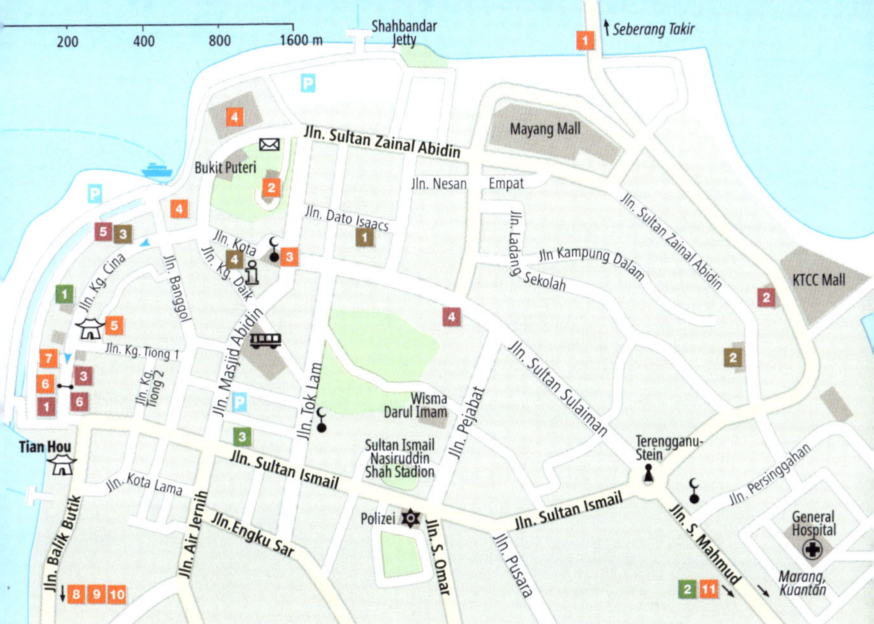

Kuala Terengganu

Sehenswert

1 Terengganu Drawbridge
2 Istana Maziah
3 Masjid Abidin
4 Pasar Payang
5 Ho Ann Kiong Temple
6 Chinatown Gate
7 Turtle Alley
8 Pulau Duyong
9 Pulau Wan Man
10 Terengganu State Museum
11 Masjid Tengku Tengah Zaharah

Übernachten

1 DJ Citi Plaza Hotel & Suites
2 Ming Star Hotel
3 Suite 18 Boutique Hotel
4 DJ Citi Point Hotel

Essen & Trinken

1 The Vinum Xchange
2 Ocean Restaurant
3 Golden Dragon
4 Terradala Café
5 Uncle Chua
6 T Homemade Cafe

Einkaufen

1 Teratai Arts & Crafts
2 Noor Arfa Craft Complex
3 KT Walk

---

ze der Insel. Finanziert mit Petrodollar entstanden hier die **Marina,** der Jachthafen, das vornehme Duyong Marina & Resort sowie viele weitere prestigeträchtige Neubauten, die sich immer weiter Richtung Süden ausbreiten und die alteingesessenen Bewohner verdrängen.

Pulau Wan Man 9

Stadtbus C02
Westlich der Sultan Mahmud Bridge liegt **Pulau Wan Man.** 2008 wurde auf der Flussinsel aus Stahl und getöntem Glas die **Masjid Kristal** erbaut. Tagsüber erstrahlen die gläsernen Kuppeln und Minarette im Licht der Sonne, abends werden sie von bunten Scheinwerfern ausgeleuchtet.

An der Zufahrtsstraße zur Moschee befindet sich der **Taman Tamadun Islam** (Islamic Civilisation Park), dessen Hauptattraktion eine Modellstadt mit 20 berühmten Gebäuden der islamischen Welt ist, z. B. die Al-Hambra oder das Taj Mahal. Viele Bereiche könnten jedoch eine gründliche Auffrischung vertragen (www.tti.com.my, Mo, Mi, Do 10–18, Fr 9–11.30, 14.30–19, Sa, So, Fei 9–19 Uhr, Erw. RM 20, Kind. und Senioren RM 16).

Terengganu State Museum 10

Jln. Losong Ferri, Tel. 096 32 12 00, http://museum.terengganu.gov.my, Sa–Do 9–17 Uhr, Erw. RM 15, Kind. RM 10, Stadtbus C02 für RM 2, Taxi RM 20

Noch etwas weiter landeinwärts erhebt sich am Südufer des Sungai Terengganu das beeindruckende **Terengganu State Museum,** dessen vier miteinander verbundene Gebäude der Bauweise der klassischen Terengganu-Häuser nachempfunden ist. Als Blickfang in der Eingangshalle dient der Terengganu-Stein (s. S. 39, 259). Dahinter lässt eine fantastische Textilausstellung mit seltenen und überaus wertvollen Stücken die große Bandbreite der Web- und Färbetradition in diesem Gebiet erahnen. Der 1. Stock ist im vorderen Bereich der Sultansdynastie von Terengganu vorbehalten und beherbergt

Bei ausreichendem Wasserstand scheint sie regelrecht zu schwimmen: die Masjid Tengku Tengah Zaharah bei Kuala Terengganuz

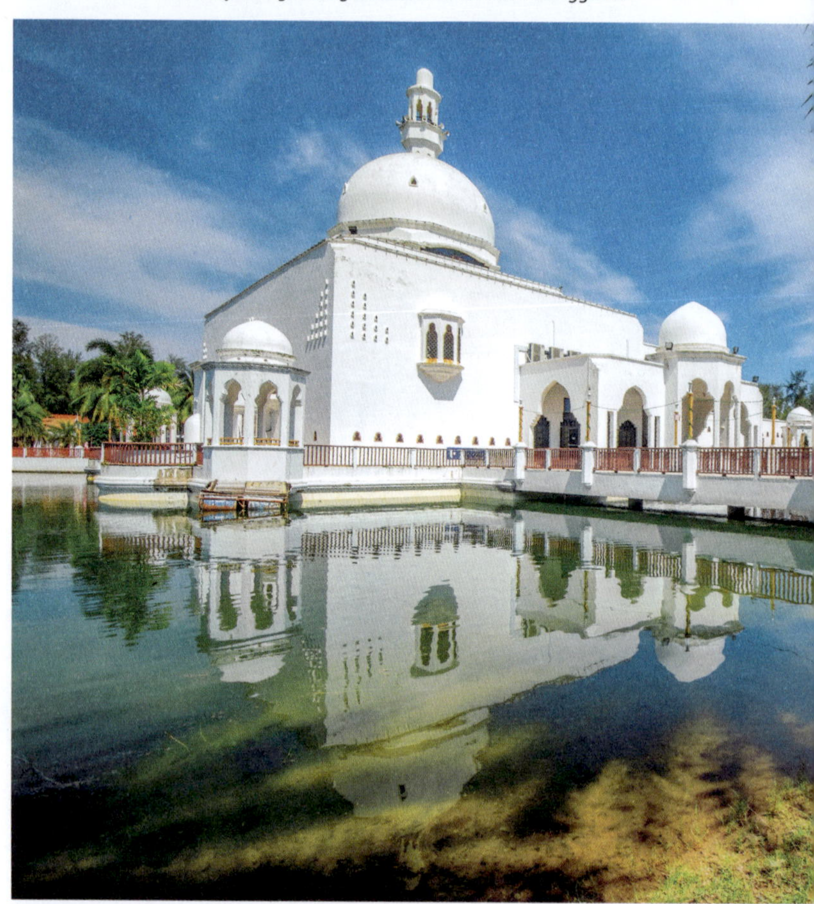

überdies Holz-, Messing- und Silberarbeiten sowie anderes malaiisches Kunsthandwerk. Im 2. Stock kann man einen Ausflug in die Geschichte von Terengganu unternehmen. Allerdings ist diese Ausstellung nicht ganz auf dem Stand der Zeit, desgleichen die Ausstellungen in den Nebengebäuden.

Lohnend ist ein Spaziergang durch den weitläufigen Museumspark; alte Holzpaläste, Häuser aus verschiedenen Landesteilen und traditionelle Boote sind hier zu sehen, von Barken *(sampan)* bis zum Segelschiff.

Masjid Tengku Tengah Zaharah 11

Stadtbus C01, Taxi RM 20

Etwa 6 km südlich des Zentrums liegt links der Hauptstraße eine weitere Attraktion der Stadt, die sogenannte Floating Mosque oder **Masjid Tengku Tengah Zaharah.** Die elegante weiße Moschee liegt im Mündungsgebiet des Sungai Ibai in einer Lagune und scheint geradezu im Wasser zu schwimmen. Besonders faszinierend wirkt das Bauwerk nachts, wenn es angeleuchtet wird und sich bei Windstille im Wasser spiegelt.

Infos

Tourism Malaysia (MTPB): 11 Jln. Kg. Daik, Tel. 096 30 94 33, www.tourism.gov.my, So–Mi 8–17, Do 8–15.30 Uhr. Gute Informationen zu Terengganu.

Übernachten

Preiswert und modern – **DJ Citi Plaza Hotel & Suites 1 :** Lot 60654, Jln. Dato' Isaacs, Tel. 011 24 11 82 33. Eine gute Wahl für den Mittelklasse-Standard mit zeitgemäß ausgestatteten Zimmern im Stil eines typischen Business-Hotels zu günstigen Preisen. Die Suiten sind sehr geräumig. €€

Komfort zu günstigem Preis – **Ming Star Hotel 2 :** 217 Jln. Sultan Zainal Abidin, Tel. 096 31 99 66, www.mingstarhotel.com. Hotelblock etwas außerhalb des Zentrums. Die Zimmer sind zwar nicht besonders groß, aber angenehm eingerichtet, sauber und haben bequeme Betten sowie Kühlschrank, Flachbildschirm. Ein Shuttleservice bringt Gäste zur Chinatown oder Shahbandar Jetty. €–€€

Mittendrin & modern – **Suite 18 Boutique Hotel 3 :** 1046 Jln. Kg. Cina, Tel. 096 31 22 88, www.suite18boutiquehotel.com. Ideal in der Chinatown wohnt man hier in einem zeitgemäß renovierten Kleinhotel mit zweckmäßig-kompakten Zimmern und bequemen Betten, einige jedoch fensterlos. Auch Einzelzimmer und Schlafsaalbetten. Kostenloser Fahrradverleih. €€

Im Zentrum – **DJ Citi Point Hotel 4 :** 16 Jln. Kampung Daik, Tel. 096 30 99 09, www.citipointhotel.com. Budgethotel mit 54 sehr kleinen und zweckmäßig eingerichteten, aber sauberen Zimmern, die billigen ohne Fenster. Neben der zentralen Lage punktet die Unterkunft mit einem freundlichen Service. Weitere Zimmer in der 5 Fußminuten entfernten Filiale DJ Citi Inn. €–€€

Essen & Trinken

Wunderbare Weinbar – **The Vinum Xchange** 1: 221 Jln. Kg. Cina, Tel. 096 60 40 37, www.facebook.com/thevinumxchange, Mi–Mo 11–23 Uhr. Wer lange asiatisch gegessen hat, wird sich über die leckeren Schweinerippchen oder Burger, eine gute Weinauswahl und richtigen Kaffee sowie frische Säfte freuen. Man sitzt draußen auf einer schmalen Terrasse oder drinnen an kleinen Tischen vor Regalen voller Alkoholika. €€

Chinesisch mit Meeresbrise – **Ocean Restaurant** 2: 2079 Jln Sultan Zainal Abidin, Tel. 096 31 51 54, Fr–Mi 12.30–15.30, 17.30–22, Do 17–22 Uhr. Das traditionelle chinesische Restaurant, das etwas zurückversetzt von der Hauptstraße liegt, lohnt den Weg. Die einfache Einrichtung mit Plastikstühlen und runden Spanplattentischen stört niemanden, denn hier gibt es frisches Seafood, leckere Barbecue-Enten, Schweinerippchen und andere auf chinesische Art zubereitete Gerichte, zudem Steamboat und Bier. €–€€

Tolle Hainan-Küche – **Golden Dragon** 3: 198 Jln. Kg. Cina, Tel. 096 22 30 34, tgl. 10.30–15.15, 18–21.30 Uhr. Abends ist selbst an den Tischen auf dem Bürgersteig kaum ein Platz frei, denn das chinesische Restaurant ist wegen seiner guten Küche überaus beliebt. Auf der englischen Karte findet sich eine große Auswahl an Fleisch-, Fisch- und Gemüsegerichten. Mittags gibt es eine begrenzte Auswahl am Büfett. Alles schmeckt frisch und authentisch und das Bier ist gut gekühlt. €–€€

Stilvoll – **Terradala Café** 4: 77A Jln. Sultan, Tel. 096 26 20 20, www.facebook.com/terradala, tgl. 9–17 Uhr. Im Erdgeschoss des Gebäudes, in dem auch das Reisebüro von Ping Anchorage untergebracht ist, wird ein Café betrieben, das mit Produkten traditioneller Handwerkskunst aus Terengganu eingerichtet ist. Kleines Menü mit lokalen Spezialitäten. Zudem Salate, Croissants, Kuchen, Kaffee, Tee. €

Nudeln satt – **Uncle Chua** 5: 73 Jln. Pesisir Payang, Tel. 01 62 13 02 00, tgl. 11–22 Uhr. In dem klimatisierten Restaurant stehen vor allem Reisgerichte mit und ohne Fleisch sowie deftige Nudelgerichte auf dem Programm, etwa Nudeln mit Tom-Yam-Brühe und Garnelen, in Currysoße oder gebraten als Char Kuey Teow. Es gibt aber auch westliche Gerichte und Eisbecher. €€

Essenmarkt – **T Homemade Cafe** 6: 214 Jln. Kg. Cina, tgl. 6–14 Uhr. Die frisch zubereiteten chinesischen Gerichte und frischen Säfte der Essensstände sind mittags beliebt, dann wird es an den Tischen in der Halle und im Freien recht voll. €

Einkaufen

Souvenirs – **Pasar Payang** 4: s. S. 260. In den großen Hallen findet sich das beste Angebot in der Stadt an Textilien und lokalem Kunsthandwerk. Auch entlang der Straße vor dem Marktgebäude hängen bunte Stoffe in den Auslagen. **Teratai Arts & Crafts** 1: 151 Jln. Kg. Cina, Tel. 096 25 21 57, tgl. 10–13 und 14–17 Uhr. In dem kleinen Laden gibt es stilvolle Souvenirs und Dekoartikel. **Noor Arfa Craft Complex** 2: 1048K, Chendering Industrial Area, an der Straße zum Malaysia Handicraft Centre, Tel. 096 17 97 00, auf IG: @ naccbatikpavilion, tgl. 9–18 Uhr. Ein riesiges Angebot an Textilien, von hochwertigen handbemalten Seidenbatiken bis zu Baumwolldrucken. Man bekommt verschiedene Batiktechniken vorgeführt und kann bei der Herstellung von Batikstempeln zusehen.

Nachtmarkt – **KT Walk** 3: Jln. Sultan Ismail, Fr 17–24 Uhr. Für den wöchentlichen Nachtmarkt wird die Straße für den Verkehr gesperrt, dann werden Kleidung, Spielzeug, Souvenirs und kulinarische Spezialitäten angeboten.

Verkehr

Flüge: Vom Sultan Mahmud Airport, Tel. 096 67 36 66, 15 km nördl. von Kuala Terengganu direkt am Meer gelegen, gibt es Verbindungen nach Kuala Lumpur zum KLIA2 mit

AirAsia, www.airasia.com, zum alten Subang Airport mit Firefly, www.fireflyz.com.my, und zum KLIA mit Malaysia Airlines, www.malaysiaairlines.com. Ein Taxi ins Zentrum kostet RM 30.

Busse: Vom zentralen Busbahnhof, Jln. Masjid Abidin, Verbindungen entlang der Küste, ins Landesinnere und nach Westen, z. B. mehrmals tgl. nach Johor Bahru (8 Std., RM 49), nach Kota Bharu (3 Std., RM 15–16), nach Kuala Besut, dem Hafen für Pulau Perhentian (2,5 Std., RM 12), nach Kuala Lumpur (6–7 Std., RM 44–50), nach Kuantan (4 Std., RM 20), nach Penang (9–10 Std., RM 47–51). Historisch gestaltete Stadtbusse (C01–C04, jeweils 4 x tgl.) fahren touristische Ziele in der Stadt und im Umland an (www.casligas.com.my unter Jadwal Perjalanan Bas Kitē). Zuverlässiger sind Stadtbusse von myBas (z. B. der City Feeder F100), die auch nach Marang und nach Norden bis Merang (T102) fahren.

Überlandtaxis: Sie starten am Busbahnhof, Tel. 096 26 51 50, und bedienen die Strecken nach Cherating (RM 200), Kota Bharu (RM 180), Kuala Besut (RM 120), Kuantan (RM 250 280), Marang (RM 30), Merang (RM 50), zum Sekayu-Wasserfall (RM 70) und zum Tasek Kenyir (RM 100).

Fähren: nach Pulau Redang s. S. 259. Flussfähren verkehren morgens von der Anlegestelle zwischen dem chinesischen Tempel und der Zollbehörde (Jabatan Kastam), Jln. Balik Bukit, nach Pulau Duyong (RM 1). Von der Anlegestelle auf Höhe des Pasar Payang starten Wassertaxis für RM 15–20 pro Pers. zu Rundfahrten (45 Min.) durch das Flussdelta.

Taxis: In der Stadt ca. RM 10 bzw. RM 30/Std.

Die Küste nördlich von Kuala Terengganu

Jenseits des Flughafens gleicht die Fahrt auf der Küstenstraße gen Norden einer Zeitreise in das alte Malaysia. Hier kann man noch das geruhsame Dorfleben kennenlernen und lokale Spezialitäten probieren, z. B. die Krabbenchips *krupuk lekor,* die überall am Straßenrand angeboten werden. Mittags und bei Sonnenuntergang füllen sich die einfachen malaiischen Essensstände in den Dorfstraßen mit Menschen.

Kampung Penarik ▶ 1, N 5

Im Küstenort **Penarik** erstreckt sich der von Kasuarinen gesäumte **Pantai Rhu Sepuluh,** der mit einer Strandpromenade inklusive Bühne, Pavillons und Rasenflächen aufgefrischt wurde. Der Strand eignet sich weniger zum Baden als für einen geruhsamen Spaziergang oder ein Picknick. Am Strand können unter Palmen noch einige bemalte traditionelle Fischerboote entdeckt werden. Auf dem überdachten **Fischmarkt** ca. 1 km südlich des Orts stapelt sich der frische Fang, der direkt hinter dem Markt angelandet wird. Freitags findet morgens ein großer Markt statt und abends werden an Essensständen am Strand frische Fische gegrillt.

Dort, wo die Küstenstraße Richtung Norden ins Landesinnere abknickt, kann man entlang dem Meer weiterfahren, bis die Straße nach wenigen Kilometern auf einer mangrovengesäumten Landzunge in einem schier endlosen Kokospalmenhain der Setiu Wetlands (s. Kasten S. 266) endet. In dieser Gegend werden noch immer *berok,* dressierte Schweinsaffen, auf die hohen Palmen geschickt, um Kokosnüsse zu ernten.

Übernachten

Prachtstück malaiischer Baukunst – **Terrapuri Heritage Village:** 62 km nördl. von Kuala Terengganu hinter Kampung Penarik, Tel. 096 24 50 20, www.terrapuri.com. Zwischen dem endlosen Sandstrand und der Lagune im Mündungsdelta des Sungai Setiu liegt dieses stilvolle Resort, das aus dem Holz 100 bis 250 Jahre alter Häuser erbaut wurde und sich ausgezeichnet für Ruhesuchende eignet. Die 22 Zimmer in liebevoll gestalteten klimatisierten Bungalows auf Stelzen wurden im lokalen Stil eingerichtet und mit großzügigen Bädern ausgestattet. Fenster und Türen sind mit wunderschönen Schnitzereien verziert. Vom Restaurant überblickt

SETIU WETLANDS

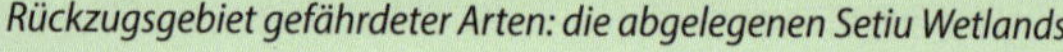

Im Hinterland der kilometerlangen einsamen Sandstrände erstrecken sich im Mündungsgebiet des Sungai Setiu auf einer Fläche von ca. 230 km² die **Setiu Wetlands** (▶ 1, N 5), ein Naturschutzgebiet mit Brackwasserlagunen, umrahmt von Mangroven, Mooren und Sumpfgebieten. Diese nahezu undurchdringlichen Küstengebiete sind der Lebensraum zahlreicher Vogelarten, Austern, Jungfische und Schildkröten. Die seltenen Callagur-Flussschildkröten *(Callagur borneoensis)* und Suppenschildkröten *(Chelonia mydas)* lassen vom warmen Sand ihre Eier ausbrüten. Sobald die Jungen geschlüpft sind, schwimmen die einen die Flüsse hinauf und die anderen hinaus aufs Meer. Zudem wachsen in den nährstoffreichen Mangroven zahlreiche Fische und ein Großteil der einheimischen Austern heran. Um diese außergewöhnliche Landschaft mit ihrer Artenvielfalt zu schützen, fördern der WWF, die Malaysian Nature Society (MNS) und andere Naturschutzorganisationen verschiedene Projekte, u. a. Schildkrötenaufzuchtstationen und Mangrovenanpflanzungen. Am Abend werden die Mangroven von Millionen von Glühwürmchen wie Weihnachtsbäume erleuchtet.

Ab dem Pier in Kampung Mangkuk fahren abends kleine Boote zu den Glühwürmchenkolonien (45–60 Min., RM 100 pro Boot). Touren organisieren die nahe gelegenen Unterkünfte (s. S. 265) sowie ab Kuala Terengganu Ping Anchorage, 77A Jln. Sultan Sulaiman, im Gebäude des Terradala Cafés, Tel. 096 26 20 20, www.pinganchorage.com.my (je nach Teilnehmerzahl RM 185–240 inkl. Abendessen am Strand).

Rückzugsgebiet gefährdeter Arten: die abgelegenen Setiu Wetlands

man den hübschen Pool. Zudem ein traditionelles Spa, Bibliothek, organisierte Touren in die ländliche Umgebung, Fahrradverleih etc. Viele Angestellte stammen aus dem Nachbardorf. Führungen durch die Anlage inklusive einem Getränk, abends auch mit Bootstour zu Glühwürmchen organisiert Ping Anchorage (s. S. 266). €€€

Verkehr

Busse: Die Busse nach Kuala Besut und nach Kuala Terengganu via Merang (T102, alle 1–2 Std.) halten in Penarik an der Abzweigung der Küstenstraße T1 ins Landesinnere.

Von Kuala Terengganu nach Kuantan

Bis Anfang der 1980er-Jahre galt dieser Teil der Küste als Tropenparadies mit kleinen Fischerdörfern an romantischen Lagunen und langen, fast unberührten Sandstränden, an denen nachts gigantische Lederschildkröten ihre Eier im heißen Sand vergruben. Die Riesenschildkröten sind schon lange nicht mehr gesichtet worden, die Fischerdörfer wurden modernisiert und rings um die Ölraffinerie in Paka entstand ein riesiges Industriezentrum. Nur hier und da vermitteln kleine Strände noch einen Eindruck von der einstigen Schönheit dieser Küste.

Marang ▶ 1, O 6

An einer Lagune im Mündungsgebiet des Sungai Marang liegt 16 km südlich von Kuala Terengganu der Fischerort Marang, einst ein beliebtes Backpackerziel, das jedoch der Modernisierung zum Opfer gefallen ist. Statt verwitterter Holzhäuser säumen nun moderne Zweckbauten den Hafen, der mit gigantischen Wellenbrechern vor der Erosion abgesichert wurde. Noch immer kommen Touristen hierher, um auf die vorgelagerten Inseln Pulau Kapas und Pulau Gemia zu fahren oder eine Bootstour auf dem Sungai Marang zu unternehmen. Am Mittwoch- und Samstagmorgen findet im Ortszentrum ein Markt und am Sonntag ein Nachtmarkt statt.

Verkehr

Busse: Von Kuala Terengganu alle 1–2 Std. nach Marang (Bus T301 45 Min., RM 5). Die Busse halten an der Fernstraße 3, neben der Sultanah-Nur-Zahirah-Moschee etwa 500 m vom Fährhafen entfernt. Taxis kosten um RM 30.

Pulau Kapas ▶ 1, Q 6

Die kleine Ostküsteninsel nur 6 km vor der Küste nahe Marang ist weit weniger bekannt als Perhentian oder Tioman. Dennoch kann sie mit einigen schönen Sandstränden punkten. Wer die Insel zwischen April und August besucht, wird im tiefblauen Meer, das als **Marine Park** geschützt ist, sogar Suppenschildkröten sehen können. Nur während der Schulferien und Wochenenden bevölkern zumeist einheimische Tagesausflügler die Insel. Ansonsten kann man geruhsam in etwa einer Stunde die gesamte Westküste entlangwandern, wo an den Stränden beiderseits des Piers mehrere Unterkünfte liegen. Die Ostküste ist hingegen felsig und kaum zugänglich. Auf der winzigen Nachbarinsel **Pulau Gemia** gibt es drei Strände, eine Schildkröten-Aufzuchtstation und ein (zuletzt wegen Renovierung geschlossenes) Resort.

Übernachten

Mit Robinson-Feeling – **Captain's Longhouse:** Südlich der Jetty, am Ende des Strands, Tel. 01 28 07 19 93. Treibgut, Hängematten und Muscheldeko charakterisieren den beliebten Backpackertreff, dessen spartanische Zimmer und Schlafsaalplätze vor allem auf Sparfüchse und Strand-Puristen abzielen. Verleih von Kajaks und Schnorchelausrüstung. €

Ruhig und abgeschieden – **Kapas Turtle Valley Beach Resort:** Südlich der Jetty, jenseits des Leuchtturms über den Hügel, Tel. 013 466 24 69, www.kapasturtlevalley.com. Das nette Paar Nadia und Nicholas vermietet in einer ruhigen Bucht am Strand 6 gemütliche, auch für Familien geeignete Holzhäuser mit Terrasse und kocht zudem für die Gäste. Mindestaufenthalt 2 Nächte. €€€

Verkehr

Boote: Ab Marang fahren Boote für RM 40 um 9, 11, 13, 15 und 17 Uhr in 15–20 Min. zur Insel und dann gleich wieder zurück. Hinzu kommen RM 5 für den Marine Park.

Rantau Abang ▶ 1, P 7

Hinweisschilder mit Meeresschildkröten erwecken rund 60 km südlich von Kuala Terengganu bei **Rantau Abang** das Interesse. Die Lederschildkröten bleiben zwar inzwischen aus, aber in einer Schildkrötenaufzuchtstation nördlich des Orts werden die eingesammelten Eier der Suppenschildkröten *(Chelonia mydas)* und manchmal auch der Oliv-Bastardschildkröten *(Lepidochelys olivacea)* und Echten Karettschildkröten *(Eretmochelys imbricata)* ausgebrütet. Auch die letzten beiden Schildkrötenarten lassen sich immer seltener sehen, was auf die Verschmutzung des Meers, vor allem auf den Plastikmüll, und die Fischerei mit riesigen Schleppnetzen zurückgeführt wird. Kurz vor dem Ortseingang informiert das **Turtle Information Centre** über die Meeresschildkröten, macht allerdings ebenso wie die einfachen Unterkünfte im Ort einen vernachlässigten Eindruck (So–Mi 8–17, Do 8–13, 14–15.30 Uhr, Eintritt frei).

Verkehr

Busse: Die Nahverkehrsbusse zwischen Kuala Terengganu und Kuala Dungun (s. unten) halten an der Fernstraße 3.

Kuala Dungun ▶ 1, P 8

Beiderseits der Fernstraße erstreckt sich die weitläufige Stadt **Kuala Dungun.** Während sich die Supermärkte und Fast-Food-Filialen im Neubaubezirk großer Beliebtheit erfreuen, wirkt die alte **Chinatown** an der Flussmündung gut 3 km weiter östlich zunehmend verwaist. Einst befand sich hier ein wichtiger Industriehafen zur Verschiffung von Eisenerz, das am Bukit Besi im Hinterland abgebaut wurde. Als die Vorkommen in den 1970er-Jahren erschöpft waren, verlor die Stadt an Bedeutung. Heute liegen nur noch ein paar Fischerboote im Hafen. Vom **Leuchtturm** am nördlichen Flussufer überblickt man den Ort und die kilometerlangen Sandstrände. Das kleine **Museum** (Jln. Yahya Ahmad, Sa–Do 9–17 Uhr, Eintritt frei) in einem alten Haus ist der Geschichte des Ortes gewidmet und könnte eine Renovierung vertragen.

Aus Dungun stammt der im Jahr 1959 geborene Maler Chang Fee Ming, der von der lokalen malaiischen Kultur beeinflusst wurde und zu den bekanntesten zeitgenössischen Künstlern Malaysias gehört. Seine ausdrucksstarken, hochpreisigen Werke können auf Ausstellungen im In- und Ausland und im Internet bewundert werden.

Übernachten

Juwel an der Ostküste – **Tanjong Jara Resort:** 9 km nördl. von Kuala Dungun, 1 km östl. der Fernstraße 3, Tel. 098 45 11 00, www.tanjongjararesort.com. Bereits seit Jahrzehnten wird dieses 5-Sterne-Strandresort im malaiischen Kampung-Stil gut gepflegt, sodass es immer noch als bestes an der Ostküste gilt. Alle Zimmer haben eine Terrasse, sind großzügig geschnitten und mit hochwertigen Möbeln und Textilien eingerichtet. Die Badezimmer sind geräumig und haben in der teuren Kategorie edle Wannen. Neben dem gepflegten weißen Sandstrand mit Hängematten laden 2 Pools zum Entspannen ein. Tennisplätze, Tauchen, geführte Spaziergänge, Kochkurse, Fitnesscenter, Spa Village, 2 hervorragende Restaurants, Bar, freundliches, hilfsbereites Personal und tolles Ambiente. €€€

Verkehr

Busse: Von der Busstation 500 m hinter der Abzweigung ins alte Zentrum nach Kuala Terengganu etwa alle 2 Std., RM 9 und nach Kuantan (RM 15–17).

Überlandtaxis: Von der Busstation nach Kuala Terengganu (RM 80) oder Cherating (RM 90).

Paka, Kerteh und Kemasik

▶ 1, P 8/9

Bei **Paka** befindet man sich bereits mitten im Zentrum der erdölverarbeitenden Industrie. Nahe der Straße stehen gut bewacht die größte Ölraffinerie des Landes und das Sultan-Ismail-Kraftwerk. Weiter im Süden, am Industriehafen in **Kerteh,** passiert man eine Gasverflüssigungsanlage und die Verwaltungsbauten diverser Öl- und Gasgesellschaften. Inmitten dieser Industrielandschaft liegt in **Kemasik** der kleine, hübsche **Pantai Kemasik** mit grobem, goldgelbem Sand und vielen Muscheln. Die Zufahrtstraße zum Strand, 2 km südlich des großen Einkaufszentrums Mesra Mall, ist ausgeschildert.

Verkehr

Busse: Die Nahverkehrsbusse zwischen Kuala Dungun (s. links) und Kuantan (s. S. 271) halten an der Fernstraße 3.

Cheratthe

▶ 1, P 10

Als vor über 40 Jahren die weite Bucht an der Mündung des Sungai Cherating zunehmend versandete, bildete sich ein weißer, seicht ins Meer abfallender Strand, den schon bald die ersten Touristen entdeckten. Zuerst waren es Globetrotter, die in dem idyllischen Ort **Cherating** für wenig Geld bei Fischerfamilien übernachteten und von ihnen versorgt wurden. Es dauerte nicht lange, bis die Einheimischen schlichte Unterkünfte aus Holz bauten. Immer mehr Ausländer blieben in Cherating hängen, denn im Gegensatz zu den Bundesstaaten Terengganu und Kelantan war die Atmosphäre hier in Pahang weitaus entspannter und man konnte unbeschwert Partys feiern.

Bereits im Jahr 1977 wurde in der Nachbarbucht am Chendor Beach der erste Club Méditerranée Asiens eröffnet. In der Folge entstanden immer mehr Unterkünfte für immer mehr Touristen. Doch wie andernorts auch konnte die Infrastruktur dem Boom nicht folgen. Der Ort verlor seinen Charme, daran vermochten auch die – halbherzigen – Verschönerungsmaßnahmen kaum etwas zu ändern. Immerhin: Es ist einer der wenigen Surfspots in Malaysia und außerhalb der Wochenenden und Ferienzeiten, wenn gestresste Ölarbeiter und Familien aus dem nahen Kuantan die hiesigen Resorts füllen, hat man den langen Strand weitgehend für sich. Im Hinterland können Bootstouren durch die Mangroven unternommen werden.

Übernachten

All inclusive – **Club Med:** Chendor Beach, ca. 2 km nördl. von Cherating, Tel. 095 81 91 33, www.clubmed.de. Der älteste Club Med Asiens wurde mehrfach renoviert. Die Zimmer in den 2-stöckigen Häusern sind relativ klein, aber komfortabel und stehen auf einem weitläufigen Gelände. Schöner, von Kokospalmen und Kasuarinen gesäumter Strand, 2 Pools, Spa, großes Angebot an Aktivitäten, vielseitige Essensauswahl. €€€

Mittendrin – **Royale Chulan Cherating:** Jln. Kampung Cherating, Tel. 095 84 73 33, www.royalechulan.com. Den westlichen Hang der Bucht von Cherating mit schönem Blick auf das Meer und den Strand belegen die klassisch eingerichteten Reihenhäuser und Seafront Villas. Zudem verfügt die Unterkunft über einen Pool mit Liegen. Hier zahlt man eher für den Ausblick als für die Annehmlichkeiten. €€–€€€

Privates B&B – **Casa Titik:** 27105 Jln. Kuantan-Kemaman, Tel. 01 99 38 96 20, www.casatitik.com. Die große, helle, zweistöckige Villa im spanischen Stil mit 10 sauberen Zimmern liegt auf einem abgelegenen Grundstück mit Pool (und vielen adoptierten Katzen) nicht weit entfernt vom langen Strand südlich von Cherating. €€

Entspannt – **Tanjung Inn** (Villa de Fedelia): Cherating, fast am Ende der Strandstraße, Tel. 01 83 99 29 49, www.villadefedelia.com. Auf einem weitläufigen Grundstück, das bis zum Strand reicht, stehen neben zwei Lotosteichen ältere Massivhäuschen mit AC, Himmelbetten, großer Terrasse und Badezimmern mit Naturstein. In Strandnähe befinden sich außerdem empfehlenswerte Bungalows mit Meerblick und A-Frame-Zelte. €–€€

MEERESSCHILDKRÖTEN BEOBACHTEN BEI CHERATING

Tour-Infos

Start: Turtle Sanctuary and Information Centre, Chendor Beach, etwa 2 km nördlich von Cherating

Anfahrt: Von der Fernstraße 3 auf die ausgeschilderte Zufahrtsstraße zum Club Med abbiegen, die Schildkrötenaufzuchtstation befindet sich nach knapp 1 km auf der linken Seite. In den meisten Unterkünften sowie bei Hafiz (s. rechts) werden auch organisierte Touren dorthin angeboten.

Infos: Tel. 095 81 90 87, Öffnungszeiten Infozentrum Di–So 9.30–16.30 Uhr, Freilassen der Jungtiere am Strand gegen Spende Juni–Sept. nach Sonnenuntergang, Eintritt frei

Die Sandstrände entlang der Ostküste sind wichtige Brutstätten für Meeresschildkröten. Zwischen April und September können am 3,5 km langen **Chendor Beach** bei Cherating und in der nördlich angrenzenden **Monica Bay** (auch Teluk Mak Nik) von Kemaman Grüne Meeresschildkröten *(Chelonia mydas)* beobachtet werden, die nach Einbruch der Dunkelheit an Land kommen. Recht mühsam graben sie mit ihren Flossen tiefe Löcher in den Sand, in die sie ihre Eier ablegen. Danach verschließen sie die Gruben und verschwinden wieder im Meer. Etwa zwei Monate dauert es, bis die Eier durch die Sonnenwärme ausgebrütet sind, die winzigen Jungtiere schlüpfen und im Schutz der Nacht Richtung Wasser krabbeln. Erst wenn sie nach 7 bis 50 Jahren ihre Geschlechtsreife erreicht haben, kehren sie zur Eiablage wieder an denselben Strand zurück. Um die Eier vor illegalen Sammlern und Wilderern zu schützen, werden sie von Rangern des **Turtle Sanctuary** gleich nach der Ablage eingesammelt und in geschützten Gehegen vergraben.

Das ganze Jahr über kann man das kleine Besucherzentrum der Aufzuchtstation besuchen und sich über die Lebensgewohnheiten der Schildkröten und die Schutzprojekte informieren. In drei Becken leben Grüne Meeresschildkröten verschiedenen Alters sowie Echte Karettschildkröten *(Eretmochelys imbricata)*, die bis zu 1 m Länge erreichen. Von April bis September kann man mit etwas Glück die Tiere bei der Eiablage beobachten. Sofern in der Nacht zuvor Schildkröten geschlüpft sind, können diese am Abend gegen eine Spende freigelassen werden (RM 5 pro Tier). Sollten Ranger am Strand eine eierlegende Schildkröte entdecken, werden Besucher zum Ort des Geschehens geführt und können das Tier aus gebührendem Abstand beobachten und ohne Blitz fotografieren. Zwar sind die Gruppen manchmal recht groß, doch es ist ein einmaliges Erlebnis, die Eiablage zu verfolgen.

Aktiv

Glühwürmchen beobachten – **Hafiz:** Tel. 01 79 83 17 36, http://hafizcheratingactivities.blogspot.de. Der kompetente Guide veranstaltet von Di–So Bootstouren auf dem Sungai Cherating zum Beobachten von Glühwürmchen (20 und 21 Uhr, 1 Std., RM 35). Auch 1,5-stündige Bootstouren um 9 und 16 Uhr

(RM 35), bei denen man über das Ökosystem der Mangroven informiert wird.

Surfen – **Kam's Surf Shack:** am Strand von Cherating, Tel. 01 89 15 72 85, www.kamsurf.com, in der Strandbar Kopi Sports. Verleih von Surfbrettern, Ausrüstung zum Wind- und Kitesurfen, Stand Up Paddles sowie Kajaks. Surfsaison ist in der Regenzeit zwischen November und Februar sowie im Juli und August. Die **Cherating Point Surf School** im Matahari Guesthouse, Tel. 01 29 33 75 90, http://cheratingpoint.com, bietet von Ende Oktober bis Mitte März Einzelunterricht und Kurse für Anfänger an.

Verkehr

Busse: Alle Busse halten an der Hauptstraße an der Abzweigung nach Cherating, ca. 1 km vom Zentrum. Verbindungen mit Nahverkehrsbussen stdl. nach Kuantan (RM 6), mit vielen Fernbussen über Kuala Terengganu nach Kota Bharu (6 Std., RM 35). Mehr Verbindungen ab Kuantan (S. 272).

Überlandtaxis: Von Cherating nach Kuala Terengganu (RM 200), Kuantan (RM 80).

Kuantan und Umgebung

Kuantan ▶ 1, P 11

Die geschäftige Hauptstadt des Bundesstaats Pahang an der Mündung des Sungai Kuantan hat viele Gesichter. Im alten Zentrum von **Kuantan,** jenseits der Uferpromenade, geht das Leben ungeachtet des starken Durchgangsverkehrs seinen gemächlichen Gang. Die Neubauten der Luxushotels und die riesigen Einkaufszentren könnten hingegen ebenso in Kuala Lumpur stehen. Rings um den Golfplatz zwischen der City und dem Stadtstrand Teluk Cempedak residiert die High Society in noblen Villen, während in Tanjung Lumpur am anderen Flussufer alles geradezu dörflich anmutet. Wirtschaftlich ist Kuantan wegen seines Tiefseehafens von großer Bedeutung.

Masjid Sultan Ahmad Shah

Das Wahrzeichen der Stadt ist die blau-weiße, im arabischen Stil erbaute **Masjid Sultan Ahmad Shah** von 1994, die die Nordostseite von Kuantans zentralem Platz einnimmt. Die Moschee kann außerhalb der Gebetszeiten in angemessener Kleidung besichtigt werden.

Kuantan 188

www.kuantan188.com.my, Mo–Do 10–22, Fr–So 10–24 Uhr, Erw. RM 56, Kind. RM 36

Den besten Überblick über die Stadt hat man von den 92 bzw. 104 m hohen Aussichtsplattformen des Funkturms an der Flusspromenade. Es ist mit 188 m das höchste Gebäude an der ganzen Ostküste. Auf 98 m befindet sich ein Restaurant. Wer etwas tiefer in die Tasche greifen kann und schwindelfrei ist, darf sich an der Sicherheitsleine auf dem Skywalk an der Außenhülle des Turms den Wind um die Nase wehen lassen (RM 188).

Pahang Art Museum

Jln. Masjid, Mo–Do 9.30–17, Fr 9.30–12.15, 14.45–17 Uhr, Eintritt RM 4, zuletzt wegen Renovierung geschlossen

Einige Verwaltungsbauten aus britischer Zeit säumen den Platz im Nordwesten, darunter der Oberste Gerichtshof. Ebenfalls am Platz befindet sich das **Pahang Art Museum** (Balai Seni Lukis Pahang), untergebracht in einem sorgsam restaurierten Kolonialgebäude, das in 20 Minuten besichtigt ist und bevorzugt die Werke malaysischer Künstler aus Pahang sowie malaiisches Kunsthandwerk ausstellt.

Teluk Cempedak

Anfahrt mit Stadtbus Nr. 200 für RM 2 oder mit Taxi für RM 20

Spätnachmittags und am Wochenende ist die Bucht **Teluk Cempedak** ca. 5 km östlich des Zentrums ein beliebtes Ausflugsziel. Der steil ins Meer abfallende, grobkörnige Sandstrand eignet sich wegen gefährlicher Unterströmungen aber nicht so gut zum Schwimmen. Schön ist ein Spaziergang auf dem Plankenweg, der über Felsen am Meer entlangführt, sofern man sich an den frechen Makaken vorbei traut, die hier in der Hoffnung auf Essensreste herumlungern. Ein kleiner, gut ausgetretener Pfad führt nach Norden durch den Wald zum benachbarten Pantai Pelindung. Die Wege durch das angrenzende Waldgebiet sind bei Trailrunnern beliebt.

Infos

Tourism Pahang: 33 Jln. Putra Square 4, Tel. 095 68 16 23, www.pahangtourism.org.my, Mo–Do 8–13, 14–17, Fr 8–12.15 und 14.45–17 Uhr. Hilfsbereite Mitarbeiter und Infos zu aktuellen Events.

Übernachten

Am Stadtstrand – **Hyatt Regency Kuantan:** Teluk Cempedak, Tel. 095 18 12 34, www.hyatt.com. Das große Hotel am Strand wurde umfassend renoviert und verfügt über zwei Pools mit Liegen zwischen Frangipani-Bäumen sowie 301 Zimmer und Suiten im nüchternen Stil mit gutem Schlafkomfort und teils Meerblick. €€–€€€

Hoch hinaus – **The Zenith Hotel:** Jln. Putra Square 6, Tel. 095 65 95 95, https://kuantan.thezenithhotel.com. Mit seinen 519 großzügigen Zimmern ist das Hotel in zwei 23-stöckigen Hochhäusern das größte der Ostküste und wird v. a. von Kongressteilnehmern gebucht. Komfortable Zimmer mit toller Aussicht von den oberen Etagen. Vier Restaurants, ein großer Pool, Fitnesscenter, Sauna und Spa. €€–€€€

Mit Flussblick – **Mega View:** 567 Jln. Besar, Tel. 095 17 18 88, www.megaviewhotel.com. 94 Zimmer mit Kühlschrank und Internetzugang in einem 10-stöckigen Hotelblock am Flussufer, die Zimmer im 8. und 9. Stock haben einen Balkon mit Flussblick, die günstigen kein Fenster. €€

Klein und sauber – **Riverside Boutique Guesthouse:** 47 Jln. Teluk Sisek, Tel. 095 13 83 83, www.riversidekuantan.com.my. Im 3-stöckigen, ansprechend gestalteten Neubau zwischen dem alten Zentrum und der Brücke werden 48 teils fensterlose saubere Zimmer vermietet. Frühstück im Café mit Terrasse inklusive. €–€€

Essen & Trinken

Nostalgisch und günstig – **Kuantan Pickers:** 22 Jln. Besar, Tel. 01 48 24 11 02, Do–Di 7.30–16 Uhr. Zwischen Retro-Utensilien aus den 1970er-Jahren und alten Illustrierten werden in dem urigen Coffee Shop malaysische Klassiker wie Nasi Lemak oder Satay und morgens Kaya Toast serviert. Zur Straße hin werden Kuchen und Snacks verkauft. Vor allem vormittags beliebt, gegen 14 Uhr ist schon vieles ausverkauft. €

Künstlercafé – **Tjantek Art Bistro:** 46 Jln. Besar, Tel. 095 16 41 44, Do–Di 11–22 Uhr. In einem alten chinesischen Geschäftshaus mit jeder Menge Retro-Objekten hat der Architekt Mohammed Hatta Ismail dieses kleine Café-Restaurant eingerichtet. Auf der Karte stehen Nudelgerichte, Suppen, Sandwiches, Salate und Steaks sowie Kaffee, Tee und Säfte. €€

Authentisch südindische Küche – **Alif Curry House:** 91 Jln. Mahkota, tgl. 7–19.30 Uhr. In dem klimatisierten Banana-Leaf-Restaurant werden von freundlichen Angestellten authentische südindische Speisen serviert. Auch die frisch gebackenen *dosai* und *roti canai* schmecken sehr gut. €

Essensstände – Rings um den Busbahnhof, Jln. Stadium, im Norden des Zentrums wird eine große Vielfalt an lokalen Snacks, Suppen, Reis- und Nudelgerichten zubereitet. €

Verkehr

Flüge: Vom Sultan Ahmad Shah Airport, ca. 16 km westl. des Zentrums, mit Malaysia Airlines, www.malaysiaairlines.com, nach Kuala Lumpur, mit Firefly, www.fireflyz.com.my, nach Penang und mit Scoot, www.flyscoot.com, nach Singapur. Ein Taxi vom Zentrum kostet RM 30, von der Teluk Cempedak RM 40.

Busse: Vom 6,5 km nördl. gelegenen Terminal Sentral Kuantan mehrmals tgl. nach Butterworth (ca. 9 Std., RM 56–60), Jerantut für den Taman Negara National Park (4 Std., RM 18–20), Mersing (3 Std., RM 18–23), Johor Bahru (5 Std., RM 29–34), Kuala Terengganu (4 Std., RM 20), Kota Bharu (6 Std., RM 35–36), Kuala Lumpur (4 Std., RM 22–27), Melaka (5–6 Std., RM 28–34). Anfahrt mit Stadtbus

Nr. 303 ca. alle 90 Min. von 7–20.30 Uhr für RM 2 oder mit dem Taxi für RM 20–25. Die Nahverkehrsbusse von Rapid Kuantan in die Umgebung (z. B. Sungai Lembing, Cherating und Pekan) starten an der Hentian Bas Bandar in der Jalan Pasar südlich vom Stadion.

Überlandtaxis: Vom Terminal Sentral starten Taxis, Tel. 095 13 44 78, nach Cherating (RM 80), Kuala Besut für Pulau Perhentian (RM 380), Kuala Terengganu (RM 250–280), Mersing (RM 300), Taman Negara (RM 320), Pekan (RM 65), Sungai Lembing (RM 60). Die Preise sind höher bei der Abfahrt vom Zentrum oder dem Hotel.

Sungai Lembing ▶ 1, O 11

Etwa 40 km nordwestlich von Kuantan liegt die weltgrößte unterirdische Zinnmine, die von 1882 bis 1986 in Betrieb war. Dann waren die Vorräte erschöpft und die meisten der über 10 000 Einwohner verließen **Sungai Lembing,** das in einen Dornröschenschlaf fiel. Inzwischen ist man sich der interessanten Industriegeschichte und des Charmes des Orts bewusst geworden, dessen verwitterte Holzhäuser an eine Westernstadt erinnern.

Im **Viertel der Malaien** am Ortseingang stehen rings um die Moschee inmitten tropischer Gärten Wohnhäuser auf Stelzen. Daran angrenzend erstreckt sich die Chinatown mit einem chinesischen Tempel, einer Versammlungshalle und zweistöckigen Geschäftshäusern, die die Straßen um den Markt säumen. Auf den Hügeln jenseits des großen Rasenplatzes gegenüber der Bushaltestelle, oberhalb der Stollen und Fabriken, lebten die

Aus der Zeit gefallen: die alte Minenstadt Sungai Lembing

Verwalter in kolonialen Bungalows. Viele Chinesen erbauten sich idyllische Wohnhäuser am Nordufer des Sungai Kenau in **Kampung Seberang,** das über Hängebrücken mit Sungai Lembing verbunden ist.

Sungai Lembing Museum

Tel. 095 41 23 78, So–Do 9–17, Fr 9–12 und 14.30–17 Uhr, RM 5

Die Geschichte der einst wohlhabenden Stadt wird im **Sungai Lembing Museum** lebendig, etwa 1 km oberhalb der Endstation der Busse auf dem Hügel. In der einstigen Residenz des Managers des Bergbauunternehmens werden die Lebensverhältnisse in der Stadt und die Arbeit unter Tage anschaulich dargestellt. Die meisten Einheimischen kommen in den frühen Morgenstunden auf den Hügel, um von hier aus den Sonnenaufgang zu genießen.

Sungai Lembing Mines

Sa–Do 9–12.45 und 14–18, Fr 9–12.15 und 14.45–18 Uhr, Erw. RM 32, Kind. RM 16, jeweils inkl. Gummistiefeln und Helm

Interessierte können ca. 400 m hinter dem Hügel einen Teil der insgesamt 322 km langen und bis in 700 m Tiefe reichenden alten Stollen der **Sungai Lembing Mines** besuchen. An verschiedenen Stationen des 520 m langen Besucherwegs erläutern Tafeln oder Videos das Leben und Arbeiten unter Tage. Während der letzten Recherche war die Anlage wegen Instandhaltungsarbeiten geschlossen.

Übernachten

In ruhiger Umgebung – **Lembing Riverview Resort:** 281 Kampung Seberang, Tel. 01 29 81 26 92, auf Facebook. Gegenüber dem Zentrum, auf der anderen Flussseite, vermietet eine freundliche Familie 26 Zimmer mit AC, Holzböden und bequemen Betten, die auf einem weitläufigen Grundstück in Bungalows und einem 2-stöckigen Neubau untergebracht sind. Wenn genügend Gäste da sind, werden Grill- oder Steamboatabende organisiert, ansonsten gibt es günstige Gerichte. Touren zum Rainbow-Wasserfall im Hinterland. €

Verkehr

Bus: Von Kuantan mit Bus Nr. 500 nach Sungai Lembing (alle 90 Min. von 6.30–19 Uhr, RM 4).
Taxi: RM 60 ab Kuantan.

Pekan ▶ 1, P 12

Die locker bebaute, recht ländlich wirkende Sultansstadt **Pekan** an der Mündung des Sungai Pahang 47 km südlich von Kuantan kann auf eine lange Geschichte zurückblicken. Bereits im Jahr 1470 wurde hier ein Sohn des Melaka-Sultans als Regent inthronisiert. Der heutige Herrscher residiert südlich der Hauptstraße in der 1965 errichteten **Istana Abu Bakar,** die inmitten üppiger tropischer Vegetation neben dem großen Poloplatz steht und von einem malaiischen Dorf umgeben ist.

Sultan Abu Bakar Museum

Jln. Sultan Ahmad, Di–Do, Sa und So 9.30–17, Fr 9.30–12.15 und 14.45–17 Uhr, RM 15

In einem kleinen Palast, ursprünglich für den britischen Residenten erbaut, wird die Geschichte von Pahang präsentiert sowie eine sehenswerte Sammlung von Kris-Dolchen, Keramik und Musikinstrumenten sowie militärische Fahrzeuge. Im Garten grasen lebensgroße Tiere aus Wurzelholz.

Übernachten

Die beste Wahl – **Ancasa Royale:** Tel. 094 24 66 00, www.ancasahotels.com.my. Das Hotel am Nordufer des Sungai Pahang mit 133 gut ausgestatteten, großzügigen Zimmern, Restaurant, Pool und Spa wird zwar überwiegend von Geschäftsleuten gebucht, eignet sich aber auch für ein paar erholsame Tage in ruhiger Umgebung. Schöner Ausblick von den Zimmern auf den Fluss. €€

Verkehr

Busse: Pekan liegt an der Fernstraße 3, sodass viele Busse zwischen Kuantan und Mersing an der hiesigen Busstation halten. Der Nahverkehrsbus 400 von Rapid Kuantan fährt alle 40–90 Min. von 6–20.40 Uhr nach Kuantan.
Taxis: Nach Kuantan RM 65.

Das Landesinnere

In der schwer zugänglichen Bergwelt im Landesinnern erstrecken sich die letzten zusammenhängenden Dschungelgebiete der malaiischen Halbinsel. Keines ist touristisch so gut erschlossen wie der Taman Negara National Park, das älteste Schutzgebiet des Landes. Bei der Fahrt durch die weiten Flusstäler werden Zwischenstopps in geruhsamen Kleinstädten zu einer Reise in längst vergangene Zeiten.

Während jahrhundertelang Einwanderer aus allen Himmelsrichtungen die leicht zugänglichen Küsten in Besitz nahmen, drangen nur wenige Glücksritter, Abenteurer und Landvermesser über die Flusstäler in die dicht bewaldeten Berge im Landesinnern vor. Diese Welt der Dschungelnomaden wurde Mitte der 1920er-Jahre ansatzweise durch die Eisenbahn und schwerpunktmäßig seit den 1980er-Jahren durch ein Straßennetz erschlossen, das im Hinblick auf die Entwicklung der Holzindustrie und der Plantagenwirtschaft ständig ausgebaut wird.

Taman Negara National Park

▶ 1, K–O 7–9

In der **Titiwangsa Range,** dem Rückgrat der Halbinsel, erhebt sich der 2187 m hohe **Gunung Tahan,** der höchste Berg West-Malaysias. Zu seinen Füßen erstreckt sich der mit 130 Mio. Jahren älteste Regenwald der Erde, in dem sich unbeeinflusst von Klimaschwankungen eine unglaubliche Artenvielfalt entwickelt hat. Bereits 1938/39 wurden 4373 km² unter Naturschutz gestellt, was in etwa der Größe des Ruhrgebiets entspricht.

Um dieses einmalige Ökosystem Besuchern zugänglich zu machen, hat die Nationalparkbehörde drei Regionen am Parkrand mit Informationszentren, Spazierwegen und anderen Einrichtungen ausgestattet. Von hier aus kann man Bootsausflüge und Wanderungen durch den Dschungel unternehmen, zum Teil auf eigene Faust. Bei Touren auf den ausgetretenen Pfaden wird man weder Tigern noch Elefanten, sondern vor allem kleineren Waldbewohnern wie Schmetterlingen und Insekten begegnen. Für längere Wanderungen, etwa der siebentagigen Besteigung des Gunung Tahan, stehen Führer zur Verfügung. Nur wenige Besucher nutzen den westlichen Parkzugang in **Merapoh** (▶ 1, K 8) und den nur schwer zugänglichen nördlichen Eingang in **Kuala Koh** (▶ 1, M 7). Das beliebteste und leicht erreichbare Eingangstor zum Nationalpark liegt im Süden in Kuala Tahan.

Kuala Tahan

180 km nordöstlich von Kuala Lumpur bzw. 200 km westlich von Kuantan beginnt östlich der Brücke über den Sungai Tembeling bei **Jerantut** (▶ 1, M 11, s. S. 281) die 65 km lange Zufahrtstraße in den südlichen Park. Sie endet an der Mündung des Sungai Tahan in den stark strömenden, braunen Sungai Tembeling in **Kuala Tahan** (▶ 1, M 9). In dem kleinen malaiischen Dorf haben Einheimische einfache Bungalows und Gästehäuser, Restaurants und Minimärkte errichtet, zudem sind etwas außerhalb komfortable Resorts entstanden. Am Ufer des Sungai Tembeling liegen schwimmende Restaurants, die jedoch häufig ihre Position wechseln müssen, da der Was-

Kumbang Hide
Gunung Tahan
Lesong Hide
Kuala Terenggan
S. Tembeling
Bukit Indah
4
5
6
344 m
Cegar Anjing Hide
Ziel
8
S. Tahan
Quelle
aktiv: Besteigung des Bukit Teresek
Timber Track
3
7
Boardwalk
Taman Negara National Park
2
Tahan Hide
Bulatan Paya
Start
Wasserwerk
S. Tabong
Park Headquarters
Kuala Tahan
Bukit Sumpur
siehe Detailkarte
Simpang Tualang
0
0,25
0,5
0,75
1 km
S. Tembeling
Pangkalan Gua
Gua Telinga
Belau Hide
Yong Hide
Canopy Walkway
Bulatan Paya
Tahan Hide
Bulatan Rimba
Lubok Simpon
S. Tembeling
Polizei
Resort Jetty
S. Tahan
WC
Schule
Nachtmarkt
0
50
100
150
200 m
Jerantut

Taman Negara National Park

Sehenswert

1 Park Headquarters
2 Lubok Simpon
3 Jenut Muda
4 Bumbun Tabing
5 Lata Berkoh
6 Kelah Sanctuary
7 Canopy Walkway
8 Bukit Teresek

Übernachten

1 Mutiara Taman Negara Resort
2 Tekoma Resort
3 Xcape Resort @ Taman Negara
4 Hana Guesthouse
5 Tebing Guesthouse

Essen & Trinken

1 Sri Mutiara Restaurant
2 Schwimmende Restaurants

Einkaufen

1 Minimarkt

---

serspiegel in der Regenzeit von November bis Februar, aber auch in den europäischen Sommermonaten extrem ansteigen kann.

Boote bringen Besucher für RM 1 ans jenseitige Ufer in den Nationalpark. Dort liegt hinter dem Mutiara Taman Negara Resort (s. S. 279) das **Park Headquarters** 1, wo man sich registriert und Touren mit Guides arrangieren kann. Ausgeschilderte, mit Entfernungsangaben versehene Wanderwege mit Längen zwischen 1 und 18 km verlaufen durch den Regenwald rings um das Resort sowie am Ufer des Sungai Tahan und des Sungai Tembeling entlang zu weiter entfernten Orten. Beliebte Ziele sind Badeplätze (s. unten), der Hausberg Bukit Teresek (s. S. 280), ein Canopy Walkway (s. rechts) und die Aussichtstürme, Bumbun genannt, die zum Teil auch als Übernachtungsplätze gebucht werden können.

Wanderung zu Badeplätzen am Sungai Tahan

Eine leichte Wanderung zu einem hübschen Badeplatz beginnt hinter dem Headquarters. Der ausgetretene Pfad führt zunächst über den Campingplatz und am Ostufer des Sungai Tahan entlang. Nach Regenfällen können schlammige Abschnitte und Blutegel Probleme bereiten. 15 Min. später ist bereits die von hohen Bäumen beschattete Badestelle **Lubok Simpon** 2 erreicht.

Wer weiterwandert, erreicht kurz darauf rechts eine Abzweigung zur Salzstelle **Jenut Muda** 3 (s. S. 280), einem beliebten Ziel von Ornithologen. Nach insgesamt 2 km zweigt wiederum rechts ein steiler Weg auf den Bukit Teresek (s. S. 280) ab. Das nächste Ziel ist nach weiteren 1,1 km der Hochstand **Bumbun Tabing** 4. Ausdauernde Wanderer können weitere 4 km bis zu den Stromschnellen **Lata Berkoh** 5 laufen, allerdings muss unterhalb davon der Fluss durchquert werden, was nur bei Niedrigwasser zu empfehlen ist. Die meisten Besucher kommen in etwa 20 Min. mit Booten von Kuala Tahan hierher und wandern höchstens die Strecke zurück, weil auch das bereits ein vier- bis fünfstündiger Ausflug sein kann. Von der Anlegestelle oberhalb der **Kelah Sanctuary** 6, wo die einheimischen Mahseer-Karpfen ein geschütztes Laichgebiet bewohnen, ist nach weiteren 20 Min. zu Fuß entlang dem Westufer der Badeplatz erreicht, der zwischen großen Felsen mitten im dichten Regenwald liegt.

Canopy Walkway 7

Sa–Do 9–15, Fr 9–12 Uhr, RM 5, bei Regen und bei starkem Wind sowie längeren Instandsetzungsarbeiten geschlossen

Keine Reise in den Nationalpark wäre komplett ohne einen Besuch des **Canopy Walkway.** Auf insgesamt 536 m Länge wurden in 20 bis 45 m Höhe neun bis zu 70 m lange Hängebrücken gespannt, auf denen man von einem Urwaldriesen zum anderen spazieren kann. Es ist überwältigend, die üppige Vegetation von oben zu sehen, selbst wenn sich in den Baumwipfeln höchstens einige Vögel und das eine oder andere Eichhörnchen sehen lassen. Dafür bilden die Kronen der mächtigen

Im Taman Negara begegnen Wanderer gewaltigen Baumriesen, an deren Wurzeln sich der Mensch ganz klein vorkommt

Dschungelriesen ein gigantisches Gewächshaus. Unter ihrem schützenden Dach haben sich auf dicken Ästen breitblättrige Nestfarne *(Asplenium nidus)* von über 1 m Durchmesser, feingliedrige Orchideen und andere Epiphyten (Aufsitzerpflanzen) angesiedelt. Aus der Tiefe schrauben sich Lianen von beachtlichem Umfang herauf – der stachelige, mit vielen Widerhaken versehene, schnell wachsende Rattan wird Hunderte von Metern lang und erreicht selbst die höchsten Baumwipfel.

Mittags gegen 13 Uhr ist der Andrang am Canopy Walkway am geringsten. An langen Wochenenden und in den Ferien kann es hingegen zu stundenlangen Wartezeiten kommen, da immer nur eine begrenzte Anzahl von Besuchern eingelassen wird. Auf den Plattformen dürfen aus Sicherheitsgründen nicht mehr als vier Personen gleichzeitig stehen. Auch wenn die Hängebrücken durch Netze und Seile gut abgesichert sind, sollte man schwindelfrei sein.

Den Eingang zum Walkway erreicht man entweder per Boot oder auf einem 1,2 km langen, gut ausgeschilderten Pfad, der am Westufer des Sungai Tembeling flussaufwärts führt. Auf dem bequemen Plankenweg aus Kunststoff kann man in aller Ruhe die Natur beobachten. Auch wenn zuerst alles nur grün und braun zu sein scheint, entdeckt man bei genauerem Hinsehen eine vielfältige Pflanzen- und Tierwelt. Ameisen in allen Größen, Hundertfüßler und Käfer bevölkern den laubbedeckten Boden. Im Unterholz wachsen Pilze und Farne. Lianen, Rattan und Würgefeigen bilden zwischen den hohen Tropenbäumen *(Dipterocarpaceaen)* ein verschlungenes Netz. Wegen der dichten Vegetation ist der Fluss kaum zu sehen.

Infos

Park Headquarters: Infostand des Department of Wildlife and National Parks auf dem Gelände des Mutiara Taman Negara Resort (s. S. 279), Sa–Do 9–13, 14–17, Fr 9–12,

15–17 Uhr. Die Angestellten haben Wanderkarten, buchen Unterkünfte in den Hochständen (Bumbun) und vermitteln Führer. Außerdem bekommt man hier das erforderliche Permit für den Nationalpark (RM 1) und die Fotoerlaubnis (RM 5).

Übernachten

Luxus im Dschungel – **Mutiara Taman Negara Resort 1 :** im Nationalpark, Tel. 01 76 84 42 86, www.mutiaratamannegara.com. Die dunklen Holzhäuser mit ihren tief gezogenen Dächern sind nicht mehr ganz neu und leiden unter dem feucht-tropischen Klima, dennoch wird so viel Komfort wie möglich geboten. Deluxe und Superior Chalets mit kleiner Terrasse und Campingmöglichkeit. €€–€€€

Guter Standard – **Tekoma Resort 2 :** knapp 300 m westl. vom Ortskern an der Straße zum Wasserwerk, Tel. 01 83 23 75 27, https://tekomaresort.com/about-us. Relativ dicht beieinanderstehende, saubere Reihenhäuser und Bungalows. Die recht großzügigen Doppel- und Familienzimmer haben teils Terrasse oder Balkon. Die Zimmer sind schlicht, aber ordentlich und die Klimaanlage funktioniert gut. Es gibt einen kleinen Pool. €€

Mit Pool – **Xcape Resort @ Taman Negara 3 :** südöstlich vom großen Parkplatz, Tel. 092 66 11 11, www.xcaperesort-tamannegara.com. Das ruhig gelegene Resort mit Garten, mäßig sauberem Pool und 86 Zimmern könnte zwar netter gestaltet sein, hat aber ein relativ gutes Preis-Leistungs-Verhältnis. Die günstigeren klimatisierten Zimmer mit gefliesten Böden haben keine Fenster. Auch geräumige Chalets, Suiten und 4er- bis 8er-Zimmer mit Doppelstockbetten. Restaurant, Internet in der Lobby. €€

Günstig und zentral – **Hana Guesthouse 4 :** westlich der Schule, Tel. 01 99 54 67 18, razali9566@gmail.com. Kleiner Familienbetrieb mit preiswerten und ausreichend ausgestatteten Zimmern, auch ein klimatisiertes Zimmer für drei Personen. €

Im Dorf – **Tebing Guesthouse 5 :** hinter der Schule, Tel. 01 35 84 34 76, www.facebook.com/tebingguesthouse. In einem 2-stöckigen Reihenhaus hinter dem Hana Guesthouse werden mit allem Erforderlichen eingerichtete, saubere, geflieste Zimmer mit Klimaanlage und kalten Duschen von freundlichen, hilfsbereiten Besitzern vermietet. €

Essen & Trinken

Hotelstandard – **Sri Mutiara Restaurant 1 :** oberhalb des Flusses am Weg von der Bootsanlegestelle zum Headquarters. Das luftige Restaurant des Resorts serviert hochpreisige lokale und internationale Gerichte. Zum Frühstück, Mittag- und Abendessen wird außerdem ein Büfett aufgebaut. €€

Essen auf dem Wasser – **Schwimmende Restaurants 2 :** In den kleinen malaiischen Restaurants auf Bambusflößen werden einfache lokale Gerichte zubereitet. Die Erwartungshaltung sollte nicht zu hoch sein, da die Auswahl an Lebensmitteln begrenzt ist und Zugeständnisse an den Geschmack der Gäste aus aller Welt gemacht werden. Die von der Anlegestelle im Park kommenden Fähren legen direkt bei den Restaurants an. €

Einkaufen

Lebensmittel – **Minimarkt 1 :** neben dem Headquarters. Snacks, Konserven, Eiscreme und alkoholfreie Getränke zu relativ hohen Preisen. Wasser bekommt man etwas günstiger in den Dorfläden.

Aktiv

Geführte Wanderungen – Lizenzierte Führer werden im Headquarters vermittelt, sind für die meisten Tagestouren jedoch nicht nötig (RM 280/Tag). Auch einige Unterkünfte bieten zum Teil mehrtägige Trekkingtouren durch den Regenwald an, übernachtet wird in Höhlen, Schutzhütten oder Zelten am Flussufer (ab 3–4 Teilnehmern, 3 Tage/2 Nächte ab RM 330). Mit kompetenten Naturführern kann man Nachtwanderungen unternehmen (RM 25–45/Pers.).

Bootstouren – Boote können über die Unterkünfte und die schwimmenden Restaurants organisiert werden (für bis zu 4 Pers. bis Lata Berkoh RM 160–180 und zum Canopy Walkway RM 60–80). Das Headquarters organisiert eine 3-stündige Night River Safari (ab 20.30 Uhr, RM 200 pro Boot).

DIE BESTEIGUNG DES BUKIT TERESEK

Tour-Infos

Start/Ziel: Mutiara Taman Negara Resort (s. S. 279)
Dauer/Länge: ca. 4 Std. /ca. 6 km
Schwierigkeitsgrad: Der Auf- und Abstieg ist etwas schweißtreibend, die Strecke am Fluss entlang hingegen einfach.
Infos: im Headquarters (s. S. 278)
Hinweis: Vor dem Start sollte man sich mit Snacks und ausreichend Trinkwasser ausstatten. Empfohlen wird ein Aufstieg am frühen Morgen, wenn es noch wesentlich kühler ist. Ein Guide ist nicht nötig, doch ein guter Naturführer kann die Augen für viel Interessantes entlang dem Weg öffnen.
Karte: S. 277

Es gibt zwei verschiedene Wege auf den Bukit Teresek. Die meisten Wanderer steigen vom Canopy Walkway auf den Berg, sodass es auf dieser Route vor allem vormittags recht voll und laut werden kann. Eine Alternative ist folgender Rundweg, auf dem man zumindest anfangs meist völlig allein unterwegs ist.

Der erste Teil der Strecke entlang dem Ostufer des Sungai Tahan deckt sich mit der Wanderung zum Lubok Simpon (s. S. 277). Wenig später verlässt man den Uferweg und folgt rechts der Ausschilderung Jenut Muda (s. S. 277) durch den Dschungel. Der Weg zu der Salzstelle verläuft am Hang entlang und über einen Bach. Das erste Ziel sind zwei Tümpel mit mineralreichem Schlamm, in dem leicht die Spuren von Wildschweinen und Rehen auszumachen sind. Sogar Tapire wurden hier bereits gesichtet. Häufig sind Ornithologen unterwegs, die vor allem nach dem Argusfasan Ausschau halten und dem morgendlichen Dschungelkonzert der vielen anderen Vögel lauschen.

Rechts hinter der Salzstelle beginnt nach der Überquerung eines Bachs der anstrengende Aufstieg auf den 344 m hohen **Bukit Teresek** 8 . Nach Regenfällen wird dieser Pfad sehr schlüpfrig. Manchmal muss man sich an steilen Stellen am Wurzelgeflecht hinaufziehen. Doch bereits nach 800 m ist der Hauptweg erreicht, der links zu zwei Aussichtspunkten führt. Vom ersten Aussichtspunkt blickt man nach Süden und entdeckt zwischen den Baumkronen den Sungai Tembeling. 10 Min. später sind vom zweiten Aussichtspunkt die von unberührten Regenwäldern bedeckten Berge im Norden und bei gutem Wetter in der Ferne der 2187 m hohe Gipfel des Gunung Tahan zu sehen.

Auf demselben Pfad geht es nun zurück bis zur Abzweigung nach Jenut Muda. Statt auf dem kürzeren Plankenweg geradeaus zum Headquarters zurückzukehren, hält man sich links und wandert zum Teil über Treppenstufen hinunter zum Canopy Walkway (s. S. 277). Nach einer Tour über die schwankenden Hängebrücken steht der 1,5 km lange Rückweg entlang dem westlichen Ufer des Sungai Tembeling zum Resort an. Auf diesem ausgetretenen, ebenen Fußpfad erreicht man nach einer halben Stunde die ersten Bungalows des Mutiara Taman Negara Resort.

Verkehr

Busse: Einige Gesellschaften, u. a. die Backpackerbusse von Han Travel, https://han.travel, und NKS, https://nkstravel.com, fahren gegen 9 und 10 Uhr in die Cameron Highlands (4–5 Std., RM 95), gegen 8 Uhr nach Kuala Besut (6,5–7,5 Std., RM 120, manchmal mit Umstieg in Gua Musang) und gegen 10 Uhr nach Kuala Lumpur (4–5 Std., RM 95). Bei NKS werden die Passagiere mittags noch für 1,5 Std. im NKS Cafe in Jerantut zwischengeparkt.

Überlandtaxis: Von den Unterkünften in Kuala Tahan zum Bahnhof nach Jerantut (RM 80–100), Kuala Lipis (RM 180), Kuantan (RM 320) und Kuala Lumpur (RM 350).

Boote: Ab der Jetty in Kuala Tembeling (▶ 1, L 10), 19 km nordwestl. von Jerantut, fahren gegen 13 Uhr Boote auf dem Sungai Tembeling nach Kuala Tahan (3 Std., RM 55), zurück zur gleichen Zeit. Zur Jetty ab Jerantut mit Bussen (RM 5) oder dem Taxi (RM 30), ab Kuala Lumpur s. S. 138.

Von Jerantut nach Kota Bharu

Eine Eisenbahnlinie von **Gemas** (▶ 2, M 15) bis **Tumpat** (▶ 1, L 3), 17 km nordwestlich von Kota Bharu, verbindet den Südwesten mit dem Nordosten der Halbinsel. Der sogenannte Dschungelzug war bis vor einigen Jahren die einzige durchgehende Verkehrsverbindung in diesem Teil Malaysias und die Fahrt ist noch immer ein Erlebnis, für das man allerdings viel Zeit und Muße benötigt. Gemächlich tuckert der Zug durch die abwechslungsreiche Landschaft, stoppt ausgiebig an jedem Bahnhof und fährt selten pünktlich ab. Der interessanteste Abschnitt liegt zwischen Gua Musang und Kuala Krai.

Das Hinterland in dieser Gegend wurde erst in den vergangenen Jahrzehnten erschlossen, zuerst durch die Holzfäller und seit den 1970er-Jahren durch die staatliche Entwicklungsgesellschaft KESEDAR, die Straßen baut, neue Siedlungen mit überdimensionierten Verwaltungs- und Versorgungseinrichtungen errichtet und auf gerodeten Regenwaldflächen riesige Plantagen anlegt. Jenseits der Hauptverkehrsstraßen scheinen diese Impulse wenig dazu beizutragen, die Ortschaften aus ihrem Dornröschenschlaf zu wecken. Hier geht das Leben noch immer seinen geruhsamen Gang.

Jerantut ▶ 1, M 11

Die kleine Ortschaft **Jerantut** bildet das Eingangstor zum Taman Negara National Park (s. S. 275). Einige Busse legen hier einen Zwischenstopp ein, aber außer ein paar alten Geschäftshäusern, einem kleinen chinesischen Tempel und dem Markt gibt es wenig zu sehen. Die Überlandbusse halten nördlich des Bahnhofs am Terminal Sentral Jerantut. Wer spät mit dem Zug ankommt oder am nächsten Morgen mit dem ersten Boot in den Park fahren will, muss in Jerantut übernachten.

Übernachten

Ansprechend und sauber – **Wau Hotel & Café:** Jln. Sungai Jan, Inderapura, Tel. 092 60 22 55, www.wauhotels.com. Die 16 Zimmer sind in kräftigen Farben angemalt und haben AC, TV und Internetzugang. In der näheren Umgebung einfache Restaurants. €

Einfach und zentral – **Hotel Firdaus:** 2–5 Jln. Jerantut-Benta, Tel. 092 66 14 09, www.facebook.com/hfjerantut. Das unscheinbare Billighotel südlich der Hauptstraße bietet schlichte, für eine Nacht völlig ausreichende Zimmer mit AC und TV zu unschlagbar günstigen Preisen. €

Verkehr

Züge: Der Nachtzug von Johor Bahru nach Tumpat hält frühmorgens zwischen 4.30 und 5 Uhr in Jerantut und fährt in der Nacht gegen 4 Uhr zurück.

Busse: Vom Terminal Sentral nördlich des Bahnhofs mehrmals tgl. nach Kuala Lipis (1,5 Std., RM 8), Kuala Lumpur (4 Std., RM 19) sowie um 8 und 15 Uhr nach Kuantan (3,5 Std., RM 18).

Überlandtaxis: Vom Busbahnhof mitten im alten Zentrum, Tel. 092 66 20 88, in die Cameron Highlands (RM 300), nach Kuala Lipis (RM 80), Kuala Lumpur (RM 250–270) und Kuantan (RM 220) und weiter nach Kuala Terengganu (6–7 Std., RM 40).

Kuala Lipis ▶ 1, K/L 10

Es ist erstaunlich, wie viele repräsentative alte Bauten in dem kleinen **Kuala Lipis** zu finden sind. Ein Blick in die Geschichte erklärt vieles: Bei archäologischen Ausgrabungen wurden bis zu 4500 Jahre alte Werkzeuge von Menschen gefunden, über die nichts Weiteres bekannt ist. Die ersten schriftlichen Überlieferungen stammen von Händlern, die sich am Zusammenfluss von Sungai Jelai und Sungai Lipis ansiedelten, um Gold aus den weiter südlich gelegenen Minen, Felle, Heilkräuter, Wurzeln aus dem Hinterland aufzukaufen und auf dem Sungai Pahang zur Ostküste zu verschiffen. Es muss ein lukratives Geschäft gewesen sein, denn bereits Ende des 19. Jh. bauten die Engländer eine unbefestigte Straße von Kuala Lumpur nach Kuala Lipis. 1913 wurde die erste Anglo Chinese School gegründet und 1924 erreichte die Eisenbahn den Ort. Von 1919 bis 1955 war Kuala Lipis sogar die Verwaltungshauptstadt von Pahang.

Jenseits vom Bahnhofsvorplatz zeugt eine Reihe hübscher chinesischer Geschäftshäuser in der Jalan Besar vom Wohlstand der Händler. Über mehrere Hügel weiter südlich erstreckte sich das britische Verwaltungszentrum mit dem **District Administration Building** (Pejabat Tanah Lipis) von 1919. In dem bereits 1867 erbauten **Pahang Club** wohnten die britischen Residenten, bis gegenüber das **Government Resthouse** fertiggestellt worden war. Die **Clifford School,** eine der ersten Adressen im malaysischen Bildungssystem, hat unter ihren ehemaligen Schülern sogar Sultane und Premierminister vorzuweisen. Jenseits der Brücke liegt im neuen Viertel **Bandar Baru Kuala Lipis** der große Busbahnhof.

Eine Straße zweigt nordwestlich von Kuala Lipis in die Cameron Highlands (s. S. 176) ab. Sie wird nicht von öffentlichen Verkehrsmitteln befahren, aber von Taxis und Backpackerbussen.

Übernachten

Im neuen Viertel – **Hotel Bestari:** 42–43 Lorong BBKL 2/2/1, Tel. 093 12 66 26, http://hoteljelai.com. In der Nähe des Busbahnhofs ist dieses kleine, saubere Hotel eine gute Alternative. Ähnlich das Schwesterhotel **Hotel Bestari Prima:** 28 Lorong BBKL 2/3/2, Tel. 093 12 61 09. Beide liegen in der Nähe von Restaurants, die bis spät in die Nacht geöffnet sind. €

Mit Flussblick – **Hotel Jelai:** 44 Jln. Jelai, Tel. 093 12 11 92, http://hoteljelai.com. In einem kleinen Gebäude an der Uferstraße werden preiswerte, saubere und geflieste Zimmer mit Internetzugang, AC und Fernseher vermietet. €

Essen

Fischig fein – **Azmi Steam Fish:** direkt südlich vom Busbahnhof, Tel. 01 39 11 55 00, www.facebook.com/azmisteamfish, Mo–Do, Sa 11–22, Fr 17–22 Uhr. Das einfache Lokal serviert

den regionalen Pangasius mit Tempoyak-Soße, in der die berüchtigte Stinkfrucht Durian zu überraschend fruchtigen und ganz und gar nicht abstoßenden Geschmacksnoten findet. Mittags günstige Menüs mit Hühnchen und Tempeh. €–€€

Verkehr

Züge: Der Bahnhof von Kuala Lipis, Tel. 093 12 13 41, liegt im Zentrum der Altstadt. Züge fahren um 6.11 und 16.35 Uhr nach Tumpat (nahe Kota Bharu). Wer die Gegend in aller Ruhe kennenlernen möchte, nimmt den Bummelzug am Nachmittag (Shuttle) – er hält garantiert an jedem Bahnhof.

Busse: Vom Busbahnhof im Vorort Bandar Baru Kuala Lipis um 18.30 Uhr nach Gua Musang (2 Std., RM 10), mehrmals tgl. nach Jerantut (1,5 Std., RM 8) und alle 60–90 Min. von 6.30–18.30 Uhr nach Kuala Lumpur (4 Std., RM 14).

Überlandtaxis: Ab der Jalan Besar nördlich des Bahnhofs bringen einen Taxis in die Cameron Highlands (RM 250), nach Fraser's Hill (RM 200), Gua Musang (RM 150), Taman Negara (Kuala Tahan, RM 180) und Jerantut (RM 70–80).

Gua Musang ▶ 1, K 7

Auf der 235 km langen Strecke zwischen Kuala Lipis und Kuala Krai (s. S. 286) wurde erst in den 1980er-Jahren mit dem Straßenbau begonnen. Noch bis ins 21. Jahrhundert hinein waren die Bahnhöfe im Ortskern das Zentrum aller Aktivitäten – hier kamen die Reisenden und die lebensnotwendigen Güter an und hier wurden die riesigen Baumstämme aus den Holzfällercamps verladen. In den 1970er-Jahren machte sich die staatliche Entwicklungsorganisation Kelantan Selatan Development Authority (KESEDAR) daran, **Gua**

Die Entdeckung der Langsamkeit – mit dem Dschungelzug durchs Landesinnere

Musang zum Versorgungszentrum auszubauen. Knapp 300 m nordwestlich vom Bahnhof überragt die **Masjid Bandar Razaleigh** mit ihren 30 m hohen Minaretten das Zentrum. Der nach einem Parlamentsabgeordneten benannte Moscheebau ist der Großen Moschee in Mekka nachempfunden und für bis zu 3500 Gläubige ausgelegt.

Wer dagegen östlich der Bahnstrecke zu den bewaldeten Kalkfelsen läuft, erblickt linker Hand neben dem kleinen Minarett der **Masjid Buluh** eine Moschee, die fast komplett aus Bambus errichtet wurde. Am gegenüberliegenden Felsen wurde der **Muse Ecopark** angelegt, ein Freizeitareal mit Pool und Kinderbecken, Bistro, Getränkestand und einem Klettersteig an einer 40 m hohen Felswand – hinab geht's mit einer Seilrutsche.

Ca. 3 km südlich von **Gua Musang Lama,** dem alten Gua Musang, entstand die auf dem Reißbrett entworfene Stadt **Bandar Baru Gua Musang** mit überdimensionierten Verwaltungsgebäuden, Schulen, einem Elektrizitätswerk, Krankenhaus, Supermarkt und Busbahnhof. Am südlichen Stadtrand liegt der 35 ha große **Taman Mini Air Etnobotani,** ein Park mit Kräutergarten, Rotwildgehege, Kletterwand, Seilrutsche und einem wenig stimulierenden Freibad (Mi–Mo 10–19 Uhr, RM 5).

Nördlich des alten Zentrums entstand mit Bandar Utama ein Neubaubezirk in noch größerem Ausmaß, für den ganze Hügel abgetragen wurden.

Übernachten

Im Grünen – **Kesedar Inn:** am Sungai Galas etwa 450 m westl. der Hauptstraße von Gua Musang Lama, Tel. 099 12 12 29. Hinter der Moschee führt ein Weg zu dieser 1-stöckigen Anlage. Die Zimmer im Neubau sind größer als die im alten Flügel. Wenn mittags die Backpackerbusse von den Cameron Highlands nach Kuala Besut hier anhalten, wird im Restaurant ein Büfett aufgebaut. Internetzugang. €

Nahe dem alten Zentrum – **Mines Inn:** Jln. Pulai, etwa 150 m südl. der Caltex-Tankstelle neben dem 7-Eleven-Shop, Tel. 099 12 13 39. Kleines Hotel an der Hauptstraße nur wenige Minuten südlich vom alten Zentrum und Bahnhof. Die Zimmer im Neubau, teils ohne Fenster, sind mit allem Notwendigen eingerichtet und sauber. €

Verkehr

Züge: Am Bahnhof, Tel. 099 12 12 26, im alten Zentrum beginnt der interessanteste Teil der Zugfahrt durch eine abwechslungsreiche Karstlandschaft gen Norden. Züge fahren 4 x tgl. nach Kota Bahru (Tumpat) sowie in Johor Bahru gegen 23.26 Uhr, zudem gibt es 2 Shuttlezüge nach Kuala Lipis.

Busse: Vom Busbahnhof in Bandar Baru mehrmals tgl. nach Kota Bharu (3 Std., RM 19) und über Kuala Lipis (1,5 Std., RM 16) nach Kuala Lumpur (4 Std., RM 30–45).

Überlandtaxis: Vom Busbahnhof in Bandar Baru in die Cameron Highlands (RM 200), nach Kota Bharu (RM 250), Kuala Koh (RM 130), Kuala Lipis (RM 150), Kuala Terengganu (RM 220).

Taxis: Vom Bahnhof zum Busbahnhof in Bandar Baru RM 10.

Abstecher Richtung Kuala Terengganu ▶ 1, K 7–O 6

Der dritte **East-West-Highway,** der die Westküste von Ipoh über die nördlichen Ausläufer der Cameron Highlands und Gua Musang (Fernstraßen 181, 185) mit der Ostküste bei Kuala Terengganu verbindet, führt anfangs durch die monotone Landschaft der gigantischen Ölpalmplantage Felda Aring.

Zum Nordeingang des Taman Negara National Park

Von der 1744 verläuft eine schmale, ausgeschilderte Straße rund 12 km Richtung Süden nach **Kuala Koh** (▶ 1, M 7), dem nördlichen Eingang zum Taman Negara National Park (s. S. 275). In der Nähe des Nationalparkeingangs leben Mitglieder des Batek-Stammes. Auch der Lebensraum dieser Orang Asli wird immer stärker durch die Ausbreitung der Plantagen bedroht und sie müssen wie viele andere um ihre Landrechte kämpfen oder haben ihr Land bereits aufgegeben. In den letzten Jahren leiden die entlegenen Siedlungen der Orang Asli im Landesinneren vermehrt unter Konflikten mit wilden oder ausgewilderten Elefanten und Tigern, deren Lebensraum ebenfalls dramatischen Schwund verzeichnet.

Tasik Kenyir

Auf einer breiten Straße, die manchmal durch Erdrutsche blockiert ist, geht es durch Plantagenland bis an die Grenze zum Bundesstaat Terengganu, wo der Dschungel beginnt. Schon bald kommen die ersten Ausläufer des **Tasik Kenyir** (▶ 1, M/N 6/7) in Sicht, je nach Wasserstand mit einer Größe von 210 000 bis 380 000 ha einer der größten Stauseen Südostasiens. An seinem Nordufer hat das Wildlife Department neben der Straße und knapp 100 km von Gua Musang entfernt auf 256 ha das **Kenyir Elephant Conservation Village** (▶ 1, M 7) eingerichtet, in dem derzeit 18 Elefanten leben. Besucher können sie baden und füttern, sie von einem mehrere hundert Meter langen Komplex aus Hängebrücken und Beobachtungstürmen aus in ihrem naturnahen Freigehege beobachten und sich um 11.30 und 15.30 Uhr (Fr 16 Uhr) an einer informativen Show erfreuen, bei der dressierte Tiere einfache Tricks demonstrieren. Wie auch in Kuala Gandah (s. S. 140) kommt der zugrundeliegende Tierschutzgedanke durch den hohen Kostendruck im Unterhalt nicht ohne Dressur und eine gewisse Kommerzialisierung aus. Dennoch insgesamt keine schlechte Sache, v. a. im Vergleich zum Schicksal vieler anderer Elefanten im Tourismus (z. B. in Thailand). Auf das Reiten sollte man aber trotzdem besser verzichten (Tel. 098 58 55 88, www.kecv.com.my, Sa–Do 9–17, Fr 9–12.30 und 14.30–17.30 Uhr, Erw. RM 50, Kind. RM 30).

Sungai Gawi Jetty

Nach weiteren 51 km ist die **Sungai Gawi Jetty** (▶ 1, N 6/7) erreicht, wo man Boote für Ausflüge mieten kann. Auch Unterkünfte auf Inseln und Hausboote für Großgruppen werden hier vermittelt. Im See liegen 340 kleinere und größere Inseln und an seinem Ufer sieben Wasserfälle sowie mehrere Tropfsteinhöhlen. Leider hat man einige Inseln bzw. Uferbereiche in der nordöstlichen Hälfte für überdimensionierte Parkplätze, Duty-Free-Einkaufszentren und ein nicht sehr attraktives Freibad planiert und gerodet.

Infos

Kuala Koh National Park Headquarters: Kuala Koh, Tel. 01 79 00 95 22, www.wildlife.gov.my, Sa–Do 8–13, 14–19, Fr 8–12.15, 14.45–19 Uhr. Hier erhält man Informationen und kann einfache Zimmer im Park buchen.
Tasik Kenyir Tourist Information Centre: 5 Gehmin. oberhalb der Sungai Gawi Jetty, Tel. 096 26 77 88, So–Do 8.30–13 und 14–17 Uhr. Infos über Flora und Fauna rund um den Stausee, Buchung von Hausbooten und Unterkünften am See, Essensstände.

Verkehr

Entlang dieser Strecke fahren keine Busse, sodass ein eigenes Fahrzeug erforderlich ist. Von Gua Musang bis zur Sungai Gawi Jetty (147 km) ist mit einer Fahrtzeit von 3 Std. ohne Abstecher zu rechnen. Taxis ab Kuala Terengganu RM 100, zudem Touren, u. a. mit Ping Anchorage, s. S. 266.

Dabong ▶ 1, K 6

Eines dieser absolut verschlafenen Nester im Landesinneren, in denen die Zeit stehen geblieben zu sein scheint, befindet sich am Sungai Galas. Das rund 3500 Einwohner zählende Städtchen **Dabong** hat sich auch nach Anschluss an die Fernstraßen seine geruhsame Atmosphäre bewahren können. Selbstfahrer sollten nicht damit rechnen, hier eine funktionierende Zapfsäule vorzufinden – also besser nicht mit fast leerem Tank anreisen.

Gua Ikan

Jederzeit zugänglich, Eintritt RM 2

Ein beliebtes Ausflugsziel liegt rund 3 km südöstlich von Dabong an der Straße 66: die Höhle **Gua Ikan.** Sie weist besonders zur Mittagszeit einen schönen Lichteinfall auf, zudem fließt ein Fluss durch die Höhle hindurch. Am Fuß steil aufragender Kalkfelsen, die 225 Mio. Jahre alt sein sollen, befindet sich ein hübscher und beliebter Picknickplatz. Im Rahmen von Führungen werden auch die anderen Kavernen Gia Gelap, Gua Pagar und Gua Keris besucht.

Gunung Stong State Park

Tel. 01 79 58 71 67 (für die Buchung von Guides), tgl. 6–18 Uhr, Eintritt RM 10

Nur 6 km südwestlich des Orts, nahe der KESEDAR-Siedlung **Kampung Jelawang,** erhebt sich weithin sichtbar das gewaltige Granitmassiv des **Gunung Stong State Park,** dessen Berge bis zu 1500 m aufragen. Mit einem Alter von 500 Mio. Jahren gehört der Gebirgsstock zu den ältesten Landmassen Südostasiens. Und noch einen weiteren Superlativ hat der Park zu bieten: Über sieben Stufen stürzt hier inmitten des Dschungels ein imposanter Wasserfall ins Tal, der **Air Terjun Jelawang,** mit 303 m einer der höchsten des ganzen Landes. In der Trockenzeit plätschert er mitunter nur gemächlich die schräge Felswand hinab, dann lohnt die dreistündige Wanderung dorthin eher weniger. Am Fuß des Wasserfalls liegen direkt hinter einer verfallenen Bungalowanlage unter hohen Baumriesen mit gewaltigen Brettwurzeln schöne Badeplätze, die einfach zu erreichen sind. Außerdem kann im Baha Camp gezeltet werden. Der Aufstieg auf den 1433 m hohen **Gunung Stong** über steile, schmale Pfade und Treppen durch dichten Regenwald und entlang nackter Granitwände sollte nur im Rahmen einer Tour unternommen werden. Entsprechende Touren werden in Kota Bharu von Suzilan im SR Outdoor Gear Centre (s. S. 247) organisiert und sollten zeitig im Voraus angemeldet werden.

Verkehr

Züge: Vom Bahnhof in Dabong fahren mehrmals tgl. Züge nach Kota Bharu (Tumpat), Gua Musang und Johor Bahru.

Kuala Krai ▶1, L 5

Lange Zeit war **Kuala Krai** einer der letzten Außenposten, der nur auf einer Straße von Norden her zu erreichen war. Am einst wichtigen Bootssteg legen heutzutage nur noch Außenborder an, die auf dem schlammigen Sungai Kelantan in die benachbarten Ortschaften fahren. Einen kurzen Boom erlebte Kuala Krai durch den Bau der Fernstraße 8, auf der die Busse von Kota Bharu nach Kuala Lumpur brausen. Zu beiden Seiten des Highways sind Neubauviertel aus dem Boden geschossen, während im alten Stadtzentrum die Zeit stillzustehen scheint. Klassische Sehenswürdigkeiten gibt es keine, dafür kann man hier prima Atmosphäre

Aus eigener Kraft kann der Rattan nicht in die Höhe wachsen, doch die Natur hat mitgedacht: Mit seinen Stacheln rankt er sich an benachbarten Bäumen empor

schnuppern und authentisches Kleinstadtleben beobachten.

Vom Bahnhof am Rand der Altstadt geht es in westlicher Richtung durch das chinesische Geschäftsviertel mit einigen alten Holzhäusern zur **Markthalle des Pasar Besar.** Dahinter erstreckt sich rings um einen **Park** mit Teichen und alten Bäumen das **Verwaltungsviertel** mit dem Krankenhaus, den einstigen britischen Verwaltungsgebäuden sowie alten Wohnhäusern, die inzwischen weitgehend verfallen sind.

Verkehr

Züge: mehrmals tgl. Züge nach Tumpat (bei Kota Bharu) und Johor Bahru mit Stopps in Gua Musang und Dabong.

Busse: etwa stdl. nach Kota Bharu (2 Std., RM 8) und Gua Musang (2 Std., RM 13).

Überlandtaxis: Vom Bahnhof, vom Markt im alten Zentrum oder dem Busbahnhof nach Gua Musang (RM 100), zum Gunung Stong State Park (RM 90) und nach Kota Bharu und Kuala Besut (RM 80). Nachmittags und abends oft teurer.

Südchinesisches
Meer
Miri
Kuching
Sibu

Kapitel 4

Sarawak

Land der Kopfjäger, Glücksritter und Entdecker – historische wie aktuelle Beschreibungen klingen immer ein wenig nach großartigem Abenteuer. Noch vor 40 Jahren war Sarawak überwiegend von Dschungel bedeckt, waren viele Siedlungen nur mit dem Außenborder zu erreichen.

Erst seit der Trans-Borneo-Highway die großen Städte miteinander verbindet, sind die meisten Menschen von den Flüssen an die Straßen gezogen, haben Langhäuser aus Stein gebaut und das Boot mit dem Motorrad vertauscht. Mit der Entwicklung der Infrastruktur verlor das Land allerdings auch einen Teil seiner Identität und natürlichen Reichtümer.

In der multikulturellen Hauptstadt Kuching erschließt sich jenseits der modernen Fassaden das alte Sarawak aus der Zeit von James und Charles Brooke, weiße Herrscher, die das Gebiet wie ihren Privatbesitz regierten. Bereits damals legten eifrige Forscher eine naturkundliche Sammlung an, die heute im Nationalmuseum zu bewundern ist. Und wer im Textilmuseum die aufwendig gefärbten und gewebten Ikatdecken gesehen hat, kann den unter einfachsten Bedingungen arbeitenden Menschen in abgelegenen Langhäusern nur Respekt zollen. Wie Kuching verfügen auch die Küstenstädte Sibu und Miri über unterhaltsame Möglichkeiten, den Abend zu verbringen. Vor allem am Wochenende ist in den Pubs und Restaurants kaum ein Platz zu finden.

Einige der schönsten Regenwälder des Bundesstaats wurden vor den Kettensägen der Holzfäller gerettet und gerade noch rechtzeitig als Nationalparks ausgewiesen. Zu den Highlights einer Reise in Sarawak gehören Bootsfahrten und Wanderungen durch den Dschungel mit kundigen Guides, am besten mit ursprünglichen Waldnomaden wie den Penan oder Orang Ulu. Und wer hätte ausgerechnet hier, im Hinterland von Borneo, eines der größten Höhlensysteme der Welt vermutet?

Seit 1843 beten die Chinesen in Kuchings Tua Pek Kong Temple zu ihren Göttern

Auf einen Blick: Sarawak

Sehenswert

Kuching und Umgebung: Multikulti und sehr lebendig präsentiert sich das historische Zentrum der Hauptstadt von Sarawak am Südufer des Sungai Sarawak, repräsentativ hingegen das Nordufer mit seinen modernen Bauten. Mehrere Nationalparks mit grandioser Fauna und Flora, ein Orang-Utan-Zentrum, ein Badestrand sowie ein gelungenes Freilichtmuseum liegen direkt vor der Türe von Kuching (s. S. 292).

Sarawak Cultural Village: In einem Freilichtmuseum am Damai Beach stellen verschiedene ethnische Gruppen höchst anschaulich ihre traditionelle Lebensart vor (s. S. 305).

Gunung Mulu National Park: Vielseitige Eindrücke garantieren die größten Höhlensysteme der Welt, bizarre Berge, Quellen und Flüsse, Siedlungen der Dschungelbewohner und nicht zuletzt einer der schönsten Regenwälder Malaysias (s. S. 328).

Schöne Routen

Entlang der Kuching Waterfront: Eine breite Uferpromenade parallel zur alten Chinatown verbindet internationale Hotels mit dem ältesten chinesischen Tempel der Stadt, kleinen Parks, einem Museum und historischen Gebäuden aus der Kolonialzeit. Unterwegs locken Essensständen und Souvenirläden (s. S. 292).

Auf dem Batang Rajang von Kapit nach Belaga: Nur mit Booten sind die abgelegenen Siedlungen am Oberlauf von Malaysias längstem Fluss erreichbar – eine Reise durch den Dschungel und die Zeit (s. S. 315).

Unsere Tipps

Rainforest World Music Festival: Malaysias größter Musikevent lockt Jahr für Jahr Zehntausende von Fans auf die Santubong Peninsula (s. S. 304).

Zu Orang-Utans und Kragenbären: Nicht weit von Kuching entfernt werden im Matang Wildlife Centre und in der Semenggoh Nature Reserve Orang-Utans und Kragenbären an ein Leben in Freiheit gewöhnt (s. S. 308, 309).

Eine Nacht im Langhaus: Im Siedlungsgebiet der Iban am Bantang Ai kann man in einem Langhaus übernachten und einen authentischen Eindruck von der Lebensweise der Einheimischen erhalten (s. S. 311).

Canopy Skywalk: Über schwankende Hängebrücken durch die Wipfelregion des tropischen Regenwalds im Gunung Mulu National Park spazieren (s. S. 332).

Südchinesisches Meer
BRUNEI
Die Pinnacles, eine Herausforderung für Trekker
Die schönste Höhlentour
Canopy Skywalk
Auf Plankenwegen zu den Niah-Höhlen
Gunung Mulu National Park
Bintulu
MALAYSIA
SARAWAK
Belaga
Entlang der Kuching Waterfront
Sibu
Auf dem Batang Rajang von Kapit nach Belaga
Batang Rajang
Kapit
Sarawak Cultural Village
Rainforest World Music Festival
Bootstour im Kuching Wetlands National Park
Wandern und Baden im Bako National Park
Matang Wildlife Centre
Kuching und Umgebung
Eine Nacht im Langhaus
Semenggoh Nature Reserve
Batang Ai
INDONESIEN

Bootstour im Kuching Wetlands National Park: Spannende Begegnungen mit der Tierwelt Borneos sind auf diesem Ausflug garantiert (s. S. 303).

Wandern und Baden im Bako National Park: Interessante Touren führen aufs Hochplateau und zu traumhaften Stränden (s. S. 306).

Auf Plankenwegen zu den Niah-Höhlen: Mitten durch den Regenwald geht es zu den Wohnhöhlen der ältesten Insulaner (s. S. 326).

Die schönste Höhlentour: Ein Teil des weltweit längsten Höhlensystems im Gunung Mulu National Park wurde Besuchern zugänglich gemacht (s. S. 330).

Die Pinnacles, eine Herausforderung für Trekker: Der Weg zu den Kalknadeln im Gunung Mulu National Park ist steil, aber die Aussicht belohnt für alle Mühen (s. S. 334).

✪ Kuching und Umgebung

Multikulturell und vielseitig präsentiert sich Kuching, die Hauptstadt von Sarawak, mit interessanten Kolonialbauten inmitten der Chinatown südlich des Sungai Sarawak und der malaiischen Siedlung mit dem Verwaltungszentrum an seinem Nordufer. Abwechslungsreiche Nationalparks und Tierschutzzentren liegen vor den Toren der Metropole.

Kuching ▸ 4, C 12

Cityplan: S. 294

Von den rund 725 000 Einwohnern, die im Großraum **Kuching** leben, sind knapp die Hälfte Chinesen und ein gutes Drittel Malaien. Zudem leben hier Bidayuh, Iban und andere indigene Völker sowie Inder, Araber und sogar einige Europäer. Die Straßenschilder sind dreisprachig und es wird weit mehr Englisch gesprochen als in West-Malaysia. Durch die Einflüsse verschiedener Kulturen ist auch das Essen in Kuching ein Genuss. Keinesfalls sollte man es versäumen, das Nyonya-Gericht *sarawak laksa,* einen kräftigen Nudeleintopf, sowie das regionaltypische Farngemüse zu probieren.

Auf der südlichen Uferseite

Einheimische wie Besucher flanieren gerne über die **Kuching Waterfront** 1 , vor allem bei Sonnenuntergang, wenn der Sungai Sarawak das Abendrot reflektiert und moderne wie historische repräsentative Gebäude im warmen Licht der untergehenden Sonne erstrahlen. Ausflugsboote und Schlepper ziehen langsam vorüber. Die kühn geschwungene **Darul Hana Bridge,** eine Fußgängerbrücke, führt hinüber zum jenseitigen Flussufer, wo in den späteren Abendstunden ein Musikbrunnen spielt. Im Westen trifft der Blick auf die auf Pfeilern ins Wasser gebaute Moschee **Masjid India** 16 die fotogen auf dem Wasser »schwimmt«. An der Waterfront bieten zudem Sampan, kleine überdachte Holzboote, eine gute Möglichkeit, für wenig Geld eine kurze Flussfahrt ans andere Ufer zu unternehmen. Ein beliebtes Ziel ist Kampung Boyan am Nordufer. Von hier aus kann man durch das dörflich-malaiische Viertel hinauf zum Fort spazieren.

Ein gutes Stück südöstlich die Promenade hinunter und auf der anderen Straßenseite erhebt sich auf einem Sockel am Hang der hübsche chinesische **Tua Pek Kong Temple** 2 . Bereits 1843 wurde dieser älteste Tempel der Stadt gegründet, der vor allem während des Wang-Kang-Fests zum Ende des chinesischen Neujahrs zumeist im Februar besucht wird, um der Toten zu gedenken.

Etwas unterhalb davon, im Park der Promenade, steht ein restauriertes einstöckiges Gebäude. Unter Raja James Brooke (s. S. 42), dem ersten weißen Herrscher von Sarawak, tagten hier die chinesische Handelskammer und das Gericht. Nun beherbergen die ehrwürdigen Räume das kleine **Chinese History Museum** 3 , das die Geschichte der einheimischen Chinesen, die verschiedenen Sprachgruppen angehören, anschaulich auffächert. Ihre Einwanderung erfolgte auf verschiedenen Wegen in mehreren Wellen aus unterschiedlichen Regionen und Anlässen. So ergibt sich ein überaus differenziertes Bild von den schwer arbeitenden Hakka, den geschäftigen Kantonesen und Foochow, den Teochew-Händlern und Hainan-Köchen. Eine Ausstellung widmet sich dem Schulwesen und den Traditionen, die auch in der neuen Heimat am Leben erhalten werden (Jln. Main Bazaar, Mo–Fr 9–16.45, Sa, So 10–16 Uhr, Eintritt frei).

Eine Freilichtbühne im Zentrum der Waterfront wird flankiert vom Gebäude der **Sarawak Steamship Company** 4 und dem **Square Tower** 5. Im einstigen Büro der Schifffahrtsgesellschaft wurde von 1930 bis zur japanischen Invasion der Schiffsverkehr, die Lebensader des Landes, verwaltet. Der Turm von 1879 diente nicht nur der Sicherung des Flusses, sondern auch als Gefängnis und Tanzsaal.

Old Courthouse (Ranee Museum) 6 und Brooke Memorial 7

7 Jln. Main Bazaar, Ranee Museum: tgl. 9–16.45 Uhr, RM 20, Kind. RM 10

Jenseits der Straße, in einem Komplex aus einstöckigen Kolonialgebäuden mit Säulenarkaden, Dächern aus Eisenholzschindeln und einem Uhrturm, tagte von 1874 bis 1973 der Oberste Gerichtshof von Sarawak. Nun sind in den altehrwürdigen Hallen u. a. ein Café-Restaurant, die Forstverwaltung und die Touristeninformation untergebracht. Außerdem lohnt ein Blick in das kleine, vom Brooke Trust kuratierte **Ranee Museum,** das sich dem Leben und Wirken von Margaret de Windt (1849–1936), der Frau des zweiten weißen Raja, widmet. Die gebürtige Französin wurde mit 19 Jahren zur Königin von Sarawak und hat zeitlebens das lokale Kunsthandwerk protegiert.

Bemerkenswert ist das **Brooke Memorial** im Vorhof für den zweiten Raja Sir Charles Brooke. Auf dem Granitobelisken stellen Bronzereliefs die größten Bevölkerungsgruppen Iban, Malaien, Chinesen und Orang Ulu (Kayan) dar.

Besonders imposant am Abend: die Darul Hana Bridge

Kuching

Sehenswert

1 Kuching Waterfront
2 Tua Pek Kong Temple
3 Chinese History Museum
4 Sarawak Steamship Company
5 Square Tower
6 Ranee Museum
7 Brooke Memorial

Textile Museum 8

Jln. Tun Haji Openg, Mo–Fr 9–16.45, Sa, So 10–16 Uhr, Eintritt frei, zur Zeit wg. Renov. geschl.

Das dreistöckige **Pavilion Building** hinter dem Gerichtshof scheint direkt aus New Orleans hierher verpflanzt worden zu sein. Es wurde zu Beginn des 20. Jh. als Krankenhaus errichtet. Nach einer kompletten Sanierung hat hier das hervorragende **Textilmuseum** seinen Platz gefunden. Es werden nicht nur außergewöhnliche Ikatdecken (Pua Kumbu, s. S. 71) gezeigt, sondern auch die aufwendigen Prozesse des Abbindens, Färbens und Webens erläutert, mit denen man die bedeutungsvollen, wiederkehrenden Muster

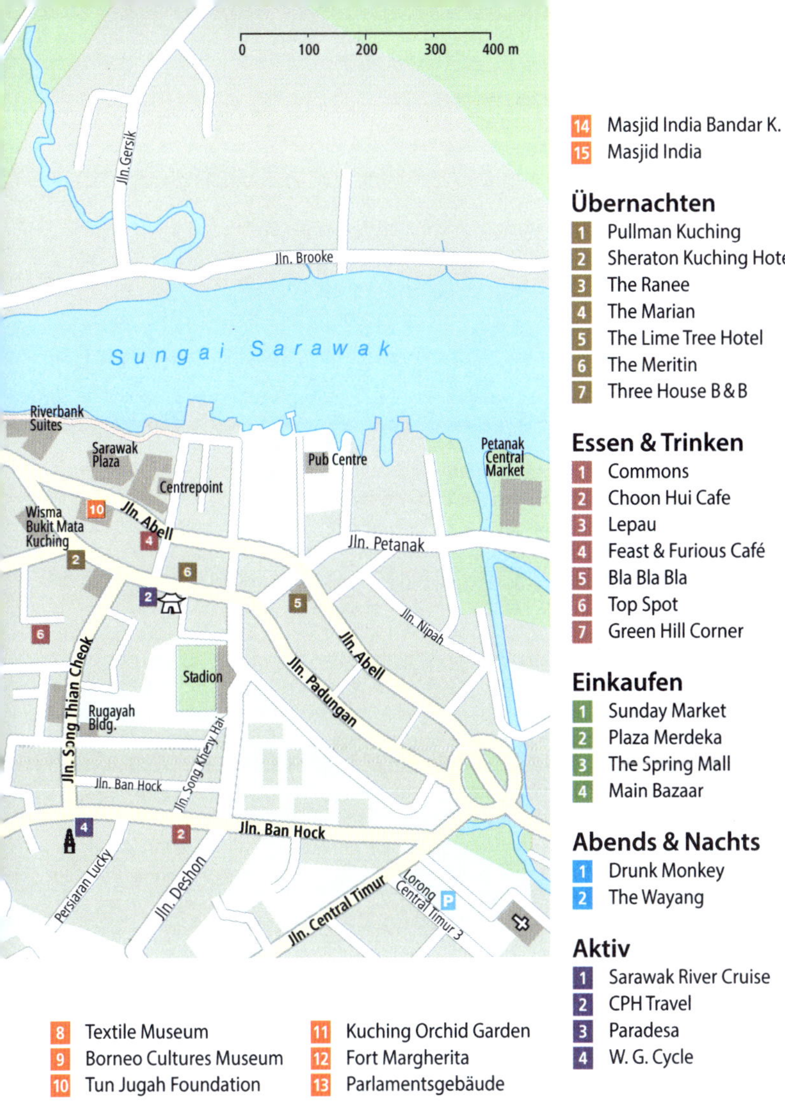

8 Textile Museum
9 Borneo Cultures Museum
10 Tun Jugah Foundation
11 Kuching Orchid Garden
12 Fort Margherita
13 Parlamentsgebäude
14 Masjid India Bandar K.
15 Masjid India

Übernachten

1 Pullman Kuching
2 Sheraton Kuching Hotel
3 The Ranee
4 The Marian
5 The Lime Tree Hotel
6 The Meritin
7 Three House B & B

Essen & Trinken

1 Commons
2 Choon Hui Cafe
3 Lepau
4 Feast & Furious Café
5 Bla Bla Bla
6 Top Spot
7 Green Hill Corner

Einkaufen

1 Sunday Market
2 Plaza Merdeka
3 The Spring Mall
4 Main Bazaar

Abends & Nachts

1 Drunk Monkey
2 The Wayang

Aktiv

1 Sarawak River Cruise
2 CPH Travel
3 Paradesa
4 W. G. Cycle

---

erzeugt. Sehenswert sind zudem die kunstvollen detaillierten Perlenstickereien sowie die traditionelle Kleidung der Orang Ulu, die aus Baumrinde hergestellt wird. Im oberen Stockwerk des Museums glänzen imposante Festgewänder unterschiedlicher Bevölkerungsgruppen und schwerer Silberschmuck der Iban.

Borneo Cultures Museum 9

Jln. Tun Haji Openg, Tel. 082 24 42 32, https://museum.sarawak.gov.my/web/home/index, Mo–Fr 9.40–16.45, Sa, So 9.30–16.30, Führungen um 10.30 und 14.30 Uhr, RM 50/RM 25
Bereits 1891 unter dem zweiten Raja Charles Brooke erbaut, entwickelte sich das **Sarawak Museum** schon bald zur wichtigen Anlauf-

Abenteurer im Regenwald – Forschungs- und Reiseberichte

Manch abenteuerlicher Reisebericht wurde in den vergangenen Jahren aus verstaubten Antiquariaten hervorgeholt und wieder neu aufgelegt, denn was einige der ersten Europäer im Dschungel erlebten, klingt heute noch so spannend wie damals. Das dürfte auch der Ansporn für ein paar ›moderne‹ Abenteurer gewesen sein, die in den 1980er-Jahren auf den Spuren der Entdecker zu den letzten Dschungelbewohnern Malaysias reisten.

1896 veröffentlichte der britische Naturforscher Alfred Russel Wallace (1823–1913) die Aufzeichnungen von seinen Reisen durch den westlichen Teil von Borneo und die indonesische Inselwelt: »The Malay Archipelago – The Land of the Orang-utan and the Bird of Paradise; A Narrative of Travel with Studies of Man and Nature«. Sein Bericht von langen Flussfahrten ins Landesinnere und den Begegnungen mit unbekannten Dschungelvölkern fesselte die Menschen im viktorianischen England und machte das Werk zu einem wissenschaftlichen Bestseller. Während seiner Schiffsreisen zu verschiedenen Inseln stellte Wallace fest, dass es zwischen der Tier- und Pflanzenwelt auf Bali und Lombok eine bedeutsame biogeografische Grenze gibt, die ebenso zwischen Borneo und Sulawesi verläuft: die später nach ihm benannte Wallace-Linie. Aufgrund seiner detaillierten naturwissenschaftlichen Beobachtungen entwickelte der Naturforscher bereits 1855 in Santubong nahe Kuching sowie auf der indonesischen Insel Ternate die Grundzüge der Evolutionstheorie, die er seinem Freund Charles Darwin zur Begutachtung und Veröffentlichung schickte. Beinahe gleichzeitig hatte Darwin am anderen Ende der Welt auf den ecuadorianischen Galápagos-Inseln ähnliche Ideen entwickelt, die ihm einen festen Platz in allen Schulbüchern einbrachte. Ein Nachdruck von Wallace' Buch erschien u. a. im Jahr 2000 bei Periplus, Singapur. Auf Deutsch erschien »Der Malayische Archipel: Die Heimat von Orang-Utan und Paradiesvogel« 2014 im Erdmann Verlag.

Sir William George Maxwell (1871–1959), ein britischer Kolonialbeamter in Malaya und den Straits Settlements, veröffentlichte 1907 fünfzehn seiner autobiografischen Erzählungen in dem Sammelband »In Malay Forests«. Darin berichtet er von seinen Ausflügen in die Tropenwälder auf der malaiischen Halbinsel, wo er Tiger und Krokodile ebenso jagte wie Wildrinder *(gaur)* in Pahang und ein Nashorn in Perak – Letztere sind in Malaysia mittlerweile ausgestorben. Maxwell beschreibt aber auch die Lebensweise der malaiischen Dorfbewohner sowie animistische Rituale und notiert Fabeln wie Gedichte. Mehrere Reprints seines Buchs erschienen in Singapur, zudem 2019 bei Wentworth, Sydney, und digital auf www.archive.org.

Sylvia Leonora (1885–1971), die extravagante spätere Lady Brooke und letzte Ranee von Sarawak, schrieb insgesamt elf Bücher, darunter viele Kurzgeschichten. Im Alter von über 80 Jahren entstand ihre Autobiografie »Queen of the Headhunters«, worin sie auch über das Leben mit dem letzten britischen weißen Raja Charles Vyner Brooke (s. S. 42) und ihren drei Töchtern in Kuching berichtet. Sie reiste viel und entsprach mit ihrer freizügigen Art keineswegs dem Bild einer Frau in ihrer Position zur damaligen Zeit. Das Original ihrer Autobiografie erschien 1970 in London, seither wurden mehrere Nachdrucke veröffentlicht, u. a. 1990 bei Oxford University Press in Singapur. Philip Eade porträtiert diese ungewöhnliche Frau in seinem Buch

Inspiration für Schriftsteller, Objekt für Forscher: der geheimnisvolle Regenwald

»Sylvia, Queen of the Headhunters: An Outrageous Englishwoman and Her Lost Kingdom«, das 2008 bei W & N – später auch als E-Book bei Picador – erschien.

1983 bricht der britische Schriftsteller Redmond O'Hanlon gemeinsam mit seinem Dichterfreund James Fenton und drei Iban in eines der abgelegenen Dschungelgebiete von Borneo auf. Sie hoffen, am Oberlauf des Baleh nahe der indonesischen Grenze noch eines der letzten Nashörner zu finden. Mit viel Humor und unterhaltsamen Flunkereien beschreibt der exzentrische Brite die abenteuerliche Tour in seinem Buch »Into The Heart Of Borneo«. Die 2009 bei Penguin in London erschienene Taschenbuchausgabe ist auch als E-Book erhältlich.

»Stranger in the Forest« heißt der Reisebericht des amerikanischen Schriftstellers Eric Hansen, der Anfang der 1980er-Jahre von Marudi nahe der Grenze zu Brunei runde 4000 km quer durchs Landesinnere bis in den indonesischen Teil von Borneo vordrang. Die größte Strecke legte er, begleitet von Penan und anderen einheimischen Guides, zu Fuß zurück. Nach mehr als vier Monaten und unzähligen abenteuerlichen Begegnungen im Dschungel stand Hansen staunend und erschüttert vor einem riesigen Holzfällercamp. Das Buch des Reiseschriftstellers erschien u. a. 2000 bei Vintage Books in New York und ist auch als Hörbuch verfügbar.

Heutzutage ist es außerhalb von Nationalparks kaum noch möglich, längere Strecken durch den Dschungel zurückzulegen, ohne auf ehemalige Camps, ausgefahrene Logging Roads, kahlgerodete Hügel und weitläufige Ölpalmplantagen zu stoßen. Nicht selten begegnen einem auf der Landstraße schwer beladene Holztransporter. Die wertvollen Dschungelbäume stehen hübsch verarbeitet u. a. als Gartenmöbel auf unseren Balkonen. In vielen Langhäusern leben nur noch alte Menschen, die jüngere Generation hat sich den modernen Wanderarbeitern angeschlossen.

stelle für Naturforscher und Ethnologen. Die altehrwürdigen Hallen sind heute nur noch ein Nebengebäude des auf der anderen Straßenseite errichteten **Borneo Cultures Museum** 9, dessen exzentrische Fassade an vergoldetes Rattanflechtwerk erinnert. Auf fünf Etagen und mehr als 6000 m² Ausstellungsfläche ist die ganze kulturelle Vielfalt der Völker Borneos und vor allem Sarawaks versammelt. Wer sich Zeit nimmt, kann hier gut und gerne den ganzen Tag zubringen.

Hinter dem alten Sarawak Museum erstreckt sich der ausgedehnte **Museum Garden** mit einer **Gedenkstätte** für Soldaten, die unter der japanischen Besatzung während des Zweiten Weltkriegs ihr Leben ließen. Westlich des modernen Würfels versteckt sich das **Islamic Heritage Museum** in einem alten Schulbau, das anhand von Kunsthandwerk, kalligrafischen Exponaten, Kris-Dolchen und Musikinstrumenten einen Überblick über islamisches Kulturerbe vermitteln möchte.

Tun Jugah Foundation 10

Tun Jugah Centre, 4. Stock, Jln. Abell, Tel. 082 23 96 72, http://tunjugahfoundation.org.my, Mo–Fr 9–12 und 13–16 Uhr, Eintritt frei

Im Mittelpunkt des von einer Stiftung betriebenen Museums steht der Erhalt des traditionellen Kunsthandwerks der Iban, vor allem der mit Naturfarben gefärbten, handgewebten Textilien sowie der bunten Perlen. Es werden auch Workshops veranstaltet.

Am Nordufer

Über die Fußgängerbrücke gelangt man zur Astana, der Residenz des Gouverneurs, am nördlichen Flussufer, die nicht besichtigt werden kann. Im hübschen **Kuching Orchid Garden** 11 250 m nördlich mit einem Kühlhaus und kleinen Wasserfall kann man wunderbar entspannen und zahlreiche Orchideen und Hybride sowie andere faszinierende Tropenpflanzen bewundern (Di–So 9–18 Uhr, Eintritt frei).

Das über eine Treppe vom uferseitigen Boardwalk her erreichbare **Fort Margherita** 12, das 1879 zur Sicherung des Sungai Sarawak erbaut wurde, brauchte seine Verteidigungsfähigkeit nie unter Beweis zu stellen. In seinen Räumen zeigt die **Brooke Gallery** Erbstücke der Brooke-Familie und informiert über die Geschichte Kuchings (www.brookegallery.org, tgl. 9–16.45 Uhr, RM 20, Kind. RM 10).

Zwischen Darul Hana Bridge und Fort Margherita erhebt sich das **Parlamentsgebäude** 13 (State Legislative Assembly) von Sarawak mit seinem schirmförmigen Dach, an dessen Baustil sich bis heute die Geister scheiden und das die Bewohner scherzhaft ›Zitronenpresse‹ nennen.

Masjid India Bandar Kuching 14

westlich der Darul Hana Bridge

Seit 2019 erstrahlt ein neues Wahrzeichen an den Ufern des Sungai Sarawak: Die auf Pfählen im Wasser ›schwimmende‹, rund 4,5 Mio. € teure Masjid India Bandar Kuching. Mit ihren hohen Bogengängen, zwei türkisblauen Kuppeln und einem gestuften Minarett ist die Moschee schnell zu den beliebtesten Fotomotiven der Stadt avanciert, besonders wenn sie abends stimmungsvoll beleuchtet ist. Der äußere Bereich kann auch von Nichtmoslems betreten werden. Nicht zu verwechseln mit der kleinen **Masjid India** 15 weiter südlich!

Infos

Visitor Information Centre: Old Courthouse, Tel. 082 42 36 00, www.sarawaktourism.com, Mo–Fr 9–18, Sa/So 9–15 Uhr. Hilfsbereite Mitarbeiter halten Informationen zu Sarawak und seinen Nationalparks bereit.

Sarawak Forestry: nebenan, Tel. 082 24 80 88, www.sarawakforestry.com, Mo–Fr 8–17 Uhr. Unterkünfte in den Schutzgebieten können auch über die Website gebucht werden.

Übernachten

Tolles Design – **Pullman Kuching** 1: 1A Jln. Mathies, Tel. 082 22 28 88, www.pullmankuching.com. Das 23-stöckige 5-Sterne-Hotel mit einer Shopping Mall thront über der Altstadt. Überaus großzügig wirken die lichtdurchflutete, riesige Lobby und die 389 modern gestalteten Zimmer. Jedes Zimmer mit separater Dusche und Badewanne, die in der teureren Kategorie am Fenster positioniert ist. Mehrere Cafés und Restaurants, gutes Frühstücksbüfett, Fitnesscenter, Spa und großzügiger Pool mit Liegen. €€–€€€

Im Hochhaus – **Sheraton Kuching Hotel** 2: 2 Jln. Padungan, Tel. 082 22 11 88, www.marriott.com. Konkurrenz für das Pullman Kuching besteht seit 2023 in Form des Sheraton-Hotels um die Ecke, das ebenfalls schicke, hochwertig eingerichtete Zimmer mit sämtlichem Schnickschnack, einen Pool, ein Fitnesscenter und von den oberen Etagen eine ziemlich gute Aussicht bietet. €€€

Koloniale Eleganz – **The Ranee** 3: 6 u. 7 Main Bazaar, Tel. 082 25 88 33, www.theranee.com. Mitten im traditionellen Zentrum wurden zwei alte Geschäftshäuser zu einem überaus angenehmen Boutiquehotel umgestaltet. 24 individuelle und geschmackvoll im lokalen Stil eingerichtete Suiten, einige der teureren, nach den Ranees von Sarawak benannten Räumlichkeiten haben Flussblick, große Terrassen und freistehende Badewannen. Aufmerksamer Service, Bar, Restaurant und Café. €€–€€€

Mit lokalem Touch – **The Marian** 4: 23 Jln. Wayang, Tel. 082 25 27 77, www.themarian.com.my. Das freundliche Boutiquehotel ist in eine alte kirchliche Herberge eingezogen, die mit Rücksicht auf die historischen Gemäuer modernisiert und um einen Pool und ein angesagtes Lokal erweitert wurde. €€

Tolle Rooftop-Bar – **The Lime Tree Hotel** 5: 317 Jln. Abell, Tel. 082 41 46 00, www.limetreehotel.com.my. Freundliche Farben und hilfsbereite Mitarbeiter zeichnen dieses Hotel mit 50 Zimmern, darunter 8 Suiten, aus. Sie sind relativ einfach möbliert, haben aber gute Betten. Wer aufs Fenster verzichten kann, bekommt etwas mehr Platz. Die beste Sicht bietet sich von der Limelight Rooftop Lounge im 5. Stock. Frühstück im Café Sublime. €€

Funktional und preisgünstig – **The Meritin Hotel** 6: 315 Jln. Padungan, www.meritinhotel.com. In zentraler Lage wohnt man hier sehr gut im mittelpreisigen Segment. Die Zimmer sind mit allem Nötigen ausgestattet und wohnlich, wenn auch teilweise etwas klein geraten und bei den günstigsten ohne Fenster. Von den oberen Etagen genießt man sogar etwas Aussicht. €€

Klein, aber fein – **Three House B&B** 7: 51 Jln. Upper China, Tel. 01 28 22 84 22, www.facebook.com/threehousebnb. Mitten in der Chinatown hat sich ein fast schon alteingesessener Backpackertreff behauptet. Gemütliche Aufenthaltsräume mit großem TV und Dachterrasse, Schlafsaalbetten und freundliche Zimmer mit kleinen Fenstern und Gemeinschaftsduschen. €

Essen & Trinken

Angesagter Hangout – **Commons** 1: Jln. Court House, Tel. 01 25 88 70 26, www.facebook.com/commonsbyfj, tgl. 10–23 Uhr. Café mit Restaurant und gut sortierter Bar in den mit viel altem Holz urig eingerichteten, restaurierten Räumlichkeiten des ehemaligen Gerichtsgebäudes. Auf der Karte stehen überwiegend westliche oder asiatisch angehauchte westliche Gerichte Gerichte, darunter Salate und Burger, aber auch Pasta sowie leckere Kuchen. €€

Legendarer Coffeeshop – **Choon Hui Cafe** 2: 34 Jln. Ban Hock, Tel. 082 24 38 57, Di–So 6.30–11 Uhr. Dieser Coffeeshop wird von Einheimischen wegen seiner herzhaften Frühstücksgerichte aufgesucht, vor allem Eintöpfe, aber auch Kaya Toast, gefüllte Popiah-Rollen und Kolo Mee mit Schweinefleisch. Seit Starkoch Anthony Bourdain hier dem gustatorischen Zauber der Sarawak Laksa erlag, haftet dem preiswerten Lokal der Ruf an, eine Touristenfalle zu sein – zu Unrecht! €

Iban-Küche – **Lepau** 3: 395 Persiaran Ban Hock, Tel. 01 28 84 53 53, www.facebook.com/lepaurestaurant, Mo–Sa 11–14, 18–22 Uhr. Das Restaurant serviert traditionelle Küche der Iban, z. B. Manok Pansoh: Huhn oder Fisch mit Palmwein im Bambusrohr gegart. Stimmungsvoll wird es, wenn abends die Sape gespielt wird, ein typisches Iban-Instrument. €€

Cool – **Feast & Furious Café** 4: 244 Jln. Tungku Abdul Rahman, Tel. 01 62 62 09 16, www.facebook.com/feastfuriouscafe, Mi–Mo 11–22 Uhr. Allein schon die Einrichtung dieses Cafés lohnt einen Besuch. Der Künstler Alex Wong,

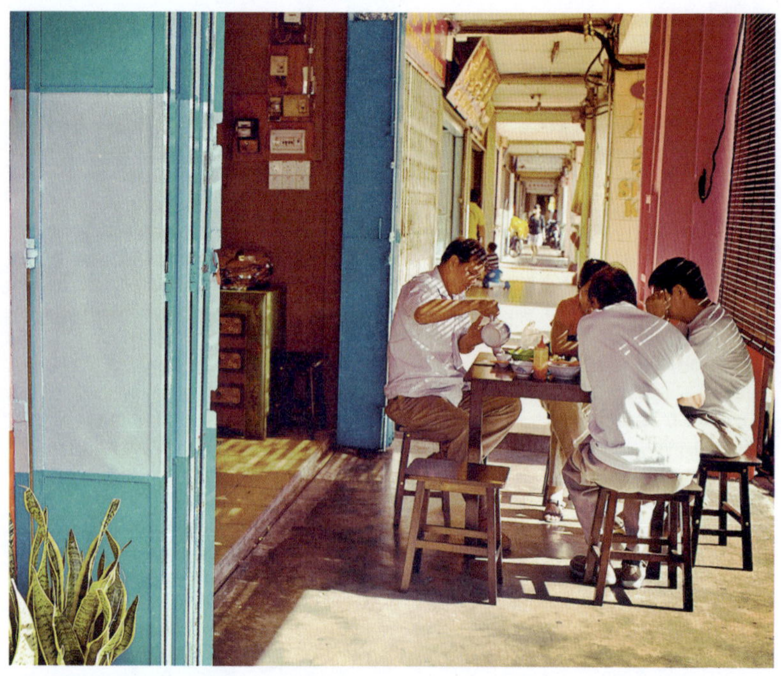

Schattig und doch luftig sitzt man unter den Säulenarkaden der Kolonialbauten

der rasante Fortbewegungsmittel liebt, hat das gemütliche, kleine Café-Restaurant zu einem attraktiven Museum für seine Sammlung umgestaltet. Trophäen und Videos zeugen davon, dass die Rennwagen, Motorräder, BMX-Räder und Jetski nicht nur Dekoration sind. Die kleine Karte umfasst westliche und lokale Gerichte sowie Kaffee und kühle Drinks. €€

Angenehme Atmosphäre – **Bla Bla Bla** 5 **:** 27 Jln. Tabuan, Tel. 082 23 39 44, Mi–Mo 18–23 Uhr. Dieses kleine Restaurant serviert großzügige Portionen innovativer chinesischer Gerichte. Empfehlenswert sind die Auberginen und der Midin-Salat aus einheimischen Farnen. Trotz der Enge ist im Erdgeschoss Platz für einen Fischteich und viele Pflanzen. Weitere Tische im überdachten Innenhof und klimatisierten 1. Stock. €€

Food Court vom Feinsten – **Top Spot** 6 **:** Jln. Mata Bukit Kuching, auf dem Dach des Parkhauses hinter dem Bank- und Bürogebäude Wisma Bukit Mata Kuching, tgl. 17–22 Uhr. Bei Einheimischen wie Touristen sind die chinesischen Essensstände im Freien hoch über der Stadt beliebt. Hier wird vor allem frisches Seafood nach Wünschen der Gäste zubereitet. €–€€

Authentisch – **Green Hill Corner** 7 **:** Jln. Wayang, Ecke Jln. Temple, tgl. 7–19 Uhr. Mehrere Essensstände servieren unter einem Dach die je nach Tageszeit wechselnden Favoriten. Hier können Mutige morgens auf Plastikstühlen an wackligen Tischen sitzend gute Sarawak Laksa, eine dicke Nudelsuppe, essen. Als Alternative empfehlen sich die Nudelgerichte *kolo mee* und *char koay teow*. Schneller Service. €

Einkaufen

Markt – **Sunday Market** 1 **:** Der große Wochenendmarkt findet von Sa 17 bis So 14 Uhr westlich des Zentrums jenseits der Brücke nahe der Jln. Satok statt. Händler und Bauern aus dem Umland verkaufen Obst, Gemüse, Fleisch, Fisch, Kräuter, Blumen etc. Vor allem exotische Gewürze sind, ebenso wie Kunsthandwerk und Reis aus dem Bario-Hochland, ein gutes Mitbringsel. Erreichbar mit diversen Stadtbuslinien.

Einkaufszentren – **Plaza Merdeka 2 :** zwischen Jln. Pearl und Jln. Tun Haji Openg, Tel. 082 23 94 08, www.plazamerdeka.com, tgl. 10–22 Uhr. In der großen Mall im Zentrum gibt es die ganze Palette – von Boutiquen internationaler Label bis zu einem Kaufhaus, von Fast-Food-Restaurants und Cafés bis zu einem Food Court. Zudem ein Buchladen der Kette MPH. Größere Einkaufszentren befinden sich außerhalb des Zentrums, z. B. **The Spring Mall 3 ,** Jln. Simpang Tiga (Straße zum Airport), www.thespring.com.my. Beide tgl. 10–22 Uhr.

Kunsthandwerk & mehr – **Main Bazaar 4 :** Parallelstraße zur Kuching Waterfront, zumeist tgl. 10–17 Uhr. In einer langen Reihe alter chinesischer Geschäftshäuser stapelt sich die größte Auswahl an Souvenirs in Sarawak. Einige Galerien und Antiquitätenladen verkaufen alte, hochpreisige Pua Kumbu. V. a. im hinteren Bereich lagern Messing- und Bronzewaren, von schweren Ohrringen der Orang Ulu bis zu riesigen Gongs und Kanonen, Statuen in allen Größen sowie Masken aus Borneo und Indonesien. Der ›Katzenstadt‹ mangelt es auch nicht an entsprechenden Motiven für T-Shirts, Nippesfiguren und Taschen. Auch die einheimischen Tattoos entlehnten Muster sind beliebt. Vieles wird in Massenproduktion in Indonesien gefertigt, dennoch kann man das eine oder andere nette Stück entdecken. Ein beliebtes Mitbringsel ist auch der lokale Pfeffer.

Abends & Nachts

Etabliert – **Drunk Monkey 1 :** 68 Jln. Carpenter, Tel. 01 28 42 81 88, www.facebook.com/drunkmonkeyoldstreetbar, tgl. 14–24, Happy Hour bis 20 Uhr. Altstadt-Pub in einem alten Geschäftshaus und der angrenzenden Gasse. Rustikaler Charme mit unverputzten Ziegelwänden und Antiquitäten, an der Bar können Fass- und Importbiere, Cocktails und Wein ebenso wie Snacks bestellt werden.

Szenetreff – **The Wayang 2 :** 86A Jln. Tabuan, Tel. 082 25 94 50, Mi–Mo 18–1 Uhr. Das hinter Topfpflanzen an der belebten Straße versteckte Bar-Restaurant füllt sich abends mit jungen Einheimischen, die wegen des relativ günstiges Biers und der Livemusik an Wochenenden kommen.

Aktiv

Bootstouren – An verschiedenen Anlegestellen werden Flussfahrten in den kleinen Sampans oder auf einem großen Dampfer angeboten, z. B. **Sarawak River Cruise 1 ,** ab Kuching Waterfront, Tel. 01 28 87 58 22, www.sarawakrivercruise.com (Sunset Cruise ab 17.30 Uhr, 1,5 Std., Erw. RM 70, Kind. RM 35).

Kajaktouren – **Semadang Kayak:** Tel. 011 63 09 68 99, www.semadangkayak.com. Gemächliche Paddeltouren auf einem Zufluss des Sungai Sarawak in den Borneo Highlands in Kombination mit Besichtigungen von Höhlen oder Mountainbike-Fahrten (RM 198–580).

Radfahren – **CPH Travel 2 :** 70 Jln. Padungan, Tel. 082 24 37 08, www.cphtravel.com.my. Stadtrundfahrten per Rad (9–12 Uhr, ab RM 125). **Paradesa 3 :** 1 Jln. Wayang, Tel. 082 23 88 01, www.paradesaborneo.com. Es werden neben Radtouren im Stadtgebiet (wahlweise mit kulinarischem Schwerpunkt als Street-Food-Tour) auch Ausflüge zu Höhlen, Wäldern und Dörfern der Umgebung angeboten (ganztägige Touren ab RM 320/Pers.). **W. G. Cycle 4 :** 36A Nam Meng Bldg., Jln. Ban Hock, Tel. 01 38 01 00 26. Radverleih (Mo–Sa 12–18 Uhr).

Caving – **Sarawak Forestry (s. S. 298):** Tel. 011 65 72 92 90: Die für den Tourismus in Naturschutzgebieten zuständige Behörde organisiert auch Touren durch die Tropfsteinhöhlen bei Bau. Einige Tagestouren durch weite Passagen und Flüsse zu tollen Kalksteinformationen und prähistorischen Wandmalereien eignen sich für Anfänger, andere nur für erfahrene Kletterer.

Termine

Gawai Dayak (1./2. Juni): Die Dayak von Borneo feiern das Erntedankfest. Die Reisernte ist eingebracht und der Reiswein gebraut. Für viele ist das die Zeit, in die heimischen Dörfer zurückzukehren, wo noch die alten Traditionen gepflegt werden – man tanzt zu den Klängen der Gongs und übt sich im Blasrohrschießen. Die staatlichen Feierlichkeiten werden begleitet von einem Volksfest mit einer Regatta und finden abwechselnd in einer der Divisionshauptstädte statt.

Verkehr

Flüge: Der Kuching International Airport, Tel. 082 45 42 42, liegt 11 km südlich des Zentrums. Ein Taxi ins Zentrum kostet RM 30, nachts +50 %, deutlich günstiger ist es via Grab (S. 78). AirAsia, www.airasia.com, fliegt nach Bintulu, Miri, Sibu und Kota Kinabalu sowie aufs Festland nach Kota Bharu, Kuala Lumpur, zudem nach Jakarta und Singapur. Malaysia Airlines, www.malaysiaairlines.com, bedient Kota Kinabalu, Kuala Lumpur und Singapur sowie über die Tochtergesellschaft MASwings, www.maswings.com.my, den Gunung Mulu National Park, Limbang und Mukah. Scoot, www.flyscoot.com, fliegt nach Singapur, Batik Air Malaysia, www.malindoair.com, nach Kuala Lumpur sowie im Auftrag von Royal Brunei Airlines, www.flyroyalbrunei.com, nach Bandar Seri Begawan.

Busse: Ab der Haltestelle in der Jln. Khoo Hun Yeang etwa stdl. von 7–16.40 Uhr (45 Min., RM 4) sowie bis 18 Uhr ca. alle 20 Min. von 6–18 Uhr zum Fernbusbahnhof **Kuching Sentral** nahe dem Flughafen. Am Grand Margherita Hotel starten um 9, 10, 12 und 14 Uhr Shuttlebusse nach Damai (1 Std., RM 20, Kind. RM 10). Fernbusse fahren vom Busbahnhof Kuching Sentral, 6th-Mile, Jln. Penrissen, nahe dem Airport ab. Verschiedene Gesellschaften verkehren nahezu stdl. auf dem Trans-Borneo-Highway nach Sibu (6–7 Std., RM 60) und nach Miri (14 Std., RM 110).

Mietwagen: Kleinwagen sind ab RM 600/Woche, Geländewagen ab RM 2000/Woche zu mieten. Flexi Car Rental, Lot 7050 Jln. Sekama und am Flughafen, Tel. 082 33 52 82, www.flexicarrental.com; Golden System Car Rental, 58–1B Pearl Commercial Centre, Jln. Tun Razak sowie am Airport, Tel. 082 36 13 59, www.gocar.com.my.

Fortbewegung in der Stadt

Busse: Viele Stadtbusse (CPL und STC) starten in der Jln. Masjid und Jln. Khoo Hun Yeang.

Taxis: Im Stadtgebiet kosten Taxis zwischen 6 und 24 Uhr RM 15–20. Für Ausflüge werden meist RM 200 pro Tag verlangt.

Damai Beach und Santubong Peninsula

Damai Beach ▶ 4, C 11

Der **Damai Beach** 34 km nördlich von Kuching mit einigen Resorts ist kein Highlight an sich. Dafür ist das Wasser zu trübe und der Strand bei Flut großteils überspült. Allerdings wird das durch die Lage der Bucht mehr als wettgemacht. Damai liegt am Fuß des steil aufragenden, dschungelbedeckten Gunung Santubong, der eine majestätische Kulisse bildet. Jenseits der Zufahrtstraße zur Halbinsel ermöglicht das Sarawak Cultural Village (s. S. 305) einen Einblick in die Völkervielfalt von Sarawak und auf der anderen Seite der Bucht erstreckt sich die Mangrovenlandschaft des Kuching Wetlands National Park (s. S. 303).

Santubong ▶ 4, C 11

In der Nähe der nur 4 km von Damai entfernten malaiischen Siedlung **Santubong** befand sich bereits vor 1000 Jahren ein chinesisches Handelszentrum. Auf einem Hügel über der Bucht verfasste der britische Naturforscher Alfred Russel Wallace 1855 in der Publikation »The Law of Sarawak« einige wichtige Thesen zur Evolutionstheorie. Der seichte **Pantai Puteri,** ein wildromantischer Strand, eignet sich vor allem bei Ebbe zu fantastischen Abendspaziergängen.

Gunung Santubong ▶ 4, C 12

Eine echte Herausforderung ist die Besteigung des 810 m hohen, dschungelbedeckten **Gunung Santubong.** Ausgangspunkt für die Wanderung ist das Büro der Forstbehörde an der Straße nach Damai, wo man sich zunächst registriert und dann ei-

BOOTSTOUR IM KUCHING WETLANDS NATIONAL PARK

Tour-Infos

Anfahrt: von Kuching oder Damai im Rahmen einer Tour
Dauer: 2,5–3,5 Std. vormittags oder am frühen Abend
Buchungen: CPH Travel (s. S. 301) und Borneo, Tel. 082 42 13 46, http://borneoexperiences.com
Kosten: ab RM 250/Pers.

Das ausgedehnte Mündungsgebiet des Sungai Sarawak wird von beinahe unzugänglichen Mangrovenwäldern gesäumt. Erst vor wenigen Jahren stellte man dieses einmalige Ökosystem als **Kuching Wetlands National Park** unter Naturschutz, da es als Brutgebiet vieler Meeresbewohner und als Küstenschutz von immenser Bedeutung ist. Nur mit dem Boot können die verzweigten Seitenarme erkundet werden.

Über die Hauptmündung geht es hinaus in die weite Bucht, in der sich vor allem in den Monaten Mai bis Juli kleinere Schulen der über 2 m langen Irawadidelfine *(Orcaella brevirostris)* tummeln. Bei ruhigem Wasser ist es gut möglich, die runden Köpfe und glänzenden Rücken der seltenen Meeresbewohner zu sichten. Einige höhere Mangrovenbäume am Ufer sind beliebte Schlafplätze von Nasenaffen. Mit etwas Glück kann man kurz vor Sonnenuntergang eine Affenhorde beobachten, die mit gewagten Sprüngen den Ort ihrer Nachtruhe avisiert. Sobald sich die Sonne dem Horizont nähert, erstrahlt die weite Wasserlandschaft in magischem Licht und die in Romanen und alten Reiseberichten beschriebene Wildnis wird Realität.

Doch schon bald bricht die Dunkelheit an. Dann beginnen einige Mangroven wie Weihnachtsbäume zu leuchten, denn sie sind von Millionen blinkender Leuchtkäfer bedeckt. Wer bis dahin am schlammigen Flussufer noch keine Krokodile erspäht hat, kann nun auf die Suche gehen, denn im Scheinwerferlicht sind ihre reflektierenden Augen gut zu erkennen. Die ausgewachsenen, etwa 5 m langen Leistenkrokodile *(Crocodylus porosus)* sind sehr aggressiv und können Menschen gefährlich werden. Das scheint die Kinder in den Fischerdörfern, die auf Stelzen am Ufer stehen, allerdings nicht von ihrem Bad abzuhalten.

nem blau markierten Weg Richtung Damai Beach (2,5 km) folgt. Nach rund 20 Min. zweigt rechts der rot markierte, im mittleren Bereich sehr steile, durch Leitern und Seile gesicherte Pfad zum Gipfel ab. Für die 4- bis 5-stündige Bergbesteigung sollte man früh starten (man sollte um 13 Uhr am Gipfel sein), eine gute Fitness mitbringen und gegen starke Regenfälle gewappnet sein. Auch sollten 3 Std. für den Abstieg einkalkuliert werden, aus Sicherheitsgründen wird nach 15 Uhr niemand mehr für den Aufstieg registriert. Ins Gepäck gehören neben Essen und Wasser auch ein Handy für Notfälle (Nationalpark-Ranger Tel. 011 65 73 07 30), Handschuhe für die steilen Strecken sowie eine große Mülltüte, denn der den Dorfbewohnern als heilig geltende Berg wird von Wanderern immer wieder vermüllt.

RAINFOREST WORLD MUSIC FESTIVAL

Kaum ein Ort ist für ein Weltmusik-Festival so geeignet wie das Sarawak Cultural Village (s. S. 305). Der Erfolg des 1997 ins Leben gerufenen Musikfestivals, des größten in Malaysia, ist beeindruckend. Alljährlich an einem Wochenende zwischen April und Juli strömen bis zu 20 000 Besucher aus aller Welt zu einer riesigen Party auf das Festgelände. Alle Zimmer in Kuching und Umgebung sind ausgebucht und die Hotelpreise steigen um ein Vielfaches an. Auf zwei großen Bühnen treten am Abend einheimische wie internationale Musiker und Künstler auf, die nachmittags in Jamsessions und Workshops ihre Ideen austauschen. Mit einem 3-Tages-Pass für RM 480 im Vorverkauf können Besucher auch die Workshops besuchen und ganz nahe bei den Künstlern sein. Die Zuschauer machen es sich auf dem Rasen gemütlich, solange kein Tropenschauer den Festplatz in ein Schlammbad verwandelt (entsprechende Kleidung und Mückenschutzmittel mitnehmen!). Shuttlebusse verkehren in der Festivalzeit ständig zwischen Kuching und Damai Beach. Aktuelle Termine und Programminfos unter www.rwmf.net (Tageskarten RM 190–220, Kind. RM 80). Auch wer nicht zum Festival möchte, sollte seine Unterkunft in Kuching besser weit im Voraus reservieren, denn viele Hotels sind in dieser Zeit ausgebucht.

Auch afrikanische Gruppen sind beim Rainforest World Music Festival präsent

Sarawak Cultural Village

▶ 4, C 11

Tel. 082 84 64 11, www.scv.com.my, tgl. 9–17, 12.15–14 Uhr keine Aktivitäten, Erw. RM 85, Kind. RM 55

Das **Sarawak Cultural Village** macht mit der Kultur der Bevölkerungsgruppen von Sarawak vertraut, der Bidayuh aus dem Süden, der größten Gruppe der Iban, der eingewanderten Chinesen und Malaien, der Melanau von der Küste und Penan aus dem Dschungel sowie der Orang Ulu aus dem zentralen Hinterland. In einigen originalgetreuen Häusern werden kulinarische Spezialitäten sowie traditionelles Kunsthandwerk hergestellt und natürlich auch verkauft. Die Englisch sprechenden Bewohner informieren über ihre diversen Bräuche und im Rumah Tinggi, dem ›Hohen Haus‹ der Melanau, ist ein kleines Museum untergebracht. Bei den nomadisierenden Penan ist hingegen selten jemand anzutreffen. Die große Bühne ist außerdem Austragungsort des **Sarawak Harvest & Folklore Festival,** https://sarawakharvestfestival.com.my, sowie Mitte Juli für das **Rainforest World Music Festival** (s. S. 304). Im klimatisierten Theater werden um 11.30 und 16 Uhr traditionelle Tänze der Bidayu, Orang Ulu, Malaien und Iban aufgeführt.

Übernachten

Traumhaftes Boutiqueresort – **Village House:** am Rand von Santubong nahe dem Dorfstrand Pantai Puteri, Tel. 082 84 61 66, www.villagehouse.com.my. Mit Liebe zum Detail haben Donald und Marina dieses familiäre Resort gestaltet. Die 2-stöckigen Gebäude begrenzen einen Pool mit vielen Sitzgelegenheiten, unter den Stelzenhäusern laden Liegen und Hängematten inmitten von Holzschnitzereien und schmucken Ochsenkarren zum Entspannen ein. Die hochwertig möblierten Zimmer und Suiten mit guten Betten und stilvollen Bädern verbinden kunstvoll Tradition und Moderne. Auch zwei Schlafsäle. Restaurant mit gut bestückter Bar. €€

Individuelles B & B – **Nanga Damai:** am Fuß des Gunung Santubong an der Straße nach Damai, Tel. 01 28 54 99 84, www.nangadamai.com. Am Dschungelrand werden 5 individuell eingerichtete Zimmer im Haupthaus und 2 weitere in einem Cottage vermietet. Zwei weitere Zimmer mit Etagen- und Einzelbetten teilen sich ein Bad. Gemütliche Aufenthaltsräume, kleiner Pool im Garten mit frei laufendem Hund, Mindestaufenthalt 2 Nächte. €€

Aktiv

Neben Dschungelwanderungen und der Besteigung des Gunung Santubong werden in den Unterkünften zahlreiche weitere Ausflüge sowie Wassersportaktivitäten angeboten.

Kajaktouren & mehr – **Permai Rainforest Resort:** am Ende der Bucht von Damai, Tel. 082 84 64 87, www.permairainforest.com. Große Bandbreite an Aktivitäten. Man kann sich Fahrräder leihen, Vögel beobachten, eine Nachtwanderung unternehmen oder mit Paddelbooten bzw. Stand Up Paddles die Küste erkunden.

Verkehr

Busse: Shuttlebusse verkehren 4 x tgl. für RM 20 zwischen den Hotels, dem Sarawak Cultural Centre und Kuching (in der Unterkunft anfragen).

Taxis: Nach Kuching RM 60, zum Flughafen RM 90.

Bako National Park

▶ 4, C 12

Karte: S. 306

www.sarawakforestry.com, Erw. RM 20, Menschen mit Beeinträchtigung RM 10, Kind. ab 6 Jahren RM 7

Nordöstlich von Kuching erstreckt sich auf der Muara-Tebas-Halbinsel Malaysias ältester Nationalpark, der bereits im Jahr 1957 gegründet wurde. Der nur per Boot zugängliche **Bako National Park** gehört zu Recht zu den beliebtesten Ausflugszielen rings um die Hauptstadt von Sarawak. Aufgrund seiner geografischen und klimatischen Besonder-

WANDERN UND BADEN IM BAKO NATIONAL PARK

Tour-Infos
Start/Ziel: Park Headquarters in Teluk Assam
Länge: 500 m bis 10,5 km einfach
Dauer: 20 Min. bis 7 Std.
Schwierigkeitsgrade: je nach Weg von einfach bis schwierig
Infos: www.sarawakforestry.com, hier sind auch aktuelle Sperrungen von Trails verzeichnet

Der **Bako National Park** besitzt insgesamt 18 Wanderwege, von denen jedoch nur diejenigen im westlichen Parkteil öffentlich zugänglich sind. Manchmal geht es gemütlich an der Küste entlang, dann wieder durch dichten Wald fast senkrecht aufwärts, wobei Baumwurzeln als Kletterhilfe dienen. Auf dem Hochplateau spenden die niedrigen Büsche der Kerangasvegetation kaum Schatten, sodass man sich unbedingt vor der intensiven Sonne schützen sollte. Nach Regenfällen wiederum watet man durch tiefe Pfützen.

Auf dem kürzesten, nur 500 m langen Pfad des Nationalparks steigt man am südlichen Ende von Teluk Assam in etwa 20 Min. zum Aussichtspunkt **Tanjung Sapi** hinauf, von wo aus sich die Bucht und das Südchinesische Meer vor allem spätnachmittags von ihrer schönsten Seite zeigen. Überaus beliebt sind auch die Wege zu den Stränden rund um Teluk Assam, beispielsweise zur Badebucht **Tanjung Paku,** die man vom Park Headquarters aus nach knapp 1 Std. Fußmarsch am

Kliff entlang erreicht und die ein beliebter Tummelplatz von Nasenaffen ist. Am Strand können Boote für einen Abstecher zu steil aufragenden Felsnadeln gemietet werden (ca. RM 40).
Ebenfalls nicht weit entfernt ist **Teluk Delima** (1 km, 45 Min.) südwestlich von Teluk Assam. Vom Headquarters aus geht es steil den bewaldeten Hang hinauf aufs Plateau, das eine tolle Aussicht über die weite, von Mangrovenwäldern und Felsen umrahmte Bucht von Teluk Assam offeriert. Nun ist der über 5 km lange Rundweg über das Plateau erreicht, der **Lintang Trail,** auf dem man sich nach rechts wendet. Wenig später zweigt man wiederum rechts ab, bis nach etwa 250 m die Bucht zu sehen ist. Es empfiehlt sich, möglichst geräuschlos hinabzusteigen, um die scheuen Nasenaffen nicht zu verjagen, die sich auch hier gerne aufhalten.
Wendet man sich nach dem Aufstieg zum Plateau auf dem Rundwanderweg nach Norden, bieten sich weitere interessante Ziele. Nach ungefähr 800 m durch Kerangaswald zweigt man links auf den **Tajor Trail** und kurz darauf wiederum links auf den **Teluk Pandan Trail** ab. Ein kurzer Abstecher zum **Teluk Pandan Besar** endet hoch oben auf den steil abfallenden Klippen. Vor der Bucht ragen Felsnadeln wie Skulpturen aus dem Meer empor. Nach einem 10-minütigen Abstieg vom Teluk Pandan Trail ist der kleine Badestrand **Teluk Pandan Kecil** (5 km hin und zurück, 3 Std. plus Badepause) erreicht. Hier kann man im klaren Wasser schwimmen und mit Booten hinausfahren, um die Felsnadeln aus der Nähe zu sehen.
Eine weitere nette Badebucht, **Teluk Tajor** (3,5 km, 2–3 Std.), ist ebenfalls über den Rundweg zu erreichen. Kurz vor dem steilen Abstieg durch das Bachbett hinunter zum Strand geht es nach rechts zu einem kleinen und 500 m weiter zu einem etwas größeren **Wasserfall** unter Palmen mit Badepool und Picknickplatz. Hohe Bäume bieten die meiste Zeit Schatten, sodass diese Wanderung weniger schweißtreibend ist als die Rundtour auf dem Hochplateau.

heiten haben sich hier auf nur 2727 ha bemerkenswert vielfältige Landschaftsformen herausgebildet.

Steil ragen aus dem seichten Meer weiße und rote Sandsteinklippen empor, die Wind und Wasser im Laufe von Millionen Jahren zu eindrucksvollen Formationen modelliert haben. Bei Ebbe kann man auf Wanderungen entlang der Küste die majestätische Größe der Überhänge, Brücken und Felsnadeln bewundern und zu ihren Füßen kleine Sandstrände entdecken. In geschützten Buchten der Gezeitenzone finden dank ausgeprägter Wurzeln Mangroven und Nipahpalmen Halt, die weiter landeinwärts in üppige Tieflandwälder übergehen. Auf dem von Hochmooren und kleinen Bächen durchzogenen Hochplateau gedeihen auf nährstoffarmen Sandböden Kerangaswälder mit Rhododendren, Moosen, Epiphythen und Fleisch fressenden Kannenpflanzen.

Zu den tierischen Bewohnern des Parks gehören Makaken und Wildschweine, die sich vor allem rings um das Park Headquarters auf der Suche nach Futter tummeln und dabei häufig ziemlich dreist vorgehen. In den Wäldern der Buchten Teluk Delima (s. S. 307) und Tanjung Paku (s. S. 306) sind spätnachmittags Nasenaffen zu sehen. Die rotbraunen, bis zu 20 kg schweren Tiere sind an ihren markanten Gesichtern zu erkennen und genießen die Früchte und Blätter der hohen Bäume, bevor sie ihre Schlafplätze in den Ästen aufsuchen.

Ausgangspunkt für einen Besuch des Nationalparks ist das muslimische Fischerdorf **Bako Bazaar.** Hier legen nach Bedarf Boote nach **Teluk Assam** ab, wo sich das Headquarters befindet. Zur weiteren Erkundung stehen markierte Wanderwege zur Verfügung (s. S. 306), die ohne Führer begangen werden können. Wirklich lohnend ist die Wanderung aber erst mit einem Guide (ab RM 150), der die örtliche Flora und Fauna kompetent erläutern kann.

Infos

Sarawak Forestry: s. S. 298

Übernachten

Im Park – Die **Forest Lodges** in Teluk Assam zu buchen über Sarawak Forestry, http://ebooking.sarawak.gov.my, sind recht einfach. Von den 14 Zimmern mit jeweils 4 Betten und Ventilator sind die in den Häusern Type 5 mit eigenem Bad zu empfehlen. Zudem gibt es ein Hostel mit Doppelstockbetten. Handtücher und Hygieneartikel müssen mitgebracht werden. €–€€

Verkehr

Busse: Ab Bako Bazaar etwa stdl. bis ca. 17 Uhr nach Kuching zur Haltestelle in der Jl. Khoo Hun Yeang (45 Min., RM 4).

Boote: Je nach Bedarf fahren Boote von der Anlegestelle in Bako Bazaar in den Park (20 Min., RM 200 pro Boot hin und zurück für max. 4 Pers.).

Kubah National Park

▶ 4, B 12

Tel. 082 84 50 33, www.sarawakforestry.com, Tagesticket Erw. RM 20, Kind. ab 6 Jahren RM 7, ein Taxi verlangt für eine Strecke ab Kuching RM 70

Der dichte Dschungel des **Kubah National Park** an den Hängen einer bis über 800 m hohen Bergkette etwa 22 km nordwestlich von Kuching überrascht mit einer artenreichen Vegetation. Orchideen und Kannenpflanzen, Farne und vor allem eine große Vielfalt hoher Palmen lassen echtes Dschungelfeeling aufkommen.

Am Ende einer Stichstraße, die hinter dem kleinen Ort **Kampung Matang** abzweigt, liegt das Headquarters, wo man nette Unterkünfte findet. Hier beginnen mehrere farblich markierte Wanderwege, u. a. hinunter zum Matang Wildlife Centre (s. unten). Manchmal ist dieser Weg auch gesperrt, da hier Orang-Utans ausgewildert werden. Beliebt ist der Waterfall Trail (blau, 1,5 Std.), der oberhalb des Rayu Trails (orange) beginnt und zu einem Badeplatz führt.

Matang Wildlife Centre

▶ 4, B/C 12

Nördl. des Kubah National Park, Tel. 082 37 48 69, tgl. 8–17 Uhr, die Tiergehege schließen um 15.30 Uhr, Erw. RM 20, Kind. RM 10

Nur 180 ha groß ist das **Matang Wildlife Centre,** das einem großen Tierpark ähnelt. An einem Hang mit niedrigem Baumbewuchs leben Orang-Utans, die sich in Quarantäne und am Anfang des Rehabilitationsprozesses befinden oder wegen ihres langen Lebens in Gefangenschaft nicht mehr rehabilitierbar sind. Daneben wurden große Freigehege für einheimische Malaienbären angelegt, die man ebenfalls zu rehabilitieren versucht. Eine Ausstel-

lung in einem Informationszentrum macht mit der einheimischen Fauna und Flora vertraut. Vier Wanderwege führen durch den umliegenden Dschungel (1–3 Std.).

Semenggoh Nature Reserve ▶4, C 12

32 km südlich von Kuching, westlich der A 1 nach Serian hinter Kota Padawan, https://semenggoh.my, tgl. 8–10, 14–16 Uhr, Eintritt Erw. RM 10, Kind. RM 5; ein Taxi kostet RM 70

Wer sich für Orang-Utans interessiert, sollte die **Semenggoh Nature Reserve** 32 km südlich von Kuching besuchen. Im Gegensatz zur bekannteren Station in Sepilok (s. S. 378) kommen weniger Besucher hierher und es geht bodenständiger zu. In einem nur 653 ha großen Wald werden aus der Gefangenschaft befreite Orang-Utans an ein Leben in der Wildnis gewöhnt. Wenn die Ranger zu den Fütterungszeiten um 9 und 15 Uhr erscheinen, schwingen sich die Tiere behäbig durch die Baumwipfel und klettern zur Fütterungsplattform herab. Während der Obstsaison von November bis Februar lassen sie sich seltener sehen.

Man erreicht das Zentrum, indem man in **Kota Padawan** vom Asian Highway 150 auf die Straße 1119 abbiegt und von hier der Ausschilderung folgt.

Der von Bachläufen durchzogene Kubah National Park beherbergt seltene Pflanzen sowie eine Vielfalt an Reptilien und Amphibien

Zentral-Sarawak

Wenige Touristen erkunden dieses Gebiet, das nur mit viel Zeit im Gepäck zu bereisen ist, dafür aber spannende Einblicke in das Alltagsleben der Menschen gewährt. Eine der besten Möglichkeiten hierfür bietet der Batang Rajang, Malaysias längster Fluss, auf dem man mit Booten tief ins Hinterland vordringen kann.

Zwischen Kuching und Sibu ▶4, C 12–F 10

Für die Strecke zwischen Kuching und Sibu benutzen die meisten Einheimischen und auch die meisten Touristen entweder den Highway oder das Flugzeug. Letzteres erspart einem die mühsame Fahrt über den **Trans-Borneo-Highway,** der teilweise an einen gewellten Flickenteppich erinnert. Bei der rund 400 km langen Reise durch brachliegende abgeholzte Waldgebiete im Siedlungsgebiet der Iban stellen moderne Langhäuser, Brücken über schlammig-braune Flüsse, Pfefferplantagen und Gemüsefelder die einzige Abwechslung dar.

Stichstraßen führen zu größeren Siedlungen wie der Divisionshauptstadt **Bandar Sri Aman** (▶4, E 13) am Ufer des breiten Batang Lupar, wo Raja James Brooke 1864 das hölzerne Fort Alice erbauen ließ. Es beherbergt das **Sri Aman Heritage Museum** zur Ortsgeschichte, illustriert anhand alter Fotografien und antiker Objekte (Mo–Fr 9–16.45, Sa/So 10–16 Uhr). Das touristische Highlight ist allerdings die Springflut, die zwei Stunden nach dem höchsten Stand der Flut, vor allem bei Voll- und Neumond, noch 60 km landeinwärts vom Meer als mächtige, bis zu 12 m hohe Welle für Aufregung sorgt.

Von der Stichstraße zum kleinen Handelsort **Lubok Antu** (▶ 4, F 13) an der indonesischen Grenze zweigt ein schmales Asphaltband zum 8500 ha großen **Batang-Ai-Stausee** (▶ 4, F 13) ab und endet direkt am Pier, wo schmale, von Außenbordern angetriebene Boote liegen. Dies ist der Startpunkt für die längeren Touren zu traditionellen Iban-Langhäusern (s. S. 311) und zum großen Batang Ai National Park.

In der Ananasstadt **Sarikei** (▶4, E 11) ist das Deltagebiet des Batang Rajang erreicht. Am Pier nahe dem Markt ist nicht mehr viel los, seit zwischen Kuching und Sibu keine Passagierboote mehr verkehren.

Verkehr

s. S. 302

Sibu ▶4, F 10

Jenseits des ausgedehnten Mündungsdeltas des Batang Rajang liegt 130 km landeinwärts die geschäftige Hafenstadt **Sibu** (260 000 Einw.), ein wichtiger Warenumschlagplatz für die Menschen und die Wirtschaft im Hinterland von Sarawak.

Rings um die Piers, an denen kleine Passagierboote aus dem Landesinnern anlegen und Frachter be- und entladen werden, erstreckt sich die Chinatown. Der überwiegende Teil der hier lebenden Chinesen stammt aus der Provinz Fujian (Foochow). Viele sind Anfang des 20. Jh. unter dem zweiten Raja Charles Brooke eingewandert, als dieser Arbeitskräfte brauchte, um im fruchtbaren, aber sumpfigen Deltagebiet des Rajang Obst- und Gemüsefelder, Pfeffer- und Gummibaumplantagen anzulegen. Bereits zuvor hatten sich in dieser ursprünglich von Melanau besiedelten Ebene Iban aus dem Hinterland und chinesische Händler niedergelassen.

Sibu Heritage Centre

Tel. 083 31 51 60, Di–Do, Sa, So 10–16.30 Uhr, Eintritt frei

Nach dem Besuch des anschaulich gestalteten **Sibu Heritage Centre** in der Jalan Central wird man mit offeneren Augen durch die Stadt spazieren. Im 1. Stock des markanten Rundbaus aus den 1960er-Jahren werden in einer abwechslungsreich gestalteten Ausstellung die Traditionen und Lebensweisen der Menschen, die Sibu geprägt haben, aufgefächert. Schautafeln stellen interessante Aspekte der wichtigsten Bevölkerungsgruppen in den Mittelpunkt. Dabei wird deutlich, wie unterschiedlich Melanau, Malaien, Iban, Orang Ulu sowie Chinesen aus Fujian, Hainan, Guangdong und anderen Provinzen sind, obwohl Europäer sie kaum voneinander unterscheiden können. Ein weiterer Teil der Ausstellung beschäftigt sich mit der Stadtgeschichte, in der es mehrere dramatische Ereignisse gab, darunter die verheerenden Brände von 1889 und 1928 sowie die japanische Besatzung, die am 24. Dezember 1941 begann. Wie rasant die Stadt in den vergangenen Jahrzehnten gewachsen ist, zeigen Luftbilder, die hinter dem Modell der ersten Siedlung hängen.

Tua Pek Kong Temple

Zwischen dem Containerhafen und den Piers am Fluss erhebt sich die siebenstöckige Kwan-Yin-Pagode des 1843 gegründeten taoistischen **Tua Pek Kong Temple.** Die ursprünglichen Gebäude wurden im Zweiten Weltkrieg zerstört, es überlebte nur die Statue, die heute im Zentrum des wunderschönen, teils vergoldeten Edelholzaltars steht. Sie stellt Tua Pek Kong dar, der vor allem von Chinesen in Südostasien verehrt wird. Wer die im Jahr 1989 fertiggestellte Pagode mit dem Altar für die Göttin der Barmherzigkeit besteigen und die Aussicht genießen möchte, bekommt bei

EINE NACHT IM LANGHAUS

Auch wenn keine Kopfjäger mehr durch die Regenwälder streifen, vermittelt ein Ausflug ins Zentrum des Siedlungsgebiets der Iban am **Batang Ai** (▶ 4, F 13) nahe der indonesischen Grenze noch einen Hauch von Abenteuer. Wegen der langen Anreise zu den interessanteren Orten empfiehlt es sich, eine Tour mit Übernachtung in einem Langhaus zu buchen – je abgelegener, umso authentischer ist das Erlebnis. Auch eine Bootsfahrt auf einem der Dschungelflüsse gehört ins Programm aufgenommen. Einzelreisende können sich vielleicht einer Gruppe anschließen, um Kosten zu sparen. Wer sich die einfachen Unterkünfte in den Dörfern nicht zumuten möchte, kann auch Tagestouren zu den Langhäusern unternehmen, etwa von Kuching aus, wo vor allem das (recht kommerzielle) Annah Rais angefahren wird. Ein Anbieter mit eigenem Langhaus extra für Übernachtungsgäste ist Borneo Adventure, 55 Main Bazaar, Kuching, www.borneoadventure.com; von der Nanga Sumpa Lodge sind Ausflüge zum Dschungelcamp Lubok Kasai möglich (3 Tage/2 Nächte kosten bei 3 Pers. RM 1600).

Aufsehern, die Devotionalien verkaufen, den Schlüssel. Im kleinen Park vor dem Tempel ist auf einer Tafel die Geschichte der chinesischen Einwanderer nachzulesen.

Die Piers

Am **Pier** neben dem Tua Pek Kong Temple werden alte Frachtschiffe beladen, die Lebensmittel in die Dörfer weiter flussaufwärts bringen. Auf einem Schild am Pier zwischen Tempel und Markt sind die Hochwassermarken der vergangenen Jahre festgehalten – nach heftigen Regenfällen ist der Rajang bereits mehrfach über die Ufer getreten und hat mit einem Wasserstand von bis zu 3 m über dem normalen Pegel die ganze Innenstadt überflutet.

Von den Anlegestellen jenseits des Markts fahren keine Schnellboote mehr flussaufwärts, seit die dortigen Siedlungen endlich einen Straßenanschluss haben. Hinter dem Pier lädt ein kleiner **Park** mit einer Uferpromenade zu einer Pause ein.

Central Market

Jln. Channel, tgl. 6–21 Uhr

Eine der größten Markthallen Malaysias mitten im Zentrum beherbergt den **Central Market.** An rund 1000 Ständen stapeln sich Obst und Gemüse, Haushaltswaren, Fische und Frischfleisch sowie lebende Hühner, transportfertig in Zeitungspapier verpackt. Vor allem an Wochenenden finden sich an den Marktständen der Orang Ulu und Iban einige ungewöhnliche Produkte wie fette Sago-Maden, die in frittierter Form beliebte Snacks darstellen. Selbst Bronzegongs, Perlenstickereien, Matten und Körbe werden angeboten. Frisches Fleisch wird im hinteren Bereich ge-

Die jenseitigen Ufer des Batang-Ai-Stausees sind nur mit Booten erreichbar

handelt, wo es entsprechend riecht und der Boden schlüpfrig sein kann. Im 1. Stock kann man sich an Essensständen stärken und von der Galerie aus das Treiben beobachten.

Infos

Visitors Information Centre: Sibu Heritage Centre, Jln. Central, Tel. 01 09 63 05 72, vicsibu@sarawaktourism.com, Mo–Fr 9–18, Sa 9–15 Uhr. In diesem Büro gibt es zwar nicht so viele bunte Broschüren wie in einigen anderen, aber man versucht jeden Besucher zufriedenzustellen.

Übernachten

Behaglich mit Flussblick – **Kingwood Sibu:** 12 Lorong 4, Jln. Lanang, Tel. 084 33 58 88, www.kingwoodsibu.com. Ein recht großes Hotel mit 429 Zimmern in einem älteren Block, mit Pool auf dem Dach und in einem 19-stöckigen Neubau. Dort Zimmer mit Holzböden, Flachbildschirm, bequemen Betten und Flussblick aus den Panoramafenstern. Im Restaurant gute chinesische Küche. €€

Modern und ruhig – **De House Hotel:** 24 Jln. Lau King Howe, Tel. 084 25 15 77, www.dehousehotel.com. Fußläufig 10 Min. vom Zentrum entfernt liegt dieses saubere, moderne Boutiquehotel mit kleinen funktionalen Zimmern und einem Café nebenan. €–€€

Einfach und freundlich – **Li Hua Hotel:** 18 Lorong 2, Jln. Lanang, Tel. 084 32 40 00, www.lihuahotel.com.my. In diesem älteren Hotel an der Uferpromenade wurden die Zimmer renoviert und erhielten eine verglaste Dusche, einen Flachbildschirm und andere Annehmlichkeiten sowie Internetzugang. Einige mit Ausblick auf den Fluss. €

Alltag im Langhaus

Während der langen Fahrt auf dem Trans-Borneo-Highway durch Sarawak tauchen aus dem schier endlosen Grün hier und da einzelne, farbenfroh gestrichene Reihenhäuser auf. In diesem Siedlungsgebiet der Iban lebt ein ganzes Dorf in einem Haus und pflegt hinter der modernen Fassade einen recht traditionellen Lebensstil.

Mit der Abholzung der Tropenwälder und dem Straßenbau verloren Ende des vergangenen Jahrhunderts die Flüsse als Transportwege zunehmend an Bedeutung. Viele Dorfgemeinschaften mussten infolge von Staudammprojekten ihre Heimat verlassen oder aber sie beschlossen, ihre schwer erreichbaren Dörfer aufzugeben und in die Nähe der neuen Straße zu ziehen. Hier errichteten sie mit zeitgemäßen Materialien Häuser im alten Stil. Statt Bambus, Holz und Palmblätter kommen Zement, Steine und Wellblech zum Einsatz. Unter dem Haus, das ursprünglich zum Schutz vor wilden Tieren und Angreifern auf Stelzen stand, parken nun Motorräder und Autos, die die Boote ersetzt haben. Über die gesamte Länge des Hauses verläuft meist eine offene Veranda, von der es ins Innere geht. Zunächst betritt man eine zweite, diesmal überdachte Veranda, die sich ebenfalls von einem Ende des Langhauses bis zum anderen erstreckt. Dieser Gemeinschaftsraum *(ruai)* dient den Dorfbewohnern als Arbeitsplatz, Kinderkrippe, Begegnungsstätte, Herberge und natürlich zum Feiern. Vom *ruai* gehen die Türen zu den Familienräumen *(bilek)* ab, die Besucher nur auf Einladung betreten sollten. Meist handelt es sich um große Wohn- und Schlafräume, die allen Familienmitgliedern Platz bieten, und eine angrenzende Küche.

Im Zentrum des Langhauses hat der Tuai Rumah, das Dorfoberhaupt, seine Räumlichkeiten. Er repräsentiert das Dorf nach außen und regiert es gemeinsam mit dem Ältestenrat. Nur noch in wenigen Siedlungen praktiziert ein Medizinmann, da sich die jüngere Generation lieber der westlichen Medizin anvertraut. Zudem haben christliche Missionare dafür gesorgt, dass animistische Riten nahezu verschwunden sind. Bewahrt hat sich hingegen die Tradition, dass junge Männer einige Jahre fortgehen, bevor sie eine Familie gründen. Während sie früher mit dem Schädel eines Feindes von ihrer Reise *(berjalai)* zurückkehrten, beeindrucken sie ihre künftigen Schwiegereltern nun mit Kühlschränken, Fernsehern und einem gut gefüllten Bankkonto.

Bei bedeutenden Feierlichkeiten werden die Wände mit großen Ikatdecken, den Pua Kumbu (s. S. 71), geschmückt. Zum wichtigsten Fest des Jahres, Erntedank (Gawai Dayak), kehren die Familienangehörigen aus den Städten und selbst aus dem Ausland in ihr Langhaus zurück. Dann wird zu den Klängen großer Bronzegongs getanzt und getafelt und dem frischen Reiswein zugesprochen, bis der Morgen graut. Schließlich ist der Weg ins Bett nicht weit.

Mit der Abholzung der Wälder sind auch die Wildbestände stark zurückgegangen, sodass sich die indigenen Völker kaum noch von der Jagd und dem Fischfang ernähren können. Die Iban betreiben daher schon seit Langem Brandrodung und bauen an den Berghängen Reis und Pfeffer an – denn dies ist das Land, wo der (beste) Pfeffer wächst.

Zentral und günstig – **Lehdo Inn:** 21 Jln. Tukang Besi, Tel. 084 33 18 94. Kleines, 4-stöckiges Hotel in der Chinatown. Einfache, aber saubere klimatisierte Zimmer mit warmen Duschen. €

Essen & Trinken

Leckere lokale Gerichte – **Payung Cafe:** 20F Jln. Lanang, hinter dem Kingwood Hotel, Tel. 01 65 78 76 14, www.facebook.com/payungcafe, tgl. 10–14.30 und 17.30–22 Uhr. Im angenehm gestalteten Restaurant lohnt es, lokale Gerichte wie scharfe Fischpaste *otak-otak* zu probieren. Auch Vegetarier finden Interessantes auf der Karte, wie *Hakka Lei Cha* oder Pomelosalat. Dazu schmecken Ananas-Ingwer-Limonade und guter Kaffee. €–€€

Romantisch – **Café Café:** 1 Jln. Hua Kiew, im EG des Texas Inn, Tel. 084 32 81 01, www.facebook.com/cafecafesibu, tgl. 11–22 Uhr. In diesem hübsch dekorierten Café-Restaurant wird bei entspannter Musik eine Auswahl an erschwinglichen Reisgerichten serviert, z. B. mit Kimchi, Rendang oder gesalzenen Fischlein. Zudem Pasta, Salate sowie gegrillten oder frittierten Fisch bzw. Hühnchen. Wer mag, kann Seegurkensuppe probieren. € €€

Kaffeepäuschen – **Outright Coffee:** 24 Jln. Lau King Howe, Tel. 084 25 54 21, www.facebook.com/outrightcoffeesibu, tgl. 7–23 Uhr. In dem entspannten, klimatisierten Café kann man der Hitze des Nachmittags entfliehen und gemütlich bei Kuchen, Croissants und diversen Kaffeevariationen in einem Buch schmökern oder seine Reisefotos sichten; auch Herzhaftes wie Burger, Pies und Sandwiches. €

Authentisch – **Central Market:** Jln. Channel, tgl. 6–21 Uhr. Mehrere Essensstände im 1. Stock des Central Market bereiten lokale Spezialitäten zu. Einige Köche haben sich auf Fuzhou-Nudeln (Suppe mit gebratenen, dicken gelben Nudeln), Suppen mit *cha-sui* (geröstetem Schweinefleisch), *yew hu eng chai* (Tintenfisch mit Tofu und Wasserspinat) oder andere Gerichte spezialisiert, andere kochen nach Wunsch alles, was in den Auslagen zu finden ist. €

Stimmungsvoll – **Nachtmarkt:** auf dem Parkplatz zwischen Jln. Tinggi und Jln. Market, tgl. ab Sonnenuntergang. An den Essensständen der Malaien dominieren gegrillte Hähnchen, Satay und bunte Kuchen, während die Chinesen mit geröstetem Schweinefleisch und gedämpften, gefüllten Teigtaschen locken. €

Aktiv

Flussfahrt – **Sibu River Cruise:** Jln. Khoo Peng Loong, Fr–So, RM 23. Eines der einstigen Passagierschiffe, die Sibu noch bis vor wenigen Jahren frequentierten, wird nun für Sightseeing-Rundfahrten auf dem Fluss genutzt. Sie dauern eine Stunde und starten um 17.15 und 18.30 Uhr.

Verkehr

Flüge: Vom Sibu Airport, Tel. 084 30 77 70, ca. 25 km nördl. der Stadt, gute Verbindungen mit AirAsia, www.airasia.com, nach Kota Kinabalu, Kuching, Kuala Lumpur, Singapur, Johor Bahru, mit MASwings, www.maswings.com.my, nach Bintulu, Mukah und Miri sowie mit Malaysia Airlines, www.malaysiaairlines.com, nach Kuala Lumpur. Ein Taxi in die Stadt kostet RM 45.

Busse: Von der lokalen Busstation gegenüber der Anlegestelle der Passagierboote in der Jln. Khoo Peng Loong fahren Busse nur zu nahe gelegenen Zielen. Am Express Bus Terminal nordöstlich der Stadt in der Jalan Pahlawan halten alle Überlandbusse, die zwischen Kuching (7 Std., RM 50–61) und Miri (7 Std., RM 54) verkehren.

Schiffe: Ende 2023 war die Fähre nach Kuching außer Betrieb. Auch die Passagierboote über Kanowit und Song nach Kapit fahren nicht mehr, seit das Hinterland ans Straßennetz angeschlossen wurde. Erst ab Kapit fahren wieder Boote flussaufwärts ins entlegene Belaga.

Taxis: Preis im Stadtgebiet je nach Entfernung um RM 15. Einige fahren mit Taxameter.

Mit Bussen und Booten ins Landesinnere

Eine der letzten noch möglichen Flussreisen in Malaysia führt ein Stück weit über den längsten Wasserlauf des Landes, den 770 km langen **Batang Rajang.** Dafür geht es zunächst über die Landstraße von Sibu nach Kapit und dann in kleinen Booten durch Stromschnellen weiter nach Belaga, das durch den Bakun-Stausee von den Orang-Ulu-Dörfern an den Oberläufen getrennt wird. Vielleicht lässt sich dabei noch ein Hauch von Abenteuer erahnen, den eine Reise ins »Herz von Borneo« verspricht.

Von Sibu nach Kapit

▶ 4, F 10–H 11

Noch immer ist der Rajang eine bedeutende Transportader ins Hinterland. Zwar nutzen Passagiere seit dem Anschluss von Kapit ans übrige Straßennetz bevorzugt Busse und Pkw. Hingegen ist der Fluss auf den 160 km auch für große Frachter schiffbar und entsprechend viel befahren. Beim ersten Halt in **Kanowit** erblickt man auf einem Hügel das 1859 unter James Brooke errichtete **Fort Emma.** Während oben die britischen Offiziere wohnten, schmorten im Erdgeschoss die Gefangenen in ihren Zellen. Das Gebäude wurde renoviert und soll künftig die Ausstellung des kleinen **Kanowit Heritage Museum** beherbergen (Di–Fr 9–16.45, Sa/So 10–16 Uhr, Eintritt frei). Zu Füßen der Festung liegt die Chinatown aus den 1930er-Jahren. Chinesen sind jedoch in der Minderheit in Kanowit, das überwiegend von Iban bewohnt wird.

Die Siedlung **Song** an der Mündung des Sungai Katibas war von Beginn des 19. Jh. bis Ende der 1960er-Jahre ein wichtiges Handelszentrum für Dschungelprodukte, die hier auf Schiffe verladen und nach Sibu oder in andere Hafenstädte gebracht wurden.

Kapit ▶ 4, H 11

Je weiter es auf dem Rajang flussaufwärts geht, umso mehr haben die Orte an seinem Ufer unter den Launen des mächtigen Stroms zu leiden, so auch **Kapit.** Das geschäftige Marktzentrum wird bei Hochwasser regelmäßig überschwemmt – auf bis zu 18 m über dem normalen Pegel schwillt der Fluss hier in manchen Jahren an. Andererseits führt der Rajang während der Trockenzeit im Sommer zu wenig Wasser, um gefahrlos die Stromschnellen weiter flussaufwärts zu bewältigen. Immerhin: Seit die Stadt auch über eine Straße erreichbar ist, steigen bei Niedrigwasser die Preise für Lebensmittel und Diesel nicht mehr sprunghaft an.

Fort Sylvia

http://tunjugahfoundation.org.my, Di–So 10–12, 14–17 Uhr, Eintritt frei

Vom Pier geht es hinauf zum **Fort Sylvia,** das zwischen 1877 und 1880 unter Charles Brooke entstand. Das restaurierte Gebäude aus schwerem Eisenholz beherbergt das **Tun Jugah Museum.** Wesentlich interessanter als die ethnologische und die Bernsteinsammlung ist die Ausstellung zur Geschichte dieser abgelegenen Region, die anhand historischer Fotos und Dokumente aufgezeigt wird. Themen sind u. a. der Friedensschluss von 1924 zwischen den Iban und den weiter flussaufwärts siedelnden Kenyah, Kayan und Kajang. Außerdem werden zwei bedeutende Persönlichkeiten vorgestellt, die verschiedener nicht sein könnten: Bruder Domingo de Rozario, der Vertreter des weißen Raja Charles Brooke in Kapit, und der mächtige Iban-Häuptling Tun Jugah Anak Barieng.

Unterhalb der Festung erstreckt sich über nurmehr wenige Blocks das Zentrum mit seinen dreistöckigen Geschäftshäusern und einer gewissen Hinterwäldler-Atmosphäre. Man spürt, dass Kapit lange der letzte Außenposten vor der Wildnis war.

Iban-Langhäuser in der Umgebung

Die Iban-Langhäuser in der Umgebung von Kapit sind mittlerweile alle modernisiert worden. Von unlizenzierten Guides werden Touren mit Übernachtung am Baleh, einem Nebenfluss des Rajang, angeboten. Für die Weiterreisen nach Belaga wird offiziell ein Permit benötigt, was aber kaum kontrolliert wird. Andererseits macht es kaum Mühe, sich den Erlaubnisschein zu besorgen. Der Erlaubnisschein ist sofort erhältlich im State Government Complex, Pejabat Am Residen, 1. Stock,

Zimmer 3, Mo–Do 8–13, 14–17, Fr 8–11.30, 14.15–17 Uhr.

Übernachten

Gemütlich – **Star Hill Inn:** 31 Jln. Teo Chow Beng, Tel. 084 79 67 04, www.facebook.com/StarHillInn. Das kleine Hotel mit 8 Zimmern auf 3 Etagen ist freundlich in Braun, Rot und Beige eingerichtet. In den Zimmern gibt es einen großen Flachbildschirm, Internetzugang und einen Wasserkocher. Wegen der lauten Musik von nebenan sollte man Ohrstöpsel verwenden. €

Zentral und sauber – **Ark Hill Inn:** 451 Jln. Penghulu Geriniang, Tel. 084 79 61 68. Über dem Café gegenüber der Markthalle werden 20 einfache, klimatisierte Zimmer mit Dusche und TV vermietet. Von einigen überblickt man den Fluss. €

Essen & Trinken

Gute Auswahl – **Gelanggang Kenyalang:** Jln. Batu Anam, tgl. 6–15 Uhr. In dem einfachen, offenen Food Court werden an Ständen malaiische und chinesische Gerichte sowie *roti canai* zubereitet. €

Frische Brötchen – **Ung Tong Bakery:** Jln. Tiong Ung Hong, Mo–Sa 6.15–14, So 5–16.30 Uhr. In der chinesischen Bäckerei gegenüber dem Markt gibt es zum Kaffee Brötchen und Kuchen frisch vom Backblech. €

Verkehr

Boote: Die Expressboote nach Belaga fahren gegen 9 oder 10 Uhr (6–7 Std., RM 55), allerdings nur bei ausreichend hohem Wasserstand. Die Anlegestelle ist neben der Petronas-Tankstelle.

Taxis: Inoffizielle Taxis für Ausflüge in die Umgebung verlangen bis zu RM 50 für 10 km.

Von Kapit nach Belaga

▶ 4, H 11–J 10

Wenn der Rajang ausreichend Wasser führt, geht es mit Passagierbooten weitere vier bis sechs Stunden Richtung Nordosten nach Belaga. Hinter der Mündung des **Batang Baleh** warten die **Pelagus Rapids.** Die Fahrt durch die Stromschnellen kann vor allem bei Niedrigwasser recht aufregend sein, weil die Fahrrinne dann durch Felsen eingegrenzt wird und schwierige Manöver erforderlich macht. Nun ist das Siedlungsgebiet der Orang Ulu, der ›Menschen am Oberlauf der Flüsse‹ (*orang* = Mensch, *ulu* = am Oberlauf der Flüsse) erreicht, zu denen die hier siedelnden Kenyah, Kayan, Lahanan, Kejaman und Kajang gehören.

Belaga ▶ 4, J 10

Die verschlafene Distrikthauptstadt **Belaga** ist das Versorgungszentrum der Orang Ulu aus den Dörfern an abgelegenen Nebenflüssen. Seit Beginn der Abholzung der Tropenwälder Ende des vergangenen Jahrhunderts und dem Bau des Bakun-Staudamms 2007 ist der verschlafene Ort über eine weitgehend unbefestigte Straße zumindest per Geländewagen auch auf dem Landweg zu erreichen. Westlich oberhalb des Flusses reihen sich einige einfache chinesische Geschäftshäuser und Hotels. Weiter flussabwärts schließt sich die Siedlung der Malaien an. Am gegenüberliegenden Flussufer weisen Holzschnitzereien, darunter ein großer Kenyalang (Nashornvogel), auf einen Begräbnisplatz der Kenyah hin, der jedoch nicht besucht werden darf.

Viel zu tun und zu sehen gibt es nicht. Von Belaga aus kann man mit einem gecharterten Boot weiter flussaufwärts zum Kayan-Langhaus **Rumah Aging,** dem Lahanan-Langhaus **Long Semuang,** den Kayan-Langhäusern oberhalb der Schule von **Long Segahan** und bis zum Bakun-Staudamm fahren. Boote für bis zu 6 Personen kosten ab RM 200. Als Guide empfiehlt sich der Kayan Daniel Levoh, Tel. 01 38 48 63 51, daniellevoh@hotmail.com, der auch Schlafsaalbetten und einfache Zimmer in seinem Guesthouse vermietet.

Übernachten

Akzeptabel – **Sing Soon Huat:** 26–27 Jln. Ului Lian, Tel. 086 46 13 07. Das beste und sauberste der 4 einfachen, billigen Hotels rings um den Platz. €

Verkehr

Geländewagen: Zwischen 6 und 8 Uhr starten Landcruiser vom zentralen Platz nach Bintulu (3,5 Std., RM 60).
Boote: Die Expressboote nach Kapit fahren gegen 8 Uhr ab (4–6 Std., RM 55).

Bakun Staudamm ▶4, K 10

Das gigantische Wasserkraftprojekt 37 km stromaufwärts von Belaga mit einer riesigen Talsperre am Batang Balui wurde bereits 1994 genehmigt, wegen finanzieller Probleme und zahlreicher Proteste jedoch mehrfach verschoben und erst 2007 wieder in Angriff genommen. Mittlerweile ist der 207 m hohe Staudamm fertiggestellt und ein gewaltiger See, größer als der Bodensee, überflutet ein Dschungelgebiet, in dem einst rund 10 000 Orang Ulu, viele vom Aussterben bedrohten Tiere und endemische Pflanzen lebten. Die Menschen wurden nach Sungai Asap und Sungai Koyan zwischen Belaga und Bintulu umgesiedelt, in ein unfruchtbares Gebiet, wo sie ein klägliches Dasein führen. Die wertvollen Bäume wurden abgeholzt und verkauft, der Rest seinem Schicksal überlassen. Da die gewaltige hier gewonnene Energiemenge von 2400 MW in Sarawak gar nicht benötigt wurde, haben sich stromhungrige (und stark umweltbelastende) Industrien wie die Aluminiumproduktion und Erdölverarbeitung an der Küste angesiedelt. Mehr Informationen über Bakun und andere große Staudammprojekte weltweit liefert die Seite https://saverivers.org.

Von Belaga nach Bintulu
▶4, J 10–H 9

Bevor die Holzfäller bis an den Oberlauf des Rajang vordrangen, konnten abenteuerlustige Reisende in drei Tagen mit Booten und zu Fuß von Belaga an die Küste nach Bintulu gelangen. Nun starten frühmorgens Geländewagen, die auf ehemaligen Holzfällerstraßen Richtung Bintulu fahren. Bis zur asphaltierten Straße zum Bakun-Staudamm geht es auf dem **Kastima Highway** der Holzgesellschaft und durch eine riesige Ölpalmplantage. Nach knapp drei Stunden Fahrt, vorbei an **Tubau** und durch das Tal des **Batang Kemena,** ist der Trans-Borneo-Highway erreicht. Wer nicht nach Bintulu, sondern Richtung Norden fahren möchte, kann an der Abzweigung aussteigen und auf einen Bus nach Miri (s. S. 320) warten.

Bintulu ▶4 H 9

Nach einer Reise durch das Landesinnere setzt die Industriestadt **Bintulu** an der Mündung des Batang Kemena einen Kontrapunkt. Der einstige Fischereihafen hat sich dank gewaltiger Erdgasreserven vor der Küste zu einer Boomtown mit etwa 200 000 Einwohnern entwickelt. Vom Wohlstand der Bewohner zeugen moderne Verwaltungsbauten, Hotels und Einkaufszentren. Neubauviertel mit schmucken Einfamilienhäusern säumen mehrspurige, von blühenden Sträuchern gesäumte Straßen. Nördlich der Stadt erstreckt sich ein Industriegebiet mit einer der weltgrößten Gasverflüssigungsanlagen und einem Tiefseehafen.

Altstadt

Ein ehemaliges Flugfeld und der breite Batang Kemena begrenzen die **Altstadt** mit einem Markt, zahlreichen chinesischen Geschäften im alten Stil, günstigen Restaurants, schäbigen Billigunterkünften und einem Unterhaltungsangebot, das moralischen Sittenwächtern nicht gefallen kann. Am Fluss hat man mit der Esplanade und der westlich am Ufer verlaufenden Promenade eine nette Spaziermeile angelegt. Sie führt direkt auf die fast 790 m lange Brücke über den Batang Kemena, die Bintulu mit dem dörflichen Kampung Jepak verbindet.

Taman Tumbina Bintulu

www.tumbina.com.my, tgl. 9–16 Uhr, Eintritt frei, Taxi vom Zentrum RM 15
Für Entspannung sorgt etwa 6 km nördlich des alten Zentrums der **Taman Tumbina Bintulu,** ein kleiner Zoo in einer 12 ha großen, gepflegten Parkanlage mit einheimischen Tie-

Noch immer sind Flussschiffe wichtige Transportmittel für Güter

ren, einem Orchideen- und Farngarten. In diversen Volieren sind Raub- und Nashornvögel, im Reptilienhaus auch Krokodile zu sehen.

Übernachten

Komfortabel – **Greens Hotel:** Bintulu Commerce Sq., H01–02, Jln. Diwarta, Tel. 086 34 35 35. Nichtraucherhotel auf 6 Stockwerken in den beiden Türmen über einem Einkaufszentrum etwa 2 km nördlich der Altstadt. Die 160 Zimmer und Suiten unterschiedlicher Größe sind mit allem Komfort ausgestattet. Der Service ist freundlich. €€

Nahe der Altstadt – **The Velton Inn:** Lot 3530 Shahida Commercial Extension Area, Jln. Abang Galau, Tel. 01 68 35 73 76. Wer lieber näher am Gewusel des alten Stadtkerns mit dem Nachtmarkt und der Uferpromenade wohnt, findet im Velton Inn preiswerte Zimmer. €–€€

Essen & Trinken

Günstig und gute Atmosphäre – **Ban Kee Café:** zwischen Jln. Abang Galau und Jln. Masjid in einer verkehrsberuhigten Seitenstraße, Tel. 01 28 70 88 98, tgl. 9–21 Uhr. Von den drei Restaurants in dieser Straße ist das Ban Kee das beliebteste. Alle stellen Tische und Stühle nach draußen, aber wegen der Hinterlassenschaften der vielen Schwalben sollte man unter dem Vordach Platz nehmen. Die Fische, Krebse und chinesischen Gerichte sind gut und ebenso günstig wie das Bier. Zum Frühstück gibt es auch Laksa. €

Verkehr

Flüge: Vom Bintulu Airport, 25 km südlich des Zentrums (Taxi RM 40), gibt es Verbindungen mit Malaysia Airlines und AirAsia nach Kuala Lumpur, Kota Kinabalu und Kuching, mit MASwings zudem nach Miri, Sibu und Mukah.

Busse: Vom Express Bus Terminal in Medan Jaya, ca. 5 km nördl. des alten Zentrums, fahren Überlandbusse Richtung Süden nach Sibu (3 Std., RM 25–30) und Kuching (8 Std., RM 70–84) sowie nach Norden bis Miri (3 Std., RM 27–30).

Geländewagen: Abfahrt von den Parkplätzen rund um das Li Hua Plaza in der Altstadt, südöstlich der Esplanade am Fluss, ab 13 Uhr nach Belaga (3,5 Std., RM 60).

Der Norden von Sarawak

Miri, die prosperierende Stadt am Meer, dient als Sprungbrett zu den einmaligen Höhlen im Niah National Park und zu attraktiven Zielen im abgelegenen Hinterland, allen voran der Gunung Mulu National Park. Mitten in einem der schönsten unberührten Regenwälder Borneos kann man Bootsfahrten auf Dschungelflüssen unternehmen, Sarawaks zweithöchsten Berg erklimmen oder auf schwankenden Hängebrücken durch die Baumwipfel der Urwaldriesen spazieren.

Miri ▸ 4, K 6

Noch in den 1920er-Jahren standen in **Miri** gerade einmal 40 Holzhäuser mit kleinen Läden, die alles bereithielten, was die ersten Ölarbeiter und die Menschen aus dem Hinterland benötigten. Erst die reichlich sprudelnden Ölquellen im Südchinesischen Meer und die Entdeckung riesiger Erdgasvorkommen bescherten dem Küstenort seit den 1960er-Jahren einen gewaltigen Boom. Miri entwickelte sich zur zweitgrößten Siedlung in Sarawak und hat heute an die 360 000 Einwohner.

Die schnell hochgezogenen kommerziellen Zentren bestehen aus zweckmäßigen Betonbauten ohne jegliches Flair. In seinem Mündungsgebiet wurde der Sungai Miri durch Landaufschüttungen massiv verändert und ist zu einem stinkenden Abwasserkanal verkommen. Auch mit dem Jachthafen und der Marina Bay an der Stelle der einstigen Flussmündung scheint der Stadt kein Glück beschert zu sein, da die Anlagen kaum genutzt werden. Immerhin gibt es ein bisschen was zu sehen und gute Ausgeh- und Einkaufsmöglichkeiten, was eine Zwischenübernachtung (z. B. auf dem Weg zu den Nationalparks der Region) angenehm macht. Die meist männlichen Besucher von den Bohrinseln bevorzugen ohnehin die vielen Pubs und die Reflexologie-Massagesalons, die alles andere bieten als eine medizinische Behandlung.

Chinatown

Die **Chinatown** im Zentrum vermittelt noch etwas von der ursprünglichen Atmosphäre vor dem Ölboom. Im taoistischen **Tao Pek Kong Temple** in der Jalan Bendahara brennen Räucherstäbe wie eh und je. Der seit 1913 existierende und 1977 renovierte Tempel zeugt vom Wohlstand der Stadt, denn er wurde immer wieder um neue Elemente ergänzt, etwa um das große, prunkvolle Eingangstor Paifang.

Auf dem **Central Market** weiter nordöstlich stapeln sich bunte Kuchen, frische Nudeln und Tofu neben Obst und Gemüse, während ganz in der Nähe die Schweineköpfe von Haken baumeln. Im hinteren Bereich verarbeiten Essensstände die frischen Zutaten zu preiswerten Gerichten.

Am südöstlichen Rand der Chinatown südlich vom Tourist Office und dem lokalen Busbahnhof erstrecken sich südlich der Jalan Padang zwei weitere Märkte: Im hinteren Bereich des **Tamu Muhibbah** verkaufen Orang Ulu, Menschen aus dem Landesinnern, den begehrten Reis aus dem Bario-Hochland, Salz aus den Bergen, Bambus und Rattanprodukte. Gegenüber bieten überwiegend muslimische Händler auf dem Tamu Kedayan ihrer Halal-Waren feil.

Petroleum Museum

Tel. 085 63 55 16, Di–Do 9–16.45, Fr 9–11.45, 14.15–16.45, Sa und So 10–16 Uhr, Eintritt frei

Die Petroleumindustrie bringt Geld in die Stadt und so hat man diesem Wirtschaftszweig bereits früh auf dem **Canada Hill** östlich der Chinatown ein Denkmal gesetzt. Hier steht der allererste Bohrturm von 1910, liebevoll **Old Lady** genannt, und daneben das etwas vernachlässigte **Petroleum Museum,** das dennoch einen Besuch lohnt. Die Ausstellung verdeutlicht die enge Verbindung zwischen Miri und dem Öl, auch wenn die Förderung mittlerweile weit draußen auf dem Meer erfolgt. Da ein Besuch auf einer Bohrinsel nicht zulässig ist, ermöglichen ein Modell der riesigen Helang-Plattform, Fotos und Schautafeln einen Einblick in den Alltag der Männer mit ihren orangefarbenen Overalls. Anschaulich wird zudem die Geschichte der Petroleumindustrie sowie die Entstehung, Verarbeitung und Vermarktung des schwarzen Golds dargestellt. Selbst wer der Industriegeschichte nicht viel abgewinnen kann, wird in dem Museum das ein oder andere Interessante entdecken, beispielsweise eine prähistorische Ausstellung, die die Arbeit der Archäologen veranschaulicht. Zudem wird man für den Weg auf den Hügel mit einem herrlichen Blick über die Stadt bis hinaus aufs Meer belohnt.

Nördlich des Zentrums

Der größte, täglich bis 13 Uhr geöffnete Fisch- und Gemüsemarkt von Miri liegt im Norden der Stadt in **Krokop,** wo am Wochenende nördlich des großen Kreisverkehrs auch ein riesiger **Nachtmarkt** aufgebaut wird. In dem Vorort steht auch der **Lian Hua San Temple** (Lotus Hill Temple), einer der größten taoistischen Tempel Südostasiens. Besonders imposant sind seine Deckenverzierungen und das gigantische Eingangstor.

Etwa 2 km nördlich vom Tempel verläuft eine Straße auf die Landzunge westlich des Flusses, wo in der **Piasau Nature Reserve** u. a. Nashornvögel angesiedelt und Wege angelegt wurden. Im Visitor Centre südlich der Brücke informiert eine Ausstellung über die Tier- und Pflanzenwelt, v. a. die verschiedenen Arten von Hornvögeln (https://piasaunature reserve.com.my, Mo–Fr 8–17 Uhr, Eintritt frei).

Infos

Visitor Information Centre: 452 Jln. Melayu, Tel. 085 43 41 81, Mo–Fr 8–17, Sa, So, Fei 9–15 Uhr. Kostenlose Prospekte, Stadtpläne und Broschüren, die kompetenten Mitarbeiter informieren auch über Transportmöglichkeiten.

Übernachten

Kultiviert – **Miri Marriott Resort & Spa:** Jln. Temenggong Oyong Lawai, Tel. 085 42 11 21, www.marriott.com. Das beste Ferienhotel mit 220 geschmackvollen Zimmern an einem Palmenstrand ca. 4 km südl. des Zentrums. Bis auf die Hillview-Zimmer verfügen alle über einen Balkon mit Meerblick. Die etwas günstigeren in 2-stöckigen Chalets liegen im weitläufigen Garten rings um den großartigen Pool. Ein Fitnesscenter, Spa und Kids Club sowie Fahrräder sorgen für Abwechslung. Im Restaurant wird Pizza wie Laksa serviert und im Café in der luftigen Lobby gibt es sehr leckeren Kuchen mit original italienischem Kaffee. €€–€€€

Stylisch – **Meritz Hotel:** Jln. Miri-Pujut, Tel. 085 41 78 88, www.meritzhotel.com. Das 18-stöckige Hotel grenzt an die Bintang Megamall. Es überrascht mit einigen ungewöhnlichen Extras wie Aufenthaltsräumen in den Innenhöfen zwischen dem 8. und 10. Stock, einer großen Skybar und einem riesigen 2-stöckigen Restaurant im 17. Stock mit einem sich drehenden Obergeschoss. Die in hellen Farben eingerichteten, komfortablen Zimmer mit hohen Fenstern haben ein großes Bad mit separater Dusche und Wanne, Kühlschrank, Safe, Bügeleisen und Internetzugang. Zudem ein Pool mit Aussicht und ein Fitnessraum. €€

Internationales Hotel – **Pullman Miri Waterfront:** 1347 Miri Waterfront Commercial Centre, Tel. 085 32 38 88, www.pullmanhotels.com. 328 komfortable Zimmer vom 8.–14. Stock im unübersehbaren Hochhaus mitten im Zentrum nahe dem Meer. Von den teureren Zimmern und vom Pool fantastische Aussicht. Zudem kann man im hauseigenen Restaurant speisen und in der Sauna und im Fitnesscenter schwitzen. €€–€€€

Stattlich – **Kingwood Boutique Hotel:** 826 Jln. North Yu Seng, Tel. 085 41 58 88, www.kingwoodmiri.com.my. Gute Adresse mit knapp 50 wohnlichen Zimmern und netten Eyecatchern, die Suite sogar mit Jacuzzi. €€

Für Nachtschwärmer – **La Mirina Boutique Inn:** Lot 1955 Jln. Marina 3, Tel. 01 2830 35 56, www.facebook.com/lamirinaboutiqueinn. Mitten im Ausgehviertel Marina Square mit vielen Lokalen und Bars wohnt man preisgünstig in sauberen, einfachen Zimmern, die nach hinten raus ruhiger sind, v. a. wenn an Wochenenden diverse Livebands im Viertel aufspielen. €

Geräumig und zentral – **Yew Hotel:** 243 Jln. Setia Raja, Tel. 085 41 32 89, www.yewhotel.com. In einer ruhigen Seitenstraße zwischen Jalan Brooke und dem Asian Highway 150 liegt fußläufig zum Canada Hill, der Bintang Megamall und vielen Restaurants dieses einfache Hotel mit 30 überwiegend geräumigen, funktionalen und sauberen Zimmern. €

Zweckmäßig und preiswert – **Dragon Inn:** 355 Jln. Masjid, Tel. 085 42 22 66, www.facebook.com/dragon.inn.miri. Die renovierten Zimmer in dem ruhig gelegenen kleinen Hotel sind mit Wasserkocher, Föhn, TV und Kühlschrank ausgestattet, die günstigen haben keine Fenster. €

Essen & Trinken

Frische Garnelen – **Meng Chai Seafood Centre:** Jln. North Yu Seng, Tel. 01 68 78 14 15, Fr–Mi 17–22 Uhr. Trotz der nahen Straße sind abends alle Tische auf dem Bürgersteig belegt, schließlich gibt es in dem Coffee Shop garantiert frische Garnelen, die aus einem Tank gefischt werden und gedünstet sehr süß schmecken. Zudem Meeresschnecken, Muscheln und Fische, die auf Eis liegen. Nur der Service könnte freundlicher sein. €–€€

Nach westlichem Geschmack – **Ming Café:** 1106 Jln. North Yu Seng, Ecke Jln. Merbau, Tel. 085 42 27 97, www.facebook.com/mingcafeborneo, tgl. 14.30–1.30 Uhr. Das Bar-Restaurant an der zentralen Kreuzung hat sich zu einem Treffpunkt von Expats und Touristen entwickelt. Zu Recht, denn die Musik ist angenehm, die Sportübertragungen auf großen Bildschirmen haben immer ein fachkundiges Publikum, der Service ist freundlich, das Bier und die Cocktails sind gut gekühlt und die Portionen reichlich. An rustikalen Tischen im Freien oder der schicken Bar genießt man seinen Drink, dazu gibt's asiatische und westliche Favoriten, auch Pizza, Schweinerippchen, Bratwurst, Sauerteigbrot und Haxen. Große Auswahl an Bier vom Fass und aus der Flasche. €€

Leckere Currys – **Khan's Islamic Restaurant:** 229 Jln. Maju, Tel. 085 41 84 40, www.facebook.com/islamicrestaurant, tgl. 7–20.30 Uhr. Im einfachen Restaurant neben dem Mega Hotel sitzen die Gäste unter Ventilatoren auf Plastikstühlen und genießen ordentliche Portionen Currys aus der Vitrine zusammen mit frisch zubereiteten indischen Broten und leckerem Mango-Lassi. Auch Biryani, Shawarma und Nasi Goreng. €

Orang-Ulu-Kost – **Summit Café:** Jln. Melayu, Centre Point Commercial Centre I, Mo–Sa 10.30–14 Uhr. Nur mittags besteht in dem einfachen Coffee Shop die Möglichkeit, die Hausmannskost der Orang Ulu zu probieren. Bei der Auswahl am Büfett bekommt man Tipps von den dort arbeitenden Frauen. Lecker ist *ubi kayu,* ein Gemüse aus Tapiokablättern. Zudem gibt es malaiische Gerichte. €

Hochlandküche – **Gerai Nuba Laya:** Jln. Melayu, Centre Point Commercial Centre I, Tel. 01 38 30 64 64, Mo–Sa 8–20 Uhr. Der an der Ecke eines Neubaublocks versteckte Essenstand in einem kleinen offenen Food Court an einem Buffet tischt typische Gerichte aus dem Kelabit-Hochland auf, wie sie in der Gegend um Ba'kelalan zubereitet werden. Hinter dem namensgebenden Nuba Laya steckt zerstoßener Reis in einem aromatischen Blatt. Serviert wird er als Beilage. €€

Einkaufen

Einkaufszentren – **Permaisuri Imperial City Mall:** Jln. Merpati. **Bintang Megamall:** Jln. Miri–Pujut. **Boulevard Shopping Mall:** Jln. Boulevard Utama. **Miri Times Square:** Jln. Bendahara. Auch wenn das Angebot auf den Märkten frischer und preiswerter ist als in den Supermärkten, machen diese mit ihrem umfassenden Angebot den Marktfrauen zunehmend Konkurrenz. Die Einkaufszentren punkten nicht nur mit ihrem breiten Angebot, sondern auch der Möglichkeit, unabhängig von Hitze und Tropenschauern bummeln zu gehen. Vor allem freitags füllen sich die Läden mit Besuchern aus Brunei, die ihren freien Tag zum Einkaufen im preiswerteren Nachbarland nutzen.

Kunsthandwerk – **Sarawak Handicrafts:** 96 Jln. Merbau, Tel. 085 43 00 86, tgl. 9.30–18 Uhr. Auf zwei Stockwerken stapeln sich Matten, Pua-Decken, Bambuskörbe, Blasrohre und anderes Kunsthandwerk aus Sarawak. Zudem werden T-Shirts und andere Souvenirs verkauft. Einiges davon stammt auch von den Philippinen und aus Indonesien. **Miri Handicraft Centre:** 266 Jln. Merbau, Mi–Mo 10–14.30 und 17.30–22.30 Uhr. An den kleinen Ständen des staatlichen Zentrums für Kunsthandwerk rotieren Anbieter aus den Dörfern der Umgebung. Gelegentlich Kulturveranstaltungen.

Abends & Nachts

Treff für Ausländer – **Ming Café:** s. S. 322.

Aktiv

Wandern, Bootstouren & mehr – Für Abenteuerlustige ist das Hinterland von Miri ein wahres Paradies. Von Bario aus kann man wunderbar in den Kelabit Highlands und bis nach Ba'kelalan wandern. Auf dem Headhunters' Trail geht es von Limbang auf Flüssen und Fußpfaden hinauf in den Gunung Mulu National Park (s. S. 328). Folgende Reisebüros organisieren Touren und sollten frühzeitig kontaktiert werden: **Borneo Tropical Adventures:** Jln. Merbau, Soon Hup Shopping Complex, Tel. 085 41 93 37, www.borneotropicaladventures.com; **Heart of Borneo Tours:** Tel. 01 98 51 74 34, www.heartofborneotours.com.

Tauchen – Eines der wenigen Tauchgebiete in Sarawak liegt vor der Küste bei Miri und umfasst mehrere Korrallenriffe sowie Wracks. Zu den verschiedenen Revieren benötigt man mit dem Boot zwischen 10 und 60 Min. Anbieter von Tauchtouren und Open-Water-Kursen sind u. a. **Co.Co. Dive,** Lot 2117, Block 9, Jln. Miri–Pujut, Tel. 085 41 44 33, www.facebook.com/miri.cocodive.

Termine

Borneo Jazz Festival (zwischen Anfang Mai und Ende Juli, https://jazzborneo.com): Seit 2005 hat sich das Festival bei Jazzliebhabern einen Namen gemacht. Neben einheimischen Gruppen treten an einem Wochenende Mitte des Jahres Musiker aus aller Welt an verschiedenen Standorten auf.

Verkehr

Flüge: Vom 6 km südl. der Stadt gelegenen Miri International Airport regelmäßige Verbindungen mit Malaysia Airlines, Firefly, Scoot und AirAsia nach Kuching, Kota Kinabalu, Johor Bahru, Singapur und Kuala Lumpur sowie Singapur. MASwings fliegt zahlreiche kleinere Orte an, u. a. Sibu, Labuan, den Gunung Mulu National Park und die Bario Highlands. Da die Plätze begrenzt sind, sollte man frühzeitig buchen. Ein Taxi zum Flughafen kostet RM 25.

Busse: Von der Haltestelle nahe dem Tourist Office fahren nur lokale Busse in die nähere Umgebung, u. a. Bus 20 und 33 A zum **Pujut Express Bus Terminal** für Fernbusse 4 km nördl. des Zentrums. Ab hier ständige Verbindungen Richtung Süden (Ausstieg an den Abzweigungen zum Lambir Hills Park und Niah National Park möglich) über Bintulu (3,5 Std., RM 27–30) und Sibu (7 Std., RM 54) nach Kuching (14 Std., RM 110). Bei der Recherche Ende 2023 gab es keine Busverbindung mehr nach Brunei und Sabah. Man musste mit einem Taxi zur Grenze fahren und nach dem Grenzübertritt ein Taxi nach Kuala Belait erwischen (B$ 20), wo Busse nach Seria fahren, wo wiederum Minibusse nach Bandar Seri Begawan starten (B$ 6).

Taxis: Haltestände vor den Hotels und neben Yu Lan Plaza. Im Stadtgebiet ca. RM 15, zum Pujut Express Bus Terminal ca. RM 20–25, in den Niah National Park ca. RM 160. Offizielle Taxis dürfen die Grenze nach Brunei nicht passieren. Wer sich das viele Umsteigen auf dem Weg nach Bandar Seri Begawan ersparen will, chartert einen Privatfahrer für die ganze Strecke (RM 250).

Schon vor rund 40 000 Jahren sollen in den riesigen Höhlen des Niah National Park Menschen gelebt haben – eine der ältesten Ansiedlungen in Malaysia

Lambir Hills National Park ►4, K 7

www.sarawakforestry.com, RM 20, Kind. RM 7
Etwa 30 km südlich der Stadt liegt der nur knapp 7000 ha große **Lambir Hills National Park** und schützt die außergewöhnlich artenreichen *Dipterocarpaen*-Wälder mit kolossalen Urwaldriesen, Kapur-, Keruing- und Meranti-Bäumen an den Hängen des Bukit Lambir. Auf nährstoffärmeren Böden erstrecken sich niedrige Kerangaswälder mit Torfmooren.

Wanderer können auf dem leicht zu begehenden, 1 km langen **Latak Trail** drei **Wasserfälle** erreichen. Für die Besteigung des 465 m hohen **Bukit Lambir** benötigt man rund 4 Std. Der 6,3 km lange, rot-blau markierte Pfad ist teilweise sehr steil und nach Regenfällen schlüpfrig. Markiert sind auch die Wanderwege zum **Pantu-** und zum **Nibong-Wasserfall,** die in 1 Std. bzw. 45 Min. erreicht werden können.

Infos

Headquarters: am Trans-Borneo-Highway ca. 30 km südl. von Miri, tgl. 8–17 Uhr. Hier erhält man gute Informationen, eine Wanderkarte und kann Guides für Dschungeltouren (RM 50/Std.) sowie die Unterkünfte im Park buchen.

Übernachten

Im Nationalpark – Auch wenn die Unterkünfte in der Nähe der Straße kein richtiges Dschungelfeeling aufkommen lassen, sind sie doch recht komfortabel. Zur Verfügung stehen 3 alte Doppelbungalows mit Ventilator und harten Matratzen sowie 6 bessere, klimatisierte Häuser (Forest Lodge Type 5) mit jeweils 2 Zimmern für bis zu 3 Pers., Kühlschrank und großer Veranda. Campen kostet RM 5/Pers. Essen muss mitgebracht werden, solange die Kantine nicht wieder in Betrieb genommen wird. Buchung entweder vor Ort oder über http://ebooking.sarawak.gov.my. €

Verkehr

Busse: Alle Busse zwischen Miri und Bintulu stoppen an der Straße nahe dem Headquarters des Nationalparks.
Taxis: Von/nach Miri RM 100.

Niah National Park

▶ 4, J/K 7/8

www.sarawakforestry.com, Eintritt Erw. RM 20, Kind. 6–18 Jahre RM 7; Museum Di–Fr 9–16.45, Sa/So 10–16 Uhr

Die ausgedehnten Höhlen im **Niah National Park** gehören zum UNESCO-Weltkulturerbe, denn in diesem Massiv steil aufragender Kalkfelsen nahe der Küste fanden bereits in prähistorischer Zeit vor rund 40 000 Jahren die ersten Bewohner der Region Unterschlupf. Es waren austronesische Negritos, die als Jäger, Fischer und Sammler, ausgerüstet mit einfachen Werkzeugen, die Wälder durchstreiften und an einem Bach am westlichen Zugang der größten Höhle ihr Lager aufschlugen.

Erst 1958 fand eine archäologische Expedition unter der Leitung von Tom Harrison, dem Kurator des Sarawak Museum in Kuching, und seiner Frau Barbara im Guano der Fledermäuse einen Menschenschädel, der weit älter war als jedes bislang gefundene menschliche Skelettteil. Für Archäologen war dieser Fund eine Sensation, da er etwas mehr Licht ins Dunkel der Anfänge der Menschheit brachte. Unter einem Überhang hinter der Höhle entdeckte Barbara Harrison an einer 32 m langen Höhlenwand zudem über 1000 Jahre alte Zeichnungen von Jägern, Tieren und Booten. In Verbindung mit anderen Funden, u. a. Särge in Bootsform mit Resten von Skeletten, Keramik und Schmuckbeigaben, ließen sich Rückschlüsse auf die Glaubenswelt einer längst vergangenen Kultur ziehen.

Seit 1999 haben Archäologen viele weitere Entdeckungen gemacht. In dem bis zu 100 000 Jahre alten Guano der Höhlen fanden sie Fossilien, Pollen, Sporen und Tierknochen – ausgezeichnete Indikatoren für den Wandel von Klima, Fauna und Flora seit jener Zeit. Damals lag der Meeresspiegel über 100 m tiefer als heute, sodass die Insel Borneo noch mit dem Festland verbunden war. Außerdem fiel wesentlich weniger Niederschlag, d. h., der Boden war trockener und die Vegetation spärlicher. Vor rund 6000 Jahren, als das Klima feuchter wurde, dehnten sich die Mangroven bis an den Höhleneingang aus.

Auch viele Generationen von Menschen haben in dem konservierenden Guano ihre Spuren hinterlassen und mit jedem neuen Fund vervollständigt sich das Bild der damaligen Epoche. Man hat herausgefunden, dass die Hauptnahrungsmittel der ersten Bewohner aus Yamswurzeln und Sago bestanden. Ihre einfachen Steinwerkzeuge waren vor rund 20 000 Jahren bereits so effektiv, dass man damit Bambus, Holz und Knochen bearbeiten konnte. Recht lange sollte es hingegen dauern, bis die Menschen in der Lage waren, Keramik herzustellen. Die ältesten Tonscherben wurden in Gräbern aus der Jungsteinzeit gefunden. Während die Toten anfangs noch verbrannt und die Überreste in Särgen bestattet wurden, ging man zu jener Zeit dazu über, sie in riesigen Tonkrügen beizusetzen.

Interessant sind auch die Funde, die belegen, dass in den Höhlen bereits früh Schwalbennester gesammelt wurden. Die Nester aus dem Speichel der Salangane gehörten zu den ersten Handelsprodukten, die in China hoch begehrt waren – zur Bird's Nest Soup (›Vogelnestersuppe‹) verarbeitet, sollen sie bei ihren Konsumenten die Verdauung fördern, das Im-

AUF PLANKENWEGEN ZU DEN NIAH-HÖHLEN

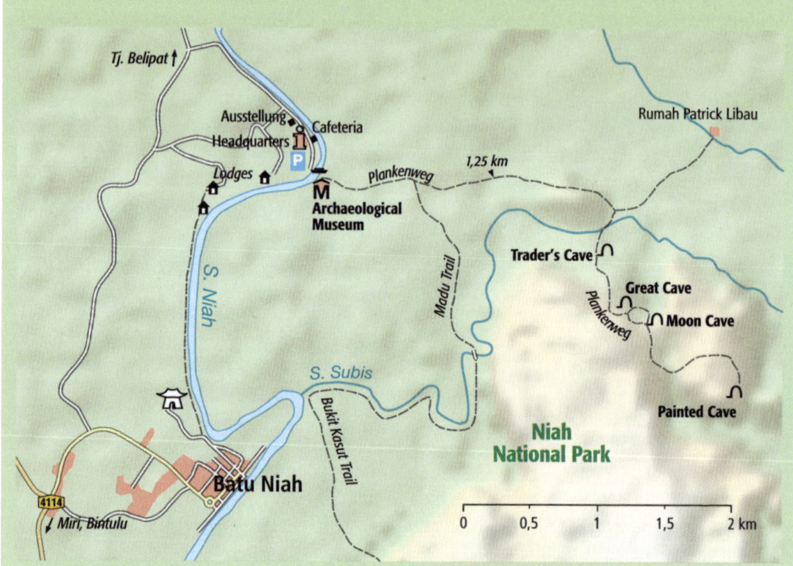

Tour-Infos

Start/Ziel: Headquarters des Niah National Park (s. S. 327)

Dauer: 4–5 Std., die Flussfähren setzen nur bis 17.30 Uhr über

Länge: 8,2 km hin und zurück

Schwierigkeitsgrad: einfach

Informationen: Im Headquarters ist eine Karte erhältlich.

Ausrüstung: feste Wanderschuhe, starke Taschenlampe, Regenschutz

Vom **Headquarters** ist es nicht weit bis zum Fluss, der die Parkgrenze bildet. Mit einer Fähre geht es hinüber und auf einem Plankenweg weiter zu den Höhlen.

Hinter dem **Archäologischen Museum** (s. S. 327) taucht man in den Dschungel ein. Unter einem dichten Blätterdach gedeihen im feuchten Klima Pilze in allen Formen und Farben. Überall zirpen Zikaden und zwitschern Vögel, die sich im Gewirr der Äste, Schlingpflanzen und Epiphythen kaum ausmachen lassen. Dafür entdeckt man in Bodennähe Schmetterlinge, Hundertfüßler, Termiten- und Ameisenkolonien. Auf gewaltigen Brettwurzeln streben Urwaldriesen in den Himmel, wo sie breite Kronen bilden. Die in Sarawak Tapang (Tualang, Mengaris, *Koom-*

passia excelsa) genannten Bäume, in die bevorzugt Nashornvögel und Bienen ihre Nester bauen, gehören zu den höchsten der Welt.
Nach einer knappen Stunde Fußmarsch ist die **Trader's Cave** erreicht, ein Überhang mit morschen Holzgerüsten der Schwalbennest- und Guanosammler. Circa 200 m dahinter öffnet sich der über 60 m hohe und 250 m breite westliche Höhleneingang zur **Great Cave.** Auf der linken Seite sind Spuren der ersten Ausgrabungen zu erkennen, dann geht es auf einem schlüpfrigen Plankenweg in das Innere der schwülen, nach Guano stinkenden Höhle hinein. Die an der Decke nistenden Schwalben und herabhängenden Fledermäuse bilden einen Millionenchor hoher Stimmen, eine unnachahmliche Geräuschkulisse. Wer sich umdreht, genießt einen fantastischen Blick hinaus in den Dschungel, nicht umsonst eines der beliebtesten Postkartenmotive von Sarawak.
Durch ein großes Loch in der Decke wird im hinteren Teil der Höhle der sogenannte **Padang** erhellt, ein großer, freier Platz. Erst auf dem weiteren Weg durch eine dunkle Passage zur **Moon Cave** leistet eine Taschenlampe gute Dienste. Wenig später tritt man in blendendes Tageslicht hinaus und erreicht nach 450 m durch den Wald die **Painted Cave,** in der die Archäologin Barbara Harrison unter einem Überhang einige alte Särge und die Höhlenmalereien entdeckte. Man braucht schon geübte Augen, um die verwitterten Figuren hinter der Absperrung zu erkennen.
An der Great Cave vorbei geht es anschließend auf gleicher Strecke bis zum Bach zurück. Anstatt direkt zum Parkeingang zu laufen, kann man ab der Brücke einem ausgeschilderten Pfad folgen und dem Iban-Dorf der Schwalbennestsammler, **Rumah Patrick Libau,** einen Besuch abstatten.

munsystem stärken und sogar die Libido steigern. Noch heute klettern junge Männer aus dem nahen Dorf **Rumah Patrick Libau** während der strikt überwachten ›Erntezeit‹ zwischen September und März an langen Bambusleitern und Eisenholzstämmen zur Decke der Höhle hinauf, um die Nester einzusammeln. Wer sich für die Menschen und ihre Arbeit interessiert, kann im modernen Langhaus auch übernachten (Tel. 01 98 05 24 15, www.facebook.com/homestaypatricklibau).

Neben den Verwaltungsgebäuden informiert eine kleine **Ausstellung** über die Fauna und Flora des Nationalparks, die Arbeit der Schwalbennest- und Guanosammler sowie die archäologischen Ausgrabungen.

Hinter dem Headquarters, jenseits des Flusses, befindet sich ein hervorragendes **Archäologisches Museum,** in dem überaus anschaulich die Geschichte und Gegenwart dieser Region präsentiert wird – die Entstehung der Niah-Höhlen, die Flora und Fauna des Tropenwalds und die Menschen, die heute in dieser Gegend siedeln. Ein Schwerpunkt der Ausstellung stellen die Ausgrabungsfunde dar, von frühen Werkzeugen und Keramiken bis zu chinesischen Münzen und hinduistischen Statuen aus jüngerer Zeit.

Infos

Headquarters: Pangkalan Lubang, ca. 2 km nördlich der Ortschaft Batu Niah bzw. etwa 107 km südlich von Miri, Tel. 085 73 74 54, www.sarawakforestry.com. Hier ist der Eintritt in den Nationalpark zu zahlen und hier können die Unterkünfte im Park gebucht werden, wobei eine Reservierung über http://ebooking.sarawak.gov.my erforderlich ist.

Übernachten

Im Nationalpark – Am Parkeingang stehen nahe dem Fluss mehrere gepflegte und komfortable **Holzhäuser.** Am komfortabelsten ist die Forest Lodge Type 1 mit einem Schlafzimmer und Wohnraum für 2 Personen. Type 2 hat 2 Zimmer mit AC und einen Wohnraum, ebenso Type 4 und Type 5, wobei Letztere nur mit Ventilator und einfach eingerichtet sind. Es können jeweils nur ein Zimmer oder das gesamte Haus gebucht werden. Zudem wurde ein Hostel in 5 alten Häusern mit jeweils 2 Etagenbetten eingerichtet. €–€€

In Batu Niah – In dem Ort rund 2 km südlich des Parkeingangs findet man zwei **Hotels,** die jedoch sehr einfach und für das Gebotene überteuert sind. Zum Parkeingang kann man in 30 Min. zu Fuß am Fluss entlang wandern.

Essen & Trinken

Im Nationalpark – Eine Cafeteria (€) hält mittags ein begrenztes und abends ein etwas umfangreicheres Angebot bereit. Getränke werden an der Fähre und am Eingang zur Höhle von Einheimischen verkauft.

In Batu Niah – In dem kleinen Ort gibt es eine Bäckerei und mehrere Restaurants.

Verkehr

Vom Trans-Borneo-Highway biegt 96 km südlich von Miri die 11 km lange Stichstraße in den Ort Batu Niah ab. Wer mit dem öffentlichen Bus anreist, kann sich hier absetzen lassen. An der Abzweigung warten meist Taxis, die RM 20 für die Fahrt in den Ort bzw. RM 30 nach Pangkalan Lubang verlangen, wo sich der Eingang zum Nationalpark befindet. Busse verkehren hier nicht. Vom Ort Batu Niah ist das Headquarters über eine schmale Straße (Taxi RM 10) oder einen Fußpfad am Flussufer entlang zu erreichen.

Gunung Mulu National Park

▶ 4, L/M 7

Karte: S. 333

www.mulupark.com, Parkeintritt für max. 5 Tage Erw. RM 30, Kind. RM 10

Der **Gunung Mulu National Park** umfasst eine 52 865 ha große Waldregion, die 1974 unter Naturschutz gestellt wurde und heute als eines der interessantesten Dschungelgebiete in Sarawak gilt. Erstmals begannen sechs britische Wissenschaftler der Royal Geographical Society 1977/78 mit der Erforschung der Flora und Fauna sowie der geologischen Verhältnisse rings um den Gunung Mulu, den zweithöchsten Berg in Sarawak. Dabei entdeckten sie im Bergmassiv des Gunung Api und Gunung Benarat Höhlensysteme, die kein Ende zu nehmen schienen, später kehrten die Wissenschaftler zurück und erkundeten im Laufe der Jahre 62 Höhlen und zahllose Passagen, die ein regelrechtes Netzwerk bilden.

Unter dem Dach des **Mulu Caves Project** (www.mulucaves.org.uk) folgten weitere Expeditionen, bei denen bislang mehr als 330 km in vier zusammenhängenden Systemen vermessen wurden. Jahr für Jahr entdecken einheimische wie ausländische Expeditionsteilnehmer neue Höhlen in dem gewaltigen Bergmassiv aus Schiefer, Kalk- und Sandstein, das wie ein Schweizer Käse durchlöchert ist. Während die frühen Forscher noch mit Kompass und wasserabwei-

Enorme Höhlensysteme zeichnen den Gunung Mulu National Park aus

senden Notizbüchern arbeiten mussten, ist es dank moderner Technik nun möglich, die Höhlen mittels Laser aufs Genaueste zu vermessen und mit Spezialkameras wunderbare Bilder von dieser unterirdischen Welt zu machen. Einige der Fotos sowie die Berichte von Expeditionen sind im Internet unter www.mulucaves.org.uk einsehbar.

Ende 1985 wurde der Park für Besucher geöffnet und 2000 in die UNESCO-Welterbeliste aufgenommen. Die ersten Touristen waren noch über zwölf Stunden unterwegs, um von Miri aus in das Schutzgebiet zu gelangen. Zunächst ging es mit dem Bus nach **Kuala Baram** (▶ 4, K 6) und dann in Expressbooten auf dem Batang Baram nach **Marudi** (▶ 4, K/L 7) und weiter zum Kayan-Langhaus **Long Panai** (▶ 4, L 7). Nur noch kleine Boote konnten die nun folgenden Stromschnellen des Sungai Tutoh auf dem Weg zur Kenyah-Siedlung **Long Terawan** (▶ 4, L 7) und den schmalen Batang Melinau zum Headquarters des Nationalparks passieren. Mit dem Bau der Landepiste Anfang der 1990er-Jahre verkürzte sich die Anreise auf eine knappe Stunde Flug, der bei klarem Wetter tolle Ausblicke auf die Berge mit den letzten Resten tropischer Dschungelgebiete ermöglicht.

Die meisten Reisenden besuchen den Nationalpark im Rahmen einer mehrtägigen organisierten Tour, die von fast allen Veranstaltern in Sarawak angeboten wird. Viele besitzen eigene Unterkünfte vor Ort und verfügen über eigene Guides. Im Komplettpreis von RM 1000–1600 je nach Unterkunft pro Person für drei Tage und zwei Nächte mit Flug

DIE SCHÖNSTE HÖHLENTOUR

Tour-Infos

Karte: S. 333
Start: Park Headquarters
Dauer: halber Tag
Schwierigkeitsgrad: einfach
Infos: Die Höhlen sind nur im Rahmen einer organisierten Tour zu besichtigen, die im Park Headquarters gebucht werden kann (RM 67/ Pers.).
Ausrüstung: feste Schuhe, Taschenlampe

Wohl kaum ein Besucher des **Gunung Mulu National Park** lässt die Tour zur Clearwater Cave und Wind Cave aus. Der Ausflug verbindet zwei der schönsten Höhlen im Schutzgebiet mit einer entspannten Bootsfahrt, einer Wanderung und Bademöglichkeiten in kristallklarem, kühlem Wasser.

Gegen 9 Uhr startet man per Boot vom Park Headquarters aus zum Penan-Dorf **Batu Bungan.** Hier wurden die einstigen Dschungelnomaden von der Regierung zwangsangesiedelt – vordergründig, um ihnen den Zugang zu den Errungenschaften der Zivilisation zu ermöglichen. Doch eigentlich ging es eher darum, sie unter Kontrolle zu bringen, denn das Volk verteidigte seine angestammte Heimat vehement gegen das Vordringen der Holzfäller. Heute leben die Penan unter einem Wellblechdach in einem Langhaus und verkaufen auf einem kleinen Markt nahe dem Fluss Holzschnitzereien, Bambusflechtarbeiten, Perlenstickereien und anderes Kunsthandwerk.

Nach einem kurzen Stopp im Dorf (außer So) setzen die Boote ihre Fahrt auf dem Sungai Melinau fort. Vorbei an steilen Felsen geht es bis zum Eingang der **Wind Cave** (Cave of the Winds), die ihren Namen dem beständigen kühlen Luftstrom verdankt, der aus der Höhle dringt. Im Innern sind viele interessante Formationen zu sehen, vor allem im King's Chamber des oberen Höhlenbereichs. Die Höhle, die nicht ohne einen Führer begangen werden darf, wird nur vormittags kurz ausgeleuchtet, um Algenwachstum zu verhindern. Nebenan befindet sich die kleine **Lady's Cave.** Sie erhielt ihren Namen von einem Stalagmiten, der wie eine Statue der Jungfrau Maria aussieht.

Per Boot geht es nun zum letzten Stopp, der **Clearwater Cave.** Über 200 Stufen steigt man zunächst aufwärts und dann hinunter zum Höhleneingang. Eine weitere Treppe führt noch weiter nach unten in ein Labyrinth aus Höhlen und Gängen, durch das der kristallklare Clearwater River strömt, der Namensgeber der Höhle. Eine dieser Passagen verbindet mit der Wind Cave, kann aber nur im Rahmen einer der Adventure-Caving-Touren (s. S. 336) begangen werden. Auf dem Rückweg aus der dunklen Höhle fallen im Eingangsbereich die einblättrigen *Monophylla pendula* ins Auge, endemische Pflanzen, die nur unter den besonderen hier herrschenden Umweltbedingungen wachsen.

Der **Bade- und Picknickplatz** vor der Clearwater Cave ist sehr beliebt, denn der große Pool mit dem kalten, klaren Wasser, das hier aus den Felsen entspringt, eignet sich gut zum Schwimmen. Nach einer erfrischenden Pause fährt man zurück zum Headquarters. Ein 3 km langer Plankenweg verläuft parallel zum Fluss, vorbei an der Abzweigung zur Wind Cave und zur engen **Moonmilk Cave.** Er ist allerdings bis zur Racer Cave gesperrt. Von dort bis zum Headquarters kommt man vorbei am **Batu-Bungan-Kliff** und **Lagang's Cave.** Diese Höhle ist im Rahmen einer geführten Tour ab dem Headquarters um 14 Uhr zugänglich. Der befestigte Weg von hier zum Headquarters eignet sich auch gut für einen Spaziergang am frühen Morgen, denn in den Bäumen in der Nähe des Wassers halten sich viele Vögel auf. Zudem werden auf diesem Weg Nachtwanderungen angeboten.

ab Miri bei mindestens zwei Teilnehmern sind zumeist alle Ausflüge und Eintrittspreise enthalten. Es ist möglich, auf eigene Faust anzureisen und eine Unterkunft zu buchen. Führer für die Höhlen und Touren können vor Ort im Nationalparkbüro organisiert werden.

Headquarters und Mulu Discovery Centre

Vom Flughafen geht es auf einer Asphaltstraße und über eine Fußgänger-Hängebrücke zum **Headquarters.** Nachdem dort alle Formalitäten erledigt und die gewünschten Touren gebucht sind, lohnt die Ausstellung im angeschlossenen **Mulu Discovery Centre** einen Blick. Hier bekommt man nicht nur Tipps zu den im Park möglichen Aktivitäten, sondern erfährt auch einiges über die Geologie der Höhlen und die Flora und Fauna. Schnell wird deutlich, dass dieses Gebiet ein Hotspot der Biodiversität mit einer großen Zahl bedrohter und endemischer Pflanzen und Tiere ist. Auf Wunsch werden auch Naturfilme über Besonderheiten im Park gezeigt.

Die Höhlen

Von den gewaltigen unterirdischen Kavernen und Passagen im Nationalpark wurden nur kleine Bereiche ausgebaut, die stundenweise beleuchtet sind. Dann können sie in Begleitung eines Führers besichtigt werden.

Wind Cave und Clearwater Cave

Über 225 km misst der bislang bekannte Teil des Clearwater-Cave-Systems, des weltweit achtlängsten Höhlensystems. Den Besuchern stehen vormittags die **Wind Cave,** ein kleiner Bereich am südlichen Eingang sowie die **Clearwater Cave** (s. S. 330) offen. Die Boote dorthin starten um 8.45 und 9 Uhr am Headquarters.

Lang's Cave und Deer Cave

Am Nachmittag um 14 und 14.30 Uhr beginnen Touren (RM 35) zu zwei weiteren interessanten Höhlen, der Lang's Cave und der Deer Cave. Sie sind nur zu Fuß über einen 3 km langen Plankenweg, den **Rainbow Discovery Walk,** zu erreichen und dürfen ebenfalls nur mit einem Führer erkundet werden. Während des Rundgangs über Plankenwege lässt sich erahnen, wie vielseitig diese unterirdische Welt ist. In der nach ihrem Entdecker benannten **Lang's Cave** werden zwischen 14.30 und 17 Uhr die interessanten Formationen angestrahlt.

Das **Deer-Cave-System** gilt mit 4100 m Länge, bis zu 148 m Höhe und über 170 m Breite als eine der längsten Höhlenpassagen der Welt und ist dank des hohen Eingangs gut erleuchtet. Allerdings trübt der beißende Guanogestank das Vergnügen. In prähistorischer Zeit wurde die Höhle als Begräbnisplatz genutzt. Vermutlich aus dieser Zeit stammen die am Höhleneingang sichtbaren Hufabdrücke von Rotwild, das hier Unterschlupf fand und dem die Höhle ihren Namen verdankt. Wer auf halbem Weg zurückblickt, erkennt in den Umrissen des Eingangsbereichs das auf vielen Fotos abgebildete Profil von Abraham Lincoln. Vom Ende des Plankenwegs steigen Höhlenwanderer beim Adventure Caving (s. S. 336) in den Garden of Eden ab, ein abgeschlossenes, von Karstfelsen umgebenes Tal. Sofern es nicht in Strömen regnet, verlassen am frühen Abend zwischen 17 und 18 Uhr bis zu 2 Mio. Fledermäuse die Deer Cave und ziehen in großen Schwärmen über den Himmel. Vom überdachten Amphitheater aus lässt sich dieses Naturschauspiel gut verfolgen.

Sarawak Chamber

Andere Höhlen im Park sind leider nur Wissenschaftlern zugänglich, darunter die im Jahr 1980 entdeckte **Sarawak Chamber,** die der Fläche nach mit Abstand größte natürliche Höhlenkammer der Welt. Lasermessungen zufolge hat sie ein Volumen von 9,58 Mio. m^3, ist bis zu 605 m lang, 435 m breit und 115 m hoch. Damit ist dies die größte Halle der Welt, die nicht durch Pfeiler gestützt wird.

Canopy Skywalk

Ob im Taman Negara National Park in West-Malaysia oder im Danum Valley in Sabah, überall stellen begehbare Hängebrücken durch die Wipfelregion der hohen Dschungelbäume eine beliebte Attraktion dar. Im Gunung Mulu National Park hingegen stehen die Höhlen an erster Stelle des Interesses, sodass der Canopy Skywalk ein eher bescheidenes Dasein fristet. Das hat den großen Vorteil, dass er nicht als Abenteuerspielplatz missbraucht wird, sondern die Möglichkeit bietet, in aller Ruhe die Natur zu beobachten.

Mit einem Führer geht es zuerst auf dem Plankenweg Richtung Deer Cave und anschließend auf dem Pfad zum Paku-Wasserfall und Gunung Mulu weiter bis zum **Canopy Skywalk.** Entlang dem Weg weisen Infotafeln auf einige Besonderheiten der Flora und Fauna hin. Zudem sind die Guides gut geschult und entdecken im dichten Grün immer wieder interessante Lebewesen wie Stabinsekten, Gottesanbeterinnen, Eidechsen, Hundertfüßler oder Schlangen, die gut getarnt in Bodennähe leben.

Beim Skywalk angekommen, kann man zu den in 20 bis 30 m über dem Boden schwingenden Hängebrücken hinaufklettern. Der Rundweg von Baum zu Baum ist 420 m lang. Auf den Plattformen zwischen den Brücken sind Tafeln angebracht, die interessante Informationen über Baumarten, Epiphyten, Lianen und andere Bewohner dieses Bereichs des Walds liefern. Besonders schön ist die letzte Strecke über zwei Flüsse hinweg und an einer steilen Felswand entlang, wo sich die Pflanzenwelt wieder von einer ganz neuen Seite präsentiert.

Start der 2-stündigen Touren ist um 7, 8.30, 10, 10.30 und 12.30 Uhr. Da die Hängebrücken nur von maximal zwei Personen gleichzeitig begangen werden dürfen, sind die Touren auf maximal acht Teilnehmer beschränkt – es lohnt sich, rechtzeitig zu buchen (RM 48/Pers.).

Paku-Wasserfall

Auch ohne Guide kann man auf markierten Pfaden durch den Regenwald streifen. Ein lohnendes Ziel für eine Halbtagestour ist der kleine **Paku-Wasserfall,** den man auf einem 2,8 km langen Weg mit weiß-roten Markierungen erreicht. Auf dem einfachen ersten Teil der Wanderung kreuzt man den 1,5 km langen **Botanical Heritage Trail,** auf dem Schautafeln über das Ökosystem informieren. Der mit Flusssteinen befestigte weitere Weg überquert einige kleinere Bäche und erreicht 1,3 km hinter der Abzweigung zum Skywalk den Wasserfall, der von einer Felswand herab in einen Badepool plätschert. Wer gut zu Fuß ist, kehrt auf dem 5 km langen Paku Valley Loop zurück zum Headquarters. Die weitere Strecke vom Wasserfall hinauf zu Camp 1 am Fuß des Gunung Mulu darf nur mit Guide begangen werden.

Gunung Mulu

Die Besteigung des **Gunung Mulu** stellt die größte Herausforderung im Park dar, denn es gilt innerhalb von 24 km 2330 Höhenmeter durch dichten Dschungel und Bergwald zu bewältigen. Man benötigt mindestens vier Tage Zeit, eine gute Kondition, einen Schlafsack, Essen und einen Guide. Ab dem Headquarters kosten Touren bei 3–6 Teilnehmern RM 654 pro Person, Mindestalter 16 J.

Nach einer 3-stündigen Wanderung und vielen Blutegeln ist am ersten Tag **Camp**

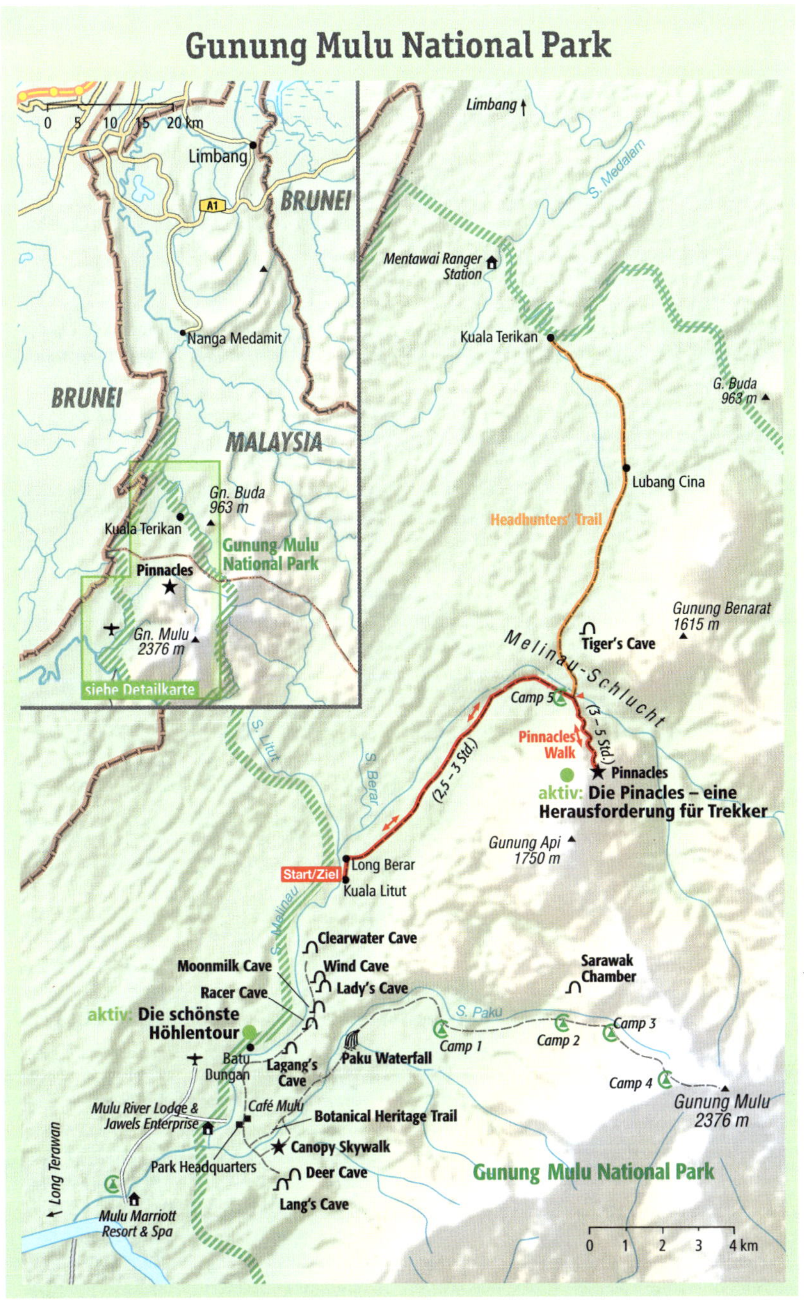
Gunung Mulu National Park
0 5 10 15 20 km
Limbang
A1
BRUNEI
Nanga Medamit
BRUNEI
MALAYSIA
Gn. Buda
963 m
Kuala Terikan
Gunung Mulu
National Park
Pinnacles
Gn. Mulu
2376 m
siehe Detailkarte
Limbang
S. Medalam
Mentawai Ranger
Station
Kuala Terikan
G. Buda
963 m
Lubang Cina
Headhunters' Trail
Gunung Benarat
1615 m
Tiger's Cave
Melinau-Schlucht
Camp 5
(3–5 Std.)
Pinnacles
Walk
Pinnacles
(2,5–3 Std.)
aktiv: Die Pinacles – eine
Herausforderung für Trekker
S. Litut
S. Berar
Gunung Api
1750 m
Long Berar
Start/Ziel
Kuala Litut
S. Melinau
Clearwater Cave
Moonmilk Cave
Wind Cave
Lady's Cave
Racer Cave
Sarawak
Chamber
aktiv: Die schönste
Höhlentour
S. Paku
Camp 1
Camp 2
Camp 3
Batu
Dungan
Lagang's
Cave
Paku Waterfall
Camp 4
Gunung Mulu
2376 m
Mulu River Lodge &
Jawels Enterprise
Café Mulu
Botanical Heritage Trail
Canopy Skywalk
Long Terawan
Park Headquarters
Deer Cave
Gunung Mulu National Park
Mulu Marriott
Resort & Spa
Lang's Cave
0 1 2 3 4 km

DIE PINNACLES, EINE HERAUSFORDERUNG FÜR TREKKER

Tour-Infos

Start/Ziel: Headquarters
Dauer: 3 Tage
Schwierigkeitsgrad: teils sehr anstrengend, gute Fitness erforderlich
Buchung: Die Tour sollte unbedingt rechtzeitig reserviert werden, entweder im Park Headquarters oder auf www.mulupark.com. Bei mindestens drei Teilnehmern kostet die Tour RM 451 pro Person, die Gruppengröße ist auf sechs Teilnehmer beschränkt. Wer nur in Camp 5 bleiben und von dort wandern möchte, zahlt RM 225.
Ausrüstung: Man benötigt feste Schuhe mit gutem Profil, Hut, warme Kleidung, Regenschutz, Handtuch, Schlafsack (falls man sich keine Decken in Camp 5 leihen möchte), Lebensmittel, Trinkwasser, Insektenschutzmittel, Anti-Blutegel-Socken, Taschenlampe und Kamera

Die Pinnacles sind ein lohnendes Ziel einer kombinierten Bootsfahrt und Bergtour durch den Dschungel. An den Hängen des 1732 m hohen **Gunung Api** ragen bis zu 50 m hohe Felsnadeln wie eine Stadt grauer Hochhäuser aus dem Grün des Dschungels empor.
Die Tour beginnt mit einer Bootsfahrt auf dem Sungai Melinau durch einige Stromschnellen bis nach **Kuala Litut** kurz vor der **Melinau-Schlucht.** Hier bahnt sich der Fluss seinen Weg durch 600 m steil aufragende Karstfelsen und ist nicht mehr befahrbar.
Knapp 9 km bzw. rund 3 Std. sind es zu Fuß durch das Flusstal bis zu **Camp 5,** dem ersten Tagesziel. In den einfachen Mehrbett-Hütten in schöner Lage am Sungai Melinau mit Duschen und einer Küche können bis zu 38 Wanderer übernachten. Manche bleiben mehrere Tage und unternehmen von hier Ausflüge in die Umgebung, andere wandern weiter auf dem Headhunters' Trail in Richtung Limbang (s. S. 337).
Am nächsten Morgen beginnt der Aufstieg, der teils nur mithilfe von Seilen und Leitern zu bewältigen ist. Auf 900 m passiert man nach etwa einer Stunde die **Mini Pinnacles.** Nach 4–5 Std. auf dem steilen, 2,4 km langen Pfad ist in 1200 m Höhe der Aussichtspunkt auf die **Pinnacles** erreicht, die der üppige Tropenregen aus dem weichen Kalkstein ausgewaschen hat. Die bizarren Felsnadeln gehören zur sogenannten Melinau-Formation, eine weit unter die Erdoberfläche reichende, bis zu 5000 m dicke Kalksteinschicht, die vor 17 bis 40 Mio. Jahren durch maritime Ablagerungen von Mikroorganismen in einem Ozean entstand. Nach einem Fotostopp steigt man auf gleichem Weg wieder hinab zum Camp 5 und kehrt am folgenden Morgen ins Park Headquarters zurück. Man sollte bis 18 Uhr zurück im Camp 5 sein, da ansonsten Suchtrupps losgeschickt (und bezahlt) werden müssen.

1 (Paku Camp) das Ziel, ein überdachter Unterstand mit drei Wänden und einer Veranda sowie einfachen Toiletten und einer Kochstelle. Von dort geht es an Tag zwei in rund 10 Std. durch eine beeindruckend schöne Dschungellandschaft, vorbei an **Camp 3,** bis auf 1800 m zu **Camp 4** (Summit Camp). Auf Wunsch kann eine weitere Übernachtung in Camp 3 eingebaut werden, um etwas mehr Zeit für den märchenhaft schönen Bergwald zwischen Camp 3 und 4 zu haben, in dem Moose, Rhododendren, Orchideen und Kannenpflanzen gedeihen.

Die Nacht in der schlichten Wellblechhütte von Camp 4 ist noch kälter als die vorangegangene, sodass es nicht schwerfällt, am nächsten Morgen früh aufzustehen und die letzte Strecke vorbei am Helipad zum Gipfel in 2377 m Höhe aufzusteigen. Die Aussicht über die Bergwelt im ersten Morgenlicht ist schlichtweg atemberaubend. Der Abstieg vom Gunung Mulu wird in der Regel in zwei Tagen bewältigt.

Infos

Park Headquarters: Tel. 085 79 23 00, www.mulupark.com, tgl. 8–17 Uhr. Hier erhält man die nötigen Informationen und kann alle Aktivitäten sowie die erforderlichen Guides buchen. Alle Führer sind gut ausgebildet, stammen aus der Gegend und gehören unterschiedlichen Völkern an, den Berawan, Penan, Iban, Lun Bawang, Kelabit, Murut oder Kiput. Für Touren auf dem Headhunter's Trail (s. Wandern) stehen sie jedoch nicht zur Verfügung.

Übernachten

Im Dorf werden Privatzimmer in einfachen Gästehäusern und Homestays vermietet (€).

Viel Komfort – **Mulu Marriott Resort & Spa:** Tel. 085 79 23 88, www.marriott.com. Das beste und größte Resort in Parknähe wurde von der Marriott-Kette mit Rücksicht auf die Natur luxuriös renoviert. Die großzügigen Zimmer und Suiten mit hochwertiger Einrichtung und Balkon mit Dschungelblick stehen auf Stelzen in einer großen Gartenanlage. Neben der Lobby mit Internetzugang befinden sich ein großes Restaurant und ein attraktiver Pool mit Liegen. Shuttlebusse zum Airport und Headquarters. €€€

Mittendrin – **Unterkunft beim Headquarters:** Tel. 085 79 23 00, www.mulupark.com. Die privatisierten Unterkünfte sind sehr begehrt und sollten frühzeitig reserviert werden. Zur Auswahl stehen Zimmer in zwei Reihenhäusern sowie in neueren Bungalows mit Balkon. Größere Gruppen können sich eine Family Suite teilen oder man zahlt einzeln im Schlafsaal RM 66/Pers. €€

Unterkunft mit Familienanschluss – **Mulu River Lodge:** am Eingang zum Park neben der Hängebrücke, Tel. 01 28 52 74 71 (Edward), 01 28 50 44 31 (Margaret). In dem Holzhaus auf Stelzen am Fluss kann man günstig in einem großen Schlafsaal mit 25 Betten und 2 Doppelzimmern übernachten. Gemeinschaftsduschen (ohne Warmwasser), Elektrizität vom Generator erst ab 17.30 Uhr. Der Besitzer Edward ist ein lizenzierter Guide und engagiert sich für sozialverträglichen Tourismus unter Beteiligung der Dorfbewohner. €

Essen & Trinken

Da fast alles eingeflogen werden muss, sind Lebensmittel und Trinkwasser relativ teuer.

Gute Kantine – **Café Mulu:** im Headquarters, tgl. 7.30–21 Uhr. In der großen offenen Kantine ist die Auswahl noch vergleichsweise gut und das Essen schmeckt, auch die Preise halten sich im Rahmen. Gute Paku-Farne und Suppen, auch Bier und Wein. €

Familiär – **Jawels Enterprise:** in der Mulu River Lodge (s. oben), tgl. 7.30–14, 18.30–21 Uhr. In dem Restaurant der Kenyah/Berawan-Familie schmecken die Hausmannskost und das Bier. Für Gruppen werden auch Grillabende veranstaltet. €

Aktiv

Da es mit 6000 bis 7000 mm Niederschlag pro Jahr sehr feucht ist, kann man nur darauf hoffen, dass es in den etwas trockeneren Monaten August und September weniger regnet. Da der Regen meist nachmittags fällt, empfiehlt es sich, früh aufzustehen und möglichst viel am Vormittag zu unternehmen. Ein Regenponcho gehört trotzdem ins Gepäck.

Wandern – Auf dem **Headhunters' Trail** ist es möglich, vom Camp 5 im Gunung Mulu National Park (nahe der Pinnacles) nach Limbang zu gelangen. Zum Camp 5 kann man vom Headquarter aus auch allein aufbrechen, der

Trail beginnt in Kuala Litut (s. rechts), danach läuft man 9,7 km geradeaus auf einem gut ausgetretenen Pfad. Am nächsten (bzw. bei Besteigung der Pinnacles am übernächsten) Tag geht es 12 km durch den Dschungel (5 Std.), anschließend 2 Std. im Langboot auf dem Sungai Mendalam flussabwärts. Ein erfahrener Guide für diese abenteuerliche Tour ist Lim Chong Teah aus Limbang, Tel. 01 38 44 38 61, www.facebook.com/BorneoTouchEcotour.

Höhlenklettern – Beim **Adventure Caving** starten Anfänger mit einer 2,5-stündigen Tour zur Racer Cave, südlich der Wind Cave, für RM 165. Wer schon etwas erfahrener ist, kann zwischen fünf weiteren Höhlen mit Schwierigkeitsgraden von zwei bis fünf wählen. Es ist stockfinster und man muss kriechen, schwimmen, klettern oder sich abseilen. Das Highlight ist die 6- bis 8-stündige Passage zwischen der Wind Cave und der Clearwater Cave für RM 225, Mindestalter 16 J.

Verkehr

Flüge: MASwings fliegt mit kleinen ATR 72–500 in den Nationalpark, ab Miri, Kuching sowie Kota Kinabalu. Die Flüge sind häufig verspätet, was bei Anschlussflügen beachtet werden sollte.

Boote: Für Touren im Park können am Pier neben der Hängebrücke beim Headquarters Boote gechartert werden, z. B. zum Penan-Langhaus Long Iman (RM 50/Pers. oder RM 180 pro Boot), nach Kuala Litut für den Trail zu Camp 5 (RM 225/Boot).

Taxis: Minibusse und Pick-ups, die als Taxis dienen, verkehren zwischen dem Airport, dem Headquarters (1,5 km) und dem Mulu Marriott Resort & Spa (RM 5/Strecke).

Vom Tropenregen geformt: die Pinnacles im Gunung Mulu National Park

Brunei

Schier unbegrenzte Erdöl- und Erdgasvorkommen füllen die Kassen des winzigen Sultanats und machen den Regenten einer alten Dynastie zu einem der reichsten Männer der Gegenwart. Vom unermesslichen Luxus profitieren auch seine Untertanen und sogar Besucher: Sie können in einem prunkvollen Hotel residieren und unberührten Regenwald bestaunen.

Ein Zwischenstopp in Bruneis Hauptstadt Bandar Seri Begawan lohnt sich auf alle Fälle, um diese wohlhabende, wohlgeordnete Welt kennenzulernen, die konservativ-islamisch und international zugleich ist. Die Menschen haben Zeit und scheinen sich weniger zu sorgen als anderswo. Schließlich brauchen sie weder Einkommenssteuer noch für Schulen oder medizinische Behandlungen zu zahlen.

Nur wenige, die von Sarawak nach Sabah reisen, wählen den Landweg. Noch immer scheint die Fahrt von Miri nach Kota Kinabalu durch die beiden Landesteile des winzigen Sultanats zu langwierig. Auch wenn moderne Grenzkontrollpunkte und durchgehende Busse das Reisen erleichtern, waren bis 2019 immerhin fünf Grenzübergänge zu überwinden. Dank der 30 km langen Temburong Bridge über die Brunei Bay sind es zwei weniger geworden.

Denn Brunei besteht aus zwei Landesteilen, die durch die zu Sarawak gehörende Division **Limbang** voneinander getrennt sind. Von Miri kommend, ist kurz hinter dem mächtigen Strom Batang Baram in **Sungai Tujuh** (▶ 4, K 6) die Grenze erreicht. Im Unterschied zu Sarawak und Sabah gilt hier der Freitag als Ruhetag, und während des Freitagsgebets zur Mittagszeit schließen sogar Geschäfte in Malls. Alkohol kann in begrenzten Mengen mitgebracht werden, darf jedoch nicht offiziell verkauft werden. Sexuelle Minderheiten sollten im Hinterkopf behalten, dass das geltende Schariarecht drastische Strafen für homosexuelle Handlungen vorsieht. Wer entsprechende Anpassung und Rücksichtnahme übt, kann in Brunei überraschend freundliche Menschen kennenlernen und bleibende Eindrücke vom Leben in dem befremdlichen Kleinstaat sammeln.

Von Miri nach Bandar Seri Begawan

Kuala Belait ▶ 4, K 6

Die erste Stadt hinter der Grenze, **Kuala Belait,** bildet zusammen mit dem 17 km weiter östlich gelegenen Seria (s. rechts) das Zentrum der Ölindustrie. Seit 1932 wird hier das Schwarze Gold gefördert. Drei Jahre zuvor hatten zwei Angestellte der British Malayan Petroleum Company bei einem Ausflug zufällig an der Mündung des Seria-Flusses gerastet und dort Öl gewittert. Sie veranlassten Probebohrungen, die zunächst weitgehend ergebnislos verliefen, entdeckten dann aber das riesige Seria-Ölfeld.

Breite Straßen führen vorbei an attraktiven Vororten mit Einfamilienhäusern in gepflegten Gärten, die keine Zäune umgrenzen und ebenso im Norden Australiens liegen könnten. Im Geschäftszentrum rings um den kleinen Busbahnhof und die gegenüberliegende Taxistation konzentrieren sich einige chinesische Geschäftshäuser, Banken und Restaurants. An der Jalan Maulana zeigt das **Belait District Museum** etwas Kunsthandwerk und informiert über den Ort und die

Reiseinfos zu Brunei

Einreise: Deutsche, Schweizer und Österreicher dürfen visafrei nach Brunei einreisen. An den von 6 bis 22 Uhr geöffneten Grenzen erhalten Deutsche und Österreicher eine Aufenthaltsberechtigung von 90, Schweizer von 14 Tagen.
Botschaften: Botschaft Deutschland, Unit 2.01 Block A, 2nd Floor, Komplex Bangunan Yayasan Sultan Haji Bolkiah, Jln. Pretty, Tel. 222 55 47, www.bandar-seri-begawan.diplo.de, Mo–Fr 8.30–12 Uhr. Konsulat der Schweiz, Bangunan Haji Ahmad Laksmana Othman, 6. Stock, 38–39 Jln. Sultan, Tel. 223 29 45, bandar@honrep.ch.
Alkohol: Wer über 17 Jahre alt und kein Muslim ist, darf bis zu 12 Dosen Bier und 2 l hochprozentige Spirituosen zum Eigenkonsum mit nach Brunei bringen. Diese müssen bei der Einreise in einem eigens dafür vorgesehenen Formular deklariert werden, was mehr Zeit benötigt als alle anderen Formalitäten.
Öffnungszeiten: In allen Verwaltungsbüros ist der Freitag ein offizieller Ruhetag. Auch der Sonntag ist frei und samstags wird – wenn überhaupt – oft nur halbtags gearbeitet. Während des Ramadan verkürzen sich die Arbeitszeiten. In der Privatwirtschaft fällt das Wochenende hingegen auf den Samstag und Sonntag.
Vorwahl: 00673
Verkehr: s. S. 344

ethnischen Minderheiten der Gegend (Sa–Mi 9–16.30 Uhr, Eintritt frei). Am Ende der Jln. McKerron findet ein **Nachtmarkt** und am Sonntagmorgen ein traditioneller **Markt** (Tamu) zwischen Jalan Sungai und Jalan Petai statt.

Übernachten

Komfortabel – **V Plaza Hotel:** Lot 1300, Jln. Sungai, Tel. 334 78 68, https://vplazabn.com. Das V Plaza ist ein 9-stöckiges Businesshotel am Fluss mit geräumigen, modern ausgestatteten Zimmern, die viel Komfort bieten. Das schönste am Dachrestaurant ist die Aussicht. Am Wochenende gibt es günstige Angebote. €€

Verkehr

Busse fahren von der Busstation (Jln. McKerron) alle 30 Min. für B$ 1 nach Seria.

Seria ▶4, K/L 6

Förderpumpen, auch als Pferdekopfpumpen *(nodding donkeys)* bekannt, stehen in Vorgärten, vor der Moschee und selbst am Strand. In **Seria** scheint Öl überall aus dem Boden zu quellen, wenngleich die größten Öl- und Gasfelder weit draußen vor der Küste liegen.

Seria Energy Lab

F 20 Jln. Tengah, Tel. 337 72 00, Mo–Do, Sa 8.30–11.15 und 13.30–16.15, Fr 8.30–10.45 und 14.30–16.15, So 9.30–11.15 und 13.30–17.15 Uhr, Eintritt B$ 25, Kind. B$ 10

Wer beim Anblick der gigantischen Verarbeitungsanlage am Stadtrand mehr über das Schwarze Gold wissen möchte, das dem Land auch den Spitznamen Shell Country eingebracht hat, kann die Ausstellung im **Seria Energy Lab** von Shell Brunei besuchen. Das Museum befindet sich in einem gepflegten Park mit Palmen und einem kleinen Spielplatz.

Sanddünen

Nahe der Küstenstraße Richtung Tutong erstrecken sich zwischen den Kilometersteinen 50 und 60 blendend weiße **Sanddünen,** deren Farbe auf den hohen Quarzanteil im Sand zurückzuführen ist. Obwohl sich der Quarzsand bestens für die Glasherstellung eignet, wurde er bisher nicht angetastet – man hat ja noch Öl.

Tutong und Umgebung ▶4, L 6

Die Distrikthauptstadt **Tutong** an der Mündung des gleichnamigen Flusses hat außer einer hübschen Moschee, einer Markthalle und dem Markt am Freitag nicht viel zu bieten. Der nahe gelegene lange Sandstrand **Pantai Seri Kenangan** westlich der Stadt ist ein beliebter Picknickplatz, ebenso der

Erholungspark **Sungai Basong** mit seinen kleinen Seen.

Etwa 32 km landeinwärts erstreckt sich auf 500 m Länge der **Tasek Merimbun** mit seinen kleinen, dicht bewachsenen Binneninseln. Der seichte, von hohem Schilf und einem Tieflandwald umgebenen See wurde aufgrund seiner einmaligen Vegetation zum ASEAN Heritage Park erklärt. In einem kleinen **Museum** (tgl. 9–16 Uhr) sind vor allem Porzellan- und Keramikfunde ausgestellt. Nebenan steht ein traditionelles Haus der Dusun, die in dieser Gegend siedeln, und ein Freifluggehege mit Schmetterlingen. Es ist alles insgesamt recht verwittert und vernachlässigt. Von Bandar Seri Begawan aus werden Tagestouren hierher angeboten.

Jerudong ▶ 4, M 5

Die Autobahn führt an Bruneis Nordküste entlang von Kuala Belait zum Hafen Muara (s. S. 345) und nach Bandar Seri Begawan (s. S. 340). 30 km hinter Tutong liegt die Kleinstadt **Jerudong** und nahebei die Spielwiese der Sultansfamilie.

Jerudong Park Country Club

Mi, Do 16–22, Fr 15–22, Sa/So 10–22 Uhr, Tickets für Fahrten B$ 25, Kind. B$ 15, Senioren B$ 5

Zum 1000 ha großen **Jerudong Park Country Club** gehören einer der weltgrößten Poloanlagen mit über 200 Pferden und einer von Flutlicht ausgeleuchteten Reitstrecke sowie der Jerudong Royal Brunei Golf and Country Club, ein von Jack Nicklaus gestalteter 18-Loch-Golfplatz. Die eigentliche Attraktion, zumindest für einige Jahre, war jedoch der Jerudong Playground (www.jerudongparkplayground.com), ein Vergnügungspark mit Fahrgeschäften, Spaßbad, Gokart-Bahn und Streichelzoo. Er war als Spielplatz für die kleinen Prinzen und Prinzessinnen gedacht, doch wenn diese anderswo weilten, durften hier auch alle anderen ihren Spaß haben. Schließlich sind die Unterhaltungsangebote in Brunei begrenzt, da Tanzen und andere Vergnügungen unislamisch und folglich in der Öffentlichkeit verboten sind. Doch schon bald begann der Niedergang der Anlage. Seit Jahren versucht man den Park vergeblich wieder zu beleben.

Empire Hotel

Am schönsten Strandabschnitt von Brunei ließ Prinz Jeffrey Ende der 1990er-Jahre in einem 180 ha großen Park sein privates Gästehaus erbauen. Kein Weg war ihm zu weit, um es mit dem Feinsten auszustatten, was die Welt zu bieten hat. Die mehrstöckige Eingangshalle schmücken opulente Mosaike aus italienischem Marmor, Swarowski-Kristalllüster, Rolltreppen mit vergoldeten Handläufen und Treppengeländer, die mit Tigeraugen und anderen Halbedelsteinen besetzt sind. Die 53 m hohe, dreistöckige Lobby dekorieren riesige Gemälde und ein Kamel aus Bergkristall, das allein 1 Mio. US-Dollar wert ist, sowie ein mit Perlmutt und Halbedelsteinen besetztes Fazioli-Piano, eine exklusive Sonderanfertigung für den Prinzen. In England kaufte er gleich eine ganze Firma, das Traditionsunternehmen Asprey, das feinstes Porzellan, Silberbesteck und hochwertige Badeartikel produziert. Doch dann kam die Asienkrise und der Prinz war pleite. Seither kann jeder Sterbliche, der bereit ist, ein paar Dollar auszugeben, den unglaublichen Luxus im **Empire Hotel** genießen (s. unten).

Übernachten

Einzigartiger Luxus – **Empire Hotel:** Tutong-Muara Highway, Tel. 241 88 88, www.theempirehotel.com. Wenn sich Staatsmänner zu internationalen Konferenzen treffen, dann in diesem Luxushotel direkt am Meer. Die 415 Zimmer sind großzügig geschnitten und komfortabel ausgestattet, mit Möbeln aus Edelholz, Eiskühlern aus Silber, Daunenbetten in Übergröße, bezogen mit Damast aus feinster ägyptischer Baumwolle, Teppichen aus neuseeländischer Wolle und Bädern mit großer Wanne. Noch üppiger sind die 48 Luxussuiten und 16 Villen eingerichtet, v. a. die 666 m² große Emperor Suite. Hier schreitet man über golddurchwirkte Teppiche, alle Armaturen im Bad sind vergoldet und die Wände mit edlen

Textilien schallgedämpft bezogen. Das Highlight ist ein eigener Pool mit Jacuzzi und Kinoleinwand. Für alle anderen Gäste gibt es 5 weitere Swimmingpools, u. a. ein 11 000 m² großes Becken mit Sandstrand sowie ein Hallenbad, mehrere Restaurants und ein großes Kino. Das Frühstücksbüfett ist üppig und wartet mit hervorragenden Croissants und Broten auf. Der angrenzende Country Club verfügt über eine Tennishalle und Bowlingbahn. Auch für Kinder ist mit entsprechenden Angeboten gesorgt. €€€

Bandar Seri Begawan

▶ 4, M 5

Mehr als die Hälfte der Bevölkerung lebt im Großraum von **Bandar Seri Begawan,** der Hauptstadt des Sultanats. Jenseits des repräsentativen Geschäftszentrums ziehen sich moderne Vororte entlang breiter Highways bis weit ins Umland hinein. Auf dem Sungai Brunei werden immer neue ›Wasserdörfer‹ angelegt, die sich bereits über 8 km in Richtung Meer erstrecken. Ständig entstehen neue, noch prächtigere Moscheen, Paläste sowie Verwaltungsbauten, die wiederum von Palästen kaum zu unterscheiden sind. Nachts, wenn alles von Scheinwerfern und bunten Lampen erleuchtet ist, wirken manche Gebäude wie aus Tausendundeinernacht. Kaum vorstellbar, dass die Stadt noch in den 1950er-Jahren aus kaum mehr als einem Wasserdorf und ein paar chinesischen Geschäftshäusern bestand.

Masjid Sultan Omar Ali Saifuddin

Jln. McArthur, Moschee: So–Do 8.30–12, 13.30–15, 16.30–17.30, Fr/Sa 16.30–17.30 Uhr, Garten und Barke: tgl. 8–20.30 Uhr

Zwischen dem Geschäftszentrum und dem Wasserdorf Kampong Ayer erhebt sich die **Masjid Sultan Omar Ali Saifuddin,** eine der schönsten Moscheen Südostasiens. Ihre Architektur im Mogul-Stil mit italienischen Elementen ist von zeitloser Eleganz. Bereits 1958 wurde die Moschee aus überwiegend schneeweißem italienischem Carrara-Marmor erbaut und ihre 52 m hohe, golden glänzende Kuppel mit 3,3 Mio. Mosaiksteinchen belegt. Das Innere schmücken dicke Teppiche aus Belgien und Saudi Arabien, Kronleuchter und Bleiglas aus England. Auf der einen Seite ist die Moschee von einem orientalischen Blumengarten umgeben und auf der anderen Seite spiegelt sie sich malerisch in einer künstlichen Lagune. Die steinerne Barke, die hier liegt, ist ein Nachbau der königlichen Mahligai-Barke aus dem 16. Jh. Die Moschee ist auch für Nicht-Muslime geöffnet.

Golden Jubilee Park

Eine Fußgängerbrücke verbindet in einem weiten Bogen die Sultan-Omar-Ali-Saifuddin-Moschee mit dem dahinterliegenden gepflegten Park, für den anlässlich des ›gol-

denen Thronjubiläums‹ von Sultan Hassanal Bolkiah ein ganzes **Kampong Ayer** (*kampong* = Dorf, *ayer* = Wasser) weichen musste. Dahinter führt eine weitere Brücke über den Sungai Kedayan.

Kampong Ayer Cultural and Tourism Gallery

Gegenüber Jln. McArthur, Sa–Do 9–17, Fr 9–11, 14.30–17 Uhr, Fei geschlossen, Eintritt frei

In der **Kampong Ayer Cultural and Tourism Gallery** werden in fünf Ausstellungsräumen die Geschichte der Wasserdörfer, ihre fast 1000 Jahre alten Traditionen und die jüngeren Modernisierungsmaßnahmen dargestellt. Auch typische handwerkliche Produkte der Brunei-Malaien fehlen nicht, darunter mit Goldfäden durchwirkte Songketstoffe, Messingarbeiten, bunte Körbe und Matten aus Pandanblättern, Schmuck und Perlenarbeiten.

Sungai Brunei

Bei einer **Bootstour** auf dem Sungai Brunei (s. S. 344) taucht man langsam in diese andere Welt der fast 30 000 Wasserbewohner ein. Alle Häuser werden mit Strom und Trinkwasser versorgt. Die Müllabfuhr entsorgt mit Booten sogar Plastiktüten und andere Abfälle, die im Wasser gelandet sind. Junge Männer liefern sich in schmalen Rennbooten Wettrennen und jede Familie hat am südlichen Ufer mindestens ein Auto geparkt. Schulen, die wie ins Wasser versetzte Langhäuser wirken, Moscheen und ein Krankenhaus sind ausschließlich für die Bewohner des weltweit größten Pfahldorfs erbaut worden. Eine Brücke über den Sungai Brunei verbindet das größte Wasserdorf mit dem Vorort Kota Batu, östlich des Zentrums.

Nicht kleckern, sondern klotzen: Die Masjid Sultan Omar Ali Saifuddin in Bruneis Hauptstadt wurde größtenteils aus italienischem Carrara-Marmor erbaut

Royal Regalia Building

Sa–Do 9–17, Fr 9–11.30, 14.30–17 Uhr, während Ramadan eingeschränkte Besuchszeiten, Eintritt B$ 5

Das silberne Krönungsjubiläum 1992 nahm der Sultan zum Anlass, das einstige Museum für den britischen Politiker Winston Churchill, der vom vorangegangenen Sultan verehrt wurde, umzugestalten. Seither beherbergt das **Royal Regalia Building** die Kutschen, in der der Sultan 1968 zu seiner Krönung und 1992 zu seinem Silberjubiläum fuhr, die Instrumente des Orchesters des Sultans, goldene Zeremonialwaffen und -schilder, königliche Schirme sowie die Kroninsignien. Außerdem informieren alte Verträge über die Entwicklung der Verfassung. Recht unterhaltsam ist die Ausstellung über das Silberjubiläum, das anhand von Staatsgeschenken, Dioramen, Modellen sowie Fotos und Videos von der Prozession, der Audienz und dem Festbankett dokumentiert wird.

Brunei History Centre

Sa–Do 8.30–12 und 13.45–16.15, Fr 8.30–11.30, 14.30–16.30 Uhr, während Ramadan eingeschränkte Öffnungszeiten, Eintritt frei

Wer sich für die Sultansfamilie interessiert, sollte dem **Brunei History Centre** einen Besuch abstatten. Hier kann man sich über den bis ins Jahr 1368 zurückreichenden Stammbaum des Herrschergeschlechts informieren und die Geschichte des Landes von der Frühzeit bis zur Unabhängigkeit erforschen.

Maritime Museum

482 Jln. Kota Batu, Tel. 224 00 83, So–Do 9–16.30, Fr 9–11.30 und 14.30–16.30, Sa 9.45–16.30 Uhr, während des Ramadan eingeschränkte Öffnungszeiten, Eintritt B$ 3

Für Schlagzeilen sorgten 1997 französische Taucher, die auf dem Meeresgrund vor der Küste von Brunei das Wrack eines etwa 30 m langen Handelsschiffs entdeckten. Nachdem Untersuchungen ergeben hatten, dass das Schiff Ende des 14., Anfang des 15. Jh. gesunken sein muss, begann man in einer aufwendigen Aktion das Wrack und seine Ladung zu bergen. 15 000 Objekte wurden von Archäologen erfasst, darunter viele Keramiken und Porzellan aus China, Vietnam und Siam. Für die schönsten Objekte wurde eigens ein Museum errichtet, in dessen Zentrum der Nachbau des mächtigen Schiffes mit seiner Ladung steht. Mit Stolz verweist die Ausstellung darauf, dass sich hier in Kota Batu einst ein bedeutender Handelsstützpunkt befand. Hier tauschte man vor allem Kampfer aus dem von Dschungel bedeckten Hinterland gegen Tonkrüge, die zur Aufbewahrung von Lebensmitteln und für Zeremonien gebraucht wurden und als Erbstücke von großem Wert waren.

Malay Technology Museum

So 8.30–16.30, Mo–Do 9–17 Uhr, während des Ramadan eingeschränkte Öffnungszeiten, Eintritt B$ 3

An der Zufahrtstraße zum Maritime Museum am Fluss liegt das **Malay Technology Museum,** das einen Einblick in den Alltag früherer Generationen ermöglicht. Mit alten Werkzeugen und Haushaltsgegenständen eingerichtete Häuser im Miniaturformat säumen einen Plankenweg. Vorgestellt werden Werkzeuge der Fischer, Schmiede und der Weber, die Kunsthandwerk herstellen. Die Haustypen der indigenen Völker Murut, Dusun und Punan sowie traditionelle Lebensmittel sind im 2. Stock zu sehen.

Istana Nurul Iman

Einige der besten Architekten der Welt entwarfen den riesigen **Istana Nurul Iman** am Flussufer etwa 4 km südwestlich des Zentrums. Versteckt hinter Bäumen residiert hier die Sultansfamilie in 1788 Räumen auf über 200 000 m², einer Fläche von 28 Fußballfeldern. Ein Festsaal bietet bis zu 5000 Gästen und eine Moschee fast 1500 Gläubigen Platz. Nur ein kleiner Teil der Autosammlung der Familie von 2500 Luxuslimousinen – darunter zahlreichen Sonderanfertigungen von Rolls Royce und Mercedes über Lamborghini, Ferrari und Bentley bis zu F1-Rennwagen – passt in die Garage mit 110 Parkplätzen. Zur Entspannung kann der Sultan in einem seiner fünf Pools schwimmen oder mit einem seiner

200 Zuchtpferde aus dem klimatisierten Stall zum Poloplatz reiten.

Bei seiner Fertigstellung 1984 war der Palast das weltweit größte jemals für eine Familie errichtete Gebäude, das sich der Sultan etwa 1,4 Mrd. US-Dollar kosten ließ. Einmal im Jahr zum Ende des Ramadan (Hari Raya Aidilfitri, s. S. 88) stehen die Palasttore drei Tage lang offen und der Sultan hält eine Audienz ab. Dann schüttelt er über 100 000 Besuchern die Hände und verteilt Gastgeschenke. Diese fallen heute etwas kleiner aus als vor der Asienkrise 1998, bei der die Familie erhebliche Verluste erlitt. Sogar Touristen werden zur Audienz vorgelassen (Pass mitbringen!).

Taman Damuan und Pulau Ranggu

Unterhalb des Sultanspalasts erstreckt sich entlang der Jln. Raja Isteri Pengiran Anak Saleha über 1 km entlang der Jalan Tutong und dem Sungai Brunei der **Taman Damuan** (Bus 42, 44–49 oder 56). In dem Park thematisieren abstrakte Skulpturen zeitgenössischer Künstler die südostasiatische Wirtschaftsorganisation ASEAN und den Islam. Zudem sind hier alte Fahrzeuge ausgestellt.

In den intakten Mangrovenwäldern auf der gegenüberliegenden Flussinsel **Pulau Ranggu,** die man im Rahmen einer Bootstour besuchen kann, leben Nasenaffen, die spätnachmittags zu ihren Schlafplätzen in den Bäumen am Ufer klettern.

Übernachten

Kultiviert – **Radisson Brunei:** Jln. Tasek, Tel. 224 42 72, www.radissonhotels.com. Das 4-Sterne-Hotel ist das beste im Zentrum. Die 142 gepflegten Zimmer mit Teppichböden, Kühlschrank und Safe sind sehr komfortabel, der Service ist freundlich und das Essen in den Restaurants sehr lecker, v. a. das vielfältige Frühstücksbüfett. Kleiner Pool und Fitnesscenter. €€–€€€

Schick – **The Brunei Hotel:** 95 Jln. Pemancha, Tel. 224 48 28, www.thebruneihotel.com. Das ältere Hotel in bester Lage mit 46 kleinen Zimmern wurde komplett renoviert und modernisiert. €€

Wohnen auf dem Wasser – **Kunyit 7 Lodge:** Kampong Ayer, gegenüber der Touristeninformation und den Restaurants an der Jln. McArthur, Tel. 871 37 14, http://bit.ly/kunyit7lodge. Bei Kemariah und Andrew wohnt man gemütlich am nördlichen Rand des Wasserdorfs mit Blick auf den Fluss und das gegenüberliegende Zentrum. Dank Homestay-Atmosphäre eine gute Gelegenheit, um mit Einheimischen in Kontakt zu kommen. €€

Gutes Preis-Leistungs-Verhältnis – **The Capital Residence Suites:** Simpang 2, Kampung Berangan, Tel. 222 00 67, https://www.capitalresidencebn.com. Am Ende einer Stichstraße südlich vom Radisson Hotel liegt ruhig und doch zentral dieses kleine, saubere Hotel mit einem hilfsbereiten Management. Die 8 Zimmer und 14 großzügigeren Suiten sind sauber und mit allem Erforderlichen eingerichtet, aber etwas hellhörig. Kostenloser Transport zum Airport, Bus-, Fährterminal und allen Attraktionen. €€

Essen & Trinken

Schicker Japaner – **Kaizen Sushi:** gegenüber vom Yayasan Complex, Jln. McArthur, im 1. Stock, Tel. 222 63 36, tgl. 11–14.30, 18–22 Uhr. Das ansprechende moderne Design im japanischen Stil mit offener Küche, der schöne Flussblick sowie eine große Auswahl an Sushi und anderen japanischen Gerichten zu moderaten Preisen machen diesen Japaner zu einem Favoriten. €€

Italien in den Tropen – **Fratini's:** Centrepoint, Simpang 37, Gadong, Tel. 245 13 00, www.fb.com/fratinis.restaurant, Sa–Do 11–22, Fr 10–12, 14–22 Uhr. Zudem in Kuala Belait und Seria (s. S. 337). Alle Filialen des Italieners erfreuen sich großer Beliebtheit, denn die Pizzen und Pastagerichte schmecken recht authentisch und die Steaks sind saftig. Nur auf den Wein und das Schweinefleisch muss man verzichten. Freundlicher Service, auch Takeaway. Vor 18 Uhr häufig Sonderangebote. €€

Exotisch – **Restaurant Aminah Arif:** Block L, Jln. Batu Bersurat, Tel. 32 45 64 47, Sa–Do 7–22, Fr 7–12 und 14–22 Uhr. Hier gibt es die üblichen lokalen malaiischen Speisen wie Nudel- und Reisgerichte, Fisch, Krebse sowie Farne und andere Gemüse. Die meisten Gäste kommen jedoch hierher, um die Nationalspeise *ambuyat* zu essen, was gar nicht so leicht ist. Ein mundgerechtes Stück des klebrigen geschmacklosen Sagobreis wird mit einer langen Holzgabel abgedreht, in einen der vielen scharfen, cremigen Dips *(cacah)* getunkt und zusammen mit verschiedenen Beilagen gegessen. Ein besonderes kulinarisches Erlebnis. €€

Tea Time – **Sapphira Cake House:** Unit 3, Seri Anigma, Tel. 223 20 21, www.facebook.com/sapphiracakehouseandcafe, tgl. 7.30–18 Uhr. Das kühl klimatisierte Café hat sich auf die typisch malaiischen knallbunten Schichtkuchen spezialisiert, die in kleinen Quadern am Kuchenbüfett zu haben sind und sich für eine Teepause am Nachmittag eignen. Auch der *teh tarik* ist zu empfehlen. €€

Preiswert – **Hua Ho Food Court:** Yayasan Shopping Complex. Malaiisch, chinesisch, japanisch oder indonesisch – die im Food Court versammelten Küchen bieten eine insgesamt gute Auswahl zu vertretbaren Preisen. Auch Süßspeisen. Weitere Stände öffnen Di–So ab 15 Uhr entlang der Fußgängerpassage zwischen den Gebäuden, die besonders abends zum Essen im Freien einlädt. €

Einkaufen

Zahlreiche kleinere Läden konzentrieren sich in **Gadong,** ca. 5 km nördlich des Zentrums.

Markt – **Tamu Kianggeh:** am Kanal nahe der Einmündung in den Sungai Brunei, tgl. 8–17.30 Uhr. Auf diesem traditionellen Markt wird insbesondere Obst und Gemüse angeboten. Am meisten Trubel herrscht am Freitag sowie sonntagvormittags.

Einkaufszentren – **Yayasan Sultan Haji Hassanal Bolkiah Foundation Complex** (Yayasan Shopping Complex): Jln. McArthur. Der aus zwei Gebäuden bestehende Komplex beherbergt u. a. einen großen Supermarkt und Bekleidungsgeschäfte, ansonsten ist das Angebot etwas enttäuschend. **Centrepoint Complex** und **The Mall:** Simpang 37, Gadong.

Abends & Nachts

Kino – Da das Unterhaltungsangebot begrenzt ist, sind die Kinos sehr gut ausgestattet und selbst Spätvorstellungen bestens besucht. Multiplex-Kinos in **The Mall** (s. oben), Gadong, und im **Empire Hotel** (s. S. 339), Jerudong, zeigen v. a. internationale Blockbuster auf Englisch. Sex ist von der Leinwand verbannt, Gewalt und Horror jedoch jugendfrei.

Aktiv

Ausflüge – **Sunshine Borneo Tours & Travel:** 2 Simpang 146, Jln. Kiarong, Kampung Kiulap, Tel. 871 58 63, www.bruneiborneo.com. Im Angebot sind u. a. Touren in den Ulu Temburong National Park. **Freme Tours:** 409B–410B Wisma Jaya, Jln. Pemancha, Bandar Seri Begawan, Tel. 223 42 77, www.freme.com. Ebenfalls Touren in den Ulu Temburong National Park, allerdings mit Übernachtung außerhalb der Nationalparkgrenzen. Zudem Stadtrundfahrten und Bootstouren um das Wasserdorf.

Termine

Nationalfeiertag (23. Febr.): Umzüge und eine zentrale Feier im National Stadium in Anwesenheit der Sultansfamilie.

Geburtstag des Sultans (15. Juli): Zwei Wochen dauern die Feiern mit Umzügen, Veranstaltungen, staatlichen Banketten und einem großen Feuerwerk.

Hari Raya Aidilfitri (s. S. 88): Das Ende des Ramadan wird überall gefeiert, natürlich hält der Sultan Hof.

Verkehr

Flüge: Vom Brunei International Airport 10 km nördlich des Zentrums regelmäßig nach Kuala Lumpur mit Malaysia Airlines, AirAsia sowie der nationalen Fluggesellschaft Royal Brunei, www.flyroyalbrunei.com, die zudem Bangkok, Kota Kinabalu, Kuching, Jakarta, Singapur und weitere internationale Ziele anfliegt. Überdies Flüge nach Singapur mit Singapore Airlines.

Busse: Die alte Busstation im Parkhaus in der Jln. Cator ist geschlossen. Busse halten vor dem Brunei Hotel, Jln. Kianggeh, sowie in der Jln. McArthur und fahren etwa stdl. nach Seria (1 Std., B$ 7). Von dort weiter nach Kuala Belait ebenfalls etwa stdl. Jeden Di, Do und Sa ge-

gen 14 Uhr starten Damri-Busse von der Haltestelle in der Jln. McArthur nach Pontianak im indonesischen Teil von Borneo (B$ 100). Von der Haltestelle am Pasar Gadong (Wet Market) fährt Sipitang Express am Di, Do und Sa um 8 Uhr nach Kota Kinabalu (8–9 Std., B$ 45).
Fähren: Von der Mole an der Jalan Residency etwa stdl. von 7.30–16.30 Uhr mit kleinen Expressbooten nach Bangar im Landesteil Temburong (45 Min., B$ 7).

Fortbewegung in der Stadt
Busse: Die meisten Stadtbusse starten im Zentrum in der Jalan Cator und Jalan Kianggeh. Ein Ticket kostet je nach Entfernung B$ 1–2, die letzten Busse fahren zwischen 18 und 20 Uhr. Mit Nr. 1 und 20 nach Gadong, mit Nr. 34, 38 sowie E1 zum Flughafen, mit Nr. 33, 37, 38, 39 und E2 nach Muara, mit Nr. 55 nach Jerudong. Nr. 57 und 58 fahren zum Empire Hotel in Jerudong.
Taxis: Tel. 222 22 14, 222 68 53, einige Autos warten auch nahe dem Busterminal. Fahrtkosten innerhalb der Stadt ca. B$ 10, ins Umland ab B$ 25, nach Muara B$ 30–40. Die in Brunei verbreitete Ridehailing-App (vergleichbar mit Grab in Malaysia) heißt Dart.
Flussboote: Einheimische zahlen für Linienboote B$ 1–2, von Ausländern werden höhere Preise verlangt. Rund B$ 40/Std. kostet es, wenn man die Boote für eine Tour chartert.

Muara ▶ 4, M 5

Von **Muara,** dem wichtigsten Hafen des Landes, legen Fähren nach Sabah und Pulau Labuan ab. Wer bis zur Abfahrt noch Zeit hat, kann mit Bus Nr. 33 zum **Pantai Muara** weiterfahren und am Ende der Landzunge noch etwas Sonne und Sand genießen. Östlich von Muara entsteht auf einer künstlichen Insel eine riesige Ölraffinerie mit eigenem Tiefseehafen – keine allzu guten Aussichten für die nahen Gewässer, die bislang sogar für Tauchgänge geeignet sind (z. B. mit Poni Divers, 1 km südl. des Jachtklubs, www.ponidivers.com).

Verkehr

Fähren: Vom Passenger Ferry Terminal Autofähren gegen 9 Uhr bzw. Mo, Mi und Fr mit der Autofähre um 12.30 Uhr nach Pulau Labuan (75 Min., B$ 20, Kind. B$ 10).

Pulau Labuan (Malaysia) ▶ 4, M 4/5

Die Passagierfähren stellen die interessanteste und günstigste Möglichkeit dar, in einem Tag von Brunei über **Pulau Labuan** nach Kota Kinabalu in Sabah zu gelangen. Bei einem Zwischenstopp auf der Insel kann man nicht nur hervorragendes Seafood genießen, sondern auch zollfrei einkaufen. Das lohnt sich vor allem auf dem Weg von Sabah nach Brunei, da Spirituosen auf Labuan sehr wenig kosten. Das heutige Offshore-Finanzzentrum genießt als Bundesterritorium politischen Sonderstatus, da es vor der Unabhängigkeit Malaysias zu den britischen Straits Settlements gehörte und als Kohlelieferant für die Dampfschifffahrt von großer Bedeutung war. Es gibt sogar einige historisch interessante Ausflugsziele, etwa das **Labuan Museum** am zentralen Labuan Walk (tgl. 8.30–17 Uhr, Eintritt frei) und das kleine **Kohlemuseum** an der Nordspitze (Bus Nr. 6, tgl. 8.30–17 Uhr, Eintritt frei, das ausführlich über den Kohleabbau von 1847–1912 informiert).
Der umliegende Marine Park umfasst auch kleine Nachbarinseln wie **Pulau Kuraman,** die zum Schauplatz in Emilio Salgaris »Tiger von Mompracem« um den Piraten und Abenteurer Sandokan wurde.

Übernachten

Klassisch – **Dorsett Grand:** 462 Jln. Merdeka, Tel. 0060 87 42 20 00, www.dorsetthotels.com. 5-Sterne-Hotel in zentraler Lage mit 178 ruhigen, komfortablen Zimmern und bequemen Betten. Restaurant mit leckerem Essen und gutem Frühstücksbüfett. Pool, Fitnesscenter. €€

Essen & Trinken

Seafood satt – **New Sung Hwa:** Jln. Ujong Pasir, 1. Stock, Tel. 087 41 10 08, tgl. 12–14.30

und 17.30–22 Uhr. In dem überaus geschäftigen Restaurant hinter dem Fischereihafen kommen Meeresfrüchte und Fisch direkt vom Boot in die Küche. Die Auswahl ist groß und die Preise stimmen. €–€€

Verkehr

Fähren: Gegen 8.30 und 13 Uhr nach Kota Kinabalu (ca. 3–4 Std., RM 39–44, Kind. RM 26–31). Nach Muara in Brunei gegen 8.30 und 16 Uhr (75 Min., RM 35).
Flüge: Vom Labuan Airport (Taxi RM 15, Bus Nr. 4 oder 6) gehen Flüge nach Kuala Lumpur, Kota Kinabalu und Miri mit AirAsia, Malaysia Airlines und MASwings.

Ulu Temburong National Park ▶4, M 6

Nur im Rahmen organisierter Touren zu besuchen, Eintritt frei
Nur ein kleiner Teil des 55 000 ha großen **Ulu Temburong National Park,** dem einzigen Nationalpark des Landes, ist Besuchern zugänglich. Die Anfahrt erfolgt über das 87 km südlich von Bandar Seri Begawan gelegene **Bangar** (▶ 4, M 6) und **Batang Duri** (▶ 4, M 6), der letzten Iban-Siedlung vor dem Nationalpark. Mit Motorbooten geht es von dort aus auf dem klaren Wasser des Sungai Temburong in zahlreichen Kurven über Stromschnellen und ruhige Gewässer langsam hinauf in einen nahezu unberührten tropischen Tieflandwald. Ein Wanderweg führt mehr als 740 Stufen steil auf einen Hügel (996 m) hinauf zu fünf Aussichtsplattformen in teilweise über 43 m Höhe, die über Metallstege miteinander verbunden sind. Für den steilen Aufstieg wird man mit einem wunderbaren Ausblick auf die üppige grüne Vielfalt der ausladenden Wipfel der Urwaldriesen belohnt, die mit Farnen, Würgefeigen, Orchideen und anderen Epiphythen überwuchert sind. Der Blick schweift weiter, hinab ins Tal und weit über ein schier endloses Dschungelgebiet, das einer riesigen Brokkolilandschaft ähnelt und in unterschiedlichen Grüntönen die angrenzenden Bergketten zu bedecken scheint.

Vom Sungai Temburong aus kann man mehrere glasklare Seitenbäche flussaufwärts zu Stromschnellen und Wasserfällen mit schönen Badeplätzen wandern. Empfehlenswert ist mindestens eine Übernachtung im Park, um früh am Morgen von den Aussichtstürmen aus einen magischen Sonnenaufgang zu erleben, bevor die aus den Tälern aufsteigenden Wolken die Berge bedecken. Nicht minder spannend ist eine Nachtwanderung, bei der man vor allem Insekten und Frösche sehen kann.

Übernachten

... in Batang Duri:

Abseits der Touristenroute – **Trandie Marina Resort:** Tel. 525 00 66, IG: @trandiebrunei. Vom Baumhaus über Zelte bis zum klimatisierten Bungalow reicht die Auswahl und mindestens ebenso breit ist die Auswahl an Aktivitäten: Klettern, Rafting, Abseiling, Dschungeltouren, etc. Gäste wählen aus einem Aktivitätenpaket und schlafen entweder im Schlafsaal oder gegen Aufpreis im Doppelzimmer. €€

Naturnah und preiswert – **Sumbiling Eco Village:** Übernachtung im Rahmen von Touren von Borneo Guide (https://borneoguide.com/). Die vom Touranbieter zusammen mit lokalen Iban gemanagte Bleibe ist einfach, aber durch die naturnahe Lage am Fluss ein herrlicher Ausgangspunkt für Wanderungen und Bootsfahrten. €€

Verkehr

Anreise von Bandar Seri Begawan mit dem Expressboot (s. S. 345) nach Bangar. Zudem halten einige Busse zwischen Bandar Seri Begawan und Kota Konabalu in Bangar. Von dort per Taxi oder Minibus nach Batang Duri und weiter per Boot in den Park. Die meisten reisen im Rahmen von Pauschaltouren an.

Nur mit kleinen Booten und zu Fuß kann in den Dschungel des Ulu Temburong National Park vorgedrungen werden – ein echtes Juwel aus unberührtem Regenwald

Südchinesisches
Meer
Kota Kinabalu
Sandakan

Kapitel 5

Sabah

Immer mehr Naturfreunde erkunden die abwechslungsreiche Tropenlandschaft an der Nordspitze von Borneo. Zwischen den Inseln des Tuanku Abdul Rahman National Park vor den Toren der Hauptstadt Kota Kinabalu kreuzen Segelboote und weiter im Norden verführen kilometerlange Sandstrände zum Baden oder zu ausgedehnten Spaziergängen. Im Landesinnern erhebt sich das mächtige Granitmassiv des Gunung Kinabalu, das Wanderer wie Bergsteiger herausfordert.

Hier und an anderen Orten in Sabah kann man mit etwas Glück Orang-Utans, wilde Elefanten und Nasenaffen in freier Wildbahn beobachten. Selbst die Kleintierwelt lässt aufmerksame Besucher immer wieder staunen und lohnt die lange Anreise selbst ins abgelegene Danum Valley, wo qualifizierte Guides hervorragende Touren leiten.

Auf den Inseln des Turtle Island National Park vor der Ostküste vergraben vom Aussterben bedrohte Meeresschildkröten ihre Eier zum Ausbrüten im warmen Sand. Vielen Eilanden sind Korallenriffe vorgelagert, die bereits beim Schnorcheln durch ihre Vielfalt an Korallen, Fischen und anderen Meeresbewohnern faszinieren. Leidenschaftliche Taucher kehren immer wieder hierher zurück, um die einmalige Unterwasserlandschaft zu genießen. Auch Kurzzeiturlauber aus China haben die tropische Inselwelt entdeckt.

Die traditionellen Märkte sind Treffpunkte für Menschen unterschiedlicher Herkunft. Sabahs große ethnische Vielfalt wird beim Besuch des Nationalmuseums in Kota Kinabalu oder eines Cultural Village eindrücklich vor Augen geführt. Noch authentischer erlebt man die unterschiedlichen Kulturen bei einem der großen Feste des Bundesstaats oder bei einer Rundreise durch die Dörfer der Kadazan, Dusun, Murut, Lundayeh und Rungus.

Bei Sipadan etwa lockt der Barracuda Point ganze Schwärme der gleichnamigen Raubfische an

Auf einen Blick: Sabah

Sehenswert

Kinabalu National Park: Majestätisch erhebt sich in diesem Nationalpark nahe der Küste der höchste Berg des Landes – selbst Ungeübte können den 4095 m hohen Gipfel des Gunung Kinabalu erreichen. In den kühlen Bergwäldern an seinen Hängen gedeihen seltene Orchideen und Kannenpflanzen (s. S. 363).

Kinabatangan Wildlife Sanctuary: In einem der letzten Tieflandregenwälder Malaysias leben beiderseits des träg dahinfließenden Kinabatangan noch Elefantenherden, Nasenaffen und Orang-Utans, die man vom Boot aus beobachten kann (s. S. 381).

Pulau Sipadan: Ganz nahe an der indonesischen Grenze liegt diese winzige Insel mit einem überkragenden Korallenriff – ein Traumziel aller Taucher, die hier eines der besten Reviere weltweit vorfinden (s. S. 391).

Schöne Routen

Vom Kinabalu National Park nach Sandakan: Beiderseits der gut ausgebauten Straße vom beliebten Nationalpark zu den Orang-Utans bei Sandakan liegen ehemalige Holzfällersiedlungen und Ölpalmplantagen, aber auch die heißen Quellen von Poring und die Teeplantage Sabah Teh, wo man einen Stopp einlegen oder sogar übernachten kann (s. S. 369).

Von Sandakan in den Turtle Islands National Park: Durch eine traumhafte Inselwelt tuckert man auf kleinen Ausflugsbooten von der Hafenstadt an der Sulusee in diesen Nationalpark, bei dem der Name Programm ist (s. S. 377).

Unsere Tipps

Kulturelle Vielfalt im Mari Mari Cultural Village: Die große ethnische Vielfalt in Sabah erschließt sich nicht auf den ersten Blick, doch in diesem Kulturzentrum bei Kota Kinabalu werden die Sinne für die Unterschiede zwischen den wichtigsten Bevölkerungsgruppen geschärft (s. S. 356).

Badeurlaub bei Kota Kinabalu: Nach einer anstrengenden Rundreise eignen sich die komfortablen Resorts an den schönen Stränden hervorragend für einen Verwöhnurlaub (s. S. 359).

Sabah Tea Garden: Auf der größten Teeplantage Borneos kann man eine Teefabrik besichtigen, wandern, in einem Bambus-Langhaus übernachten, einfach nur den Ausblick genießen – und natürlich Tee trinken (s. S. 372).

Absoluter Höhepunkt eines Malaysia-Besuchs: die Besteigung des Gunung Kinabalu

Mit der Schmalspurbahn zum Rafting: Bereits die Anfahrt im Zug ab Beaufort ist ein Erlebnis, richtig spannend wird es dann auf dem Wasser – vor allem während der Regenzeit können die Schlauchboottrips auf dem Sungai Padas sehr turbulent sein (s. S. 360).

Wandern im Kinabalu National Park: Auf markierten Wegen sind kürzere wie längere Touren durch den märchenhaften Bergwald des Parks möglich (s. S. 362).

Die Besteigung des Gunung Kinabalu: Sobald einer der begehrten, teuren Übernachtungsplätze in der Berghütte gebucht ist, hat man die größte Hürde für die Gipfelerstürmung genommen (s. S. 366).

Kota Kinabalu und Kinabalu National Park

Die Hauptstadt des ethnisch vielfältigsten malaysischen Staats Sabah bildet das Eingangstor in den Norden von Borneo. Eingebettet zwischen Tropeninseln und der traumhaften Berglandschaft des Kinabalu National Park, der von Malaysias höchstem Gipfel gekrönt wird, braucht sich Kota Kinabalu nicht herauszuputzen, um Touristen aus aller Welt anzulocken.

Kota Kinabalu und Umgebung ▶ 4, O 3

Cityplan: S. 355

Geschichte

Nach mehreren vergeblichen Versuchen gelang es der britischen **North Borneo Company** um 1900, nahe dem Bahnhof der North Borneo Railway im kleinen Fischerdorf Api Api (›Feuer‹) ein Handels- und Verwaltungszentrum mit Hafen anzulegen, das man sogleich nach dem stellvertretenden Vorsitzenden der Company, dem Rechtsanwalt **Charles Jessel** (1860–1928), benannte. Für das aufblühende **Jesselton** stellten Piraten eine ständige Bedrohung da. Doch nicht sie, sondern die Bomben der Australier und Amerikaner waren es, welche die Siedlung während der japanischen Besatzung in Schutt und Asche legten.

Nach dem Ende des Zweiten Weltkriegs unterstellte die inzwischen fast bankrotte North Borneo Chartered Company ihren Besitz der britischen Krone, die Jesselton zur Hauptstadt der Kolonie North Borneo erkor.

Mit dem Beitritt zu Malaysia im Jahr 1963 wurde North Borneo in **Sabah** (›der Morgen‹) umbenannt, fünf Jahre später taufte man Jesselton in **Kota Kinabalu** um. Erst zur Jahrtausendwende erhielt die mittlerweile gut 600 000 Einwohner zählende Metropole Stadtrechte.

Orientierung

Entlang der Ausfallstraßen erstreckt sich Kota Kinabalu weit ins Umland hinein. Die meisten ausländischen Besucher halten sich im **Central Business District** auf, der vom Hafen im Norden, dem **Jesselton Point Terminal,** bis zur Busstation hinter dem **Api-Api Centre** reicht und auf der einen Seite vom Meer und auf der anderen Seite vom bewaldeten **Signal Hill** begrenzt wird. Mit etwas Zeit und Ausdauer sind alle Ziele im Zentrum zu Fuß zu erreichen.

Zu den auf aufgeschüttetem Land errichteten Einkaufszentren **Oceanus Waterfront Mall, KK Times Square** und **Harbour City** im Süden des Zentrums, den noch weiter südlich liegenden Resorts von **Sutera Harbour** und **Tanjung Aru** sowie zu der Staatsmoschee und zu den meisten Museen nimmt man besser ein Taxi oder einen Stadtbus.

Märkte

Trotz der Einkaufszentren haben die Märkte noch lange nicht ausgedient und sind immer einen Bummel wert. Vor allem vormittags lohnt ein Besuch in der Markthalle, dem **Central Market** 1, und dem zum Meer hin angrenzenden **Wet Market** 2, wo allerlei Meeresfrüchte zu bekommen sind, was die Gaumen der Stadt beglückt. Praktischerweise wird abends vieles davon auf dem südlich benachbarten **Pasar Malam** 3, einem Essenmarkt unter freiem Himmel, frisch zubereitet.

Der dritte im Bunde, der Markt für Kunsthandwerk oder **Pasar Kraftangan** 4, wird wegen seiner vielen Importwaren auch Filipino Market genannt, lohnt aber wegen der billigen Massenware nicht mehr für den Souvenirkauf.

Besonders bunt ist der große **Gaya Street Market** 5, wo am Wochenende Textilien, Haushaltswaren und Lebensmittel aus den Dörfern der Umgebung, aber auch Werke lokaler Künstler angeboten werden (Sa/So 7–13 Uhr). Freitags ab 18 Uhr steht hier zum **Api Api Night Food Market** vornehmlich Street Food im Vordergrund.

Signal Hill 6

Östlich des Zentrums erhebt sich der **Signal Hill** (Bukit Bendera), von dessen Aussichtsplattform sich ein schöner Blick über die Stadt bis zu den Inseln in der Likas Bay bietet. Der Fußpfad auf den Hügel beginnt neben der Community Hall, Jalan Dewan, unweit der Jalan Bypass. Ein Taxi nach oben kostet ca. RM 15.

Sabah Museum 7

Jln. Muzium, Tel. 088 25 31 99, http://museum.sabah.gov.my, tgl. 9–17 Uhr, RM 15, Anfahrt mit dem Taxi für ca. RM 10

Interessierte können durchaus mehrere Stunden im **Sabah Museum** verbringen. Am Eingang wird man vom gewaltigen Skelett eines eines Brydewals begrüßt, der 2007 vor Pulau Gaya gestrandet ist. Der Rundgang beginnt mit der prähistorischen Galerie, in der einige interessante Gegenstände aus Nordborneo ausgestellt sind, u. a. etwa 1000 Jahre alte Holzsärge von Batu Tulug am Kinabatangan, 800 Jahre alte Statuen aus der Baturong-Höhle bei Kunak sowie wesentlich ältere Steinwerkzeuge, die in verschiedenen Höhlen gefunden wurden. Insgesamt sind Funde aus der Frühzeit eher rar, denn die meisten sind dem alles zersetzenden Tropenklima zum Opfer gefallen.

Jenseits der prähistorischen Galerie wird die Geschichte umfassend präsentiert. Den Anfang machen die alten Schifffahrtsrouten und

Vom Signal Hill ist das geschäftige Zentrum von ›KK‹ gut zu überblicken. Kaum zu glauben, dass ein Großteil der Innenstadt auf aufgeschüttetem Land errichtet wurde

0
100
200
300
400 m
Südchinesisches
Meer
Jln. Kota Kinabalu Lama 6
Jesselton Point Ferry Terminal, nördl. Busbahnhof
Jln. 5
Wisma Sabah
Jln. Tun Fuad Stephens
Wisma Merdeka
Jln. 4
Maybank
Jln. Gaya
Jln. Pantai
Jln. Asmara
Jln. Bukit Bendera
Jln. 3
AUSTRALIA PLACE
Jln. Datuk Salleh Sulong (Jln. 16)
Jln. 2
Beach St
Clock Tower
Jln. Sugut
Jln. Labuk
Jln. Padas
Lrg. Segama
SEGAMA
Jln. 6
Jln. Segama Pedestrian Flyover
Jln. Bandaran
Jln. 17
KK Plaza
Rathaus
Padang Merdeka
Jln. 18
Jln. Tun Razak
Jln. K. K. Bypass
Jln. Pinggir
High Court
Taman Chang Thien Vun
Jln. Sembilan Belas (Jln. 19)
Jln. Kapung Air 1
Masjid Bandar
Jln. Datuk Chong Thian Vun
Jln. Sentosa
City Park
Jln. Kampung Air 2
SINSURAN
Jln. Haji Yaakub
BANDARAN BERJAYA
Jln. Istana
Jln. Dua Puluh (Jln. 20)
Jln. Laiman Diki
City Parade
SEDCO COMPLEX
Warisan Square
Jln. Coastal
Centrepoint
Asia City Complex
Jln. Centre Point
ASIA CITY
Star City Mall
Jln. Tunku Abdul Rahman
Lorong Api-Api 2
Lorong Api-Api 1
API-API CENTRE
Jln. Nenas
All Saints' Cathedral
Karamunsing Complex
Wisma Sedco
Plaza Wawasan
KK Sentral Bus Terminal
Tanjung Aru
Jln. Kemajuan
Flughafen,
Jln. Tuaran

Kota Kinabalu

Sehenswert
1 Central Market
2 Wet Market
3 Pasar Malam
4 Pasar Kraftangan
5 Gaya Street Market
6 Signal Hill
7 Sabah Museum
8 Monsopiad Heritage Village
9 Mari Mari Cultural Village

Übernachten
1 Shangri-La's Tanjung Aru Resort
2 Shangri-La's Rasa Ria Resort
3 Hyatt Regency
4 Le Meridien
5 Hotel Sixty3
6 Langkah Syabas Beach Resort
7 Hotel Eden 54
8 Toojou Social Hostel

Essen & Trinken
1 Seri Selera
2 Café on Fifty5
3 Chili Vanilla
4 Kedai Kopi Fatt Kee
5 Nachtmarkt
6 Little Sulap

Einkaufen
1 Suria Sabah Shopping Mall
2 Oceanus Waterfront Mall
3 1Borneo Mall
4 Kadaiku

Aktiv
1 GoGoSabah

Handelsprodukte, dann stehen die Sultane im Mittelpunkt und schließlich die seefahrenden Nationen, die den Kolonialismus einläuteten. Beim Thema North Borneo Chartered Company entdeckt man, dass sich die ehrenwerte Company nicht nur von Einnahmen aus Plantagen, Sägewerken und Kohlegruben finanzierte, sondern auch über Steuern auf Alkohol, Opium und Spielsalons. Das Ende der Abteilung bildet die Zeitspanne zwischen dem Zweiten Weltkrieg und der Unabhängigkeit.

Spannend sind in der Kulturabteilung die verschiedenen Aspekte der Kopfjagd, alte Fotos von in Vergessenheit geratenen Zeremonien und die echten Schädel, die von der Decke baumeln. Die traditionellen Kleider, Schmuckstücke und Werkzeuge der unterschiedlichen Völker vermitteln einen guten Eindruck von der ethnischen Vielfalt auf Sabah. So erfährt man etwa, dass neben den seenomadisch lebenden Bajau auch eine zweite Untergruppe der Land-Bajau existiert; ihre mit Pferden verbundenen Traditionen machen sie zu den ›Cowboys‹ von Borneo. Im **Heritage Village** unterhalb des Museums sind Nachbauten traditioneller Häuser der Rungus, Murut, Bonggi, Bajau, Brunei-Malaien, Bisaya und anderer Volksgruppen zu sehen, leider in diversen Stadien der Vernachlässigung.

Wer noch Energie hat, kann den Rundgang fortsetzen. Im 1. Stock des Haupthauses befindet sich eine Ausstellung mit antiker chinesischer Keramik und eine recht triste naturkundliche Sammlung mit präparierten Tieren. Das **Islamic Civilization Museum** beschäftigt sich mit der Ausbreitung des Islam im nördlichen Borneo und im **Ethnobotanical Garden** kann man sich Orchideen, Nutz- und Heilpflanzen ansehen.

Monsopiad Heritage Village 8

Kuai, Tel. 011 14 19 64 84, www.fb.com/monsopiad, tgl. 9–17 Uhr, Erw. RM 45, mit Tanzvorführung RM 55, Taxi vom Zentrum ca. RM 30

Etwa 15 km südlich von Kota Kinabalu befindet sich das **Monsopiad Heritage Village,** wo die größte ethnische Gruppe Nordborneos, die Kadazan, in rekonstruierten traditionellen Häusern Aspekte ihrer Alltagskultur vorstellt. Gezeigt werden alte Werkzeuge und Haushaltsgegenstände, aber man erhält auch einen Einblick in den Geisterglauben der Kadazan, die Aufgaben der Priesterinnen und die Traditionen früherer Generationen. Außerdem werden die Taten des blutrünstigen Helden und Kopfjägers Monsopiad gewürdigt, nach dem das Kulturzentrum benannt ist. Im alten House of Skulls hängen noch immer die Schädel seiner getöteten Feinde. Führungen starten nach Voranmeldung um 11 und 14 Uhr und umfassen eine kurze Tanzvorführung.

Mari Mari Cultural Village 9

Jln. Kiansom, nahe Kiansom-Wasserfall, Tel. 01 38 81 49 21, http://marimaricultural village.com, Beginn der Führungen 10 und 14 Uhr, Erw. RM 100, Kind. RM 90; Touren inkl. Transfer vom Hotel, Mittag-/Abendessen oder High Tea starten um 10, 14 und 18 Uhr, Erw. RM 180, Kind. RM 160

Ein romantisches bewaldetes Tal ca. 19 km östlich von Kota Kinabalu scheint geradezu ideal für eine Reise in die Vergangenheit der Dusun, Rungus, Bajau, Lundayeh und Murut. Im **Mari Mari Cultural Village** stehen

Gegenüber dem Warisan Square wächst jeden Abend ein Nachtmarkt aus dem Boden

traditionelle Wohnhäuser dieser Volksgruppen und auf einem geführten Rundgang durch das Dorf werden die Verwendung alter Werkzeuge und die Grundlagen der verschiedenen Kulturen erklärt. Man kann sich Henna-Tattoos machen lassen, Blasrohr schießen, Trampolin springen und nach überlieferten Rezepten zubereitete Speisen, Getränke und frisch destillierten Reisschnaps probieren sowie selbst ein Gericht in Bambus kochen. Vor dem abschließenden Büfett werden auf einer Bühne traditionelle Tänze aufgeführt.

Infos

Sabah Tourism Board: 51 Jln. Gaya, Tel. 088 21 21 21, www.sabahtourism.com, Mo–Fr 8–17, Sa, So, Fei 9–16 Uhr. Die Mitarbeiter halten viel Infomaterial über Sabah bereit, das allerdings nicht immer aktuell ist. Das hübsche Gebäude von 1918 war einst das Postamt.

Übernachten

Traumhaft – **Shangri-La's Tanjung Aru Resort 1 :** Jln. Pantai Aru, ca. 4 km südl. vom Zentrum, Tel. 088 32 78 88, www.shangri-la.com/kotakinabalu/tanjungaruresort. Auf einer Landzunge am gleichnamigen Strand zwischen dem Zentrum und dem Flughafen liegt diese weitläufige Anlage mit exzellentem Service. Die 492 großzügigen gepflegten Balkonzimmer im älteren und neueren Flügel sind geschmackvoll und mit allem Komfort eingerichtet. Neben dem großen Hauptrestaurant sorgen ein schicker Italiener sowie eine Pool- und Strandbar mit Grill für das leibliche Wohl. Die weitläufige Gartenanlage mit 2 großen Pools und vielen Liegen reicht bis zum Meer. Tolle Sonnenuntergänge. Shuttlebus in die City und zum Schwesterresort Rasa Ria (s. S. 357). €€€

Perfekt – **Shangri-La's Rasa Ria Resort 2 :** am Pantai Dalit nahe Tuaran, ca. 30 km nördl. von Kota Kinabalu, Tel. 088 79 28 88, www.shangri-la.com/kotakinabalu/rasariaresort. Das familienfreundliche Resort bietet alles, was zu einem perfekten Badeurlaub gehört – 420 überaus komfortable Zimmer und luxuriöse Suiten mit riesiger Terrasse, Jacuzzi und Meerblick, einen Tropengarten mit 2 großen Pools, einen gepflegten weitläufigen Sandstrand sowie ein kleines Naturschutzgebiet mit Wanderwegen. Die Qualität der Restaurants ist hervorragend, ebenso das vielseitige Freizeitangebot. €€€

Gute Lage – **Hyatt Regency 3 :** 5 Jln. Datuk Salleh Sullong, Tel. 088 22 12 34, www.hyatt.com. Das 5-Sterne-Hotel in zentraler Lage eignet sich bestens als Basis zur Erkundung der Stadt. 288 bestens ausgestattete Zimmer (teurer mit Meerblick), angenehm großer Pool, Spa, Fitnesscenter, japanisches und chinesisches Restaurant, Café mit sehr guten Kuchen. €€

Komfortables Cityhotel – **Le Meridien** 4: Jln. Tun Fuad Stephens, Tel. 088 32 22 22, https://le-meridien.marriott.com. Etwas älterer, renovierter 5-Sterne-Hotelblock mitten im Stadtzentrum mit gutem Service. Von den 306 gediegen eingerichteten, luxuriösen Zimmern haben einige eine fantastische Aussicht aufs Meer. Netter Pool und gutes Frühstücksbüfett. €€–€€€

Modern – **Hotel Sixty3** 5: 63 Jln. Gaya, Tel. 088 21 26 63, www.hotelsixty3.com. Stadthotel mit 100 modern eingerichteten, unterschiedlich großen Zimmern mit LCD-TV, Wasserkocher, Kühlschrank sowie geräumigen Badezimmern. Viele Essensangebote in der unmittelbaren Umgebung. €€

Mit Mini-Strand – **Langkah Syabas Beach Resort** 6: 21 km südl. am gleichnamigen Strand, Tel. 088 75 20 00, www.langkahsyabas.com.my. 25 gut ausgestattete Zimmer in kleinen Bungalows, die teureren Zimmer an einem der beiden Pools mit Meerblick. Sonntags erfreut sich das Roast Buffet Lunch im Balcony Restaurant großer Beliebtheit. Wird von einem australischen Paar geleitet. €€

Gemütlich – **Hotel Eden 54** 7: 54 Jln. Gaya, Tel. 088 26 60 54, www.eden54.com. Die 23 sehr sauberen, komfortablen Zimmer (die günstigen ohne Fenster) mit bequemen Betten, LCD-TV und Wasserkocher im 1. Stock sind fast immer ausgebucht. Herzliche Rundumbetreuung, kleiner Aufenthaltsraum mit Sesseln und Sofas, Küchenzeile und Gemeinschaftskühlschränke – hier fühlt man sich beinahe wie zu Hause. €€

Gesellig und preiswert – **Toojou Social Hostel** 8: 12 Jln. Masjid Lama, Tel. 088 53 48 88, www.toojou.com. Das größte Hostel in Sabah nimmt ein ganzes Gebäude ein, betreibt eine Rooftop Bar und bietet auf mehreren Etagen moderne Schlafsäle für 4, 6 oder 8 Pers. sowie DZ. Gut ausgestattete Gemeinschaftsbäder, zudem ein Co-Working-Space mit Kicker, Nintendo, gemütlichen Sitzecken und Kaffeeautomat – ideal für alle, die auf Reisen produktiv sein möchten oder einfach mal einen Tag lang abhängen wollen. €€

Essen & Trinken

Seafood satt – **Seri Selera** 1: Sedco Complex, südl. der Jln. Laiman Diki, tgl. 11.30–20 Uhr. Rings um den großen, überdachten Platz wetteifern mehrere Seafood-Restaurants um die Gunst der Gäste. Auch wenn man gleich von Kellnern mit Speisekarten bedrängt wird, kann man zuerst einmal die Auslagen betrachten und die Preise studieren. Bezahlt wird nach Gewicht, sodass man beim Auswiegen dabei sein sollte, um von der Rechnung nicht überrascht zu werden. Das Seafood wird nach Wunsch zubereitet und an den Tisch gebracht, dazu gibt's günstige Getränke und Snacks von anderen Ständen. €

Kaffee und Delikatessen – **Café on Fifty5** 2: Tong Hing Supermarket, 55 Jln. Gaya, Tel. 088 31 33 02, tgl. 8–22 Uhr. Die kleinen Tische am Fenster des Delikatessenladens neben dem Kaffeetresen sind ein guter Platz für ein entspanntes Frühstück oder Mittagessen. Während man guten Kaffee, Sandwiches mit herausragendem Brot, Salate, Pizza oder Pasta genießt, schaut man der High Society beim Shoppen zu. €€

Ungarn in Asien – **Chili Vanilla** 3: 35 Jln. Haji Saman, Tel. 088 23 80 98, auf Facebook, tgl. 10.30–22.30. Die Küche dieses winzigen Restaurants ist von unterschiedlichen Kulturen beeinflusst. Empfehlenswert sind das Ungarische Gulasch, die kreativen Lammgerichte und die Salate mit mit Bio-Gemüse. Zudem leckere Kuchen und Tiramisu. €–€€

Authentisch – **Kedai Kopi Fatt Kee** 4: Jln. Haji Saman, Ecke Jln. 4, Tel. 088 25 06 62, Di–Sa 11–20.30 Uhr. In dem einfachen, sehr gut besuchten chinesischen Eckrestaurant kann man den Köchen beim Brutzeln zuschauen. Drinnen kann es heiß werden, deshalb setzt man sich am besten an einen der begehrten Tische auf dem Bürgersteig. Von der englischsprachigen Karte können die Chicken Wings und die Sabah Veggies empfohlen werden. €

BADEURLAUB NAHE KOTA KINABALU

Die Mündungsgebiete der Tropenflüsse sind zumeist von Mangroven bedeckt und in der Nähe von Siedlungen hat das Meer kaum Badequalität. Umso erstaunlicher ist es, dass es auf den fünf Tropeninseln nur 10 bis 20 Minuten vor den Toren der Stadt schöne Strände mit guten Bade- und Schnorchelmöglichkeiten gibt.

Wegen ihrer einmaligen Fauna und Flora sind die Eilande im **Tunku Abdul Rahman National Park** (▶ 4, O 3) unter Naturschutz gestellt worden. Da die Inselresorts teuer sind, kommen zumeist Tagesausflügler, darunter viele chinesische Touristen, zum Baden und Schnorcheln. Hierfür am besten geeignet ist **Pulau Gaya,** wo man auch wandern kann. Wer sich nicht für eine der Inseln entscheiden mag, sollte eine organisierte Rundfahrt ins Auge fassen (s. S. 361). Der Eintritt in den Nationalpark beträgt RM 20.

Südlich vom Flughafen stehen bei **Kinarut** (▶ 4, O 4) an kleinen Stränden Unterkünfte von unterschiedlichem Standard. Mit kilometerlangen Sandstreifen lockt die **Karambunai Peninsula** (▶ 4, O 3) nördlich der Stadt, wo das Nexus Resort, www.nexusresort.com, vor allem von asiatischen Reisegruppen gebucht wird. Westliche Touristen bevorzugen das Shangri-La's Rasa Ria Resort (s. S. 357) am gepflegten Sandstrand Pantai Dalit in einer von Dschungel umgebenen Bucht nahe **Tuaran** (▶ 4, O 3).

Essensstände im Freien – **Pasar Malam 3:** s. S. 352. **Nachtmarkt 5:** Jln. Tun Fuad Stephens, am Meer gegenüber dem Warisan Square südl. vom Pasar Malam, tgl. ab 17 Uhr. Bereits vor Sonnenuntergang stapeln sich auf den Tischen frisch gegrillte Hähnchen, Fische, Riesengarnelen und Hummer. Außerdem gibt es Büfetts mit Reis- und Nudelgerichten sowie Spezialitäten der malaiischen und philippinischen Küche. Frisches Obst, bunte Kuchen und andere lokale Süßigkeiten ergänzen das Angebot des riesigen Markts. Ein guter Ort, um mit Einheimischen in Kontakt zu kommen. Die Preise können stark variieren (Touristenpreise!). €–€€

Typisch Sabah – **Little Sulap 6:** 3A Lorong Dewan, Tel. 01 07 60 70 11, www.facebook.com/heylittlesulap, tgl. 10.30–22 Uhr. Das kleine, klimatisierte Restaurant bietet eine kleine Auswahl an Kadazan-Kost zu günstigen Preisen, etwa das Original Sabahan Set mit Fisch, eingelegten Borneo-Mango (Tuhau) und Tapioka-Blattgemüse. Oder das gewöhnungsbedürftige Ambuyat: einen geschmacksneutralen Sago-Brei, der um zwei Stäbchen gehäufelt und in eine Soße auf Gelbwurzbasis getunkt wird. €

Einkaufen

Einkaufszentren – **Suria Sabah Shopping Mall 1:** Jln. Haji Saman, www.suriasabah.com.my, (mit Buchladen) und die **Oceanus Waterfront Mall 2** im Süden an der Waterfront, www.facebook.com/oceanusmallsabah, sind die größten Malls im Zentrum. **1Borneo Mall 3:** Jln. UMS, ca. 7 km nördlich des Zentrums, https://1borneohypermall.com. In dem Megaeinkaufszentrum findet man Designerlabels, ebenso Kinos und Restaurants. Alle öffnen tgl. 10–22 Uhr.

MIT DER SCHMALSPURBAHN ZUM RAFTING

Tour-Infos

Start/Ziel: Bahnhof Tanjung Aru bei Kota Kinabalu (s. S. 361) oder Beaufort, 90 km weiter südlich
Dauer: ca. 12 Std., davon 1–2 Std. Rafting
Buchung: Traverse Tours, Tel. 01 98 20 49 21, www.riverbug.asia (ab 2 Pers. RM 205/Pers. inkl. Transfer ab Kota Kinabalu); im Angebot sind auch zahmere Touren, z. B. auf dem Sungai Kiulu

Der normalerweise eher behäbige, ungefähr 200 km lange **Sungai Padas** zeigt sich von seiner wilden Seite, wenn er die schmale Padas-Schlucht durchquert. Vor allem in der Regenzeit kann es auf dieser Strecke zu Erdrutschen kommen, sodass die Schmalspurbahn blockiert ist. Dann sind die hier lebenden Menschen komplett von der Außenwelt abgeschnitten, denn Straßen gibt es in dem unzugänglichen Flusstal nicht.
Borneos einzige Eisenbahn verkehrt zwischen Kota Kinabalu und **Tenom** (▶ 4, O 5), wobei der spannendste Abschnitt in **Beaufort** (▶ 4, N 4/5) beginnt. Mit Passagieren und Waren für die abgelegenen Dörfer bepackt, zuckelt die Bahn durch grüne Reisfelder und vorbei an kleinen Dörfern in Richtung **Crocker Range** (Banjaran Crocker), deren höchste Berge über 1500 m hoch emporragen. Am braunen, behäbig dahinströmenden Fluss entlang geht es langsam durch die **Padas Gorge** (▶ 4, N 5), eine abgelegene Gegend mit Tropenwäldern und winzigen Orten ohne Straßenanschluss. Das Ende der spannenden Zugreise ist – selten pünktlich – nach ca. 38 km in **Pangi** (▶ 4, O 5) erreicht.
Unterhalb der Bahnstation beginnt nach einer Sicherheitseinweisung die 9 km lange Raftingtour durch sieben aufregende Stromschnellen der Schwierigkeitsgrade drei bis vier. Wenn sich das wild schäumende Wasser hinter der Schlucht wieder beruhigt, bietet sich die Gelegenheit, einen Blick auf die faszinierende Landschaft dieses entlegenen Tals zu werfen. Nach der letzten Stromschnelle bleibt vor dem Ende des Wildwassertrips in Rayoh und dem Mittagessen Zeit für ein abkühlendes Bad im Fluss. Anschließend geht es mit dem Zug zurück in die Hauptstadt.

Kunsthandwerk – In Sabah stehen Produkte aus Bambus, der hier reichlich wächst, im Mittelpunkt der einheimischen Handwerkstradition. Hergestellt werden Hüte, Körbe, Kleinmöbel, Matten sowie Musikinstrumente, von Flöten bis zu Saxophonen. Die Küstenbewohner verwenden für Flechtarbeiten v. a. gefärbte Pandanusblätter. Bunte Decken werden von den Bajau gewebt und von den Rungus bestickt. Besonders die Lundayeh und Rungus sind für ihre Perlenarbeiten bekannt. Lokale Batiken und Ikatstoffe findet man hingegen eher selten. **Pasar Kraftangan** 4 **:** s. S. 353. **Gaya Street Market** 5 **:** s. S. 353. **Kadaiku** 4 **:** Lot 5, Block L, Sinsuran Complex, Tel. 088 23 21 21, Mo–Fr 8–17, Sa 9–16 Uhr. Gut sortierter, staatlich geförderter Laden mit Flechtarbeiten und Holzschnitzereien aus Sabah, tropischen Kuscheltieren und (Kinder-) Büchern aus Borneo.

Zuchtperlen – In Kota Kinabalu werden die schönsten Zuchtperlen aus der Sulusee verkauft. Man findet sie in zahlreichen Geschäften und Einkaufszentren sowie auf Märkten wie beispielsweise dem Pasar Kraftangan. Achtung: Bei Billigangeboten kann es sich um Fälschungen handeln! Laien können eine Süßwasserperle kaum von einer Meerwasserperle unterscheiden.

Aktiv

Touren mit Mountainbikes – veranstaltet **Bike Borneo,** Tel. 088 41 63 30, www.bikeborneo.com.my, auch in Verbindung mit Rafting auf dem Kiulu für RM 475. Zudem mehrtägige Touren am Kinabalu. Weitere Touren mit Trekking und Übernachtung im Dorf ab RM 1300.

Bootstouren – Die Inseln im Tunku Abdul Rahman National Park sind auf eigene Faust mit einem Boot ab dem Jesselton Point Ferry Terminal zu erreichen. Dort werden auch Touren zu mehreren Inseln angeboten.

Motorradverleih – **GoGoSabah** **1**: Lot G2, Wisma Sabah, Tel. 01 02 34 05 03, IG: @gogosabahofficial. Motorroller und Enduro-Maschinen für RM 50–100 pro Tag. Erforderlich ist der Motorradführerschein.

Verkehr

Flüge: Der Kota Kinabalu International Airport liegt 8 km südlich des Zentrums. Shuttlebusse fahren vom Padang Merdeka und halten vor dem Asia City Complex etwa alle 45 Min. von 7.30–18.30 Uhr (RM 5). AirAsia fliegt neben Kuala Lumpur, Kuching, Miri, Sandakan, Tawau, Bintulu, Kota Bharu und Johor Bahru auch Singapur an. Malaysia Airlines bedient Kuala Lumpur, die Tochter MASwings außerdem Kudat, Labuan, Lahad Datu und Mulu. Batik Air fliegt nach Kuala Lumpur, Royal Brunei nach Bandar Seri Begawan und Scoot nach Singapur. Firefly fliegt Kuching, Miri, Penang, Sandakan und Tawau an.

Züge: Am Bahnhof im südlichen Vorort Tanjung Aru, Jln. Kepayan, startet gegen 7.45, 13.30 und 17.30 Uhr (So 17 Uhr) eine Schmalspurbahn über Papar (▶ 4, O 4) nach Beaufort (▶ 4, N 4/5). Von dort fahren morgens und mittags Züge weiter bis Tenom (▶ 4, O 5) – zumindest sofern die Strecke nicht durch Erdrutsche beschädigt ist.

Busse: An den Haltestellen südlich vom **Padang Merdeka** starten Minibusse zu Zielen in der Umgebung und in den Kinabalu National Park (von 7.30–17 Uhr, 2 Std., RM 20–25; außerdem nach Tawau über die Südroute via Keningau gegen 7.30 und 13 Uhr, 10 Std., RM 60). Vom Busbahnhof **KK Sentral** im südlichen Zentrum Verbindungen zu weiter entfernten Zielen im Süden, u. a. nach Brunei (8 Uhr, 8 Std., RM 100), und vom **North City Bus Terminal** (Terminal Bas Bandaraya Utara) in Inanam, 10 km nördl. des Zentrums, nach Sandakan (6 Std., RM 45–50), Semporna (9–10 Std., RM 50–75) und Tawau (9–10 Std., RM 50–74).

Fähren: Ab dem Jesselton Point Ferry Terminal alle 30 Min. bis 17 Uhr zu den Inseln im Tunku Abdul Rahman National Park (RM 23/1 Insel, RM 33/2 Inseln, RM 43/3 Inseln, RM 53/4 Inseln, jeweils plus RM 8 Hafengebühr und RM 20 Conservation Fee für das Meeresschutzgebiet, Kind. RM 10–15) sowie gegen 8 und 13.30 Uhr nach Pulau Labuan (3,5 Std., RM 40–45).

Mietwagen: Es ist kein Problem, mit einem Mietwagen auf dem Highway einmal um ganz Sabah herumzufahren und das Umfeld der Städte zu erkunden. Selbst ohne Geländewagen kann man auf der Straße über Kalabakan und Keningau an die Westküste zurückkehren. Autos werden ab RM 100/Tag angeboten und zum Hotel oder Flugplatz gebracht. Borneo Excursions, Tel. 088 21 35 17, www.borneo-excursions.com. Mayflower Car Rental, Plaza Tanjung Aru, Jln. Mat Salleh, Tel. 088 24 29 90, https://mayflowercarrental.com.

Fortbewegung in der Stadt

Busse: Alle innerstädtischen Busse stoppen an ausgeschilderten Haltestellen. Vom Wawasan Terminal, einer Kette von Haltestellen an der südlichen Jln. Tun Fuad Stephen, mit Bus 16A, 16B oder 16C nach Tanjung Aru. Zum Busbahnhof in Inanam verkehrt ein Zubringer ab Padang Merdeka, auch zum Flughafen gibt's ein Shuttle (s. links).

WANDERN IM KINABALU NATIONAL PARK

Tour-Infos

Start: Headquarters
Dauer: 1–3 Std.
Länge: 3–5,6 km
Schwierigkeit: je nach Weg und Wetterlage einfach bis mittelschwer
Besonderheiten: Nach Regenfällen können einige Pfade schlüpfrig sein und Blutegel zu einer Plage werden. Bei starkem Wind und Regen sind alle Wege gesperrt. Auf längeren Touren ist es empfehlenswert, ausreichend Wasser und ein paar Snacks mitzunehmen.

Bei Wanderungen auf 11 ausgeschilderten Pfaden des **Kinabalu National Park** erhält man einen guten Eindruck von der Vielfalt der Vegetation der einmaligen Bergwälder am Fuß des Gunung Kinabalu. Mit einer großen Zahl endemischer Pflanzenarten gelten sie als Hotspot für Biodiversität (s. S. 368).

Eine der bei Besucher beliebtesten kurzen Wanderungen im Park führt in etwa 20 Min. von der Rezeption über die Straße Richtung Norden zum Parkplatz vor dem Liwagu Restaurant, wo neben einem kleinen Laden der Fußpfad zum 1,4 ha großen **Botanical Garden,** auch Mountain Garden genannt, beginnt. Auf einem ausgeschilderten Waldlehrpfad können hier fleischfressende Kannenpflanzen *(Nepenthes)* in allen Größen, Orchideen, Farne, Rhododendren und weitere seltene Gewächse der Bergwälder bewundert werden (tgl. 9–16 Uhr, RM 5, englischsprachige Führungen um 9, 12 und 15 Uhr).

Um 11 Uhr wird ab dem Schalter hinter dem kleinen Laden eine zweistündige geführte Wanderung auf dem **Silau-Silau Trail** (3 km) durch den Regenwald zur **Vogelbeobachtung** angeboten. Die Chancen stehen gut, eine der seltenen einheimischen Vogelarten zu sehen, beispielsweise die kleinen Schnäpper *(Petroicidae)* oder die leuchtend roten Scharlachmennigvögel *(Pericrocotus flammeus)*.

Man kann den Trail aber auch auf eigene Faust erwandern. Er beginnt unterhalb des Botanical Garden und führt an einem romantischen Bachbett entlang durch einen Wald voller Farne und

Moose. Kurz hinter der Abzweigung des bei Vogelbeobachtern beliebten Bukit Burung Trail ist es möglich, auf dem Bundu Tuhan View Trail über eine schmale Brücke zum Headquarters zurückzukehren. Eine etwas größere Schleife führt auf dem Silau Silau Trail noch etwa 1 km weiter und dann rechts über eine Brücke auf den Liwagu Trail, in den man wiederum rechts einbiegt und knapp 1 km später das Headquarters erreicht.
Etwas anspruchsvoller ist die Wanderung auf dem **Liwagu Trail** (5,6 km, 2–3 Std.). Vom Parkplatz beim Headquarters läuft man zunächst etwa 200 m die Straße hinab bis zum Hinweisschild ›Liwagu Trail – Liwagu River 1500 m‹. Zuerst geht es durch unberührte Natur und an dem kristallklaren Bergbach entlang immer weiter den Berg hinunter, gefolgt von einigem Auf und Ab. Nach einem steilen Anstieg auf den letzten 1,6 km endet der Weg 200 m unterhalb vom Timpohon Gate, dem Startpunkt der Gipfelstürmer auf den Gunung Kinabalu (s. S. 366). Von einer Aussichtsplattform am Gate bietet sich bei wolkenfreiem Himmel eine fantastische Aussicht auf den Berg. Für den Rückweg über die Straße stehen Taxis (RM 17/Pers.) zur Verfügung.

Taxis: Im Stadtgebiet ab RM 10, nach Tanjung Aru RM 30 und zum Airport RM 40. Günstiger mit Grab (S. 78). Überlandtaxis und Großraumtaxis verkehren auch zum Kinabalu National Park (RM 100 bzw. 175).

Kinabalu National Park ▶4, P 3

Karten: S. 362, 366
http://www.sabahparks.org.my, tgl. 8–17 Uhr, RM 50, unter 18 J. RM 25, Kinder unter 12 J. und Senioren über 60 J. kostenfrei, das Eintrittsticket gilt am selben Tag für alle Eingänge, auch für Poring

Meist verbirgt sich der Gunung Kinabalu, der höchste Gipfel des Landes, hinter Wolken. Umso überraschender ist es, wenn das graue Granitmassiv plötzlich über der üppig-grünen tropischen Berglandschaft sichtbar wird und geradezu zum Erklimmen auffordert. Mit dem Blick auf den Gipfel geheftet, besteht allerdings die Gefahr, die einmalige Natur zu seinen Füßen aus dem Blickfeld zu verlieren. Dabei zählt das abwechslungsreiche Vorgebirge mit seinen märchenhaften Wäldern, an steilen Hängen angelegten Gemüsefeldern und Bergdörfern zu den schönsten von Sabah, wenn nicht von ganz Malaysia. Im Jahr 1964 wurde es im **Kinabalu National Park** unter Schutz gestellt und seit 2000 gehört das 754 km² große Gebiet zum UNESCO-Weltnaturerbe. Im Juni 2015 forderte ein Erdbeben der Stärke 6,0 am Berg 18 Menschenleben und zerstörte viele Pfade. Seit diesem Unglück erreicht man den Gipfel über den **Ranau Trail,** der stetig nach oben führt, und den kürzeren, aber anstrengenden **Kota Belud Trail.**

Im kühlen Bergklima des ältesten Nationalparks Borneos lässt es sich vortrefflich wandern. Das ehrgeizige Ziel der meisten Reisenden ist allerdings die Besteigung des **Gunung Kinabalu** (s. S. 366), die für Menschen mit durchschnittlicher Kondition gut zu schaffen ist und daher von vielen Veranstaltern in ihr Programm aufgenommen wurde. Der mit 4095 m höchste Berg zwischen dem Himalaya und Neuguinea kann mit nur einer Übernachtung erklommen werden. Wer die Tour über einen Veranstalter bucht, reist oft am frühen Morgen im Park an und beginnt gleich mit dem Aufstieg. Besser ist es, sich einen oder gar zwei Tage zuvor mit Wanderungen durch die herrlichen Bergwälder fit zu machen und sich ans Höhenklima anzupassen – schließlich liegen mehr als 4000 m Höhenunterschied zwischen Küste und Gipfel.

Keine solchen Vorbereitungen benötigt man für Wanderungen auf den überwiegend gut ausgeschilderten Pfaden in den Bergwäldern des Nationalparks, die zumeist ohne Führer begangen werden können (s. S. 362). Für Abwechslung sorgen Besuche auf den Bauern-

4095 m erhebt sich der Gunung Kinabalu, der höchste Gipfel des Landes, über die weite Küstenebene von Sabah

DIE BESTEIGUNG DES GUNUNG KINABALU

Tour-Infos

Start/Ziel: Timpohon Gate, 5 km nördl. vom Park Headquarters, Anfahrt von dort per Taxi (RM 34 hin und zurück)
Dauer: 1,5 Tage
Länge: 18 km hin und zurück
Schwierigkeitsgrad: relativ einfach, aber gute Fitness erforderlich
Organisation: Pro Tag dürfen sich max. 185 Gipfelstürmer auf den Weg machen, sodass man das nötige Permit rechtzeitig im Park Headquarters besorgen sollte, denn der Andrang ist groß. Eine erhebliche Hürde bildet die Unterkunft, da die Besteigung nur möglich ist, wenn eine Übernachtung in Laban Rata gebucht wird. Es ist schwer, über die private Organisation Sutera Sanctuary Lodges, die das Übernachtungsangebot im Park verwaltet, einen Platz zu bekommen. Die meisten Kontingente, die nicht Einheimischen vorbehalten sind, werden von Veranstaltern reserviert und oft erst kurzfristig bei Nichtbuchung zurückgegeben. Als Alternative bleibt in diesem Fall nur eine organisierte Tour.
Kosten: Climbing Permit RM 400, Kinder und Jugendliche bis 17 J. RM 200, Führer ab Timpohon Gate RM 230 (1–3 Pers.), Träger für max. 10 kg RM 130 bis Laban Rata bzw. RM 160 bis zum Gipfel, Versicherung RM 10, obligatorische Übernachtung (s. S. 367)
Ausrüstung: warme Kleidung, feste Schuhe, wasserfester Rucksack, Handschuhe, Wasserflasche, Snacks, Kopfschmerztabletten, Taschenlampe

Am 1866 m hoch gelegenen **Timpohon Gate** beginnt der Aufstieg auf den Gunung Kinabalu. Der Pfad wurde mit breiten, unregelmäßigen Treppen aus flachen Steinen und Holzplanken ausgebaut, sodass er auch bei Regen begehbar ist. Wer etwas mehr Zeit für die Tour eingeplant hat, kann sich unterwegs an Tafeln über die Pflanzenwelt informieren und in Schutzhütten ausruhen. Vorbei am kleinen **Carson Falls** (0,5 km), der **Kemburongoh Station** (2,5 km) und der **RTM**

Station (3,8 km) sind bis zur **Layang-Layang-Hütte** (4 km) ca. 900 Höhenmeter zu überwinden, wofür je nach Fitness 2–3 Std. benötigt werden. Im allmählich spürbar kühleren Höhenklima machen die Bergwälder Platz für tropische Nebelwälder mit vielfältigen Farnen, von Moosen und Flechten bedeckten, verkrüppelten Bäumen und im Unterholz verborgenen Kannenpflanzen.
In weiteren 2–3 Std. geht es nun vorbei am **Helipad** und der **Paka-Cave-Schutzhütte** (5 km), die früher Bergsteigern als Übernachtungsplatz diente, gemächlich hinauf, wobei sich bei klarem Wetter schöne Ausblicke eröffnen. Nach knapp 6 km sind das **Panalaban Resthouse** auf 3273 m und weitere Übernachtungshütten am Rand der Vegetationszone erreicht. Auf den grauen Granitfelsen können nur noch niedrige Büsche überleben, die sich dem extremen Klima mit sehr starker Sonneneinstrahlung unter Tags und niedrigen Nachttemperaturen durch dicke, ledrige Blätter angepasst haben.
In kalter Nacht mit Temperaturen nahe dem Gefrierpunkt beginnt am nächsten Tag der mehr als 2 km lange Aufstieg über den **Ranau Trail** zum Gipfel. Anstrengender ist der direkte Weg über den **Kota Belud Trail.** Langsame Läufer gehen bereits um 3 Uhr los, denn in der dünnen Luft fällt das Atmen schwer. An einigen Stellen hangelt man sich an Halteseilen die glatten Granitfelsen hinauf, sodass neben einer Taschenlampe auch feste Handschuhe empfehlenswert sind. Auf der Höhe der **Sayat-Sayat-Hütte** (3810 m) erhebt sich im Westen der markante pyramidenförmige **South Peak** (3932 m) und dahinter der **St. John's Peak** (4096 m). Der Pfad führt am **Opferteich** (Sacrifice Pool) vorbei, wo die Kadazan den Geistern der Berge Opfer darbringen. Wenn zwischen 5 und 6 Uhr über dem **Low's Peak** (4095 m) die Sonne aufgeht, kommt es zum Stau, denn jeder möchte die einmalige Kulisse für ein Selfie nutzen. Etwas unterhalb davon findet sich leichter ein ruhiges Plätzchen, um bei gutem Wetter die einmalige Sicht über die Nordspitze Borneos bis aufs Meer hinaus zu genießen.

märkten der Umgebung und ein Bad in den heißen Quellen von Poring (s. S. 370).

Das erste Ziel im Nationalpark ist für die meisten Besucher das **Headquarters** auf 1563 m am Highway nach Sandakan. Hier erhält man aktuelle Informationen, auch über die Wanderwege in der Umgebung, kann die notwendigen Formalitäten für die Besteigung des Gunung Kinabalu erledigen sowie Führer und Träger anheuern. Außerdem befinden sich hier die teuren Nationalpark-Unterkünfte sowie zwei Restaurants.

Infos

Headquarters: am Highway nach Sandakan, 92 km östl. von Kota Kinabalu, www.mountkinabalu.com, tgl. 7–19 Uhr (s. oben).

Übernachten

Alle Unterkünfte im National Park werden über ein Reisebüro, die Website des Nationalparks (nur mit Registrierung, https://reservation.sabahparks.org.my) oder (deutlich teurer) **Sutera Sanctuary Lodges** (Block B, Lot 9, Signature Office, KK Times Sq., Tel. 088 48 74 66, http://suterasanctuarylodges.com.my, Mo–Fr 9–17.30, Sa 9–13 Uhr, gebucht). Die Preise beginnen bei RM 465 für ein Schlafsaalbett mit Verpflegung.

Zwischenstation für Gipfelstürmer – **Panalaban Hostel:** auf dem Gunung Kinabalu in 3272 m Höhe, Buchung über Sabah Parks, www.sabahparks.org.my. Zum Haupthaus mit Kantine gehören Schlafsäle mit Doppelstockbetten für bis zu 60 Pers. und Gemeinschaftsbädern mit warmen Duschen. Trotz des extrem hohen Übernachtungspreises kann es passieren, dass die Elektrizität nicht funktioniert und in Dürrezeiten das Wasser abgestellt wird. Abendessen und Frühstück inbegriffen. €€€

In ruhiger Natur – **Flypod Kinabalu Mountain Lodge:** 1 km westl. vom Parkeingang bzw. 1 km nördl. der Straße, Tel. 01 82 38 10 10, www.facebook.com/kmlsabah. In einem hellhörigen Holzhaus am Ende einer Stich-

Wunder der Flora

Nicht nur der höchste Berg des Landes ist rekordverdächtig, auch die artenreiche Pflanzenwelt an seinen Flanken kann punkten. An den Hängen des Gunung Kinabalu findet man die Rafflesia, die weltgrößte Blüte, weit über 1000 wilde Orchideenarten, darunter die teuerste und die kleinste Orchidee der Welt, 13 m hohe Baumfarne, 53 Ingwerarten sowie riesige fleischfressende Kannenpflanzen.

Dichte tropische Tieflandwälder und hohe Niederschläge in den unteren Lagen, märchenhafte Nebelwälder auf über 1000 m, die mit zunehmender Höhe immer niedriger werden, und ab 3000 m eine subalpine Vegetation mit intensiver Sonneneinstrahlung während des Tages und kühlen Nächten haben eine einmalige Vielfalt an Lebewesen hervorgebracht und machen den Kinabalu National Park zu einem Hotspot der Biodiversität. Die unglaubliche Bandbreite an Pflanzen fasziniert sowohl Wissenschaftler als auch Laien.

Eine der ungewöhnlichsten Blumen der tropischen Tieflandwälder ist die Rafflesia. Die Schmarotzerpflanze gedeiht nur auf einer bestimmten Lianenart am Boden und verströmt einen unangenehmen fauligen Geruch, mit dem sie Insekten zur Bestäubung anlockt. Nachdem die Pflanze als unansehnlicher braunroter Ball mehrere Monate lang herangewachsen ist, öffnet sich nur für wenige Tage eine riesige rote Blüte, die einen Durchmesser von fast 1 m und ein Gewicht von bis zu 10 kg erreicht. Neben der *Rafflesia keithii* mit ovalen, kräftig roten dicken Blättern wächst am Kinabalu die kleinere *Rafflesia pricei* mit markanten Blattmustern und etwa 30 cm Durchmesser.

Auf den nährstoffarmen Böden im Unterholz der Bergwälder in 800 bis 2700 m Höhe fühlen sich insektenfressende Kannenpflanzen *(Nepenthes)* wohl. Einige der 16 hier vorkommenden Arten der Kletterpflanze mit ihren runden oder länglichen Kannen, wulstigem Rand und abstehendem Deckel sind nur fingerhutgroß und im Moos verborgen, andere erreichen eine beachtliche Größe, beispielsweise die endemische *Nepenthes rajah,* die vor allem um Mesilau vorkommt und erst nach zehn Jahren zu voller Größe herangewachsen ist. Dann kann sie in ihrer riesigen rötlichen Kanne über 3 l Wasser halten und außer Insekten sogar Ratten verdauen.

Wer sich bei der Bergbesteigung Zeit lässt, wird in Höhen von 600 bis 3400 m Orchideen entdecken. Um die große Artenvielfalt in diesem Gebiet schriftlich festzuhalten, benötigen die Autoren des Buchs »The Orchids of Mount Kinabalu« zwei Bände mit insgesamt 1184 Seiten (Natural History Publications, Borneo 2011). Im Botanischen Garten am Headquarters (s. S. 367) und im Orchideengarten von Poring (s. S. 370) kann man wilde Orchideen in ihrer natürlichen Umgebung bestaunen, was v. a. zur Hauptblütezeit im April und Mai sehr interessant ist. Orchideenliebhaber pilgern hierher, um die elegante Rothschild-Orchidee *(Paphiopedilum rothschildianum)* zu sehen, die bei Sammlern Höchstpreise erzielt. Hingegen ist die nur 2 mm große Blüte der kleinsten Orchidee der Welt, der *Podochilus microphyllus,* kaum als solche zu erkennen.

straße mit wunderschöner Aussicht gibt es einfache DZ, einen Schlafsaal für 6 Pers. und Gemeinschaftsbäder. Auf Wunsch vegetarische Gerichte im kleinen Restaurant. Transport zum Parkeingang RM 20 pro Taxi. €–€€

Nette Alternative – **J. Residence:** 300 m westlich vom Parkeingang, Tel. 01 28 69 69 69, www.jresidence.com. In ruhiger Lage unterhalb des Highway werden 10 Zimmer in 5 Häusern vermietet. Schöne Aussicht, gute Betten mit dicken Matratzen und warmen Decken, Holzböden, Wasserkocher, LCD-TV und Terrassen. Ganz besonders für Familien eignet sich das Haus mit 2 Zimmern und für Gruppen die Villa mit 3 Zimmern, Wohnraum und Küche. €–€€

Essen & Trinken

Im Park – **Liwagu Restaurant:** in der Nähe des Botanischen Gartens, tgl. 6–10, 12–16 und 18–22 Uhr. Helles Restaurant zum Frühstücken, Mittag- und Abendessen vom Buffet sowie Gerichte à la carte. Mit Terrasse. €€–€€€

Am Parkeingang – **Restoran Tahubang:** neben dem Highway gegenüber dem Parkeingang, tgl. 7–20 Uhr. Einfaches, offenes Restaurant mit Terrasse. Sowohl die Guides als auch die Nationalparkbesucher bevorzugen diese preiswertere Alternative. Die günstigen, einfachen Gerichte gibt es für Wanderer auch zum Mitnehmen. €

Aktiv

Via Ferrata – Oberhalb des Laban Rata Resthouse ermöglicht einer der höchsten Klettersteige der Welt und der erste in Asien, mithilfe von Hängebrücken, fest installierten Steigeisen und Seilen an steilen Granitwänden entlangzuklettern. Nach der 1-stündigen Anfängertour auf 3520 m geht es hinauf zum 3776 m hohen Gipfel und anschließend über den abenteuerlichen Low's Peak Circuit wieder hinunter. Übernachtet wird unterwegs in der Pendant Hut mit 38 Schlafsaalbetten, einem 2- und einem 4-Bett-Zimmer. Die günstigste Variante kostet RM 3000. Am besten mindestens 3 Monate im Voraus buchen. Weitere Infos bei **Mountain Torq,** 2. Stock, Menara MAA, 6 Lorong Api Api 1, Kota Kinabalu, Tel. 088 26 81 26, http://mountaintorq.com, Mo–Fr 9–17 Uhr.

Verkehr

Busse: Nach Kota Kinabalu 8.30–16.30 Uhr alle 1–2 Std. (2 Std., RM 20–25), nach Sandakan mit Expressbussen, die aus Kota Kinabalu kommen (4 Std., RM 35–45). Man kann sie auf Höhe des Parkplatzes vor dem Parkeingang heranwinken. Bis Kundasang (5 km) kosten sie RM 5, bis Ranau RM 10.

Taxis: Sie warten auf dem Parkplatz gegenüber vom Parkeingang, nach Kota Kinabalu (ab RM 175), Ranau (RM 60), Kundasang RM 30 und Poring (RM 100).

Vom Kinabalu National Park nach Sandakan

Die meisten Besucher kehren nach einem Besuch im Nationalpark nach Kota Kinabalu zurück. Mit dem Bus oder Mietwagen lohnt sich eine Tour weiter Richtung Osten bis nach Sandakan. An den Hängen des Gunung Kinabalu geht die Fahrt über Kundasang hinab nach Ranau. Nach einem Abstecher zu den heißen Quellen von Poring setzt man die Reise auf der Hauptstraße fort. Am Rand der Bergwelt empfiehlt sich eine Teeplantage für einen erholsamen Zwischenstopp, bevor es durch eine von Ölpalmen bedeckte Ebene nach Sandakan geht.

Kundasang ▶ 4, P 3

Östlich vom Parkeingang schlängelt sich der Highway hinab in ein weites Tal am Osthang des Gunung Kinabalu. Auf der fruchtbaren Erde gedeihen im kühlen Klima Karotten, Kohl, Tomaten und andere Gemüse sowie kleine Erdbeeren, die im zentralen Ort **Kundasang** an vielen Marktständen entlang der Straße verkauft werden.

Eine Abzweigung im Ort führt 150 m auf einen Hügel zum **Kundasang War Memorial,** das an 2700 australische und britische

Kriegsgefangene erinnert, die 1945 beim sogenannten Death March von Sandakan nach Ranau aufgrund von Mangelernährung und Misshandlungen durch japanische Soldaten umkamen. Gedacht wird auch der einheimischen Helfer. Allen zu Ehren wurden vier Gärten angelegt. In einer kleinen Ausstellung mit historischen Fotos kann man sich ein Video zeigen lassen (tgl. 8.30–17.30 Uhr, RM 10).

Übernachten

Mit großen Terrassen – **Kinabalu Pine Resort:** oberhalb von Kundasang, Tel. 088 88 93 88, http://kinabalupineresort.com. Am Hang stehen in mehreren Reihen weiße Holzbungalows, von denen die teureren sogar einen Ausblick auf den Kinabalu bieten. Insgesamt 64 gepflegte Zimmer mit Holzböden und kleiner Dusche, Wasserkocher und Föhn. Das Frühstück ist allerdings eher auf asiatische Gäste ausgerichtet. €€

Essen & Trinken

Schokolade und mehr – **Puteri Nabalu:** im Nabalu Kundasang am westlichen Ortseingang unweit vom Kreisverkehr, Tel. 088 88 97 89, Mi–Mo 8–22 Uhr. Die Hinweisschilder zu diesem Komplex und der große Parkplatz sind nicht zu übersehen. Im Restaurant bekommt man westliches Frühstück, Kuchen aus der eigenen Bäckerei, Tenom-Kaffee und malaysische Gerichte sowie Steamboat. Besser als im riesigen Restaurant sitzt man im hinteren Bereich bei gutem Wetter auf der Terrasse mit schönem Ausblick. €

Verkehr

Busse: s. S. 369

Taxis: Die Fahrt mit dem Taxi zum 5 km entfernten Headquarters kostet ca. RM 10.

Ranau ▶4, P 3

Am Highway nach Sandakan liegt 20 km östlich vom Headquarters **Ranau,** der größte Ort im Umkreis des Nationalparks. Die ehemalige Holzfällersiedlung bietet in wenig inspirierenden Blocks von Geschäftshäusern einige Banken mit Geldautomaten, günstige Hotels, einfache Restaurants sowie die besten Einkaufsmöglichkeiten und Verkehrsverbindungen der Gegend. Von Ranau verläuft eine Straße Richtung Süden entlang der **Crocker Range** über **Tambunan** (▶ 4, O/P 4) und **Keningau** (▶ 4, O 5) bis nach **Tenom,** der Endstation der einzigen Eisenbahnlinie auf Borneo (s. S. 360).

Übernachten

Schlicht & sauber – **MJ Inn:** 1. OG, Lot 9, Blok A, Jln. Lintas, Tel. 08 88 751 99. Mitten im Zentrum werden hier preiswerte, teils fensterlose Zimmer mit dem Nötigsten vermietet, was man für eine Zwischenübernachtung braucht: Klimaanlage, Warmwasserdusche, Wasserkocher, bequeme Matratzen. Vom Obergeschoss hat man einen Blick auf das Treiben entlang der Straße. €–€€

Essen & Trinken

Einfach – Im Ortszentrum von Ranau konzentrieren sich viele schlichte Coffee Shops und Restaurants. An der Fernstraße 500, 200 m südlich vom Highway, liegt der beliebte **Ranau Hakka Food Court** (tgl. 6–22 Uhr) mit einer guten Auswahl an Garküchen. €

Verkehr

Busse: An der blau ausgeschilderten Haltestelle zwischen den beiden Tankstellen am Highway stoppen alle Busse, die vormittags etwa stdl., danach etwas seltener zwischen Kota Kinabalu (2 Std., RM 20) und Sandakan (4 Std., RM 35–45) verkehren.

Minibusse: Sie fahren ab, sobald die Fahrzeuge voll belegt sind – nach Keningau über Tambunan mehrmals tgl. von 9–15 Uhr (3,5 Std., RM 20–25) und nach Poring nur mit gecharterten Minibussen für RM 40–50 hin und zurück.

Poring ▶4, P 3

Die heißen Quellen von **Poring** liegen 25 km nördlich von Ranau am Rand des Kinabalu National Park, ungefähr 1000 m tiefer als das Headquarters. Auf etwa 500 m gedeihen im heißen Klima mit rund 3000 mm Niederschlag pro Jahr dichte tropische Tieflandwälder. Die meisten Besucher kommen hierher, um besonders nach der Besteigung des Gunung Kinabalu in den **Schwefelquellen** zu entspannen, die aber alles andere als naturbelassen sind. Man kann ein privates Badehaus mieten oder sich in den Becken im Freien niederlassen, wo das heiße und kalte Wasser selbst gemischt wird. Für Abkühlung sorgt ein großer **Swimmingpool,** der von kaltem Bergwasser gespeist wird (tgl. 8–17 Uhr, private Badehütten für RM 15–20/ Std., Swimmingpool RM 5).

Jenseits der kleinen **Butterfly Farm** (tgl. 9–16 Uhr, RM 4), deren Schmetterlinge jedoch überwiegend in aufgespießter Form zu bewundern sind, befindet sich der Zugang zum **Canopy Walkway.** Auf schwankenden, bis zu 175 m langen Hängebrücken spazieren Besucher durch die Wipfelregion der hohen Tropenbäume, was nicht nur Kindern, sondern auch Erwachsenen viel Spaß macht. Die fröhlichen Gruppen sorgen allerdings dafür, dass die meisten Tiere Abstand halten. Bei starkem Wind und Regen werden die Walkways geschlossen. Sollte der erste durch herabfallende Äste beschädigt sein, öffnet der zweite Walkway, der über vier Brücken verfügt. Der dritte ist überwiegend Wissenschaftlern vorbehalten (tgl. 8–16 Uhr, letzter Einlass 15 Uhr, RM 10, Kinder unter 12 J. und Senioren ab 60 J. kostenfrei).

Hinter den heißen Quellen beginnen mehrere ausgeschilderten **Wanderwege** durch den Dschungel. Hier ist es durchaus möglich, einem wilden Orang-Utan zu begegnen. Etwa 15 Min. benötigt man für die Wanderung zum Picknickplatz am **Sungai Kipungit** mit kleinem Wasserfall. Wer in 2 Std. die 3,4 km zum größeren, ca. 120 m hohen **Langanan-Wasserfall** laufen möchte, sollte vor 14 Uhr starten, sich zur Sicherheit am Eingang registrieren und mit dem einen oder anderen Blutegel rechnen.

Links vom Eingang, hinter dem Fußballplatz und dem Bambusgarten, liegt etwas versteckt der **Orchid Garden** mit Malaysias größter Sammlung wilder einheimischer Arten, darunter einige äußerst seltene endemische Exemplare wie die große Rothschild-Orchidee *(Paphiopedilum rothschildianum)*, die im April und Mai in Blüte steht (tgl. 9–16 Uhr, RM 10). Im angrenzenden **Lowland Tropical Garden** kann man einige Vögel, Rehe und andere Tierarten bewundern (tgl. 9–16 Uhr, RM 3).

Sollten auf den Privatgeländen an der Zufahrtstraße nach Poring die faszinierenden **Rafflesien** in Blüte stehen, weisen Schilder darauf hin. In der Regel werden RM 30 Eintritt verlangt und ein Guide erklärt kurz und bündig alles Wissenswerte über die größte Blüte der Welt (s. S. 368).

Wer mit dem eigenen Fahrzeug unterwegs ist, kann an der Gabelung vor Poring rechts Richtung Osten abzweigen und bis an die **Nordküste von Borneo** fahren. Die teils sehr steile Straße verläuft östlich des Kinabalu-Massivs durch ein wenig besiedeltes Bergland bis Kota Marudu. Von hier geht es weiter auf die **Kudat-Halbinsel** oder über **Kota Belud** zurück nach Kota Kinabalu.

Infos

Visitor Centre: am Eingang zu den heißen Quellen, tgl. 8–16 Uhr. Hier informieren Tafeln über die Besonderheiten der Flora der Region. Um 10, 12 und 14 Uhr wird bei Bedarf ein Video gezeigt. Da das Gebiet zum Kinabalu Nationalpark gehört, ist es am selben Tag im Ticket für den Nationalpark enthalten, ansonsten Eintritt RM 50, Kind. RM 25.

Übernachten

Bis weit in die Hügel erstrecken sich Homestays und Lodges für hitzegeplagte Städter.

Teuer – Die Unterkünfte innerhalb der Anlage werden von Sutera Sanctuary Lodges betrieben und sind überteuert, aber teils hübsch und gemütlich eingerichtet. €€

Essen & Trinken

An der Quelle – **Rainforest Café:** Neben dem Schwimmbad nahe den heißen Quellen, tgl. 7–20 Uhr. Ein nettes offenes Café-Restaurant mit Frühstücksmenü, Nudeln, kleinen lokalen Gerichten und Burgern. Guter Kaffee. €–€€

Verkehr

Taxis: Bis Ranau kostet die Fahrt RM 40, zum Nationalpark-Headquarters RM 100, nach Kota Kinabalu RM 250, zum Sabah Tea Garden RM 100.

Sabah Tea Garden ▶ 4, P 3

Tel. 088 44 08 82, www.sabahtea.com.my, tgl. 8–16.30 Uhr, 45-minütige Touren durch die Teefabrik RM 12/Pers. ab 2 Pers., mit Mittagessen RM 40, im Langhaus Zimmer für 2–3 Pers., €–€€

Selbst Teekennern ist kaum bekannt, dass auf Borneo seit den 1970er-Jahren Tee angebaut wird. Reihen grüner, hüfthoher Teebäume bedecken auf 2480 ha die ca. 600 m hoch gelegenen Südhänge der hügeligen Landschaft zwischen der Bergwelt des Kinabalu im Westen und den endlosen Ölpalmplantagen im Osten. 17 km östlich von Ranau ist der **Sabah Tea Garden** eine der wenigen zertifizierten Plantagen Malaysias für Biotee, der hier überdies auch mit einheimischen Kräutern und Gewürzen aromatisiert wird, etwa Pandan, Zimt oder Tongkat Ali.

Für Besucher ist auf der Plantage einiges geboten. Natürlich darf ein Teehaus nicht fehlen, wo ein kräftiger Aufguss verschiedener Sorten pur oder in der lokalen Teh-Tarik-Variante mit aufgeschäumter Milch zubereitet wird. Dazu gibt es einheimische Gerichte und Tee-Pfannkuchen. Im angrenzenden Laden werden Souvenirs und Tee in vielen Variationen verkauft. Hier kann man vormittags eine 45-minütige Tour durch die Teefabrik buchen. Das kühle Klima verlockt auch zu einer Wanderung durch die Plantage auf den markanten Gipfel des **Kamunsu Hill.** Außerdem besteht die Möglichkeit, in einem zünftigen Rungus-Bambuslanghaus oder in einem von vier komfortablen Cottages zu übernachten.

Ein Mahnmal neben dem Restaurant inmitten eines gepflegten Blumengartens und eine Plakette auf dem **Quailey's Hill** erinnern an die australischen und britischen Kriegsgefangenen, die 1945 auf dem Death March von Sandakan nach Ranau durch dieses Gebiet kamen – besonders jedoch an den Australier Allan Quailey, der hier, völlig entkräftet, von den Japanern erschossen wurde.

Verkehr

Busse: Am Beginn der 1,5 km langen Auffahrt zur Plantage halten alle Busse Richtung Sandakan und Kota Kinabalu (etwa stdl.).
Taxis: Ab Ranau RM 100.

Weiter nach Sandakan ▶ 4, P 3–S 4

Hinter dem ländlichen Versorgungszentrum **Telupid** ist am Ende der Bergstrecke das Plantagenland erreicht. So weit das Auge reicht, bedecken Ölpalmen die Ebene. An der Abzweigung der 53 km langen Stichstraße nach Sandakan stehen zahlreiche Essen- und Verkaufsstände. Wer mit dem öffentlichen Bus nach Sandakan unterwegs ist, muss hier manchmal umsteigen, denn Busse, die zwischen Kota Kinabalu und Tawau verkehren, fahren nicht nach Sandakan hinein. Von der Stichstraße, der Jalan Labuk, zweigt an einem Kreisverkehr die Zufahrt zum Orang-Utan-Rehabilitationszentrum in Sepilok (s. S. 378) ab.

Imbak Canyon ▶ 4, Q 5

Eines der letzten Rückzugsgebiete für wilde Tiere im entlegenen Landesinneren von Sabah erstreckt sich am **Sungai Imbak,** etwa 70 km südlich der Hauptrouten nach Sandakan. Das von intaktem Primärdschungel bedeckte, ca. 25 km lange Flusstal mit Wasserfällen, Orang-Utans, wilden Elefanten und einigen Trekkingpfaden kann im Rahmen von organisierten Touren erkundet werden, die u. a. von Borneo Adventure (borneoadventure.com) mit drei Übernachtungen im **Imbak Canyon Studies Centre** arrangiert werden und zeitig gebucht werden müssen.

Keine Vegetarier: Insekten sind ihre Leibspeise, aber die ganz großen Exemplare der Kannenpflanze lassen sich manchmal sogar kleine Nagetiere schmecken

Der Osten von Sabah

Auf dem Weg zu den Orang-Utans in Sepilok, wilden Elefanten, Nasenaffen und Krokodilen am unteren Kinabatangan und dem unberührten Dschungel im Danum Valley bietet sich Sandakan als Zwischenstation an. Ein weiteres Highlight des Ostens ist Pulau Sipadan, das mit seiner einmaligen Unterwasserwelt Taucher aus aller Welt anlockt.

Sandakan ▶4, S 4

Die einstige Hauptstadt von British North Borneo gewinnt zwar keinen Blumentopf für Attraktivität, erweist sich aber als eine durchaus lebendige Stadt mit rauem Charme und ausgesprochenes Paradies für Seafood-Liebhaber. Außerdem ist **Sandakan** eine gute Basis für die Erkundung der abwechslungsreichen Umgebung. Schöner – weil naturnah – wohnt man jedoch in den Unterkünften in **Sepilok** und am **Kinabatangan,** weshalb eilige Touristen die Stadt links liegen lassen und vom Airport direkt die Umgebung ansteuern.

Geschichte

Kurz nachdem die spanische Kolonialmacht ihren Anspruch auf die Philippinen mit Waffengewalt angemeldet hatte, strandete 1864 der deutsche Kapitän **Herman Leopold Schück,** ein Waffen-, Opium- und Sklavenhändler, im philippinischen Jolo. Schon bald verband ihn mit dem dort ansässigen, von den Spaniern unterworfenen Sultan von Sulu eine für beide Seiten lukrative Freundschaft. Zusammen mit seinem österreichischen Freund Carl Schomburgh legte Schück den Grundstein für einen Handelsposten in Sandakan. Wenig später ging hier ein weiterer Freund des Sultans vor Anker, der schottische Kapitän und Waffenhändler **William Clarke Cowie.** Er wollte in Sandakan den rechten Moment abwarten, um die spanische Seeblockade zu durchbrechen.

Mithilfe von Cowie gelang es 1878 dem österreichisch-ungarischen Konsul in Hongkong, **Baron von Overbeck,** den Sultan von Sulu zur Abtretung von Sandakan zu bewegen. Bereits drei Jahre später wurde das Gebiet der neu gegründeten **British North Borneo Company** unterstellt und Sandakan bald zu dessen Hauptstadt.

Noch heute zeugen drei repräsentative Bankgebäude vom Boom, den Sandakan dem Export von Tropenholz in den 1930er-Jahren verdankte. Alliierte Bombenangriffe legten am Ende des Zweiten Weltkriegs einen Großteil der Stadt in Schutt und Asche. Die seitdem entstandenen Zweckbauten sind nicht gerade ein Fest für das Auge. Ende der 1970er-Jahre erlebte Sandakan nochmals einen Aufschwung, als große Dschungelgebiete abgeholzt und über den Hafen verschifft wurden. Heute verdankt die Stadt ihren Wohlstand vor allem den Ölpalmplantagen im Hinterland.

Orientierung

Seit dem unansehnlichen **Zentrum** mit einheitlicher Blockbebauung eine Verschönerungskur verordnet wurde, kann man wunderbar auf aufgeschüttetem Land am Meer entlang flanieren. Landeinwärts ermöglichen mehrere Aussichtspunkte auf einer steil ansteigenden Hügelkette Ausblicke auf die Stadt und die wunderschöne Bucht. Im Norden wird das Zentrum vom Wasserdorf **Buli Sim Sim** und im Süden vom Containerhafen **Karamunting** begrenzt. Auf der **Jalan Labuk** erreicht man den Memorial Park nahe dem Flughafen, das

Orang-Utan-Rehabilitationszentrum in Sepilok, das Labuk Bay Proboscis Monkey Sanctuary und den Highway.

Central Market

Sandakan Harbour Sq., tgl. 6–18 Uhr

Im nordöstlichen Zentrum beherbergt eine große, hohe Halle den **Central Market.** Menschen unterschiedlicher Herkunft bummeln hier zwischen Bergen von Bananen, frischem Obst der Saison und Gemüse umher. Eine Händlerin verkauft Kemirinüsse, Bündel von Kräutern, Kisten voller Chilis sowie Nelken, Zimt und andere Gewürze. Ihre Nachbarin hat Trockenfische und Berge von getrockneten Garnelen im Angebot.

In der Fischabteilung stapeln sich bis zu 15 kg schwere Barrakudas, Haie und Rochen, Krebse, Garnelen und Langusten. Diese und andere Meeresfrüchte werden frühmorgens hinter der Halle angelandet und von Zwischenhändlern in Styroporkisten verpackt.

HERITAGE TRAIL

Bei einem Spaziergang entlang dem nur teils noch ausgeschilderten Heritage Trail kann man entdecken, welche Gebäude der einstmals hübschen Stadt die Zerstörungen des Zweiten Weltkriegs überlebt haben. Infotafeln mit einer Karte des Trails stehen an verschiedenen Stellen entlang dem Weg. Nach einem Besuch des **Wisma Warisan,** dem einstigen britischen Regierungsgebäude mit dem altbackenen, aber informativen Sandakan Heritage Museum im 2. Stock (tgl. 9–17 Uhr, Eintritt frei), beginnt die Spurensuche an der alten **Masjid Jamek** hinter dem Wisma Sandakan. Der Trail führt unter anderem zum chinesischen **Sam Sing Kung Temple** und den Hügel hinauf zur ältesten Kirche von Sabah, der über 100 Jahre alten anglikanischen **St. Michael's Church,** die im neogotischen Stil erbaut wurde.

Agnes Keith House

Jln. Istana, tgl. 9–16.45 Uhr, RM 15

Von der Jalan Utara zweigt am Kreisverkehr nördlich des Zentrums rechts die Jalan Istana zum **Rotary Observation Pavilion** ab, einem Aussichtspunkt, von dem aus eine Treppe zum English Tea House & Restaurant (s. S. 376) hinaufführt.

Nach einer erholsamen Teepause kann man zum liebevoll rekonstruierten **Agnes Keith House** hinüberspazieren, dem ehemaligen Wohnhaus einer amerikanischen Schriftstellerin, die hier von 1934 bis 1942 lebte. Lesenswert ist ihre Trilogie »Land Below the Wind« (1939) über Sandakan vor dem Krieg, »Three Came Home« (1946) über die japanischen Internierungslager sowie »White Man Returns« (1951) über die Nachkriegszeit. Das Museum ist Agnes Keith, ihrem Mann und ihren Werken gewidmet, informiert aber auch über die Stadt zu jener Zeit.

Puu Jih Shih Temple

Eintritt frei, Taxi RM 15

Auf der westlichen Hügelkette, etwa 4,5 km vom Zentrum entfernt, zeugt der riesige buddhistische **Puu Jih Shih Temple** vom Wohlstand der hier ansässigen Chinesen. Seit 1987 entstanden auf dem weitläufigen Gelände ein Haupttempel sowie ein Kuan Yin gewidmeter kleinerer Tempel.

Die große zentrale Halle in roten und goldenen Farben wird von wuchtigen Säulen getragen, um die sich Drachen winden. Von diesem Tempel genießt man guten Ausblick auf den Hafen und die Bucht von Sandakan. In einer Senke jenseits des Hügels ist über eine Treppe die große Gebetshalle zu Ehren der Bodhisattva-Gottheit Kshitibarbha erreicht.

Sandakan Memorial Park

Tgl. 9–17 Uhr, Eintritt frei, Taxi RM 30

Lohnend ist ein Besuch des **Sandakan Memorial Park** 12 km nordöstlich der Innenstadt. Während des Zweiten Weltkriegs bauten die japanischen Besatzer mithilfe von mehr als 3000 Javanern und 2700 alliierten Kriegsgefangenen einen Militärflugplatz. Als dieser bombardiert wurde und die Niederlage absehbar war, schickten die Japaner über 1000 Briten und Australier auf drei Todesmärschen durch das schwer zugängliche Landesinnere ins 260 km entfernte Ranau (s. S. 370). Nur sechs Männer überlebten.

Am Ort des ehemaligen Camps gedenkt man in einem gepflegten Park der Opfer. Das hervorragende kleine Museum schildert anhand historischer Fotos und eines Videos das tragische Schicksal der jungen Männer. Der Park ist von der Jalan Labuk beim Kilometerstein 12,5, am großen Kreisverkehr mit dem Krokodildenkmal, ausgeschildert.

Übernachten

Garten zum Entspannen – **Sabah Hotel Sandakan:** Jln. Utara, ca. 1 km nördl. des Zentrums, Tel. 089 21 32 99, www.sabahhotel.com.my. Im Park der einstigen Residenz des Gouverneurs steht etwas außerhalb des Zentrums auf einem Hügel dieses 4-Sterne-Hotel von 1988. Die nicht mehr ganz frische Zimmereinrichtung wird durch die schöne Gartenanlage mit großem Pool wettgemacht. Gutes Frühstücksbüfett sowie gutes chinesisches Essen im Restaurant Ming Palace. €€

Für Filmfans – **May Fair Hotel:** 24 Jln. Pryer, Tel. 089 21 98 92. Das kleine, einfache Hotel mit 12 sauberen Zimmern mit Doppelfenstern ist ein Geheimtipp für Sparfüchse. Der Besitzer Mr. Lam hat die Zimmer mit großen Flachbildschirmen und DVD-Player ausgestattet und hält für seine Gäste Tausende von DVDs bereit. Exzellentes Preis-Leistungs-Verhältnis. €

Essen & Trinken

Szenetreff – **Balin Roof Garden Bar & Bistro:** Nak Hotel, Jln. Pelabuhan Lama, Tel. 01 28 49 80 06, www.facebook.com/balinrooftop, tgl. 12–24 Uhr. Der Dachgarten des Hotels mit schöner Aussicht über die Bucht und entspannter Musik ist der ideale Ort zum Entschleunigen und für ein spätes Frühstück. Beliebt sind Pizza, Steaks und Burger, aber auch andere Snacks. Der Kaffee ist ebenso gut wie die Cocktails und das kalte Bier, die vor allem zum Sonnenuntergang hervorragend schmecken. €€

Very British – **English Tea House & Restaurant:** 2002 Jln. Istana, Tel. 089 44 86 31, www.englishteahouse.org, tgl. 10–18 Uhr. Zwischen dem Rotary Observation Pavilion und dem Agnes Keith House (s. S. 375) steht in einem gepflegten Garten das einstöckige Restaurant in einem ehemaligen Gebäude der Einreisebehörde mit kolonialem Flair. Drinnen sorgen dunkle Holzmöbel und Jazzmusik für einen gediegenen Rahmen. Doch schöner ist es, im Gartenpavillon den Nachmittagstee mit Scones oder etwas von der Kuchentheke zu genießen. Es gibt auch Fish 'n' Chips und andere englische Gerichte. €–€€

Große Auswahl an Seafood – **Sim Sim Seafood Restaurant:** im Wasserdorf Buli Sim Sim nahe der Schule, Tel. 01 28 16 36 33, auf Facebook, tgl. 7.30–15 und 17.30–21.30 Uhr. Alles Essbare aus dem Meer wird frisch verarbeitet und kommt lecker zubereitet auf den Tisch des kleinen Restaurants auf Stelzen am Meer. €–€€

Curry & Roti – **Zakaria Restaurant:** Jln. Tiga, Ecke Lebuh Empat, tgl. 7–22 Uhr. Das einfache offene Restaurant ist sehr beliebt, denn hier gibt es die köstlichen indisch-moslemischen Currys, Roti und Murtabak sowie andere einfache Gerichte. €

Verkehr

Flüge: Vom 13 km nordwestl. des Zentrums gelegenen Sandakan Airport nach Kota Kinabalu und Kuala Lumpur mit Malaysia Airlines, Firefly und AirAsia sowie nach Kudat und Tawau mit MASwings. Ein Taxi in die Stadt kostet RM 30, nach Sepilok RM 50.

Busse: Vom Fernbusbahnhof in Bandar Letat Jaya, Jln. Lintas Utara, 7 km außerhalb (Taxi ins Zentrum RM 20, Minibus RM 3) mehrmals tgl. über Ranau und den Kinabalu National Park (4 Std., RM 35) nach Kota Kinabalu (6–7 Std., RM 43) sowie Lahad Datu (3 Std., RM 20). Außerdem um 7 und 14 Uhr nach Semporna (5–6 Std., RM 40–45) und mehrmals am Vormittag nach Tawau (6 Std., RM 40–47). Von der Centre Point Mall, Jln. Coastal, zum Busbahnhof mit Minibussen nach Bedarf, RM 3. Außerdem Minibusse entlang der Jln. Labuk (Sandakan Memorial Park und Abzweigung nach Sepilok) bis zur Abzweigung von der Hauptstraße (Batu 32), RM 6. Direkt nach Sepilok ab Genting Mas Mall blaue Busse mit der Aufschrift Batu 14 gegen 9, 11 und 15 Uhr (45 Min., RM 6). Zurück um 6.30, 10.30, 12.30 und 16 Uhr. Weitere Busse verkehren entlang der Jln. Leila bis Karamunting.

Boote: Von der Sabah Parks Jetty nördlich vom Wasserdorf Buli Sim Sim, ca. 1 km nordöstl. des Zentrums, starten um 9.30 Uhr Schnellboote nach Pulau Selingan (gut 1 Std.) und zu anderen Inseln im Turtle Islands National Park. Die Überfahrt ist im Tourpreis enthalten. Vom Jachtklub geht es mit Booten auch zu einigen Lodges am unteren Kinabatangan (s. S. 381).

Taxis: Im Stadtgebiet zumeist RM 10, zum Fernbusbahnhof ca. RM 20, nach Sepilok ca. RM 50. In Sepilok ist es schwer, ein Taxi zu bekommen, deshalb sollte man die Rückfahrt besser vorbestellen.

Mietwagen: Man kann hier Autos für Rundreisen mieten oder um eine Strecke zwischen Kota Kinabalu und Sandakan zu fahren: Borneo Express, am Flughafen, Tel. 01 68 86 07 89, http://borneocar.com. Hertz, am Flughafen, Tel. 089 22 73 30, www.simedarbycarrental.com.

Rund um die Bucht von Sandakan

Turtle Islands National Park ▶4, R/S 3

https://turtleisland.com.my, Conservation Fee RM 60, Kind. RM 30, Kamera RM 10

Ausnahmsweise nehmen die feinen, weißen Sandstrände von **Pulau Selingan** nicht die Touristen in Beschlag, sondern die Meeresschildkröten, die auf der 8 ha großen Insel ca. 40 km nördlich von Sandakan ihre Eier zum Ausbrüten in den warmen Sand ablegen. Die vom Aussterben bedrohten Meeresbewohner kriechen nachts mühsam den Strand hinauf und locken mit dieser Wanderung zahlreiche Besucher an. Eigentlich kann man das Spektakel fast das ganze Jahr über beobachten, doch zwischen Juli und Oktober ist es am eindrucksvollsten.

Da nachts keine Fährverbindung zum Festland besteht, wird vor Ort eine Unterkunft benötigt, die rechtzeitig vorgebucht werden sollte – es gibt nur 38 Schlafplätze für Touristen auf der Insel. Nach der Ankunft bleibt ausreichend Zeit, sich unter Schatten spendenden Bäumen zu erholen, zu baden, zu schnorcheln oder einen Strandspaziergang zu machen, allerdings darf nur ein Teil der kleinen Insel betreten werden. Als Alternative bietet sich ein Ausflug auf eine der Nachbarinseln an, die ebenfalls zum **Turtle Islands National Park** gehören. Nach 17 Uhr herrscht für die Menschen Ausgangssperre. Dann gehören die Strände den Schildkröten und das Warten beginnt. Sobald sie zur Eiablage an die Küste kommen, dürfen Besucher eine von ihnen für kurze Zeit beobachten.

Bereits seit 1966 bemüht man sich auf Selingan um den Schutz der Suppenschildkröten *(Chelonia mydas)* und der Echten Karettschildkröten *(Eretmochelys imbricata)*. Die Eier werden in die *hatchery* gebracht und dort ausgebrütet. Sobald nach sieben bis zwölf Wochen die Jungen geschlüpft sind, dürfen die winzigen Schildkröten im Schutz der Nacht zurück ins Meer, wo sie, umringt von Touristen, ihre ersten Schwimmversuche unternehmen. Tipp: Unbedingt Mückenmittel und Babyöl gegen Sandfliegen mitnehmen.

Aktiv

Touren – Bevor man andere Veranstalter kontaktiert, fragt man am besten direkt bei der Agentur **Crystal Quest,** die alle Unterkünfte auf der Insel exklusiv managt. Das Büro befindet sich in Sandakan an der Sabah Parks Jetty, Jln. Buli Sim Sim, ca. 1 km nordöstl. des Zentrums, Tel. 011 51 66 59 23, https://turtleisland.com.my, Mo–Do 8–12.30, 14–17, Fr 8–11.30, 14–17, Sa 8–12, So 8–10 Uhr. Komplettpakete kosten ab RM 1270/Pers., Kind. RM 360 ohne bzw. RM 1140 mit eigenem Bett inkl. Transport, Übernachtung, Vollpension und Programm auf der Insel. Morgens um 7 Uhr geht es zurück aufs Festland. Als Alternative bietet sich ein Besuch der Nachbarinsel Pulau Libaran an, die nicht mehr zum Nationalpark gehört. Auch dort legen Schildkröten ihre Eier und es gibt eine Aufzuchtstation. Touren mit Übernachtung im Walai Penyu Resort (auf Facebook) in komfortablen Zelten können gebucht werden über **Nasalis Larvatus** in Kota Kinabalu, Tel. 088 23 05 34, www.insabah.com.

Verkehr

Boote: s. S. 377. Im Monsun zwischen November und Januar können bei rauer See manchmal die Boote nicht fahren.

Sepilok ▸4, S 4

Nur 25 km sind es von Sandakan zu den ›Waldmenschen‹ in der **Kabili-Sepilok Forest Reserve.** Der natürliche Lebensraum der Orang-Utans ist dramatisch geschrumpft, sodass die Tiere immer häufiger in Konflikt mit Menschen geraten. Obwohl Händlern wie Haltern hohe Gefängnisstrafen drohen, werden immer wieder in Gefangenschaft befindliche Jungtiere beschlagnahmt oder ältere Affen, die nicht mehr privat gehalten werden können, abgegeben, beispielsweise in dem seit 1964 existierenden Orang Utan Rehabilitation Centre.

Orang Utan Rehabilitation Centre

Tel. 089 53 11 80, Sa–Do 9–12, 14–16, Fr 9–11, 14–16 Uhr, 30 RM, Kind. RM 15, Kamera 10 RM

Hier durchlaufen die Tiere einen langen Prozess – von wochenlanger Quarantäne über eine langsame Eingewöhnungsphase bis zum freien Leben im Wald und eventuell sogar der Auswilderung in einem der großen Wildschutzgebiete. Einige Orang-Utans, die in dem angrenzenden, 4294 ha großen Waldgebiet leben, bekommen zweimal täglich auf Plattformen im Dschungel Bananen. Zur Fütterung an der ersten Plattform um 10 und 15 Uhr sind Touristen willkommen. Meist lassen sich einige Tiere sehen, aber während der Obstsaison kann es durchaus passieren, dass sie den Früchten im Wald den Vorzug geben. Besucher können sich auf Plankenwegen und markierten Pfaden unterschiedlicher Länge selbst auf die Suche machen und durch Tieflandwald bis hinab in Mangrovenwald wandern, allerdings wird man in aller Regel nur die unauffälligeren Waldbewohner zu Gesicht bekommen. Vor der Pirsch sollte man sich am Eingang registrieren lassen. Im nahe gelegenen Informationszentrum (Sa–Do 9–16.30 Uhr) wird vor und nach den Fütterungszeiten ein Film über Orang-Utans gezeigt. Eine Ausstellung informiert über die Arbeit des Zentrums (Sa–Do 9–16.30 Uhr).

Bornean Sun Bear Conservation Centre

Tel. 089 53 44 91, www.bsbcc.org.my, tgl. 9–15.30 Uhr, Fütterung vormittags, RM 50/25, Kind. unter 2 J. frei

Das benachbarte **Bornean Sun Bear Conservation Centre** kümmert sich um einheimische Malaienbären. Besucher können von erhöhten Aussichtsplattformen aus einige der mehr als 40 kletterfreudigen Bären in weitläufigen Gehegen beobachten und sich im Visitors Centre über diese kleinste Bärenart der Welt informieren. Mit etwas Glück entdeckt man im Wald sogar Orang-Utans und andere Affen.

Rainforest Discovery Centre

Tel. 089 53 37 80, tgl. 8–17 Uhr, Erw. RM 15, Kind. RM 7, geführte Nachtwanderung für RM 120 pro Guide

Ca. 700 m abseits der Zufahrtstraße zum Orang Utan Rehabilitation Centre wurde ein Waldgebiet rings um einen Stausee zu einem Umwelt-Informationszentrum gestaltet, in dem man gut und gern einen halben Tag verbringen kann, ohne sich zu langweilen. Das **Rainforest Discovery Centre** verfügt über markierte **Wanderwege,** einen rund 600 m langen **Canopy Walkway** mit Infotafeln und Aussichtsplattformen, eine große Ingwersammlung sowie den **Plant Discovery Garden** mit Orchideen, Farnen, Kannenpflanzen, Heil- und Zierpflanzen. Die **Forestry Gallery** informiert auf unterhaltsame und teils kindgerechte Weise über Lianen, Epiphythen, Bambus, Farne und andere Besonderheiten der Tropenwälder

So sorglos können die Orang-Utans nur noch in den Schutzgebieten herumtollen

sowie deren Bewohner, von Schmetterlingen und Schwalben bis zu Bären und Elefanten.

Übernachten

Komfortabel – **Sepilok Nature Lodge:** kurz vor dem Orang-Utan-Zentrum, Tel. 089 67 39 99, www.sepilok.com. Rings um einen See stehen an einem Hang 24 großzügige Holzbungalows mit AC und Terrasse. Zum gepflegten Resort gehören ein luftiges Restaurant und ein Orchideengarten. Häufig sind Tiere aus dem angrenzenden Wald zu beobachten. Da die Häuser gleich ausgestattet sind, kommen überwiegend Gruppenreisende hier unter. Luftiges Restaurant mit überraschend guter Küche und anständigem Kaffee. €€–€€€

In ruhiger Natur – **Sepilok Forest Edge Resort:** Jln. Rambutan, Mile 14, 500 m vor dem Orang-Utan-Zentrum der ausgeschilderten Abzweigung folgen, Tel. 01 65 23 31 90, www.sepilokforestedgeresort.com. Mehrere Häuser unterschiedlicher Ausstattung, die meisten auf Pfählen, verteilen sich locker über ein hügeliges, parkähnliches Gelände, alle mit AC und Balkon. Auch einfache Schlafsäle in einem Langhaus. Kleiner Pool und nettes offenes Restaurant, das familienfreundlich und sehr beliebt ist. Sparfüchse buchen im Schlafsaal. €–€€€

Am Waldrand – **MY Nature Resort,** 500 m hinter dem Rainforest Discovery Centre, Tel. 089 21 35 02, http://sitoursborneo.com/web/my-nature-resort. Hier hat sich SI Tours ein eigenes Resort in idyllischer Waldrandlage geschaffen. 12 großzügige Doppelbungalows, deren 24 Zimmer durchweg klimatisiert und mit TV, bequemen Betten und Föhn ausgestattet sind. Bis auf ein Familienzimmer haben alle einen Balkon, einige auch Blick ins Grüne. Im Wald wurde ein 500 m langer Spazierweg angelegt, auf dem man besonders am frühen Morgen Tiere sichten kann. RM 350/Pers. inkl. Flughafentransfer und Halbpension.

Verkehr

Busse: Nicht alle Nahverkehrsbusse aus Sandakan fahren nach Sepilok hinein, manche passieren lediglich den 3 km entfernten Kreisverkehr bei Mile 32 (Batu 32). Relativ zuverlässig zurück geht's mit Bus Nr. 14 vom Parkplatz des SORC gegen 10.30 Uhr, manchmal auch 12.30 und 14.30 Uhr, für 6 RM.

Über rund 27 000 ha erstreckt sich das Kinabatangan Wildlife Sanctuary. Jenseits des schmalen Korridors verdrängen Palmölplantagen die letzten Tieflandwälder und wilden Tiere

Taxis: Am Parkplatz bzw. der Zufahrt warten Fahrer von Grab-Taxis. Reguläre Taxis sind teurer und kosten bis zur Hauptstraße 10 RM, nach Sandakan 40–50 RM, zum Flughafen 40 RM.

Labuk Bay Proboscis Monkey Sanctuary

Km 30,5 ab Sandakan, dann 15 km nördlich der Straße, Tel. 01 98 53 40 98, www.proboscis.cc, Fütterungen um 9.30, 11.30, 14.30 und 16.30 Uhr, tgl. 8.30–17.30 Uhr, RM 60, Kind. RM 30, Kamera RM 10

Rund 20 km westlich von Sepilok, am Ende einer holprigen Zufahrt mitten durch eine Ölpalmplantage, erreicht man ein kleines Reservat mit Küstenwald und Mangroven. Hier kann man von zwei Aussichtsplattformen aus Nasenaffen beobachten. Die stark gefährdeten Baumbewohner mit den gurkenförmigen Nasen (bei den Männchen, Weibchen haben relativ kleine Stupsnasen) lassen sich vor allem zu den festen Fütterungszeiten blicken und fotografieren. Dazwischen entdeckt man immerhin auch Vögel und andere Kleintiere. Zwischen den Plattformen liegt ca. 1 km Fußweg. Wer zwei Fütterungen erleben möchte, kann sich zwischendurch in einem kleinen Imbiss stärken. Taxis aus Sandakan RM 80.

Kinabatangan Wildlife Sanctuary

▶ 4, S 4

Bereits früh siedelten Orang Sungai (›Menschen des Flusses‹) an den Ufern des längsten Flusses von Sabah, der seinen Namen Kina-Batangan (›chinesischer Fluss‹) wahrscheinlich den Chinesen verdankt. Bereits vor der Ankunft der ersten Europäer hatten sie hier Handelsstationen für Dschungelprodukte und die wertvollen essbaren Schwalbennester (s. S. 325) errichtet.

Ein schmaler Streifen verbliebener Sekundärwälder wurde als **Kinabatangan Wildlife Sanctuary** unter Naturschutz gestellt. Dieses ca. 260 km^2 große Areal beiderseits des Flusses ist das Rückzugsgebiet zahlreicher wilder Tiere und geht zur Küste hin nahtlos über in die fast 800 km^2 großen Lower Kinabatangan-Segama Wetlands mit ausgedehnten Mangrovenwäldern. In hohen Bäumen am Ufer tummeln sich verschiedene Affenarten, darunter Schweinsaffen, Makaken, seltene Maronenlanguren *(Presbytis rubicunda)*, Haubenlanguren *(Presbytis cristata)* und vor allem die eigenartigen Nasenaffen *(Nasalis larvatus)*. Manchmal ist sogar ein Orang-Utan in den Bäumen zu entdecken oder in der Ferne der Ruf der Gibbons zu vernehmen. Auch Borneo-Zwergelefanten *(Elephas maximus borneensis)* ziehen auf ihren Wanderungen durch die Wälder – und zum Verdruss der Einheimischen auch durch deren Plantagen und Dörfer. Im dichten Geäst ringeln sich Schlangen und im trüben, braunen Wasser lauern Krokodile auf Beute. Vor allem die Altwasserseen sind ein Vogelparadies mit Seeadlern, Eisvögeln, Störchen und Schlangenhalsvögeln. Manchmal sieht man ganze Schwärme von Nashornvögeln über den Fluss ziehen.

Die Tiere können aus sicherer Entfernung vom Boot aus beobachtet werden. In den frühen Morgenstunden und spätnachmittags, wenn die Chancen am größten sind, starten von allen Lodges in der Umgebung kleine Ausflugsboote – manchmal ist man ganz alleine auf dem Fluss, dann wieder gibt es ein Gedränge, vor allem auf dem schmalen Sungai Menanggul bei Sukau.

Üblicherweise wird das Schutzgebiet im Rahmen einer organisierten Tour besucht, denn es fahren fast keine Busse in diese abgelegene Gegend. Die meisten Veranstalter haben eigene Lodges, die weit verstreut am Unterlauf des Flusses liegen. Ein Großteil der Unterkünfte konzentriert sich in und um **Sukau,** einen winzigen Ort etwa 42 km östlich der Federal Route 13. Die preiswertesten Unterkünfte liegen im Ort, die teureren außerhalb, doch diese sind nur per Boot zu erreichen. Auch rings um **Kampung Bilit** sind einige Unterkünfte entstanden, die bis auf einige teure nur mit dem Boot zu erreichen sind. Eine weitere Alternative sind Resorts im Mangrovengebiet im weiten Mündungsdelta und im Dorf Abai.

In manchen Touren ist auch ein Besuch der **Gomantong Caves** inbegriffen oder kann gegen Aufpreis gebucht werden. In der von einem wunderschönen Dschungelgebiet umgebenen bis zu 90 m hohen Haupthöhle Simud Hita werden zu festgelegten Zeiten Schwalbennester geerntet, die aus dem Speichel der Salangane *(Aerodramus fuciphagus)* bestehen und von Chinesen als Delikatesse geschätzt werden. Es sind die größten Höhlen in Sabah, zur letzten Recherche Ende 2023 waren sie jedoch wegen andauernder Arbeiten jahrelang geschlossen (normalerweise Sa–Do 8–13, 14–18, Fr 8–11.30, 14–18 Uhr, RM 30, Kind. RM 15, Kamera RM 30).

Infos

Über Aufforstungsprogramme und Naturschutz informiert HUTAN, www.hutan.org.my. Zudem werden Freiwilligen-Projekte organisiert von **APE,** www.apemalaysia.com.

Übernachten

... in Sukau:

Ökologisch und behaglich – **Sukau Rainforest Lodge:** 10 Min. flussaufwärts von Sukau, Tel. in Kota Kinabalu 088 43 83 00, www.sukau.com. Die Lodge des umweltbewussten Veranstalters Borneo Eco Tours hat schon Sir David Attenborough beherbergt und bietet ihren Gästen viele Extras. Die 40 Zimmer und komfortablen Bungalows (davon 2 rollstuhlgerecht) mit AC sind mit vielen natürlichen Materialien ausgestattet. Im Restaurant auf Pfählen über dem Fluss gibt es ein gutes Büfett und hinter der Anlage kann man auf einem markierten Rundweg den Dschungel erkunden. Neben Standardtouren mit kompetenten Guides und leisen (weil elektrischen) Bootsmotoren können weitere Ausflüge mit speziellen Schwerpunkten gebucht werden. Paket inkl. Transport per Boot ab Sandakan, 3 Bootstouren und Vollpension für 3 Tage/2 Nächte RM 2820/Pers.

Ein Touch Öko – **Borneo Nature Lodge:** ca. 15 Min. flussaufwärts von Sukau, Tel. in Sandakan 089 21 07 18, www.borneonaturelodge.com.my. Die Lodge mit 6 großen, klimatisierten Doppelbungalows und einem behindertengerechten Zimmer ist sehr komfortabel. Auch das Restaurant ist klimatisiert. Dennoch versucht man dem Umweltgedanken Rechnung zu tragen, indem man die Klimaanlagen nur bis 22.30 Uhr laufen lässt. Paket inkl. Transport ab Sandakan per Minibus und Boot, 3 Bootstouren und Vollpension für 3 Tage/2 Nächte ab RM 1310/Pers.

Engagiert und erschwinglich – **Sukau Greenview**, am Dorfrand, Tel. 01 38 69 69 22, www.sukaugreenview.net. Nahe dem Flussufer stehen Holzhäuser mit jeweils 2 einfachen, klimatisierten Zimmern. Etwas komfortabler sind die größeren Zimmer im Green House. Nettes Restaurant am Fluss. Hier wohnen auch Freiwillige von den örtlichen Naturschutzprojekten. Komplette Touren ab Sandakan mit Vollpension 3 Tage/2 Nächte für RM 490–620/Pers., ohne Paket €–€€, Essen RM 30 und Bootstouren/geführte Wanderungen RM 65/Pers.

... in Kampung Bilit:

Für Preisbewusste – **Nature Lodge Kinabatangan:** am gegenüberliegenden Ufer flussaufwärts von Kampung Bilit, Tel. 089 84 54 01, www.facebook.com/NatureLodgeKinabatangan und www.insabah.com. Die Lodge bietet 10 (teils klimatisierte) Chalets sowie 6 Schlafsäle und ein sehr gutes Preis-Leistungs-Verhältnis, dafür sollte man bereit sein, mit vielen anderen Gästen in einem vollgepackten Boot auf Pirsch zu gehen. Paket inkl. Transport ab Sandakan, 4 Bootstouren, 3 Wanderungen und Vollpension für 3 Tage/2 Nächte RM 495/Pers. im Schlafsaal und RM 760–860/Pers. in Chalets.

... im Mündungsgebiet

Traumhaft – **Kinabatangan Wetlands Resort:** Tel. 089 21 14 41, http://kwrsabah.com. Weit weg von allen anderen Lodges steht in der Nähe von Abai inmitten eines unberührten Mangrovenwalds dieses fantastische Resort. Die großen Villen mit allem Komfort stehen auf Pfählen weit auseinander und sind über Plankenwege zu erreichen. Zudem Zimmer in einem Langhaus, die häufig von Wissenschaftlern belegt sind. Hervorragende Guides für Tierbeobachtungen. Komplette Touren mit Anreise per Boot ab Sandakan 3 Tage/2 Nächte RM 2330–2615.

Homestays – Von den Dorfbewohnern in Sukau, Kampung Bilit und Abai werden zudem Homestays angeboten.

Verkehr

Busse und Taxis: Bei Pauschaltouren ist der Transport ab Sandakan oder Sepilok inbegriffen. Taxis sind über die Unterkunft zu arrangieren und kosten 200–300 RM bzw. zur Sukau Junction an der Federal Route 13 um 100 RM. Der Zustieg in Busse nach Semporna/Tawau oder Kota Kinabalu ist an der Sukau Junction oder (zum Warten besser) vor dem Medan Selera im Zentrum von Kota Kinabatangan möglich.

Lahad Datu und Umgebung ▶ 4, S 5

226 km südlich von Sandakan ist **Lahad Datu** der einzige größere Ort auf dem weiteren Weg in den äußersten Südosten Sabahs und ins Danum Valley (s. S. 384) und dient vor allem als Durchgangsstation. In der wenig attraktiven Hafenstadt mit mehr als 100 000 Einwohnern, die von endlosen Ölpalmplantagen umgeben ist, leben viele legale wie illegale Einwanderer aus den Philippinen und Indonesien. Die meisten Besucher starten direkt vom Flughafen mit den Geländewagen der Borneo bzw. Kawag Danum Rainforest Lodge (s. S. 385) in den Dschungel und bekommen nur die Vororte von Lahad Datu zu Gesicht.

Eine Alternative zum entlegenen Danum Valley ist das rund 1200 km² große **Tabin Wildlife Reserve** 85 km östlich von Lahad Datu, wo Elefanten und Nebelparder, Gibbons und Orang-Utans leben, die auch aus Sepilok (s. S. 378) hier ausgewildert werden. Die Chance, Tiere zu sehen, ist am größten bei dem Schlammvulkan, wo nur 20 Min. vom Headquarters entfernt ein Beobachtungsturm errichtet wurde. Man kann auf markierten Pfaden durch den Dschungel zu einem Wasserfall wandern und abends mit Rangern nach nachtaktiven Tieren Ausschau halten. Nach Tabin gelangt man von Lahad Datu nur mit einem Geländewagen auf unbefestigter Straße (1,5 Std.).

Übernachten

Naturnah – **Tabin Wildlife Resort:** Buchungen über Tabin Wildlife Holidays in Kota Kinabalu, Tel. 088 26 72 66, www.tabinwildlife.com.my. 20 nette Holzhütten mit Ventilatoren stehen nahe dem Headquarters am Ufer des kleinen Flusses Lipad, etwas größere Häuser weiter oberhalb im Wald. Dazwischen liegt das Sunbird Café, wo täglich vier Mahlzeiten serviert werden, die im Preis inbegriffen sind. Paket inkl. Transport ab Lahad Datu, allen Aktivitäten und Vollpension für 3 Tage/2 Nächte ab RM 2650/Pers.

Ideale Bleibe – **Bike and Tours B & B:** 62, Taman Hap Heng, Jln. Segama, Tel. 089 86 81 09, www.bikeandtours.com/de. Der Schweizer Simon und seiner Frau Tisha betreiben diese Pension mit Pool und sorgen auch für das leibliche Wohl. Zudem veranstalten sie Radtouren und Ausflüge in die Umgebung. Mit Frühstück und Abholung €€.

Verkehr

Flüge: Vom Lahad Datu Airport an der Federal Route 13 fliegt MASwings, www.maswings.com.my, nach Kota Kinabalu und Sandakan.

Busse: Von den Bushaltestellen in der Lorong Fajar 10, nördlich des Zentrums, mehrmals tgl. nach Sandakan (3 Std., RM 20) und nach Tawau (2–3 Std., RM 20–25) sowie Semporna (2 Std., RM 20–25) und Kota Kinabalu (8–9 Std., RM 40–50). Da Lahad Datu nur ein Zwischenstopp ist, sind die Abfahrten selten pünktlich.

Minibusse: Vor allem vormittags fahren Minibusse vom kleinen Busbahnhof im Zentrum nach Bedarf nach Semporna (2 Std., RM 25) und Tawau (RM 25).

Danum Valley ▶4, R 5

94 km westlich von Lahad Datu liegt in einer malerischen Flussschleife des **Danum Valley** die Borneo Rainforest Lodge, von der manche behaupten, sie sei Malaysias beste Unterkunft in der Natur. Wer nicht nur von der Terrasse aus Tiere beobachten möchte, kann mit hervorragenden Guides zu Aussichtspunkten wandern oder nachts im Auto auf die Pirsch gehen.

Geschichte

Der 438 km^2 große, nahezu unberührte tropische Tieflandwald verdankt sein Überleben ausgerechnet einer Gesellschaft, die ein riesiges Dschungelgebiet im Südosten von Sabah abholzte. Die staatliche Organisation **Yayasan Sabah** wurde 1966 gegründet, um die Lebensbedingungen der indigenen Bevölkerung zu verbessern. Zur Finanzierung erhielt sie die Konzession über ein riesiges Waldgebiet von etwa 1 Mio. Hektar, das zum Holzeinschlag freigegeben wurde. Ein kleines Gebiet von geringem kommerziellem Nutzen, aber mit einer großen Artenvielfalt wurde Wissenschaftlern zu Studienzwecken überlassen. 1986 öffnete das **Field Centre** Studenten und Forschern seine Tore und stieß auch bei Touristen auf reges Interesse, sodass man acht Jahre später mit dem Bau der Rainforest Lodge begann. Seither ist es Touristen nur sehr eingeschränkt möglich, im preiswerteren Field Centre zu übernachten, das jedoch im Rahmen eines Tagesausflugs von der Rainforest Lodge besucht werden kann. Zudem hat in jüngerer Zeit am Rand des Naturschutzgebiets die **Kawag Nature Lodge** den Betrieb aufgenommen.

Rings um die Rainforest Lodge

Die **Rainforest Lodge** eignet sich gut, um Vögel zu beobachten, darunter mehrere Nashornvogelarten und sogar den riesigen Rhinozerosvogel *(Buceros rhinoceros)*. In den angrenzenden Wäldern lassen sich manchmal sogar vom Aussterben bedrohte Tierarten wie Maronenlanguren, Orang-Utans und Zwergelefanten sehen. Abends grasen Hirschferkel *(Tragulidae)* und Rehe hinter den Bungalows und bei nächtlichen Touren entdeckt man in den Bäumen Plumploris *(Nycticebus)*, Kalong-Flughunde *(Pteropus vampyrus)*, mit einer Flügelspannweite von über 1,5 m zählen sie zu den größten der Welt, Riesengleithörnchen *(Petaurista petaurista)* und mit viel Glück fliegende Baumschlangen *(Chrysopelea paradisi)*. Rings um die Tümpel quaken Frösche in allen Größen und Farben. Sogar einer der fliegenden Frösche, der Wallace-Flugfrosch *(Hacophorus nigropalmatus)*, ist im Danum Valley beheimatet.

Ein Highlight ist der morgendliche Spaziergang auf dem ausgezeichneten **Canopy Walkway.** In bis zu 26 m Höhe bietet er wunderbare Fotomotive und ermöglicht auf über 270 m Länge Einblicke in die oberen Baumregionen des Regenwalds. Mit einem Guide geht es über den teils steilen, 3 km langen **Coffin Cliff Trail** hinauf zu einem alten Felsengrab der Orang Sungai mit fantastischer Aussicht über die Lodge und den Fluss. Anschließend laden Wasserfälle im Dschungel zu einem erfrischenden Bad ein. Auf eigene Faust kann man den kurzen, mit Infotafeln versehenen **Nature Walk** erwandern, einen Plankenweg parallel zum Fluss.

Rings um das Field Centre

Im **Field Centre,** wo Wissenschaftler und Studenten wohnen, informiert eine Ausstellung über den tropischen Regenwald und die Forschungsarbeit. Mehrere markierte Wanderwege unterschiedlicher Schwierigkeitsgrade führen von hier in den Primärwald. Sie sind nicht so gut ausgebaut wie die Pfade um die Rainforest Lodge, sodass echtes Dschungelgefühl aufkommt, allerdings bleibt viel Müll liegen und man sollte sich vor Blutegeln schützen.

Vom kurzen **Nature Trail,** einem Rundweg, zweigen Pfade zu mehreren Aussichtsplattformen und zu einer Hängebrücke ab. Zudem sind Wanderungen zu verschiedenen Wasserfällen möglich, allerdings nur mit Führer.

Übernachten

Traumhaft, aber teuer – **Borneo Rainforest Lodge:** Buchungen in Lahad Datu, 300 m vom Flughafen, Block 3, Lorong Fajar 9, Fajar Centre, Tel. 089 88 02 07, www.borneonaturetours.com. Ca. 83 km von der Hauptstraße entfernt, mitten in einem herrlichen Dschungelgebiet. Die 30 geräumigen Häuschen sind trotz des hohen Preises meist ausgebucht. Sie verfügen über jeglichen Komfort und große Terrassen, die teureren Zimmer sogar über Jacuzzi und Flussblick. Das Essen vom Büfett ist überraschend gut und der Service professionell und es gibt sogar ein Spa. Paket inkl. Transport ab Lahad Datu, allen Aktivitäten und Vollpension für 3 Tage/2 Nächte je nach Saison ab RM 4800.

Für ernsthafte Naturbeobachtungen – **Danum Valley Field Centre:** Anfragen in Lahad Datu im Büro neben Borneo Nature Tours (s. oben), Tel. 089 88 04 41, roserlie2507@gmail.com. Wer ein wissenschaftliches Interesse am Tropenwald nachweist oder lange genug im Voraus einen freien Platz erwischt, kann mit etwas Glück ein freies Bett oder DZ ergattern. Hilfreich sind Bescheinigungen von Universitäten oder anderen Institutionen, am besten von einer biologischen Fakultät. Hinzu kommen die Ausgaben für das Permit (RM 50 plus RM 10 Fotoerlaubnis), für 3 Mahlzeiten tgl. (RM 137) und für den Transport ab Lahad Datu. Vor Ort sind keine englischsprachigen Guides, nur Ranger (RM 32 pro Std.). Pauschaltouren über 3 Tage/2 Nächte u. a. durch die Tourismusabteilung der Naturschutzbehörde Yayasan Sabah, Tel. 088 32 63 17, www.danumvalley.my. €–€€

Gute Alternative – **Kawag Nature Lodge:** Tel. 01 78 17 97 97, www.facebook.com/KNLLahadDatu, bei Recherche Ende 2023 vorübergehend geschl. Wenn mal wieder sämtliche Übernachtungskapazitäten im Danum Valley ausgebucht sind, lohnt die Fahrt in die angrenzende Ulu Segama-Malua Forest Reserve. Das dortige Resort hat 20 teils klimatisierte Bungalows, durchgängig Strom, WLAN und gute Lage am Fluss mit Aussichtsturm.

Verkehr

Geländewagen: Transfer zur Borneo Rainforest Lodge und Kawag Nature Lodge ab Lahad Datu je nach Bedarf (ca. 2,5 Std.). Abfahrt der Geländewagen ins Field Centre Mo, Mi und Fr gegen 15 Uhr von deren Büro im Fajar Centre in Lahad Datu (s. S. 383, RM 170 hin und zurück). An allen anderen Tagen muss ein Auto gechartert werden (RM 350–400).

Tawau und der Südosten

Weder die quirligen Städte oder die einmalige Kultur der See-Bajau noch die verbliebenen Tropenwälder haben den Südosten von Sabah zu einem touristischen Highlight werden lassen. Das ist allein einer winzigen unbewohnten Insel im Suluarchipel zu verdanken, die mit ihrer einmaligen Unterwasserwelt Taucher aus aller Welt anlockt: Pulau Sipadan. Der Meeresforscher Jacques-Yves Cousteau (1910–97) tauchte im Alter von 77 Jahren mehrere Tage lang zusammen mit seinem Team vor der Insel und hielt das Ereignis in seinem Dokumentar-

WISSENSWERTES FÜR TAUCHER

In allen Tauchresorts auf den Inseln gibt es **Pauschalarrangements** für Taucher, die bei Buchung in Semporna teilweise etwas günstiger sind als bei der Buchung von zu Hause aus. Jedem Resort ist eine **Tauchbasis** angeschlossen, in der Kurse angeboten werden. Günstigere **Tauchveranstalter** bieten ab Semporna Touren zu vielen Tauchplätzen an. Das Kontingent an freien Plätzen auf Sipadan wird auf insgesamt 12 Anbieter aufgeteilt. Tauchveranstalter in Semporna: Scuba Junkie, Block B, Lot 36, SSRT, Tel. 089 78 53 72, www.scuba-junkie.com; Singamata Reef Resort, Seafest Complex, Jln. Kastam, Tel. 089 78 48 28, www.singamata.com; Mabul Divers, Noble Inworld Scuba Resort & Tours, Jln. Kastam, Tel. 089 78 23 34, www.mabuldivers.com.

In allen Tauchresorts sind auch Nichttaucher willkommen. Viele Hausriffe auf den Inseln außerhalb von Sipadan eignen sich gut zum **Schnorcheln.** Für den **Transport** auf die Inseln sorgen die Resorts, die ihre Gäste zu festgelegten Zeiten mit dem Boot abholen. Die Überfahrt von Semporna dauert nach Sipadan ca. 45–60 Min., Mabul 30–45 Min., Kapalai 40 Min., Pom Pom 40 Min., Mataking 50 Min.

film »Borneo: Ghost of the Sea Turtle« fest, der Sipadan weltberühmt machte.

Die meisten Besucher fliegen nach Tawau, der größten Stadt des Südostens, die nahe der indonesischen Grenze liegt. Vom Flughafen geht es gleich weiter nach Semporna. Da es auf Sipadan keine Unterkünfte gibt, wohnt man entweder auf einer der Nachbarinseln, Mabul und Kapalai, auf den weiter entfernten Koralleninseln Pom Pom und Mataking oder in der kleinen Hafenstadt selbst, was weitaus günstiger ist. Nicht jeder darf vor Sipadan tauchen (s. S. 386), aber auch die anderen Inseln haben hervorragende Tauch- und Schnorchelgebiete.

Tawau und Umgebung

▶ 4, R 7

Tawau, sozusagen der letzte Außenposten vor der Grenze, ist so indonesisch wie keine andere malaysische Stadt. Die meisten Inseln in der Sulusee gehören bereits zu Indonesien und die Arbeiter der Plantagen im Hinterland stammen überwiegend aus dem Nachbarland. Entsprechend rege ist der legale wie illegale Grenzverkehr. Die meisten ausländischen Besucher sind Taucher. Manche verbringen vor dem Abflug noch eine Nacht in der Stadt und genießen das großartige Angebot an Seafood. Hier ist das Meer noch nicht leergefischt und so kehrt die Fischereiflotte Tag für Tag mit reichem Fang zurück. Auf dem großen **Fischmarkt** am Hafen landen so manche exotische Meeresbewohner wie Hammerhaie und bunte Korallenfische. Auf dem großen **Markt** (Pasar Tanjung Tawau) nebenan werden die weiteren Zutaten für die lokalen Gerichte verkauft.

Ein Ausflug lohnt sich zu dem 22 km entfernten **Tawau Hills Park** (www.sabahparks.org.my). Im 280 km² großen Rest des Tieflandregenwalds mit schönen hohen Urwaldriesen sind ein Wasserfall und heiße Quellen sowie ein Botanischer Garten und eine naturkundliche Ausstellung die beliebtesten Ausflugsziele (Mo–Fr 8–16, Sa/So 7.30–15.30 Uhr). Tierfotografen können auf gut beschilderten Wegen vor allem in der Dämmerung viele Dschungelbewohner erspähen, z. B. Colugos, Elefanten und die seltenen Nebelparder (RM 20, Kind. RM 12, Taxi RM 40, Touren mit einem Stop, Borneo Wildlife, www.1stopborneo.org).

Übernachten

Stylisch – **LA Hotel:** Jln. St. Patrick, Tel. 089 76 22 99, www.facebook.com/lahotel.sdnbhd. Die Einrichtung in diesem Hotel setzt auf Effekte. Die Zimmer mit bequemen Betten sind modern eingerichtet, der Service könnte professioneller sein. Je nach Stockwerk und Ausblick unterschiedliche Preise. €€

Gepflegt – **City Garden Hotel:** Lot 92, Block M, Jln. Chen Fook, Tel. 089 76 99 92, www.citygardenhotel.net. Es hat zwar keinen Garten, aber dafür saubere und gepflegte Zimmer mit TV, Wasserkocher, mitunter sogar etwas Meerblick, und liegt quasi in Spuckweite zu vielen Restaurants. Sehr anständige Preise. €

Essen & Trinken

Nahe dem Meer – **Kam Ling Seafood:** Jln. Kubota, Tel. 01 98 83 25 11, www.facebook.com/KamLingSeafoodRestaurant, tgl. 12–21.30 Uhr. Der seit 1984 existierende Betrieb ist die beste Adresse für Seafood. Die Fische und Meeresfrüchte im großen chinesischen Restaurant sind nicht nur frisch, sondern werden auch überaus schmackhaft zubereitet. Der Service ist schnell und freundlich. €€

Breakfast for Champions – **101 Recipe:** Taman Bekerley, Jln. Apas, Tel. 01 68 81 40 16, www.facebook.com/101breakfast, Fr–Mi 7.30–13 Uhr. Ein beliebtes Frühstücks- und Brunchbistro mit westlichen Frühstücksoptionen wie Eggs Benedict, Sandwiches und günstigen Wraps. Auch guter Kaffee. €

Verkehr

Flüge: Vom Flughafen, 30 km Richtung Semporna, mit AirAsia nach Kota Kinabalu, Kuala Lumpur und Johor Bahru, mit Malaysia Airlines nach Kuala Lumpur und mit Firefly nach Kota Kinabalu. MASwings fliegt zudem nach Sandakan. Taxis nach Tawau kosten RM 45, der orangefarbene Bus Nr. 314 ab Lorong Telkom RM 15.

Busse: Ab der Ecke nördlich vom City Garden Hotel fahren nach Bedarf Minibusse nach Semporna (1,5 Std., RM 15) und ab Sabindo Square nach Lahad Datu (3 Std., RM 25). Vom Busbahnhof Seri Indah, ca. 15 km östlich, fahren mehrmals tgl. Busse nach Sandakan (6 Std., RM 40–47) und nach Kota Kinabalu auf der Südroute über Keningau (8 Std., RM 55–74).

Fähren: Auf die indonesische Insel Nunukan gegen 9, 11 und 15 Uhr (RM 90), ins indonesische Tarakan Mo, Mi, Fr gegen 10.30 Uhr (RM 145).

Semporna und Umgebung

▶ 4, T 6

Semporna, 108 km östlich von Tawau, orientiert sich nicht nur zum Meer hin, sondern wächst buchstäblich ins Meer hinein. Die Pfahlbauten der See-Bajau ziehen sich kilometerlang am Ufer entlang. Das alte **Geschäftszentrum** besteht aus kaum mehr als einem Markt und drei Parallelstraßen mit Läden und Restaurants. Im neuen Teil der Stadt, auf aufgeschüttetem Land erbaut, sowie im angrenzenden **Semporna Ocean Tourism Centre** haben die meisten Tauchveranstalter ihre Büros. Die Stadt ist alles andere als attraktiv. Man wohnt zwar günstig, auf den vorgelagerten Inseln jedoch deutlich schöner.

Ein kurzweiliger Ausflug führt zum **Bukit Tengkorak** nahe dem Dorf **Tampi Tampi,** 7 km südlich des Zentrums. Dort zeigt das kleine Museum **Galeri Warisan Arkeologi** Keramik- und Knochenfunde aus der Umgebung (tgl. 9–17 Uhr, Eintritt frei). Nun beginnt der schweißtreibende Aufstieg über 714 Stufen. Von oben bietet sich eine wunderbare Aussicht über die Bucht bis auf die Inseln in der Sulusee.

Mitten in der tiefen, durch die vorgelagerte Insel Bumbum geschützten Bucht von Semporna stehen in seichten Gewässern sogenannte **Kelong,** Holzhäuser auf Plattformen, die zum Fischen genutzt werden. Stürme mit hohen Wellen sind in dieser Gegend die Ausnahme. Das machen sich auch einige Resorts zunutze und bauen ihre Häuser mitten ins Meer.

Übernachten

Funktional – **Cube Bed Station:** Lot 10, SSRT, Tel. 089 78 40 00, www.facebook.com/cbshostel. Kompakt und zweckmäßig, dekoriert mit ein paar kleinen Hinguckern, teils sogar mit Meerblick, dazu bequeme Betten und diverse Restaurants praktisch vor der Tür – alles was man nach einem Tag unter Wasser eben so braucht. Sparfüchse übernachten im Schlafsaal. €–€€

Essen & Trinken

East meets West – **Summer Breeze Café:** Lot A26, Bandar Utama, Tel. 01 38 30 55 83, www.facebook.com/summerbreezecafe, Mo–Sa 11–20 Uhr. Etwas Abwechslung von den einfachen malaiischen Lokalen und chinesischen Seafood-Restaurants bietet dieses klimatisierte Restaurant, das solide westliche Küche wie Pasta, Burger oder Smoked Duck serviert. €–€€

Termine

Regatta Lepa (April): Die See-Bajau von Semporna organisieren alljährlich eine farbenprächtige Parade mit bunt geschmückten, traditionellen Booten, die teilweise in Regatten gegeneinander antreten, und Musikveranstaltungen. Zudem wird das schönste Boot prämiert und es gibt viel zu essen.

Verkehr

Busse: Vom Busparkplatz westlich des Neubauviertels 3–4 x tgl. nach Kota Kinabalu (10–11 Std., RM 50–75) bzw. um 8 und 14 Uhr via Lahad Datu (3 Std., RM 20) nach Sandakan (6 Std., RM 40–45). Nach Tawau mit Minibussen von 7–16 Uhr je nach Bedarf ab dem Sai Heng Fung Shop (1,5 Std., RM 15, Flughafen RM 25, gechartert RM 90).

Boote: Der Transport auf die Inseln ist in den Tourpaketen bereits enthalten. An der Jetty von Semporna ist eine Conservation Fee von RM 10 zu entrichten.

Rings um den Tun Sakaran Marine Park ▶ 4, T 6/7

Sieben kleinere – Sebangkat, Selakan, Mantabuan, Sibuan, Maiga, Church Reef und Kapikan Reef – sowie zwei größere gebirgige Inseln – Bohey Dulang und Bodgaya –, Teil eines vulkanischen Kraterrands, sind im **Tun Sakaran Marine Park** zusammengefasst und liegen eine knappe Bootsstunde nordöstlich von Semporna. Auf den Eilanden gibt es keine touristische Infrastruktur, aber von den Tauchzentren einiger benachbarter Inseln werden Touren hierher angeboten. Faszinierend sind in diesem Gewässer vor allem die kleineren exotischen Meeresbewohner wie Anglerfische und winzige Seepferdchen. Sogar zwei miteinander verbundene »Blue Holes« wurden hier entdeckt, wie man sie auch aus Belize oder von den Bahamas kennt.

Pulau Mataking

Südöstlich des Tun Sakaran Marine Park liegt die kleine, bewaldete **Pulau Mataking,** von deren Tauchresort die rund 40 Tauchplätze des Parks angesteuert werden. An der Ostküste der Insel fällt ein auch für Tauchanfänger geeignetes Riff mit vielen farbenprächtigen Korallen langsam bis auf 100 m ab. Man kann sogar eine Postkarte versenden – per Unterwasser-Briefkasten. Bei Ebbe kann man bis auf eine kleine vorgelagerte Insel spazieren.

Pulau Pom Pom

Die flache, grüne und überwiegend unberührte Nachbarinsel **Pulau Pom Pom** besitzt ein luxuriöses Resort, eine billige Unterkunft für chinesische Pauschaltouristen und zwei, drei Jettys für Boote aus Semporna. An einem nahezu ununterbrochenen weißen Sandstrand kann die Insel in einer guten halben Stunde zu Fuß umrundet werden. In den Seegraswäldern nahe dem südlichen Bootsanleger lassen sich nachts oft Meeresschildkröten beobachten, deren Eier in einer Zuchtstation ausgebrütet werden. Auch Freiwillige können sich im Tropical Research and Conservation Centre daran beteiligen und beim Schutz der Korallen helfen, https://tracc.org. Auch Rochen und Aale sind hier manchmal zu sehen.

Pulau Timba Timba

Die dritte Insel in unmittelbarer Umgebung des Parks ist **Pulau Timba Timba,** eigentlich mehr eine lange Sandbank mit Bootssteg, einem traumhaftem Strand und etwas Bewuchs.

Übernachten

Die Zimmerpreise beinhalten Transport, Vollpension sowie unbegrenzte Schnorchelmöglichkeiten in den Hausriffs. Bei den Pauschalpaketen für Taucher sind auch die Tauchgänge enthalten.

... auf Mataking:

Luxuriös – **Mataking Reef Resort:** GTS Travel Service, Jln. Bunga, Tawau, Tel. 089 77 00 22, www.mataking.com. Edle Unterkunft auf der ansonsten unbewohnten Insel. Besonders komfortabel sind die 5 stilvoll eingerichteten Strandvillen mit eigenem Jacuzzi vor der Tür. Zudem 8 große Chalets mit Himmelbett, separater Wanne und Dusche sowie 24 Zimmer mit AC, TV und Terrasse. Es werden verschiedene Aktivitäten angeboten, u. a. Kochkurse. Zur Anlage gehört ein Spa. Nichttaucher zahlen für 3 Tage/2 Nächte ab RM 2300/Pers., Taucher ab RM 2770/Pers., die luxuriösen Chalets sind deutlich teurer.

... auf Pom Pom:

Großzügige Holzhäuser – **Pom Pom Island Resort:** Büro in Semporna, Lot 5, Block B Seafest Complex, Tel. 089 78 19 18, www.pompomisland.com. Vermietet werden 37 Häuser mit AC, Kühlschrank, Wasserkocher und Terrasse sowie Liegen am Strand oder auf Stelzen über dem Meer. Kein WLAN! Nichttaucher zahlen pro Nacht RM 850–1350/Pers. Tauchgänge kosten RM 160–200 zzgl. Ausrüstung (RM 130), Schnorcheln RM 45.

Pulau Kapalai ▶ 4, T 7

Pulau Kapalai, die Insel besteht aus kaum mehr als einer schneeweißen Sandbank, die bei Ebbe aus dem Wasser ragt, und dem umliegenden Korallenriff. Dem Raubbau an der Natur hat das Resort Einhalt geboten, das im Stil eines traditionellen Wasserdorfs erbaut wurde und erfolgreich die Korallen schützt, die im klaren, seichten Wasser unter den Pfahlbauten leben. Das Schnorchelrevier liegt also direkt vor der Haustüre, und am Steilabfall von Kapalai gibt es 28 Tauchplätze. Die Insel liegt 40 Bootsminuten südlich von Semporna.

Übernachten

Postkartenreif – **Sipadan-Kapalai Dive Resort:** Pulau Sipadan Resort and Tours, 484 Bandar Sabindo, Tawau, Tel. 089 76 52 00, https://dive-malaysia.com. Stege verbinden die großzügigen, luftigen Holzchalets (ohne AC), die über dem Riff stehen. Reichhaltiges Büfett, unbegrenztes Schnorcheln, Kajakfahren und andere Aktivitäten. Nichttaucher zahlen ab Tawau für 3 Tage/2 Nächte im DZ ab RM 2187/Pers. und Taucher ab RM 2880/Pers.

Pulau Mabul ▶ 4, T 7

Auf der mit 21 ha größten Insel vor Semporna, **Pulau Mabul,** hat sich neben der Siedlung der Bajau ein weiteres Dorf entwickelt, das aus Tauchresorts besteht und ständig wächst. Einige Häuser sind auf Stelzen ins Meer gebaut, andere liegen idyllisch unter Palmen. Man kann unweit von Mabul sogar auf einer ehemaligen Ölplattform übernachten. Freilich haben Einheimische und Touristen jeweils andere Vorstellungen vom Paradies. Die einen stören sich an den freizügigen Verhaltensweisen, die anderen am Müll und Dreck im Dorf. Und alle gemeinsam sorgen für mehr Wasserverbrauch, mehr Abfälle und regen Bootsverkehr.

Übernachten

Chalets unter Kokospalmen – **Sipadan Mabul Resort:** Explore Asia Tours, Lot A-1-G, Block A, KK Times Sq., Jln. Coastal, Kota Kinabalu, Tel. 088 48 63 89, www.sipadanmabulresort.com. 22 Chalets unterschiedlicher Größe und Ausstattung an einem schönen weißen Sandstrand im Südosten der Insel. Zur Anlage gehört auch ein kleiner Pool. Am Rand des Riffs stehen die luxuriösen Mabul Water Bungalows. Sehr freundlicher Service und gutes Essen. Taucher zahlen für 6 Tage/5 Nächte im DZ US$ 1516/Pers.

Professionell & umweltbewusst – **Mabul Beach Resort:** Buchung bei Scuba Junkie

Geschützes Paradies: der Sipadan Island Marine Park im äußersten Osten Malaysias

in Semporna, Block B, Lot 356, SSRT, Tel. 089 78 53 72, www.scuba-junkie.com. Hier fühlen sich Westler und Tauchanfänger wohl, ohne gleich ein ganzes Vermögen auszugeben. Das deutsch-malaysisch geführte Strandresort kümmert sich sehr engagiert um Nachhaltigkeit, etwa durch Solarstrom, konsequentes Abfallmanagement, Strandsäuberungen, Bildungsangebote für Locals und den Verzicht auf Seafood. Erfahrene Tauchlehrer und kleine Gruppen. 3 Tage/2 Nächte für Nichttaucher ab RM 680 im Schlafsaal, Zimmer je nach Typ ab RM 810/Pers. Taucher zahlen RM 920 (Schlafsaal) bzw. ab RM 1030 (Zimmer).

Mit Hausriff – **Seaventures Rig Dive Resort:** Seaventures Sabah, 422–424 Wisma Sabah, Kota Kinabalu, Tel. 088 26 16 69, https://seaventuresdive.com. Von den Zimmern auf einer ausrangierten Ölplattform kann man direkt ins Hausriff abtauchen. Für Taucher sind im Preis unbegrenzt viele Tauchgänge am Hausriff inbegriffen. Taucher/Nichttaucher zahlen für 4 Tage/3 Nächte im DZ RM 3975/2990.

Alteingesessen – **Borneo Divers Mabul Resort:** Borneo Divers, Menara Jubilee, 53 Jln. Gaya, Kota Kinabalu, Tel. 088 22 22 26, www.borneodivers.com.my. Das älteste und größte Tauchzentrum auf den Inseln schmückt sich mit 5 Sternen und arbeitet sehr professionell.

Angeschlossen ist ein Resort mit 30 Zimmern in zweistöckigen Häusern und Bungalows mit allem Komfort. Pool, mehrere Bars. Nichttaucher zahlen für 3 Tage/2 Nächte im DZ ab US$ 480/Pers., Taucher ab US$ 610.

 Pulau Sipadan ▶ 4, T 7

Das Traumziel aller Taucher liegt unter Wasser. Das Eiland sitzt auf einem pilzförmigen überkragenden Korallenriff, dessen Basis wie eine schlanke Felsnadel bis in 600 m Tiefe reicht. Im klaren Wasser haben sich Korallengärten von einmaliger Schönheit zu einem Paradies für viele Meeresbewohner entwickelt.

Als nach dem Besuch von Jacques-Yves Cousteau Ende der 1980er-Jahre immer mehr Taucher nach Sipadan kamen, waren die Korallengärten durch den Ansturm zahlloser, teils ungeübter Taucher und Schnorchler bedroht. In den 1990ern belasteten Stürme und die Korallenbleiche das Riff zusätzlich. Auch politisch geriet die Insel in die Schlagzeilen, als im Jahr 2000 41 Hotelgäste von muslimischen Extremisten aus Mindanao entführt wurden. Seither ist auf vielen Inseln Militär stationiert – damit meldet Malaysia auch seinen Territorialanspruch an. Sipadan wurde erst 2002 vom Internationalen Gerichtshof Malaysia, und nicht Indonesien, zugesprochen.

Um die einmalige Natur vor Zerstörung zu schützen, mussten Ende 2004 alle Unterkünfte schließen. Das Gebiet wurde als **Sipadan Island Marine Park** der Verwaltung von Sabah Parks unterstellt und die maximale Anzahl der Taucher auf 254 pro Tag begrenzt. Dieses Tageskontingent verteilt sich auf zwölf Anbieter, die bevorzugt Gäste mit mehrtägigem Tauchprogramm zum Zuge kommen lassen. Taucher mit Open-Water-Zertifikat können auch Pakete mit mehreren Übernachtungen ab Semporna buchen plus **Eintrittsgebühr** in den Marinepark von RM 100, für Sipadan zzgl. RM 350.

Nach der Registrierung bei Sabah Parks schippert man zu einem der zwölf Tauchplätze. Bei einer Sichtweite von über 30 m können auf dem leicht abfallenden Riffdach nahezu intakte Korallenlandschaften mit Stein-, Horn- und Weichkorallen erkundet werden – dramatische Steilabbrüche und spektakulär überhängende Korallengärten, vertikal aufsteigende Kamine und die Turtle Cave, eine Höhle in 12 bis 15 m Tiefe, in der Cousteau das Skelett einer Schildkröte entdeckte. Um Sipadan tummeln sich über 3000 Fischarten, darunter bunte Korallenfische, Hammer- und Weißspitzenhaie, Rochen sowie Meeresschildkröten. Der **Barracuda Point** an der Nordspitze gilt als einer der besten Tauchplätze weltweit. Manchmal sind hier über 1000 Barrakudas unterwegs, die in gigantischen Spiralen das Wasser durchziehen. Am 22 m hohen Steilabfall entlang kann man mit der Strömung bis zum **Coral Garden** driften.

Südchinesisches
Meer
Singapur

Kapitel 6

Singapur

Singapur ist das flächenmäßig kleinste und ökonomisch reichste Land Südostasiens. Der mit strenger Hand regierte, säkular und konfuzianistisch geprägte Stadtstaat ist sauber, frei von Korruption und – wie manche sagen – ›a fine city‹, wobei ›fine‹ mit ›schön‹ ebenso wie mit ›Geldstrafe‹ übersetzt werden kann. Trotz staatlicher Zensur hat sich eine durchaus kritische Kunstszene entwickelt.

In den traditionellen Stadtvierteln außerhalb des futuristischen Finanzzentrums zeigt sich die Metropole von ganz verschiedenen Seiten. In Chinatown, Little India oder dem überwiegend von Malaien und Immigranten aus dem Nahen Osten bewohnten Kampong Gelam gewinnt man den Eindruck einer multikulturellen Stadt, obwohl die große Mehrheit der Bevölkerung Chinesen sind. Ganz anders präsentieren sich die Wohngebiete außerhalb der City, wo strikt auf eine ethnische Durchmischung geachtet wird. Das schlägt sich auch auf die Sprache nieder: Zumeist hört man Singlish, Englisch durchmischt mit malaiischen und chinesischen Vokabeln.

Zu Unrecht wird Singapur von vielen nur als Stopover-Ziel besucht. Dabei besitzt die Stadt nicht nur die besten Museen und den schönsten Zoo Südostasiens, sondern auch das größte Riesenrad der Welt, eine schier unüberschaubare Anzahl moderner Einkaufstempel, eine zu einem gigantischen Vergnügungspark umgestaltete Insel sowie zahlreiche andere Attraktionen. Wer der Straßenschluchten müde geworden ist, kann lange Spaziergänge im Botanischen Garten machen, auf Plankenwegen durch ursprüngliche Dschungelgebiete marschieren oder Bootsfahrten unternehmen. Abends locken das hervorragende kulinarische Angebot sowie die lebhafte Klub- und Kulturszene.

Immer einen Schritt voraus: Mit der Helix Bridge und dem Marina Bay Sands Hotel bekräftigt Singapur einmal mehr seine ökonomische und städtebauliche Vorreiterrolle in Südostasien

Auf einen Blick: Singapur

Sehenswert

Das Zentrum von Singapur: Im National Museum of Singapore in die Geschichte abtauchen, bei einer Bootsfahrt auf dem Singapore River entspannen, die kulinarischen Köstlichkeiten von Chinatown, Little India oder Kampong Gelam genießen – und wer danach immer noch nicht müde ist, kann in einem der Klubs an den Quays abtanzen (s. S. 396).

Schöne Routen

Einkaufsbummel auf der Orchard Road: Nicht nur zum Shoppen, sondern auch zum Schauen lohnt sich ein Spaziergang auf dem gut 2 km langen Prachtboulevard (s. S. 405).

Bootsfahrt auf dem Singapore River: Gemächlich tuckern die Boote von der Marina Bay flussaufwärts, vorbei an Denkmälern, Kolonialbauten und restaurierten chinesischen Geschäfts- und Lagerhäusern vor der Kulisse glänzender Wolkenkratzer. So lässt sich ganz entspannt die Entwicklung der Stadt von den Anfängen bis zur Gegenwart verfolgen (s. S. 419).

Unsere Tipps

Marina South: In dem auf aufgeschüttetem Land vor der Küste errichteten Stadtviertel verblüffen die gewaltigen Dimensionen und die hypermodernen Gestaltungselemente internationaler Architekten (s. S. 396).

National Museum of Singapore: Südostasiens bestes Museum überzeugt durch sein innovatives Konzept. In thematischen Ausstellungen kann man die Geschichte dieser multikulturellen Metropole aus ganz unterschiedlichen Blickwinkeln nacherleben (s. S. 406).

Night Safari Park: Erst abends dürfen Besucher diesen Zoo besuchen, in dem eine große Zahl nachtaktiver Tiere beobachtet werden kann. Viele der weitläufigen Freigehege wirken wie der natürliche Lebensraum der Bewohner (s. S. 409).

Singapore City Gallery: Die Dynamik, Lebensqualität und Effizienz des grünen Stadtstaats ist ein Faszinosum für sich und Thema einer informativen Ausstellung zur Stadtplanung und -entwicklung. Eine stadtgewordene Vom-Tellerwäscher-zum-Millionär-Geschichte (s. S. 405).

Von der Moderne in Tausendundeine Nacht: Kampong Gelam, das muslimische Viertel

Bummel durch die Chinatown: Ein Viertel voller liebevoll restaurierter Geschäftshäuser, bunter Märkte, Museen, Tempel und Moscheen (s. S. 400).

Spaziergang durch den Botanischen Garten: In einem der ältesten Gärten der Region wurden nicht nur die ersten Gummibäume Südostasiens gezogen, hier finden sich auch ein Rest ursprünglicher Regenwald und die weltgrößte Orchideensammlung (s. S. 410).

Sentosa fast umsonst: Zahlreiche Attraktionen des Freizeitparks lassen sich auch mit wenig Geld genießen und sorgen für einen unterhaltsamen Tag (s. S. 412).

Das Zentrum

▶ 2, R 19

Hier, wo das Wirtschaftswunder Singapur seinen Anfang nahm, schlägt noch heute das Herz der Stadt, pulsiert das Leben und wird ein ehrgeiziger Neubau vom nächsten übertroffen. Dank gigantischer Landgewinnungsprojekte dehnt sich das Zentrum immer weiter ins Meer aus und zeugt von einem Boom sondergleichen. Ganz anders ist die Atmosphäre in den traditionellen ethnischen Enklaven, die einen mal nach China und mal nach Indien versetzen.

Geschichte

1823 legte **Stamford Raffles** (s. S. 42, 63) den Grundstein für die heutige Stadt Singapur. Nichts blieb bei der Bebauung dem Zufall überlassen, beispielsweise musste allen Fassaden ein überdachter, fünf Fuß breiter Fußweg vorgelagert sein. Den unterschiedlichen ethnischen Bevölkerungsgruppen wies Raffles separate Wohnviertel zu. Die Chinesen wurden südlich des Flusses in der heutigen Chinatown angesiedelt, die Tamilen im Norden in Little India und die Malaien und Araber östlich davon im ländlichen Kampong Gelam. Diese Strukturen sind bis heute erhalten geblieben, und was die Kahlschlagsanierung der Stadtplaner im letzten Drittel des vergangenen Jahrhunderts überlebte, wird nun liebevoll gepflegt. Die restaurierten Altstadtquartiere sind heiß begehrt und werden vielfach von schicken Boutiquen, modernen Restaurants und Designerbüros in Beschlag genommen.

Marina Bay

Cityplan: S. 402

Fast jeder Besucher aus dem alten Europa wandert staunend durch das futuristische Neubauviertel rings um die **Marina Bay.** Die weite Bucht an der durch Landaufschüttung vorgeschobenen Mündung des Singapore River wurde zum Meer hin abgeriegelt und dient der Stadt als Wasserreservoir. Sie wird umgrenzt vom Marina Centre mit dem Kulturzentrum Esplanade – Theatres On The Bay und dem Riesenrad Singapore Flyer im Norden, den gläsernen Hochhäusern des alten und neuen Finanzzentrums im Süden sowie Marina South mit den markanten Drillingstürmen Marina Bay Sands im Osten. Uferpromenaden und Fußpfade durch Parks laden zu Spaziergängen ein.

Marina South

Die blau schimmernden, gläsernen Hochhäuser des **Marina Bay Financial Centre** rings um die Haltestelle **MRT Marina Bay** 1 bilden einen starken Kontrast zur **Uferpromenade** 2 weiter im Norden. Sie wird von einer 133 m langen Stahlkonstruktion überspannt, die durch Nebelsprüher, farblich wechselnde LED-Leuchten und Musik vor allem nachts für besondere Effekte sorgt. Jenseits der mehrspurigen Hochstraße East Coast Parkway legen am **Marina Bay Cruise Centre** 3, www.mbccs.com.sg, mit einem futuristisch gestalteten Terminal die großen Kreuzfahrtschiffe aus aller Welt an.

Marina Bay Sands 4

Skypark Observation Deck: tgl. 11–21 Uhr, Erw. S$ 32, Kind. und Senioren S$ 28, MRT Bayfront

Der Blickfang im Zentrum der Halbinsel ist **Marina Bay Sands,** drei durch eine gewag-

Singapur ist anders

Singapur, einst Kronkolonie sowie Mitglied der Malayan Union, hat eine in vielen Aspekten ähnliche Geschichte wie Melaka und Penang aufzuweisen. Doch seit seiner Gründung 1965 beschreitet der Inselstaat durchaus eigene Wege.

Baden mit Aussicht: Pool des Marina Bay Sands

Nach britischem Vorbild wurde der neue Staat eine parlamentarische Republik mit einem Präsidenten bzw. einer Präsidentin für repräsentative Funktionen (seit 2023 Tharman Shanmugaratnam) und einem Premierminister als Regierungschef (seit 2004 Lee Hsien Loong, der Sohn des von 1959 bis 1990 regierenden Lee Kuan Yew). Seit jeher dominiert die People's Action Party das politische Geschehen. Die Opposition hat aufgrund des Mehrheitswahlrechts kaum eine Chance.

Von den 5,6 Mio. Einwohnern besitzen nur 3,4 Mio. einen Pass der Republik. Die anderen sind Arbeitsmigranten aus Nachbarstaaten, Gastarbeiter aus Südasien und Expats aus westlichen Ländern. Singapurs offizielle Staatssprachen sind Englisch, Malaiisch, Tamil und Mandarin, obwohl mehr als drei Viertel der Bevölkerung chinesischer Herkunft sind. Viele Chinesen verstehen die Hochsprache Mandarin nicht, sondern sprechen lokale Dialekte wie Hokkien, Hakka, Teochew oder Kantonesisch. Daher ist Englisch die allgemeine Verständigungssprache.

Als eines der weltweit wichtigsten Handels- und Finanzzentren verdankt Singapur seinen wirtschaftlichen Erfolg vor allem dem Fleiß seiner Bewohner, seiner strategischen Lage am südlichen Zipfel der malaiischen Halbinsel und seinem Ruf, politisch sicher sowie frei von Korruption zu sein. Da der Staat keine natürlichen Ressourcen besitzt, muss selbst das Wasser aus Malaysia eingeführt werden. Von den 1970er-Jahren bis heute ist die Landfläche von 581 auf 719 km² angewachsen, indem man die Insel mit Sand aus Indonesien durch Landaufschüttungen vergrößerte. Die gezielte staatliche Planung und Entwicklung der Infrastruktur hat den Inselbewohnern trotz der hohen Bevölkerungsdichte von 7804 Einwohnern pro Quadratkilometer eine grüne und lebenswerte Stadt beschert. Etwa 90 % der Bevölkerung wohnen außerhalb der City in sogenannten HDB Flats, Apartments des sozialen Wohnungsbaus in riesigen Hochhaussiedlungen *(housing estates)*, die mit Kindergärten, Schulen, Einkaufsmöglichkeiten und Freizeiteinrichtungen ausgestattet und gut mit zuverlässigen öffentlichen Verkehrsmitteln zu erreichen sind. Fast alle Bewohner sind Eigentümer ihrer Apartments. Die hohe Verdichtung von Wohn-, Geschäfts- und Büroräumen sowie die teils mehrstöckige Nutzung unterirdischer Flächen in der City schafft Platz für zahlreiche Parks und Grünanlagen bzw. bewahrt gezielt die letzten Dschungelreservate und Mangrovengürtel, weswegen Singapur zu Recht als Gartenstadt bezeichnet wird.

Zu Beginn der Modernisierung wurden Ende des vergangenen Jahrhunderts ganze Straßenzüge abgerissen. Dann setzte ein Umdenken ein und die verbliebene Altbausubstanz wurde aufwendig restauriert. Mittlerweile zählen die Sanierungsgebiete in der Chinatown, in Little India, Kampong Gelam und Katong zu den begehrtesten Wohnadressen der Stadt.

ABENDLICHES SPEKTAKEL

Jeden Abend versammeln sich Hunderte Schaulustige am Ufer vor dem Marina Bay Sands, wo um 20 und 21 Uhr, Fr, Sa auch 22 Uhr eine fantastische Licht-und-Sound-Show mit Laserstrahlen, Videoprojektoren und Fontänen vor der Kulisse der Hochhäuser gezeigt wird. Die Show dauert eine gute Viertelstunde und ist kostenlos, aber man sollte sich rechtzeitig einen guten Sitzplatz sichern, auch von einigen Tischen der hiesigen Restaurants hat man Blick auf das Spektakel.

te Dachkonstruktion miteinander verbundene Türme über einer luxuriösen Lifestyle Mall mit zahlreichen Läden und teils hochklassigen Restaurants. Die Gebäude beherbergen eines der beiden Casinos der Stadt, eine Theater- und Musicalbühne, ein Messe- und Kongresszentrum sowie das größte Hotel von Singapur. Vom **Skypark Observation Deck** auf dem 12 400 m² großen SkyPark in 191 m Höhe eröffnet sich ein atemberaubender Ausblick über die City.

ArtScience Museum 5

Tgl. 10–19 Uhr, permanente Ausstellung S$ 66, Kind., Senioren und Stud. S$ 53

Bereits die kreative Architektur des gegenüberliegenden **ArtScience Museum** regt zum Nachdenken an, desgleichen die hervorragend konzipierten multimedialen Ausstellungen zu Themen wie Technologie und Zukunft oder Schnittfeldern von Kunst und Wissenschaft. Die Ausstellungen wechseln häufig und es finden Führungen und Vorträge sowie Workshops statt.

Gardens by the Bay

www.gardensbythebay.com.sg, Außenanlagen tgl. 5–2 Uhr, Eintritt frei; Flower Dome und Cloud Forest tgl. 9–20 Uhr, Erw. S$ 53, Kind. S$ 40; Skyway tgl. 9–21 Uhr, Erw. S$ 12, Kind. S$ 8; Floral Fantasy Mo–Fr 10–18, Sa/So 10–19 Uhr, Erw. S$ 20, Kind. S$ 12, MRT Bayfront

Auch wenn die elegante Fußgängerbrücke **Helix Bridge** 6 dazu verlockt, die Flussmündung zu überqueren, sollte man zuerst die **Gardens by the Bay** 7 besuchen. In dem 100 ha großen Park mit zwei riesigen Glashäusern und Themengärten wachsen mehr als 100 000 Pflanzen. Die Außenanlagen umfassen einen chinesischen, indischen, malaiischen und englischen Garten. Im 38 m hohen Flower Dome sind auf einer Fläche von mehr als zwei Fußballfeldern mediterrane und tropische Gewächse zu sehen, im 54 m hohen Cloud Forest Pflanzen der tropischen Bergregionen rund um einen künstlichen Wasserfall. Die 25 bis 50 m hohen künstlichen Riesenbäume in der Supertree Grove sind mit 700 verschiedenen Orchideen, Farnen, Epiphythen und Würgefeigen des tropischen Regenwalds bepflanzt. Auf dem 128 m langen Skyway kann man durch die Wipfel wandern. Am Abend um 19.45 und 20.45 Uhr wird alles bei einer Light & Sound Show lebendig. Die in verschiedene Themengärten gegliederte Parkanlage dient zudem als Experimentierfeld für umweltfreundliche Technologien. Jenseits der Brücke zum Marina Bay Sands begeistern die überdachten Spazierwege von Floral Fantasy mit einer Flut an Blumenbeeten und -gestecken in allen denkbaren Formen und Farben. Selbst an der Decke hängt eine unfassbare Pflanzenpracht.

Singapore Flyer 8

Tel. 63 33 33 11, www.singaporeflyer.com, tgl. 10–22 Uhr, Erw. S$ 40, Kind. S$ 25, MRT Promenade

Das Riesenrad **Singapore Flyer** neben der Formel-1-Rennstrecke ist mit 165 m das größte der Welt. Bei der 30-minütigen Runde in einer der 28 klimatisierten gläsernen

Gondeln bieten sich fantastische Ausblicke über die Küste bis zum riesigen Containerhafen, über die Hochhäuser des Bankenviertels und die Marina Bay. Das Ticket berechtigt auch zum Besuch der Ausstellung **Time Capsule,** einer robotergeleiteten ›Zeitreise‹ durch das Singapur der Vergangenheit, Gegenwart und Zukunft.

Esplanade Waterfront

1 Esplanade Drive, Tel. 68 28 83 77, www.esplanade.com, Führungen mit unterschiedl. Schwerpunkt s. Website, S$ 20–50, Kind. und Senioren S$ 10–35

An der **Esplanade Waterfront,** der nördlichen Uferpromenade, wird ein abwechslungsreiches Kulturprogramm geboten. Am Wochenende finden sogar kostenlose Veranstaltungen statt. Die weltgrößte schwimmende Bühne **Marina Bay Floating Stadium** 9 bietet internationalen Kulturveranstaltungen und Sportwettbewerben ausreichend Platz und unter der ›stachligen‹, silberglänzenden Kuppel des **Esplanade – Theatres on the Bay** 1 (s. S. 418) finden Konzerte, Theateraufführungen, Tanzworkshops u.v.a.m. statt.

Kolonialviertel

Cityplan: S. 402

Merlion und The Fullerton

Vor der Kulisse des Financial District steht an der Flussmündung der wasserspeiende **Merlion** 10, halb Löwe, halb Fisch und das offizielle Wahrzeichen der Stadt. Dahinter erhebt sich ein von mächtigen Säulen getragenes, 1928 im neoklassizistischen Stil errichtetes Kolonialgebäude, das einstige Hauptpostamt, das zum luxuriösen **Hotel The Fullerton** 11 umgebaut wurde.

Asian Civilisations Museum

1 Empress Pl., Tel. 63 32 77 98, www.acm.org.sg, Sa–Do 10–19, Fr bis 21 Uhr, Erw. S$ 15, Kind. S$ 10, MRT Raffles Place

Über eine Fußgängerbrücke geht es ans andere Ufer des Singapore River. Aus dem Jahr 1867 stammt das **Empress Place Building,** das die hervorragende Sammlung des **Asian Civilisations Museum** 12 mit Kunstwerken aus China, Südost- und Westasien beherbergt. Mit dem Anbau von zwei neuen Flügeln ist nun viel Platz für die einmalige Sammlung asiatischer Kunstwerke. Die Galerien thematisieren die Verbreitung der aus dem indischen Raum stammenden Religionen ebenso wie die frühen Handelsrouten und Funde aus einem über tausend Jahre alten Schiffswrack sowie die Welt der chinesischen Gelehrten.

Hinter dem Museum markiert am North Boat Quay die **Stamford Raffles Statue** 13 den Platz, an dem der Gründer von Singapur 1819 erstmals seinen Fuß auf die Insel gesetzt haben soll.

Rings um den Padang

Weitere Repräsentationsbauten umgeben den **Padang,** den sozialen und kulturellen Mittelpunkt während der Kolonialzeit. Seit 1837 wird auf diesem Platz Cricket gespielt, die Tradition des über 160 Jahre alten **Cricket Club** 14 (https://scc.org.sg) wird bis heute gepflegt.

Die zwischen 1862 und 1906 errichtete **Victoria Theatre and Concert Hall** 15 bietet einen stilvollen Rahmen für Theateraufführungen und Konzerte (https://artshouse-limited.sg/vtvch). Bereits 1827 ließ sich ein schottischer Händler das einstige **Old Parliament House** als Residenz errichten. Es ist das älteste Gebäude der Stadt und wird als **The Arts House** 16 für Kunstausstellungen, Filmvorführungen, kleine Konzerte und Vorträge genutzt (www.theartshouse.sg, tgl. 10–21.30 Uhr).

National Gallery Singapore

Eine hohe Kuppel und klassische Kolonialarchitektur zeichnen den **Supreme Court** 17 von 1939 aus, früher Sitz des obersten Gerichts. Hier und in der benachbarten **City Hall** 18, dem Rathaus von 1929, zeigt nun die National Gallery of Singapore spannende Ausstellungen zeitgenössischer Künstler aus dem südostasiatischen Raum (www.nationalgallery.sg, tgl. 10–19 Uhr, Eintritt zur ständigen Ausstellung S$ 20, Sonderausstellungen S$ 25, MRT City

BUMMEL DURCH DIE CHINATOWN

Tour-Infos

Start: Chinatown Heritage Centre (s. S. 404)
Dauer/Länge: ca. 2 Std./ca. 2 km
Cityplan: S. 402
Infos: Tipps für weitere Ziele in Chinatown sind zu finden auf www.chinatown.sg.

Vom östlichen Ende der Pagoda Street und dem **Chinatown Heritage Centre** sind es wenige Schritte bis zur South Bridge Road und zum Eingangstor des **Sri Mariamman Temple** 23 von 1862. Im ältesten und bedeutendsten hinduistischen Tempel der Stadt können Besucher Puja-Zeremonien miterleben (s. Zeremonieplan auf www.smt.org.sg, tgl. 6–12 und 18–21 Uhr). Weiter nördlich in der 218 South Bridge Road steht die **Masjid Jamae** 24, Singapurs älteste Moschee. Sie wurde zwischen 1830 und 1835 von tamilischen Händlern und Geldwechslern aus Südostindien finanziert (www.masjidjamaechulia.sg, zuletzt wegen Renovierung für Besucher geschlossen).

Jenseits der South Bridge Road führt die schmale Mohamed Ali Lane hinauf zur **Club Street** 25, einem angesagten Szeneviertel mit vielen Bars und Restaurants. Hier standen im 19. Jh. die Clanhäuser (s. S. 200), die ersten Anlaufpunkte der Neuankömmlinge aus China. Richtig schick wird das Viertel am südlichen Ende der Club Street rings um den **Ang Siang Hill Park.** Eines der architektonischen Aushängeschilder ist der (für die Straße namengebende) **Chinese Weekly Entertainment Club** 26 am Ende der Sackgasse in der Nr. 76, dessen gepflegte viktorianische

Fassade vom wirtschaftlichen Einfluss seiner ausschließlich männlichen Mitglieder zeugt, allesamt Peranakan-Millionäre, die das Etablissement 1891 gründeten.
Ein ausgeschilderter Fußweg führt vom Park hinab zur **Amoy Street,** einer der ältesten unter Stamford Raffles angelegten Straßen, die früher wegen ihrer Opiumhöhlen berüchtigt war. In der östlichen Parallelstraße, der Telok Ayer Street, stehen drei weitere Gebetsstätten: der muslimische **Nagore Durgha Shrine** 27, die **Masjid Al-Abrar** 28 und dazwischen der älteste Hokkien-Tempel der Stadt, der eindrucksvolle **Thian Hock Keng Temple** 29. Er wurde zwischen 1839 und 1842 von wohlhabenden Gläubigen für die Schutzpatronin der Seeleute, Ma Chu Po, erbaut und dient heute Gläubigen, die den Taoismus, Buddhismus und Konfuzianismus praktizieren und hier ihre Ahnen verehren (www.thianhockkeng.com.sg, tgl. 7.30–17 Uhr).
Am Ende der Tour kann man dem Buddha Tooth Relic Temple (s. links) und der Singapore City Gallery (s. S. 405) einen Besuch abstatten. Wer müde ist, findet im Maxwell Food Centre (s. S. 417) oder im Tea Chapter (s. S. 419) einen Ort zum Entspannen.

Hall). Führungen mit Schwerpunkt Architektur Do–So um 11 Uhr, durch einzelne Galerien tgl. um 10.30 sowie Do–So um 13 und 15.30 Uhr. Zudem Sa und So eine Führung durch die nicht öffentlichen Areale des ehemaligen Gerichtshofs (S$ 15).

Hinter der City Hall erhebt sich der Turm der anglikanischen **St. Andrew's Cathedral** 19, der größten Kathedrale der Stadt, die zwischen 1856 und 1861 im neogotischen Stil erbaut wurde. Auch das **Raffles Hotel** 1 (s. S. 413) und das zu einem Kultur- und Restaurantkomplex umgebaute **CHIJMES** (Convent of the Holy Infant Jesus) 20 (www.chijmes.com.sg), eine einstige Klosterschule, stammen aus dieser Zeit.

Boat, Clarke und Robertson Quays

Noch bis in die 1980er-Jahre hinein säumten Lagerhäuser das Nordufer des Singapore River an den heutigen Boat, Clarke und Robertson Quays. Hier wurden die Lastkähne *(tongkangs)* entladen, die Waren von den vor der Küste ankernden Schiffen hereinbrachten. In den restaurierten Speichern vergnügt sich nun die einheimische Mittel- und Oberschicht in schicken Restaurants, Klubs und Bars. Aber auch Künstlern wird Raum geboten, beispielsweise im **Singapore Repertory Theatre** 21 (www.srt.com.sg) und am Boat Quay im **Singapore Tyler Print Institute** 22 (www.stpi.com.sg, MRT Clarke Quay).

Chinatown

Cityplan: S. 402

Bereits Ende des 19. Jh. war das chinesische Wohnquartier durch Zuwanderer völlig überfüllt. Die Arkaden wurden von Handwerkern und Händlern in Beschlag genommen, Garküchen blockierten die Straßen. Aufgrund der dichten Bebauung sowie der schlechten Belüftung und der mangelhaften sanitären Anlagen in den Häusern drohte das Viertel zu einem Slum zu verkommen. Die Abrissbirnen rückten an und nur wenige Straßenzüge blieben erhalten. Für die Händler schuf man Platz in neuen Einkaufszentren, die Straßenküchen zogen in sogenannte Hawker Centres, überdachte Open-Air-Hallen, wo die hygienischen Bedingungen besser kontrolliert werden konnten.

Dennoch hat die **Chinatown** viel von ihrer ursprünglichen Atmosphäre bewahrt. Manche Läden sind bereits seit Generationen im Besitz der gleichen Familie und haben auch ihr Warenangebot kaum verändert. Andere sind den Trends der Zeit gefolgt, bieten schickes Design zu entsprechenden Preisen. In unmittelbarer Nachbarschaft wird in Tempeln und Moscheen nach alten Riten gebetet und wieder eine Ecke weiter durchstreift die Klubszene auf der Suche nach angesagten Locations die Gassen. Ein Spaziergang durch die Chinatown (s. S. 400) lässt vergessen, dass man sich im bedeutendsten

Singapur

Sehenswert

1 MRT Marina Bay
2 Uferpromenade
3 Marina Bay Cruise Centre
4 Marina Bay Sands
5 ArtScience Museum
6 Helix Bridge
7 Gardens by the Bay
8 Singapore Flyer
9 Marina Bay Floating Stadium
10 Merlion
11 The Fullerton
12 Asian Civilisations Museum
13 Stamford Raffles Statue
14 Cricket Club
15 Victoria Theatre and Concert Hall
16 The Arts House
17 Supreme Court
18 City Hall
19 St. Andrew's Cathedral
20 CHIJMES
21 Singapore Repertory Theatre
22 Singapore Tyler Print Institute
23 Sri Mariamman Temple
24 Masjid Jamae
25 Club Street
26 Chinese Weekly Entertainment Club
27 Nagore Durgha Shrine
28 Masjid Al-Abrar
29 Thian Hock Keng Temple
30 Chinatown Heritage Centre
31 Buddha Tooth Relic Temple
32 Singapore City Gallery
33 Orchard Central
34 313 @ Somerset
35 ION Orchard

Fortsetzung S. 404

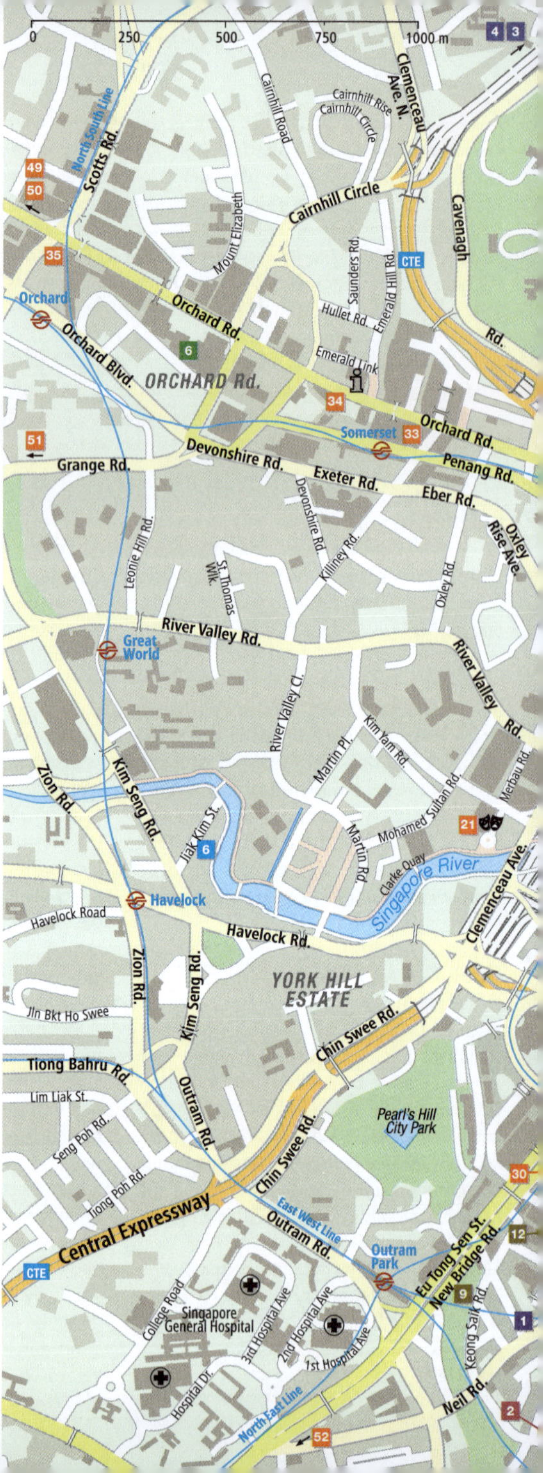

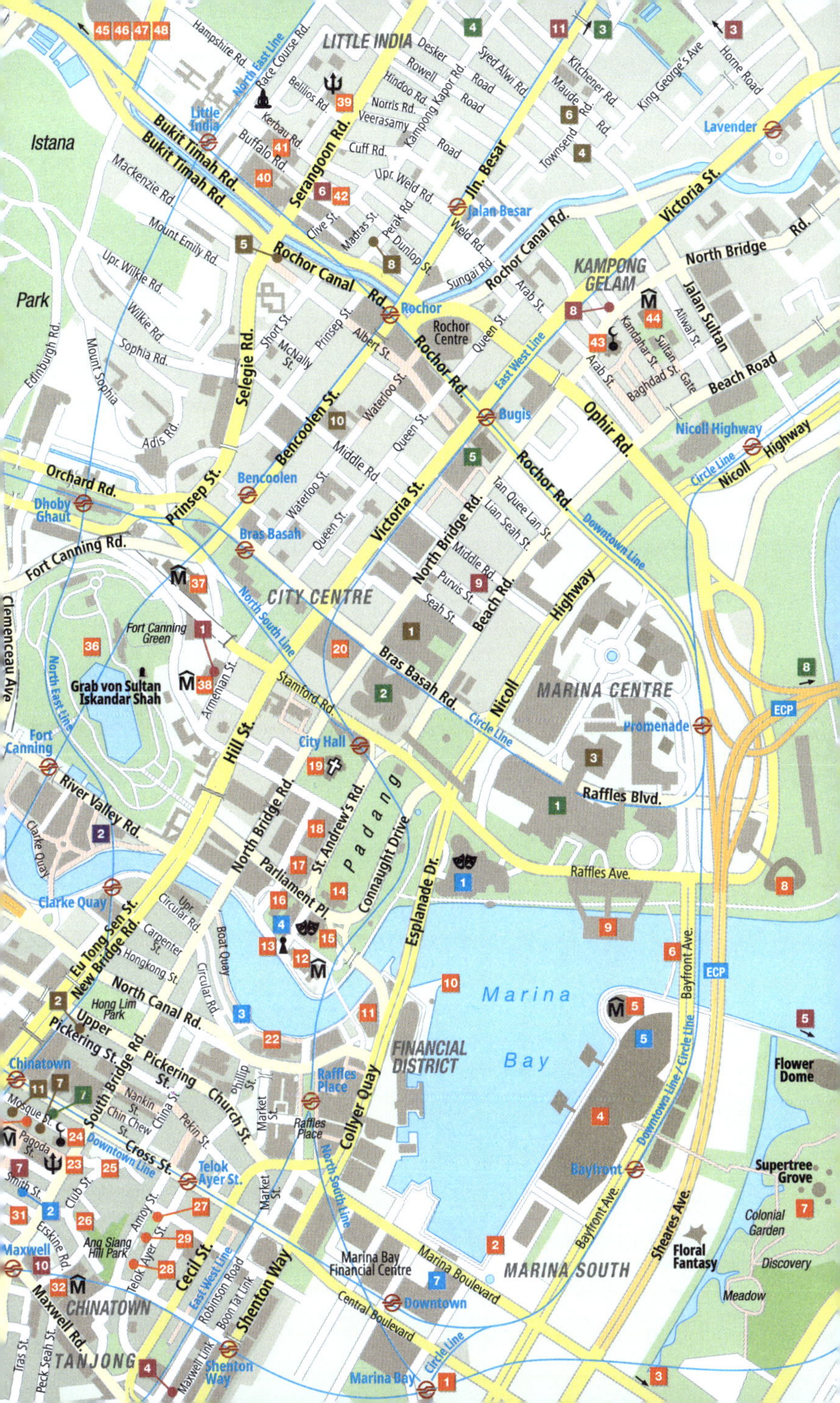

LITTLE INDIA
Istana
Park
Little India
Bukit Timah Rd.
Serangoon Rd.
Rochor Canal Rd.
Jln. Besar
Jalan Besar
Lavender
Victoria St.
North Bridge Rd.
KAMPONG GELAM
Jalan Sultan
Beach Road
Rochor
Rochor Centre
Rochor Rd.
Bugis
Ophir Rd.
Nicoll Highway
Bencoolen St.
Bencoolen
Selegie Rd.
Prinsep St.
Orchard Rd.
Dhoby Ghaut
Bras Basah
Fort Canning Rd.
CITY CENTRE
Fort Canning Green
Grab von Sultan Iskandar Shah
Fort Canning
MARINA CENTRE
Promenade
ECP
City Hall
Hill St.
River Valley Rd.
Clarke Quay
Raffles Blvd.
Raffles Ave.
Padang
Connaught Drive
Esplanade Dr.
Marina Bay
FINANCIAL DISTRICT
Raffles Place
Collyer Quay
Chinatown
Telok Ayer St.
Maxwell
CHINATOWN
TANJONG
Shenton Way
Downtown
Marina Bay Financial Centre
Marina Boulevard
MARINA SOUTH
Bayfront
Bayfront Ave.
Sheares Ave.
Flower Dome
Supertree Grove
Colonial Garden
Discovery
Meadow
Floral Fantasy
Central Boulevard
Marina Bay
Clemenceau Ave
North East Line
North South Line
East West Line
Circle Line
Downtown Line

36 Fort Canning Park
37 National Museum of Singapore
38 Peranakan Museum
39 Sri Veeramakaliamman Temple
40 Tekka Centre
41 Residence of Tan Teng Niah
42 Indian Heritage Centre
43 Masjid Sultan
44 Malay Heritage Centre
45 Bukit Timah Nature Reserve
46 Singapore Zoo
47 River Wonders
48 Night Safari
49 Botanical Garden
50 Holland Village
51 Dempsy Hill
52 Sentosa

Übernachten

1 Raffles Hotel
2 PARKROYAL on Pickering
3 Pan Pacific Singapore
4 The Vagabond Club
5 Village Hotel Albert Court
6 J8 Hotel Singapore
7 Hotel Mono
8 Perak Hotel
9 The Keong Saik Hotel
10 Fragrance Hotel Bugis
11 Wink Hostel
12 Jyu Capsule Hotel

Essen & Trinken

1 True Blue Cuisine
2 The Blue Ginger
3 Lai Huat Seafood
4 Annalakshmi
5 Satay by the Bay
6 Komala Vilas
7 Noodle Man (Lan Zhou La Mian)
8 Sabar Menanti
9 Chin Chin Eating House
10 Maxwell Food Centre
11 Beach Road Scissor-Cut Curry Rice

Einkaufen

1 Marina Square Shopping Mall
2 Raffles City
3 CityLink Mall
4 Mustafa Centre
5 Bugis Street
6 Kinokuniya
7 Eu Yan Sang
8 Rumah Bebe

Abends & Nachts

1 Esplanade – Theatres on the Bay
2 Chinese Opera Tea House
3 Harry's at Boat Quay
4 Timbré
5 Sands Expo & Convention Centre
6 Zouk
7 LeVel33

Aktiv

1 Tea Chapter
2 GX5
3 Admiralty Park
4 MacRitchie Reservoir

Handels- und Bankenzentrum Südostasiens befindet.

Chinatown Heritage Centre 30

48 Pagoda St., Tel. 62 24 39 28, tgl. 9–20 Uhr, S$ 15, Kind. S$ 11, MRT Chinatown

Die Geschichte der chinesischen Einwanderer wird im **Chinatown Heritage Centre** anschaulich präsentiert. Man erhält Informationen über den Alltag in den von Kriegen und Hungersnöten geschüttelten chinesischen Provinzen, über die unmenschlichen Bedingungen, denen die Männer auf den Schiffen, an Arbeitsplätzen und in überfüllten Schlafquartieren ausgesetzt waren, über die Versuchungen durch Prostitution, Glücksspiel und Opium und über die Geheimgesellschaften. Außerdem vermittelt die Ausstellung einen Eindruck vom Straßenleben in der Chinatown vor der Sanierung. Nach einem Betreiberwechsel war das Museum zur Recherche Ende 2023 geschlossen.

Buddha Tooth Relic Temple 31

South Bridge Rd., www.buddhatoothrelictemple.org.sg, Tempel: tgl. 7–17 Uhr, Museen: 9–17 Uhr, Eintritt frei, MRT Maxwell

Der vierstöckige **Buddha Tooth Relic Temple** im Stil der Tang-Dynastie vereint unter seinem Dach einen Tempel des Mahayana-Buddhismus und eine Reihe von Ausstellungen zu buddhistischen Themen. Der gewaltige Komplex wurde einzig und allein für einen Zahn erbaut, der von Buddha stammen soll und 2002 aus Arakan in Myanmar hierher gebracht wurde. Neben der Zahnreliquie, die in einer goldenen Stupa im Obergeschoss verwahrt wird, beherbergt die Anlage zahlreiche Statuen von Buddha, den Bodhisattvas und berühmten Mönchen sowie im 3. Stock eine wertvolle Sammlung buddhistischer Kunst. Über die Dachterrasse erreicht man einen Schrein, in dem man eine Gebetstrommel drehen kann. Die Gebetshallen bieten Platz für Zeremonien und im Restaurant (tgl. 9–15 Uhr) wird kostenlos vegetarisches Essen serviert.

Singapore City Gallery 32

45 Maxwell Rd., Tel. 62 21 66 66, www.ura.gov.sg/Corporate/Singapore-City-Gallery, Mo–Sa 9–17 Uhr, Eintritt frei, MRT Maxwell

Überaus vielseitig informiert die Stadtplanungsbehörde URA (Urban Redevelopment Authority) in der angeschlossenen **Singapore City Gallery** über die Stadt- und Bevölkerungsentwicklung, die Bedeutung von Grünflächen und Ökoeffizienz im größeren Zusammenhang und fortschrittliche Raumkonzepte. Interessierte erhalten anhand von interaktiven Modellen und informativen Schautafeln einen guten Eindruck von der gezielten Dezentralisierung und gleichzeitigen Restaurierung der verbliebenen historischen Gebäude. An einem maßstabsgetreuen Modell der City wird etwa stündlich eine kurze Licht- und Soundshow vorgeführt.

Die Behörde listet in ihrem Conservation Plan über 7000 Gebäude auf und kümmert sich zudem um Grünflächen, Straßen, die Wasserversorgung und andere Infrastrukturmaßnahmen. Hier lässt sich erahnen, wie das zukünftige Leben in modernen asiatischen Metropolen aussehen wird. An einer interaktiven Station kann man selbst in einem Videospiel die Rolle des Stadtplaners übernehmen.

Orchard Road und Umgebung

Cityplan: S. 402

Orchard Road

In der City entstehen ständig neue Einkaufspaläste, die darum wetteifern, ihre Vorgänger in den Schatten zu stellen. Die von namhaften Architekten gestalteten Shopping Malls erregen viel Aufsehen – einige reichen viele Stockwerke tief unter die Erde oder sind mit MRT-Stationen verbunden, andere beeindrucken durch ausgefallene Fassaden. Am ausgeprägtesten ist das Schaulaufen in der **Orchard Road,** der traditionellen Einkaufsmeile von Singapur. Selbst Einkaufsmuffel geraten in den Konsumtempeln ins Staunen.

Sehr lohnend ist ein Besuch des 12-stöckigen **Orchard Central** 33 mit seinem interessanten Dachgarten (181 Orchard Rd., www.fareastmalls.com.sg/orchard-central, tgl. 11–22 Uhr, MRT Somerset). Durch den gläsernen Eingang des **313 @ Somerset** 34 gelangt man direkt auf den von Restaurants umgebenen **Discovery Walk,** eine lichtdurchflutete Halle (313 Orchard Rd., www.313somerset.com.sg, tgl. 10–22 Uhr, MRT Somerset). Delikatessen aus aller Welt gibt es im hypermodernen **ION Orchard** 35, das sich über vier ober- und vier unterirdische Stockwerke erstreckt (2 Orchard Turn, www.ionorchard.com, tgl. 10–22 Uhr, MRT Orchard). Im 4. Stockwerk finden wechselnde Kunstausstellungen statt (Eintritt frei), zudem geht es per Lift auf 218 m ins ION Sky, das nicht nur mit fantastischen Ausblicken, sondern auch mit gehobener Küche im 1-Atico, das u. a. japanisch-peruanische Fusionsküche serviert.

Fort Canning Park 36

www.nparks.gov.sg, MRT Dhoby Ghaut

Nach einem Einkaufsbummel eignet sich der 18 ha große **Fort Canning Park** am westlichen Ende der Orchard Road gut zum Entspannen. Auf der Erhebung residierten früher malaiische Herrscher und auch Stamford Raffles ließ sich hier einen Wohnsitz erbauen, doch von all dem blieb nichts erhalten. Das einzige Überbleibsel des ehemaligen Forts, das von 1861 bis 1926 den Bereich des heutigen Reservoirs umfasste, ist ein Eingangstor. Von der jüngeren Militärgeschichte des Hügels zeugt die ehemalige britische Kaserne. In der Nähe befand sich in Bunkern die unterirdische Kommandozentrale der Briten während des Zweiten Weltkriegs. In den restaurierten Räumen informiert das Museum **Battle Box** über einen Audio Guide (Smartphone mitbringen) über die Geschichte des Zweiten

Weltkriegs in diesem Teil der Welt (www.battlebox.sg, Fr–Mi 9.30–17.30 Uhr, Eintritt frei).

Östlich vom Reservoir befindet sich möglicherweise das **Grab von Sultan Iskandar Shah,** dem letzten malaiischen Herrscher von Singapur. Es könnte jedoch auch nur ein Scheingrab (Kenotaph) zur Erinnerung sein.

National Museum of Singapore 37

Tel. 63 32 36 59, www.nhb.gov.sg/nationalmuseum, tgl. 10–19 Uhr, Erw. S$ 10, Senioren S$ 7, Kind. kostenlos, Führungen Mo–Sa 11 und 14, Sa, So auch 15 Uhr, MRT Dhoby Ghaut oder Bras Basah

Kaum ein Besucher Singapurs wird sich nicht für das **National Museum** erwärmen können. Das älteste Museum der Stadt, das im Jahr 1887 in der Raffles Library seinen Anfang nahm, erfuhr in der Zwischenzeit mehrere Umbauten und Erweiterungen, sodass der Altbau in einer zeitgemäßen Hülle aus Glas und Edelstahl zu ruhen scheint.

Der zentrale Bereich, die Singapore History Gallery, nutzt alle multimedialen Möglichkeiten, ein anschauliches Bild von der 700-jährigen Geschichte der Insel zu präsentieren, und zwar nicht nur mit Blick auf die großen Ereignisse, sondern auch auf Einzelschicksale und den sprichwörtlichen ›kleinen Mann‹. In den kleineren Ausstellungen im oberen Bereich rücken Alltagsgeschichte, aber auch der künstlerische Blick auf die Stadt und seine Bewohner in den Fokus. Auch die wechselnden Sonderausstellungen und Installationen sind stets hervorragend. Es lohnt sich, hier ein paar Stunden einzuplanen, auch mit Kindern.

Peranakan Museum 38

39 Armenian St., Tel. 63 32 75 91, www.nhb.gov.sg/peranakanmuseum, Sa–Do 10–19, Fr 10–21 Uhr, Eintritt S$ 12, MRT City Hall oder Bras Basah

Im einstigen Schulgebäude ermöglicht die liebevoll gestaltete Ausstellung einen Einblick in die Welt der Peranakan, ihre Geschichte, Sprache und Alltagskultur. Beeindruckend ist die aufwendig hergestellte Kleidung ebenso wie die kreative Küche. Ein Teil der **Armenian Street** wurde zu einer Fußgängerzone umgestaltet, in der gezielt Pflanzen mit symbolischer oder alltagspraktischer Bedeutung für die Peranakan als Begrünung fungieren, z. B. Gewürzpflanzen der Nyonya-Küche oder die Fingerzitrone (auch Buddhas Hand).

Little India

Cityplan: S. 402

Der größte Schub an indischen Immigranten gelangte in den 1920er-Jahren nach Singapur, wo sie sich rings um die heutige Serangoon Road niederließen. Das von zweistöckigen Geschäftshäusern geprägte Viertel wurde ab 1990 gründlich saniert. Dabei legte man großen Wert auf den Erhalt der gewachsenen Struktur, sodass alteingesessene Geschäfte und Tempel weiterhin das Straßenbild dominieren.

Serangoon Road

Die Hauptschlagader von Little India ist die **Serangoon Road,** eine von Singapurs buntesten Ecken. Noch immer tragen viele hinduistische Inderinnen traditionelle Saris. Muslimische Inderinnen bevorzugen den Salwar Kamiz, eine Kombination aus einer weiten Hose mit einem locker fallenden Oberteil und einem farblich abgestimmten Schal. Alle miteinander lieben filigranen Goldschmuck, was den zahlreichen Juweliergeschäften in der Serangoon Road ein gutes Geschäft sichert.

Im 1881 erbauten **Sri Veeramakaliamman Temple** 39 wird die mächtige Göttin Kali, die furchterregende Inkarnation der kosmischen Energie, vor allem von Anhängern aus Bengalen verehrt. Mehrere Statuen der mehrarmigen Göttin mit einer Schädelkette und Waffen stehen im dunklen Innern des Tempels, ebenso wie Abbilder ihrer Söhne Ganesha und Murugan (141 Serangoon Rd., www.srivkt.org, tgl. 5.30–12, 17–21 Uhr, Menstruierende sollen den Tempel nicht betreten).

Rings um das Tekka Centre

Indische Kleidungsstücke und Accessoires verkaufen die Händler seit 1982 im 1. Stock

Fast wie eine Theaterkulisse wirkt diese quietschbunte Fassade in Little India. Sie gehört zur Residenz des einstigen Zuckerbarons Tan Teng Niah, der mit Zuckerrohr und Kautschuk ein Vermögen machte

des **Tekka Centre** 40. Im Erdgeschoss werden Lebensmittel angeboten und an über 100 Garküchen zubereitet (Serangoon Rd., Ecke Buffalo Rd., tgl. 6.30–21 Uhr, MRT Little India).

Im verkehrsberuhigten Abschnitt der **Kerbau Road** lohnen die Hausnummern 3 bis 33 einen Blick, deren Erdgeschosse früher als Viehställe dienten. Bevor die Gegend für den Wohnungsbau erschlossen wurde, ließen indische Viehzüchter in dem Sumpfland ihre Kühe weiden. Ein cleverer chinesischer Geschäftsmann errichtete 1905 gleich gegenüber die **Residence of Tan Teng Niah** 41, in der die frische Milch zu Süßigkeiten verarbeitet wurde.

Indian Heritage Centre 42

5 Campbell Lane, Tel. 62 91 16 01, www.indianheritage.gov.sg, Di–Do 10–19, Fr, Sa 10–18 Uhr, Eintritt S$ 8/S$ 5, Führungen Di–Fr 11, Sa und So 14 Uhr, MRT Little India

Das vierstöckige Eckgebäude bietet viel Platz für die Geschichte und Kultur der indischstämmigen Einwanderer von den ersten Handelskontakten bis heute. Ihre unterschiedlichen Wurzeln werden ebenso beleuchtet wie ihre beruflichen und politischen Aktivitäten während der Kolonialzeit im heutigen Singapur. Wechselausstellungen ergänzen die Dauerausstellung.

Kampong Gelam

Cityplan: S. 402

Stamford Raffles wies das Gebiet rings um die Residenz der Sultansfamilie von Johor den Malaien und Arabern zu, darunter viele Textilhändler. Auch eine große Zahl mus-

Sie steht im Zentrum des muslimischen Viertels: die Masjid Sultan

limischer Einwanderer aus Java, Sumatra und Südsulawesi (Bugis) ließ sich in **Kampong Gelam** nieder. Einige besonders schöne Häuser säumen die **Kandahar Street,** die **Arab Street** und die **Haji Lane,** heute eine beliebte Ausgehmeile (MRT Nicoll Highway und MRT Bugis).

Masjid Sultan 43

3 Muscat St., http://sultanmosque.sg, Sa–Do 10–12, 14–16 Uhr

Im Zentrum des malaiischen Viertels erhebt sich in der North Bridge Road die größte Moschee der Stadt, die **Masjid Sultan.** Das ursprüngliche Bauwerk wurde 1824 vom Sultan von Johor und Stamford Raffles in Auftrag gegeben und im Jahr 1925 durch das heutige Gebäude mit einer goldglänzenden Kuppel ersetzt, das 5000 Gläubigen Platz bietet.

Aufgrund der überwiegend muslimischen Bevölkerung in Kampong Gelam wird das abendliche Fastenbrechen während des Ramadan hier zu einem großen Ereignis. Vier Wochen lang füllt sich die zur Fußgängerzone umfunktionierte **Bussorah Street** vor der Moschee nach dem Abendgebet ab etwa 19 Uhr mit Essensständen. Aber auch außerhalb des Fastenmonats findet man zahlreiche Cafés und Restaurants, die halal kochen und Wasserpfeifen statt Alkohol anbieten.

Malay Heritage Centre 44

85 Sultan Gate, Tel. 63 91 04 50, www.malayheritage.gov.sg, bis Ende 2025 wegen Renovierung geschlossen, MRT Bugis

Wenige Schritte östlich der Masjid Sultan gelangt man durch das unscheinbare **Sultan Gate** zur **Istana Kampung Gelam,** der früheren Sultansresidenz. Das im Jahr 1840 vom Sultan von Johor, Tungku Ali, erbaute Haus ist allerdings eher eine Stadtvilla als ein Palast.

Umfassend restauriert, wurde es als **Malay Heritage Centre** neu eröffnet. Seitdem informiert in sechs Räumen eine multimedial angereicherte Dauerausstellung über die Geschichte von Kampong Gelam, außerdem finden regelmäßig Wechselausstellungen statt.

Außerhalb des Zentrums

▶ 2, Q/R 19

Nach langen Spaziergängen durch die Straßenschluchten der City ist es an der Zeit, die andere Seite der Insel zu entdecken. Das Holland Village lässt Heimatgefühle aufkommen, der Botanische Garten überrascht mit Resten eines tropischen Regenwalds und vor allem Kindern wird ein Besuch von Sentosa oder dem Zoo unvergesslich bleiben.

Nördlich der City

Cityplan: S. 402

Bukit Timah Nature Reserve 45

www.nparks.gov.sg, tgl. 7–19 Uhr, Eintritt frei, Bus 171 ab Orchard Rd., MRT Beauty World

Schon 1883 wurde etwa 12 km nordwestlich der City ein 70 ha großes Dschungelgebiet rings um den höchsten Hügel der Inseln, den 163 m hohen Bukit Timah, unter Naturschutz gestellt. Das **Bukit Timah Nature Reserve** mit seinem ursprünglichen Bewuchs ist von Sekundärwald umgeben, der eine Fläche von rund 90 ha umfasst. Wo einst Tiger gejagt wurden, sind nun Spaziergänger, Mountainbike-Enthusiasten und Ornithologen unterwegs. Im Visitor Centre sind Karten mit eingezeichneten Wanderwegen und Bike-Routen erhältlich. Im Obergeschoss wird zudem die biologische Vielfalt der hiesigen Natur verdeutlicht. Nordöstlich grenzt der Chestnut Nature Park an, der seinen Namen den hiesigen Kastanienbäumen verdankt und ebenfalls mit Wanderwegen und separaten Mountainbike Trails ausgestattet ist.

Singapore Zoo 46

Mandai Lake Rd., Tel. 62 69 34 11, www.mandai.com, tgl. 8.30–18 Uhr, Shows 9.15–17 Uhr, Erw. S$ 48, Kind. S$ 33, Bus 927 ab MRT Choa Chu Kang oder Bus 138 ab MRT Ang Mo Kio, ab MRT Khatib fährt ein Shuttlebus (S$ 2)

Der 28 ha große und stark im Artenschutz engagierte **Zoo** ca. 15 km nördlich des Zentrums liegt inmitten tropischer Natur auf einer Halbinsel im Upper Seletar Reservoir. Ein Großteil der rund 4200 Tiere lebt in gepflegten Freigehegen, die der natürlichen Umgebung ihrer Bewohner nachempfunden wurden – dem einheimischen Regenwald ebenso wie dem äthiopischen Great Rift Valley und dem australischen Outback. Man kann durch die Schmetterlingsvoliere spazieren, durch riesige Scheiben Krokodile, Flusspferde und Otter unter Wasser beobachten oder auf einer Bootsfahrt Wasservögel und Warane erspähen. In einigen Gehegen bieten Aussichtsplattformen eine gute Sicht. Besonders stolz ist der Zoo auf seine Primaten.

River Wonders 47

www.wrs.com.sg, tgl. 9–18 Uhr, Erw. S$ 34, Kind. S$ 23, Senioren S$ 16, online günstiger, Bootsfahrt auf dem Amazon River S$ 5 bzw. 3 extra

Der an den Zoo angeschlossene **River Safari Park** macht Besucher mit den Lebewesen großer Flussläufe wie Nil, Kongo, Ganges, Mekong, Amazonas und Yangtze bekannt. In einem Wald können Pandabären bestaunt werden. Entspannt und kostenlos ist die Bootsfahrt auf dem Upper Seletar Reservoir.

Night Safari 48

Tel. 62 69 34 11, www.mandai.com, tgl. 19.15–24 Uhr, Tiershow 19.30, 21, 22 Uhr, Erw. S$ 55, Kind. S$ 39, online günstiger

An den Zoo grenzt auch der noch weitläufigere **Night Safari Park** an, ein Tierpark für nachtaktive Lebewesen. Entweder man begibt

SPAZIERGANG DURCH DEN BOTANISCHEN GARTEN

Tour-Infos

Start: Am Tanglin Gate, Holland Rd. (ab Orchard Rd. Bus 7, 106, 174 bis Napier Rd.)
Ziel: Melati Gate, Cluny Park Rd. (MRT Botanic Gardens)
Dauer: 2–3 Std.
Schwierigkeitsgrad: einfach

Infos: Im Infozentrum des Botanischen Gartens, www.nparks.gov.sg/sbg (mit vielen detaillierten Karten des Parks und einzelner Gärten); Bot. Garten tgl. 5–24 Uhr, Eintritt frei; National Orchid Garden tgl. 8.30–19 Uhr, Erw. S$ 15, Studenten und Sen. S$ 3, Kind. bis 12 J. frei. Im Park gibt es mehrere Restaurants (s. Website).

Nur wenige Minuten westlich der turbulenten Orchard Road lädt der 82 ha große, bereits 1859 gegründete **Botanical Garden** 49 zu einem entspannten Spaziergang ein. An Wochenenden haben allerdings Tausende andere die gleiche Idee.

Vom südlichen **Tanglin Gate** geht es durch malerische Gartenanlagen zunächst nach Norden, wo sich noch ein letzter Rest ursprünglichen tropischen **Regenwalds** mit uralten Baumriesen erstreckt. Neben dem Botany Centre dokumentiert das **SBG Heritage Museum** interessante Geschichten und Fakten rund um die Historie das Botanischen Gartens. Die benachbarte **CDL Green Gallery** fokussiert sich auf botanische und landschaftsgärtnerische Themen und ist durch und durch ›grün‹. Sie generiert mehr Solarstrom, als sie benötigt, hat vertikale Bepflanzung und besteht teilweise aus Hanfbeton (beide tgl. 9–18 Uhr, Eintritt frei). Plankenwege erleichtern stellenweise die Wanderung durch den dichten Dschungel, in dem die entfernten Straßengeräusche schon bald von zirpenden Grillen und plätschernden Bächen übertönt werden. Von den Museen sind es ca. 600 m zum **National Orchid Garden,** einem abwechslungsreichen Orchideengarten mit mehr als 1000 Arten und 2000 Hybriden sowie einem Kühlhaus für Pflanzen der Bergregionen. Weitere 200 m nördlich davon liegt der **Symphony Lake** mit einer Freilichtbühne, wo manchmal sogar das Singapore Symphony Orchestra spielt. Brautpaare posieren vor der idyllischen Kulisse für Hochzeitsfotos, Ausflügler picknicken unter weit ausladenden Bäumen und im Pavillon trifft sich die Tai-Chi-Gruppe.

Im Zentrum des Gartens, der sogar zum UNESCO-Weltkulturerbe zählt, trifft man auf das **Informationszentrum** und nördlich davon auf den **Healing Garden,** in dem über 400 Heilpflanzen gedeihen (Mi–Mo 7–19 Uhr). Der **Evolution Garden** weiter westlich demonstriert die Entwicklungsgeschichte der Pflanzenwelt. Vorbei am **Cluny Gate** führt ein Fußpfad durch ein schmales Waldgebiet, wo es zunehmend ruhiger wird. Nur ab und an trifft man auf den verschlungenen Pfaden rings um den **Eco Lake** und im **Ethnobotany** einen Naturfotografen oder jemanden, der seinen Hund ausführt. Beim **Melati Gate,** dem nordöstlichen Eingang, wird auf Tafeln an die interessante Geschichte des Botanischen Gartens erinnert. Henry Nicholas Ridley, der von 1888 bis 1912 Direktor der Anlage war, züchtete hier die ersten Kautschukbäume und schuf damit die Voraussetzungen für den späteren Gummiboom von Malaya.

sich auf eine geführte Tour, bei der es per Bahn durch verschiedene geografische Regionen geht, oder man spaziert eigenständig durch die Anlage. Beleuchtete Rundwege führen zu den etwas abseits gelegenen Gehegen, wo in aller Ruhe Fledermäuse, Kängurus, Tiger, Hirsche und Tapire beobachtet werden können. Mehr als 900 Tiere leben in dem Safaripark. Highlights sind u. a. die Show »Creatures of the Night« sowie die TwiLIGHT-Performance, bei der LED-Künstler das Publikum unterhalten.

Holland Village

Der Name **Holland Village** 50 passt gut auf das etwa 5 km westlich der Orchard Road liegende Viertel. Unmittelbar neben der gleichnamigen MRT-Station verkaufen kleine Läden Biokost, hochwertige Schreibwaren und ausgewählte Designermode. Der Supermarkt ist gut bestückt mit Schinken, Oliven, Wein und Käse. In schnuckligen Cafés und Nagelstudios vertreiben sich gut situierte Hausfrauen den Vormittag, sofern sie nicht beim Friseur sitzen, der mit ihren Haaren richtig umzugehen weiß, und dabei in internationalen Lifestylemagazine schmökern, die der indische Zeitungsverkäufer nebenan bereithält. Wer mit Kindern unterwegs ist, findet hier garantiert ein Restaurant, in dem sie Vertrautes zu essen bekommen, und am Abend bevölkern Hunderte junger Leute die Bars und Straßenrestaurants.

Dempsey Hill

Rund 2,5 km südöstlich von Holland Village und nur 1 km südwestlich vom Botanischen Garten strömen junge Singapurer an Wochenenden und Feiertagen in die stylischen Bars, originellen Restaurants, Spas und Shops von **Dempsey Hill** 51. Das nach General Miles Dempsey (1896–1969) benannte Viertel besteht im Wesentlichen aus ehemaligen britischen Armeebaracken und Grünflächen und bietet heute alles von molekularer Küche und Craft Beer über Antiquitäten bis hin zu Designerklamotten. Nicht nur Expats decken sich in **Huber's Butchery** mit Fleischwaren und Delikatessen aus Übersee ein oder besuchen die **Tanglin Gin Distillery.** Nur fünf Gehminuten südöstlich entfernt liegt das **Museum of Ice Cream** (www.museumoficecream.com/singapore, Mo–Mi 10–18, Do–So 10–21 Uhr, Eintritt S$ 36–52), ein schrillbunter Mix aus Retro-Eisdiele und surrealen Eiscreme-Installationen, wie für die spielaffine Instagram-Generation geschaffen. Im Eintrittspreis inkludiert ist Eiscreme, so viel man essen kann.

Sentosa

Cityplan: S. 402

Wegen ihres ungesunden Klimas und ihrer unfruchtbaren Böden galt die größte Insel an der Südspitze von Singapur lange als unbewohnbar und wurde von den malaiischen Einwohnern deshalb sogar Pulau Belakang Mati, ›Toteninsel‹, genannt. In den 1970er-Jahren erhielt sie ihren jetzigen Namen **Sentosa** 52 sowie mehrere Touristenattraktionen, die vom Mount Faber ca. 5 km südwestlich der City mit einer Seilbahn zu erreichen waren. Daraus ist inzwischen ein riesiger Freizeitpark hervorgegangen, der amerikanischen Vorbildern in nichts nachsteht. Großzügige Landaufschüttungen schufen Raum für einen Golfplatz, Luxusapartments und einen Jachthafen.

Für die Anfahrt bestehen gleich mehrere Möglichkeiten: mit der **Singapore Cable Car** ab Mount Faber oder HarbourFront Tower II (www.mountfaberleisure.com, tgl. 8.45–22 Uhr, S$ 33/S$ 22) inkl. Sentosa-Eintritt, mit der Magnetbahn **Sentosa Express** ab Sentosa Station im 3. Stock des Einkaufszentrums VivoCity (tgl. 7–24 Uhr S$ 4, MRT HarbourFront), mit Bussen oder zu Fuß über den **Sentosa Boardwalk.** Vor Ort verkehren zwei kostenlose Buslinien und die Gondelbahn **Sentosa Line** (8.45–22 Uhr, S$ 15, Kind. S$ 10).

Resorts World Sentosa

Sentosas Großprojekt, die **Resorts World Sentosa** (www.rwsentosa.com), umfasst mehrere Luxushotels, ein Casino, eine Kon-

SENTOSA FAST UMSONST

Tour-Infos

Start: Einkaufszentrum VivoCity (MRT HarbourFront)

Dauer: einen ganzen Nachmittag und einen Abend lang

Infos: www.sentosa.com.sg

Bereits auf der 700 m langen Holzbrücke nach Sentosa gibt es viel Unterhaltsames zu entdecken. Nach der Ankunft auf der Insel schlendert man zum **Sentosa Nature Discovery** (tgl. 9–17 Uhr). Die interaktive Ausstellung informiert über die acht Ökosysteme, die auf der Insel vorkommen. Bei einer Wanderung auf einem 1,8 km langen Plankenweg durch das kleine **Mount Imbiah Nature Reserve** erfährt man allerlei über die Bewohner des Walds, in dem sogar insektenfressende Kannenpflanzen gedeihen. Auf dem Gipfel des 60 m hohen Hügels hielt man früher Ausschau nach eintreffenden Schiffen und die Briten errichteten hier in den 1930er-Jahren Befestigungsanlagen, von denen noch einige Überbleibsel zu sehen sind.

Das **Fort Siloso** im Nordwesten der Insel wurde von den Briten um 1890 angelegt. Es beherbergt eine Ausstellung über das Leben zur Zeit der japanischen Besatzung während des Zweiten Weltkriegs, sogar die alten Tunnel sind begehbar. Schöner als entlang der Straße erreicht man das Fort über den 43 m hohen **Siloso Skywalk,** einen 181 m langen Baumkronenpfad mit guter Aussicht (tgl. 10–18, Skywalk 9–18 Uhr).

Nach einem Spaziergang entlang des Siloso Beach Walk, vorbei am **Mega Adventure Park** (s. rechts), kann man sich am **Palawan Beach** austoben und über eine Hängebrücke zu einer kleinen Insel laufen, um am angeblich südlichsten Punkt des asiatischen Kontinents den **Sonnenuntergang** zu genießen. Um 19.40 Uhr (Sa/So auch 20.40 Uhr) startet **Wings of Time,** eine 20-minütige Licht- und Feuerwerkshow am Strand vor der Beach Station (Tickets unter www.mountfaberleisure.com, S$ 19).

Durch Einkaufsarkaden und über den zentralen Platz der Resorts World Sentosa geht es zurück zum Nordufer, wo der schöne **Sentosa Boardwalk** zu einer Verlängerung des Spaziergangs über die Meerenge zurück aufs Festland einlädt. Allenfalls für Nachteulen den Abstecher wert ist um 23 Uhr (manchmal auch früher) die mit Fontänen, Lasereffekten und Projektionen erzählte Musikbrunnen-Show **Lake of Dreams** auf dem Platz im Resorts World Sentosa.

zerthalle, die Universal Studios, ein interaktives Marinemuseum, ein 3D-Illusionsmuseum, einen großen Wasserpark und eine Delfininsel.

Das **Casino** mit hohen Kuppeln und Säulen, gläsernen Decken und verspiegelten Wänden, Rolltreppen mit Licht- und Videoinstallationen scheint aus einer anderen Welt zu stammen, nur die Reihen von Geldautomaten in einer großen Halle erinnern daran, dass es hier ganz realitätsnah um Geld geht. Zum Schutz seiner Untertanen besteht der Staat auf einem Eintritt von S$ 100 für jeden Bürger von Singapur. Alle anderen dürfen kostenlos hinein, zumindest wenn sie über 21 Jahre alt sind und weder ärmellose Shirts, Shorts noch Flip-Flops tragen.

Der Themenpark **Universal Studios** ist mit mehr als zwei Dutzend Attraktionen und Shows rund um Themen und Figuren aus der Filmeschmiede ausgestattet, darunter eine riesige Achterbahn in der Sci-Fi City, eine Geisterbahn durch das alte Ägypten, eine Wildwasserstrecke durch den Jurassic Park, Stuntshows und Einkaufsmöglichkeiten (tgl. 11–18 Uhr, Erw. S$ 82, Kind. S$ 61). In den Ferien und an Feiertagen ist es sehr voll und es kann gegen Aufpreis ein Expressticket erworben werden, um die Warteschlangen zum umgehen.

Das riesige **S. E. A. Aquarium** ist eines der Superlative mit über 100 000 Meerestieren aus über 1000 Arten. In gigantisch großen Becken, die man in gläsernen Tunnels durchwandern kann, tummeln sich Hammerhaie und Mantas. Zudem faszinieren skurrile Bewohner tropischer Korallenriffe, künstliche Wracks, tödliche Kugelfische und wunderschöne Quallen. Interaktive Bereiche informieren über Kelpwiesen und andere Lebensräume, das faszinierende Innenleben mancher Tiere oder die Biolumineszenz in der Tiefsee (tgl. 10–17 Uhr, Erw. S$ 43, Kind. S$ 32, Führungen durch die Labore und Aufzuchtbecken 11, 13, 14 und 15 Uhr, S$ 25).

Rund um den Imbiah Lookout

Weitere Attraktionen konzentrieren sich um den **Imbiah Lookout** im Herzen der Insel. Sie sind meist kostenpflichtig. Der Sentosa Fun Discovery Pass (mit Guthaben von S$ 60–120) öffnet die Tore zu mehr als 70 Aktivitäten für über 180 Tage. Weitere Ticketalternativen findet man unter www.sentosa.com.sg.

Zum Austoben für alle Altersklassen eignet sich der **Mega Adventure Park** mit einer 450 m langen, 75 m hohen Zipline, einem Kletterparcours, einer Kletterwand und einem Bungee-Trampolin (https://sg.megaadventure.com, tgl. 11–18 Uhr, S$ 79 für Zipline und zwei weitere Attraktionen, nur Kartenzahlung).

Für noch mehr Herzklopfen sorgt das 4-D-Kino **Sentosa 4D Adventure Land** mit Bewegungssimulator, einem aufregenden Film sowie einer Achterbahnfahrt durch eine virtuelle Welt auf einer Breitbildleinwand und einer Ausstellung mit 4D-Illusionen (http://4dadventureland.com.sg, tgl. 12–19 Uhr, Erw. S$ 44, Kind. S$ 34).

Bei **Images of Singapore** werden lebensnah Szenen aus der Stadtgeschichte in originalgetreuen Kulissen von Schauspielern präsentiert. Dann geht eine Bootsfahrt durch kitschige Stadtszenen. Das Museum ist angeschlossen an das Wachsfigurenkabinett **Madam Tussauds,** in dem Helden aus Sport, Musik und Film vertreten sind (www.madametussauds.com/singapore, tgl. 11–19.30 Uhr, Erw. S$ 43, Kind. $ 30).

Ordentlich Auftrieb gibt es im **iFly Singapore,** einem Windkanal für Skydiving am Boden. Im Ticketpreis inbegriffen ist die Ausrüstung, eine Einweisung und ein Zertifikat, das einem den (zeitweiligen) Sieg über die Schwerkraft bescheinigt (www.iflysingapore.com, Do–Di 9–22, Mi 11–22 Uhr, S$ 89–109).

Infos

Die Filialen der staatlichen Tourismusbehörde halten hervorragendes Infomaterial und sehr gute Karten bereit. Auch Buchung von Touren und Verkauf von Eintrittskarten für Veranstaltungen.

Singapore Visitors Centre @ Orchard: 216 Orchard Rd., tgl. 10–19 Uhr.

Singapore Visitors Centre @ ION Orchard: ION Orchard Shopping Centre, Orchard Rd., 1. Stock, tgl. 10–22 Uhr.

Chinatown Visitor Centre: 2 Banda St., tgl. 10–19 Uhr.

Hotline: Tel. 180 07 36 20 00 (kostenlos innerhalb von Singapur, Mo–Fr 9–18 Uhr) und +65 67 36 20 00 (von außerhalb).

Im Internet: www.visitsingapore.com (viele allgemeine Informationen, auch über aktuelle Veranstaltungen).

Übernachten

Traumhaftes Kolonialhotel – **Raffles Hotel 1:** 1 Beach Rd., Tel. 63 37 18 86, www.raffles.com/singapore, MRT City Hall/Esplanade. Das legendäre, luxusrenovierte Kolonialhotel war nach seiner Erbauung 1886 der Treffpunkt der europäischen Oberschicht. Noch immer kann man an der Long Bar den Singapore Sling schlürfen, der hier 1915 erfunden wurde (tgl. 11–23 Uhr). Auch sonst wird die Atmosphäre von den frühen Jahren des Hotels gepflegt, als berühmte Schriftsteller wie Hermann Hesse, Somerset Maugham und Joseph Conrad hier ein- und ausgingen und das Gebäude noch am Meer lag. Die 115 stilvollen Suiten im historischen Ambiente sind zeitgemäß und mit großzügigen Bädern ausgestattet. €€€

Hoch hinaus – **Marina Bay Sands** 4 **:** 2 Bayfront Ave., Tel. 66 88 88 88, www.marinabaysands.com, MRT Marina Bay. In den drei 57-stöckigen Türmen logiert auch das imposanteste Hotel der Stadt mit mehr als 2200 Zimmern. Deluxe-Zimmer in Turm 3 sowie komfortablere und größere Premier-Zimmer in Turm 1 und 2 mit umwerfender Aussicht. Im 57. Stock mehrere Restaurants und eine Bar, die teilweise auch für Gäste von außerhalb zugänglich sind. In 191 m Höhe SkyPark mit Überlaufpool, preisgekrönter Fitnessklub. €€€

Blick ins Grüne – **PARKROYAL on Pickering** 2 **:** 3 Upper Pickering St., Tel. 68 09 88 88, www.panpacific.com, MRT Chinatown. Das luxuriöse 5-Sterne-Haus ist bekannt für sein preisgekröntes Konzept eines ›Hotels im Garten‹ und einen vier Stockwerke hohen vertikalen Garten. Für das Wohlbefinden sorgen ein erstklassiges Spa, ein Fitnesscenter, ein Jacuzzi und ein 300 m langer Spazierweg durch den Garten. €€€

Gut schlafen und schlemmen – **Pan Pacific Singapore** 3 **:** 7 Raffles Blvd., Tel. 63 36 81 11, www.panpacific.com, MRT Promenade. Renoviertes 5-Sterne-Hotel am Marina Square. Vom gläsernen Außenaufzug und den 750 großzügigen komfortablen Zimmern mit hohen Panoramafenstern bieten sich fantastische Aussichten. Der Service ist überaus aufmerksam und das kantonesische Lokal Hai Tien Lo im 3. Stock, Tel. 68 26 82 40, gehört zu den besten der Stadt. Außerdem große Poollandschaft mit Unterwassermusik. €€€

Stylisch – **The Vagabond Club** 4 **:** 39 Syed Alwi Rd., Tel. 62 91 66 77, www.marriott.com, MRT Lavender. Hinter der Art-déco-Fassade von 1950 öffnet sich eine Erlebniswelt, die von dem französischen Designer Jacques García gestaltet wurde. Die 41 komfortablen Zimmer und Suiten im eleganten französischen Stil sind gut durchdacht und mit einigen Überraschungen ausgestattet, so mit Marmorbädern, großem Flachbildschirm mit Filmen, Minibar, Nespressomaschine und einem Smartphone mit kostenlosem Daten- und Gesprächsvolumen für Singapur. Einige Zimmer mit Zugang zum Innenhof, andere mit original Kunstwerken von Künstlern, die hier wechselnd einige Zeit tätig sind. Die Whiskey Library hat über 1000 edle Tropfen im Sortiment. €€€

Moderner Peranakan-Stil – **Village Hotel Albert Court** 5 **:** 180 Albert St., Tel. 63 39 39 39, www.villagehotels.asia, MRT Rochor. In einem alten Haus und dem angrenzenden ruhigeren Neubau werden 210 gemütliche Zimmer mit Kühlschrank, TV, Kaffeekocher und Safe vermietet. Günstige Zimmer ohne Aussicht, freundlicher Service. €€

Klein, aber fein – **J8 Hotel Singapore** 6 **:** 8 Townshend Rd., Ecke 33 Maude Rd., Tel. 65 71 91 11, www.j8hotel.com. Das Hotel in und über einem mehr als 100 Jahre alten Haus am Rand von Little India verfügt über 98 winzige, nicht immer pieksaubere Zimmer – einige ohne Fenster, andere mit Balkon. Nichtalkoholische Getränke in der Minibar und Frühstück inklusive. €€–€€€

Minimalistisch – **Hotel Mono** 7 **:** 18 Mosque St., Tel. 63 26 04 30, www.hotelmono.com, MRT Chinatown. In den 46 individuell gestalteten, bequemen Zimmern in 6 alten dreistöckigen Geschäftshäusern mit Rokoko-Fenstern dominieren klare Linien, minimalistisch-funktionales Design und monochrome Farben. Der Service ist freundlich. €€–€€€

Mit Flair – **Perak Hotel** 8 **:** 12 Perak Rd., Tel. 62 99 77 33, http://theperakhotel.com, MRT Rochor. Das 2-stöckige alte Haus beherbergt 33 kleine saubere Zimmer im chinesischen Stil mit Holz- oder Fliesenböden, TV, Wasserkocher, Föhn und winzigen Duschen. Die günstigen Zimmer sind ziemlich klein. €€–€€€

Chinesisch – **The Keong Saik Hotel** 9 **:** 69 Keong Saik Rd., Tel. 62 23 06 60, MRT Outram

Singapurs stylische Luxushotels sind eine Welt für sich

Park, Maxwell oder Chinatown. Das in drei restaurierte chinesische Geschäftshäuser integrierte, gemütliche Hotel mit nur 25 Zimmern ist ganz im chinesischen Stil gehalten und bietet preiswerte (teils fensterlose) Zimmer mit TV, Wasserkocher und Föhn, die dank farbiger Akzente etwas freundlicher wirken. Wegen des frühmorgendlichen Geläuts aus dem Hindu-Tempel besser Ohrstöpsel mitbringen. €€–€€€

Günstige Hotelkette – **Fragrance Hotel Bugis** 10**:** 33 Middle Rd., Tel. 63 36 98 88, www.fragrancehotel.com, MRT Bugis oder Esplanade. Eines der wenigen zentralen Häuser dieser Kette. Die meisten liegen nicht in den besten Gegenden, teils sogar in Rotlichtbezirken, was sie jedoch mit einem guten Preis-Leistungs-Verhältnis wettmachen. Die überwiegend sauberen, aber kleinen Zimmer haben nicht immer ein Fenster, sind jedoch zweckmäßig möbliert und verfügen über Internetzugang, Flachbildschirm, Wasserkocher und ein kleines Bad mit Dusche. Es gibt auch teurere Zimmer mit Kühlschrank, DVD-Player und Wannenbad. Kaffee und Tee kostenlos. Einen ähnlichen Standard bieten die Ketten **Hotel 81,** www.hotel81.com.sg, und **Santa Grand,** http://santagrand.sg. €€

Flashpacker – **Wink Hostel 11 :** 8A Mosque St., Tel. 62 22 29 40, www.wink.sg, MRT Chinatown. Kleine Details machen die 9 Schlafsäle mit 6–10 Betten in diesem Hostel zu etwas Besonderem – sobald ein Gast die Tür öffnet, wird nur seine Koje ausgeleuchtet, Einrichtung im modern minimalistischen Stil, alles ist blitzblank sauber und in den Aufenthaltsräumen gibt es eine Küche, einen Flachbildschirm und Internetzugang. €–€€

Zentral – **Jyu Capsule Hotel 12 :** 46 Smith St., 2. Etage, Tel. 80 33 15 61, www.jyuhotels.com. Im Unterschied zu den anderen Pod- und Capsule-Hostels in Chinatown hat man hier ein winziges bisschen mehr Platz und Komfort, die Schlafkabinen haben bessere Matratzen (auch für Paare) und sogar Fernseher. Hilfsbereites Personal und saubere Gemeinschaftsräume. €–€€

Essen & Trinken

Peranakan-Geschmacksoase – **True Blue Cuisine 1 :** 47/49 Armenian St., neben dem Peranakan Museum, Tel. 64 40 04 49, www.truebluecuisine.com, Mo–Sa 11.30–14.30 und 17.30–21.30 Uhr, MRT City Hall. Rings um das Museum öffnet sich die Welt der Peranakan in einem kleinen Laden und dem Restaurant, dessen Einrichtung wie Gerichte den authentischen Geschmack der Nyonyas widerspiegeln. €€

Lokaltypische Nyonya-Gerichte – **The Blue Ginger 2 :** 97 Tanjong Pagar Rd., Tel. 62 22 39 28, www.theblueginger.com, MRT Tanjong Pagar, tgl. 12–15, 18.30–22.30 Uhr. In einem liebevoll renovierten chinesischen Geschäftshaus kann man traditionelle Gerichte der Nyonya genießen, z. B. die Fischkuchen *otak otak* oder das Hühnchencurry *ayam panggang.* €€

Guter Fang – **Lai Huat Seafood Restaurant 3 :** 72 Horne Rd., Tel. 62 99 30 24, tgl. 17–22 Uhr, MRT Bendemeer/Lavender. Beliebtes (und belebtes) Seafood-Restaurant mit sehr verträglichen Preisen und frischem Fisch und Meeresfrüchten in guter Qualität. Nicht von der reizlosen Einrichtung täuschen lassen – unter Einheimischen ist der Laden längst eine Institution! €€

Sozial engagiert – **Annalakshmi 4 :** 6A Shenton Way, #01–03 Downtown Gallery, Tel. 63 39 99 93, www.facebook.com/annalakshmi.sg, MRT Tanjong Pagar/Shenton Way, tgl. 11.30–14.30, 18–20.45 Uhr. Die Mitglieder des Temple of Fine Arts betreiben auch in Singapur ein Restaurant, das soziale Projekte unterstützt. Freiwillige helfen bei der Zubereitung der indisch-vegetarischen Gerichte, für die die Gäste eine Spende entrichten, die mindestens zweistellig sein sollte. Am Wochenende wird ein Büfett aufgebaut. Kein Alkohol. €

Frisch vom Grill – **Satay by the Bay 5 :** Gardens by the Bay, 18 Marina Gardens Drive, Tel. 65 38 99 56, www.sataybythebay.com.sg, tgl. 11–22 Uhr, MRT Bayfront. An einer Reihe von Essensständen wird gegrillt, gebraten und gekocht. Zu Recht beliebt sind die Fleischspießchen vom Holzkohlegrill, die man an kleinen Tischen unter freiem Himmel genießt. Ein ideales Ziel nach dem Besuch der Gärten. €–€€

Authentisch südindisch – **Komala Vilas 6 :** 76–78 Serangoon Rd., Tel. 62 93 69 80, www.komalavilas.com.sg, MRT Little India, Sa–Mi 7–22.30 Uhr; Filialen in 12–14 Buffalo Rd., 24–26 Race Course Rd., tgl. 7–22 Uhr. Das vegetarische Restaurant ist eine Institution und immer gut besucht. Unten werden ganztags Snacks, knusprige *dosai* und andere Brote serviert, im 1. Stock gibt es von 11 bis 15.30 und von 18 bis 22.30 Uhr *thali,* Gerichte mit Reis, Brot und verschiedenen Currys. €

Leckere Nudeln – **Noodle Man (Lan Zhou La Mian) 7 :** 19 Smith St., Tel. 63 27 12 86, MRT Chinatown, tgl. 12–15.30 und 18–21 Uhr. In dem kleinen, familiären Restaurant zeigt der Chef seinen Gästen, wie er hausgemachte Nudeln herstellt. Die Wände schmücken Fotos, die Besucher mit ihm gemacht haben. Auch leckere gefüllte Teigtaschen. €

Würziges Padang Food – **Sabar Menanti 8 :** 719 North Bridge Rd., Tel. 62 91 01 09, MRT Bugis, Di–So 7–17 Uhr. Im malaiisch-muslimischen Viertel Kampong Gelam hat sich ein alteingesessener Essenstand von indonesischen Einwanderern aus Sumatra zu einem beliebten Restaurant gemausert. Man kann sich das Essen aus einer Vitrine aussuchen, besonders beliebt sind das Fleischcurry *(rendang),* die gegrillten Makrelen *(ikan bakar)* und das Gemüse in Kokosmilch *(sayur lodeh)*. €

Riesige Auswahl – **ION Orchard** 35**:** s. S. 402, Food Hall und Food Opera, MRT Orchard, tgl. 10–21 Uhr. Im 4. Untergeschoss des Einkaufszentrums versteckt sich ein riesiger Food Court mit knapp 100 Ständen, die v. a. asiatische Speisen zubereiten. €

Eine Institution – **Chin Chin Eating House** 9**:** 19 Purvis St., Tel. 63 37 46 40, tgl. 11–15, 17–21 Uhr, MRT Bugis, Esplanade oder Promenade. Seit 1934 existiert dieses hainan-chinesische Lokal – im dynamischen Singapur eine Ewigkeit! Der Chicken Rice, geröstetes Schweinefleisch oder Hammel im Tontopf schmecken auch nach drei Generationen unverändert lecker. €

Old Style Singapur – **Maxwell Food Centre** 10**:** Maxwell Rd., Ecke Tanjong Pagar Rd., am südlichen Ende von Chinatown, tgl. 8–2 Uhr, die Garküchen haben abweichende Öffnungszeiten, MRT Maxwell. Die behutsame Restaurierung des Marktgebäudes hat auch das etablierte Food Centre gut überstanden. Bereits seit Jahrzehnten essen Büroangestellte im Businessoutfit in ihrer Mittagspause hier eine schnelle Nudelsuppe oder einen preiswerten Hainanese Chicken Rice. Den Oyster Cake von Maxwell Fuzhou (Stand 5) gibt's als Spezialität vermutlich nur noch hier. €

Originell – **Beach Road Scissor-Cut Curry Rice** 11**:** 229 Jln. Besar, Ecke Kitchener Rd., Tel. 98 26 14 64, MRT Farrer Park/Jalan Besar, tgl. 11–3 Uhr. Bereits seit mehreren Generationen wird an diesem kleinen Essenstand nichts anderes gekocht als Curryreis, für den Hungrige oft in einer langen Schlange anstehen. Die Beilagen werden mit einer Schere kleingeschnitten. €

Einkaufen

Bei Einkäufen im Wert von über S$ 100 in Shops mit dem Aufkleber »Global Blue/Tax Free« kann man sich die Mehrwertsteuer zurückerstatten lassen. Ausgeschlossen sind Waren, die bereits konsumiert wurden oder per Fracht versendet werden. Alle Infos auf www.visitsingapore.com unter Traveller Essentials/Tax Refund.

Einkaufszentren – Viele Malls finden sich in der Orchard Rd. (s. S. 402), weitere Shoppingtempel sind u. a. **Marina Square Shopping Mall** 1**,** Raffles Ave., MRT Esplanade, **Raffles City** 2**,** 252 North Bridge Rd., MRT City Hall, die unterirdische **CityLink Mall** 3 zwischen Marina Square und MRT City Hall, **The Shoppes at Marina Bay Sands** 4**,** Marina Bay South, MRT Marina Bay, www.marinabaysands.com/shopping, und das **Mustafa Centre** 4**,** 145 Syed Alwi Rd., MRT Farrer Park, 24 Std., mit einem riesigen Angebot günstiger Massenware.

Märkte – **Bugis Street** 5**:** MRT Bugis, tgl. 11–22 Uhr. An mehr als 700 überdachten Ständen werden Souvenirs, günstige Textilien und allerlei Schnickschnack verkauft. **Tekka Centre** 40**:** 665 Buffalo Rd., MRT Little India, tgl. 6.30–21 Uhr. Im 1. Stock dieser indischen Markthalle überwältigt die riesige Auswahl bunter Saris und Kurtas sowie typischer indischer Accessoires zu günstigen Preisen.

Bücher – **Kinokuniya** 6**:** 391 Orchard Rd., Ngee Ann City, Tel. 67 37 50 21, www.kinokuniya.com.sg, MRT Orchard, tgl. 10–21.30 Uhr. Im 3. Stock des Kaufhauses Takashimaya betreibt die japanische Kette einen gut sortierten Buchladen mit einer riesigen Auswahl an englischsprachigen Titeln. Auch deutsche Romane, Reiseführer, Koch- und Kinderbücher.

Traditionelle chinesische Medizin – **Eu Yan Sang** 7**:** 26 Upper Cross St., Tel. 62 23 63 33, www.euyansang.com.sg, MRT Chinatown, Mo–Sa 10–19 Uhr. Ladenkette mit Filialen in Singapur und Malaysia. Vorsicht: Einige chinesische Medikamente dürfen nicht nach Europa importiert werden.

Nyonya-Klassiker – **Rumah Bebe** 8**:** 113 East Coast Rd., Tel. 62 47 87 81, www.rumahbebe.com, MRT Eunos, Do–So 11.30–18.30 Uhr. Bebe Seet verkauft in ihrem liebevoll restaurierten Geschäftshaus mit Lochstickereien verzierte Nyonya-Kebayas, die typischen Blusen, die zu formellen Anlässen getragen werden, und mit Perlen bestickte Nyonya-Schuhe und -Taschen in unterschiedlichen Qualitäts- und Preisklassen. Zudem gibt es traditionelle Kuchen und Snacks.

Abends & Nachts

Die Stadt hat ein sehr facettenreiches Kunst- und Kulturangebot. Aktuelle Veranstaltungen und Termine listen der SISTIC Entertainment Guide, **www.sistic.com.sg,** und Time Out Singapore, **www.timeout.com/singapore.**

Klassik – **Esplanade – Theatres on the Bay** 1 **:** Tel. 68 28 83 77, www.esplanade.com, MRT Esplanade. **Victoria Theatre and Concert Hall** 15 **:** Empress Pl., Tel. 69 08 88 10, https://artshouselimited.sg/vtvch, MRT City Hall. In beiden Spielstätten Aufführungen des Singapore Symphony Orchestra (SSO), www.sso.org.sg, und des Singapore Dance Theatre, www.singaporedancetheatre.com.

Chinesische Oper – **Chinese Opera Tea House** 2 **:** 5 Smith St., Tel. 63 23 48 62, MRT Chinatown, Di–So 12–17 Uhr. Chinesische Oper mit englischen Untertiteln. Wer möchte, kann sogar einen Workshop zu Gestik und Bewegung oder den Schminktechniken der Operndarsteller buchen. Termine und Infos siehe www.ctcopera.com.

Jazzbar – **Harry's at Boat Quay** 3 **:** 28 Boat Quay, Tel. 82 68 82 43, www.harrys.com.sg, MRT Raffles Place, tgl. 11–1 Uhr. Diese etablierte Bar ist die beste Adresse für Freunde des Jazz, dazu werden eiskalte Drinks, Salate, Burger und andere internationale Speisen serviert. Do–Sa ab 21.30 Uhr spielen die Hausband oder wechselnde Gastmusiker, s. online unter »Happening«. Viele weitere Filialen im Stadtgebiet.

Livemusik aus Singapur – **Timbré** 4 **:** 1 Old Parliament Lane, Tel. 63 36 33 86, http://timbregroup.asia, MRT Raffles Place, Mo–Sa 17–24 Uhr. Fast jeden Abend ab 20 oder 21 Uhr stehen einheimische Musiker auf der Bühne. Man kann drinnen und draußen sitzen und sich mit Pizzen, Tapas und anderen internationalen Gerichten stärken.

Musicals – **Sands Expo & Convention Centre** 5 **:** Marina Bay Sands, www.marinabaysands.com/see-and-do.html, MRT Marina Bay, mit 2 großen Bühnen für Konzerte, Musicals und immersive Animationsshows.

Pionier der Klubszene – **Zouk** 6 **:** 3 C River Valley Rd., Tel. 90 06 85 49, www.zoukclub.com, MRT Clarke Quay, Mi, Fr, Sa 22–3 Uhr.

Seit 1991 zählt der Klub zur Elite der weltweiten Techno-, Elektro- und House-Musikszene. Auch am jetzigen Standort bringen DJs aus aller Welt die Gäste auf 2 Tanzflächen in Stimmung. Dresscode: Keine kurzen Hosen oder Flipflops!

Elegante Lounge mit Aussicht – **CÉ LA VI SkyBar:** s. S. 402, SkyPark at Marina Bay Sands 4, Tel. 65 08 21 88, www.celavi.com, MRT Marina Bay, Mi, Fr, Sa 16–4, Do, So 16–3, Mo, Di 16–1 Uhr. Im 57. Stock des Marina Bay Sands genießt man zu entspannter Musik erlesene Drinks, moderne asiatische Gerichte und von der SkyBar eine spektakuläre Aussicht über die Stadt. Ab 22 Uhr vornehmlich elektronische Tanzmusik in der Club Lounge.

Mikrobrauerei an der Bay – **LeVel33** 7 **:** 8 Marina Blvd. #33–01, Tower 1, Tel. 68 34 31 33, www.level33.com.sg, MRT Marina Bay, tgl. 12–24 Uhr. Im 33. Stock des Marina Bay Financial Centre wird in der »höchsten Mi-

Zwei riesige Glashäuser in Muschelform dominieren die 100 ha großen Gardens by the Bay

krobrauerei der Welt« selbst gebrautes Bier ausgeschenkt. Von der großen Dachterrasse eröffnet sich ein toller Ausblick auf die Marina Bay.

Aktiv

Stadtspaziergänge – **The Original Singapore Walks:** Tel. 63 25 16 31, www.journeys.com.sg/tosw. Geführte 2- bis 3-stündige Touren durch das Kolonialviertel, die Chinatown, Little India oder Kampong Gelam. Auch thematische Touren, etwa zu Kriegsschauplätzen rund um das Fort Canning oder zur Haw Par Villa (S$ 38–40). Treffpunkte und Termine im Internet (ab S$ 38).

Stadtrundfahrten – Für eine Stadtrundfahrt auf eigene Faust bieten sich die Hop-on-Hop-off-Busse an (s. S. 421). **FunVee Bus Tours:** www.citytours.sg (S$ 31).

Bootstouren – Kleine Boote verschiedener Gesellschaften verkehren auf dem Singapore River und in der Marina Bay. Sie halten an unterschiedlichen Anlegestellen. **Singapore River Cruise:** www.rivercruise.com.sg, Mo–Do 13–22, Fr–So, Fei 10–22 Uhr etwa stdl. eine 40-minütige Rundfahrt S$ 28, Kind. S$ 18. **Duck Tours:** Tel. 63 38 68 77, www.ducktours.com.sg, tgl. 10–18 Uhr, etwa stdl., S$ 45, Kind. S$ 35, 1-stündige Touren mit einem umfunktionierten Amphibienfahrzeug aus dem Vietnamkrieg ab Suntec City Mall. **Singapore Island Cruise:** Tel. 65 34 93 39, www.islandcruise.com.sg. Ab Marina South Pier, 31 Marina Coastal Drive, über St John's Island nach Kusu, zwei Inseln, die zu Singapur gehören (Mo–Fr 9, 10, 11, Sa, So und Fei 9, 11, 13, 15 und 17 Uhr, Erw. S$ 15, Kind. S$ 12).

Teezeremonie – **Tea Chapter 1 :** 9–11 Neil Rd., Tel. 62 26 11 75, www.teachapter.com, MRT Maxwell, So–Do 11–21, Fr, Sa 11–22.30 Uhr. Im größten Teehaus der Stadt werden Besucher in die Feinheiten des chinesischen Tees eingeführt. Mindestteilnehmerzahl 2 Pers. ab S$ 48/Pers.

Bungeespringen – **GX5** 2 **:** Clarke Quay, 3E River Valley Rd., Tel. 97 55 33 10, https://slingshot.sg, MRT Clarke Quay, So–Do 16.30–23.30, Fr, Sa 17.30–1.30 Uhr. Bis zu 4 Pers. werden in riesigen Schaukeln in die Höhe katapultiert. Die einfache Variante schleudert die Insassen fast 70 m hoch, bei der extremen Variante (ab 12 J.) schaukelt man streckenweise im freien Fall mit bis zu 120 km/h (ab S$ 45).

Wandern – **Admiralty Park** 3 **:** Admiralty Rd., MRT Woodlands. Hier kann man auf Plankenwegen durch einen Mangrovenwald wandern und auf Spielplätzen insgesamt 26 verschiedene Rutschen ausprobieren. **MacRitchie Reservoir** 4 **:** Venus Drive, ab Upper Thomson Road, MRT Marymount. Hat schöne Spazierwege und im Norden, unweit vom Island Country Club, einen 250 m langen TreeTop Walk (Di–So 9–17 Uhr).

Termine

Thaipusam-Fest (Vollmondtag Ende Jan./Anfang Febr., s. auch S. 88): Prozession vom Sri Srinivasa Perumal Temple in Little India zum Sri Thandayuthapani Temple in der Tank Road.

Wesak (Vollmond im Mai): In buddhistischen Tempeln wird an die drei wichtigsten Stationen im Leben Buddhas erinnert.

Drachenbootfest (Mai/Juni, https://sdba.org.sg): Internationales Drachenbootrennen.

Singapore International Festival of Arts (zwischen Mai und Sept., www.sifa.sg): Zweiwöchiges Festival für Musik, Tanz und Theater der Gegenwart.

Nationalfeiertag (9. Aug.): Große Militärparaden und bunte Umzüge, an denen alle Bevölkerungsgruppen teilnehmen.

Fest der hungrigen Geister (Aug./Sept.): Rege Besuche chinesischer Tempel, um die Geister zu besänftigen. Auf Freilichtbühnen werden Chinesische Opern aufgeführt.

Chinesisches Erntedankfest (Vollmond im Sept.): Mondkuchen werden gebacken und verschenkt, Laternenumzüge der Kinder, Straßenmärkte und viele andere Aktivitäten.

Fest der neun Königsgötter (Okt.): Mit Straßenprozessionen feiern die Chinesen neun Tage lang den Besuch der Königsgötter auf der Erde.

Pesta Raya (zwischen Mai und Aug.): ein Wochenende lang malaiische Künste und Performances, z. B. Dangdut-Musik, Tänze und Schattentheater (Wayang Kulit).

Navarathiri (Sept./Okt.): 9-tägiges Fest zu Ehren der Hindugöttin Durga, das im Sri Thandayuthapani Temple in der Tank Road begangen wird.

Thimithi (Okt./Nov.): Im indischen Sri Mariamman Temple in der South Bridge Road gehen Gläubige barfuß über glühende Kohlen.

Verkehr

Flüge: Changi International Airport, Tel. 180 05 42 44 22, www.changiairport.com, liegt 20 km östl. der City und verfügt über vier Terminals, ein fünftes ist in Planung. Viele Einrichtungen machen einen Aufenthalt im Flughafen angenehm, z.B. TV und Movie Lounges, Massagesalons, Spielarkaden, kostenloser Internetzugang, kleine Gärten und eine riesige Rutschbahn. Im sogenannten Jewel befindet sich der mit 40 m höchste Indoor-Wasserfall der Welt eröffnet, ergänzt von einer hohen Canopy Bridge, einem Heckenlabyrinth und einem begehbaren elastischen Netz (www.jewelchangitickets.com). Transitpassagiere, die mindestens 5–6 Std. Zeit haben, können am Stand von Free Singapore Tours (FST) in Terminal 2 und 3 eine kostenlose Stadtrundfahrt buchen. Viele internationale Airlines sowie die nationalen Fluggesellschaften Singapore Airlines, www.singaporeair.com, und Scoot, www.flyscoot.com, verbinden die Stadt mit Zielen auf der ganzen Welt. Malaysia Airlines fliegt nach Kuala Lumpur und Kuching. AirAsia, www.airasia.com, fliegt nach Kuala Lumpur, Ipoh, Langkawi, Penang, Kuching sowie nach Bangkok, Hat Yai, Chiang Mai, Bali und zu Zielen auf Java. Firefly, www.fireflyz.com.my, hat Penang im Programm, Batik Air, www.malindoair.com, Kuala Lumpur, Bali, Medan, Surabaya und Makassar. Jetstar, www.jetstar.com, fliegt Kuala Lumpur, Penang sowie Ziele in Thailand, Japan, Malaysia, Kambodscha, Indonesien, Philippinen und Australien an. Lufthansa hat Verbindungen nach Frankfurt und München, Swiss Air Lines nach Zürich und Royal Brunei Airlines nach Bandar Seri Begawan. Vom Flughafen fährt die MRT Changi Airport ins Zentrum. Ein Taxi kostet ca. S$ 25.

Züge: Züge pendeln 13 x tgl. zwischen dem Woodlands Train Checkpoint, ganz im Norden der Insel, 11 Woodlands Crossing (Bus 903, 911, 913 zur MRT Woodlands) und dem Bahnhof JB Sentral in Johor Bahru (s. S. 158). Der luxuriöse Sonderzug Eastern & Oriental Express, www.belmond.com, mit Waggons im alten Kolonialstil fährt in 3 Tagen durch Malaysia.

Busse: Nach Johor Bahru ab Ban San Terminal, Queen St., Ecke Arab St., mit SBS Transit Bus Nr. 170 (Zwischenstopps u. a. an der MRT Kranji und im Zentrum von Johor Bahru, ständig von 5.20–0.10 Uhr, ca. 1 Std., S$ 2,50) sowie direkt mit dem Causeway Link Bus CW2 (rund um die Uhr, 1–2 Std., S$ 4,80). Von verschiedenen Startpunkten verkehren Busse unterschiedlicher Gesellschaften (s. www.busonlineticket.com) ständig nach Kuala Lumpur (5–6 Std., S$ 30–88), gegen 22 Uhr nach Mersing (5,5 Std., S$ 39) und ganztags nach Melaka (4 Std., S$ 26–30). Viele Busse nach Malaysia starten in der Queen St., Ecke Ban San St.

Überlandtaxis: Vom Ban San Terminal an der Queen St., Ecke Arab St., nach Johor Bahru Larkin Sentral S$ 60.

Fähren: Zu den vorgelagerten indonesischen Inseln verkehren Fähren vom großen SCC@HarbourFront Centre (Singapore Cruise Centre) westlich des Einkaufszentrums Vivo City, MRT HarbourFront, und vom SCC@Tanah Merah (Tanah Merah Ferry Terminal) nahe dem Changi Airport, MRT Bedok oder Tanah Merah und SBS-Bus Nr. 35. Infos www.singaporecruise.com.sg oder direkt bei: Batam Fast, www.batamfast.com, Bintan Resort Ferries, www.brf.com.sg, Sindo Ferry, www.sindoferry.com.sg, Horizon Fast Ferry, www.horizonfastferry.com, Majestic Fast Ferry, www.majesticfastferry.com.sg.

Fortbewegung in der Stadt

MRT (Mass Rapid Transit): Die U- bzw. S-Bahnen sind zuverlässig, gut gekühlt und in der Rushhour überfüllt. Tickets kosten je nach Entfernung und sind an Automaten erhältlich, für mehrere Fahrten lohnen Guthabenkarten von EZ Link, mit denen man nicht jedes Mal am Automaten anstehen muss. Weitere Infos unter www.smrttrains.com.sg.

Stadtbusse: Singapurs Busnetz ist sehr dicht. Die klimatisierten, teils elektrisch angetriebenen Stadtbusse verkehren von 5.30–24 Uhr etwa alle 5–30 Min. für wenige S$ (je nach Entfernung). Bezahlt wird beim Fahrer im Bus, der allerdings kein Kleingeld herausgibt, daher immer die erforderliche Summe (oder eine EZ-Link-Karte) bereithalten. Alle Linien und Abfahrtszeiten in der App MyTransport.SG.

Hop-on-Hop-off-Busse: Die Anbieter DUCK-Tours und FunVee (s. Aktiv) sowie Big Bus Tours (www.bigbustours.com, S$ 60) kurven grob zwischen 9 und 18 Uhr mit ihren Doppeldeckern auf verschiedenen Rundstrecken durch die City und stoppen an bis zu 19 Stationen.

Taxis: Sind zuverlässig und außerhalb der Rushhour relativ leicht zu bekommen. Im Central Business District (CBD) nehmen sie Passagiere an markierten Haltestellen auf. Die Einschaltgebühr inkl. des ersten Kilometers beträgt bei Pkws S$ 3,90–4.30. Jede weiteren 400 m kosten S$ 0,24–0,36, 45 Sek. Wartezeit kosten S$ 0,24–0,36, ein Gepäckstück S$ 0,50, Fahrten während der Rushhour (Mo–Fr 6–9.30, tgl. 18–24 Uhr) plus 25 %, Nachtfahrten (24–6 Uhr) plus 50 %. In der City wird von 17–24 Uhr ein Aufschlag von S$ 3 berechnet. Außerdem zahlt man Zuschläge für Fahrten von der City in die Umgebung, ab dem Flughafen, ab Marina Bay etc. Auch Funktaxis verlangen Zuschläge, die sich bei Vorbestellungen auf zweistellige Summen addieren können. Grab (s. S. 78) ist eine gute Alternative.

Singapore Tourist Pass

Wer in Singapur häufig mit öffentlichen Verkehrsmitteln unterwegs ist, sollte sich den **Singapore Tourist Pass** zulegen, der in allen Bussen und Bahnen gilt. Für 1/2/3 Tage kostet der Pass S$ 22/29/34 plus S$ 10 Pfand für die Karte. Er ist erhältlich an allen MRT-Stationen und Busbahnhöfen mit einem Simply-Go-Ticketschalter, u. a. Changi Airport, Woodlands, Orchard, Chinatown, City Hall und Raffles Place. Infos: www.thesingaporetouristpass.com.sg.

Kulinarisches Lexikon

Im Restaurant

Frühstück	*sarapan, makan pagi*
Mittagessen	*makan tengah hari*
Abendessen	*makan malam*
Ich möchte (nicht) …	*Saya (tidak) mau …*
essen/trinken	*makan/minum*
hungrig/durstig	*lapar/haus*
Teller	*piring*
Glas/Tasse	*gelas/cawan*
Löffel/Gabel	*sudu/garpu*
Messer	*pisau*
Essstäbchen	*sepit*
Salz/Pfeffer	*garam/lada*
Guten Appetit!	*Selamat makan!*
Prost!	*Selamat minum!*
Es schmeckt gut.	*Makanan sedap.*
Die Speisekarte/ Rechnung bitte!	*Ada menu!/Minta bon!*

Zubereitung

assam	sauer
bakar	gebacken
goreng	gebraten
kari	scharfe Currysoße
manis	süß
masak	gekocht
panggang	gegrillt
pedas	scharf

Suppen, Eintöpfe & Brote

bak kut teh	chinesischer Eintopf mit Schwein und Heilkräutern
idli	gedämpftes indisches Brot aus Linsensauerteig
pao	chinesische gedämpfte Brötchen
roti canai	luftiges, gefaltetes Brot
laksa	Nudeleintopf, regional unterschiedlich
soto	fleischhaltige Suppe
tosai	indisches Fladenbrot aus Linsensauerteig

Fleisch

ayam	Huhn
babi	Schweinefleisch
bakkwa	chinesisches Trockenfleisch
daging	Fleisch
itek	Ente
kambing	Ziegenfleisch
sapi	Rindfleisch

Gemüse & Beilagen

bawang	Zwiebel
bawang putih	Knoblauch
bayam	Spinat
bendi	Okra
dhal	Linsen
kacang	Nüsse, Bohnen
kacang hijau	Mungbohne
kacang panjang	Baumbohne
kacang soya	Sojabohne
kacang tanah	Erdnüsse
kangkung	Wasserspinat
kentang	Kartoffel
ketimun	Gurke
kubis (bunga)	(Blumen-)Kohl
lobak merah	Karotte
midin, paku	Farne
sambal (belacan)	Chilipaste (aus gemahlenen Krabben)
sayur-sayuran	Gemüse
tahu	Tofu
telur	Ei

Reis- & Nudelgerichte

beehun	dünne Reisnudeln
(char) kway teow	(gebratene) breite Reisbandnudeln
mee	gelbe Weizennudeln
nasi putih	gekochter Reis
nasi campur	Reis mit Beilagen
nasi goreng	gebratener Reis
nasi lemak, dagang	in Kokosmilch gekochter Reis mit Beilagen
pulut (ketupat)	Klebreis (in Palmblättern gekocht)

Spezialitäten

biryani	würziger indischer Reiseintopf
char siew	gegrilltes Schweinefleisch auf Reis
dim sum	gedämpfte gefüllte Teigtaschen
lok lok	in einer Brühe gegarte Zutaten auf Spießchen
otak otak	gehackter Fisch, in Bananenblättern gegrillt
oyster omelette	Omelette mit Austern
popiah	unfrittierte Frühlingsrollen mit frischen Zutaten
rendang	scharfes Rindsgulasch
rojak	kalter Gemüsesalat
wonton	gefüllte Teigtaschen
yam pot	Ring aus Yams mit Fleisch- oder Gemüsefüllung

Nachspeisen & Snacks

ais kacang	geraspeltes Eis mit Gelee, Mais, Kidneybohnen, Milch und Sirup
bubur cha cha	Brei aus Süßkartoffeln, Yams, Kokosmilch und Sago
gula melaka	Palmzucker (oft mit Sago-Pudding)
cendol	grüne Nudeln und buntes Gelee in süßer Kokosmilch
keropok	Krabbenchips
kuih	Kuchen
kuih lapis	Schichtkuchen aus Reis- und Sagomehl
kuih muih	Klebreiskuchen
pengat	Tapioka und Bananen in Palmzucker und Kokosmilch
pisang goreng	gebackene Bananen

Obst

belimbing	Sternfrucht
buah naga	Drachenfrucht
betik	Papaya
chiku	Sapodilla, Breiapfel
duku, langsat, lanseh	Lansibaumfrucht
durian	Stinkfrucht
kelapa	Kokosnuss
limau (manis)	Zitrone (Orange)
mangga	Mango
manggis, mangosteen	Mangostane
mata kucing	Longan
salak	Schlangenfrucht
nanas, nenas	Ananas
nangka	Jackfrucht
pisang	Banane
tembikai	Wassermelone

Getränke

air minuman	Trinkwasser
air masak	abgekochtes Wasser
ais, air beku	Eis
air buah, jus	Fruchtsaft
air limau	Zitronensaft
air limau manis	Orangensaft
air manis	Drink mit Rosensirup
bir	Bier
kelapa muda	Kokossaft
kopi	süßer Kaffee mit Kondensmilch
kopi-si/Kopi C	Kaffee mit Zucker und Milch
kopi-o	Kaffee mit Zucker
kopi-o-kosong	schwarzer Kaffee
milo	Malzkakao
susu	(Kondens-)Milch
teh	Tee
teh ais	süßer Milchtee mit Eiswürfeln
teh tarik	aufgeschäumter süßer Milchtee
tuak	Reisbier
tapai	Reiswein

Sprachführer

Ausspracheregeln

Bahasa Malaysia bzw. Malaiisch wird ähnlich wie das Deutsche ausgesprochen. Die Betonung liegt auf der ersten Silbe.

a	im Wort kurz, am Wortende lang
c	wie deutsches tsch mit deutlichem t
e	wie ›gestern‹, aber auch wie ›gehen‹
j	weiches dsch
kh	wie deutsches k
ng	wie in ›Hunger‹
ny	wie in ›Champagner‹
r	gerolltes r
y	wie deutsches j

Allgemeines

Guten Morgen!	*Selamat pagi!*
Guten Tag (mittags)!	*Selamat tengah hari!*
Guten Tag (nachmittags)!	*Selamat petang!*
Guten Abend!	*Selamat malam!*
Gute Nacht!	*Selamat tidur!*
Auf Wiedersehen (zu dem, der bleibt).	*Selamat tinggal.*
Auf Wiedersehen (zu dem, der geht).	*Selamat jalan.*
Wir sehen uns wieder.	*Sampai jumpa lagi.*
danke	*terima kasih*
Antwort: desgleichen	*sama-sama*
bitte (fordernd)	*tolong*
bitte (bittend)	*minta*
bitte (anbietend)	*silah*
Keine Ursache!	*Tidak apa apa!*
ja	*ya*
nein (bei Subst.)	*tidak (bukan)*
Gut, okay!	*Baiklah!*
Entschuldigung (nachträglich)!	*Minta maaf!*
Entschuldigung (vorsorglich)!	*Excuse me!*
ich	*aku, saya*
Sie (höflich, männl.)	*saudara*
Sie (höflich, weibl.)	*saudari*
sie (allgemein)	*anda*

Unterwegs

Bus	bas
Busbahnhof	stesen, terminal bas
Bahnhof	stesen kereta api
Taxiplatz	perhentian teksi
Überlandtaxi	kereta sewa
Schiff	kapal
Hafen	pelabuhan
Bootsanlegestelle	pengkalan
Flughafen	lapangan terbang
Fahrkarte	tiket
Auto	kereta
Straße	jalan
Brücke	jembatan
Tankstelle	pam petrol, gas station
Abzweigung	simpang
geradeaus	terus
links	kiri
rechts	kanan
Achtung!	Awas!
geöffnet	buka
geschlossen	tutup

Zeit

Stunde	jam
Tag	hari
Woche	minggu
Monat	bulan
Jahr	tahun
heute	hari ini
morgen	besok
gestern	kemarin
jetzt	sekarang
später	selang/nanti
noch nicht	belum
vor, bevor	sebelum
Montag	hari isnin
Dienstag	hari selasa
Mittwoch	hari rabu
Donnerstag	hari kamis
Freitag	hari jumaat
Samstag	hari sabtu
Sonntag	hari ahad, hari minggu
Feiertag	hari cuti, hari libur

Notfall

Hilfe!	Tolong!
Polizei	polisi
Krankenhaus	hospital
Krankenwagen	ambulans
Feuerwehr	bomba
Arzt	doktor
Apotheke	farmasi
Drogerie	kedai ubat
Medizin	ubat
Unfall	malangan
krank	sakit

Übernachten

Zimmer	bilik
für 1/2 Personen	untuk satu/dua orang
Bad	bilik mandi
Handtuch	tuala
Seife	sabun
Toilette	tandas, WC
Toilettenpapier	kertas WC
Schlüssel	kunci
Moskitonetz	kelambu

Einkaufen

Geschäft	toko, kedai
Markt	pasar
Geld	wang, duit
Geldautomat	ATM
kaufen	beli
verkaufen	jual
billig/teuer	murah/mahal
heruntergehen	turun
hochgehen	naik
Größe	besarnya
percuma	gratis

Zahlen

0	kosong	10	sepuluh
1	satu	11	sebelas
2	dua	12	dua belas
3	tiga	20	dua puluh
4	empat	30	tiga puluh
5	lima	100	seratus
6	enam	200	dua ratus
7	tujuh	1000	seribu
8	delapan	2000	dua ribu
9	sembilan	1 Mio.	satu juta

Die wichtigsten Sätze

Allgemeines

Herzlich willkommen!	*Selamat datang!*
Wie geht es Ihnen?	*Apa khabar?*
Mir geht es gut.	*Khabar baik.*
Ich bin krank.	*Saya sakit.*
Wie heißt das in Malaiisch?	*Apa namanya di bahasa Malaysia?*
Sprechen Sie …	*(Ber-)cakap bahasa …*
… Englisch?	*… Inggris?*
… Malaiisch?	*… Malaysia?*
Ich verstehe nichts!	*Saya tidak faham!*
Ich lerne Malaiisch.	*Saya belajar Bahasa Malaysia.*
Wie heißen Sie?	*Siapa namanya?*
Mein Name ist …	*Nama saya …*
Woher kommen Sie?	*Anda dari mana?*
Woher stammen Sie?	*Asli/Asal dari mana?*
Deutschland	*Jerman*
Österreich	*Austria*
Schweiz	*Swiss*

Unterwegs

Wo ist …?	*Di mana …?*
Wie komme ich zu/nach …?	*Di mana jalan ke …?*
Können Sie mir bitte helfen?	*Tolong …?*
Ich brauche …	*Saya perlu …*
Ich gehe nach …	*Saya pergi ke …*

Übernachten

Wo gibt es ein Hotel?	*Di mana ada hotel?*
Haben Sie Zimmer frei?	*Ada bilik kosong?*
Wie viel kostet es?	*Berapa harganya?*
Ich möchte bezahlen.	*Saya nak bayar.*

Register

Register

Register

atmosfair

Abbildungsnachweis/Impressum

Abbildungsnachweis

Getty Images, München: S. 111 (Khaichuin Sim); 170 (Matteo Colombo); 390/391 (Matthew Merlin Newkirk), Umschlagrückseite o. (John Harper)

Glow Images, München: S. 183, 314 (DepositPhotos); 86 (imagebroker/Reinhard Dirscherl); 258 (Marien/Corbis); 73 M. (Studio DL/Corbis)

Huber-Images, Garmisch-Partenkirchen: S. 351, 364/365 (Andrew Stewart); 419 (Maurizio Rellini); 73 o. (Otto Stadler); 249 (Picture Finders); 16/17, 63, 66/67, 73 u., 238/239 (Reinhard Schmid)

laif, Köln: S. 288 (Andreas Hub); 46/47 (eyevine/Xinhua News Agency); 157 (eyevine/Zhu Wei Xinhua); 397 (Frank Heuer); 59 (hemis.fr/Domenico Tondini); 392 (hemis.fr/Ludovic Maisant); 27 (hemis.fr/Sylvain Cordier); 379 (Kurt Henseler); 222/223 (Le Figaro Magazine/Axelle de Russe); 304 (Polaris/Hermann Bredehorst); 51 (Redux/Justin Guariglia); 300 (Redux/The New York Time/David Hagerman); Titelbild (robertharding/Chris Mouyiaris); 395, 408 (Thomas Linkel); 208 (Tobias Gerber)

MATO, Hamburg: S. 415 (Onlyworld/Guillaume Soularue)

Mauritius Images, Mittenwald: S. 293 (Alamy/Alamy Stock Photos/Hazize San); 336 (Alamy/Alamy Stock Photos/Juhani Viitanen); 228 (Alamy/Alamy Stock Photos/Matthew Wakem); 353 (Alamy/Alamy Stock Photos/Muhammad Noor Syukri Abdu Rahim); 188 (Alamy/Alamy Stock Photos/Nokuro); 39, Umschlagrückseite u. (Alamy/Alamy Stock Photos/RAVINDRAN AL JOHN SMITH ravijohnsmith); 52 (Alamy/Alamy Stock Photos/robertharding); 43 (Alamy/Alamy Stock Photos/Zoonar GmbH); 250 (Alamy/Bob Henry); 211 (Alamy/Dennis Herrmann); 37 (Alamy/Eye Ubiquitous); 69 (Alamy/Henry Westheim Photography); 340/341 (Alamy/Ian Smith); 128/129 (Alamy/Travel Wild); 346/347 (Axiom Photographic/David Kirkland); 240 (imagebroker/Andrey Nekrasov); 89 (imagebroker/Heiner Heine); 356/357 (imagebroker/Martina Katz); 297 (Minden Pictures/Sebastian Kennerknecht); 164/165 (Novarc Images/Nico Stengert); 154 (robertharding/Annie Owen); 400 (robertharding/Charcrit Boonsom); 70/71 (robertharding/Luca Tettoni)

Moritz Jacobi, Berlin: S. 9 re.

Renate Loose, Berlin: Umschlagklappe vorn, 9 li., 30/31, 57, 77, 83, 84, 109, 142, 180, 196, 234, 243, 252/253, 266, 273, 286/287, 282/283, 319, 373

Shutterstock.com, Amsterdam (NL): S. 312/313 (Abang Faizul); 348 (Alex Rush); 176/177 (Bonma Suriya); 152/153 (DreamArchitect); 230/231 (Efired); 159 (EQRoy); 308/309 (EV Photo); 380/381 (FabianIrwin); 193 (Fadhli Adnan); 116 (Fahmi Fami); 141 (Fotu-up); 407 (i viewfinder); 262/263 (IZZ HAZEL); 35 (joyfull); 104 (Lenar Musin); 206/207 (Mark Hall); 147 (Matyas Rehak); 21 (muhd fuad abd rahim); 120 (Nelson Antoine); 115, 123 (Sergio Delle Vedove); 112 (shaifulzami); 227 (Tanya Keisha); 328/329 (ThamKC); 278 (travelwild); 75 (udeyismail); 136 (Vladimir Zhoga); 25, Umschlagrückseite M. (Weranut)

Stock.adobe.com, Dublin (IE): S. 368 (Alexander Mazurkevich)

Tourism Malaysia, Frankfurt a. M.: S. 324

Kartografie:

© KOMPASS-Karten GmbH, A-6020 Innsbruck; DuMont Reiseverlag, D-73751 Ostfildern

Umschlagfotos

Touristen beim Pinang Peranakan Mansion in George Town (Titelbild); Orang-Utan-Baby im Norden von Borneo (Umschlagklappe vorn); Teeplantage in Malaysia (Umschlagrückseite o.)

Besonderer Dank geht an Mischa Loose, der uns auf den letzten Recherchen unterstützt hat.

Hinweis: Autoren und Verlag haben alle Informationen mit größtmöglicher Sorgfalt geprüft. Gleichwohl sind Fehler nicht vollständig auszuschließen. Alle Angaben erfolgen ohne Gewähr. Bitte schreiben Sie uns! Über Ihre Rückmeldung zum Buch und über Verbesserungsvorschläge freuen sich Autoren und Verlag:

DuMont Reiseverlag: Postfach 3151, 73751 Ostfildern, E-Mail: info@dumontreise.de

5., aktualisierte Auflage 2024

Autoren: Moritz Jacobi, Renate Loose,
mit Beiträgen von Mischa und Stefan Loose
Lektorat: Anke Munderloh, Melanie Wolfmeier; Bildredaktion: Susanne Troll
Grafisches Konzept: Groschwitz/Tempel, Hamburg
Printed in China